Les microrégions du guide :
(voir la carte à l'intérieur de la couverture ci-contre)

Lyon Drôme Ardèche

Collection Le Guide Vert sous la responsabilité d'Anne Teffo

Édition
Hélène Payelle, Anath Klipper

Rédaction
Hélène Le Tac, Jacques Vernier, Philippe Vouillon, Clarisse Deniau, Michel Doussot, Magali Triano

Cartographie
Véronique Aissani, Stéphane Anton, Pascale Bisson, Michèle Cana, Cristina Ferecatu, Thierry Lemasson, Patrick Matyja, Jean-Pierre Michel, Thierry Ollin, Claudiu Spiridon, Severin Vlad

Relecture
Isabelle Karcenti

Remerciements
Didier Broussard, Maria Gaspar (iconographie)

Conception graphique
Christelle Le Déan

Régie publicitaire et partenariats
michelin-cartesetguides-btob@fr.michelin.com
Le contenu des pages de publicité insérées dans ce guide n'engage que la responsabilité des annonceurs.

Contacts
Michelin Cartes et Guides
Le Guide Vert
46 avenue de Breteuil - 75324 Paris - Cedex 07
✆ 01 45 66 12 34 - Fax 01 45 66 13 75
cartesetguides.michelin.fr

Parution 2010

Note au lecteur

Michelin a apporté le plus grand soin à la rédaction de ce guide et à sa vérification. Toutefois les informations pratiques (formalités administratives, prix, adresses, numéros de téléphone, adresses Internet...) doivent être considérées comme des indications du fait de l'évolution constante de ces données.

Il n'est pas totalement exclu que certaines d'entre elles ne soient plus, à la date de parution du guide, tout à fait exactes ou exhaustives. N'hésitez pas à nous signaler toute omission ou inexactitude que vous pourriez constater ainsi que de nous faire part de vos avis et suggestions sur les adresses contenues dans ce guide.

Avant d'entamer toute démarche formalités administratives ou douanières notamment, vous êtes invités à vous renseigner auprès des organismes officiels. Ces informations ne sauraient, de ce fait, engager notre responsabilité.

Le Guide Vert, mode d'emploi

Le Guide Vert, un guide en 3 parties

- **Organiser son voyage** : les informations pratiques pour préparer et profiter de son séjour sur place
- **Comprendre la destination** : les thématiques pour enrichir son voyage
- **Découvrir la destination** : un découpage en **microrégions** *(voir carte générale dans le 1er rabat de couverture et sommaire p. 1)*

En ouverture de chaque **microrégion**, retrouvez un **sommaire** et une **carte** qui indiquent :

- les villes et sites traités dans le chapitre
- les itinéraires conseillés

Pour chaque chapitre, consultez « **Nos adresses...** » :

- des informations pratiques
- des établissements classés par catégories de prix
- des lieux où boire un verre
- des activités à faire en journée ou en soirée
- un agenda des grands événements de l'année

En fin de guide

- un **index général** des lieux et thèmes traités
- un **sommaire** des cartes et plans du guide
- la légende des symboles du guide
- la liste de nos publications

Et en complément de notre guide

- Créez votre voyage sur **Voyage.ViaMichelin.fr**

Votre avis nous intéresse
Rendez-vous sur votreaviscartesetguides.michelin.fr

Sommaire

1/ ORGANISER SON VOYAGE

2/ COMPRENDRE LA RÉGION

3/ DÉCOUVRIR LA RÉGION

1 LYON

2 LA BRESSE ET LA DOMBES

3 LE BEAUJOLAIS ET LES MONTS DU LYONNAIS

4 LE ROANNAIS ET LE FOREZ

5 SAINT-ÉTIENNE ET LE PILAT

6 LE HAUT-VIVARAIS ET LE VELAY

7 LE BAS-VIVARAIS

8 LA DRÔME PROVENÇALE ET LES PRÉALPES DRÔMOISES

9 LE VALENTINOIS ET LE BAS-DAUPHINÉ

1/ ORGANISER SON VOYAGE

M. Barraud/Ojo Images/Photononstop

Venir dans la région

Par la route

LES GRANDS AXES

A 6 (Paris-Lyon)
A 42/40 (Lyon-Bourg-en-Bresse)
A 40/42 (Lyon-Genève)
A 43 (Lyon-Chambéry)
A 43/48 (Lyon-Grenoble)
A 7 (Lyon-Marseille)
A 47 (Lyon-St-Étienne)
A 89 (Lyon-Clermont-Ferrand, en cours de construction)
Informations autoroutières – ✆ 0 892 681 077 - www.autoroutes.fr

LES CARTES MICHELIN

Cartes **Départements 327** (Loire, Rhône)**, 328** (Ain, Haute-Savoie), **331** (Ardèche, Haute-Loire), **332** (Drôme, Vaucluse) et **333** (Isère, Savoie).
Carte **Région 523** (Rhône-Alpes).
Carte de France 721.
En ligne : calcul d'itinéraires sur **www.ViaMichelin.fr**

En train

LES GRANDES LIGNES

Au départ de Paris, **TGV** pour Lyon (1h55), St-Étienne (2h45), Valence (1h50), Montélimar (2h50). Les gares de La Part-Dieu et de Perrache sont à proximité du centre-ville de Lyon grâce au réseau du métro. En revanche, la gare TGV de Valence est hors du centre, auquel elle est reliée par une navette.

DISTANCES EN KM	Bourg-en-Bresse	Lyon	Privas	St-Étienne	Valence
Bordeaux	576	570	138	541	565
Bourg-en-Bresse	–	60	200	119	161
Caen	624	698	771	741	736
Dijon	143	193	329	253	292
Lille	603	693	795	754	758
Limoges	380	424	409	395	411
Lyon	60	–	138	64	101
Marseille	372	315	197	334	212
Nantes	610	677	687	679	686
Paris	406	465	596	478	558
Privas	200	138	–	126	41
St-Étienne	119	64	126	–	121
Strasbourg	381	495	582	551	545
Toulouse	533	537	391	421	424
Valence	161	101	41	121	–

Informations et réservations – ✆ 3635 (0,34 €/mn) - www.voyages-sncf.com

LES TRAINS EXPRESS RÉGIONAUX

Depuis Lyon, vous pouvez rejoindre Roanne (1h15), Bourgoin-Jallieu (40mn), Meximieux-Pérouges (30mn), Le Puy (2h30) ; depuis Valence, gagner Romans-sur-Isère (7mn) et Privas (à partir de 52mn). Des lignes d'**autocars** (TER) vous permettent de rejoindre par exemple des villes comme Vallon-Pont-d'Arc depuis Montélimar (1h30) ou d'effectuer des liaisons peu commodes en train.
Informations et réservations – ✆ 3635 (0,34 €/mn) - www.ter-sncf.com/rhonealpes

En avion

LES COMPAGNIES AÉRIENNES

Air France – ✆ 36 54 (0,34 €/mn) - www.airfrance.fr. Liaisons pour Lyon au départ d'Ajaccio, Brest, Bastia, Biarritz, Bordeaux, Clermont-Ferrand, Caen, Calvi, Figari, Le Havre, Limoges, Lorient, Marseille, Mulhouse, Metz, Nantes, Paris et Toulouse.
Corsair – ✆ 0 820 042 042 (0,12 €/mn) - www.corsair.fr. Vols à prix réduits pour Lyon depuis La Réunion.
Ryanair – ✆ 0 892 232 375 - www.ryanair.com. Liaisons entre St-Étienne et Porto.
Easyjet - www.easyjet.com. Liaisons pour Lyon au départ de Biarritz, Bordeaux, Bastia, Nantes, Toulouse…

LES AÉROPORTS DESSERVANT LA RÉGION

Lyon-St-Exupéry – ✆ 0 826 800 826 - www.lyon.aeroport.fr

St-Étienne-Bouthéon – 42160 Andrézieux-Bouthéon - ✆ 04 77 55 71 71 - www.saint-etienne.aeroport.fr
À la suite d'un partenariat conclu entre les deux aéroports, St-Étienne se spécialise depuis 2007 dans les vols à bas coûts. De futurs vols sont en projet.

LIAISONS DEPUIS L'AÉROPORT

Aéroport de Lyon-St-Exupéry – Il est situé à 25 km à l'est de Lyon. Liaisons régulières en **bus** pour le centre-ville *(www.satobus.com - 4h45-21h05 de Lyon, 6h-23h40 de St-Exupéry - 8,90 €, AR 15,80 €)*. Liaisons également vers quelques autres villes de la région (Bourg-en-Bresse, Bourgoin-Jallieu… *(rens. : www.lyon.aeroport.fr)*.
En **taxi**, le trajet jusque Lyon Part-Dieu vous coûtera 38/42 € le jour et 52/58 € la nuit, le week-end et les jours fériés.
À partir de l'été 2010, un **tram express** sera mis en service (durée 30mn - www.rhonexpress.net - 5h-0h).
L'aéroport est également desservi par une gare de TGV.
Aéroport de St-Étienne-Bouthéon – Liaisons régulières en **bus** pour le centre-ville (lignes 111 et 103, horaires : www.loire.fr/).

Avant de partir

Météo

Services téléphoniques de Météo France – ✆ **3250** suivi de :
1 – météo d'une commune, d'un département ou de l'outre-mer ;
2 – météo du prochain week-end ;
3 – météo activités de bord de mer et navigation ;
4 – météo montagne ;
5 – météo des routes.
Accès aux prévisions du département – ✆ **0 892 680 2** suivi du numéro du département (0,34 €/mn).
En ligne : **www.meteo.fr**
Au printemps : neige persistante sur les massifs du Forez, du Pilat et du Mézenc ; douceur dans les vallées de la Drôme et de l'Eyrieux (arbres fruitiers en fleurs).
De juin à septembre : temps plus uniformément sec et ensoleillé.
Automne : caractère doux le long du Rhône, possibilité de très fortes averses dans les Cévennes, premiers flocons en altitude.
Hiver : froid sec avec belles éclaircies sur l'axe Saône-Rhône, neige abondante sur les pentes du Pilat, du Forez et du Mézenc. **Burle** sur les plateaux vellaves et formation de congères. **Mistral** au sud de Valence.

Adresses utiles

LES INSTITUTIONS

Comités régionaux du tourisme

Rhône-Alpes (Ain, Ardèche, Drôme, Loire, Rhône) – 104 rte de Paris - 69260 Charbonnières-les-Bains - ✆ 04 72 59 21 59 - www.rhonealpes-tourisme.com
Auvergne (Haute-Loire) – Parc technologique La Pardieu - 7 allée Pierre-de-Fermat - CS 50502 - 63178 Aubière Cedex - ✆ 0 810 827 828 - www.auvergne-tourisme.info

Comités départementaux du tourisme

Ain – 34 r. du Gén.-Delestraint - BP 78 - 01002 Bourg-en-Bresse Cedex - ✆ 04 74 32 31 30 - www.ain-tourisme.com
Ardèche – 4 cours du Palais - 07000 Privas - ✆ 04 75 64 04 66 - www.ardeche-guide.com
Drôme – 8 r. Baudin - 26005 Valence Cedex - ✆ 04 75 82 19 26 - www.ladrometourisme.com
Isère – 14 r. de la République - BP 227 - 38019 Grenoble Cedex 1 - ✆ 04 76 54 34 36 - www.isere-tourisme.com ou Maison de l'Isère - 2 pl. André-Malraux - 75001 Paris - ✆ 01 42 96 08 43.
Loire – 22 r. Balay - 42000 St-Étienne - ✆ 04 77 43 59 14 - www.loiretourisme.com
Haute-Loire – Hôtel du département - 1 pl. Mgr-de-Galard - BP 332 - 43012 Le Puy-en-Velay Cedex - ✆ 04 71 07 41 54 - www.mididelauvergne.com
Rhône – 142 av. du Mar.-de-Saxe - 69003 Lyon - ✆ 04 72 56 70 40 - www.rhonetourisme.com

Offices de tourisme

Les adresses des offices de tourisme se trouvent dans la rubrique « S'informer » de chaque ville ou site dans la partie « Découvrir la région ».
En ligne : une mine d'informations pour faire du tourisme en France sur **www.franceguide.com**.

TOURISME DES PERSONNES HANDICAPÉES

Le symbole ♿ signale les sites accessibles aux personnes à **mobilité réduite**.

Accessibilité des infrastructures touristiques

Consultez les sites labellisés **Tourisme et Handicap** sur le site www.franceguide.com, rubrique « Voyageurs », puis « Tourisme et Handicap ».

Association Tourisme et Handicaps – 43 r. Max-Dormoy - 75018 Paris - ☏ 01 44 11 10 41 - www.tourisme-handicaps.org

Office du tourisme de Lyon – L'office du tourisme de Lyon met à disposition des malvoyants une brochure en braille décrivant les différentes visites guidées et propose un tarif spécial pour les personnes qui les accompagnent.

Accessibilité des transports

Train – Un guide gratuit *Mobilité réduite* est disponible dans les gares et boutiques SNCF.

SNCF Accès Plus – ☏ 0 890 640 650 (0,11 €/mn, 7h-22h). Service gratuit facilitant le voyage des personnes à mobilité réduite, disponible sur réservation 48h avant le départ dans 350 gares de France.

En ligne : **www.accessibilite.sncf.fr**

Avion – Air France propose le service d'**assistance Saphir** : ☏ 0 820 01 24 24.

En ligne : **www.airfrance.fr**

Se loger

Retrouvez notre sélection d'hébergements dans « Nos adresses à... » situées en fin de description des principaux sites de la partie « Découvrir la région ».

Bon à savoir – Les comités départementaux de tourisme et certains offices de tourisme proposent un service de réservation en ligne, mais aussi parfois des formules thématiques de courts séjours et des offres promotionnelles.

NOTRE SÉLECTION

Les établissements sont classés par catégories de prix *(voir le tableau ci-contre)*. Les tarifs communiqués, prix minimum et maximum pour une chambre double, sont ceux pratiqués en haute saison.

À consulter aussi : **Le Guide Michelin France** et le **Guide Camping Michelin France**.

Ville Pass'ion

Ville Pass'ion propose en France des courts séjours à prix doux, offrant parfois une nuit sur deux pour un week-end. Dans la région, Montélimar, St-Étienne et Le Puy-en-Velay sont concernées (www.villepassion.fr).

SERVICES DE RÉSERVATION

Fédération nationale des comités départementaux du tourisme – 74-76 r. de Bercy - 75012 Paris - ☏ 01 44 11 10 20 - www.destination-france.net.

Hôtels et chambres d'hôte, hébergements locatifs labellisés (Gîtes de France, Clévacances...) et courts séjours thématiques.

Fédération nationale Clévacances – 54 bd de l'Embouchure – 31022 Toulouse Cedex 2 - ☏ 05 61 13 55 66 - www.clevacances.com. Locations de vacances ou chambres d'hôte.

HÉBERGEMENT RURAL

Maison des Gîtes de France et du Tourisme vert – 56 r. St-Lazare - 75439 Paris Cedex 09 - ☏ 01 49 70 75 75 - www.gites-de-france.com

Fédération des Stations Vertes de Vacances – BP 71698 - 21016 Dijon Cedex - ☏ 03 80 54 10 50 - www.stationsvertes.com

Pour les randonneurs
En ligne : **www.gites-refuges.com**

AUBERGES DE JEUNESSE

Fédération unie des auberges de jeunesse (FUAJ) – 27 r. Pajol - 75018 Paris - ✆ 01 44 89 87 27 - www.fuaj.org

POUR DÉPANNER

Centrales de réservation des principales chaînes hôtelières :
B & B – ✆ 0 892 78 29 29 (0,34 €/mn) - www.hotel-bb.com
Etap Hôtel – ✆ 0 892 688 900 (0,34 €/mn) - www.etaphotel.com
Campanile – www.campanile.fr
Kyriad – ✆ 0 825 003 003 (0,15 €/mn) - www.kyriad.fr
Ibis – ✆ 0 825 880 000 - www.ibishotel.com

Se restaurer

Retrouvez notre sélection de restaurants dans « Nos adresses à… » situées en fin de description des principaux sites de la partie « Découvrir la région ». Comme pour « Se Loger », ils sont listés par catégories de prix, sur la base mini/maxi en haute saison.

NOTRE SÉLECTION

Pour répondre à toutes vos envies, nous proposons des **restaurants** régionaux, mais aussi classiques, gastronomiques et des adresses où faire une petite pause.

À consulter aussi : **Le Guide Michelin France**.
En ligne : les fermes-auberges sur **www.bienvenue-a-la-ferme.com**

LABELS

Sites remarquables du goût
Quelques sites de la région, dont la richesse gastronomique s'appuie sur des produits de qualité liés à un environnement culturel intéressant et à une réelle volonté d'accueil touristique, ont été dotés du label « Sites remarquables du goût ».
Il s'agit de deux parcours parmi les **étangs de la Dombes** (Ain) pour sa technique traditionnelle de pêche, du **Puy-en-Velay** (Haute-Loire) pour la **lentille verte**, de la **Châtaigneraie de Privas** (Ardèche) dont la présence a façonné tant le paysage que la gastronomie ou le mobilier régional, comme l'atteste la Maison du châtaignier, et enfin l'**oliveraie de Nyons** (Drôme).
Pour en savoir plus : www.sitesremarquablesdugout.com

Bistrots de Pays
Basé sur l'authenticité et la qualité, ce label a pour but de préserver l'activité économique dans les villages et concerne les cafés ou les restaurants des petites communes (moins de 2 000 habitants). Un « Bistrot de Pays » reste ouvert à l'année, sert les produits du terroir, et propose des animations.
Pour en savoir plus : www.bistrotdepays.com

NOS CATÉGORIES DE PRIX

	Hébergement		Restauration	
	Province	Grandes villes	Province	Grandes villes
Premier prix	jusqu'à 45 €	jusqu'à 65 €	jusqu'à 14 €	jusqu'à 16 €
Budget moyen	plus de 45 € à 65 €	plus de 65 € à 100 €	plus de 14 € à 25 €	plus de 16 € à 30 €
Pour se faire plaisir	plus de 65 € à 100 €	plus de 100 € à 160 €	plus de 25 € à 40 €	plus de 30 € à 50 €
Une folie	plus de 100 €	plus de 160 €	plus de 40 €	plus de 50 €

Sur place de A à Z

Pour obtenir de la documentation traitant des différentes activités à pratiquer, s'adresser aux **comités départementaux** et **comités régionaux** de tourisme *(voir p. 10)*. **En ligne** : certaines brochures sont téléchargeables sur leurs sites Internet.

BAIGNADE

Le nombre important de **lacs naturels et artificiels** permet la pratique de nombreux sports nautiques : natation, voile, planche à voile, et parfois ski nautique. Certains d'entre eux ont été aménagés en **bases de loisirs** : Miribel-Jonage, lac de Paladru, retenues de Villerest et de Grangent et le plan d'eau artificiel de St-Pierre-de-Bœuf, lac de Devesset, etc.

CYCLOTOURISME ET VTT

De nombreux topoguides sont proposés aux amateurs de VTT : *Le Lyonnais à VTT, La Côte roannaise, VTT grand large…* Mais il n'y en a pas que pour le VTT dans la région. Ainsi, Le Comité départemental de cyclotourisme de l'Ardèche met à votre disposition plus d'une centaine de pochettes *Balade à vélo* qui dénombrent en tout 3500 circuits ! De même, vous trouverez sur le site Internet du conseil général du Rhône (www.rhone.fr) des informations sur les boucles cyclotouristiques du département. Autres publications à consulter : *Guide vélo de l'Ain, Cyclotourisme/VTT dans la Drôme, La Drôme à vélo…*

Fédération française de cyclotourisme – 12 r. Louis-Bertrand - 94207 Ivry-sur-Seine Cedex - ✆ 01 56 20 88 88 - www.ffct.org

Fédération française de cyclisme – 5 r. de Rome - 93561 Rosny-sous-Bois Cedex - ✆ 01 49 35 69 24 - www.ffc.fr. La fédération propose 50 000 km de sentiers balisés pour la pratique du VTT, répertoriés dans un guide annuel gratuit (contre une enveloppe timbrée, se renseigner pour le tarif). Dans la région, les sentiers **labellisés sont :**

- Val de Saône, Ars-sur-Formans (Ain) ;
- Pays du Beaujolais, Avenas, Saône vallée, Trévoux (Rhône) ;
- Lac de Paladru - Val d'Ainan, Charavines (Isère) ;
- Montagne ardéchoise, Lanarce (Ardèche) ;
- Drôme des collines, Chatuzange-le-Goubet (Drôme).

La journée « **Vélocio** » attire chaque année en juin tous les « mordus » du cyclotourisme sur

les pentes du col de la République, près de St-Étienne *(voir la rubrique Agenda)*.

LAVANDE

La Drôme provençale est une grande zone de production de lavandin, dont la cueillette a lieu fin juin/début juillet. La Route de la lavande vous emmène à la rencontre des producteurs.

Les Routes de la lavande – 2 av. de Venterol - 26110 Nyons - ✆ 04 75 26 65 91 - www.routes-lavande.com

Créée en 1996 pour soutenir la filière de production de lavande, cette association édite un **guide pratique** ainsi qu'un calendrier des séjours, ateliers et animations.

PÊCHE

Les étangs de la Dombes, exploités selon un cycle faisant alterner les périodes d'évolage et d'assec *(voir « La Dombes »)*, regorgent de tanches, de gardons, de rotengles et de brochets. Ils sont le domaine privilégié des carpes royales ou carpes « miroir ».

La Saône, de Villefranche au confluent du Rhône, abrite le plus grand poisson d'eau douce que l'on puisse pêcher en France : le **silure glane**. Il peut atteindre 3 m de longueur pour un poids avoisinant les 100 kg et affectionne les fonds vaseux où il évolue lentement en se nourrissant principalement de poissons.

Fédération nationale pour la pêche en France – 17 r. Bergère - 75009 Paris - ✆ 01 48 24 96 00 - www.unpf.fr

Vous trouverez de nombreux renseignements sur le site : **www.club-halieutique.com**.

PROMENADES EN BATEAU

Le Rhône, la Saône, l'Isère… La région ne manque pas de cours d'eau sur lesquels naviguer. C'est une façon peu commune de découvrir des lieux aux charmes insoupçonnés : vestiges romains de Vienne, ruines perchées du célèbre château de Crussol, églises et châteaux juchés sur des promontoires agrémentés de vignobles…

Croisières organisées

Cette forme de tourisme permet la découverte de la vallée du Rhône, de l'Isère, de canaux dans la Loire… La grande variété d'embarcations disponibles, du simple bateau jusqu'à la péniche-hôtel confortablement aménagée pour des croisières, est associée à des formules de durée de séjour adaptables au goût de chacun.

De nombreux organismes proposent des excursions de durée variable sur un tronçon du Rhône et la partie basse de la Saône, assorties d'un large éventail de prestations (restauration, animation, guidage touristique).

Aqua Viva – Rens. et réserv. au 01 58 36 08 36 - www.vikingrivercruises.com. La société Aqua Viva, avec le *Viking Burgundy* (quai Claude-Bernard à Lyon), organise des croisières d'une semaine, de mars à nov., de Chalon-sur-Saône à Avignon.

Nautiboat – 2 chemin de la Saône - 69220 Belleville - ✆ 04 74 66 97 70 - www.nautiboat01.com. Balades (de 15mn à 2h30) aux départs de Trévoux, Albigny, Curis-au-Mont-d'Or, Anse, Jassans-Riottier, Montmerle-sur-Saône et Belleville. Réservation conseillée.

Navig'Inter (croisières, promenades, repas sur le Rhône et la Saône au départ de Lyon) – *Voir p. 88*.

Royans-Vercors - Navigation-découverte sur l'Isère – ✆ 04 76 64 43 42 - www.bateau-a-roue.com. Croisière commentée à bord d'un bateau style Mississipi. Se renseigner pour les horaires -

10,50 € AR (-13 ans 6,50 €) - dép. de La Sône et St-Nazaire-en-Royans.
Les Marins d'eau douce – Port de plaisance - 42720 Briennon - ✆ 04 77 69 92 92. Croisières-repas sur le canal de Roanne à Digoin.

Bateaux habitables

En respectant la réglementation en vigueur, on peut soi-même naviguer sur la Saône et le Rhône de Corre à Port-St-Louis-du-Rhône. Les ports de Lyon, des Roches-de-Condrieu et de Valence-l'Épervière offrent des prestations complètes; un ravitaillement élémentaire peut être obtenu à St-Germain-au-Mont-d'Or, Tournon-sur-Rhône, Viviers et Avignon.
De Lyon à la mer, la descente du **Rhône**, rendu navigable grâce aux canaux de dérivation, nécessite le franchissement de 12 écluses sur un parcours de 310 km. La durée moyenne de la descente est de deux jours. L'agglomération lyonnaise a développé un système de haltes fluviales aménagées le long de la Saône, permettant aux plaisanciers d'accoster en sécurité le temps d'une promenade pour admirer la région : Caluire, Albigny, Collonges-au-Mont-d'Or, Rochetaillée, Neuville-sur-Saône et Lyon.
Essentiellement aménagé pour la plaisance, le **canal de Roanne à Digoin** offre un parcours de 55 km jalonné de 10 écluses. D'avril à octobre, il est également ouvert les week-ends à la navigation de plaisance. La partie décrite dans ce guide se limite aux ports de Roanne et de Briennon.
Des bateaux habitables sont disponibles à la **location** à Port-sur-Saône, Gray, St-Jean-de-Losne et Roanne.

PROTESTANTISME

Voir la route des Dragonnades p. 60.

RANDONNÉE ÉQUESTRE

La randonnée équestre est une activité en plein développement. Il existe des itinéraires balisés dans toute la région, à travers la forêt, la campagne ou la montagne.
Association Rhône-Alpes pour le tourisme équestre – Isère Cheval Vert - Maison du tourisme - BP 227 - 38019 Grenoble Cedex - ✆ 04 76 42 85 88 - www.isere-cheval-vert.com

Roulottes et chariots bâchés

En Ardèche, des locations avec initiation à l'attelage et à l'entretien des montures sont proposées. Renseignements auprès du Comité départemental de tourisme.

RANDONNÉES PÉDESTRES

Idéale pour découvrir en toute tranquillité les paysages, la randonnée pédestre s'adresse à tout le monde.

Les GR

Le **GR 3** part du Gerbier-de-Jonc (source de la Loire), longe le fleuve dans son bassin supérieur et rejoint le col du Béal en suivant la ligne de crête des monts du Forez.
Le **GR 7** et ses variantes permettent d'effectuer le tour des monts du Beaujolais et celui des monts du Lyonnais. Dans le massif du Pilat, le Haut-Vivarais et le Velay, il suit, au plus près, la ligne de partage des eaux entre l'océan Atlantique et la Méditerranée.
Le **GR 40**, qui fait le tour du Velay, est à découvrir en juin en raison de la floraison.
Le **GR 42** domine en corniche la vallée du Rhône, découvrant d'amples panoramas.
Le **GR 420** permet de faire le tour du Haut-Vivarais en une dizaine de jours.
Le **GR 427** est le sentier du balcon de l'Eyrieux.
Le **GR 429**, s'embranchant sur le **GR 9**, qui escalade les Préalpes

drômoises jusqu'aux Trois-Becs, relie les deux rives du Rhône.

Le **GR de pays « Tour de Tanargue »**, balisé avec des traits jaunes et rouges, fait découvrir les Cévennes vivaroises par les chemins de crêtes.

Fédération française de la randonnée pédestre – 64 r. du Dessous-des-Berges - 75013 Paris - ✆ 01 44 89 93 90 - www.ffrandonnee.fr

Autres itinéraires

Le parc naturel régional du Pilat est sillonné, en dehors du GR 7, par plusieurs sentiers à thème.

D'autres circuits font connaître les monts de la Madeleine (sentiers de Petite Randonnée, généralement balisés en jaune), le pays des Pierres Dorées, la forêt de Saoû et les promontoires du Tricastin.

En Ardèche sont organisées des randonnées pédestres en compagnie d'ânes bâtés.

Enfin, à partir de Monastier-sur-Gazeille, débute l'itinéraire emprunté par R. L. Stevenson jusqu'à St-Jean-du-Gard, et, du Puy-en-Velay, part le GR 5 vers St-Jacques-de-Compostelle par Conques.

Le Comité départemental du tourisme du Rhône dispose d'un site Internet, **www.rhonerando.com**, dédié aux randonneurs : documentations, conseils et topoguides.

Location d'un âne bâté

Des randonnées avec des ânes « bagagistes » sont organisées dans plusieurs localités d'Ardèche. La liste en est fournie sur simple demande au Comité départemental du tourisme, à Privas.

Parmi les prestataires :

La Burle - Espace Gerbier - 07510 St-Eulalie - ✆ 04 75 37 07 83 - www. laburle.com

ACHATS

Retrouvez notre sélection d'adresses de boutiques ou d'artisans dans « Nos adresses à » situées en fin de description des principaux sites de la partie Découvrir la région.

Pour déguster

Vins – Les vins du **Beaujolais**, les **côtes-du-rhône** (dont les **château-grillet**, **saint-joseph**, **châteauneuf-du-pape**...) et les vins de pays. Pour les liqueurs, rendez-vous à La Côte-St-André ou à St-Désirat.

Consultez la rubrique « Gastronomie : un vignoble varié » dans la partie « Comprendre la région ».

Fromages – **Picodon** et **courcouron** en Ardèche (fromages de chèvre), **saint-marcellin** en Isère (lait de vache).

Friandises – **Nougats** de Montélimar, **marrons glacés** de Privas, **farine de châtaigne** ardéchoise pour élaborer de nouveaux gâteaux). Mais aussi **papillotes**, **coussins** et **quenelles** lyonnais.

Autres spécialités – **Quenelles** et **charcuteries** lyonnaises, **truite fumée** de la Dombes, **ravioles** de Romans, **olives** de Nyons.

Pour se faire beau !

Chaussures à Romans-sur-Isère, **bonneterie** et **pulls** à Roanne, **dentelle** au Puy, **foulards** et **cravates** en soie à Lyon ou à La Bâtie-Montgascon, **chapeaux** à Chazelles-sur-Lyon.

Pour décorer

Soie et **produits tissés** à Lyon.

Peintures, **sculptures**, **poteries** au marché de la Création qui se tient à Lyon sur le quai Romain-Rolland. Artisanat d'art dans la vallée du Rhône (poteries, sculptures...) : parmi les villages les plus réputés figurent Oingt (Beaujolais),

Marsanne et Dieulefit (Drôme), Salavas et Balazuc (Ardèche).

Pour s'amuser

Nounours au musée de l'Ours et de la Poupée de Lens-Lestang (ours en kit, à réaliser chez soi, avec les tissus de son choix) ; **boules de pétanque** fabriquées à St-Bonnet-le-Château.

SPÉLÉOLOGIE

Pour les fans des mystères souterrains, cette région n'en est pas avare…

Dans l'**aven d'Orgnac** *(voir ce nom)*, les non-initiés pourront faire une agréable randonnée souterraine.

Fédération française de spéléologie – 28 r. Delandine - 69002 Lyon - ✆ 04 72 56 09 63 - www.ffspeleo.fr

SPORTS D'HIVER

Les hauts plateaux vellaves et ardéchois, qui s'étagent de 1 000 m jusqu'à 1 600 m, se prêtent particulièrement bien en hiver à la pratique du **ski de fond** et à la **randonnée nordique**.

Le massif du Pilat, les monts de la Madeleine et le secteur du col de la Loge dans les monts du Forez permettent également la pratique de ces disciplines.

Le **ski alpin** se pratique sur les pentes, équipées de remontées mécaniques, situées aux Estables, à la Croix-de-Bauzon, à Graix et à la Jasserie dans le parc du Pilat et à Chalmazel dans le Forez.

Ces domaines sont :

Aiglet, Chaudeyrac-les-Roches, Signon, Mézenc, Tourte, Suc-de-Pal, Gerbier-de-Jonc, Le Bois-de-Cuze-Lachamp-Raphaël, Le Tanargue, St-Agrève-Devesset et Lalouvesc.

Des informations concernant la météo et l'enneigement de ces sites peuvent être obtenues en appelant le répondeur des neiges de la station.

Zone nordique du Mézenc – Communauté de communes du pays du Mézenc - Info neige - ✆ 04 71 08 34 33/36 64.

Stations du massif du Pilat – Allô neige - ✆ 04 77 20 43 43 (station du Bessat).

Stations des monts du Forez – Allô neige - ✆ 04 77 24 83 11.

TOURISME INDUSTRIEL

Empreinte d'une longue histoire industrielle, la région Rhône-Alpes se démarque par le dynamisme de ses entreprises. De l'artisan chocolatier ou brasseur, en passant par les artisans d'art, maître horloger ou souffleur de verre, jusqu'aux industries les plus à la pointe de la technologie telles Renault Trucks qui conçoit et produit des véhicules industriels ou encore Veolia Propreté spécialisée dans le tri des déchets, ces professionnels passionnés vous ouvrent leur antre pour vous dévoiler leurs secrets de fabrication.

Informations et réservation :

Comité départemental du tourisme du Rhône – 142 av. du Mar.-de-Saxe - 69003 Lyon - www.rhonetourisme.com - ✆ 04 72 56 70 40.

TISTRA (Tourisme industriel scientifique et technique Rhône-Alpes) – 41 r. du Souvenir - 69009 Lyon - ✆ 04 72 18 96 47 - www.tistra.com

TRAINS TOURISTIQUES

Le relief tourmenté du Velay et du Vivarais a favorisé le développement, au début de ce siècle, de réseaux ferrés d'intérêt local qui eurent leur heure de gloire pendant l'entre-deux-guerres, avant de connaître une fermeture progressive dans les années 1960. Certains de ces tronçons, remis en état par des associations, offrent, le temps d'une excursion, un aperçu original de sites naturels préservés.

Chemin de fer du Vivarais (Tournon-Lamastre) – Reprise d'activité annoncée à l'horizon 2011.

Chemin de fer du Haut-Rhône – ✆ 04 74 88 84 30. Un train à vapeur relie en 50mn Montalieu au pont de Sault-Brenaz et permet de découvrir l'est lyonnais de mai à octobre.

Chemin de fer touristique du Velay – Office du tourisme de Tence - ✆ 04 71 59 81 99 ou office du tourisme du Haut-Lignon - ✆ 04 71 59 71 56 - www.asso-vfv.net. Entre Tence et St-Agrève, ou entre Tence et Dunières, le chemin de fer touristique du Velay est une très belle façon de découvrir la vallée et les gorges du Lignon. Juin-oct. : au dép. de Dunières pour St-Agrève.

Le train touristique des monts du Lyonnais – Maison du tourisme de Brussieu - ✆ 04 74 70 90 64 - http://cftb.free.fr. Les monts du Lyonnais se découvrent également en train. Le train touristique des monts du Lyonnais relie l'Arbresle à Ste-Foy-l'Argentière tous les dimanches d'été. Une exposition de matériel ferroviaire est organisée dans la gare de Ste-Foy. Possibilité d'embarquer également sur un réseau miniature de trains à vapeur (Hobby 69), le dim. de juin-sept.

Train touristique de l'Ardèche méridionale – Association Viaduc 07 - ✆ 04 75 37 03 52 - www.viaduc07.com. Ce petit train au départ de Vogüé parcourt environ 14 km pittoresques.

VILLES ET PAYS D'ART ET D'HISTOIRE

Les Villes et Pays d'art et d'histoire cités dans ce guide sont le pays du Forez, Le Puy-en-Velay, Lyon, le pays du lac de Paladru-Les Trois Vals, St-Étienne, Valence et Vienne. En famille : visites-découvertes et ateliers du patrimoine pour les enfants (merc., sam. et vac. scol.). Renseignements auprès des offices de tourisme des villes ou sur le site **www.vpah.culture.fr**.

VINS

Prolongeant la Bourgogne au sud par le Beaujolais, la vallée du Rhône réunit une grande variété de vignobles qui produisent d'agréables vins de pays, mais aussi des grands crus AOC de grande renommée.

Ardèche

Itinéraires vignerons et liste des producteurs des Vins de Pays des Coteaux de l'Ardèche et AOC côtes-du-vivarais disponibles sur le site www.lesvinsdardeche.com ou sur simple demande à :

2 000 Vins d'Ardèche-Maison des Vignerons – 07200 St-Didier-sous-Aubenas - ✆ 04 75 89 04 86 - www.lesvinsdardeche.com

Beaujolais

Service de guides-interprètes Destination Beaujolais - Maison du tourisme –96 r.delaSous-Préfecture - 69400 Villefranche-sur-Saône - ✆ 04 74 07 27 50 - www.beaujolais.com

Côtes-du-rhône

Il est possible de consulter le site Internet www.vins-rhone.com. La liste des caveaux, les itinéraires de routes des vins et tous les documents d'information sont également disponibles sur simple demande à :

Maison des vins de Tournon – 16 av. du Mar.-Foch - 07300 Tournon - ✆ 04 75 07 91 50.

Maison des vins d'Avignon – 6 r. des Trois-Faucons - 84024 Avignon Cedex 1 - ✆ 04 90 27 24 00 - www.vins-rhone.com

En famille

Le tableau ci-dessous présente des sites pour vous et vos enfants. Retrouvez-les dans la partie « Découvrir la région » grâce au pictogramme.

Stations vertes – La fédération des Stations vertes de vacances décerne chaque année un prix de l'accueil des enfants. Châtillon-sur-Chalaronne (Ain) l'a obtenu, et Usson-en-Forez a été distinguée pour son travail d'éducation à l'environnement.

Aventures-Jeux – Dans l'Ain, le *Guide des petites virées de Fifrelin* permet de découvrir le patrimoine historique et naturel de façon ludique. Cerdon, Bourg-en-Bresse, Châtillon-sur-Charonne, Courmangoux et Montrevel-en-Bresse proposent également des Aventures-jeux, pochette à retirer aux offices de tourisme (5 à 12 €).

Internet – www.capcanal.com, www.bullesdegones.com, www.ain-famille.com

SITES ET ACTIVITÉS À FAIRE EN FAMILLE

CHAPITRE DU GUIDE	NATURE	MUSÉE	LOISIRS
Lyon	Parc zoologique de la Tête d'Or (Rive gauche)	Musées de la Marionnette, des Automates, des Miniatures et Décors de cinéma, horloge astronomique de la primatiale St-Jean (Vieux-Lyon)	Spectacles de Guignol (Vieux-Lyon, Rive gauche), Fourvière Aventures (Parc des hauteurs), parc de Gerland (Rive gauche)
Grand-Lyon	Grand Aquarium de Lyon (La Mulatière)		Train touristique le Furet (Marcy-l'Étoile), Planétarium de Vaulx-en-Velin, Parc de Miribel-Jonage
Bourg-en-Bresse		Monastère de Brou, musées du Revermont (Cuisiat), des Attelages (Vonnas), de la Bresse (St-Cyr-sur-Menthon), ferme-musée de la Forêt	Base de loisirs de Montrevel-en-Bresse
La Dombes	Parc des Oiseaux (Villars-les-Dombes)		
Le Beaujolais		Musée des Traditions populaires (Beaujeu)	
Romanèche-Thorins	Touroparc	Hameau Dubœuf	
Monts de Tarare			Baignade (lac des Sapins à Cublize)
Monts du Lyonnais	Parc animalier (Courzieu), parc zoologique (St-Martin-la Plaine)		Parc Salva Terra (Haute-Rivoire)
Charlieu		Musée de la Soierie	Le Parc des Canaux (Briennon)
Monts du Forez	Parc de la Droséra (Jeansagnière)		Station de ski (Chalmazel) Docil'Âne (Valensanges), ânes porteurs pour les balades
Montbrison		Collection de poupées du musée d'Allard	
St-Bonnet-le-Château		Écomusée du Forez (Usson-en-Forez)	
St-Étienne	Planétarium de la Manufacture		Baignade (base de loisirs de St-Victor)
Annonay	Safari-parc de Peaugres, Réserve de la Platière		
Le Pilat	Exposition de la maison du Parc (Pélussin)		

EN FAMILLE

CHAPITRE DU GUIDE	NATURE	MUSÉE	LOISIRS
Tournon-sur-Rhône	Les Roches qui dansent (Ponsas)		
La Voulte-sur-Rhône	Grottes (Soyons), Musée vivant de la Laine et du Mouton (St-Pierreville)	Ardèche miniatures (Soyons)	Labyrinthe végétal (Charmes-sur-Rhône)
Lamastre			Baignade (Désaignes)
Lalouvesc		Village ardéchois miniature (col du Buisson)	
St-Agrève			Baignade (lac de Devesset)
Le Puy-en-Velay	Rocher Corneille		Petit train touristique
Arlempdes	Musée vivant du Cheval de trait (Pradelles)		
Privas		Moulin de Mandy (Pranles)	
Vals-les-Bains		Maison Champanhet	
Largentière			Baignade dans la Beaume
Les Vans	Circuit de la Vierge, Virade du Batistou (Gravières)		Baignade (Mazet-Plage), Le Petit Âne Bleu, ânes porteurs
Ruoms		Magnanerie (Lagorce)	
Gorges de l'Ardèche	La rivière en barque, grottes de la Madeleine et de St-Marcel	Exposition grotte Chauvet (Vallon-Pont-d'Arc)	
Aven d'Orgnac	Aven d'Orgnac		Randonnée souterraine
Bourg-St-Andéol	-	Musée de la Lavande (St-Remèze)	
Montélimar		Musée de la Miniature, Palais des bonbons et du nougat, musée européen de l'Aviation de chasse	
Grignan	La ferme aux Crocodiles (Pierrelatte)	La Provence miniature (La Baume-de-Transit)	
Crest	Jardin des oiseaux (Upie), aquarium tropical et gare des Ramières (Allex), Drôme Perroquets Spectacles	Musée de l'Œuf (Soyans)	
Valence			Parc Jouvet
Romans-sur-Isère	Mille et Une Corne (Charmes-sur-l'Herbasse)		Le Monde merveilleux des lutins (Hostun)
St-Antoine-l'Abbaye		Le Grand Séchoir (Vinay)	Trains miniatures (Chatte), bateau à roue (Royans-Vercors)
Hauterives		Le Palais idéal, musée de l'Ours et de la Poupée (Lens-Lestang)	Labyrinthes végétaux
Roussillon		Musée animalier (Ville-sous-Anjou)	
La Côte-St-André			Le Paradis du chocolat
Bourgoin-Jallieu	Domaine des fauves (Fitilieu), Vivarium du château de Moidière		
Morestel			Parc Walibi-Rhône-Alpes

Mémo

Agenda

TOUTE L'ANNÉE

Montélimar – Foire mensuelle, le 2e merc. du mois, au cœur de la ville.

JANVIER

Ampuis – Marché aux vins de Côte-Rôtie (w.-end le plus proche de la St-Vincent).

Ardèche – Rallye Monte-Carlo (fin janv.) - www.ardeche-rallyemontecarlo.fr ou www.acm.mc

Côte roannaise – La St-Vincent : Fête des vignerons ; fabrication de brioches reproduisant des formes humaines (dernier sam. de janv.).

Montélimar – Concerts d'orgue réguliers dans la collégiale Ste-Croix.

Villefranche-sur-Saône – Fête des conscrits « La Vague » (dernier dim.) - www.villefranche-beaujolais.fr

FÉVRIER

Annonay – Festival du 1er film d'Annonay : films de jeunes réalisateurs du monde entier - www.annonaypremierfilm.org

Nyons – Alicoque (1er w.-end) : la fête de l'or vert de Provence : l'huile nouvelle.

St-Paul-Trois-Châteaux – Fête de la truffe et des vins du Tricastin (2e w.-end).

Tain-l'Hermitage – Foire aux vins des côtes-du-rhône septentrionals (dernier w.-end).

MARS

Alboussière – Festival des arts et du mime « Mimages ». Des compagnies de renom viennent animer des stages et se produire lors de la « nuit du mime » - www.mimages.fr

Lyon – Foire internationale (2e quinz.) - www.foiredelyon.com

Lyon – Carnaval de St-Georges : carnaval de quartier avec cortège, concerts, jeux pour enfants, repas, feu d'artifice et bal. Quartiers St-Georges, St-Jean, St-Paul - http://dragons.st.georges.online.fr

PÂQUES

Burzet – Représentation de la Passion du Christ (Vendredi saint).

Le Puy-en-Velay – Procession des pénitents blancs à la tombée de la nuit (Jeudi saint) : voilés de cagoules, ils défilent dans les rues aux abords de la cathédrale - www.ot-lepuyenvelay.fr

AVRIL

Beaujolais – Fête des Crus autour des villages du Beaujolais (de fin avr. à déb. mai).

Boën – Fête des vignerons et du terroir (2e dim. d'avr.).

Lyon – Concours international de musique de chambre de Lyon - www.cimcl.fr

Lyon – Championnat de France des rallyes Lyon-Charbonnières-Rhône (3e w.-end d'avr.) - www.asarhone.com

Lyon et Grand-Lyon – Biennale internationale des marionnettes (mi-avr.) : nombreux spectacles de marionnettes dans les salles de spectacle, théâtres, bars et rues - www.moissondavril.com.

Montélimar – Marché Terra Potiers (fin avr.).
Vallon-Pont-d'Arc – Raid nature du Pont d'Arc : canoë, rando sportive et VTT - www.raid-nature-vallon.com
Yssingeaux – Carnaval d'Yssingeaux (déb. avr.) - www.pays-des-sucs.com

MAI

Aubenas – Carrefour du 9e art et de l'image - un événement dédié à la bande dessinée, manga inclu : dessinateurs, expositions, projections.
Banne – Festival d'art singulier - www.art-singulier-banne.org
Condrieu – En fête : vins et rigottes, petits fromages de chèvre (1er Mai).
Lyon – Festival de musique électronique Les Nuits sonores : 4 jours de concerts dans les lieux nocturnes, historiques, galeries d'art ou bâtiments industriels - www.nuits-sonores.com
St-Étienne – Festival paroles et musiques : chanson française (2e sem. de mai) - www.paroles-et-musiques.net

PENTECÔTE

Dieulefit – Marché des potiers - www.maison-de-la-terre.org
Lyon – Tournois boulistes de la Pentecôte - www.tbp-lyon.net

MAI-JUIN

Pérouges – Printemps musical (de mi-mai à mi-juin) : artistes très variés autour d'un programme thématique sur l'expression vocale dans l'église-forteresse de Pérouges, le prieuré de Blyes, et sur l'ensemble du territoire de la plaine de l'Ain - www.festival-perouges.org

JUIN

Annonay – L'Art de l'Envol : fête de la montgolfière avec reconstitution du premier vol ; lâcher d'une cinquantaine de ballons (1er w.-end).
Lyon – Fête des bannières du monde : accompagné par les Pennons de Lyon (nom donné au Moyen Âge aux drapeaux de chaque quartier), cortège sous les bannières des villes et provinces d'Europe jusqu'au village des bannières, où sont représentées les cultures de quatre continents - www.fetes-lyon.com
St-Étienne – Journée Vélocio : rassemblement international de cyclotouristes (juin).
St-Étienne – Rallye du Forez (déb. juin).
St-Félicien – L'Ardéchoise : course cycliste (dernier w.-end de juin) : plus de 15 000 cyclosportifs et cyclotouristes - www.ardechoise.com
St-Privat – Festi West Country : cow-boys, Indiens, artisanat western, concerts country - www.festi-west-country.com
Tarare – Fête des mousselines (tous les 5 ans, prochaine édition en 2010).
Tournon-sur-Rhône – Festival Fest'route : programmation éclectique de musiques actuelles - www.fest-route.com

JUIN-JUILLET

Saoû, Crest – Festival Saoû chante Mozart (de fin juin à mi-juil.) - www.saouchantemozart.com
Vienne – Jazz à Vienne (de fin juin à mi-juil.) : le théâtre antique retrouve sa vocation première avec concerts, animations destinées aux mélomanes, ateliers jazz. L'un des plus importants rendez-vous de la musique jazz en Europe - www.jazzavienne.com

JUIN-AOÛT

Lalouvesc – Pèlerinages : le 16 juin, le dimanche suivant, le 15 août et le dernier dimanche d'août.

Lyon – Les nuits de Fourvière : théâtre, danse, concerts, cinéma dans les théâtres antiques de Fourvière - www.nuitsdefourviere.fr

JUILLET

En Ardèche (Viviers, Cruas...) – Les Cordes en ballade : festival de musique de chambre ; jeunes quatuors, randonnée musicale - www.quatuordebussy.com

Alba-la-Romaine – Festival de théâtre : cycle de spectacles dans le décor du théâtre antique - www.comediedevalence.com

Arlempdes – Les Théâtrales du Velay (2e quinz. de juil.) - www.theatralesduvelay.com

Aubenas – Les Aubenades de la photographie.

Bourg-en-Bresse – Estivales de Brou : musique lyrique au sein du Monastère royal - www.estivalesdebrou.net

Craponne-sur-Arzon – Festival country : l'un des plus grands événements réunissant des artistes européens et américains (dernier w.-end du mois).

Dombes – Festival des cuivres : trompettistes, trombonistes ou quatuors de cors dans des lieux historiques - www.cuivresendombes.org

Grignan – Festival de la correspondance (5 j. déb. juil.) : lectures, spectacles, cafés littéraires et expositions - www.grignan-festivalcorrespondance.com

Dans la Loire (St-Étienne, Roanne, Montbrison...) – Festival été musical Loire en Rhône-Alpes (2e sem. de juil.) - www.loire-etemusical.fr

Montélimar – Festival Sésame - musiques de toutes sortes : trois jours de concerts à Montélimar et concerts off dans les communes alentour - ✆ 04 75 00 64 41 - www.montelimar-sesame.com

Montélimar – Couleur Lavande : marché aux saveurs et senteurs de lavande.

Nyons – Les Olivades (week-end avant le 14 Juillet) : fête de l'olivier dans le centre-ville de Nyons.

Payzac – Festival la pleine lune : musique rock, chanson française - www.lapleinelune.com

Le Puy-en-Velay – Les Musicales du Puy (mi-juil.) : musiques du monde - www.les-musicales43.asso.fr

Romans-sur-Isère – Festival international de folklore (déb. juil.) - www.tradifolk.com

St-Romain-le-Désert – Festival des étoiles du Haut-Vivarais (fin juil.) : animations autour de l'astronomie.

Saoû – Fête du picodon (3e w.-end de juil.) - www.fetedupicodon.com

Serrières – Joutes nautiques (mi-juil.) : les « sauveteurs de Serrières » s'affrontent en compétition officielle.

Valence – Festival de l'été (juil.-août).

Valréas – Cuvée du Marot (2e dim. de juil.) : 10 000 magnums de vin rouge de Visan libérés des grottes du château (le « Marot ») où ils ont été emmurés l'année précédente.

JUILLET-AOÛT

Château de la Bastie-d'Urfé – Les Nuits de la Bastie : musique classique.

Grignan –Fêtes nocturnes en soirée : la façade du **château de Grignan** sert de scène à des représentations théâtrales.

Labeaume – Festival Labeaume en musique : musique classique - www.labeaume-festival.org

Monts de la Madeleine (Ambierle, Vougy...) – Festival de musique des monts de la Madeleine : classique, jazz, variété - www.montsdelamadeleine.com

St-Agrève – Festival international des arts : musique, photo, peinture… (de mi-juil. à mi-août).

St-Donat-sur-l'Herbasse – Festival de musique consacré à J.-S. Bach (de fin juil. à déb. août).

Dans le pays des Sucs (Lapte, Grazac, Yssingeaux) – Festival des 7 lunes : lectures à haute voix, théâtre - www.7lunes.com

Valréas – Festival des nuits et Salon de l'enclave : concerts, théâtre et expositions de peinture (de mi-juil. à mi-août).

AOÛT

Ars-sur-Formans – Pèlerinage (le 4 août) - www.arsnet.org

La Chaise-Dieu et Le Puy-en-Velay – Festival de La Chaise-Dieu (12 j. à la fin du mois) : musique classique - www.chaise-dieu.com

Le Chambon-sur-Lignon, St-Agrève, Tence – Musiques en Vivarais-Lignon (2e quinz. d'août).

Charavines-Paladru – Régates amicales (juin et août) - www.spac-voile.org

Cheyne – Lectures sous l'arbre : poésie et musique (3e sem. d'août) - www.lectures-sous-larbre.com

Condrieu – Joutes nautiques (1er dim.).

Crest – Festival Crest jazz vocal, avec musiciens et mélomanes du monde entier - www.crestjazzvocal.com

Désaignes – Fête médiévale (2e dim. d'août) : vieux métiers, jeux et spectacles.

Le Monastier-sur-Gazeille – Festival des cuivres : baroque, salsa, gypsy, R & B, jazz… (1re quinz. d'août) - www.festivaldumonastier.fr

Pierre-de-Bresse – Marché des potiers de Bourgogne (vers le 10 août) - www.ecomusee-de-la-bresse.com

Le Puy-en-Velay – Fêtes mariales : procession de N.-D.-du-Puy (14-15 août) - www.ot-lepuyenvelay.fr

Richerenches – Fête médiévale (mi-août).

St-Étienne-de-Serres – Musicales du Fival : à l'intérieur du temple du Fival, concerts de toutes sortes et rencontres entre les artistes et le public (1re sem. d'août).

Tournon-sur-Rhône et environs – Festival national des humoristes (fin août) - www.festivaldeshumoristes.com

Tournon-sur-Rhône – Fête de l'oignon (fin du mois).

AOÛT-SEPTEMBRE

La Côte-St-André – Festival Berlioz - www.festivalberlioz.com

Vonnas, Châtillon-sur-Chalaronne – Lyriquement Vôtre : opéras, opérettes, expositions d'art plastique… - www.lyriquement-votre.com

SEPTEMBRE

Ardèche (Cruas, St-Félicien, Privas…) – Festival belles pierres en musique : les églises romanes de la région résonnent de musique ancienne - www.patrimoines-en-musique.com

Mont Brouilly – Pèlerinage des vignerons à la chapelle de Brouilly (1er sam. de sept.).

Châtillon-sur-Chalaronne – Marché aux plantes rares (2e w.-end de sept.).

Lyon – Foire aux tupiniers, appellation locale des anciens potiers - www.tupiniersduvieuxlyon.com

Lyon – Les Musicades : festival de musique de chambre (mi-sept.).

Le Puy-en-Velay – Fêtes Renaissance du Roi de l'Oiseau : théâtre de rue, reconstitution historique (mi-sept.) - www.ot-lepuyenvelay.fr

Romans-sur-Isère – Fête de la raviole et de la pogne (2e w.-end).

Romans-sur-Isère – Foire du Dauphiné (fin du mois).

St-Étienne – Foire économique (2e quinz.) - www.foiredesaintetienne.com

St-Étienne – Fête à la brocante.

Tain-l'Hermitage – Fête des vendanges (3e dim.).

Ardèche, Loire et Drôme – Les « Temps forts » de Quelques p'Arts… (mi-sept.) : spectacles dans différents villages, où douze compagnies se produisent.

SEPTEMBRE-OCTOBRE

Lyon – Biennale d'art contemporain les années impaires, en alternance avec la Biennale internationale de la danse les années paires (2e quinz. de sept. à fin déc.) - www.biennale-de-lyon.org

OCTOBRE

Beaujeu – Rallye pédestre du vin nouveau (1er dim.) : course à épreuves, dégustations… - www.beaujeu.com

Lyon – Grand-Lyon Film Festival : festival de cinéma (mi-oct.) avec projections de films restaurés.

Montbrison – Fête de la fourme : défilé à thème (1er w.-end d'oct.) - www.ville-montbrison.fr

Montélimar – Cafés littéraires dans les établissements de la ville (1er w.-end d'oct.) - www.montelimar-tourisme.com

Roanne – Festival Roanne table ouverte : dégustations, salons, dîners, spectacles…

St-Étienne – Fête du livre (mi-oct.) - www.fete-du-livre.saint-etienne.fr

OCTOBRE-MARS

Dombes – Les Pêches d'Étangs : pêche traditionnelle commentée et vente de poissons vivants.

OCTOBRE-NOVEMBRE

Lyon – La Vogue des marrons : depuis 1865, sur le boulevard de la Croix-Rousse, une fête foraine pour déguster des marrons grillés et découvrir le quartier de la soie du 19e s. (canuts).

Privas, Désaignes, Meyras, Antraigues, Jaujac, Joyeuse – Castagnades d'automne : fêtes de la châtaigne avec artisans d'art, artistes, marchés de producteurs, dégustation, rôties de châtaignes… - www.parc-monts-ardeche.fr

NOVEMBRE

Dans le Beaujolais et à Lyon – Fête du beaujolais nouveau (3e merc.) ; à Beaujeu a lieu la Fête des Sarmentelles : défilé, spectacle, feux d'artifice.

Bourg-en-Bresse – Salon de la gastronomie : rassemblement d'artisans des métiers de bouche avec une région à l'honneur - www.ainterexpo.com

Chénelette – Foire aux chèvres et aux bestiaux (11 Nov.).

Claveyson – Foire aux truffes et exposition artisanale (11 Nov.).

Lyon (parc de la Tête d'Or) – Fête des feuilles : exposition d'œuvres éphémères sur le thème de la chute des feuilles. Animations diverses.

Le Puy-en-Velay – Rassemblement international de montgolfières (w.-end du 11 Nov.) - www.montgolfiere-en-velay.fr

St-André-Lachamp, St-Pierreville, Albon, Marcols-les-Eaux – Castagnades d'automne - www.parc-monts-ardeche.fr

St-Étienne – Biennale internationale du design : rencontres et expositions de créateurs à la Cité du Design - http://biennalesaint-etienne.citedudesign.com

Tarare – Fête du beaujolais gourmand (3e sem. de nov.) - www.beaujolaisgourmand.com

Vallon-Pont-d'Arc – Marathon international des gorges de l'Ardèche (milieu du mois) : descente de 35 km en canoë ou en kayak jusqu'à St-Martin-d'Ardèche - www.marathon-ardeche.com

NOVEMBRE-DÉCEMBRE

Lyon – Festival de musique baroque de Lyon (mi-nov. à mi-déc.) - www.lachapelle-lyon.org

Lyon – Beaujolais nouveau (3e jeu. de nov.) : mise en perce des tonneaux à minuit et dégustation en plein air.

Lyon – Marché des soies : vente au mètre, cravates, foulards, accessoires ; expositions et mise en marche d'un métier à tisser - www.intersoie.org

DÉCEMBRE

Beaujeu – Vente de vins des Hospices de Beaujeu : ventes aux enchères à la bougie.

Bourg-en-Bresse, Louhans, Montrevel-en-Bresse, Pont-de-Vaux – Concours de volailles « Les Quatre Glorieuses » (3e sem.) - www.bresse-bourguignonne.com

La Garde-Adhémar – Messe de minuit en provençal (24 déc.), et crèche vivante.

Lyon – Fête des lumières (4 j. autour du 8 déc.).

Nyons – Fête de l'olive piquée (sam. avant Noël) : marché, dégustations, visites d'oliveraies et cueillettes, ateliers.

Roanne – Marché des producteurs fermiers (milieu du mois).

Villefranche-sur-Saône – Concours-salon des deux bouteilles (1er w.-end) : dégustation de vins du Beaujolais.

Bibliographie

PRESSE ÉCRITE

Le Progrès, trois éditions : Rhône, Loire, Ain. www.leprogres.fr

Le Dauphiné Libéré, éditions pour ce guide : Isère Nord, Drôme, Ardèche, Ain, Rhône. www.dauphinelibere.com

L'Éveil de Haute-Loire, Le Puy-en-Velay.

La Montagne, région Auvergne.

Lyon Plus, gratuit (www.lyonplus.com).

LIVRES

Ouvrages généraux

La collection « Encyclopédie Bonneton » propose plusieurs ouvrages collectifs consacrés à la région : Dauphiné ; Forez ; Lyonnais-Beaujolais ; Vivarais-Ardèche ; Haute-Loire.

La Loire, mille kilomètres de bonheur, J.-M. Laclavetine, National Geographic, 2002.

Histoire - Art - Traditions

Histoire de Lyon et du Lyonnais, J.- P. Gutton, P.U.F., coll. Que sais-je ? 2000. Une indispensable synthèse, aussi courte que précise.

Les Dynasties lyonnaises : des Morin-Pons aux Mérieux, du 19e siècle à nos jours, C. Pellissier, Perrin, 2003. L'histoire de l'essor des grands industriels de la région.

Les Camisards, P. Joutard, Gallimard, coll. Folio Histoire, 1999. La révolte des paysans, y compris en Ardèche, sous Louis XIV.

La Soierie lyonnaise, J. Ètèvenaux, G. Gambier, La Taillanderie, 2003.

La Collection : musée d'Art moderne de St-Étienne, Réunion des musées nationaux/musée d'Art moderne, 2000. Le livre de référence sur le sujet.

Les Grandes Heures de Lyon, J. Ètèvenaux, Perrin, 2005.

Lyon, 1940-1947 : l'Occupation, la Libération, l'Épuration, G. Chauvy, Perrin, 2004. Récit.

Littérature

L'Astrée, H. d'Urfé, Gallimard, coll. Folio Classique, 1984.

Longs désirs : Louise Labé, lyonnaise, F. Weinberg, éd. Lyonnaise d'Art et d'Histoire, 2002.

Voyages avec un âne dans les Cévennes, R. L. Stevenson, disponible en plusieurs éditions. Un grand classique du récit de voyage, par un grand écrivain du 19e s.

Clochemerle, G. Chevallier, Le Livre de Poche. Du rififi dans le Beaujolais sous la IIIe République. Savoureux !

Le Goût de Lyon, textes choisis par G. Vaudey, Mercure de France, coll. Le Petit Mercure, 2004. Le regard d'écrivains sur la ville.
Les Copains, J. Romains, Gallimard, coll. Folio. Jules Romains s'inspire pour cette farce de son enfance à La Chapuze, près de St-Julien-Chapteuil en Haute-Loire.
Le Seigneur du fleuve, B. Clavel, J'ai Lu, 1974. Le peuple des bateliers qui montent et descendent le Rhône à l'ère des premiers vapeurs, de quoi remonter le temps à un autre rythme.

Gastronomie

Nouvelles merveilles de la cuisine lyonnaise, P. Grison, éd. Lejeune, 1998.
Rhône-Alpes, L'inventaire du patrimoine culinaire de la France, Albin Michel, 1995.
Les Meilleures Recettes des bouchons de Lyon, J.-M. Fonteneau, Ouest-France, 1998.
Cuisine de l'Ardèche de A à Z, A. Prevel, C. Bonneton, 1998.
Les Vignobles de la vallée du Rhône, P. Bouchet, Quintette, 1998.
Voyage gourmand en Rhône-Alpes, J. Paté, F. Petit et T. Vallier, éd. Glénat, 2006.
L'Étonnante Histoire du beaujolais nouveau, G. Garrier, Larousse, 2002.

Randonnée

La Fédération française de randonnée pédestre (FFRP) édite d'indispensables guides consacrés aux chemins et sentiers de la région : *Le Pays Vivarais-Lignon à pied : Haute-Loire, L'Ardèche à pied : 46 promenades et randonnées, La Drôme à pied : 50 promenades et randonnées, Le Chemin de St-Régis, entre Velay et Vivarais : GR 430, La Loire à pied : 42 promenades et randonnées, Les Monts du Beaujolais et du Lyonnais à pied : 20 promenades et randonnées, Le Pays de l'Emblavez à pied : entre Loire et volcans.*

2/ COMPRENDRE LA RÉGION

Chataîgnes et bogues.
A. Liverani / Andia.fr

Au royaume de la gastronomie

Dans la vallée du Rhône, terre d'élection de la gastronomie, la variété et la beauté des paysages semblent directement s'imprimer dans la composition inventive de la table. Étangs et champs forment des viviers de productions naturelles de grande qualité à partir desquels se mitonnent quenelle de brochet, soupe aux truffes et volaille de Bresse. Les vignobles apportent leur alliance généreuse à une cuisine régionale qui fait le plaisir des gourmets.

La table

LYON, TABLE EN FÊTE

Ne cachant pas son amertume devant une ville qui lui avait déplu, Stendhal, qui savait avoir la dent dure, se sentait toutefois obligé d'admettre : « Je ne connais qu'une seule chose qu'on fasse bien à Lyon, c'est manger. »
Aux portes mêmes de la ville se pressent les riches élevages de la Bresse et du Charolais, les gibiers de la Dombes, les eaux poissonneuses des proches lacs savoyards, ou encore les potagers et les vergers de la vallée du Rhône et du Forez. Lyon doit ainsi une grande partie de sa renommée à un subtil mariage de produits de haute qualité, sélectionnés avec un soin jaloux aussi bien par les chefs les plus célèbres que par les fameuses « Mères », ces robustes cuisinières du cru.

Les spécialités au menu

Voici une petite sélection de la carte, pour rêver des plaisirs de bouche avant le départ : la **quenelle** de brochet gratinée au four se sert dans un beurre blond, le **saucisson de Lyon** est délicieux dans le fourreau de sa brioche chaude. On appréciera le **cervelas** chaud truffé et pistaché. La truite se cuisine volontiers braisée et farcie, et les volailles, surtout la poularde demi-deuil, reçoivent des lames de truffes entre chair et peau avant d'être cuites au bouillon. Plus traditionnels : le poulet à la crème, les cardons à la moelle ou gratinés, la galette de Pérouges et les **bugnes**, beignets de Mardi gras.

DES CUISINES RÉGIONALES DE CARACTÈRE

Les fastes de la cuisine lyonnaise pourraient avoir tendance, pour les non-initiés, à éclipser les scintillements plus discrets des autres tables de la vallée du Rhône. En sillonnant au plus près la région rhodanienne, on gagne pourtant à faire connaissance avec des spécialités qui ne manquent pas de caractère.

Finesses du Velay

Ici, la qualité des cultures est remarquable. On découvre avec

Fromages typiques de l'Ardèche.
J.-C. Gérard / Photononstop

bonheur les subtilités de la cuisson des **lentilles vertes du Puy**, qui bénéficient à la fois de la pauvreté du sol et de la rigueur climatique qui lui conviennent, ou encore la délicatesse du parfum de la **verveine** (herbe ou liqueur), qui peut aussi bien adoucir un plat en sauce que relever un entremets.

La Bresse et la Dombes

Les gourmets sont gâtés en **Bresse**, avec les **quenelles** de brochet et de volaille, les **crêpes vonassiennes** (à base de pâte à crêpe et de purée de pommes de terre), la **galette bressane** (nappée de crème et saupoudrée de sucre), les **glaudes** (farine de maïs grillé) que l'on prépare salées ou sucrées, et bien sûr toutes les volailles. Parmi d'autres recettes locales, signalons le **gratin de queues d'écrevisses**, concocté dans une sauce Nantua (beurre d'écrevisse et crème fraîche), les **cuisses de grenouilles** sautées avec une persillade, le **poulet à la crème et aux morilles** et le **gâteau de foies blonds** (œufs, crème et foies de volaille).
Les étangs de la **Dombes** fournissent la carpe (frite, farcie, fumée, en terrine ou en paupiette), les grenouilles, et attirent le gibier d'eau comme les colverts et les sarcelles. Le village de **Pérouges**, lui, est indissociable de sa fameuse **galette**, fabriquée avec de la pâte briochée fine et craquante, et saupoudrée de sucre.

Terroir du Forez et Pays roannais

Dans le Forez et du côté de Roanne, volailles, écrevisses et truites du Lignon entrent dans la préparation de nombreux plats, mais la qualité des viandes de boucherie est aussi exceptionnelle, notamment dans le département de la Loire où une grande partie des bovins est de race charolaise. Sur l'étal des marchés, vous pourrez trouver du pâté en croûte, de délicieux jambons de pays, sans oublier la **rosette** de Feurs et l'**andouille** de Charlieu.
La **fourme de Montbrison** (AOC) est l'un des plus anciens fromages de France. La dégustation de ce bleu persillé précède avantageusement celle des airelles, ces myrtilles sauvages glanées dans les bois du Pilat et du Forez début août.

Gastronomie du Vivarais

Marrons glacés à Privas et Aubenas, bière à Vals-les-Bains, la **châtaigne** (AOC) se savoure sous toutes les formes. À partir du fruit de l'« arbre à pain », se déclinent aussi la baguette ardéchoise, créée par des céréaliers, minotiers et boulangers qui revendiquent un produit 100 % du cru, ou encore quelques tendres pâtisseries telle Lou Pisadou, une galette onctueuse et croustillante. Côté salé figurent la **caillette**, petit pâté de porc aromatisé aux herbes qui se mange chaud ou froid, ainsi que le **bœuf Fin Gras du Mézenc** qui a obtenu l'AOC en 2006. Enfin, le **picodon**, AOC lui aussi, est un fromage fabriqué exclusivement à partir de lait de chèvre entier.

À la carte du Bas-Dauphiné

Le Bas-Dauphiné rhodanien est avant tout le pays du gratin de pommes de terre (cuites au lait et à la crème), connu sous le nom de **gratin dauphinois**. Autre grande spécialité : la **raviole**, pâte fraîche farcie de comté, de fromage blanc frais et de persil revenu dans du beurre. Vous pouvez aussi vous laisser tenter par un cul de veau aux poireaux (dont la viande est prise dans le cuisseau), un bœuf braisé à la grignanaise, ou un mets réalisé à partir de truffe noire du Tricastin.
Sur la carte des fromages locaux trônent le **saint-marcellin** et le **picodon** (AOC). Sur celle des desserts et friandises, vous avez le choix entre la **pogne** de Romans et de Valence (brioche aromatisée à la fleur d'oranger) et l'inimitable **nougat** de Montélimar.
Enfin, le Bas-Dauphiné (autour de La Chatte) s'enorgueillit de son **AOC noix de Grenoble** ; elles sont cultivées de manière extensive en diverses variétés. La longue tradition régionale dans « l'élevage » des noix a permis l'élaboration de divers desserts.

LES GRANDS CHEFS DE LA RÉGION

La vallée du Rhône est une région gourmande, on ne cesse de vous le répéter. La preuve ? Elle se trouve dans l'assiette de sept cuisiniers distingués que nous vous recommandons.

Dans le Rhône

Les mots manquent pour qualifier **Paul Bocuse**, immense chef. Un monument ! Son parcours, exceptionnel, affiche 3 étoiles depuis 1965 : un record ! Faisant figure de novateur dans les années 1965-1970, il est devenu au fil du temps une référence incontournable de la cuisine classique. Certaines de ses créations sont déjà passées à la postérité tels le loup en croûte, la soupe aux truffes, etc. Grand meneur d'hommes et remarquable formateur de talents, ses élèves font la renommée de la gastronomie française. Il est également l'initiateur du concours « Le Bocuse d'Or », l'un des plus sélectifs concours de chefs au monde.
Paul Bocuse à Lyon (au pont de Collonges), ✆ 04 72 42 90 90.
Chantal Chagny est une cuisinière passionnée par son métier et fidèle à Fleurie depuis 1969, date de la création du restaurant. Au fil du temps, constamment en quête de simplicité, Chantal Chagny a épuré sa cuisine tout en proposant des recettes authentiques du terroir, ou plutôt « des terroirs », qu'elle sert dans son auberge, véritable ambassade du Beaujolais.
Le Cep à Fleurie, ✆ 04 74 04 10 77.

Dans la Loire

La gare de Roanne : face à la maison Troisgros ! Cette boutade, néanmoins très réaliste, en dit long sur la réputation du restaurant, véritable institution qui fait partie du patrimoine culinaire de la France. **Michel Troisgros** est le digne

successeur de son père Pierre et de son oncle Jean, d'une adresse créée par son grand-père Jean-Baptiste. Il réalise une cuisine créative de haute volée distinguée par 3 étoiles.
Troisgros à Roanne, 04 77 71 66 97.

Dans l'Isère

Patrick Henriroux, originaire de Franche-Comté, a relevé le défi de reprendre les cuisines de La Pyramide à Vienne, rendue mondialement célèbre par Fernand Point. Après avoir fait ses classes notamment chez Georges Blanc à Vonnas, il passe quelques années comme chef à la Ferme de Mougins avant de rejoindre Vienne en 1989 où il concocte une cuisine inventive largement influencée par son séjour dans le midi de la France. Il a réussi à affirmer son identité tout en gardant l'âme du lieu. Sa devise « travailler sans oublier, sans oublier d'être au goût du jour ». D'une grande humilité et d'une grande gentillesse, il fait l'unanimité parmi ses pairs et ses clients. Son talent lui a permis de « décrocher » 2 étoiles.
La Pyramide à Vienne, 04 74 53 01 96.

Dans la Drôme

Anne-Sophie Pic est bien la cuisinière de grand talent que la France attendait depuis longtemps. Ses prestations culinaires époustouflantes lui ont valu d'entrer dans le sérail des 3 étoiles en 2007. Sa cuisine délicieusement inventive vous est servie dans la mythique maison familiale, entièrement rénovée, tandis que son époux, David Sinapian, veille au bien-être des hôtes. Qui aurait dit que cette brillante étudiante en commerce deviendrait un jour la reine des fourneaux ? Mais chez Anne-Sophie, bon sang ne saurait mentir et après le grand-père André et le papa vénéré, Jacques, elle signe un exploit unique : être la troisième génération à décrocher la 3e étoile.
Pic à Valence, 04 75 44 15 32.

Depuis 1970, **Michel Chabran** est fidèle à sa maison située sur le 45e parallèle à Pont-de-l'Isère. L'hôtel-restaurant est passé d'une petite maison familiale à un bel et confortable établissement grâce à l'opiniâtreté et au dynamisme de son chef patron. Considéré comme un novateur dans les années 1980, Michel Chabran a évolué vers un style plus classique où les produits du terroir et les vins locaux sont largement à l'honneur.
Michel Chabran à Pont-de-l'Isère, 04 75 84 60 09.

Dans la Haute-Loire

Aujourd'hui, qui ne connaît pas St-Bonnet-le-Froid ?… et grâce à qui ? À **Régis Marcon** bien sûr ! Très attaché à son village et au terroir, il est le spécialiste de la préparation des champignons. Ses recettes créatives qui enchantent le palais ont reçu la récompense suprême de la 3e étoile en 2005. La modestie du personnage n'a d'égale que ses compétences de formateur et son talent de meneur d'hommes. À son palmarès : vainqueur du 1er concours du Bocuse d'Or. Désormais installé dans son tout récent « vaisseau des cimes », il concocte une cuisine à quatre mains, rejoint par son fils Jacques.
Régis et Jacques Marcon à St-Bonnet-le-Froid, 04 71 59 93 72.

LES EAUX DE SOURCE

Les eaux de source des départements de la Loire et de l'Ardèche sont fort réputées.

Eaux de la Loire

La plus connue est la **Badoit**. Eau minérale naturellement gazeuse, elle est riche en calcium, magnésium, sodium et fluor. La production de bouteilles se fait à St-Galmier.
Pétillante aussi, l'eau de **Parot** provient de St-Romain-le-Puy dans

le Forez. Elle contient notamment du bicarbonate de soude et du fluor.
St-Alban-les-Eaux et **Sail-les-Bains**, deux cités au long passé thermal, commercialisent leurs eaux. La seconde a la particularité d'être riche en silicate, ce qui lui donne des vertus thérapeutiques en matière de dermatologie.
Enfin, peut-être buvez-vous fréquemment de la **Montarcher** sans le savoir. Cette eau des monts du Forez remplit en effet nombre de fontaines d'eau placées dans les entreprises.

Eaux pétillantes de l'Ardèche

Les eaux gazeuses sont nombreuses en Ardèche. Les fines bulles de l'eau de **Vals** sont les plus célèbres. S'y ajoutent la **Vernet** de Prades, l'**Arcens**, toutes deux bicarbonatées, et la **Volcan** qui jaillit de l'Aizac. D'Asperjoc viennent la **Reine des Basaltes**, calcique, bicarbonatée et magnésique, et la **Ferrugineuse Incomparable** dont le nom rappelle irrésistiblement, pour tous ceux qui l'ont entendu, le célèbre sketch de Bourvil. À Meyras-Neyrac-les-Bains, la source du Pestrin donne la gazeuse **Ventadour** et, enfin, une eau plate, la **Chantemerle**.

Un vignoble varié

Sur les coteaux dominant la Saône et le Rhône s'étagent les prestigieux vignobles qui sont l'objet d'une culture spécialisée intensive. La diversité des terroirs, des cépages et du climat permet à la région de décliner toute une gamme de vins classés selon leur qualité : les meilleurs vins reconnus bénéficient de l'Appellation d'origine contrôlée (AOC) ; viennent ensuite les Vins délimités de qualité supérieure (VDQS), puis les Vins de pays et Vins de table.

LE BEAUJOLAIS

Les vins du Beaujolais se rattachent par tradition au patrimoine gastronomique de la région. Légers en bouche, souples et fruités, servis entre 10 et 14°, ces vins sont idéaux pour accompagner les produits du terroir.
Le vignoble s'étend sur une longueur de 60 km et une largeur de 12 km. Il occupe une superficie de près de 22 000 ha, avec une production moyenne de 1 300 000 hl par an. Il s'étage entre 180 et 550 m d'altitude, et couvre la pente des coteaux ensoleillés qui dominent la Saône. Le cépage commun est le gamay noir à jus blanc pour les vins rouges ; au nord, l'élite du Beaujolais est constituée de 10 crus ; les beaujolais-villages, au cœur du vignoble, sont des vins charpentés et fruités de qualité ; plus au sud, le pays des Pierres Dorées regroupe des beaujolais supérieurs. La caractéristique du beaujolais est de se boire jeune et frais ; chaque année, le 3e jeudi de novembre à 0 heure, une partie de la production est commercialisée sous le nom de « beaujolais nouveau ». Cependant, les crus charnus et robustes se conservent jusqu'à cinq ans.

LES CÔTES-DU-RHÔNE

L'origine des vignobles remonte au temps des Romains ; les vétérans des légions romaines plantèrent des vignes qui prospérèrent jusqu'au coup d'arrêt de Domitien qui en ordonna la destruction par crainte de concurrence. La production devint clandestine, puis reprit de plus belle.
Le vin le plus ancien de la région est certainement la clairette de Die, qui n'a pourtant obtenu son AOC qu'en 1993. Son célèbre hermitage doit son nom à un chevalier, Gaspard de Stérimberg, qui se

retira sur le coteau après la croisade contre les albigeois.
Les ordres religieux contribuèrent au développement des vignobles, parfois relayés par l'intérêt de la cour royale ; ainsi, les vins du Vivarais connurent le succès à la cour de Louis XII.

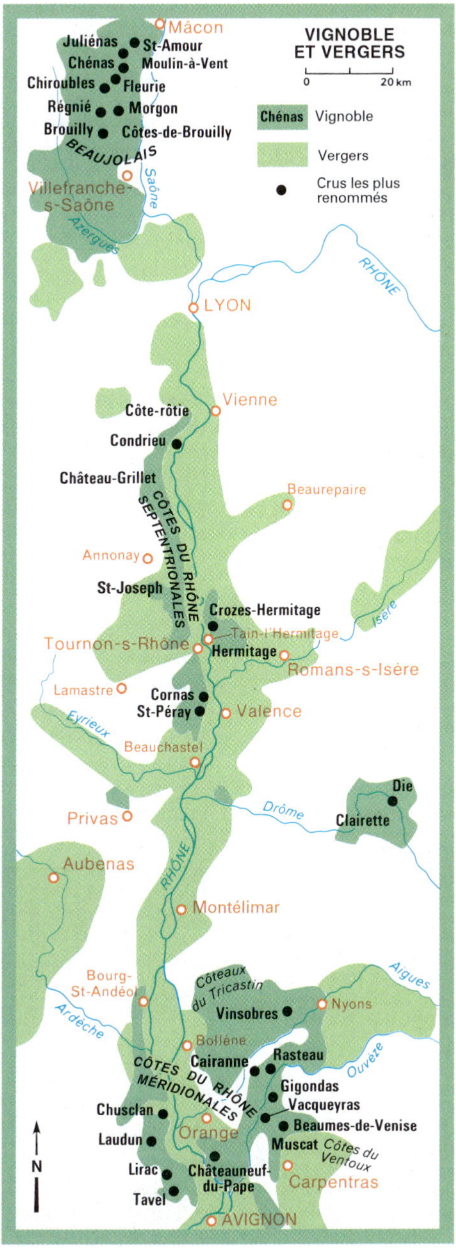

À la fin du 19e s., le phylloxéra fit des ravages dans les vignes, qui furent arrachées parfois au profit de vergers ; mais le développement de l'œnologie et des réglementations a permis d'améliorer la qualité des vins.
Aujourd'hui, le vignoble de la vallée du Rhône se place au deuxième rang des AOC françaises, en superficie (75 000 ha) et en production (3 500 000 hl). Il s'étend sur 200 km en un long ruban de part et d'autre du fleuve et doit sa variété aux cépages choisis, aux différences des sols sur lesquels il s'est installé, aux nuances climatiques des bassins et, enfin, aux diverses expositions des gradins qui s'étagent en direction des Cévennes et des Alpes. S'y distinguent les Côtes du Rhône méridionales, au sud de Montélimar, et les Côtes du Rhône septentrionales, au nord de Valence. Les crus, de qualité, sont réalisés par un savant dosage des cépages. La plupart des côtes-du-rhône font d'excellents vins de garde, mais certains peuvent être dégustés en primeur à partir de mi-novembre. Les rouges se boivent peu chambrés, les blancs très frais.

Les grands crus

Les côtes-du-rhône doivent leur célébrité à quelques grands crus tels condrieu, château-grillet, saint-joseph, cornas, saint-péray, côte-rôtie ou encore crozes-hermitage dans les côtes septentrionales, mais aussi châteauneuf-du-pape, gigondas, beaumes-de-venise, tavel, vacqueyras et lirac dans les côtes méridionales (qui ne sont pas traitées dans ce guide mais rattachées au *Guide Vert Provence*).

LES AUTRES VINS

Les vins de la Loire

Le pays roannais et le Forez, situés dans le département de la Loire, recèlent chacun une AOC de rouge ou rosé.
Très fruité, le **côte-roannaise** (qui reçut l'AOC en 1994) se boit jeune et frais. Le **côtes-du-forez** (qui obtint l'AOC en 1999) est également un vin fruité à savourer dès son plus jeune âge.
Moins connu mais très agréable, le vin de pays d'Urfé (rouge ou blanc) est un agréable vin local.

Les vins d'Ardèche

Blancs, rosés ou rouges, les vins de pays des coteaux de l'Ardèche sont élaborés à partir d'une mosaïque de vignes qui autorise une gamme étendue de cépages. Les blancs sont plutôt secs et accompagnent bien les plats de poissons ou se servent à l'apéritif, comme les rosés. Volontiers corsés et épicés, les

LE CHOIX DU VIN	1996	1997	1998	1999	2000	2001	2002	2003	2004	2005	2006	2007
Beaujolais	★	★★★	★★	★★★	★★★	★★	★★	★★★	★★	★★★	★★	★★
Côtes-du-rhône septentrionales	★★★	★★	★★	★★★	★★	★★	★★	★★	★★	★★★	★★★	★★
Côtes-du-rhône méridionales	★★★	★★	★★★	★★	★★★	★★★	★	★★	★★	★★★	★★	★★
★★★ : grande année				★★ : bonne année					★ : année moyenne			

Raisins.
S. Lopez Ferrer / MICHELIN

rouges se lient sans façon avec les plats de viande rouge et le gibier. Derniers-nés, les **côtes-du-vivarais**, devenus AOC en 1999, sont le signe de l'émergence d'une grande région viticole en Ardèche méridionale. Ces vins, gourmands et rocailleux, associent le grenache du sud à la syrah du nord et expriment leur terroir par des vins rouges aux arômes de fruits noirs et d'épices, et des tanins plutôt robustes. Cas à part, le chatus, typiquement ardéchois, est produit à partir d'un cépage ancestral. Très tannique, il convient aux plats riches.

Les vins de Vienne

Déjà, sous l'Empire romain, le vignoble de Seyssuel était réputé. Pendant des siècles, on a apprécié le « goût de poix » de ses vins rouges. Après sa destruction par le phylloxéra à la fin du 19e s., il renaît, mais sa production connaît quelques faiblesses. Dans les années 1990, trois vignerons plantent des cépages syrah et viognier (cépages anciens) près du château des Archevêques. De leurs douze hectares « jaillissent » à présent deux cuvées nommées Sotanum et Taburnum.

Les coteaux-du-lyonnais

Produits à l'ouest de Lyon, les vins des coteaux du Lyonnais bénéficient d'une appellation d'origine contrôlée (AOC). Les rouges sont issus de gamay, avec des tonalités de framboise et cassis, les blancs de chardonnay, avec des parfums de pêche blanche. Les premiers accompagnent mieux les viandes, les seconds les fruits de mer.

Vins de pays de la Drôme

Les vins de pays des collines rhodaniennes, du comté de Grignan, de la Valdaine ou des coteaux des Baronnies sont souvent élaborés par les mêmes vignerons qui produisent les appellations plus prestigieuses. Particulièrement fruités, ils se déclinent en blancs, rouges et rosés.

La région aujourd'hui

Est-il vraiment loin le temps où Lyon, alias Lugdunum, était la capitale des Gaules ? Tout récemment distancée par l'extension de l'agglomération marseillaise, la troisième ville de France, par le nombre de ses habitants, rayonne dans une région au poids économique majeur, riche de ses industries de pointe mais aussi de ses cultures fruitières, ses châtaigniers et ses oliviers.

Un pôle économique international

Si la ville est passée au troisième rang, la Région Rhône-Alpes, elle, caracole toujours juste derrière l'Île-de-France comme deuxième pôle économique français, tant par l'étendue de sa population, que par l'activité de production qui y est concentrée. Elle figure parmi les quinze régions de l'Union européenne qui créent le plus de richesses. Les départements du Rhône, de la Loire, de l'Ardèche et les parties de l'Ain, de la Drôme et de l'Isère traitées dans ce guide constituent la majeure partie de cette région administrative.

UN GRAND CARREFOUR

C'est sa situation géographique qui favorise la vallée du Rhône : elle lui permet d'entretenir aisément des échanges économiques forts avec l'ensemble de l'Europe, notamment avec le Piémont et la Suisse, grâce à son réseau autoroutier, ses liaisons ferroviaires à grande vitesse et l'aéroport international de Lyon-St-Exupéry. Faisant aujourd'hui partie du Grand Sud-Est de la France, elle est située à un carrefour où se croisent l'axe Rhin-Rhône, orienté nord-sud, et l'arc méditerranéen, orienté est-ouest. D'importants centres urbains sont implantés sur tout le territoire de la région, chacun s'étant spécialisé dans une activité. Les très grandes villes sont Lyon (près de 1 350 000 habitants) et St-Étienne (un peu moins de 300 000 habitants) – non traitée dans ce guide, Grenoble abrite plus de 400 000 habitants. D'autres villes sont de dimension importante, leur population s'élevant à environ 100 000 habitants : Annonay, Roanne, Valence. Parmi les mastodontes de l'économie régionale figurent des entreprises dont les sièges sociaux sont restés locaux. C'est le cas du Crédit Lyonnais, Entrelec, SEB (Lyon), Casino (St-Étienne).

Depuis octobre 2009, l'aéroport de Lyon-St-Exupéry tient également le rôle de pôle multidimensionnel avec l'ouverture du « Hub Business » en face du terminal 1. Ce centre d'affaires géant, composé de trois

LES GRANDES ENSEIGNES

Parmi les grandes entreprises de la région, on peut citer : Blédina (alimentation pour enfants) à Villefranche-sur-Saône, SEB (articles ménagers) et Boiron (homéopathie) à Lyon, Valrhona (chocolaterie) à Tain-l'Hermitage, Lafuma (fabricant de sacs à dos) à Anneyron, Robert Clergerie (fabricant de chaussures) à Romans-sur-Isère, Valdrôme (tissus de Provence) à Valence, Carré Blanc, Devernois et Marcelle Griffon (textiles) à Roanne ou encore Jalla à Régny dans la Loire, Badoit (eaux de table) à St-Galmier, Renault Trucks (véhicules industriels) à St-Priest, Majorette (jouets et jeux) à Rillieux-la-Pape, la société des ateliers Louis Vuitton (maroquinerie de luxe) en Ardèche et dans la Drôme.

bâtiments conçus selon le concept du développement durable, accueille quelque 150 entreprises dans ses 9 000 m² de bureaux, un hôtel 4 étoiles et un parc de stationnement de 2 000 places, réparties sur sept niveaux. Avec la desserte facile du tramway-express LESLYS, reliant l'aéroport à la gare Part-Dieu, le pôle représentera une véritable mine d'emplois.

UNE ÉCONOMIE DIVERSIFIÉE

Plus de 365 000 exploitations agricoles, commerces, établissements industriels, sociétés de services et entreprises artisanales constituent le tissu économique de la région.
Côté industrie, la plasturgie, la pharmacie, la chimie, l'électronique et le textile se hissent aux premiers rangs, suivis par la mécanique, la chimie, l'agroalimentaire et l'énergie. Un quart de l'activité nationale de sous-traitance est effectué dans la région, souvent par des entreprises de type PMI.
C'est dans le secteur des services que se créent le plus d'entreprises, dans les domaines de l'informatique, l'ingénierie et les études techniques, le travail temporaire, le traitement des déchets… La région est également l'un des grands pôles français du transport de marchandises et de la logistique, et voit ses activités de commerce interentreprises (aussi appelées B to B) s'intensifier.
Quant au tourisme, il bénéficie essentiellement du succès de Lyon et de l'Ardèche (avec une fréquentation majeure des campings). Il renforce en maintes zones rurales les activités agricoles. Même si la viticulture et l'arboriculture connaissent parfois des difficultés, elles restent fortement implantées dans la vallée du Rhône.
Dans le département de la Haute-Loire (Auvergne), les activités sont essentiellement agricoles, avec une zone d'industrie autour d'Yssingeaux. Les départements de l'Ain et de Saône-et-Loire (Bourgogne), où la filière avicole est particulièrement développée, se partagent la prestigieuse volaille de Bresse, estampillée AOC.

LA CHIMIE, SECTEUR DE POINTE

Quand vous prenez un cachet de paracétamol ou lorsque vous achetez un objet conçu en PVC, vous consommez quasi automatiquement du *made in* vallée du Rhône, région qui s'est spécialisée dans la fabrication de ces deux produits. S'y sont en effet concentrés la plupart des industriels de la chimie implantés en France. De la recherche au conditionnement des produits finis, tous les acteurs de la filière se trouvent à Lyon et dans les environs.

Tout a commencé à la fin du 18e s. quand des entrepreneurs se sont mis au service des soyeux lyonnais. Aux ordres de ces derniers, ils ont inventé des solutions pour le nettoyage des fibres, leur blanchiment et leur teinture, puis ont élargi leurs compétences aux domaines de la pharmacie, de la photographie, de la fabrication et de la transformation des polymères, des élastomères ou encore des fibres artificielles.

Dans la région, on distingue quatre grands ensembles d'activités spécialisées dans la chimie. Symbolisée par la raffinerie pétrochimique de Feyzin, la **chimie lourde** consiste à fabriquer des produits de base à partir de matières premières. C'est l'activité de groupes d'envergure internationale comme Atofina, Rhodia ou Air Liquide. La **chimie fine**, appelée aussi chimie de spécialités, est un domaine qui mobilise beaucoup de chercheurs et dans lequel les PME et PMI sont nombreuses. Elle utilise les produits issus de la chimie lourde pour élaborer des molécules complexes. La **parachimie** fabrique des produits ciblés : colles et adhésifs, insecticides, herbicides, explosifs, peintures, vernis… Enfin, la **pharmacie** utilise les principes actifs de la chimie fine et élabore des médicaments dans le domaine de la santé des hommes et des animaux.

La tendance, en ce début de 21e s., est à la réduction des industries de chimie lourde, en butte à une forte concurrence internationale, au profit d'entreprises spécialisées ou à forte valeur ajoutée. Ainsi, le projet Chimie-Environnement Lyon Rhône-Alpes, porté par l'association Axelera (Rhodia, Arkema, Suez, IFP et CNRS), est un atout en matière de rayonnement européen et international. Labellisé en 2005 « pôle de compétitivité », il a pour objectif d'élaborer des programmes liés au développement durable tels le traitement de l'eau, l'éco-conception des matériaux ou encore les bio-ressources, dont l'objectif est de substituer les matières premières renouvelables aux ressources pétrolières, notamment dans le domaine de l'industrie chimique.

La bio-industrie lyonnaise

Biotechnologies, pharmacie, diagnostic humain et vétérinaire, technologies médicales, bio-services, recherche et développement… S'il est un domaine où Lyon continue à aller « Avant, avant, lion le *melhor* » selon sa devise, c'est celui des sciences du vivant, la bio-industrie. L'agglomération lyonnaise est en effet le **premier centre de fabrication de produits biologiques** au monde avec la présence d'entreprises de très grande envergure comme Sanofi-Aventis.

Les numéros uns mondiaux sont légion parmi les 450 sociétés spécialisées de la région : Sanofi Pasteur (vaccins humains), Merial (vaccins à usage vétérinaire), BioMérieux (diagnostic bactériologique), Boiron (homéopathie), Merck-Santé (traitement du diabète), SMAD-Fresenius (secteur de la dialyse)… 66 000 personnes travaillent à la fabrication de médicaments, de vaccins, de molécules bioactives ou de matériels médicaux, ainsi qu'à la recherche, notamment en ce qui concerne la **thérapie génique**.

C'est à Lyon et alentour que se situent le Centre international de recherche sur le cancer, le Centre européen d'immunologie et de virologie, la Fondation Marcel-Mérieux – celle-ci comprend l'**unique unité de recherche européenne consacrée aux maladies infectieuses**

émergentes ou résurgentes telles que les virus Ebola et Lhassa –, les centres privés de recherche et développement d'Aventis Pasteur, de Schering-Plough, de BioMérieux, d'Edap-Technomed…
La recherche, c'est aussi l'affaire d'importants établissements d'enseignement supérieur (Université Claude-Bernard Lyon 1, École nationale vétérinaire…) et hospitaliers (Hospices civils de Lyon, Centre anticancéreux Léon-Bérard…). Enfin, organismes privés et publics collaborent au sein d'instituts fédératifs de recherche (neurosciences, cardiovasculaire, virologie et immunologie…).
Une telle concentration d'atouts a incité les pouvoirs publics et économiques nationaux et régionaux à favoriser le développement de pôles d'excellence, tels que **Génopole Rhône-Alpes**, **Cancéropôle Lyon Rhône-Alpes**, **Lyon Biopole**, destinés à renforcer la recherche et la production dans la région.
Cette dynamique en matière de recherche et développement lui confère le 5e rang en Europe pour son potentiel technologique et scientifique.

Un verger pour la France

À partir de 1880, les cultures fruitières prennent le relais d'un vignoble sévèrement touché par le phylloxéra. Depuis, chaque printemps, la vallée se transforme en un superbe jardin fleuri. Composé à 70 % de six espèces (abricot, cerise, pêche, prune, poire et pomme), le verger rhône-alpin, déployé sur 42 500 ha, alimente aujourd'hui le tiers de la production nationale et se distingue par une importante production de châtaignes.

CULTURES FRUITIÈRES

Un climat doux, des sols favorables, des systèmes d'irrigation et des méthodes de production qui, bien que mécanisées, restent en majeure partie artisanales, tels sont les secrets de la grande qualité des fruits de la région : aux framboises et groseilles des monts du Lyonnais comme aux célèbres noix de l'Isère, il convient d'ajouter les cerises, prunes, poires et pommes cultivées en Ardèche et dans la Drôme.
Il faut noter également que la région possède plus de la moitié du **verger abricotier** français ; la **Drôme** totalisant à elle seule 79 % de la superficie régionale. En effet, l'abricot ayant bénéficié de primes à la rénovation du verger, les superficies se sont vues multipliées par trois en vingt ans.
La palme revient aussi aux **pêchers**, bien que leur nombre ait récemment beaucoup diminué : depuis les premières plantations en 1880 à St-Laurent-du-Pape, ils ont fait la renommée de la vallée de l'Eyrieux d'où ils se sont répandus dans la vallée du Rhône. Jaunes

LA DRÔME, PREMIER DÉPARTEMENT BIO

L'histoire de l'agriculture biologique de la Drôme remonte aux années 1960, à l'époque où quelques exploitants choisissent de répondre à une agriculture de plus en plus productiviste par des méthodes culturales respectueuses de l'environnement. En 1980, lors de la reconnaissance de l'agriculture biologique par la loi d'orientation agricole, ils sont déjà une centaine d'agriculteurs a avoir choisi ce type de production. Aujourd'hui, la Drôme est devenue le premier département en agriculture biologique de France avec près de 500 exploitations et quelque 18 000 ha.

ou blanches ou encore sanguines, leurs variétés sont nombreuses. Les récoltes, qu'elles soient précoces, de pleine saison ou tardives, assurent une activité majeure pour la région pendant toute la période estivale. Là encore, la Drôme se distingue pour ses pêches et ses nectarines qui bénéficient d'un Label Rouge.

L'OR VERT

La production d'**huile d'olive** est le fleuron des industries séculaires, héritée des Grecs qui plantèrent les premiers oliviers. L'oléiculture fut pourtant longtemps abandonnée au profit de la vigne et des arbres fruitiers.
En Drôme provençale, les oliveraies renaissent depuis vingt ans ; autour de Nyons, les moulins sont rénovés. Plus chère que les huiles de grande consommation vendues en grandes surfaces (avec des olives espagnoles, italiennes ou grecques), l'huile d'olive est avant tout un plaisir de gourmets, avec ses appellations d'origine et ses grands crus.
Bon à savoir – La production française représente moins de 0,2 % de la production mondiale et la France transforme 4 % de sa production en huile d'olive. Pour plus d'informations, reportez-vous au site de l'Afidol (www.afidol.org), l'Association française interprofessionnelle de l'olive.

CHÂTAIGNES ET CHÂTAIGNIERS

Malgré la découverte d'une châtaigne fossilisée datant de 8,5 millions d'années, la légende veut que ce soient les Romains qui aient apporté dans leurs chars ces précieuses denrées en Ardèche. Les châtaigniers, surnommés « arbres à pain », furent longtemps la base de l'alimentation quotidienne et l'une des principales ressources pour les villageois qui les cultivaient à quelque 800 m d'altitude.
Aujourd'hui, près de 6 000 ha de châtaigneraies sont toujours exploités sur un territoire qui s'étend de Lamastre, au nord, jusqu'aux Vans, au sud. Avec plus de 5 000 t, l'**Ardèche** se classe ainsi premier département français et fournit environ la moitié de la production nationale.
En 2006, l'obtention de l'AOC promet une seconde jeunesse à la châtaigne devenue reine de la fête grâce aux Castagnades d'automne qui se célèbrent tous les week-ends de la mi-octobre à la mi-novembre. L'occasion de redécouvrir les grandes variétés appréciées des gastronomes telles la **garinche** et la **comballe**, « blonde et douce ». Déclinées en pâtisseries, marrons glacés, crèmes ou purées, elles affichent leur haute qualité gustative et sont toujours aussi recherchées pour l'accompagnement du gibier et de certaines volailles.

Nature et paysages

Entre les fleuves Rhône et Loire, entre les reliefs du Massif central et ceux des Alpes, les rivières se faufilent, s'étalant rarement dans des vallées sinueuses, creusant plutôt des gorges, des avens et des grottes spectaculaires. Ce travail de l'eau sur et sous terre livre de quoi retracer l'évolution du climat au cours des millénaires, mais surtout vient sillonner toute une palette de monts et montagnes, plateaux et vallées, plaines et collines.

Une mosaïque de paysages

Dans une éblouissante variété de couleurs, du plateau de la Dombes aux gorges de l'Ardèche, du Haut-Beaujolais montagneux aux volcans du Velay, la vallée du Rhône se compose sans nul doute d'une mosaïque de paysages parmi les plus majestueux de France. La vallée et le fleuve n'ont en effet jamais cessé de cultiver leurs richesses naturelles et géologiques.

LA FORMATION DU RELIEF

À la fin de l'ère primaire, il y a environ 200 millions d'années, un bouleversement de l'écorce terrestre (plissement hercynien) fait surgir le sol granitique du Massif central sous forme de hautes montagnes.

Durant l'ère secondaire, les sédiments calcaires s'accumulent à la périphérie du massif qui s'aplanit sous l'action de l'érosion. S'ensuit, pendant la première moitié de l'ère tertiaire, un affaissement progressif du socle hercynien de direction générale nord-sud : il est à l'origine du couloir rhodanien. Le plissement alpin exerce ensuite une formidable poussée sur le Massif central qui, trop rigide pour se plisser à son tour, bascule d'est en ouest en se disloquant. À la faveur des fissures, le magma interne, en fusion, jaillit ; des volcans s'édifient.

Au début de l'ère quaternaire, il y a environ 2 millions d'années, le Rhône, charriant de grandes quantités de matériaux arrachés aux montagnes voisines, crée des systèmes complexes de terrasses alluviales. Au milieu de cette ère, les glaciers ont de leur côté « sculpté » les paysages en se retirant : reliefs constitués de moraines, lacs tels que ceux de la Dombes et du Bas-Dauphiné.

LES PAYS DU COULOIR RHODANIEN

La Bresse

Vallonnée et sillonnée de nombreux ruisseaux, les « caunes », la plaine de la Bresse s'étend de la Saône au Revermont jurassien. Les sols lourds sont difficiles à travailler, c'est pourquoi la région s'est essentiellement tournée vers l'élevage, particulièrement avicole.

La Dombes

C'est un plateau argileux au sol imperméable parsemé d'étangs. Le plateau se termine sur les vallées qui l'enserrent sur trois versants par les côtes assez abruptes de la Saône à l'ouest, et du Rhône au sud. Au nord, il se confond avec la Bresse. Les eaux de fonte du glacier rhodanien ont creusé la surface de légères cuvettes et laissé sur leurs bords les moraines, accumulation des débris qui l'entraînaient. Le charme de la Dombes naît des lignes sereines de ses paysages, de ses rangées d'arbres et de ses eaux dormantes.

Le Bas-Dauphiné

Au sud-est de Lyon, le Bas-Dauphiné a vu ses reliefs s'édifier lors de la fonte des glaciers durant l'ère quaternaire. Ses paysages

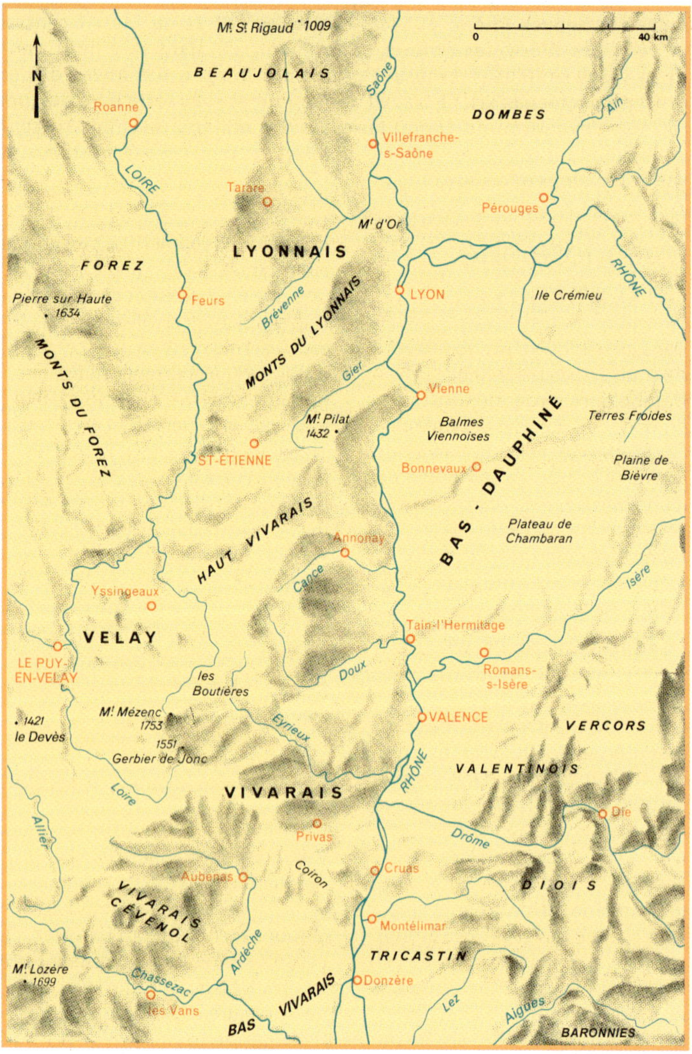

sont multiples. Entre Lyon et le plateau de Crémieu, connu pour ses grottes et ses pâturages, les prairies voisinent avec les champs cultivés. Viennent ensuite les collines granitiques et schisteuses des **Balmes** viennoises qui font place à l'est aux vallées étroites qui découpent le plateau des **Terres Froides**. Enfin, plus au sud, aux vastes étendues boisées des **plateaux de Bonnevaux et de Chambaran** succède la large et riche plaine céréalière de la **Bièvre-Valloire**. Ce sont les arbres fruitiers autour de Beaurepaire, ainsi que les terrasses bien cultivées de la vallée de l'Isère, qui annoncent les vergers de la vallée du Rhône.

Le Valentinois et le Tricastin

De Tain au défilé de Donzère, la vallée du Rhône s'élargit à l'est du fleuve, jusqu'aux premières collines des Préalpes, en plaines compartimentées qui forment une transition entre le nord et le sud de la vallée. **La plaine de Valence** montre les premiers caractères du Midi méditerranéen avec ses terrasses alluviales en gradins, ses rangées de mûriers, l'« arbre d'or » qui lui donne parfois un aspect bocager, et surtout sa multitude de vergers. Les oliviers recouvrent les versants du **bassin de Montélimar** avant d'alterner avec les vignes sur les collines sèches du **Tricastin**.

Le Beaujolais

Au nord, le **Haut-Beaujolais** est une zone montagneuse de terrains, essentiellement granitiques, issus du plissement hercynien. Sur les versants abrupts dévalent les affluents de la Saône orientés ouest-est.

Le **Bas-Beaujolais**, au sud, est surtout formé de terrains sédimentaires de l'ère secondaire qui furent fortement fracturés. Parmi eux, les calcaires tirant sur l'ocre lui valent l'appellation de « **pays des Pierres Dorées** ».

Le Lyonnais

Entre le bassin de St-Étienne, les monts de Tarare et l'agglomération lyonnaise, ce plateau est marqué de hautes croupes herbeuses, de bois de pins et de hêtres, et de vergers sur les versants les mieux exposés. Le Mont-d'Or y forme un ensemble aux allures accidentées. Le Lyonnais s'achève dans le superbe promontoire de Fourvière, qui domine le confluent de la Saône et du Rhône, et sa grande métropole.

Le Forez et le Roannais

Dans les monts du Forez, jusqu'à près de 1 000 m d'altitude, s'étend le domaine des champs et des prairies bien irrigués. Plus haut, des forêts de sapins et de hêtres couvrent les pentes. À partir de 1 200 m dominent les croupes dénudées des **hautes chaumes**, vastes espaces composés de landes montagnardes. Au pied de ces montagnes, la plaine humide du Forez a été comblée par les alluvions à l'ère tertiaire. Elle est piquetée de buttes volcaniques.

Le bassin de Roanne, séparé du Forez par le seuil de Pinay, est un pays rural fertile, orienté vers l'élevage et dominé, à l'ouest, par les coteaux couverts de vignes des monts de la Madeleine.

Le Pilat et le bassin stéphanois

Le massif du Pilat offre une silhouette pyramidale rehaussée de beaux ensembles forestiers qui lui donnent un air montagnard. Ses sommets, qui atteignent 1 432 m au crêt de la Perdrix, sont coiffés de blocs de granit appelés **« chirats »**.

À ses pieds, la région de St-Étienne, formée par les dépressions du Furan, de l'Ondaine, du Janon et du Gier, épouse la forme en amande du bassin houiller qui s'étend entre la Loire et le Rhône. Celui-ci correspond à un pli synclinal (« en creux ») de couches carbonifères, formées à la fin de l'ère primaire. Ce sillon s'élève à une altitude variant entre 500 et 600 m.

Le Velay et le Devès

Les vastes plateaux basaltiques, nommés **planèzes**, du pays vellave cumulent à près de 1 000 m. L'originalité de ces paysages est soulignée par les concrétions de ces volcans en forme de dôme appelés « **sucs** », hardis pitons formés par des laves pâteuses. Ces planèzes herbeuses piquetées de fermes isolées voient la vie pastorale dérouler ses scènes traditionnelles sur les pentes des massifs du Meygal et du Mézenc, tandis que la région d'Yssingeaux leur adjoint une activité liée aux industries du Puy-en-Velay et de St-Étienne.
Les monts du **Devès** forment un vaste plateau aux coulées basaltiques. Sur la ligne de faîte marquant le partage des eaux entre les bassins de la Loire et de l'Allier, des lacs profonds comme celui du Bouchet occupent encore les cratères d'explosion. La planèze est parsemée d'environ 150 cônes volcaniques. Le point culminant est le Devès lui-même (1 421 m).

Le Vivarais

Il forme la plus grande partie du rebord oriental du Massif central. Il se caractérise par ses grandes coulées basaltiques descendues des volcans vellaves, par ses arêtes schisteuses et par les phénomènes d'érosion de son pays calcaire.
Le **Haut-Vivarais** s'étend du mont Pilat et du Velay à la vallée du Rhône. Le sombre et austère pays des Boutières, aux gorges profondes et étroites, vit de l'élevage du gros bétail et de l'exploitation de ses forêts de sapins.
De la haute vallée de l'Allier au bassin de Joyeuse, le **Vivarais cévenol** est dominé par l'échine de la montagne de Bauzon et par la crête du Tanargue. À l'ouest, la « montagne » est encore marquée par les volcans du Velay. À l'est, les « **serres** » schisteuses, crêtes étroites et allongées aux pentes abruptes, séparent des vallées profondes.
De Lablachère et de Privas à la vallée du Rhône, le **Bas-Vivarais** calcaire forme un ensemble de bassins et de plateaux où se manifeste la nature méridionale. Au nord, le plateau du Coiron, aux falaises de basalte noir, le sépare du Haut-Vivarais ; ses vastes planèzes s'inclinent vers l'est : elles sont caractérisées par leurs **dykes** (murailles) ou leurs **necks** (pitons) – appareils volcaniques dégagés par l'érosion de leur revêtement meuble – dont le plus célèbre est celui de Rochemaure. Le **plateau calcaire des Gras** se présente comme une succession de causses avec leur pierraille blanchâtre, leurs rochers ruiniformes, leurs avens et leurs vallées creusées en gorges.

Le Rhône

Rapide et majestueux, le Rhône est le plus puissant des fleuves français. Au sud de Lyon, entre les talus du Massif central et des Préalpes, sa course vers le Midi offre l'aspect d'une percée lumineuse d'une ampleur magnifique. Il est une route romantique à lui seul. À chaque instant, à chaque méandre, la vallée se pare sur ses rives baignées de soleil d'une beauté nouvelle parfois appuyée par la violence et la force du mistral.

UN FLOT RAPIDE ET PUISSANT

Le Rhône prend sa source en Suisse au glacier dit « du Rhône ». Il fait son entrée en France après avoir traversé le lac Léman et, jusqu'à son arrivée dans le delta de la Camargue, il n'arrose pas moins de onze départements.
Il est aussi l'un des fleuves français dans lequel se jettent le plus de rivières : l'Ain, le Doubs puis la

Saône, l'Ardèche, le Gard, mais aussi l'Arve, le Fier, l'Isère, la Drôme et la Durance. Il draine en toute saison, à vive allure, un important volume d'eau. Son impétuosité est due à sa pente relativement forte : 0,5 m par km entre Lyon et Valence ; elle s'accentue encore entre Valence et le confluent de l'Ardèche (0,77 m) pour retomber entre le confluent de l'Ardèche et celui du Gardon (0,49 m). Plus en aval, la pente diminue fortement.

La **puissance hydraulique** du Rhône est remarquable : 1 350 m^3/s en eaux moyennes à Valence. Pour un tel débit, sa vitesse est de l'ordre de 2,50 m/s. Pendant son parcours français, le fleuve reçoit des affluents de régimes différents : rivières alpines en crue au printemps et en été, torrents du Vivarais en automne et en hiver, si bien que, même en été, le Rhône garde un débit important.

Ses **crues** sont liées à celles de ses affluents. Les plus fortes sont aujourd'hui en bonne partie régulées par les nombreux barrages et autres aménagements répartis sur son cours. Le Rhône n'est plus vraiment cette « grande rivière sauvage » de Chateaubriand ; les « colères terrifiantes du Rhône » évoquées par Clavel se font rares même s'il est encore parfois ce « Rhône puissant, insolent, roulant vers le Midi une eau énorme et boueuse ; une eau à faire trembler tout ce qui (vit) dans la vallée ».

DES NAUTES AUX AUTOMOTEURS

À l'époque romaine, la navigation y devient très active. Le fleuve est alors la grande voie de commerce du vin ; les grandes villes se créent : Lyon, Valence, Vienne. Les **nautes** rhodaniens forment les corporations les plus puissantes des villes romaines. Ils deviendront, sous l'Ancien Régime, les « **coches d'eau** » desservant les villes bordières qui ont toutes leur port. La vie marinière est de ce fait intense.

À la fin du 18e s., les **bateliers** remplacent les « coches d'eau » : chargés de marchandises, les trains de barques descendent le Rhône au gré du courant et le remontent halés par des chevaux. Le transport est lent et, lorsque les **bateaux à vapeur** apparaissent en 1829, la concurrence est dure. Le chemin de fer porta ensuite le dernier coup, presque fatal, aux modes de transports fluviaux.

Commence alors l'ère de la « houille blanche », l'hydroélectricité, et les travaux entrepris sur le fleuve redonnent au Rhône toute son importance. Après l'exploitation par **remorqueurs**, le transport est maintenant assuré, grâce aux travaux d'aménagement de la Compagnie nationale du Rhône (création de 13 biefs et de 12 écluses), par des **automoteurs** de 1 500 t et des convois poussés de 5 000 t et plus. Le tonnage annuel (4 100 000 t) comprend hydrocarbures, produits métallurgiques et agricoles, matériaux de construction.

AMÉNAGEMENT DU RHÔNE

La Compagnie nationale du Rhône a été créée en 1934 en vue de l'aménagement du fleuve. Sa règle d'or se résume en trois mots : navigation, irrigation, électricité. Les ouvrages de la Compagnie font du Rhône un gigantesque escalier d'eau entre le lac Léman et la mer, et fournissent chaque année environ 16 milliards de kWh – le fleuve compte 20 centrales hydroélectriques sur son cours français et 3 sur son cours suisse. De Lyon à la mer, ce sont 330 km de voies navigables.

Des travaux imposants

En aval de Lyon, la vallée large et cultivée, aux berges généralement basses, ne permettait pas l'aménagement de réservoirs artificiels alimentant de hautes chutes comme en montagne. Aussi est-ce le Rhône lui-même que l'on a barré et dérivé dans un lit artificiel. Chaque ouvrage comprend un barrage au travers du fleuve qui dérive l'eau dans un canal d'amenée alimentant une usine « au fil de l'eau » à gros débit. Sortant de l'usine, les eaux rejoignent le Rhône par un canal de fuite. Des écluses équipent ces canaux à hauteur des usines et permettent le passage des bateaux. L'aménagement complet du Rhône de Lyon à la mer a été achevé en 1980 par la mise en service des ouvrages de Vaugris, près de Vienne.
En amont de Lyon, quatre usines de basse chute valorisent l'utilisation de l'ensemble Génissiat-Seyssel.

L'INTERNATIONALISATION DU RHÔNE

Dès 1833, un canal relie les bassins du Rhône et du Rhin à partir de la Saône et jusqu'au port fluvial de Strasbourg. Mais c'est seulement dans les années 1960 que l'on relance l'idée d'un grand axe Rhin-Rhône : il s'agit de concurrencer l'axe Rhin-Main-Danube. Cependant, le projet s'essouffle pour des raisons de rentabilité. Le Rhône n'en reste pas moins un fleuve cosmopolite grâce à la multiplication des croisières pour vacanciers.

L'IRRIGATION, SOURCE DE RICHESSE

Grâce à l'irrigation de milliers d'hectares, les plaines de la vallée du Rhône sont des terres de bon rendement. La production fruitière, en particulier, bénéficie de cette mise en valeur. Mais ces dernières années ont montré que cette ressource n'est pas inépuisable et qu'elle doit être gérée avec rigueur.

L'EXPANSION INDUSTRIELLE

Le développement industriel de la vallée, lié aux aménagements du fleuve, a profondément modifié l'aspect du couloir rhodanien.
Au sud de Lyon, **usines** et **installations** se succèdent : raffineries de Feyzin, constructions mécaniques, verre, engrais, papier, carton de Chasse et Givors, centrale thermique de Loire-sur-Rhône, usines chimiques des Roches, St-Clair-du-Rhône et Le Péage-de-Roussillon, ensemble industriel de Portes-lès-Valence et Montélimar, textiles de La Voulte, chaux et ciments de Cruas, Le Teil et Viviers.
Dans le domaine **nucléaire**, les centrales de St-Alban-St-Maurice, de Cruas-Meysse, du Tricastin et l'ensemble des aménagements de Pierrelatte confèrent à la vallée du Rhône un rôle de tout premier plan dans l'approvisionnement énergétique du pays et des États limitrophes.

LA FIN DES BATELIERS

« Ainsi, depuis ce jour de 1829 où le Pionnier avait monté d'Arles jusqu'à Lyon, en moins de quarante-huit heures, 1 150 quintaux de marchandises, une ombre pesait sur la vallée. On commençait déjà de se remémorer avec tristesse le temps où plus de deux mille bateaux assuraient le trafic, faisant vivre tout un peuple de bateliers et de riverains »

Le Seigneur du fleuve
Bernard Clavel

Pont entre Tournon-sur-Rhône et Tain-l'Hermitage.
C. Moirenc / Wallis

LES PONTS

Alors que les **Romains** n'avaient construit que deux ponts sur le Rhône, dont l'un en pierre à Vienne, les architectes du **Moyen Âge**, déjouant les difficultés, en lancèrent trois. Ce sont les frères pontifes, un ordre de moines bâtisseurs, qui édifièrent au 13e s. le pont de la Guillotière à Lyon. Au 19e s., les frères Seguin, en créant la technique du pont suspendu par câble en fer, apportèrent au problème du franchissement du fleuve une solution économique. Le premier pont suspendu construit sur le Rhône fut celui de Tournon ; inauguré en 1825, il a été démoli en 1965 (celui visible aujourd'hui date de 1846). **La dernière guerre** a détruit la plupart des ponts suspendus. À l'occasion de leur reconstruction, on a fait appel aux techniques les plus récentes, comme à Tournon, Le Teil, Viviers ; la travée centrale suspendue dépasse souvent 200 m de longueur (Le Teil : 235 m).

Le **béton** précontraint a été utilisé pour lancer des ponts non suspendus ; le plus remarquable est le pont de chemin de fer de La Voulte (1955). Les derniers ponts routiers ouverts à la circulation sont ceux de la déviation de Vienne (autoroute A 7) en 1973, celui de Chavanay en amont du Péage-de-Roussillon (fin 1977) et le pont de Tricastin sur le canal d'amenée de la chute de Donzère-Mondragon en 1978.

Grottes et avens

Les profondes entailles des vallées vives du Haut-Vivarais contrastent avec les vastes solitudes grises et pierreuses des plateaux du Bas-Vivarais. Cette sécheresse du sol est due à la nature calcaire de la roche qui filtre comme une éponge toutes les eaux de pluie. Grâce à elle, une intense et étonnante activité souterraine a pris forme, créant de mystérieux réseaux encore méconnus.

L'INFILTRATION DES EAUX

La magie qui se dégage des grottes aux splendides décors fait souvent oublier le long travail de la nature. Chargées d'acide carbonique, les eaux de pluie dissolvent le carbonate de chaux contenu dans le calcaire. Se forment alors des dépressions généralement circulaires et de dimensions modestes appelées **cloups** ou **sotchs**. Si les eaux de pluie s'infiltrent plus profondément par les innombrables fissures qui fendillent la carapace calcaire, le creusement et la dissolution de la roche amènent la formation de puits ou abîmes naturels appelés **avens** ou **igues**.

Peu à peu, les avens s'agrandissent, se prolongent, se ramifient, communiquent entre eux et s'élargissent en grottes. Ils ont laissé circuler de véritables rivières souterraines qui ont creusé des salles et des tunnels. Ceux-ci se modifient toujours sous l'impulsion d'eaux d'infiltration depuis leur assèchement; les deux plus importantes grottes de ce type dans la région sont celles de Marzal et d'Orgnac.

LES RIVIÈRES SOUTERRAINES

Les eaux d'infiltration finissent par former des galeries souterraines et se réunissent en une rivière à circulation plus ou moins rapide. Elles élargissent alors leur lit et se précipitent souvent en cascades. Lorsqu'elles s'écoulent lentement, elles forment de petits lacs en amont des barrages naturels tels les *gours* édifiés peu à peu par dépôt de carbonate de chaux. Il arrive qu'au-dessus des nappes souterraines se poursuive la dissolution de la croûte calcaire : des blocs se détachent de la voûte, une coupole se forme, dont la partie supérieure se rapproche de la surface du sol. C'est le cas de la gigantesque salle supérieure d'Orgnac, haute de 50 m et que quelques dizaines de mètres seulement séparent de la surface du causse.

STALACTITES, STALAGMITES ET EXCENTRIQUES

Au cours de sa circulation souterraine, l'eau abandonne le calcaire dont elle s'est chargée en pénétrant dans le sol. Elle édifie ainsi un certain nombre de concrétions aux formes fantastiques défiant quelquefois les lois de l'équilibre et aux couleurs variées : la grotte de la Madeleine hésite entre le blanc et le rouge, dans celle d'Orgnac, on trouve des touches d'ocre (venues du fer) et de vert (venues du cuivre).

Dans l'aven d'Orgnac, le suintement des eaux donne lieu à des dépôts de calcite (carbonate de chaux) qui constituent des pendeloques, des pyramides, des draperies. Les représentations les plus connues de ces concrétions sont les stalactites, les stalagmites et les excentriques. Les **stalactites** se forment à la voûte de la grotte. Chaque gouttelette d'eau qui suinte du plafond y dépose, avant de tomber, une partie de la calcite dont elle s'est chargée. Peu à peu

BON À SAVOIR

Toutes les grottes décrites dans ce guide sont listées ci-dessous : **aven d'Orgnac★★★**, **grottes de la Balme★**, **aven de la Forestière★**, **grotte de St-Marcel★**, **aven de Marzal★**, **grotte de la Madeleine★**, grotte Chauvet, grotte des Huguenots, grottes de Montbrun, grotte des Tunnels.

Nous déconseillons par ailleurs vivement toute pratique non encadrée de la spéléologie et vous renvoyons à la Fédération française de spéléologie p. 19.

s'édifie ainsi la concrétion le long de laquelle d'autres gouttes viendront s'écouler.
Les **stalagmites** sont des formations de même nature qui s'élèvent du sol vers le plafond. Les gouttes d'eau tombant toujours au même endroit déposent leur calcite qui forme peu à peu un cierge. Celui-ci s'élance à la rencontre d'une stalactite avec laquelle il finira par se réunir pour constituer un pilier reliant le sol au plafond. La formation de ces concrétions est extrêmement lente ; elle est actuellement de l'ordre de 1 cm par siècle sous nos climats.
Les **excentriques** sont de très fines protubérances, dépassant rarement 20 cm de longueur. Elles se développent dans tous les sens sous forme de minces rayons ou de petits éventails translucides. Elles se sont formées par cristallisation et n'obéissent pas aux lois de la pesanteur. L'aven d'Orgnac, celui de Marzal et la grotte de la Madeleine en possèdent de remarquables.

LES SPÉLÉOLOGUES DÉCOUVREURS

À la fin du 19e s., l'exploration méthodique et scientifique du monde souterrain, à laquelle est attaché le nom d'**Édouard-Alfred Martel**, a permis la découverte et l'aménagement touristique d'un certain nombre de cavités. Depuis, les recherches spéléologiques n'ont pas cessé. En 1935, **Robert de Joly** explore l'aven d'Orgnac et en découvre les richesses ; trente ans plus tard, la présence d'un « trou souffleur » dans l'aven conduit à la reconnaissance d'un immense réseau de galeries supérieures.
En 1994, une équipe constituée de **Éliette Brunel**, **Christian Hillaire** et **Jean-Marie Chauvet** pénètre une cavité des environs de Vallon-Pont-d'Arc. Les spéléologues y trouvent plusieurs centaines de peintures rupestres et marques digitales datant de plus de 30 000 ans. La « grotte Chauvet », comme on la nomme à présent, est le plus ancien site préhistorique « décoré » connu au monde.

Histoire

Biens, religions, idées, techniques et arts : depuis la préhistoire, la vallée du Rhône est une voie de communication de premier ordre. Saisissant au passage la culture romaine, les foires médiévales, l'élevage du ver à soie, les idées de la Réforme, l'esprit de la Résistance et le développement énergétique, l'histoire régionale témoigne d'un dynamisme sans cesse renouvelé.

Une terre laborieuse

LA PRÉHISTOIRE

Les découvertes actuelles situent l'arrivée de l'homo sapiens dans la région aux alentours de 40 000 ans av. J.-C.; les dessins de la grotte Chauvet sont réalisés 10 000 ans plus tard. Déjà, la vallée du Rhône est une voie de passage. Des groupes s'y sont installés; l'agriculture, l'artisanat et le commerce (ambre, étain…) s'y développent bientôt.

LES ÉPOQUES GAULOISE ET ROMAINE

Au 7e s. avant notre ère, les **Celtes** s'installent de part et d'autre du Rhône : Helviens sur la rive droite, Allobroges sur la rive gauche.
Les **Romains** comprennent rapidement l'importance stratégique du Rhône : ils s'en servent comme voie de pénétration pour leurs produits, mais aussi pour leur civilisation. Les légions romaines s'installent à Vienne, capitale des Allobroges, et sur la rive gauche du fleuve en 121. Vers l'an 43, la conquête de la Gaule achevée, Munatius Plancus fonde Lyon en installant des colons romains sur les hauteurs qui dominent les rives de la Saône; Lyon devient **capitale des Gaules** en 27. Grand centre économique et intellectuel, Lyon est aussi le point de départ de la diffusion du christianisme en Gaule. Elle le reste malgré les persécutions de Marc Aurèle en l'an 177 (martyres des premiers chrétiens dans l'amphithéâtre de Lyon).
En 280 apr. J.-C., l'empereur Probus enlève aux Lyonnais le monopole de la vente du vin en Gaule. C'est le début du déclin de Lyon devenue, sous Dioclétien, simple capitale de province.

LE MOYEN ÂGE

Les **Burgondes**, puis les **Francs** se substituent aux Romains dans la région : c'est, du 5e au 6e s., la période des grandes invasions mais aussi de la fondation des premières abbayes dans la vallée. Au 8e s. ont lieu les incursions arabes qui pénétreront jusqu'à Poitiers.
En 843, le traité de Verdun partage l'empire de Charlemagne entre les trois fils de Louis le Débonnaire. Lothaire reçoit les territoires allant de Rouen à la mer du Nord, la Provence, la vallée du Rhône et la Bourgogne. Bientôt, l'ensemble

LES GRANDES DATES

- **30000 av. J.-C.** – Des hommes ornent la grotte dite « Chauvet ».
- **121 av. J.-C.** – Les légions romaines s'installent à Vienne.
- **43 av. J.-C.** – Fondation de Lugdunum, future Lyon.
- **27 av. J.-C.** – Lugdunum devient capitale des Gaules.
- **1074** – Le pape Grégoire VII fait de l'archevêque de Lyon le primat des Gaules. Cette primatie, toujours actuelle, élève la ville au rang de capitale religieuse du royaume de France.
- **1229** – Le traité de Paris met fin à la guerre des albigeois et à l'influence des comtes de Toulouse en Vivarais.
- **1349** – Rattachement du Dauphiné à la France.
- **1450** – Charles VII accorde à Lyon le monopole de la vente de la soie dans le royaume.
- **1536** – François Ier prend possession du comté du Forez.
- **1600** – Olivier de Serres, père de l'agriculture française, publie son *Théâtre d'agriculture et Mesnage des champs*.
- **1629 –** Siège et destruction de Privas par les troupes royales.
- **1793** – Résistance lyonnaise contre la Convention ; la ville est punie par la Terreur.
- **1831-1834** – Principales insurrections des canuts à Lyon.
- **1863** – Fondation du Crédit Lyonnais.
- **1934** – Création de la Compagnie nationale du Rhône pour l'aménagement du fleuve.
- **Fin 1940** – Lyon devient la capitale de la Résistance réfugiée en zone libre.
- **1972** – Création de la Région Rhône-Alpes.
- **1986-1998** – Fonctionnement à Creys-et-Pusignieu de Superphénix, premier réacteur européen à neutrons rapides.
- **1998** – Le site historique de Lyon (confluent), la cathédrale et l'Hôtel-Dieu du Puy-en-Velay sont inscrits sur la liste du Patrimoine mondial de l'Unesco.

du territoire voit l'ascension de **puissances féodales** : ici, les comtes de Forez et les évêques de Viviers dont le domaine deviendra le Vivarais. Une première église est construite au sommet du rocher d'Aiguilhe au Puy-en-Velay, attirant les pèlerins à partir du 10e s. C'est une période de croissance économique, urbaine et démographique qui s'instaure sur la région et au-delà. Les 11e et 12e s. voient naître de nouvelles abbayes en Vivarais : Mazan, Bonnefoy… Les comtes d'Albon, « Dauphins de Viennois », étendent leurs possessions ; leurs terres, du Rhône aux Alpes, recevront le nom de Dauphiné.

Parallèlement, le développement des cités entraîne l'octroi au 13e s. de nombreuses chartes de franchises communales. À la même époque, la puissance du royaume de France s'impose progressivement. Elle se conclut par le rattachement du Dauphiné à la France et la constitution des **États du Dauphiné** en 1349.

Le 14e s. est entaché par deux handicaps majeurs : la peste, qui ravage la proche Auvergne en 1348 et se maintient ensuite de manière endémique, et la guerre anglaise, qui sévit avec quelques débordements en Auvergne jusqu'à la fin du siècle.

LE TEMPS DES FOIRES

Le calme et la prospérité reviennent dans la région, se traduisant par la création de l'université de Valence en 1452, la nouvelle spécialisation de St-Étienne dans la fabrication d'armes à feu, et le développement des foires et marchés, dans le Velay et à Lyon. Les premières foires de Lyon sont instituées en 1419 par le dauphin Charles, futur Charles VII. Dès 1463, Louis XI confirme les foires de Lyon par privilèges royaux. La ville devient une plaque commerciale et financière inévitable pour toute l'Europe. Au nombre de quatre par an au milieu du 15e s., les foires de Lyon déclinent au 16e s. pour des raisons fiscales et des difficultés économiques plus ou moins liées aux guerres d'Italie, puis aux guerres de Religion. C'est pourtant à leur occasion que Rabelais publie à Lyon, en 1532 et 1534, son *Pantagruel* et son *Gargantua*.

COCONS, MAGNANS ET SOIERIE

De la Chine à Lyon

Jolie histoire que celle de la découverte de la soie ! Selon la tradition, une princesse chinoise prenait en effet le thé à l'ombre de son jardin, selon les règles de l'art quand, plof ! une boule blanche tomba dans son bol. L'élégante dame entreprit donc de l'en retirer, avec des baguettes, bien sûr. Mais les baguettes glissaient sur la boule, elle dut s'y reprendre à plusieurs reprises et, surprise, finit par voir la boule blanche tourner comme une toupie dans la décoction bouillante : un cocon de bombyx du mûrier était tombé dans son thé, elle avait attrapé la soie et découvrait que ce fil, résistant, était d'une longueur impressionnante (jusqu'à 1,5 km). Histoire ou légende ? Qui sait ? Toujours est-il que la soie est utilisée en Chine dès le 17e s. av. J.-C. et que le secret de sa fabrication y est gardé pendant vingt-trois siècles.

Après avoir traversé la Perse et l'Inde, l'élevage des vers à soie passe la Méditerranée (particulièrement en Italie) aux alentours du 12e s., arrive en Provence avec les papes d'Avignon. En 1450, Charles VII accorde à Lyon le monopole de la vente de la soie dans le royaume, mais la ville est devancée vingt ans plus tard par Tours. Louis XI, François Ier, puis Henri IV se mêlent de l'affaire et encouragent la culture de la soie, ce dernier avec l'aide du savant Olivier de Serres. En 1536, s'installe à Lyon une manufacture ; quelque soixante ans plus tard, l'importation de soierie est interdite.

L'essor

La soierie lyonnaise, en même temps que les élevages de magnans, prend un grand essor au 18e s., avec des dessins et des techniques d'une complexité croissante. Élevage et tissage deviennent une activité majeure dans l'ensemble de la région. À l'aube du 19e s., Jacquard invente une machine automatisant en partie le travail du canut, ouvrier de la soie. La production explose et, à sa suite, les révoltes de canuts en 1831, 1834, 1848 et 1885.

La crise

En 1850, la pébrine, maladie du ver à soie, ravage la sériciculture du Vivarais. Lorsque Pasteur y trouve un remède, le marché s'est orienté vers d'autres sources ; les magnaneries disparaissent une à une. Malgré le perfectionnement de son savoir-faire, le tissage ne tarde pas à prendre la suite : la Première Guerre mondiale, l'apparition des tissus synthétiques portent le coup de grâce à la grande époque de la soierie lyonnaise. Quelques grandes maisons en perpétuent néanmoins le souvenir, aujourd'hui encore.

Jean Moulin.
B. Herold / Fotolia.com

LA RÉVOLUTION ET L'ESSOR DE L'INDUSTRIE

La **Révolution** offre à Lyon sa première municipalité lyonnaise, mais, bientôt, la résistance lyonnaise à la Convention engendre les terribles représailles de la Terreur. Comme dans le reste de la France, une fois les troubles calmés, la **croissance industrielle** prend son essor : 1800 voit les débuts de la fabrication de la mousseline à Tarare, que suivront les industries des cotonnades quelque trente ans plus tard. Le **chemin de fer** relie St-Étienne à Andrézieux en 1827, puis à Lyon en 1832. Dix ans ne sont pas passés avant que ne suive l'inauguration du **canal de Roanne**. En 1880, le phylloxéra détruit la moitié du vignoble ardéchois, mais les vignes sont rapidement remplacées par des vergers dans les vallées du Rhône et de l'Eyrieux. Enfin, la fin du siècle assiste à la naissance de l'**industrie chimique** lyonnaise et l'essor de la **métallurgie** dans la vallée du Rhône.

L'OCCUPATION ET LA LIBÉRATION

Alors que le gouvernement vaincu de la France s'installe à Vichy, la ligne de démarcation passe au nord de la région. À la fin de 1940, Lyon devient la **capitale de la Résistance** réfugiée en zone libre. La ville ne tarde pourtant pas à être occupée par les Allemands, le 11 novembre 1942, rendant plus dangereux les actes de résistance : en mai 1943, **Jean Moulin** est arrêté près de Lyon par la Gestapo. Dans le Vercors, au mont Mouchet, les Allemands détruisent les maquis. En 1944, les combats de la Libération gagnent la vallée du Rhône. Les ponts sont détruits par les Allemands. C'est en 1987 que sera jugé le chef de la Gestapo pour la région lyonnaise, **Klaus Barbie**. Condamné pour crimes contre l'humanité à Lyon, il décédera en prison en 1991.

L'INDUSTRIE, L'ÉNERGIE ET LA CITÉ INTERNATIONALE

L'industrialisation et l'équipement de la vallée du Rhône tendent d'abord à s'accentuer : construction des ouvrages de Donzère-Mondragon (1948-1952) ; mise en service à Pierrelatte d'une usine de séparation isotopique, portant l'enrichissement de l'uranium à un taux supérieur à 90 % (1967), construction à Creys-et-Pusignieu de Superphénix, premier réacteur européen à neutrons rapides (1986). La région est desservie par le premier TGV, qui relie Paris à Lyon en 1981. Au-delà de son influence régionale, Lyon aspire à compter parmi les plus importantes capitales européennes. Ancien Premier ministre, Raymond Barre est élu en 1995 maire de Lyon ; il prend la suite de Michel Noir. En 1996, Lyon confirme sa dimension internationale en accueillant le sommet du G7. Sa « cité internationale », son opéra et son orchestre national ont su aussi se hisser au plus haut rang. Rivale de Milan et Barcelone, Lyon signe cependant des accords depuis 1998 avec la Lombardie et la Catalogne afin de développer des liens économiques et politiques.

En pays protestant

La région Rhône-Alpes est, depuis le 16e s., une terre conquise par le protestantisme. Aujourd'hui encore, elle reste un des bastions de la Réforme.

LA RÉFORME ET LES GUERRES DE RELIGION

La première moitié du 16e s. voit la propagation de la Réforme vers les Cévennes par la vallée du Rhône, le Vivarais et la vallée de la Durance ; Lyon imprime et diffuse les doctrines prêchées à Bâle et à Genève.
Vers 1528, les premiers prédicateurs œuvrent à Annonay. Malgré la répression exercée par le Parlement de Toulouse, l'« hérésie » gagne du terrain. Le protestantisme est stimulé par le rayonnement, sur l'autre rive du Rhône, de l'Église vaudoise, réformée à partir de 1532, qui répand les influences genevoises et lyonnaises. Les habitants ont été sensibles aux idées calvinistes qui répondent à leur goût d'indépendance.
Vers 1550-1560, la Réforme est implantée dans tout le pays, même en Velay. Les artisans sont rejoints

LE PROTESTANTISME AUJOURD'HUI EN RHÔNE-ALPES

Avec plus de 70 temples ouverts en Ardèche et autant dans la Drôme, le protestantisme semble perdurer en Rhône-Alpes. À Lyon, l'Église réformée se verra d'ailleurs, courant 2008, dotée du nouveau temple de l'Est implanté au cœur du quartier de la Soie à Vaulx-en-Velin. Pour parcourir ces « pays protestants », vous pouvez suivre la **route des Dragonnades**, créée en 1689, qui relie Privas au Cheylard. Elle est praticable sur sa quasi-totalité pour les randonneurs et VTTistes, mais les automobilistes peuvent se rendre sur quelques lieux emblématiques tels le château de La Chèze au Cheylard ou encore le temple de Girbaud à Pierre-Gourde. À Désaignes, le château abrite un temple et un musée dédié en partie à l'histoire des pasteurs calvinistes. À Chalençon, la Chaire du Désert, visible à l'intérieur du temple, évoque une pratique religieuse contrainte à la clandestinité, tandis qu'à Villeneuve-de-Berg subsistent les maisons natales d'Olivier de Serres (1539-1619) et Antoine Court (1695-1750). À voir également, le musée de la Terre ardéchoise à Privas, la grotte des Huguenots à Vallon-Pont-d'Arc, le musée du Vivarais protestant au Bouchet-de-Pranles et enfin le musée du Protestantisme dauphinois au Poët-Laval.

par des savants (Olivier de Serres) et des nobles (comte Antoine de Crussol). Les « religionnaires » affirment publiquement leurs croyances. Comme à Genève, le protestantisme se durcit. Les « consistoires », assemblées représentatives et délibérantes, mènent campagne contre les festins, les danses, les cartes et les dés. En 1546 s'ouvre la première église réformée lyonnaise.

C'est pendant la seconde moitié du 16e s. que catholiques et protestants s'affrontent. Dans le Dauphiné et le Vivarais, c'est une guerre de sacs de villes et de massacres qui est menée par les « religionnaires » et les « papistes ». Le baron des Adrets s'empare des principales villes du Dauphiné, où il conduit le mouvement huguenot. Il décime la vallée du Rhône avec ses bandes, puis marche sur le Forez où il fait tomber Montbrison. Plus tard, passant à nouveau au catholicisme, sa foi d'origine, il se retourne contre les réformés, alors défendus par le connétable François de Lesdiguières. Ailleurs, comme en Velay, le catholicisme triomphe sur le terrain. Les plus grandes villes (Lyon, Le Puy) se déclarent pour le parti ultra-catholique de la Ligue, qui résista au roi jusqu'en 1595.

La paix n'est rétablie qu'en 1596, et en 1598, Henri IV promulgue l'édit de Nantes, stipulant que les sujets du roi, adeptes du protestantisme, obtiennent la liberté de conscience et des lieux de culte.

LA CONTRE-RÉFORME ET LES DRAGONNADES

En 1536, après la mort de François Ier, son ministre le cardinal François de Tournon se consacre à la lutte contre la Réforme. Il fonde le collège de Tournon, foyer de la culture de la Renaissance.

La Contre-Réforme prend une ampleur décuplée au 17e s. avec la création de nombreux couvents (augustins, visitandines), et les missions de saint Jean-François Régis en Velay et Vivarais. Ces efforts refoulent progressivement les réformés.

À partir de 1661, Louis XIV, désirant réaliser l'unité politique et religieuse du royaume, entreprend une vive campagne contre la « religion prétendue réformée » et lance sur le Languedoc et les Cévennes les fameuses « dragonnades ». Ces persécutions conduisent à des abjurations massives. Louis XIV signe, le 18 octobre 1685, la révocation de l'édit de Nantes : le culte réformé est interdit. Cette décision entraîne l'exode de nombreux huguenots vers les pays protestants : les conséquences pour la vie économique de la région et de la France sont importantes.

Après l'insurrection camisarde qui éclate dans les Cévennes entre 1702 et 1704, le protestantisme renaît clandestinement dans le Vivarais avec des prédicateurs comme **Antoine Court** (1695-1750) jusqu'en 1787. Louis XVI promulgue alors l'édit de Tolérance qui met fin aux persécutions.

Un pays de novateurs

Qui a conçu la montgolfière ? Qui sont les inventeurs du cinématographe ? Et la machine à coudre ou le métier à tisser : qui les a créés ? La région s'avère être une pépinière de savants et d'ingénieurs dignes du concours Lépine (lequel est justement né à Lyon !).

LE BALLON DES FRÈRES MONTGOLFIER

Dans les dernières années de l'Ancien Régime, les frères **Joseph** (1740-1810) et **Étienne** (1745-1799) **de Montgolfier**, descendants de l'une des plus anciennes familles de papetiers d'Europe, ont acquis la célébrité en réussissant les premières ascensions en ballon. Poursuivant inlassablement sa recherche d'un gaz plus léger que l'air, Joseph fait une première expérience concluante avec un parallélépipède en taffetas qu'il emplit d'air chaud en faisant brûler un mélange de paille mouillée et de laine. Associant son frère à ses recherches et après plusieurs tentatives fructueuses, dont l'une menée dans les jardins de la papeterie familiale à Vidalon-lès-Annonay, il lance avec succès son premier aérostat, place des Cordeliers à Annonay, le 4 juin 1783. Mandés dans la capitale pour renouveler leur exploit devant le roi, ils décident de se séparer momentanément, le temps que l'un d'eux accomplisse cette mission. C'est ainsi que le 19 septembre de la même année fut inauguré à Versailles, sous la conduite d'Étienne et devant la famille royale et la Cour médusées, le premier vol habité. Au ballon est attachée une cage à claire-voie, où les premiers passagers de l'espace sont un coq, un canard et un mouton. En quelques minutes, le *Réveillon*, timbré sur fond bleu du chiffre du roi, s'élève dans les airs, puis va se poser en douceur dans le bois de Vaucresson. Le mammifère et les deux volatiles ont parfaitement supporté le voyage ! Tous les espoirs sont permis.

LA CHAUDIÈRE DE MARC SEGUIN

Marc Seguin est né à Annonay en 1786. Il n'a pas seulement, avec son frère Camille, contribué à améliorer la technique des ponts suspendus par câbles de fer. Une autre de ses découvertes allait avoir une influence considérable sur le développement des chemins de fer. Les premières locomotives produisaient à peine assez de vapeur pour atteindre 9 km/h. Appliqué en 1830 à la *Rocket* (fusée), l'une des locomotives de l'Anglais Stephenson, le nouveau système de chaudière tubulaire se révèle une remarquable innovation : la plus grande quantité de vapeur dans un appareil de petites dimensions multiplie la vitesse par 7, puis 10. Lors d'une première expérience, la fusée atteignit 60 km/h. Aux essais suivants, elle fut même poussée à près de 100 km/h.
Conscient de l'importance de son invention, Marc Seguin laissa le brevet tomber dans le domaine public, refusant de tirer un profit personnel de l'intelligence dont le ciel l'avait favorisé. On doit enfin à Marc Seguin des travaux sur les bateaux à vapeur, ainsi que l'idée de remplacer les rails en fonte par des rails en fer et les dés en fer par des traverses en bois. Il mourut en 1875.

DU FIL À L'ÉTOFFE

La soie de Serres

Olivier de Serres, le père de l'agriculture française, naît à Villeneuve-de-Berg en 1539 et meurt en 1619 dans son domaine du Pradel, près de sa ville natale. Gentilhomme huguenot, exploitant lui-même ses terres, il mesure les ruines causées par les guerres de Religion. Aussi, lorsque Henri IV, après la publication de l'édit de Nantes en 1598, fait appel aux bonnes volontés pour restaurer le royaume, Olivier de Serres consigne son expérience dans une étude sur *L'Art de la cueillette de la soie*. L'idée entre dans les vues du roi : l'extension de la culture du mûrier permettrait d'arrêter les sorties d'or pour l'achat d'étoffes étrangères. Henri IV donne l'exemple. Il fait planter 20 000 pieds de mûriers aux Tuileries ; une magnanerie modèle est construite. La sériciculture s'étendra ensuite à la moitié de la France.

Encouragé par ce premier succès, Olivier de Serres publie en 1600 *Théâtre d'agriculture et Mesnage des champs*. L'auteur y préconise le labour profond, l'alternance des cultures, le soufrage de la vigne, les prairies artificielles, la culture du maïs, de la betterave à sucre, du houblon et probablement de la pomme de terre qu'il appelle « cartoufle » : autant d'innovations mises en pratique au Pradel.

Jacquard et les risques du métier

Joseph-Marie Jacquard naît à Lyon en 1752. Son père, petit fabricant en étoffes façonnées, l'emploie à « tirer les lacs », ces cordes qui font mouvoir la machine compliquée servant à former le dessin de la soierie. L'enfant, de santé fragile, n'y résiste pas. On le place chez un relieur, puis chez un fondeur de caractères.

Après la mort de son père, Jacquard tente de monter une fabrique de tissus. Son inexpérience commerciale et ses recherches pour perfectionner le tissage le ruinent. Il doit se placer comme ouvrier chez un fabricant de chaux du Bugey, tandis que sa femme tresse la paille. En 1793, il s'engage dans un régiment de Saône-et-Loire avec son fils ; celui-ci sera tué à ses côtés. Rentré à Lyon, Jacquard travaille le jour chez un fabricant et, la nuit, à la construction d'un nouveau métier et d'une machine à fabriquer les filets de pêche. La République cherche des inventeurs : Carnot, ministre de l'Intérieur, fait venir Jacquard à Paris.

En 1804, Jacquard retourne à Lyon pour achever le métier auquel son nom est resté attaché. À un attirail de cordages et de pédales exigeant le travail de six personnes, il substitue un mécanisme simple, permettant à un seul ouvrier d'exécuter les étoffes les plus compliquées aussi facilement qu'une étoffe unie. Trois ouvriers et deux ouvrières se trouvent supprimés pour chaque métier ; dans une ville qui compte alors 20 000 métiers, des dizaines de milliers d'ouvriers se voient menacés dans leur travail. Les canuts se dressent contre cette « évantion » qui leur coupe les bras.

Pourtant, Jacquard parvient à convaincre les canuts de l'utilité de sa découverte. Des fabricants montrent l'exemple et, en 1812, plusieurs « Jacquards » fonctionnent à Lyon. Retiré à Oullins, leur inventeur peut enfin goûter un repos bien mérité. Il décède en 1834.

La machine à coudre de Thimonnier

Aussi opiniâtre que le tisseur lyonnais, **Barthélemy Thimonnier** (1793-1857) n'eut pas comme lui le bonheur de voir sa découverte exploitée dans son pays natal. Lorsque la famille s'installe en 1795 à Amplepuis, le jeune Barthélemy est placé comme apprenti tailleur. En 1822, il s'installe comme tailleur d'habits à Valbenoîte près de St-Étienne. Hanté par l'idée de coudre mécaniquement et s'inspirant du crochet utilisé par les brodeuses des monts du Lyonnais, il construit dans le secret un appareil en bois et en métal permettant d'exécuter le point de chaînette. La machine à coudre était née.

Pour parvenir à breveter son invention, il s'associe à **Auguste Ferrand**, répétiteur à l'école des mineurs de St-Étienne. Une demande est déposée le 13 avril 1830 au nom des deux associés. Thimonnier quitte ensuite St-Étienne pour la capitale où, bientôt, le premier atelier de couture mécanique voit le jour au 155 rue de Sèvres. Là, 80 machines à coudre fonctionnent six fois plus vite que manuellement. Cela déclenche la haine des tailleurs parisiens qui, lui reprochant de vouloir ruiner leur profession, saccagent l'atelier ; Thimonnier, ruiné, revient à Amplepuis, où il reprend son métier de tailleur.

En 1848, une compagnie de Manchester s'intéresse à son « couso-brodeur ». Épuisé par 30 ans de travail et de luttes, il s'éteint à l'âge de 64 ans, trop tôt pour connaître l'extraordinaire essor de la machine à coudre.

Voir le musée Barthélemy-Thimonnier de la Machine à coudre et du Cycle, à Amplepuis p. 236.

UN GRAND MÉDECIN : CLAUDE BERNARD

Il y a du sucre dans le foie, plus précisément du glycogène : par cette grande découverte (1843), le physiologiste **Claude Bernard** permit d'expliquer les mécanismes du diabète en 1853. Théoricien fondamental de la médecine expérimentale, il a aussi contribué à comprendre le système nerveux. Quel parcours pour ce membre des académies de Médecine et des Sciences, cet enseignant qui délivra des cours à la Sorbonne et au Collège de France ! Il est l'auteur de *La Science expérimentale* (1876). Fils d'humbles vignerons de St-Julien dans le Beaujolais, Claude Bernard est né en 1813 : on peut voir sa maison au hameau de Chatenay, près du musée qui lui est consacré. C'est, dit-on, grâce au curé du village qu'on l'envoya étudier à Lyon. De là, il « monta » à Paris pour étudier la médecine.

Voir le musée Claude-Bernard à St-Julien p. 216.

LUMIÈRE ! ET LE CINÉMA EST NÉ…

En 1882, un photographe venu de Besançon, Antoine Lumière, s'installe dans un hangar de la rue St-Victor à Lyon et entreprend la fabrication de plaques sèches au gélatino-bromure, selon une formule qu'il a trouvée. Quatre ans plus tard, il a déjà vendu plus d'un million de plaques sous le nom d'« étiquette bleue ». Les deux fils de l'ancien photographe, **Auguste** (1862-1954) et **Louis** (1864-1948) **Lumière**, associés à leur père, travaillent à un appareil de leur invention. Ils le présentent en 1895 à la Société d'encouragement. L'appareil, qui reçoit finalement le nom de cinématographe, est présenté à Lyon le 10 juin 1896. D'abord indifférent, le public se rue bientôt pour voir les dix premiers films, courtes saynètes dont l'humour n'a pas vieilli. Sortie d'un hangar lyonnais, la prodigieuse aventure du cinéma commençait…

TONY GARNIER ET LA CITÉ INDUSTRIELLE

« En matière d'urbanisme, toute idée neuve et hardie est intéressante » : cette phrase de Tony Garnier, l'un des plus grands architectes du 20e s., résume bien son élan. Né à Lyon en 1869, il y laissera à sa mort, en 1948, une œuvre abondante et innovante qui influencera de nombreux confrères, dont le célèbre Le Corbusier. Après ses études aux écoles nationales des Beaux-Arts de Lyon et de Paris, il travaille dans l'atelier de Julien Guadet et se passionne très vite pour la conception d'une Cité industrielle. Son projet mêle une organisation rationaliste et fonctionnelle des lieux à une vision utopique d'une société qui n'aurait besoin ni de police ni de religion, mais serait régie par la loi du travail. En architecture, il emprunte des éléments classiques à la Grèce et recourt à des matériaux encore mal connus, comme le béton armé.

En 1905, le nouveau maire, Édouard Herriot, lui confie la direction des

Les frères Lumière sur la fresque des Lyonnais.
J. Damase / MICHELIN

« Grands Travaux ». Tony Garnier commence par un coup de maître, en construisant une immense halle (halle Tony-Garnier) au cœur des nouveaux abattoirs de La Mouche. Il poursuit en réalisant un stade olympique (stade de Gerland), un hôpital pavillonnaire (hôpital Édouard-Herriot), une école de tissage, le quartier d'habitation des États-Unis, le monument de l'île du Souvenir au parc de la Tête d'Or…

AUTRES PERSONNALITÉS DE LA RÉGION

Beaux-Arts

Raymond Depardon, grand photographe, fondateur de l'agence Gamma et cinéaste, est né à Villefranche-sur-Saône en 1942. Dans le livre *La Ferme du Garet*, il raconte son enfance dans le Beaujolais.

Hector Guimard (1867-1942), architecte, est né à Lyon. Cet adepte de l'Art nouveau est le créateur des premières bouches de métro parisiennes.

Pierre Cécil Puvis de Chavannes (1824-1898) est né à Lyon. Classé parmi les peintres académiques, il fut cependant admiré par les symbolistes et de jeunes confrères avant-gardistes tels que Gauguin.

Cinéma

Jean-Pierre Jeunet est né en 1953 à Roanne. Cinéaste, il est l'auteur, entre autres, de *Delicatessen* et du *Fabuleux Destin d'Amélie Poulain*.

Muriel Robin, comédienne et humoriste, est née en 1955 à Montbrison.

Bertrand Tavernier, cinéaste, est né en 1941 à Lyon. Son *Horloger de Saint-Paul* se déroule dans sa ville natale. Il est également président de l'Institut Lumière basé à Lyon.

Histoire

L'**abbé Pierre**, alias Henri Grouès (1912-2007), est le fondateur du mouvement Emmaüs chargé de lutter contre la pauvreté.

Marc Bloch (1886-1944), historien du Moyen Âge. Juif et résistant, il est fusillé par les Allemands en 1944 près de Lyon, sa ville natale.

Antoine Pinay (1891-1994) est né à St-Symphorien-sur-Coise. Ministre de l'Économie, il instaura le « nouveau franc » en 1959.

Émile Loubet (1938-1929), natif de Marsanne, fut élu président de la République en 1899. Son septennat se déroule sous une IIIe République secouée par l'affaire Dreyfus.

Laurent Mourguet (1769-1844), ouvrier de la soie reconverti en forain et arracheur de dents, crée le personnage de Guignol vers 1808.

Saint Vincent de Paul (1581-1660), prêtre. En 1617, il a fondé la première Confrérie de la Charité à Châtillon-sur-Chalaronne.

Littérature

Paul Claudel (1868-1955), poète, dramaturge, essayiste, est enterré dans le parc du château de Brangues, non loin de Morestel.

Frédéric Dard (1921-2000), écrivain prolifique, fit vivre sous sa plume près de 200 aventures à son héros, le commissaire San-Antonio. Il est inhumé au cimetière de St-Chef en Dauphiné, commune de son enfance.

Louise Labé (1524-1566), poétesse de l'école lyonnaise de la Renaissance, crée avec Maurice Scève l'un des premiers salons littéraires de la région.

Éric-Emmanuel Schmitt, auteur de théâtre, est né en 1960 à Ste-Foy-lès-Lyon. Les questions spirituelles hantent les pièces à succès de ce normalien. *Le Visiteur* (1994) fut couronné par trois molières.

Antoine de Saint-Exupéry (1900-1944), écrivain et aviateur, naît au 8 de la rue du Peyrat à Lyon (rebaptisée aujourd'hui rue Antoine-de-St-Exupéry).

Musique

Hector Berlioz (1803-1869), grand compositeur, est natif de la Côte-St-André. Il est l'inventeur d'un style polyphonique dont l'influence s'est exercée jusqu'à nos jours.

Benjamin Biolay, auteur, compositeur, interprète, naît le 20 janvier 1973 à Villefranche-sur-Saône. Au conservatoire de Lyon, il apprend le trombone et obtient deux premiers prix en 1990.

Pierre Boulez, né en 1925 à Montbrison, chef d'orchestre et compositeur dodécaphoniste, est une personnalité majeure de la musique contemporaine française. Il a fondé l'Institut de recherche et coordination acoustique/musique (Ircam) à Paris.

Liane Foly, chanteuse, est née en 1963 à Lyon.

L'Affaire Louis Trio, originaire de Lyon, groupe qui fit carrière au milieu des années 1980 avec *Chic planète,* s'est séparé. Le chanteur Hubert Mounier poursuit actuellement une carrière en solo.

Anne Sylvestre, chanteuse et auteur d'une foule de chansons enfantines, est née en 1934 à Lyon.

Sciences

André-Marie Ampère (1775-1836) est né à Polémieux-au-Mont-d'Or, près de Lyon. Physicien et chimiste français, il est le fondateur de l'électromagnétisme.

Jean-Baptiste Guimet (1785-1871), polytechnicien, fait fortune à Lyon avec la fabrication du bleu outremer artificiel de son invention. Son fils **Émile** (1836-1919) collectionna les œuvres d'art asiatiques visibles au musée Guimet de Paris.

Léopold Ollier (1830-1900), originaire des Vans en Ardèche, est considéré comme le véritable créateur de la chirurgie orthopédique moderne.

Sports

Aimé Jacquet, né le 27 novembre 1941 à Sail-sous-Couzan (Loire), était le sélectionneur de l'équipe de France de football qui fut sacrée championne du monde en 1998.

Alain Prost, champion du monde de course automobile en 1985, 1986, 1989 et 1993, est né en 1955 à Lorette (Loire).

Art et architecture

Si la géographie a ici influé sur l'art, la culture et les constructions, si variées, c'est pour leur transmettre les multiples tonalités véhiculées par ce lieu de passage, lié à la grande Rome de l'Antiquité, au séjour des rois de France, à l'omniprésent Paris de la période moderne, et peut-être, dans l'avenir, à l'inexorable accélération du mélange des cultures du monde.

Les grandes étapes de la création

Au carrefour entre le nord de l'Europe et la Méditerranée, les diverses influences contribuent à la richesse du patrimoine artistique de la région, au même titre que les vestiges des civilisations antiques ou les créations contemporaines.

LES MONUMENTS ROMAINS

Fondées après la conquête de la vallée du Rhône par les légions romaines une centaine d'années av. J.-C., les cités de Lyon et de Vienne sont au faîte de leur splendeur au 2e s. apr. J.-C. Elles déclinent à partir du 4e s., puis les troubles et les incursions barbares occasionnent des ravages multiples.
Au Moyen Âge, les grands monuments servent de carrière. Rares sont les vestiges gallo-romains encore visibles. À partir de 1922 à Vienne et de 1933 à Lyon, sur les chantiers des sites archéologiques, des ensembles monumentaux remarquables (théâtres, odéons) sont exhumés.

Les théâtres

Ils se composent de gradins ceinturés par une colonnade, d'un orchestre réservé aux personnes de marque, et d'une scène surélevée par rapport à l'orchestre.
Les acteurs jouent en avant d'un mur percé de portes par où se font leurs entrées. Derrière le mur de scène richement décoré se trouvent les loges des acteurs et les magasins. Au-delà encore, un portique donnant sur des jardins reçoit les acteurs avant leur entrée en scène. Les spectateurs viennent s'y promener pendant les entractes ou s'y abriter de la pluie. L'acoustique des théâtres romains étonne encore dans ces édifices pourtant à moitié détruits, ce qui peut se vérifier à Fourvière (notamment lors des Nuits de Fourvière) et à Vienne.

Les temples

Demeures des dieux et non lieux de culte, les temples se composent d'un sanctuaire fermé contenant une effigie divine – qui peut être également celle d'un empereur divinisé – et d'un vestibule ouvert. Les temples sont entourés partiellement ou totalement d'une colonnade. Le temple d'Auguste et de Livie à Vienne, comparable à la Maison carrée de Nîmes, est l'un des derniers temples romains dans la région ; seules les grandes cités en possèdent un. À l'image des temples romains d'Italie, celui de Vienne est construit sur un podium auquel on accède par un escalier frontal ; le portique est profond, la colonnade avec ses chapiteaux à feuillage enroulé est d'ordre corinthien. De dimensions imposantes et majestueuses, ces temples reflétaient, de par leur architecture, la grandeur d'un règne et l'importance de la cité.

Les thermes

Les thermes romains, gratuits, sont à la fois bains publics, établissements de culture physique, clubs, casinos, centres de conférences. Le fonctionnement des thermes prouve une grande maîtrise des problèmes d'adduction d'eau et de chauffage. L'eau arrive par un aqueduc, elle est accumulée dans des citernes, puis distribuée par un circuit de canalisations en plomb et en mortier ; l'évacuation se fait par un réseau d'égouts. Le chauffage de l'eau et des pièces est assuré par un système de foyer et d'hypocaustes en sous-sol.

Dans ces très vastes bâtiments, la décoration est somptueuse : colonnes et chapiteaux rehaussés de couleurs vives, parements de mosaïques, revêtements de marbres de couleur, voûtes à riches caissons, fresques sur les murs.

Les fouilles de St-Romain-en-Gal *(voir Vienne p. 576)* ont exhumé quelques vestiges de décorations luxueuses, le site lui-même, grâce aux proportions du musée et à l'emprise au sol des ruines, donnant une idée plus concrète de l'importance de ces établissements au sein des cités romaines.

L'amphithéâtre

L'élément principal est l'arène, de forme ovale généralement, où se donnent les spectacles : combats de fauves ou de gladiateurs, exécutions de condamnés non citoyens romains qui sont livrés aux bêtes ou au bourreau. Le cri « aux lions, les chrétiens » est resté tristement célèbre. Autour de l'arène s'ordonnent les gradins qui reçoivent les spectateurs. Lyon, centre du culte officiel de Rome en Gaule, se devait d'avoir un amphithéâtre : c'est l'amphithéâtre des Trois-Gaules.

Le cirque

Il attire les foules passionnées de courses de chars. Au milieu de la piste se trouve une longue construction rectangulaire, la *spina*, marquée au centre par une « pyramide » et limitée à chaque extrémité par de grosses bornes semi-circulaires. Les chevaux et les cochers portent les couleurs blanches, bleues, rouges ou vertes des factions rivales qui organisent la compétition. Le cirque est construit en grande partie en bois, ce qui explique qu'on en trouve si peu de traces.

L'ART ROMAN

La vallée du Rhône n'est pas à l'origine d'une grande école comme la Bourgogne ou l'Auvergne.

La diversité de ses régions, de ses reliefs et de ses paysages se retrouve dans la floraison d'églises romanes qui reprennent, mêlent, et parfois subliment des influences artistiques très différentes.

Lyonnais et région de Vienne

Les églises romanes de ces régions assurent la transition entre la Bourgogne, la Provence et le Velay. Elles témoignent aussi quelquefois de la diffusion de découvertes artistiques. Ainsi, les absides à bancs et colonnettes de marbres des cathédrales de Lyon et de Vienne relèvent d'une technique décorative d'inspiration orientale dont on trouve le premier exemple

à Ste-Sophie de Constantinople et qui a gagné la vallée du Rhône par l'intermédiaire de l'Italie (St-Marc de Venise). Elle caractérise l'art viennois-lyonnais.
Parmi les monuments majeurs de la région lyonnaise, la basilique St-Martin-d'Ainay à Lyon est reconnaissable à la toiture de son clocher-porche (pyramide encadrée d'acrotères) ; l'influence bourguignonne se retrouve surtout dans la composition intérieure et le décor des chapiteaux.
Plus en aval sur le Rhône, l'église St-Pierre de Vienne présente également un imposant clocher-porche à trois niveaux d'arcades. Mais la présence d'arcs trilobés évoque déjà le Velay ou la Provence.

Forez-Velay

La Loire et le Forez ont largement bénéficié du rayonnement artistique de l'école de Cluny. Souvent fortifiées, les églises sont d'une sobre élégance comme en témoigne le portail de l'église de Bourg-Argental. Le contraste est frappant avec le Velay où la pierre rouge donne un ton très différent aux églises et prieurés, qui dépendaient souvent de monastères auvergnats. L'école auvergnate y est bien présente, mais est associée à des influences orientales très marquées, dont les styles s'intègrent parfaitement à l'architecture romane française. La richesse, voire l'exubérance de certains décors byzantins, triomphe dans le portail de la chapelle St-Michel-d'Aiguilhe ou dans la cathédrale du Puy.

Vivarais-Tricastin

En Vivarais, l'église romane est remarquable par l'équilibre de ses volumes et la sobriété de ses formes. L'exemple le plus abouti en est certainement l'abbatiale de Cruas.
Dans le Bas-Rhône, les traditions antiques persistent dans certaines églises : portail à fronton triangulaire, chapiteaux à feuilles d'acanthe, frise sous le faux triforium. Le plan présente aussi des particularités : les absides de l'église de La Garde-Adhémar sont opposées.

LA PÉRIODE GOTHIQUE (13e-15e S.)

Dans la vallée du Rhône et les régions voisines, l'époque gothique est loin d'être aussi riche que la période romane. L'emploi systématique de la croisée d'ogives et de l'arc brisé constitue le caractère essentiel de l'architecture religieuse. Désormais, l'architecte dirige les poussées de l'édifice sur les quatre piliers déterminant une travée au moyen des arcs, ogives, formerets et doubleaux. Il suffit alors d'épauler les piliers par des contreforts et des arcs-boutants. L'église ainsi soutenue, on peut évider les murs et garnir les baies de vitraux. Avec le style flamboyant, illustré à Bourg-en-Bresse par un chef-d'œuvre, l'église du monastère royal de Brou *(voir p. 170)*, apparaissent des arcs purement décoratifs, dits liernes et tiercerons.

Monuments religieux

La vallée du Rhône n'a subi que des influences méridionales, discernables dans la largeur des édifices et l'horizontalité de leurs toits. Les cathédrales de Lyon et de Vienne, amples monuments aux lignes austères et rudes, sont intéressantes dans leurs détails. L'abbatiale de St-Antoine (12e-15e s.) permet de suivre l'évolution du style gothique de sa naissance à son déclin. L'église St-Nizier de Lyon et celle d'Ambierle offrent de bons exemples du style flamboyant, sans les outrances habituelles du genre.

Monuments civils

L'architecture militaire issue de la féodalité rhodanienne et vellave est abondamment représentée en cette marche-frontière entre le « Royaume » et « l'Empire » : châteaux ruinés de Rochemaure, de Tournon, de Crussol ou de Polignac.

LA RENAISSANCE (16e S.)

L'architecture

Sous l'influence de l'Italie, l'architecture Renaissance suit une orientation nouvelle marquée par le retour aux formes antiques.
La Renaissance italienne a trouvé dans le sillon rhodanien son principal chemin d'accès vers le nord de la France. Elle a laissé son empreinte à la maison des Chevaliers à Viviers, au château de la Rochelambert dans le Velay, dans certaines maisons lyonnaises des quartiers St-Jean et St-Nizier et, près de Feurs, au château de la Bastie-d'Urfé.

Poètes humanistes et gens de lettres

Dans le domaine littéraire, Lyon connaît au 16e s. une intense activité culturelle. Des ateliers de nombreux imprimeurs partent des ouvrages de poètes italiens, dont les chantres de la Renaissance, Pétrarque et Dante.
C'est dans ce contexte que se succèdent au cours du siècle les tenants de la poésie emblématique, néo-latine et amoureuse, écrivant en latin puis en langue française. Rabelais rencontre à Lyon Symphorien Champier, auteur et éditeur; Maurice Scève, soucieux du renouveau de la langue littéraire, participe à un concours de poésie organisé par Clément Marot et organise à Lyon les fêtes en l'honneur du séjour de François Ier. Les femmes ne sont pas exclues de cette recherche esthétique, avec des poétesses comme Pernette du Guillet et **Louise Labé,** surnommée la Belle Cordière, dont les œuvres tranchent sur le formalisme ambiant par leur ardeur et la sincérité des sentiments exprimés.
Cette grande période humaniste de Lyon s'éteint dans la seconde moitié du 16e s. avec le déclin des foires de Lyon, l'écroulement d'un emprunt d'État, la crise financière qui s'ensuit et l'austérité militante des débuts de la Réforme.

PÉRIODE CLASSIQUE (17e-18e S.)

Tantôt sobre et relevant de la manière antique, tantôt surchargé et s'inspirant de l'esprit baroque, l'art classique a laissé maintes traces dans la vallée du Rhône, mais on ne découvre d'ensembles majeurs qu'à Lyon.
Au 17e s., l'urbanisme classique trouve son principal champ d'action dans le quartier des Terreaux et, au 18e s., dans les quartiers de Bellecour et Perrache : la place Bellecour, tracée sous Louis XIV et encadrée d'immeubles Louis XVI, en est l'élément capital. L'architecte lyonnais **Germain Soufflot** (1710-1783), auteur du Panthéon à Paris, fait figure de chef d'école à l'égard du style Louis XVI par son souci de remettre l'Antiquité à l'honneur.

PÉRIODE MODERNE (19e-20e S.)

La peinture

Au cours du 19e s., de nombreux artistes de la région sont formés à la peinture de fleurs à l'école des Beaux-Arts de Lyon. Ils composent minutieusement des motifs pour les fabricants de soieries. L'un des plus réputés sera **Simon Saint-Jean**.
Durant la même époque éclot l'école lyonnaise de peinture, partagée entre le réalisme et l'idéalisme, alliant une certaine austérité allant parfois jusqu'à la mélancolie, sensible dans les portraits, les paysages, les natures mortes. Dans la première moitié du siècle s'imposent des artistes réalistes, tels **Berjon** (1754-1808),

Achitecture contemporaine de l'hôtel de ville de Villeurbanne.
Ph. Vouillon / MICHELIN

auteur attentif de natures mortes et de portraits, puis **Jean-Michel Grobon** (1770-1853) qui se consacre surtout au paysage. Vers 1840, la peinture lyonnaise est marquée par un fort courant mystique dont le chef-d'œuvre est certainement le célèbre *Poème de l'âme* de **Louis Janmot** (1814-1892).

La seconde moitié du siècle voit régner le triumvirat composé d'**Auguste Ravier** (1814-1895), **Louis Carrand** (1821-1899) et **François Vernay** (1821-1896). Ces peintres prolongent le mouvement des paysagistes installés à Barbizon. Après avoir arpenté la région, Ravier s'installe à Crémieu, puis Morestel *(voir ce nom)*.

Après la Seconde Guerre mondiale, le groupe Témoignage de Lyon s'inspire du surréalisme.

L'architecture

L'art des architectes et des ingénieurs s'est exercé à Lyon lors de la construction en 1872 de la basilique de Fourvière, élevée dans un style byzantin-médiéval original, et sur le Rhône dans le lancement, à partir de 1825, de ponts suspendus en fer qui, après la Seconde Guerre mondiale, furent remplacés par des ouvrages en béton.

Quant au début du 20e s., il reste marqué par l'audacieuse charpente métallique de la halle Tony-Garnier classée, en 1975, monument historique. Depuis 1945 ont été édifiés des monuments religieux d'une conception neuve comme le couvent d'Éveux, l'église de Pouzin ainsi que des ensembles urbains comme Firminy (Le Corbusier) et le quartier de La Part-Dieu à Lyon. L'œuvre la plus spectaculaire de la fin du 20e s. est l'aéroport de Lyon-St-Exupéry, anciennement Lyon-Satolas (Calatrava).

ABC d'architecture

Les dessins présentés dans les planches qui suivent offrent un aperçu visuel de l'histoire de l'architecture dans la région et de ses particularités. Les définitions des termes d'art permettent de se familiariser avec un vocabulaire spécifique et de profiter au mieux des visites des monuments religieux, militaires ou civils.

VALENCE – Plan de la cathédrale St-Apollinaire (12e s.)

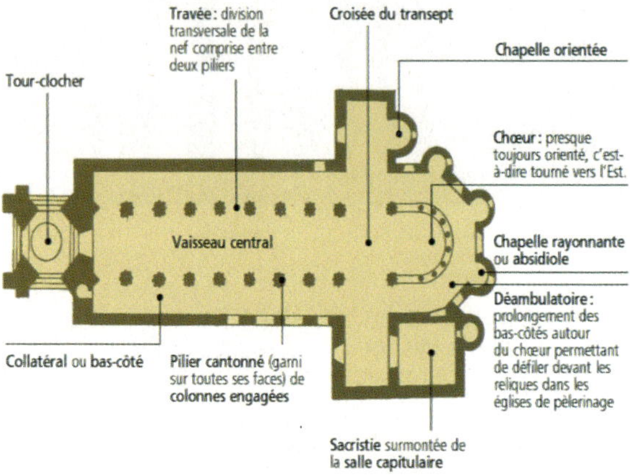

LA GARDE-ADHÉMAR – Coupe de l'église St-Michel (12e s.)

Restaurée au 19e s., cette petite église romane témoigne d'évolutions architecturales majeures dans l'art roman du 12e s.

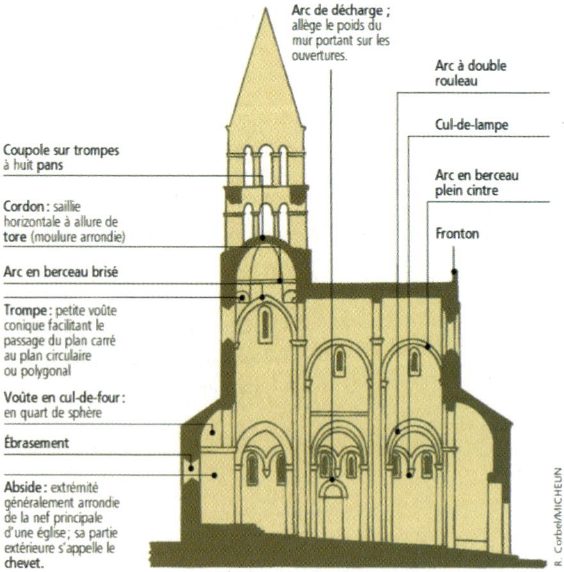

ART ET ARCHITECTURE

LE PUY-EN-VELAY – Portail de la chapelle St-Michel (12e s.)

Semblant s'élancer hors du rocher qu'elle couronne, cette chapelle, parfois qualifiée de « huitième merveille du monde », est nettement marquée par des influences orientales.

CRUAS – Ancienne abbatiale (11e au 13e s.)

Cette abbatiale vivaroise a bien résisté aux outrages du temps ; des fouilles mettent en évidence des trésors architecturaux caractéristiques des périodes carolingienne et romane.

LYON – Horloge astronomique de la primatiale-St-Jean (14e au 18e s.)

VILLEFRANCHE-SUR-SAÔNE Chaire en marbre (17e s.)

LE PUY-EN-VELAY – Maître-autel de la cathédrale Notre-Dame (1723)

R. Corbel/MICHELIN

ART ET ARCHITECTURE

LYON – Primatiale St-Jean (12e au 15e s.)

Cette cathédrale doit son nom au rang de l'Archevêque de Lyon qui est « Primat des Gaules » depuis 1079.

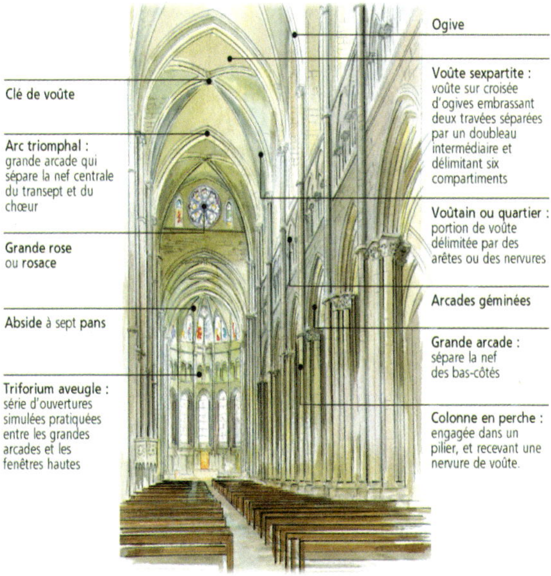

LYON – Basilique Notre-Dame de Fourvière (19e s.)

Réalisée par l'architecte Bossan, cette « citadelle » surprend par ses proportions massives à peine atténuées par une riche et abondante décoration.

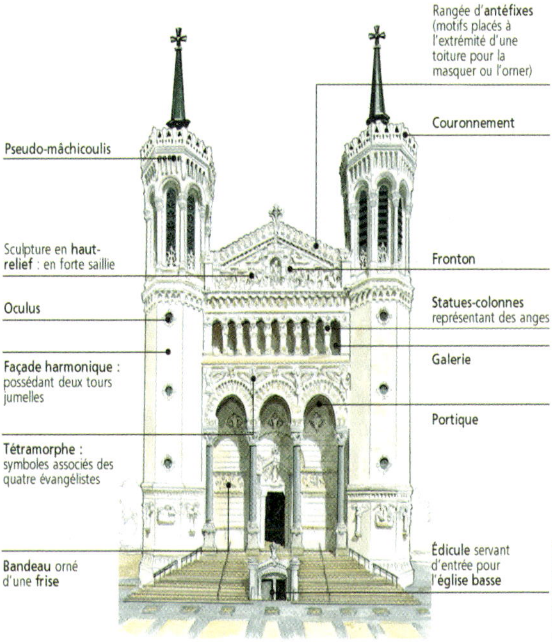

R. Corbel/MICHELIN

COMPRENDRE LA RÉGION

Architecture militaire

MONTÉLIMAR – Château des Adhémar (12e s.)

Cette puissante forteresse, solidement ancrée sur la colline qui domine la ville, regroupe en réalité les vestiges de deux châteaux occupés par des frères de la famille Adhémar au début du 13e s.

Architecture civile

LA BASTIE-D'URFÉ (14e au 16e s.)

Ce joyau de la Renaissance, bordé par le Lignon, est un exemple très abouti des transformations inspirées par la Renaissance italienne pour égayer et orner les austères manoirs de province.

R. Corbel/MICHELIN

ART ET ARCHITECTURE

MARCY-L'ÉTOILE – Château de Lacroix-Laval (17e et 18e s.)

Remanié sur les conseils de Soufflot au 18e s., ce château a été complètement « mis à sac » à la Révolution. Plusieurs fois restauré, il a conservé une façade classique représentative des demeures d'agrément du 18e s.

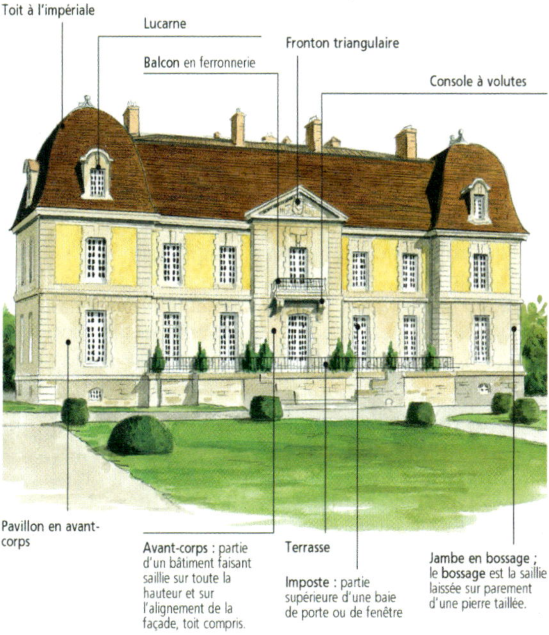

Architecture industrielle

LYON – Halle Tony-Garnier (1914)

Cette « cathédrale de fer », véritable prouesse technique permettant de couvrir près de 18 000 m² sans piliers, a été conçue au début du siècle par l'architecte lyonnais Tony Garnier. Bien qu'ayant changé de vocation, elle reste une référence et marque l'architecture industrielle contemporaine.

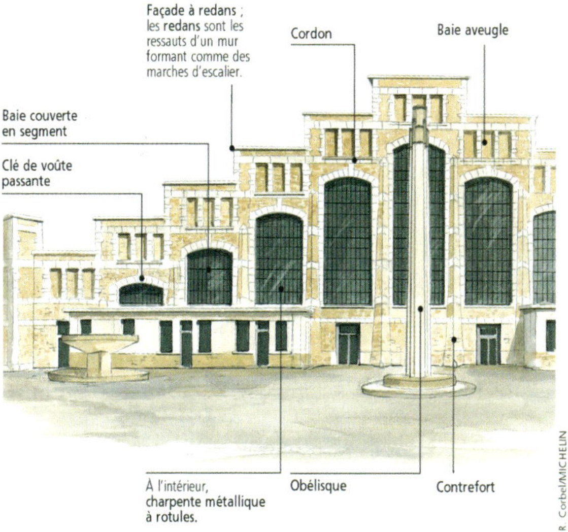

Les maisons rurales traditionnelles

En marge de l'architecture de prestige, les maisons rurales expriment-elles la culture régionale ? Adaptées au travail des champs et subissant l'influence des régions voisines et des nouveaux procédés de construction, elles montrent comment les hommes ont su intégrer les particularités géographiques et climatiques de leur province.

Les maisons du Forez et du Lyonnais

La ferme forézienne – Elle ordonne ses hauts murs autour d'une cour fermée. Certaines sont pourvues d'une galerie de bois à balustrade. La couverture est en tuiles. Sur les hauteurs du Forez et du Pilat, les jasseries sont des annexes éloignées de la ferme où, durant l'été, le berger dispose du matériel nécessaire à la fabrication des fromages et, au-dessous, d'une cave à fromages.

La maison Beaujolais – Couverte de tuiles romaines, la demeure beaujolaise, bâtie sur plan rectangulaire, est en pierre grise au nord, brune ou rousse dans la montagne, dorée au sud. Robuste et simple, elle comporte au rez-de-chaussée une cave ou un caveau à l'entrée en anse de panier. Un escalier extérieur couvert d'un avant-toit formant auvent, soutenu par des colonnes de bois ou de pierre, donne accès au logement. Les bâtiments annexes ferment rarement la cour.

La ferme de la Dombes – Allongée et pourvue d'un étage, elle présente extérieurement un crépi protégeant les murs en brique (terre cuite) ou en pisé (terre crue). Le toit en tuiles rondes soutenu par des étais forme auvent.

La maison du Velay

Au sud et au sud-est du Velay sur les flancs du Mézenc, la ferme est sans étage. Vers le nord, en descendant des plateaux, l'habitation tend à devenir plus haute et plus confortable. En terre plus riche, la maison possède un étage percé d'étroites fenêtres. Dans les vallées du nord et de l'est, la maison est adaptée au travail ancien de la dentelle ou du ruban : de hautes fenêtres éclairent la chambre du métier. La maison vellave est originale par sa maçonnerie en moellons bruts.

Les maisons rhodaniennes

Dans les plaines de Valence et de Montélimar, l'habitat n'est pas très individualisé, les caractères les plus constants étant sa petite taille et un mur aveugle côté nord, d'où souffle le mistral. De grosses exploitations isolées ressemblant à des maisons fortes groupent leurs bâtiments autour d'une cour.

La maison du Bas-Dauphiné

Entre Bourbe et Isère, les maisons sont en cailloux roulés, abondants dans cette région de dépôts morainiques et alluviaux. Les cailloux sont placés de chant, sur un lit de mortier, en arêtes de poisson. Dans la région de Morestel, à Creys, Brangues, Mérieu, le « pignon à mantelure » ou à escalier de pierre est un mode de couverture emprunté aux Préalpes. Le toit, en tuiles plates, prend appui sur les pignons des murs latéraux dont les rampants présentent des décrochements ; les marches ainsi constituées sont couvertes d'une grosse dalle de pierre débordante.

Les maisons vivaroises

La maison du Haut-Vivarais – Aux confins du Velay, dans le massif du Mézenc et sur les hauts plateaux dominant l'Ardèche et l'Eyrieux naissants, la maison de montagne, basse et trapue, au toit de lauzes paraît écrasée sous cette carapace conçue pour résister aux intempéries : « Qui bien lauze, pour cent ans pose », rappelle un vieux dicton. Cette maison aux murs de granit ou de basalte, aux ouvertures rares, est une habitation d'éleveurs. Dans la région de Vernoux, les bâtiments de ferme s'ordonnent en fer à cheval autour de la cour.

La maison du Coiron – Elle présente un aspect assez confus en raison des multiples bâtiments accolés autour du corps de logis initial. Les constructions sont, en général, en basalte et les toits sont presque plats. Les villages sont établis sur les versants ensoleillés.

La maison du Bas-Vivarais – C'est une maison à étages sur plan carré, de type méridional. Le toit, en tuiles romaines, présente une faible pente ; le haut des murs est orné d'une génoise (frise constituée d'un double ou triple rang de tuiles prises dans le mortier).

La magnanerie avait souvent son entrée directe sur le couradou, la terrasse couverte ; réservée à l'élevage du ver à soie, ce fut, jusque vers 1850, un élément essentiel de la vie vivaroise. Au corps de logis, des bâtiments annexes s'ajoutent souvent : four à pain, grange et, dans la zone du châtaignier, le séchoir à châtaignes (clède ou clédo). Dans la moyenne vallée de l'Ardèche, la maison en pierres calcaires est de règle. À l'ouest et au nord de Joyeuse, dans la zone du châtaignier, la maison de schiste domine.

PRIMAGAZ

3/ DÉCOUVRIR LA RÉGION

Vol en montgolfière au-dessus du château de St-Vidal.
Ch. Trévis / Montgolfière en Velay

LE POT BEAUJOLAIS
2

Lyon 1

★★★

Carte Michelin Départements 327 H5, I5 –
Plan de ville Michelin 31 – Rhône (69)

La fresque des Lyonnais sur la Presqu'île.

Bernath/Djaoui / © Citécréation

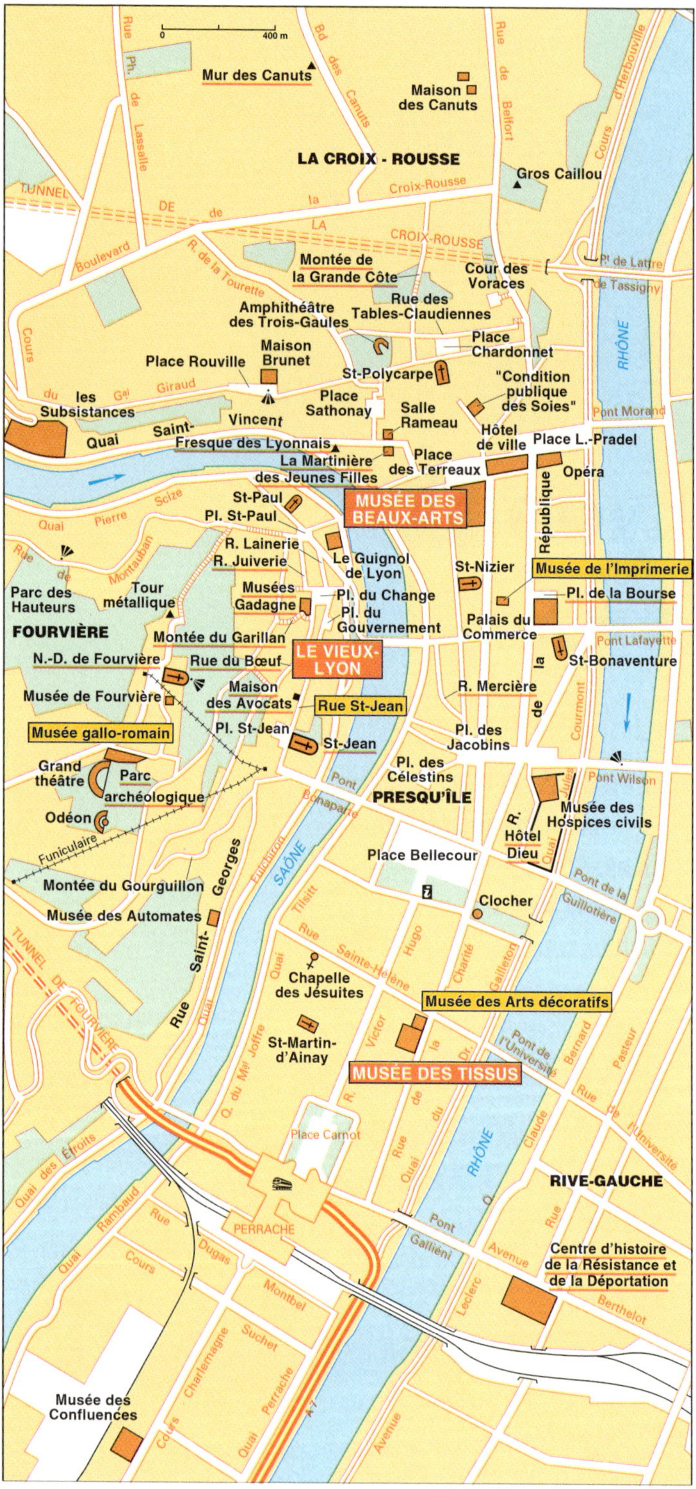
0
400 m
Mur des Canuts
Maison des Canuts
LA CROIX - ROUSSE
Gros Caillou
Rue Ph. de Lassalle
Bd des Canuts
Rue de Belfort
Cours d'Herbouville
TUNNEL DE LA CROIX-ROUSSE
Boulevard de la Croix-Rousse
R. de la Tourette
Montée de la Grande Côte
Cour des Voraces
Pt de Lattre de Tassigny
Rue des Tables-Claudiennes
Amphithéâtre des Trois-Gaules
Place Chardonnet
Maison Brunet
Place Rouville
St-Polycarpe
"Condition publique des Soies"
Cours du Gal Giraud
les Subsistances
Place Sathonay
Salle Rameau
Quai Saint-Vincent
Hôtel de ville
Place L.-Pradel
Pont Morand
RHÔNE
Fresque des Lyonnais
La Martinière des Jeunes Filles
Place des Terreaux
Opéra
St-Paul
Pl. St-Paul
MUSÉE DES BEAUX-ARTS
Quai Pierre Scize
République
R. Lainerie
R. Juiverie
Le Guignol de Lyon
St-Nizier
Musée de l'Imprimerie
Rue de Montauban
Parc des Hauteurs
Tour métallique
Musées Gadagne
Pl. du Change
Pl. de la Bourse
FOURVIÈRE
Montée du Garillan
Pl. du Gouvernement
Palais du Commerce
Pont Lafayette
N.-D. de Fourvière
Rue du Bœuf
LE VIEUX-LYON
St-Bonaventure
Musée de Fourvière
Maison des Avocats
Rue St-Jean
R. Mercière
Rue de la Cournont
Musée gallo-romain
Pl. St-Jean
St-Jean
Pl. des Jacobins
Grand théâtre
Parc archéologique
Pont Bonaparte
Pl. des Célestins
PRESQU'ÎLE
Pont Wilson
Odéon
Musée des Hospices civils
R. Hôtel Dieu
Quai Jules
Funiculaire
Quai Fulchiron
SAÔNE
Place Bellecour
Montée du Gourguillon
Rue Saint-Georges
Clocher
Pont de la Guillotière
Musée des Automates
Rue Tilsitt
TUNNEL DE FOURVIÈRE
Rue Sainte-Hélène
Chapelle des Jésuites
Rue Victor Hugo
Rue de la Charité
Rue Gailleton
Musée des Arts décoratifs
St-Martin-d'Ainay
Pont de l'Université
Rue Bernard
Rue Pasteur
MUSÉE DES TISSUS
Q. du Mal Joffre
Rue de l'Université
Rue Claude
Place Carnot
Quai des Étroits
Rue du Dr.
RHÔNE
RIVE-GAUCHE
Quai Rambaud
Rue Dugas
Montbel
PERRACHE
Pont Gallieni
Avenue Leclerc
Avenue Berthelot
Centre d'histoire de la Résistance et de la Déportation
Cours Suchet
Charlemagne
Quai Perrache
A 7
Musée des Confluences

Les plus beaux quartiers et monuments de Lyon

MUSÉE DES BEAUX-ARTS	★★★	Très vivement recommandé
Rue St-Jean	★★	Recommandé
Musées Gadagne	★	Intéressant
Château Lumière		Autre site décrit dans ce guide.

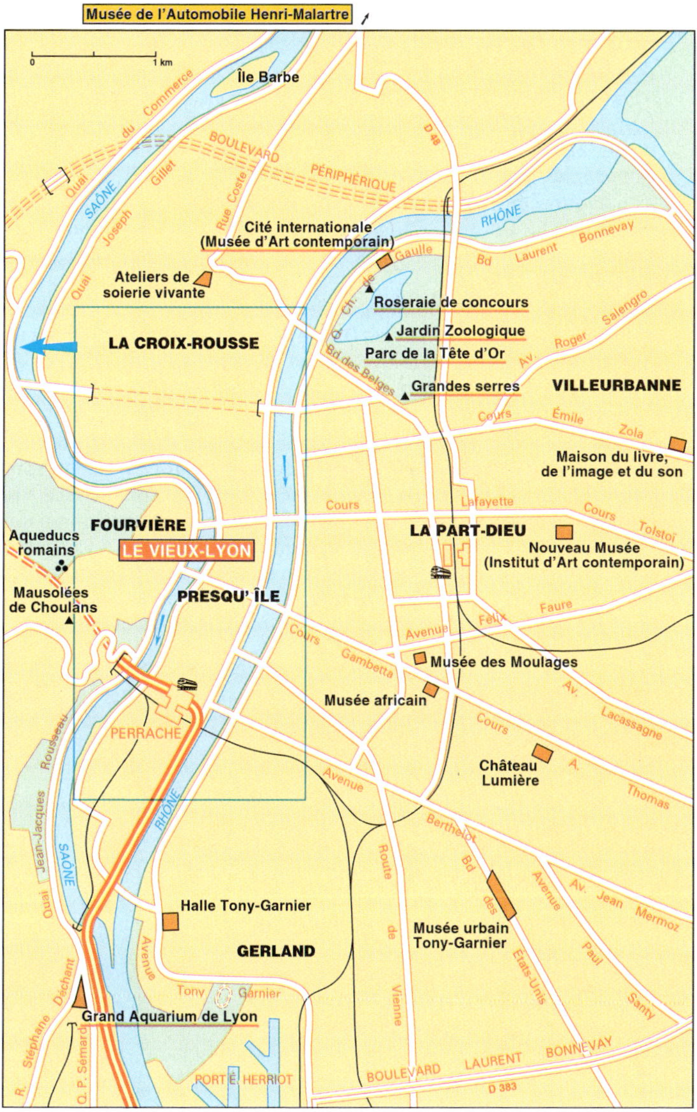

NOS ADRESSES PAGES 88, 105, 113, 135, 145, 153 ET 165

S'INFORMER

Office du tourisme de Lyon – *Pl. Bellecour - 69002 Lyon - ✆ 04 72 77 69 69 - www.lyon-france.com - 9h-18h - fermé 1er janv., 1er Mai et 25 déc.* Visites guidées *(voir Nos adresses à Lyon p. 88).*

SE GARER

Le stationnement dans une grande cité n'est jamais simple, mais la ville de Lyon a aménagé des parkings souterrains dans de nombreux lieux stratégiques, dont les Célestins, les Terreaux et la République.

ORGANISER SON TEMPS

Nous vous proposons trois programmes en fonction du temps dont vous pouvez disposer.

– En **1 jour** : Vieux-Lyon (à pied), terrasse de Fourvière et théâtres romains (sans les musées et en utilisant le funiculaire) le matin ; musée des Tissus ou des Beaux-Arts et une promenade sur le plateau de la Croix-Rousse l'après-midi.

– En **2 jours** : le 1er pour le Vieux-Lyon, la colline de Fourvière (avec ses musées) et les bords de Saône. Le 2e, visite à pied de la Presqu'île, de ses musées (des Beaux-Arts, des Tissus, des Arts décoratifs), et de la Croix-Rousse.

– En **3 jours** : ajouter 1 journée pour le Centre d'histoire de la Résistance et la Déportation, le parc de la Tête d'Or avec sa Cité internationale et, au choix, un aperçu de la Rive gauche, du Grand-Lyon ou le musée de l'Automobile Henri-Malartre.

« Porte du Midi » trop souvent contournée par des vacanciers pressés, Lyon cultive à la perfection les traditions de savoir-vivre qui font le bonheur de ses hôtes. Fourvière, la « colline qui prie », et la Croix-Rousse, « la colline qui travaille », dominent un site de confluence exceptionnel qui a mérité son inscription au Patrimoine mondial de l'Unesco. Sa richesse est à la mesure de ses vingt siècles d'histoire, immense et variée. Parfois qualifiée de discrète, voire de réservée, Lyon est en fait une ville généreuse et accueillante, qui ne manque pas de séduire ceux qui lui consacrent un peu de leur temps.

LYON

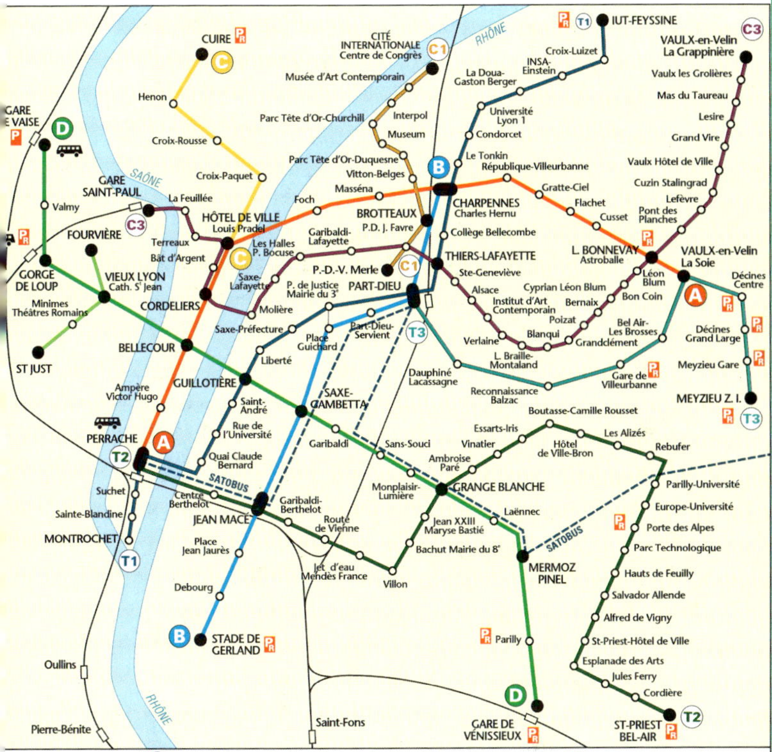

Ligne de métro	B	Underground line	Metrolinie	B	Linea del metro
Ligne de tramway - Trolleybus Cristalis	T2 C3	Tramway line - Trolley bus Cristalis	Straßenbahnlinie - Cristalis Trolleybuslinie	T2 C3	Linea del tranvia - Filovia "Cristalis"
Terminus/correspondance - Station		Terminus/interchange - Station	Endstation/umsteigestation - Station		Capolinea/coincidenza - Stazione
Ligne SNCF - Gare		Railway (SNCF) line- Station	Eisenbahn (SNCF) - Bahnhof		Linea ferroviaria - Stazione
Tramway, trolleybus		Tram, trolley bus	Straßenbahn, Trolleybus		Tranvia, filovia
Navette aéroport		Shuttle bus	Pendelbus		Servizi-navetta
Gare routière - Parking Relais		Bus station - Park and Ride	Busbahnhof (Gare routière)- Park-and-Ride		Stazione di autolinea - Parcheggio Ristoro

NOS ADRESSES À LYON

VISITE

Visites guidées de l'office de tourisme – *Voir coordonnées p. 86 - Réservation obligatoire - 9/12 €.* L'office de tourisme propose tout une gamme de visites guidées thématiques : sites incontournables, visites audio-guidées (MP3), lieux insolites…

Lyon City Card – Ce passeport culturel et touristique donne accès à tous les transports en commun, aux visites guidées de l'office de tourisme, aux principaux musées ainsi qu'à leurs expositions temporaires. Réductions shopping, spectacles et loisirs. Déclinée en 1, 2 et 3 jours. Disponible à l'office du tourisme de Lyon, dans certains hôtels et sur www.lyon-france.com.

Promenades en bateaux-mouches – *04 78 42 96 81 - www.naviginter.fr - embarcadère quai des Célestins - 9 € (enf. 6 €).*

Circuit de l'Île-Barbe (1h) : *juil.-août dép. à 14h30, 17h et 18h ; mai-juin et oct. dép. à 14h, 16h30 et 17h30 ; avr. et de sept. à déb. nov. dép. tlj sf lun. à 14h30 et 17h.*

Circuit du Confluent (1h15) : *juil.-août dép. à 15h30 ; mai-juin et oct. dép. à 15h ; avr. et de sept. à déb. nov. dép. tlj sf lun. à 15h.*

Croisière nocturne (1h) : *juil.-août : vend. et sam. à 21h30.*

Circuit matinal : *juil.-août : w.-end à 11h.*

INTERNET

Mairie de Lyon : www.lyon.fr

Communauté urbaine du Grand-Lyon : www.grandlyon.com

Site généraliste sur Lyon : www.lyonweb.fr

TRANSPORTS

En voiture, en train ou en avion – Pour les automobilistes, excellente desserte autoroutière : A 6, A 7, A 42 et A 43. La ville est également très bien desservie par un service régulier de TGV qui la relie à Paris en 2h. Les gares de Perrache et de La Part-Dieu sont à proximité immédiate du centre-ville par le métro. Des dessertes aériennes à partir des grandes villes permettent de rejoindre l'aéroport de Lyon-St-Exupéry *(0 826 800 826 - www.lyon.aeroport.fr)*, lui-même relié au centre-ville par des navettes et, à partir de l'été 2010, un tram express *(durée 30mn - www.rhonexpress.net - 5h-0h).*

Transports urbains – Le **Ticket Liberté 1 jour** est le moyen le plus économique permettant d'utiliser, sans limitation du nombre de voyages et pendant 24h, toutes les lignes du réseau urbain lyonnais (4,50 €). Le **Ticket Liberté 2h** fonctionne sur le même principe, mais pour une durée de 2h (2,30 €). *Renseignements auprès des agences TCL, dont les principales sont situées à Bellecour (dans la station de métro) et à La Part-Dieu (11 bd Vivier-Merle) - fermé dim. - 820 427 000 (0,12 €/mn depuis un poste fixe) ou www.tcl.fr*

Se déplacer à vélo – Laissez votre voiture au parking et découvrez Lyon de façon originale et écologique. Vélo'V propose un système de location de vélos en libre-service fonctionnant par abonnement (30 premières minutes gratuites). Les moins sportifs loueront des vélos électriques au 3 r. du Vieil-Renversé. Ceux qui veulent tout voir sans surveiller la route

opteront pour Cyclopolitain qui organise des visites thématiques – « cyclotour cœur de presqu'île », « cyclotour panorama » et « cyclotour shopping » – à bord d'un tricycle électrique piloté par un jeune chauffeur, le cyclonaute.
En pousse-pousse – Pour une alternative au traditionnel taxi, contactez Allo Cyclo (*0 826 100 003*) qui vous transportera d'un point à un autre en pousse-pousse.

HÉBERGEMENT

Les quartiers où loger – Le Vieux-Lyon, prisé par les touristes, propose une pléiade d'hébergements aux formules et tarifs variés. Comptez de 50 € la chambre d'hôte à 150 € environ la nuit dans un hôtel 3 étoiles du côté de **St-Paul** où s'animent commerces et restaurants, à moins que vous n'optiez pour le charme d'une hôtellerie de caractère au cœur du **quartier Renaissance** ou, plus au calme, sur les pentes de **Fourvière**.
La **Presqu'île**, idéale pour le shopping, propose elle aussi un large choix d'hébergements du 2 au 4 étoiles, contrairement au pittoresque quartier de la **Croix-Rousse** qui ne compte qu'une petite poignée d'hôtels à des prix certes abordables (entre 50 et 100 € la nuit). Autre ambiance sur la **Rive gauche** où chaînes et résidences hôtelières, rompues aux séjours d'affaires, rivalisent avec quelques hôtels moins impersonnels. Si vous décidez de quitter le centre, le **Grand-Lyon** réserve de bonnes adresses de chambres d'hôte et auberges de charme.
Pour vous aider – Les hôtels sélectionnés ci-après sont classés par quartiers. Ils sont positionnés sur le plan de Lyon p. 154-155 ou sur les plans de quartiers et repérables grâce à des pastilles numérotées en bleu (1). Ces numéros sont indiqués à la suite du nom de chaque établissement.

VIEUX-LYON

BUDGET MOYEN

Hôtel St-Paul – (1) *(plan II, p. 101) - 6 r. Lainerie - Gare Saint-Paul (trolleybus C3) - 04 78 28 13 29 - www.hotelstpaul.fr - 20 ch. 74/80 € - 7 €.* Situé dans une maison Renaissance, ce petit hôtel est au cœur du quartier très animé, parfois bruyant, du Vieux-Lyon. Les chambres sur rue sont rénovées ; celles sur cour sont plus sombres.

COLLINE DE FOURVIÈRE

PREMIER PRIX

Chambre d'hôte La Grange de Fourvière (1) *(plan I, p. 154-155) – 86 r. des Macchabées - 69005 Lyon - M° St-Just - 04 72 33 74 45 - www.grangedefourviere.fr - P - 5 ch. 65/80 €.* Une grange et une écurie du 19e s. entièrement réhabilitées, dans le « quartier-village » de St-Irénée. Chambres à la décoration soignée, certaines avec un accès indépendant, salon-bibliothèque et coin-cuisine en commun. Les petits-déjeuners sont généreux et de qualité.

POUR SE FAIRE PLAISIR

Chambre d'hôte Le Greillon (3) *(plan I, p. 154-155) – 12 montée du Greillon - 06 08 22 26 33 - www.legreillon.com - fermé 17-31 août et 18-24 fév. - 4 ch. 110 €.* À l'écart de la rumeur de la ville, dans une montée en escalier typique de la colline de Fourvière, cette maison du 18e s. possède un jardin en terrasses unique au cœur de Lyon. Aux beaux jours, petits-déjeuners servis dans la cour, avec vue sur la Croix-Rousse et la Saône.

PRESQU'ÎLE

PREMIER PRIX

Hôtel St-Vincent (15) *(plan III, p. 127) – 9 r. Pareille - 69001 Lyon - ☎ 04 78 27 22 56 - www.hotel-saintvincent.com - fermé août - 30 ch. 65/85 € - ☕ 6 €.* Dans une petite rue proche de la Saône, cet hôtel qui fut autrefois un cloître offre des chambres au décor et mobilier différents. Lumineuses, vastes sauf pour les « single » un peu exiguës, elles sont dans l'ensemble assez confortables.

Hôtel des Savoies (19) *(plan I, p. 154-155) – 80 r. de la Charité - 69002 Lyon - M° Perrache - ☎ 04 78 37 66 94 - www.hotel-des-savoies.fr - 46 ch. 60/78 € - ☕ 6 €.* Façade rehaussée de blasons savoyards, petites chambres simples, fonctionnelles et récemment rafraîchies, prix sages et garage très apprécié de la clientèle.

BUDGET MOYEN

Chambre d'hôte Péniche «El Kantara» (5) *(plan I, p. 154-155) – Quai Rambaud - 69002 Lyon - ☎ 04 78 42 02 75 - P - 🚭 - 2 ch. 73/83 € ☕.* Une charmante adresse, insolite et romantique que cette péniche amarrée sur la Saône. Magnifiquement restaurée, on y trouve une chambre avec deux cabines aménagées dans le logement du marinier et, sur l'avant, une autre chambre plus vaste et plus lumineuse. Entre les deux, la piscine à ciel ouvert, dès les beaux jours.

Kyriad Prestige Lyon-Centre (17) *(plan I, p. 154-155) – 4-6 r. du Mortier - 69003 Lyon - ☎ 04 78 60 03 09 - www.kyriadprestige.com - ♿ - P - 126 ch. 69/135 € - ☕ 12 €.* À 5mn à pied de la place Bellecour, cet hôtel moderne à la façade vitrée est plutôt agréable : ses chambres toutes identiques, fumeurs ou non-fumeurs, sont claires, fonctionnelles et bien équipées.

Élysée Hôtel (4) *(plan III, p. 127) – 92 r. Prés.-E.-Herriot - 69002 Lyon - M° Cordeliers - ☎ 04 78 42 03 15 - www.hotel-elysee.fr - 29 ch. 73/82 € - ☕ 8 €.* Cette adresse familiale très bien située dans la Presqu'île prend place dans un immeuble du 18e s. sur six étages. Chambres récemment rénovées, intérieur soigné et accueil attentif.

Hôtel La Résidence (6) *(plan III, p. 127) – 18 r. V.-Hugo - 69002 Lyon - M° Bellecour - ☎ 04 78 42 63 28 - www.hotel-la-residence.com - 67 ch. 81 € - ☕ 7 €.* Décor sobrement «seventies» pour cet hôtel bordant une rue piétonne proche de la place Bellecour. Quelques chambres plus élégantes, agrémentées de boiseries.

Hôtel Célestins (5) *(plan III, p. 127) – 4 r. des Archers - 69002 Lyon - M° Guillotière - ☎ 04 72 56 08 98 - www.hotelcelestins.com - 25 ch. 75/120 € - ☕ 8,50 €.* Hôtel occupant plusieurs étages d'un immeuble d'habitation. Chambres claires et plaisantes ; celles de la façade offrent une échappée sur la colline de Fourvière.

POUR SE FAIRE PLAISIR

Hôtel des Artistes (2) *(plan III, p. 127) – 8 r. G.-André - M° Cordeliers - ☎ 04 78 42 04 88 - www.hotel-des-artistes.fr - 45 ch. 105/140 € - ☕ 10 €.* Avec sa façade donnant sur l'adorable place des Célestins et le théâtre éponyme, cet hôtel possède des chambres coquettes et une ambiance théâtrale. La salle des petits-déjeuners est ornée d'une fresque à la Cocteau.

RIVE GAUCHE

PREMIER PRIX

Hôtel B & B (9) *(plan I, p. 154-155) – 93 cours Gambetta - 69003 Lyon - ✆ 0 892 707 534 - www.hotel-bb.com - ♿ - P - 114 ch. 49/85 € - ☕ 6 €.* Cet hôtel de chaîne offre de nombreuses commodités – situation centrale, proximité de la gare et du métro – et des chambres confortables et spacieuses, toutes équipées de lits *king size*. Une bonne adresse pour les budgets limités.

BUDGET MOYEN

Au Patio Morand (2) *(plan I, p. 154-155) – 99 r. de Créqui - M° Foch - ✆ 04 78 52 62 62 - www.hotel-morand.fr - 31 ch. 78/150 € ☕.* Cet hôtel cache un patio inattendu où il fait bon prendre son petit-déjeuner. Les murs en pierre dorée mettent en valeur une décoration design. Les chambres élégantes disposent de larges literies et d'écrans plasma.

GRAND-LYON

PREMIER PRIX

Hôtel La Chaumière (12) *(plan I, p. 154-155) – 11 av. du Gén.-de-Gaulle - 69410 Champagne-au-Mont-d'Or - ✆ 04 78 35 10 60 - www.lachaumiere.fr - fermé 24 juil.-24 août, sam., dim. - 15 ch. 57/67 € - ☕ 7 €.* L'établissement, aménagé dans un bâtiment contemporain, abrite des chambres lumineuses, très bien tenues, et une salle à manger d'esprit rustique. Prix corrects compte tenu de la situation géographique… Cette « chaumière »-là constitue une judicieuse alternative aux chaînes hôtelières.

BUDGET MOYEN

Hôtel Ariana (7) *(plan I, p. 154-155) – 163 cours Émile-Zola - 69100 Villeurbanne - ✆ 04 78 85 32 33 - http://www.ariana-hotel.com - ♿ - P - 102 ch. 74/115 € - ☕ 13 €.* Les chambres sont spacieuses, climatisées et bien insonorisées. À dix minutes du centre de Lyon par le métro, l'hôtel se situe au pied du surprenant quartier des Gratte-Ciel des années 1930. Tarifs week-end très intéressants.

SE RESTAURER

Reportez-vous aux chapitres Vieux-Lyon, Fourvière, Presqu'île, Croix-Rousse, Rive gauche et Grand-Lyon.

ACHATS

Retrouvez nos adresses de boutiques dans les carnets pratiques des chapitres Vieux-Lyon, Fourvière, Presqu'île, Croix-Rousse, Rive gauche et Grand-Lyon.

Marchés – Le dimanche matin, marché de la Création, quai Romain-Rolland et marché de l'Artisanat, quai Fulchiron. Les bouquinistes occupent le quai de la Pêcherie, chaque après-midi. Vente de produits régionaux et petits bouchons aux Halles de Lyon, 102 cours Lafayette.

Commerces – Les grands magasins (Printemps, Grand Bazar) se situent dans le 2e arrondissement entre la place de la République et la place des Cordeliers. Le centre commercial de La **Part-Dieu**, un des plus grands d'Europe, réunit 260 magasins dont les Galeries Lafayette et des restaurants.

La **cité des Antiquaires** s'est installée, avec ses 150 boutiques, 117 bd de Stalingrad à Villeurbanne.

Spécialités – Si vous cherchez une **rosette**, une **andouillette** ou des **quenelles** de Lyon, rendez-vous chez le charcutier-traiteur

Reynon, 13 r. des Archers, ou chez Pignol, 8 pl. Bellecour ; si vous préférez goûter différents produits autour d'un verre de beaujolais, c'est aux Halles qu'il faut aller. Les promenades dans les quartiers anciens et les secteurs piétonniers peuvent aussi être l'occasion de découvrir des friandises lyonnaises parmi lesquelles figurent en bonne place les « **bugnes** », pâtisseries faites de pâtes sucrées et torsadées, ainsi que les « **cocons** » et les « **coussins** », sucreries décorées de motifs empruntés à l'industrie de la soie.

EN SOIRÉE

Rue Ste-Catherine – Rue très animée où vous trouverez de nombreuses adresses ouvertes jusqu'au bout de la nuit. Il règne une atmosphère « british » au pub The Albion Public House et celtique au Shamrock. Pour boire un rhum, rendez-vous à la Taverne du Perroquet Bourré. Les amateurs de chansons françaises se retrouvent à l'Abreuvoir. Enfin, les échoppes de kébabs combleront les petits creux.

Bar de La Tour Rose – *22 r. du Bœuf - 69005 Lyon - ✆ 04 78 92 69 10 - www.latourrose.fr - mar.-sam. 16h-0h - fermé dim. et lun. - menu 8,50 € (midi) et 12 € (soir).* Ce bar d'hôtel de standing occupe l'emplacement d'un ancien jeu de paume où Molière en personne est venu jouer en avant-première *L'Étourdi*. L'établissement accueille tous les deux mois les débats des « Cafés du Droit ». Ambiance cosy.

Café Léone – *8 r. de la Monnaie - 69007 Lyon - ✆ 04 78 92 93 70 - avr. à oct 11h-3h et oct. à avr. 17h-3h - fermé dim.-lun.* Avec ses tapas servies sur le comptoir comme à Barcelone, sa bière San Miguel et ses corridas à la télé, ce café est un vrai bar espagnol, animé et tapageur comme on les aime… Vous pouvez réserver la salle pour vos soirées.

La Cave des Voyageurs – *7 pl. St-Paul - 69005 Lyon - ✆ 04 78 28 92 28 - www.lacavedesvoyageurs.fr - 10h-1h - fermé 25 juil.-25 août, dim.-lun., j. fériés et 14 fév.-22 fév. - assiette de produits régionaux 14,50 €, dégustation de vins 3/4 €.* Sympathique petit bar à vins au décor délicieusement « rétro ». Bourgognes, beaujolais, languedocs-roussillons et crus du monde entier se dégustent avec du foie gras maison, des assiettes de charcuteries ou de fromages, à des prix tout à fait… gouleyants.

Éden Rock Café – *68 r. Mercière - 69002 Lyon - ✆ 04 78 38 28 18 - charlotte@edenrockcafe.com - fermé 3 sem. en août.* Ce bar occupant un bâtiment classé monument historique se trouve au cœur d'une rue piétonne très animée le soir. Le décor est magnifique et la carte est intéressante. Concerts de blues, de rock et de funk du mercredi au samedi.

Hot Club de Lyon – *26 r. Lanterne - 69001 Lyon - ✆ 04 78 39 54 74 - www.hotclubjazz.com - mar.-jeu. soir 21h30; vend.-sam. soir 22h - fermé de fin juil. à mi-sept. - 9 € (enf. 5 €).* Tous les amateurs de jazz fréquentent le Hot Club lyonnais, installé dans une cave comme ses illustres prédécesseurs de Saint-Germain-des-Prés… Du style New Orleans au jazz fusion en passant par les standards de Duke Ellington et de la bossa nova, tous les styles y sont généreusement représentés. Le samedi après-midi est gratuit et les consommations sont très abordables.

Le Cintra – *43 r. de la Bourse - 69002 Lyon - ☏ 04 78 42 54 08 - www.cintra-lyon.fr - 12h-2h - fermé 15 août - formule déj. 11,90 €, menu 29 € (midi) et 45 € (soir).* Situé à côté de la chambre de commerce, cet établissement est un lieu de rendez-vous chic où hommes et femmes d'affaires aiment se retrouver pour déjeuner, dîner ou prendre un verre pendant l'animation piano-bar (à partir de 22h chaque soir). Beau décor en bois du Liban, créé en 1921. Terrasse

Irish Corner – *25 pl. Carnot - 69002 Lyon - ☏ 04 78 37 11 24 - www.irishcornerlyon.com - 7h30-1h, w.-end 3h - fermé 15 août. et 25 déc.* Situé place Carnot, à deux pas de la gare de Perrache, ce pub à la mode irlandaise cultive une ambiance conviviale particulièrement appréciée par les étudiants. En outre, plusieurs fois par mois, l'établissement organise des concerts.

Ninkasi Ale House – *267 r. Marcel-Mérieux - 69007 Lyon - ☏ 04 72 76 89 00 - www.ninkasi.fr - lun.-merc. 10h-1h, jeu. 10h-2h, vend. 10h-3h, sam. 10h-4h, dim. 16h-0h - fermé 24-25 déc. et 1er janv. - menu 18/26 €.* Microbrasserie, vaste café, terrasse d'été, petit restaurant et grande salle où l'on programme concerts, soirées D.J. et autres animations : cette ancienne usine proche du stade Gerland est une adresse très « tendance ». Terrasse.

Au Pied dans l'Plat – *18 r. Lainerie - 69005 Lyon - ☏ 04 78 27 13 26 - www.aupieddanslplat.fr - 20h-0h - fermé 26 juil. -26 août et dim.* Ce cabaret très prisé des Lyonnais, installé dans une belle cave voûtée du 16e s., propose des dîners-spectacles à tendance satirique dans une ambiance débridée et rabelaisienne. Un succès non démenti depuis 30 ans…

Casino Le Lyon Vert – *200 av. du Casino - 69890 La Tour-de-Salvany - ☏ 04 78 87 02 70 - www.partouche.com - 10h-4h (w.-end et veille de fêtes 5h).* Le démon du jeu vous titille, vous êtes majeur et vous avez une tenue correcte ? Pas d'hésitation : ici, vous attendent 400 machines à sous, poker vidéo, roulettes et black jack. L'établissement comprend aussi deux restaurants et deux bars.

Spectacles

Bon à savoir – Pour avoir sous la main tous les films à l'affiche, les spectacles et les expositions, munissez-vous de l'hebdomadaire *Lyon Poche*, en vente dans les kiosques ou chez les marchands de journaux. Et pour acheter son billet les soirs de match, orientez-vous vers les boutiques **Planète OL** *(r. Grolée)*, et **OL Store** *(av. Tony-Garnier)*.

Auditorium-Orchestre national de Lyon – *149 r. Garibaldi - 69003 Lyon - ☏ 04 78 95 95 95 - www.auditorium-lyon.com - lun.-vend. 10h-18h, sam. 14h à fin concert - fermé dim.* L'auditorium de Lyon dispose d'une salle de 2 076 places où peuvent s'exprimer tous les styles de musique : classique, jazz, musiques du monde, ciné-concerts… C'est également le lieu de résidence de l'Orchestre national de Lyon (orchestre symphonique) qui s'y produit tout au long de l'année.

Maison de la Danse – *8 av. Jean-Mermoz - 69008 Lyon - ☏ 04 72 78 18 18 - www.maisondeladanse.com - lun.-vend. 11h45-18h45, sam. 11h45-18h - fermé dim. et 21 juil.-19 août variable.* Du flamenco aux claquettes en passant par les ballets et les danses traditionnelles d'Occident et d'Orient, vous pénétrez ici dans le temple de la danse… les plus grands noms se succèdent ici : Maurice Béjart, Carolyn Carlson, Grupo Corpo, Alain Platel, Sidi Larbi Cherkaoui, Bill T Jones…

Opéra national de Lyon – *1 pl. de la Comédie - 69001 Lyon - ✆ 0 826 305 325 - www.opera-lyon.com - fermé 29 juil.-27 août.* C'est l'un des plus beaux monuments de la ville avec sa splendide verrière imaginée par Jean Nouvel. L'Opéra (1 100 places) réunit un orchestre, un ballet, un chœur et une maîtrise d'enfants. Programmation plus variée (cabaret, jazz, musiques du monde, etc.) proposée dans l'amphithéâtre et au Péristyle (café-concert).

Théâtre national populaire de Villeurbanne – *8 pl. Lazare-Goujon - 69627 Villeurbanne - ✆ 04 73 03 30 00 - www.tnp-villeurbanne.com - en travaux jusqu'à l'automne 2010.* Villeurbanne est une ville qui compte beaucoup sur ses ressources culturelles comme le Théâtre national populaire (dit TNP) qui est sa plus grande réussite. Les créations contemporaines s'y succèdent toute l'année.

Théâtre Le Guignol de Lyon - Compagnie des Zonzons – *2 r. Louis-Carrand - 69005 Lyon - ✆ 04 78 28 92 57 - www.guignol-lyon.com - 10h30-20h - fermé 1re quinz. de janv. et août - 9 € (-3 ans 7 €).* Pour les petits et les grands, la compagnie des Zonzons propose des pièces mêlant le burlesque et le fantastique, un peu dans la tradition des cartoons de Tex Avery, histoire de donner au personnage de Guignol un petit coup de jeune… Pour les adultes seulement, les spectacles sont plus mordants et s'inspirent des événements de la vie lyonnaise.

Théâtre « La Maison de Guignol » – *2 montée du Gourguillon - 69005 Lyon - ✆ 04 72 40 26 61 - www.lamaisondeguignol.fr - 10 € (-18 ans 8 €).* Ce théâtre construit en 1962 a été restauré avec le souci de conserver son style d'origine un peu « rétro ». Spectacle traditionnel pour toute la famille et exposition permettant de tout savoir sur la célèbre marionnette. Séance spéciale (« Guignol fait l'info ») le vendredi soir.

Le Vieux-Lyon

★★★

NOS ADRESSES PAGES 88 ET 105

SE REPÉRER

Métro Vieux-Lyon-St-Jean, Gare St-Paul – Plan I B2 p. 154-155 – Plan II p. 101.

Pris en étau entre la Saône et Fourvière sur plus d'un kilomètre de longueur, le Vieux-Lyon se compose des quartiers St-Jean, au centre, St-Paul, au nord, et St-Georges, au sud.

SE GARER

Le Vieux-Lyon est un quartier piéton. Il n'est accessible qu'aux résidents, aux taxis et aux voitures de livraison de 4h à 11h30. Se garer sur les quais ou dans un des parkings de la Presqu'île.

ORGANISER SON TEMPS

Préférez la balade à St-Jean au petit jour, avant la foule, l'ouverture des magasins et des établissements touristiques, mais il vous faudra repasser plus tard pour voir à l'œuvre l'horloge à automates de la cathédrale qui se met en marche à midi et toutes les heures de 14h à 16h. Si vous pensez continuer la balade à pied vers Fourvière par les escaliers, munissez-vous de chaussures confortables (et de courage, cela grimpe dur!).

À NE PAS MANQUER

La primatiale St-Jean et son chœur roman; les belles demeures de la rue St-Jean et des alentours; la galerie de Philibert Delorme au n° 8 rue Juiverie.

AVEC LES ENFANTS

La Renaissance des automates, le musée des Miniatures et Décors de cinéma, l'horloge astronomique de la cathédrale, le musée international de la Marionnette, un spectacle au théâtre Le Guignol de Lyon *(voir ci-contre)*.

Sillonné de ruelles à l'italienne, tout d'ocre et de rose, le Vieux-Lyon marie avec grande harmonie le Moyen Âge et la Renaissance autour de sa cathédrale. Attiré là par une tourelle, ici par une merveilleuse galerie, ici encore par une façade à blasons ou un escalier à vis, vous vous perdrez avec bonheur dans ce petit labyrinthe au gré des cours et des traboules.

Se promener

C'était autrefois le centre de la cité, où se regroupaient toutes les corporations, notamment les ouvriers de la **soie** – on comptait 18 000 métiers à tisser à la fin du règne de François Ier. Négociants, banquiers, clercs, officiers royaux y habitaient de magnifiques demeures.

Près de 300 d'entre elles ont été conservées, formant un exceptionnel ensemble urbain de l'époque Renaissance. Dans ce secteur sauvegardé, objet de très importants travaux de restauration, on remarque la variété de la décoration

LES TRABOULES

Une des caractéristiques du Vieux-Lyon est ses nombreuses **traboules** (du latin *trans ambulare*, circuler à travers), notamment entre la rue St-Jean, la rue des Trois-Maries et le quai Romain-Rolland, la rue St-Georges et le quai Fulchiron. Faute de place pour aménager un large réseau de rues, ces passages perpendiculaires à la Saône relient les immeubles entre eux. Ces couloirs sont souvent voûtés d'ogives ou ornés de plafonds à la française, et donnent accès à des cours intérieures à galeries Renaissance. Les traboules sont des passages privés habituellement fermés par les riverains. Des conventions permettent d'assurer le libre accès à un grand nombre d'entre elles ; il est conseillé de faire le circuit le matin en s'octroyant les services d'une guide conférencière de l'office de tourisme.

de ces logis, le soin apporté à leur construction, et leur hauteur qu'explique le manque de place : ces maisons vieilles de quatre siècles ont fréquemment quatre étages d'origine, car des étages supplémentaires furent très tôt ajoutés pour pouvoir exposer les métiers à tisser à la lumière.

L'aspect des logis, reflétant la date de leur construction, échelonnée du 15e au 17e s., permet de distinguer plusieurs styles.

Les **maisons fin gothique** se signalent par l'élégante décoration de leur façade de style flamboyant : arcs polylobés ou en accolades, fleurons, gâbles sculptés et ornés de crochets. Les fenêtres s'ordonnent souvent sur un rythme dissymétrique. Un couloir voûté d'ogives conduit à une cour intérieure où une tourelle d'angle abrite l'escalier à vis.

Les **maisons Renaissance fleurie** sont les plus belles et les plus nombreuses. La structure n'a pas changé, mais l'ensemble de la construction est plus important. De nouveaux détails décoratifs, d'inspiration italienne, apparaissent. Les tourelles d'escalier, polygonales, sont d'une parfaite exécution. Chaque cour possède ses galeries superposées, à arcs surbaissés.

Les **maisons Renaissance française** sont moins nombreuses. On y relève le retour à la référence classique avec l'apparition des ordres antiques. Le célèbre architecte Philibert Delorme, d'origine lyonnaise, lance ce nouveau style avec sa galerie sur trompes, 8 rue Juiverie. L'escalier, souvent rectangulaire, est établi au centre de la façade.

Les **maisons fin 16e s. et préclassiques** se signalent par la rigueur des lignes. La décoration des façades se concentre au rez-de-chaussée : frontons triangulaires avec claveau central en relief, appareil en bossage. Les galeries sur cour trahissent une influence florentine avec leurs arcades en plein cintre reposant sur des colonnes rondes.

★★★ QUARTIERS SAINT-JEAN ET SAINT-PAUL

Au cours de la visite, appréciez les statues de la Vierge dans les cours ou dans les niches d'angle, les enseignes sculptées, les impostes et grilles en fer forgé, les traboules, les vieux puits, les amusants culs-de-lampe des retombées d'ogives dans les couloirs voûtés…

Circuit 1 tracé en vert sur le plan II p. 101 . Partez de la place St-Jean.

Place Saint-Jean E2-F2-3

Au centre se dresse une fontaine à quatre vasques surmontée d'un petit pavillon ajouré abritant la scène du baptême du Christ. Elle est bordée à l'est par la primatiale St-Jean et la manécanterie.

Le Vieux-Lyon et la tour du Crédit Lyonnais, en arrière-plan.
R. Mattès / MICHELIN

Manécanterie F3
Sur la place St-Jean, à droite de la façade, s'élève un édifice du 12e s., la manécanterie ou maison des chantres. Enfoncée de 0,80 m par suite de l'élévation du sol, la façade, décorée d'une arcature aveugle, surmontée d'incrustations de brique rouge, de colonnettes et niches à personnages, a conservé, malgré des remaniements, une allure romane.

★ **Primatiale Saint-Jean** F3
Visites guidées : ✆ 04 78 38 05 18 - possibilité de visite guidée dans le cadre de la visite du Vieux-Lyon via *l'office de tourisme : ✆ 04 72 77 69 69 - www.cathedrale-lyon.cef.fr*
Commencée au 12e s., la cathédrale ou « primatiale » (siège du primat) St-Jean est un édifice gothique, élevé à partir d'une abside romane. Elle se signale extérieurement par ses quatre tours, deux en façade et deux sur les bras du transept, qui dépassent de peu la hauteur de la nef.
Les lignes horizontales de la façade sont mises en valeur par les gâbles aigus des portails et la pointe du pignon central, surmonté d'une statue du Père éternel. Les trois portails à gâbles et quadrilobes étaient ornés de statues, détruites pendant les guerres de Religion par les troupes du baron des Adrets ; mais les piédroits ont conservé leur remarquable **décoration**★ du début du 14e s.

LIEU HISTORIQUE
La primatiale St-Jean a abrité de nombreuses solennités. En 1245 et 1274 s'y tiennent les deux conciles de Lyon, le premier du temps de Saint Louis, le second proclamant le dogme du purgatoire et tentant une réconciliation avec l'Église grecque. Au siècle suivant, elle est le théâtre de la consécration du pape d'Avignon Jean XXII. En 1600, Henri IV y épouse en secondes noces Marie de Médicis. Plus près de nous, en 1943, s'y déroulent les fêtes du 6e Grand Pardon : ces fêtes se célèbrent environ une fois par siècle, lorsque la Fête-Dieu tombe le 24 juin, jour de la St-Jean-Baptiste, titulaire de l'église.

Plus de 300 médaillons forment une suite de scènes historiées : au portail central, les Travaux des mois, le Zodiaque, l'histoire de saint Jean-Baptiste, la Genèse ; au portail de gauche, les histoires de Samson, de saint Pierre et l'Apocalypse ; à droite, la légende de Théophile.

À l'intérieur, remarquez l'absence de déambulatoire qui caractérise les églises du Lyonnais. La nef *(illustration p. 75)*, avec ses voûtes d'ogives sexpartites retombant sur de fines colonnes engagées, présente une belle unité gothique.

Le **chœur**★★ constitue avec l'abside la partie la plus ancienne de l'église : la construction du soubassement date du 12e s. La décoration de l'abside est un exemple typique de l'art roman dans la vallée du Rhône. Au pourtour de l'abside, une série de pilastres cannelés supporte une arcature aveugle, surmontée d'une frise de palmettes en incrustations de ciment brun-rouge.

Deux autres frises de même style se développent au-dessus et au-dessous du triforium qui, avec ses pilastres et son arcature en plein cintre, contraste avec celui, gothique, de la nef.

Le **trône de l'évêque** est adossé au mur de l'abside. Remarquez, au-dessus du simple pilastre qui lui sert de dossier, un petit chapiteau roman représentant le Christ. Des **vitraux** du début du 13e s. garnissent les fenêtres basses du chœur. Les médaillons de la fenêtre centrale, consacrés à la Rédemption, sont les plus remarquables. Les vitraux des fenêtres hautes (13e s.), très restaurés, montrent des figures de prophètes.

Les roses du transept et la grande rose de la façade portent des verrières gothiques. Dans le croisillon gauche, une **horloge astronomique**★ *(illustration p. 74)*, remontant au 14e s., donne une curieuse sonnerie dite de l'hymne à saint Jean, avec chant du coq et jeu d'automates représentant l'Annonciation. *Jeux d'automates 12h, 14h, 15h et 16h.*

La **chapelle des Bourbons**★, de la fin du 15e s., présente une parure flamboyante d'une remarquable finesse.

Trésor – *Accès au fond du bas-côté droit - ✆ 04 78 92 82 29 - tlj sf lun. : mat. (merc. à partir de 11h) et apr.-midi ; 1 dim. sur 2 apr.-midi - possibilité de visite guidée sur demande préalable (15 j. av.) - fermé 1er janv., 1er Mai et 25 déc. - gratuit.* Au premier étage de la manécanterie, il présente des pièces d'orfèvrerie religieuse, des objets et ornements liturgiques ayant appartenu au cardinal Fesch, des tapisseries d'Aubusson et des Flandres du 17e s.

Contournez la cathédrale par la gauche (rue St-Étienne) et gagnez le jardin archéologique Girard-Desargues.

Jardin archéologique F2-3

Sur le site de l'église St-Étienne, au nord de l'actuelle primatiale, ont été mis au jour les vestiges de plusieurs édifices qui se sont succédé depuis le 4e s. : thermes gallo-romains, baptistère paléochrétien, arcade de l'église Ste-Croix (15e s.).

L'étroite rue Ste-Croix conduit à la rue St-Jean.

★★ Rue Saint-Jean F2

C'était l'artère principale du Vieux-Lyon, empruntée par les cortèges royaux et les processions religieuses.

Juste à droite, l'ancien « **hôtel de la Chamarerie** » (F2), au n° **37**, fut édifié au 16e s. pour le chamarier de la primatiale, responsable de la surveillance du cloître. Sa façade, remaniée au 19e s., est de style gothique flamboyant.

Au croisement avec la rue de la Bombarde, engagez-vous légèrement sur la gauche pour admirer la maison des Avocats.

★ **Maison des Avocats** F2 – *60 r. St-Jean - ✆ 04 72 00 24 77 - www.mimlyon.com - ♿ - vac. scol., w.-end et j. fériés : 10h-19h ; reste de l'année : lun. 14h-18h30, mar.-vend. 10h-18h30 - fermé 1er janv. et 25 déc. - 7 € (4-15 ans 5,50 €).* Avec ses galeries à arcades reposant sur des colonnes massives et ses dépendances revêtues de crépi rose, elle forme, côté rue de la Bombarde, un bel ensemble du 16e s., d'inspiration italienne. Elle abrite aujourd'hui le **musée international de la Miniature et Décors de cinéma.** Sur trois étages, des origamis (remarquez l'**arche de Noé**), des meubles miniatures, des maisons de poupées, des rues de Lyon ou des scènes d'intérieur, réalisés par des artistes le plus souvent en activité, sont exposés. La pénombre ambiante isolant les vitrines lumineuses aide à perdre ses repères pour entrer dans cet univers imaginaire. Au dernier étage, les secrets de fabrication se dévoilent derrière les vitres de l'atelier tandis qu'au rez-de-chaussée, les expositions temporaires présentent quelques miniatures ou décors grandeur nature utilisés au cinéma.

★★ Rue Saint-Jean F2 *(suite)*

En poursuivant rue St-Jean, remarquez au n° **58** le puits à voûte tripartite, accessible à la fois de la cour, de l'escalier et de l'échoppe.

Le n° **54** ouvre sur **la plus longue traboule** du Vieux-Lyon qui traverse cinq cours avant d'aboutir au 27 rue du Bœuf.

Le n° **52** était la résidence de l'imprimeur Guillaume Leroy (fin 15e s.). Il comporte un escalier à vis logé dans une tour ronde dont les baies s'appuient sur des arcs rampants.

Le n° **50** est un bel exemple rénové d'une cour ornée de galeries et d'un escalier à vis. On retrouve les mêmes éléments au n° **42** qui a conservé un ancien passage en encorbellement supporté par des consoles sculptées.

Au n° **36**, maison de la fin du 15e s., où une tour polygonale abrite l'escalier à vis, les clefs de voûte des galeries sont ornées d'écussons aux deux premiers niveaux, et le puits est couvert d'un dais en coquille orné de perles.

Prenez presque en face la rue du Palais-de-Justice et tournez à gauche dans la rue des Trois-Maries.

Rue des Trois-Maries F2

Elle tire son nom de la niche ornant le fronton du n° **7**, et abritant la Vierge entre deux saintes femmes. Du côté impair s'ouvrent de nombreuses traboules qui descendent vers la Saône ; le n° **9**, par exemple, donne sur le 17 quai Romain-Rolland.

Au n° **5**, autre niche, à coquille, montrant une Vierge à l'Enfant.

Le n° **3** est un bel immeuble Renaissance française dont l'escalier, au centre de la façade, est surmonté d'une tour ; on retrouve cette disposition au n° **5** place du Gouvernement.

Revenez au n° 6 et « traboulez » en traversant deux cours pour aboutir 27 rue St-Jean.

★★ Rue Saint-Jean F2 *(suite)*

Au n° **27**, remarquez les fenêtres à meneaux encadrées de pilastres cannelés.

Le n° **28** cache une magnifique **cour★★** ; son imposante tour renferme un escalier à vis ; les voûtes d'une des galeries sont ornées de décors surprenants.

Le n° **24** est l'**hôtel Laurencin** (F2) ; une tour octogonale, crénelée au niveau supérieur, abrite l'escalier à vis. Les loggias des galeries superposées sont voûtées sur croisées d'ogives.

Traversez la place de la Baleine et gagnez la place du Gouvernement.

Place du Gouvernement F2

La façade du n° **5**, avec ses portails surmontés d'impostes en fer forgé et d'un balcon de pierre, date du début du 17e s. Au n° **2** se situe l'**hôtel du Gouvernement** (F2) (16e s.) dont on atteint la **cour★** haute par un long passage couvert d'ogives; du puits, à droite, ne subsiste plus que le couronnement à coquille (traboule avec le 10 quai Romain-Rolland).

Regagnez la rue St-Jean et suivez-la jusqu'à la place du Change.

Place du Change F2

À l'origine place de la Draperie, elle fut, aux 15e et 16e s., fréquentée par les changeurs de monnaie. La **loge du Change** (F2) est pour une grande part l'œuvre de l'architecte Soufflot qui transforma l'édifice d'origine de 1747 à 1750 : à l'étage, des colonnes engagées sont surmontées de chapiteaux ioniques et d'entablements sculptés. Depuis 1803, le bâtiment est affecté au culte de l'Église réformée.

Au n° **2**, en face, la **maison Thomassin** (F2) possède une façade édifiée au 15e s. dans le style du 14e s. : au 2e étage, les baies accolées par des meneaux et se terminant par des arcs trilobés s'inscrivent dans des arcs en ogive où apparaissent des blasons.

Continuez tout droit et remontez la rue Lainerie.

Rue Lainerie F2 5

Peu homogène, elle a conservé quelques maisons intéressantes côté pair.

Le n° **18**, par exemple, présente un superbe **couloir voûté★** dont les ogives retombent sur des culs-de-lampe sculptés.

Au n° **14**, la **maison de Claude de Bourg** (F2) a été construite en 1516 pour ce riche magistrat lyonnais et présente une riche façade fleurie très caractéristique avec ses accolades abondamment sculptées. À hauteur du 2e étage, une niche d'angle à coquille abrite une Vierge. *On peut rejoindre, sur la droite, la rue Louis-Garrand où est situé le théâtre de Guignol.*

La rue Lainerie se termine par la place St-Paul avec la gare et, un peu en retrait, l'église.

Avant d'emprunter la rue Juiverie, avancez de quelques mètres dans la montée St-Barthélemy à gauche. Visible de la montée St-Barthélemy, la cour de l'**hôtel Paterin** (F2) ou « maison Henri IV » (au n° **4** de la rue Juiverie) est un important témoin de l'art de la Renaissance; l'**escalier**, dans la cour d'honneur, avec ses trois séries d'arcades superposées reposant sur des colonnes massives, produit un bel effet. À gauche, dans une niche, buste d'Henri IV. *Revenez sur vos pas et tournez à droite.*

★ Rue Juiverie F2

Les Juifs en furent expulsés à la fin du 14e s.; les banquiers italiens, qui s'y installèrent, firent élever de somptueuses demeures.

Au n° **8**, la 2e cour de l'**hôtel Bullioud** (F2) s'orne de la célèbre **galerie★★** de Philibert Delorme, avec sa frise dorique richement décorée, des trompes soutenant les pavillons d'angles décorés à l'antique. Il édifia ce joyau de l'architecture de la Renaissance française à Lyon en 1536, à son retour de Rome.

La façade Renaissance de la **maison d'Antoine Groslier de Servières** (F2) (n° **10**) présente, au rez-de-chaussée, cinq arcades surmontées de frontons en marbre noir, triangulaires ou brisés.

Le n° **21** se distingue par ses fenêtres accolées aux frontons cintrés. Son sous-sol cache une cave gallo-romaine.

Entre les nos 16 et 18, la pittoresque **ruelle Punaise** (F2 8), pentue, rejoint la montée St-Barthélemy; au Moyen Âge, elle servait d'égout à ciel ouvert.

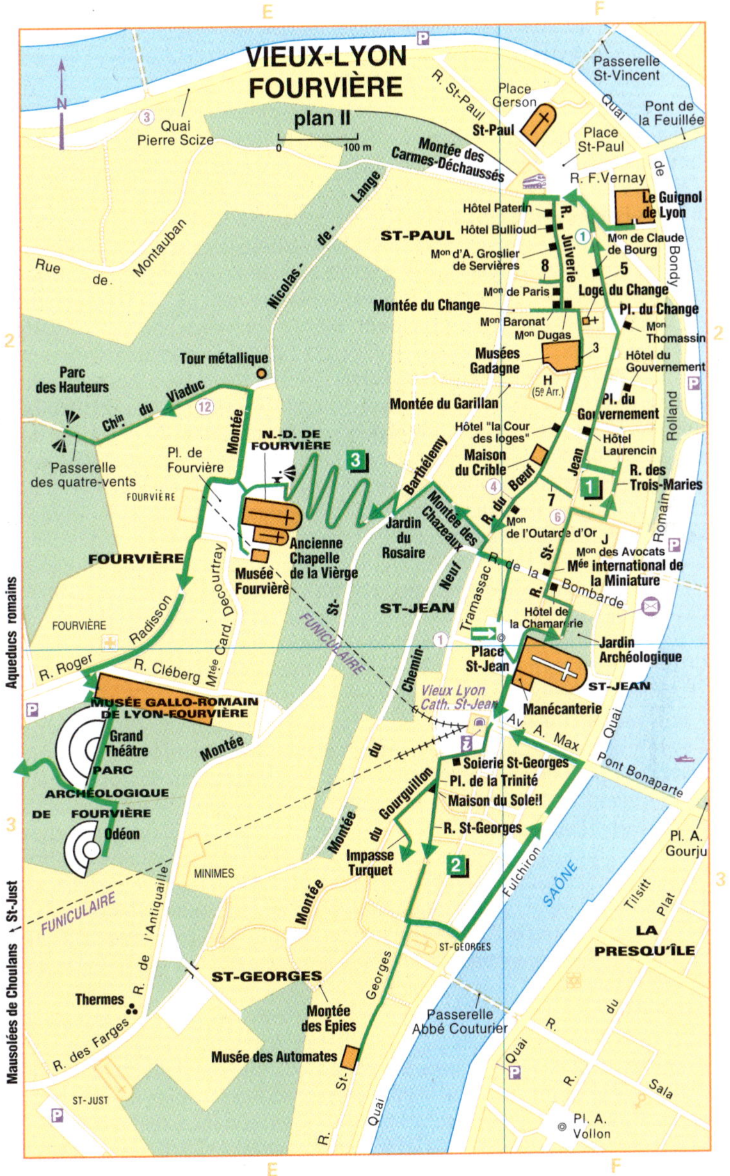

SE LOGER
Hôtel St-Paul .... (1)

SE RESTAURER
La Machonnerie .... (1)
Le Contretête .... (3)
Le Vieux Lyon .... (6)
Les Adrets .... (4)
Restaurant de Fourvière .... (12)

INDEX DES RUES

Au n° **20**, maison construite par un gentilhomme prospère du 15e s. La façade est ornée de fenêtres à meneaux flanquées de colonnettes. Dans la cour, remarquez la tour qui abrite un escalier à vis, et les galeries voûtées d'ogives.

Le n° **22**, dite **maison Baronat** (F2), possède une tourelle d'angle en encorbellement surplombant la montée du Change.

Au n° **23**, à l'angle formé avec la rue de la Loge, s'élève la **maison Dugas** (F2) dont la longue façade est ornée de bossages et de têtes de lions.

Tournez à gauche dans la rue de la Loge, puis à droite dans la rue de Gadagne.

★ Hôtel et musées Gadagne F2

1 pl. du Petit-Collège - ✆ 04 78 42 03 61 - www.gadagne.musees.lyon.fr - merc.-dim. 11h-18h30 - fermé 1er janv., 1er Mai, 25 déc., dim. de Pâques et 14 Juil. - 1 musée 6 €, les 2 musées 8 € (-18 ans gratuit) - audioguide gratuit.

Gadagne, à Lyon, c'est d'abord un nom : celui des puissants banquiers florentins – les Guadagni – qui occupèrent, de 1535 à 1581, les bâtiments formant aujourd'hui le plus vaste ensemble Renaissance du Vieux-Lyon. Après plus de dix ans de travaux, l'ensemble muséal inauguré en 2009 **(musée d'Histoire de Lyon et musée des Marionnettes du monde)** permet de découvrir, de l'intérieur, toutes les splendeurs de ce joyau architectural. De la Grande Cour majestueuse aux très inattendus jardins suspendus sur la colline, le visiteur parcourt l'histoire du bâtiment caractéristique des 16e et 17e s. (galeries couvertes, fenêtres à meneaux, escalier à vis, puits et fontaine). Chose unique dans une visite du Vieux-Lyon, il lui est donné de voir l'aménagement des pièces et leur décoration. La fidèle restauration de quatre salles (16e et 17e s.) dévoile les enduits à la chaux, le surlignage des ouvertures à l'ocre et à la terre de Sienne, les volets intérieurs, etc. Le chantier de restauration de l'aile ouest de l'hôtel de Gadagne a permis la mise au jour d'un **hypocauste romain**, astucieux système de chauffage par le sol élaboré à la fin du 2e s.

★ **Musée d'Histoire de Lyon** – *Accès et visite : voir ci-dessus.* Il nous promène à travers un dédale de 31 salles dans la mémoire et les transformations de la ville, de la capitale des Gaules à nos jours. La présentation de 1 500 objets choisis parmi les 80 000 que comptent les collections insiste sur les visages de Lyon au fil du temps, les enjeux urbains : plans et tableaux sont riches d'enseignements, complétés par les propos synthétiques d'universitaires lyonnais (audio-guide). Des objets d'apparence anecdotique, tel ce billet de passage sur un pont de bois, nous plongent dans le quotidien des Lyonnais. Les images animées et l'arrivée du cinématographe (celui des frères Lumière de 1895 est en vitrine) mettent en scène la seconde révolution industrielle, période majeure de l'histoire lyonnaise.

★ **Musée international de la Marionnette** – *Accès et visite : voir ci-dessus.*
La collection exceptionnelle de marionnettes (à tringle, fils, tige et théâtres d'ombres), provenant de France, Belgique, Hollande, Venise, Turquie, Russie, Angleterre et Extrême-Orient, fait prendre conscience de toute la richesse de cet art. Guignol et quelques autres truculents personnages créés par Laurent Mourguet *(voir p. 116)* ouvrent la visite. Ne manquez pas avec l'audio-guide de savourer l'accent et le parler lyonnais de Jean-Guy Mourguet ! Les nombreuses vidéos projetées restituent l'ambiance vivante du castelet et rappellent l'actualité et la profondeur de la marionnette, que l'on visionne un sketch des *Guignols de l'info* ou un extrait du film *Dolls* (Takeshi Kitano, 2002) inspiré du *bunraku*, théâtre traditionnel japonais.

Au sud de l'hôtel de Gadagne s'ouvre la montée du Garillan.

Traversez la place du Petit-Collège et gagnez la rue du Bœuf.

★ Rue du Bœuf E-F 2

Elle doit son nom à une statue de bœuf, enseigne attribuée à M. Hendricy et située à l'angle de la place Neuve-St-Jean, mais il n'y a pas besoin d'être naturaliste distingué pour remarquer qu'il s'agit en fait d'un taureau ! La rue présente de beaux ensembles Renaissance, parfois occupés par des établissements hôteliers haut de gamme.

Au n° **6**, l'hôtel **« La Cour des Loges »** (F2) occupe un bel ensemble restauré de quatre immeubles.

Le n° **14** donne sur une cour à tour polygonale et galeries dont les arcs suspendus sont surmontés d'une frise grecque.

Au n° **16**, la **maison du Crible★** (F2), du 17e s., possède un riche portail à bossages et colonnes annelées, dont le fronton est orné d'une petite *Adoration des Mages*, attribuée à Jean de Bologne. Une allée voûtée d'ogives reposant sur des culs-de-lampe sculptés mène à une cour intérieure dont l'élégante tour ronde, aux ouvertures décalées, doit à son célèbre crépi le nom de **« Tour rose »**. *Ne montez pas vers les jardins suspendus.*

La Tour Rose est également le nom du célèbre complexe hôtelier qui a déménagé au n° **22** : il est possible, avec l'aimable autorisation de l'hôtel, de découvrir ses deux cours étagées ; un verre dans le bar de l'établissement peut être une occasion de contempler l'un des deux murs de jeu de paume du Vieux-Lyon encore visibles.

Place Neuve-Saint-Jean F2 7

Cette ancienne rue, transformée en place sous le Consulat, est signalée à une extrémité par l'enseigne de la rue du Bœuf et à l'autre par une niche qui abrite une statue de saint Jean-Baptiste. Au n° **4**, en retrait, une vaste demeure avec un bel escalier sur arcs rampants correspondant à des galeries à arcs surbaissés.

Reprenez la rue du Bœuf.

La **maison de l'Outarde d'Or** (F2) se signale, au n° **19**, par son enseigne en pierre sculptée ; la cour est surtout intéressante par ses deux tourelles : l'une, ronde, sur trompe, l'autre, en encorbellement, de section rectangulaire sur une pyramide renversée.

Le n° **27** est la traboule la plus longue (qui communique avec le 54 rue St-Jean).

Le n° **36** s'ouvre sur une belle cour ornée de galeries restaurées ; il est intéressant de les comparer (en se retournant) à celles du n° **38**, restées obturées par des constructions parasites. La plupart des galeries avaient été fermées avec la paupérisation du quartier, pour gagner de la place et avoir une meilleure isolation.

Passez par le n° 31 qui traboule vers la rue de la Bombarde (à droite). Prenez en face (ou presque) la rue des Antonins qui ramène à la place St-Jean.

De la station de métro St-Jean, vous pouvez utiliser la correspondance avec le funiculaire ou « ficelle » menant à Fourvière, et y revenir après avoir visité la basilique et le site gallo-romain. Une visite rapide du quartier St-Georges peut aussi agréablement compléter celle que vous venez de faire.

QUARTIER SAINT-GEORGES

Circuit 2 tracé en vert sur le plan II p. 101. Gagnez la rue Mourguet que vous remontez jusqu'à la place de la Trinité.

Place de la Trinité E3

Rendue célèbre par le décor de Guignol, la **maison du Soleil** agrémente la place d'un charme vieillot ; les niches d'angle de sa façade abritent, à droite, la statue de saint Pierre, à gauche, celle de la Vierge. L'emblème du soleil surmonte une fenêtre à meneaux plats au 1er étage. À l'intérieur *(accès par le n° 2 r. St-Georges)*, la cour présente des balcons en ellipse.

Montée du Gourguillon E3

C'était au Moyen Âge la voie couramment empruntée par les charrois se rendant en Auvergne par les pentes de Fourvière ; on a peine à imaginer les lourds équipages gravissant une côte aussi raide. C'était également la communication directe entre le cloître St-Jean des chanoines-comtes et St-Just, la ville fortifiée des chanoines-barons. Au n° **2**, maison Renaissance. Un peu plus haut, l'**impasse Turquet** (E3) *(à gauche)* est plutôt pittoresque avec ses galeries de bois. Puis, dans les pentes de la rue Armand-Caillat, belle **vue** sur les toits de la ville derrière un rideau d'arbres.

Rue Saint-Georges E3

Au rez-de-chaussée du n° **3**, les arcs sont en anse de panier, et l'imposte du portail est décorée de deux lions debout en fer forgé. Au n° **3 bis**, l'imposte est ornée d'un phénix sur son bûcher. Au n° **6**, la maison du 16e s. possède une jolie cour intérieure (galerie d'art) ; l'escalier à vis est logé dans une tour ronde à ouvertures sur rampants.

Le n° **10** traboule vers le n° 12.

Musée des Automates E3 – *100 r. St-Georges - 04 72 77 75 20 - www.museeautomates.com - - 14h30-18h - fermé 1er Mai et 25 déc. - 7 € (3-11 ans 5 €).* La technique est au service du rêve dans ce musée qui présente plus de 250 automates en fonctionnement selon des thèmes culturels, traditionnels et régionaux.

Sinon, du n° 10, tournez à droite au niveau de l'église St-Georges et revenez par le quai Fulchiron. Au passage, remarquez, au n° 7, une maison de style mauresque réalisée par l'architecte Bossan *(voir la colline de Fourvière)*.

NOS ADRESSES DANS LE VIEUX-LYON

Pour les hébergements et les sorties, voir p. 88.

RESTAURATION

PREMIER PRIX

Le Vieux-Lyon – *44 r. St-Jean - 69005 Lyon - M° Vieux-Lyon - 04 78 42 48 89 - fermé dim. soir - 1 sem. en janv. - formule déj. 12 € - 16/23 €.* Tous les gourmands lyonnais connaissent ce chaleureux bouchon qui depuis 1947 entretient le bonheur de la convivialité. Salle à manger tout en longueur décorée de photos de Brassens, Brel… ou Herriot. Dans l'assiette, « lyonnaiseries » maison et un menu « Les Copains d'abord » en hommage au poète-chanteur sétois.

BUDGET MOYEN

La Machonnerie – *36 r. Tramassac -69005Lyon -M°Ampère-Victor-Hugo - 04 78 42 24 62 - www.lamachonnerie.com - fermé 15-30 juil., 2 sem. en janv., dim. et le midi sf sam. - - 20/45 € bc.* Cette institution du quartier perpétue la tradition du mâchon lyonnais : bonne franquette, convivialité et authentiques recettes régionales. Beau salon dédié au jazz.

Les Adrets – *30 r. du Bœuf - 69005 Lyon - M° Vieux-Lyon - 04 78 38 24 30 - fermé 13-17 avr., 1er-8 Mai, août, 25-31 déc., sam. et dim. - - formule déj. 16 € - 23/45 €.* Une vraie bonne adresse du Vieux-Lyon. Intérieur avec poutres apparentes, sol en tomettes et cuisines en partie visibles depuis la salle. Généreuses recettes traditionnelles.

ACHATS

Chez Disagn'Cardelli - petit musée fantastique du Guignol – *6 r. St-Jean - 69005 Lyon - M° Vieux-Lyon - 04 78 37 01 67 - www.lamaisondeguignol.fr - 11h-12h30, 14h30-19h, dim. 11h-13h en saison, 15h-18h30 - fermé lun. matin.* Au sous-sol, le petit musée fantastique de Guignol vous révélera l'univers passionnant des marionnettes lyonnaises, automates et autres boîtes à musique en vente à la boutique. La visite est audio-guidée en plusieurs langues (anglais, espagnol, japonais, etc.) et auto-illuminée sur le passage.

Marché de la Création – *Quai Romain-Rolland - dim. 6h-13h30.* Grand rassemblement de créateurs : peintres, sculpteurs, bijoutiers, céramistes, poètes et musiciens.

La colline de Fourvière

★

NOS ADRESSES PAGES 88 ET 113

SE REPÉRER
Métros Fourvière, Minimes et St-Just – Plan I B2 p. 154-155 – Plan II p. 101.
Située à l'ouest de la Saône, Fourvière domine le Vieux-Lyon.

ORGANISER SON TEMPS
L'idéal est de commencer cette balade le matin. Ainsi, on monte aux heures fraîches et l'on évite les assauts du soleil au sommet (la partie basilique et théâtres romains du parcours n'est pas très arborée). Ensuite, on peut déjeuner dans le charmant quartier St-Just, très tranquille.

À NE PAS MANQUER
La basilique et son incroyable décor symboliste de mosaïques, de vitraux et de sculptures ; la vue panoramique sur Lyon et les monts alentour depuis l'esplanade ou l'observatoire de la basilique ; le grand théâtre et l'odéon romains, l'architecture du Musée gallo-romain et son historique table claudienne.

AVEC LES ENFANTS
Le parcours accrobranche de Fourvière Aventures au Parc des hauteurs.

Monter vers Fourvière, c'est remonter le temps. Se frotter aux pierres de Lugdunum, capitale des Trois-Gaules, et à celles de la basilique qui fut érigée au même endroit des siècles plus tard, s'immerger aux sources de la chrétienté et de ses premiers martyrs, jouir de la quiétude de la « colline qui prie », avec ses jardins clos et ses couvents médiévaux. C'est aussi découvrir St-Just (prononcez « Saint-Ju »), petit quartier à l'atmosphère villageoise, hors des sentiers battus.

Se promener

FOURVIÈRE

Le nom « Fourvière » viendrait de *Forum vetus*, situé au cœur de la colonie romaine établie en 43 av. J.-C. et dont subsistent quelques vestiges : théâtre, odéon, aqueducs… Le forum, occupant l'emplacement de l'actuelle esplanade de la basilique, se serait effondré en 840.
À partir du 3e s., la colline fut abandonnée et on réemploya les pierres pour reconstruire la ville en contrebas. Au Moyen Âge, la colline fut en grande partie remise en culture (surtout celle de la vigne). Au 17e s., de nombreux ordres religieux y implantèrent des établissements, ce qui inspira à l'historien Michelet le mot célèbre : Fourvière, la « colline qui prie » face à la Croix-Rousse, la « colline qui travaille ».
Aujourd'hui, Fourvière avec sa basilique, ses monuments romains et son musée, constitue un pôle touristique très visité. Elle domine la vieille ville de plus de 100 m.

LA COLLINE DE FOURVIÈRE

L'histoire des édifices religieux élevés à l'emplacement du forum romain en l'honneur de la Vierge couvre une période de près de huit siècles. L'actuelle basilique, couronnant de sa silhouette massive – on l'a taxée d'éléphant renversé – la colline de Fourvière, fait partie intégrante du paysage lyonnais.

▶ *Circuit* 3 *tracé en vert sur le plan II p. 101. Comptez 1/2 journée ou 3h sans la visite du sanctuaire et des musées. Partez de la cathédrale St-Jean.*

Si vous ne vous sentez pas le courage de monter à pied, optez pour le funiculaire (localement appelé « la ficelle ») à la station Vieux-Lyon et limitez votre promenade en partant du sanctuaire de Fourvière.

Si vous êtes en jambes, prenez à droite la rue des Antonins, la rue de la Bombarde à gauche, puis sur quelques mètres la rue du Boeuf à droite. Vous rencontrez la montée des Chazeaux à gauche.

Montée des Chazeaux E2

Ses 228 marches en plusieurs volées sont rudes à enchaîner. Profitez-en pour faire escale et vous retourner à plusieurs reprises : vous voyez surgir les toits du Vieux-Lyon, la cathédrale, puis la Saône et ses quais.

Courage, vous avez fait le plus dur ! Vous arrivez à la montée St-Barthélemy, que vous prenez à gauche sur quelques mètres pour trouver à droite l'entrée du jardin.

Jardin du rosaire E2

Sa montée en lacets *(comptez 30mn)* est empruntée chaque jour par les étudiants (écoles à proximité), par les employés désespérant de se garer à proximité du Vieux-Lyon ou par les pèlerins : remarquez au sol les roses de laiton

LES MONTÉES

Escaliers tortueux ou rues en forte pente, les « montées » escaladent la colline de Fourvière tout en offrant des vues plongeantes sur la vieille ville. Chacune possède son charme particulier. Il est aussi arrivé que leur déclivité soit dangereuse : en 1930, dans la nuit du 12 au 13 novembre, de terribles glissements de terrain dévalèrent la colline autour de la montée du Chemin-Neuf, détruisant plusieurs immeubles et provoquant la mort de 40 personnes. La **montée des Carmes-Déchaussés** (E2) doit son nom au monastère fondé au début du 17e s. et occupé aujourd'hui par les Archives départementales ; elle comporte 238 marches. Si l'on y ajoute les 560 marches de la **montée Nicolas-de-Lange** (E2), c'est un total de 798 marches qu'il faut descendre pour atteindre la place St-Paul en partant de la tour métallique de Fourvière. La **montée du Change** (F2) réunit la rue de la Loge et la montée St-Barthélemy. À la descente, ses degrés offrent une vue amusante sur les flèches de l'église St-Nizier, surgissant des immeubles bordant la Saône.

La **montée du Garillan★** (F2) est remarquable par ses escaliers en chicane (224 marches) tandis que des **montées du Chemin-Neuf** (E 2-3) et **St-Barthélemy** (E 2-3), on domine les toits du Vieux-Lyon et la primatiale.

Enfin, la **montée des Épies** (E3) grimpe au-dessus du quartier St-Georges et domine l'église St-Georges, édifice néo-gothique dû à Bossan, architecte de la basilique de Fourvière.

numérotées. Chacune est une étape de la prière du rosaire. Les lacets sillonnent un sous-bois d'érables, d'ifs et de buis. Propriété de la basilique mais géré par les espaces verts de la ville de Lyon, le jardin se pare petit à petit de coquetteries botaniques : la collection de roses anciennes de la **roseraie★** est à voir pour ses fleurs et senteurs de mi-mai à mi-juin. La floraison hivernale et très parfumée des arbustes (viburnums et chimonanthes) est plus longue, mais plus discrète. L'été, profitez des associations d'hydrangeas (famille des hortensias) bordées de buis taillés. Avec ses belles échappées sur la ville et sa fraîcheur ombragée, l'endroit est apprécié pour des pique-niques estivaux. La montée débouche par un grand escalier sur l'esplanade.

Points de vue E2 – L'**esplanade** offre une **vue★** célèbre sur la Presqu'île et la rive gauche du Rhône dominée par la tour du Crédit Lyonnais; à l'arrière-plan vers l'ouest se profile un horizon montagneux : Bugey, Alpes, Chartreuse et Vercors. Pour obtenir un **panorama★★** circulaire, on peut monter à pied à l'**observatoire** de la basilique (287 marches – table d'orientation); on découvre alors les monts du Lyonnais, le mont Pilat et le Mont-d'Or; par beau temps, on distingue à l'ouest la chaîne des Alpes avec le mont Blanc et, à l'est, le puy de Dôme. *✆ 04 78 25 13 01 - fermeture provisoire de la tour pour rénovation, réouverture prévue courant 2010.*

★ Basilique Notre-Dame E2

✆ 04 78 25 13 01 - www.fourviere.org - possibilité de visite guidée avr.-nov. : tlj sf dim. mat. 9h30, 10h30, 11h30, 15h, 16h et 17h - 2 € (enf. 1 €).

Lieu de pèlerinage célèbre, la basilique a été élevée sur les plans de l'architecte Pierre Bossan, après la guerre de 1870, à la suite d'un vœu de Mgr de Genouilhac : l'archevêque de Lyon s'était engagé à construire une église si l'ennemi n'approchait pas de la ville. Ses murailles crénelées pourvues de mâchicoulis et flanquées de tours octogonales constituent un mélange curieux d'éléments byzantins et moyenâgeux. Il vous paraît chargé ? Ce n'est rien à côté de l'exubérance du **décor intérieur★**.

Commencez par descendre à la crypte, relativement sobre. Elle est dédiée à saint Joseph, à qui Pierre Bossan vouait un culte particulier. La basilique repose sur elle, symboliquement, comme la vie matérielle de sa famille reposait sur le travail de Joseph. Le maître-autel illustre la mort du saint (entouré de Marie et de Jésus pour son dernier souffle, Joseph est traditionnellement le patron de la bonne mort) et Pierre Bossan lui a donné ses propres traits. Dans la nef, une mosaïque contemporaine a été offerte par les pèlerins de St-Jacques-de-Compostelle.

DU ROSAIRE À LA BASILIQUE

Dès l'origine, le jardin du rosaire s'intègre au projet de la basilique. Une première série de stèles, conçue par **Bossan** et sculptée par **Fabisch**, a disparu à une date inconnue. Les récentes étapes numérotées en rappellent le souvenir. Le rosaire a une autre raison d'être présent dans ce jardin : juste en contrebas de la roseraie se trouve la maison de Pauline Jaricot. Déclarée vénérable (première étape vers la béatification) en 1963, **Pauline Jaricot** (1799-1862) est une personnalité marquante du catholicisme à Lyon. En pleine période de révolte des canuts, en dépit de son appartenance à la grande bourgeoisie, elle prit plusieurs fois parti pour les ouvriers. Elle mit aussi sur pied une grande chaîne populaire de prière du chapelet, le « Rosaire vivant », et l'Association pour la propagation de la foi, qui donnera naissance aux œuvres pontificales missionnaires.

La basilique Notre-Dame de Fourvière.
Kat'Astrof / Fotolia.com

L'église haute est l'aboutissement du pèlerinage qui passe par le jardin du rosaire et la crypte. Avec ses mosaïques, ses ors, ses bois sculptés et ses marbres variés, cette « maison dorée » surprend et émerveille par la profusion de ses ornements et couleurs. Dans la nef couverte par trois coupoles, les **mosaïques★**, de la fin du 19e et du début du 20e s., relatent l'histoire de la Vierge, à droite dans l'histoire de France, à gauche dans l'histoire de l'Église. À l'entrée, façade ouest, une dalle du pavement rappelle le passage du pape Jean-Paul II en 1986.

Ancienne chapelle de la Vierge E2

À droite de la basilique, la chapelle de pèlerinage proprement dite, du 18e s., abrite une Vierge miraculeuse (16e s.).

Musée de Fourvière E2

8 pl. de Fourvière - ✆ 04 78 25 13 01 - www.fourviere.org - 10h-12h30, 14h-17h30 - 5 € (-12 ans gratuit).

Aménagé dans la chapelle et les bâtiments des jésuites, il abrite une collection de pièces d'orfèvrerie religieuse (18e -20e s.) dont celles qui constituent le **trésor** de la basilique (ostensoir de Fourvière, pièce maîtresse de l'orfèvre lyonnais Armand-Calliat). On y voit également des textiles liturgiques du 19e s. ainsi que différents projets conçus au 19e s. pour la basilique et de nombreux ex-voto. Des expositions temporaires sont organisées chaque année.

Prenez à droite de la basilique la montée Nicolas-de-Lange.

Montée Nicolas-de-Lange E2

Vous n'en parcourrez qu'une petite partie. Sans vous y rendre, sachez pourtant qu'au-delà de la tour métallique, elle se transforme en escalier. Ses 560 marches s'ajoutent aux 238 de la montée des Carmes-Déchaussés pour atteindre la gare St-Paul. Remarquez à droite la tour métallique.

Tour métallique E2

Bâtie en 1893 sur le modèle de la tour Eiffel, mais en réduction (85 m de hauteur), elle sert aujourd'hui d'émetteur de télévision.

Prenez le chemin à gauche juste avant la Tour métallique.

Parc des hauteurs E2

Le chemin longe et surplombe quelques grands jardins et potagers inattendus, puis s'élargit en vastes pelouses. L'ambitieuse réalisation du Parc des hauteurs a pour objectif la mise en valeur de la colline de Fourvière par la création de promenades panoramiques. Ces promenades réunissent divers sites de Fourvière. Le chemin mène à la principale originalité du lieu : la **Passerelle des quatre-vents**, longue de 72 m, était autrefois le viaduc de la ligne de tramway la plus courte de France : 800 m seulement. Le train reliait Fourvière au **cimetière de Loyasse** et convoyait les corbillards. La voie étant unique, le train revenait en marche arrière, ceci sans aucune visibilité malgré la beauté du site panoramique. Ce n'est plus le cas aujourd'hui, la passerelle offrant une belle **vue★** plongeante sur Lyon et la Croix-Rousse. Prolongez de quelques pas la balade jusqu'au **jardin de pivoines** qui n'abrite pas moins de 35 variétés réparties entre arbustives et herbacées. À proximité, la **piste de Sarra**, longue pente gazonnée anciennement dédiée aux skieurs, fait aujourd'hui le bonheur des VTTistes lyonnais.

Revenez sur vos pas et prenez la rue Roger-Radisson. Faites quelques pas à gauche dans la rue Cléberg. Puisque vous y accédez par le haut, profitez, depuis la vilaine petite terrasse à gauche de l'entrée, de la **vue★** plongeante sur les fouilles.

★★ Musée gallo-romain de Lyon-Fourvière E3

17 r. Cléberg - ✆ 04 72 38 49 30 - www.musees-gallo-romains.com - ♿ - mar.-dim. 10h-18h - fermé lun., 1er janv., 1er Mai, 1er nov. et 25 déc. - 4 € (-18 ans gratuit), gratuit jeu.

L'architecte Bernard Zehrfuss a conçu un musée à l'originale **architecture de béton★★**, adossé à la colline et presque entièrement enterré. Ce musée présente, par thèmes, mais de manière un peu statique, d'abondantes collections essentiellement gallo-romaines trouvées en grande partie à Lyon et dans la région ; l'ensemble épigraphique (inscriptions) est particulièrement riche.

Dans l'espace consacré à la préhistoire régionale est exposé un rarissime **char processionnel★**, trouvé à La Côte-St-André, sans doute utilisé pour le culte du soleil et datant du 8e s. av. J.-C. Les espaces suivants abordent la fondation de *Lugdunum*, son urbanisme, l'administration municipale et provinciale, l'armée, les religions, le théâtre et les jeux du cirque, la vie économique et domestique, le culte des morts et les débuts du christianisme en Gaule. La **table claudienne★★**, inscription sur bronze découverte en 1528 par un drapier de Lyon et vendue à la ville, est particulièrement remarquable parce qu'elle reproduit le discours historique de l'empereur Claude prononcé au Sénat romain en 48. Notez, grâce à la traduction, le style pompeux et peu littéraire de sa harangue. Le texte méritait pourtant d'être gravé dans le bronze : Claude, né à Lyon, ouvrait aux Gaulois l'accès à la magistrature, et donc à la vie politique romaine.

D'autres pièces méritent l'attention : le **calendrier gaulois** de Coligny gravé dans le bronze à l'époque romaine, l'inscription dédicatoire de l'amphithéâtre des Trois-Gaules, le buste de l'empereur Caracalla, le gobelet d'argent aux dieux gaulois, les larves ou masques funéraires, la mosaïque des Jeux du cirque, la maquette de la machinerie du théâtre voisin.

L'activité des potiers, verriers, ferronniers et orfèvres est illustrée par des céramiques, des vases, des outils et des bijoux. Le trésor d'orfèvrerie, découvert en 1992 dans le quartier de Vaise, est venu enrichir la collection.

Une vaste baie, aménagée dans la salle où sont présentées les maquettes des théâtres romains, permet d'en admirer les vestiges.

★ Parc archéologique de Fourvière E3

R. de l'Antiquaille - ✆ 04 72 38 49 30 - voir les conditions de visite du Musée gallo-romain de Lyon-Fourvière.

Le chantier de fouilles ouvert en 1933 a permis de mettre au jour, à Fourvière, des édifices publics antiques présentés dans un parc.

Théâtres romains – L'ensemble monumental dégagé dans la montée de l'Antiquaille comprend un théâtre construit sous Auguste (1er s. av. J.-C.) et agrandi à plusieurs reprises, et un odéon.

Grand théâtre – De dimensions analogues à ceux d'Arles et d'Orange (108 m de diamètre), ce théâtre, moins vaste que celui de Vienne, est le plus ancien de France.

La première construction est antérieure à l'ère chrétienne. Plus tard, le nombre des gradins sera augmenté en prenant sur les promenoirs. Le dallage de marbre de l'orchestre a pu être reconstitué. La machinerie du rideau de scène, abritée dans la fosse, est l'une des mieux conservées du monde romain ; une maquette de son dispositif est visible au musée. L'anneau extérieur du théâtre montre des substructions où les archéologues reconnaissent le soin apporté par les constructeurs aux dégagements par des couloirs souterrains, et à l'assainissement du sol par un réseau de canalisations et d'égouts.

Gravissez l'escalier menant au sommet des gradins. Le théâtre apparaît dans toute son ampleur. Une voie romaine, faite de grosses dalles de granit, permet de le contourner sur sa partie supérieure.

Par la voie romaine, descendez en direction de l'odéon.

Odéon – Les odéons, réservés à la musique et aux conférences, accueillaient l'élite dans un cadre raffiné. Les dispositions d'ensemble sont identiques à celles du théâtre, mais les dimensions en sont plus réduites.

L'épaisseur du mur d'enceinte suggère qu'une véritable toiture, suspendue en porte-à-faux, abritait les gradins. Remarquez le ravissant **décor** géométrique du dallage de l'orchestre, reconstitué à partir d'éléments trouvés sur place : brèche rose, granit gris et cipolin vert.

Revenez sur vos pas pour prendre à gauche, entre le bosquet et les vestiges du quartier dominant le théâtre, les marches montant vers un pavillon ocre.

Quartier dominant le théâtre – Au-dessus de la voie dallée qui ceinture le théâtre, les fouilles récentes ont montré qu'il n'existait pas de temple de Cybèle comme on l'a longtemps affirmé. Dès la fin du 1er s. av. J.-C. est construite à cet emplacement une très vaste et riche demeure de plan centré, bordée côté rue par une série de boutiques ouvrant sur un portique. Un vaste édifice public la recouvre au début du 1er s. On en perçoit surtout, au-dessus du théâtre, les puissantes fondations destinées à prolonger vers l'est une imposante plate-forme. À une date indéterminée fut construite une énorme citerne pour l'aqueduc du Gier.

À la hauteur du pavillon, empruntez le chemin de terre qui part à gauche. Il longe le petit jardin de la Visitation, qui appartenait au couvent du même nom, aujourd'hui occupé par les archives des Hospices civils. Le jardin donne dans la rue Roger-Radisson que vous prenez à gauche.

Aqueducs romains Hors plan

Au bout de la rue Roger-Radisson – ancienne voie d'Aquitaine – on peut voir, de part et d'autre de la chaussée, des vestiges intéressants de l'aqueduc du Gier, l'un des quatre qui alimentaient la ville en eau.

Redescendez, vers la gauche, par la rue du Cardinal-Gerlier que vous coupez par deux volées d'escaliers jusqu'à la rue de Trion.

Les eaux du Gier coulaient d'une fontaine offerte par Claude, dont les vestiges sont visibles place de Trion.
Revenez sur vos pas pour descendre la rue de Trion.

★ QUARTIER SAINT-JUST

La longue rue commerçante de Trion longe le site d'une ancienne nécropole que bordaient trois voies romaines, d'où son nom. Elle introduit petit à petit dans le quartier St-Just, avec son atmosphère de village, ses maisons aux façades ocre ou roses.
Prenez à droite la rue St-Alexandre.
La placette du même nom aligne quelques maisons peu élevées, dont une avec tourelle d'escalier. Empruntez à droite les charmantes rues des Macchabées et Vide-Bourse qui montent et se faufilent entre des murs de jardin.
Vous arrivez à l'église St-Irénée.
L'**église** et le **calvaire St-Irénée** qui la jouxte ont été reconstruits au 19e s., mais l'église occupe l'emplacement de l'ancienne basilique du 5e s., qui abrita les reliques de saint Irénée, un des fondateurs de la communauté chrétienne de Lyon. Une belle porte monumentale fait face à l'église.
Reprenez la rue des Macchabées, puis à droite la montée de Choulans.

Mausolées de Choulans Hors plan
Au centre de la place Wernert, trois mausolées évoquent l'existence d'une nécropole gallo-romaine située hors les murs. Le plus ancien (1er s. av. J.-C.), au centre, porte sur une face latérale une inscription rappelant que le monument fut érigé par des esclaves affranchis.

Rue des Macchabées Hors plan
Elle doit son nom à l'ancien cloître des Macchabées, plus tard rebaptisé St-Just. Cet important établissement fut détruit par les protestants en 1562, mais une **fresque**, sur le mur du n° 17 (ainsi que les marques au sol du jardin archéologique un peu plus loin à droite), en ravive le souvenir. Sur la petite place, remarquez la **fontaine au taurobole** et, aux nos 17 bis et 19, la **maison du Bœuf couronné** et la **tour Bellièvre** (15e s.)
Continuez jusqu'à la rue de Trion et prenez à droite vers la rue des Farges.

Thermes romains E3
Passez sous le porche de la résidence qui fait face à l'église St-Just pour découvrir les fondations d'une partie des thermes municipaux construits vers 50 apr. J.-C. La partie visible correspond à la façade sud du bâtiment, marquée par les deux grandes absides des salles chauffées.
Revenez sur vos pas pour rejoindre la rue de Trion jusqu'au **funiculaire de St-Just** (E3)*, par lequel vous pouvez regagner la cathédrale.*

NOS ADRESSES À FOURVIÈRE

Pour les hébergements et les sorties, voir p. 88.

RESTAURATION

BUDGET MOYEN

Le Contretête – *55 quai Pierre-Scize - 69005 Lyon - 04 78 29 41 29 - restaurant@tetedoie.com - fermé 2-23 août, sam. midi et dim. - formule déj. 17 €.* Couvé par Christian Têtedoie, ce bistrot cultive l'authenticité et propose des recettes de grand-mère mitonnées comme autrefois. Décor à l'ancienne envahi de vieux objets.

Restaurant de Fourvière – *9 pl. de Fourvière - 69005 Lyon - 04 78 25 21 15 - www.latassee.fr - ♿ - formule déj. 24,50 € - 26/39 €.* La basilique Notre-Dame de Fourvière à portée de main et une vue exceptionnelle sur la ville… Admirablement situé, ce restaurant jouit d'un panorama superbe que ses hôtes peuvent admirer tout en savourant une cuisine traditionnelle aux couleurs lyonnaises : quenelle de brochet, gâteau de foies de volaille, etc. Terrasse panoramique.

ACTIVITÉS

Fourvière Aventures – *3 pl. du 158e-Régt-d'infanterie - 69005 Lyon - 04 78 36 31 75 - www.fourviere-aventures.com - de mi-mars à fin mai : w.-end, j. fériés et vac. de Pâques 13h-19h ; juin : merc. 13h-19h, w.-end 10h-20h ; juil.-août : tlj 10h-19h ; sept. : w.-end 10h-19h ; oct. : w.-end 13h-18h30 ; 1re sem. nov. : w.-end 13h-18h ; vac. de la Toussaint : tlj 13h-18h - fermé déc.-fév. - 9/19€.* Tyroliennes, ponts de singe, passerelles, tunnels… Les cinq parcours sécurisés peuvent s'adresser aux enfants dès 4 ans comme aux grands sportifs en recherche de sensations fortes. Une sortie à faire en famille pour admirer d'arbre en arbre d'exceptionnels panoramas sur la ville.

VISITE

Les Visites insolites de la basilique de Fourvière – *04 78 25 86 19 - www.lyon-fourviere.com - visite guidée juin-sept. : 14h30 et 16h ; avr.-mai et oct.-nov. : merc. et dim. 14h30 et 16h (nov. 15h30) - dép. dev. la tour sud-ouest de la basilique - 5 € (-12 ans 3 €).* Visite guidée des lieux cachés de la basilique, du grand carillon de 23 cloches et montée à la terrasse St-Michel pour un panorama complet sur la ville.

Lyon, d'hier et d'aujourd'hui

DE LUGDUNUM À LA VILLE CHRÉTIENNE

Légende celtique

Deux princes, Momoros et Atepomaros, se seraient arrêtés un jour au confluent et auraient décidé d'y construire une ville. Tandis qu'ils creusaient les fondations, une nuée de corbeaux s'abattit autour d'eux. Reconnaissant dans cette manifestation une intervention divine, ils appelèrent leur cité **Lugdunum** (colline des corbeaux).

Une ville entre fleuve et rivière

À l'époque romaine, le confluent se situait au pied de la colline. Les alluvions du Rhône l'ont repoussé vers le sud ; la presqu'île ainsi formée est devenue le centre vital de la ville. La Saône et le Rhône offrent le magnifique spectacle de leurs cours contrastés, au pied des deux célèbres collines de Fourvière et de la Croix-Rousse, face à la basse plaine dauphinoise. Venue du nord, la Saône contourne le petit massif du Mont-d'Or et s'engage dans le défilé de Pierre-Scize, creusé entre Fourvière et la Croix-Rousse. Le Rhône arrive des Alpes en un large flot qui bute contre la Croix-Rousse.

La capitale des Gaules

Décidé à conquérir la Gaule, César établit ici son camp de base et, après sa mort, l'un de ses lieutenants, Munatius Plancus, y installe des colons romains. Peu après, Agrippa, qui a reçu d'Auguste la mission d'organiser la Gaule, choisit *Lugdunum* pour capitale.

Dès lors, le réseau des routes impériales s'établit au départ de Lyon : cinq grandes voies rayonnent vers l'Aquitaine, l'Océan, le Rhin, Arles et l'Italie. Auguste séjourne dans la cité. L'empereur Claude y naît. Au 2e s., des aque-

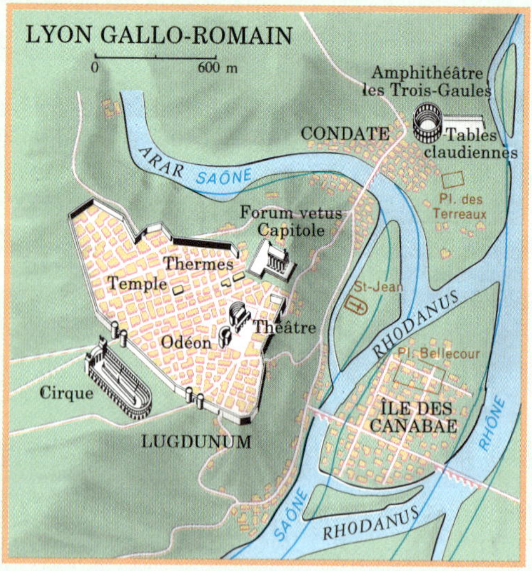

ducs conduisent à Fourvière l'eau des monts voisins. La ville, gouvernée par sa curie, a le monopole du commerce du vin dans toute la Gaule. Les nautes de son port sont de puissants armateurs ; ses potiers, de véritables industriels. Les riches négociants occupent un quartier à part, dans l'île des Canabae, à l'emplacement actuel d'Ainay.

Sur les pentes de la Croix-Rousse s'étend la ville gauloise, **Condate**. L'amphithéâtre des Trois-Gaules (dont on a retrouvé en 1958 l'inscription votive) et le temple de Rome et d'Auguste voient se réunir chaque année la bruyante Assemblée des Gaules.

Les martyrs de Lyon

Lugdunum est devenue le rendez-vous d'affaires de tous les pays. Soldats, marchands ou missionnaires arrivant d'Asie Mineure se font les propagateurs du nouvel Évangile et bientôt grandit dans la ville une petite communauté chrétienne. En 177 éclate une émeute populaire qui aboutit aux célèbres martyres de **saint Pothin**, de **sainte Blandine** et de leurs compagnons *(voir p. 140)*. Vingt ans plus tard, lorsque Septime Sévère, après avoir triomphé de son compétiteur Albin soutenu par Lyon, décide de livrer la ville aux flammes, il trouve encore à Lyon 18 000 chrétiens qu'il fait massacrer ; parmi eux, figure saint Irénée, successeur de saint Pothin.

Les 5e et 6e s. forment la période des grandes invasions, mais aussi de la fondation des premières abbayes. Trace de ce passé, l'**île Barbe** (nord-ouest du centre de Lyon), aujourd'hui domaine de calmes propriétés privées, abritait l'une des plus puissantes abbayes lyonnaises, fondée au 5e s.

CROISSANCE, TROUBLES ET CONTRE-RÉVOLUTION

Lyon au Moyen Âge

Après le règne de Charlemagne, legs et dots font passer Lyon de main en main. Finalement, la ville tombe sous l'autorité temporelle de ses archevêques.

C'est une grande époque de construction. À Lyon et dans tout le Lyonnais fleurissent églises et abbayes. Le pont du Change est lancé sur la Saône ; le pont de la Guillotière, œuvre des frères pontifes, permet de franchir le Rhône.

Au début du 14e s., Lyon est rattachée directement au pouvoir royal et obtient le droit d'élire douze consuls : la commune est proclamée à l'île Barbe en 1312. Les consuls, issus de la riche bourgeoisie, lèvent les impôts et assurent la police. C'est à cette époque que Lyon acquiert sa devise, toujours valable, « Avant, avant, Lion le *melhor* ». Le petit peuple, volontiers porté à la *rebeyne* (rébellion), et qui n'avait pas hésité à assiéger l'archevêque dans son palais, découvre alors que la main des consuls est encore moins tendre que celle du clergé.

« Lyon n'est plus »

Sous la Révolution, pour punir la ville de la résistance qu'elle a opposée à la Convention, la Terreur prend un caractère furieusement violent. Du 22 août au 9 octobre 1793, elle est assiégée par l'armée : chaque jour, d'innombrables Lyonnais périssent, victimes de l'exaltation des agents de Robespierre. Couthon prescrit la destruction des maisons de Bellecour. Le 12 octobre 1793, à l'issue de ces cinquante jours de siège, le Comité de salut public rend le célèbre décret « Lyon fit la guerre à la liberté, Lyon n'est plus ». Le texte prévoit que la ville sera détruite, à l'exception de maisons conservées. Le nom de Lyon est changé en celui de « Commune affranchie ». Mais un an plus tard, une loi du 16 vendémiaire an III (7 octobre 1794) rend son nom à la ville.

L'ART ET L'INDUSTRIE

Le triomphe des lettres et des arts au 16e s.

À la fin du 15e s., la création des foires et le développement de la banque attirent les commerçants de l'Europe entière. La vie mondaine, intellectuelle et artistique s'épanouit, stimulée par la venue de François Ier et de sa sœur, la reine Marguerite. S'y distingue le personnage de la Belle Cordière (Louise Labé). De célèbres « libraires », Jean Neumeister, Jean de Tournes et Guillaume Roville portent au loin le renom de l'imprimerie lyonnaise qui compte 100 ateliers en 1515, puis plus de 400 en 1548. Peintres, sculpteurs, céramistes, imprégnés de culture italienne, préparent la Renaissance française.

À Lyon brillent des poètes comme Maurice Scève et Clément Marot, des conteurs comme **Rabelais** ; médecin à l'Hôtel-Dieu, ce dernier publie coup sur coup, en 1532 et 1534, à l'occasion des foires, son *Gargantua* et son *Pantagruel*.

Une marionnette vieille de 200 ans

Laurent Mourguet (1769-1844), d'ouvrier de la soie qu'il était, se reconvertit en forain et arracheur public de dents. La tradition de cette époque veut que l'on attire les clients en improvisant des saynètes avec des poupées animées. Mourguet utilise donc ce moyen « publicitaire » avec la marionnette vedette en ce début du 19e s. : **Polichinelle**. Il innove rapidement avec l'apparition de **Gnafron** et, en 1808, de **Guignol**. Les Lyonnais se reconnaissent de bon cœur dans le personnage de Guignol, sympathique marionnette qui porte sous son bonnet noir une petite tresse qu'il appelle son « sarcifis ». Sous la naïveté et la gentillesse du personnage perce un esprit moqueur qui sait déceler les ridicules et s'en amuser. Il incarne parfaitement l'âme du « gone » lyonnais : un gros bon sens, une ironie narquoise, un peu d'esprit frondeur et une pointe de poésie. Sa femme **Madelon**, avec laquelle il a souvent des scènes de ménage, est une épouse modèle mais ronchonneuse. L'inséparable ami, c'est le truculent Gnafron dont le nez rubicond traduit un net penchant pour le beaujolais ; lui demande-t-on sa profession, il la définit ainsi : « Les gens qui ont reçu de l'éducance nous appellent savetiers, ceux qui n'en ont pas reçu nous appellent gnafres. » Devant le succès remporté par les premières représentations, Mourguet se consacre uniquement à ces spectacles. Les représentations se déroulent dans un « castelet » mobile en plein air ou dans un café, pour distraire un public populaire, qui vient entendre parler de lui-même dans une langue qui est la sienne. Bientôt l'audience s'élargit et Mourguet joue un peu partout à Lyon, au Petit Tivoli et dans la grande allée des Brotteaux où le dimanche on doit disposer un triple rang de chaises.

L'essor des sciences au 18e s.

Après l'essor littéraire et artistique, les sciences prennent leur revanche au 18e s. avec les **frères Jussieu**, illustres botanistes, et **Claude Bourgelat** (1712-1779) qui fonde à Lyon, en 1762, la première école vétérinaire d'Europe. En 1783, **Jouffroy d'Abbans** expérimente sur la Saône la navigation à vapeur avec son « Pyroscaphe » qui ne lui rapportera guère que le surnom ingrat de « Jouffroy la pompe ».

En 1784, Joseph de Montgolfier et Pilâtre de Rozier réussissent, aux Brotteaux, une des premières ascensions en aérostat. Quelques années plus tard, Ampère le grand physicien et Jacquard avec son métier à tisser révèlent à leur tour un génie inventif.

L'industrie de la soie

C'est la soie qui, au 16e s., a fait de Lyon une grande ville industrielle. Jusqu'alors, la plus grande partie des étoffes de soie venait d'Italie. En 1536, le Piémontais **Étienne Turquet** propose d'amener à Lyon des tisseurs génois et d'y établir une manufacture. Soucieux de combattre l'exportation d'argent, François Ier accepte et poursuit ainsi la politique de Louis XI qui avait déjà supprimé taxes et impôts sur ce travail. En 1804, **Joseph-Marie Jacquard**, s'inspirant d'une machine de Vaucanson, invente un métier qui, utilisant un système de cartes perforées, permet à un seul ouvrier de faire le travail de six. Le quartier de la Croix-Rousse se couvre alors de ses maisons-ateliers caractéristiques : leurs étages élevés abritent les métiers sur lesquels les « **canuts** » tissent la soie fournie par le fabricant.

En 1875, une véritable révolution se produit dans l'industrie soyeuse. L'introduction du métier mécanique et le changement de la mode qui n'est plus aux étoffes façonnées ou brochées réduisent les canuts à la misère. Seuls subsistent à Lyon quelques métiers destinés à la fabrication d'étoffes spéciales de très grand prix.

Importée d'Italie ou du Japon, la soie naturelle ne représente plus, actuellement, qu'un infime pourcentage des quantités traitées, mais le tissage, dit « de soierie », utilisant des fibres de toutes origines (verre, carbone, bore, aramide), reste un art lyonnais. Le savoir-faire traditionnel des soyeux trouve, notamment, des applications directes dans l'élaboration de pièces hautement sophistiquées (techniques Michel-Brochier) servant à l'industrie aéronautique, spatiale et même électronique. Ces activités sont étroitement liées à la chimie pour la recherche et la combinaison de molécules nouvelles (Rhône-Poulenc Fibres).

L'ARCHITECTURE ÉCLAIRÉE

Les grands travaux

Une des caractéristiques de la ville de Lyon est la qualité de son développement qui a respecté les périodes antérieures. Cela n'a pas toujours été le cas, car même le quartier Renaissance du Vieux-Lyon a failli disparaître sous le pic des démolisseurs. Mais aujourd'hui, Lyon peut décliner son histoire au fil de ses quartiers; chacun a sa caractéristique, son histoire, son âme. Cette richesse, Lyon la doit en bonne partie à ses maires qui l'ont transformée avec sagesse et audace. Le plus connu est sans conteste **Édouard Herriot** (1872-1957) qui a veillé pendant plus de 50 ans à la destinée de la ville. On lui doit une politique d'urbanisation énergique confiée en partie à **Tony Garnier**.

Mise en lumière

Le **8 décembre**, la fête de l'Immaculée Conception est célébrée à Lyon avec un éclat particulier. Le soir, des milliers de lampions multicolores éclairent les fenêtres de la ville. Cette fête a pour origine l'inauguration de la Vierge dorée de Fourvière en 1852. Des inondations retardèrent le travail du sculpteur Fabisch, qui ne put livrer la statue le 8 septembre. La cérémonie fut reportée au 8 décembre, fête de l'Immaculée Conception. Ce jour-là, de très fortes pluies firent annuler la fête nocturne; contre toute attente, elles cessèrent « miraculeusement » à l'heure prévue. Les Lyonnais illuminèrent spontanément leurs balcons avec des milliers de lumignons. Cette tradition religieuse est devenue une fête populaire, avec la participation de la municipalité et des commerçants qui inaugurent leurs étalages de Noël.

La ville de Lyon avait sans doute des prédispositions pour valoriser son éclairage public; elle l'a prouvé par la réalisation du « Plan lumière » qui a pour objectifs la sécurité et la mise en valeur de son patrimoine. Plus d'une centaine de sites et monuments ont été choisis pour bénéficier de mises en lumière cohérentes qui leur donnent une nouvelle dimension. La basilique de Fourvière se détache comme un phare au sommet de la colline; l'Opéra se projette dans le futur avec son immense verrière rougeoyante; les places des Terreaux ou de la Bourse, les quais de Saône ou du Rhône s'illuminent chaque soir d'éclairages indirects et de toute une palette de couleurs chaudes ou froides selon les lieux. Le « crayon » de La Part-Dieu, le port St-Jean, l'Hôtel-Dieu et de nombreux autres monuments de la ville participent à ce vaste spectacle qui crée une atmosphère empreinte de poésie et de magie. Cette invitation à la vie nocturne, relayée par le développement des animations, fait de « Lyon by night » une étape incontournable. Un guide *Plan lumière* est disponible dans les bureaux de l'office de tourisme.

LA MÉGAPOLE

Les foires de Lyon

Au Moyen Âge, Lyon est l'une des « clefs du royaume », à la frontière des pays de Savoie, Dauphiné, États pontificaux et Saint-Empire d'un côté, Beaujolais, Bourgogne, Languedoc, Forez et Auvergne de l'autre. Le jour où, en 1419, le Dauphin, futur Charles VII, comprenant la valeur commerciale d'une telle situation, y établit deux foires franches par an, il fit de Lyon l'un des plus grands entrepôts du monde.

À partir de 1463, grâce à Louis XI, les foires ont lieu quatre fois par an, encourageant la création du Change, origine de la Bourse actuelle, et du Tribunal de la conservation, d'où sortiront plus tard les tribunaux de commerce.

Rétablie en 1916 après une longue interruption, la Foire internationale de Lyon, qui se tient chaque année à Chassieu, dans le vaste parc des expositions, **« Eurexpo »**, maintient sa tradition de grande place d'affaires internationale. Elle est doublée de salons spécialisés comme Ipharmex (pharmacie), Infora (informatique), Eurobat (bâtiment et construction) ou le Salon des métiers de bouche.

Un carrefour européen

La ville de Lyon est située au milieu d'un réseau autoroutier la reliant dans le sens nord-sud à l'Europe du Nord et méditerranéenne et dans le sens ouest-est au Massif central, à la Suisse et à l'Italie *via* St-Étienne, Clermont-Ferrand, Genève, Annecy, Chambéry et Grenoble.

Depuis 1981, en complément de nombreuses liaisons ferroviaires rapides avec l'ensemble de la France, Lyon bénéficie d'une desserte accélérée par le Train à Grande Vitesse (TGV). L'aéroport international de St-Exupéry, à l'est de la ville, desservi par une ligne TGV, connaît un trafic important qui le place au 4e rang français. Depuis 2000, il porte ce nom en hommage à l'écrivain Antoine de Saint-Exupéry, né à Lyon en 1900.

L'aéroport de Bron est dévolu à l'aviation d'affaires. Par ailleurs, le port Édouard-Herriot, au sud de Gerland, connaît un trafic notoire de chalands lourds remontant jusqu'à Auxonne sur la Saône (32 km au sud-est de Dijon); une ligne fluviomaritime directe sans transbordement a été ouverte avec Le Pirée (Grèce) en 1984, Alger en 1986 et Haïfa (Israël) en 1991.

Le nouveau visage de Lyon

Les années 1930 avaient vu surgir les ensembles de gratte-ciel de Villeurbanne et du quartier des États-Unis qui représentaient alors une réalisation audacieuse. L'après-guerre a été marqué par un plan d'urbanisme structuré, d'où sont issus les vastes ensembles de Bron-Parilly, Rillieux-la-Pape, Vénissieux, la Duchère et Vaulx-en-Velin. Suivront l'aménagement du port Édouard-Herriot, la restauration du Vieux-Lyon, la rénovation des quartiers Mercière-St-Antoine et Tolozan-Martinière ou encore l'aménagement du quartier du Tonkin à Villeurbanne.

En 1977, la **tour « Crayon »** (Crédit Lyonnais), implantée au cœur du quartier de La Part-Dieu, marque fortement la silhouette de Lyon qui se voit alors dotée d'un second centre-ville. Culminant à 165 m, elle reste un repère visuel fort au même titre que la basilique de Fourvière à laquelle elle fait face. Prévu pour 2010, l'achèvement de la **tour Oxygène** devrait renforcer la cohérence architecturale de ce quartier d'affaires. Habillée de verre et rythmée de fines lignes d'acier, elle accueillera, du haut de ses 115 m, près de 28 000 m² de bureaux. D'ici 2013 enfin, la **tour Incity**, dont le revêtement extérieur évoquera les reflets de la soie, équipée de panneaux solaires et d'une éolienne de pointe, dépassera ses consœurs du haut de ses 180 m.

Par ailleurs, pour assurer son avenir, Lyon développe plusieurs technopoles. C'est ainsi qu'entre le Rhône et le parc de la Tête d'Or, la **Cité internationale** continue de se moderniser avec la construction du grand amphithéâtre qui voisine désormais le siège d'Interpol (Organisation internationale de police criminelle), ainsi que l'ensemble hôtelier, le casino et le musée d'Art contemporain. À l'est, autour du campus universitaire de la Doua, sont implantés d'importants bureaux de recherches techniques tandis que sur le quartier de la Presqu'île s'active le vaste chantier urbain de **Lyon Confluence**, pôle d'emplois de services et de loisirs. Le chantier, qui devrait durer jusqu'en 2013, comprend notamment l'aménagement d'un parc paysager sur les bords de la Saône, environné de logements conçus par de grands architectes.

Ces grands projets destinés à renforcer le tissu économique de la ville s'accompagnent d'un développement des espaces verts, suivant une politique de développement durable ambitieuse. Le quartier de Gerland, où est installé le stade municipal, rénové et agrandi à l'occasion de la Coupe du monde de football de 1998, laisse une place importante à la nature tout comme le projet du nouveau quartier « le Carré de Soie », situé à cheval sur les communes de Vaulx-en-Velin et Villeurbanne. Les berges de la rive gauche du Rhône, quant à elles, se métamorphosent actuellement en véritable « voie verte » piétonne, animée d'aires de jeux et de terrasses de cafés et restaurants.

De nombreux chantiers ont également été menés afin de fluidifier la densité de circulation de cette grande agglomération de transit. À la construction des tunnels de la Croix-Rousse et de Fourvière, succèdent ainsi l'autoroute de contournement est de la ville et le périphérique à péage nord-ouest (TEO) destinés à désengorger les axes routiers. À l'est de Lyon, la ville nouvelle de **L'Isle-d'Abeau** a été conçue pour équilibrer le développement de la métropole régionale. La gare de St-Exupéry, à l'architecture futuriste, est signée par l'architecte espagnol Calatrava. Elle assure les liaisons nationales du TGV avec l'aéroport régional.

Enfin, 2010 voit le parc hôtelier s'agrandir de quelque 1 500 chambres, avec, entre autres, la reconversion d'anciens établissements hospitaliers, véritables monuments historiques.

LYON, VILLE VERTE

Suivant une tendance marquée du jardinage comme de l'agriculture, la mairie de Lyon a opté depuis 1998 pour une « gestion évolutive durable » de ses espaces verts. Tous les jardins de Lyon ont ainsi vu disparaître l'usage des insecticides et herbicides. Les désherbages sont donc désormais thermiques (par flamme ou par vapeur, les graines et petites plantes sont brûlées) ou manuels, et les plantes adventices (comprenez : les mauvaises herbes) sont tolérées dans les pelouses ou les sous-bois dans une juste proportion. Les feuilles mortes ont de nouveau la fonction de fabriquer de l'humus sous les arbres, les déchets végétaux sont broyés pour former du compost. Les insectes ravageurs (comme les pucerons ou les araignées rouges) sont combattus par des « insectes auxiliaires » tels que les syrphes et coccinelles. Seuls les traitements contre les champignons, qui se répandent par contagion, n'ont encore pu être supprimés. Les jardiniers se réjouissent de voir revenir, avec les insectes, d'autres auxiliaires de culture : les petits oiseaux.
Enfin, l'utilisation du paillage, en plus de limiter la pousse de mauvaises herbes, a permis de limiter les arrosages, si bien que la plus grosse dépense en eau de la Tête d'Or est désormais allouée… au lac, que la baisse de niveau du Rhône a isolé de son alimentation.

« QUI NE SAUTE PAS N'EST PAS LYONNAIS ! »

Créé au lendemain de la Seconde Guerre mondiale, l'**Olympique Lyonnais** accède à l'élite du football français au milieu des années 1960 en remportant deux Coupes de France. Il faudra cependant patienter encore deux décennies pour que décolle véritablement la fusée OL, sous la houlette de son nouveau et ambitieux président Jean-Michel Aulas. Remonté en première division en 1989, le club aux trois couleurs blanc-bleu-rouge décroche un premier titre de Champion de France en 2001. Confirmant sa domination sur le championnat les années suivantes, il établit un nouveau record du plus grand nombre de titres consécutifs. La capitale des Gaules, longtemps considérée comme « la banlieue de St-Étienne » en matière de football, devient ainsi capitale du ballon rond grâce à son titre de meilleur club de football français des années 2000. Que la victoire soit ou non au rendez-vous, les supporters lyonnais apportent un soutien sans faille à leur équipe en scandant leur fameux « Qui ne saute pas n'est pas Lyonnais ! ». La liste des joueurs d'exception qui portent ou ont porté le maillot de l'OL est impressionnante : Aubour, Chiesa, Combin, Lacombe (aujourd'hui conseiller spécial du président), Di Nallo (le « petit prince de Gerland »), Jacquet (l'entraîneur victorieux de la Coupe du monde 1998), Domenech (actuel entraîneur de l'équipe de France), Tigana, Coupet, Cris, Abidal, Essien, Diarra, Juninho (le magicien du coupfranc), Giuly, Anderson, Maurice, Wiltord, Malouda, Ben Arfa, Benzema (l'étoile montante du football français)… Le transfert à prix d'or de certaines de ces gloires vers les plus grands clubs européens, doublé d'une gestion avisée des affaires, a fait de l'Olympique Lyonnais un club puissant, coté en Bourse, doté de sa propre chaîne de télévision et bientôt propriétaire d'un magnifique stade de 60 000 places à la périphérie de la métropole rhodanienne.

La Presqu'île

★★

NOS ADRESSES PAGES 88 ET 135

SE REPÉRER

Métros Hôtel-de-ville, Cordeliers, Bellecour, Ampère et Perrache – Plan I B 1-2 p. 154-155 – Plan III p. 127.

La Presqu'île est très bien desservie par le métro A. De grands axes commerçants, certains piétonniers, la sillonnent du nord au sud entre la place des Terreaux et la place Carnot. Au centre se trouve la place Bellecour.

À NE PAS MANQUER

Prendre un café en terrasse sur la place des Terreaux ; les collections des très beaux musées des Beaux-Arts et des Tissus ; l'animation de la commerçante « rue de la Ré » ; les murs peints de La Cité de la Création ; le parking à effet optique créé par Daniel Buren place des Célestins.

ORGANISER SON TEMPS

Ce quartier est le plus riche en musées : il est impossible d'en faire le tour en une journée. Il faudra donc faire des choix ; ceux des Beaux-Arts et des Tissus sont de très grande qualité. Si vous voulez rapporter des cadeaux, ne manquez pas de prévoir en plus quelques haltes dans les magasins de spécialités gastronomiques, tous présents sur la Presqu'île. Un marché réputé se tient tous les matins sauf le lundi, quai St-Antoine.

Embrassée par la Saône et le Rhône, la très minérale Presqu'île est le cœur actif de Lyon : c'est ici que l'on descend en ville le samedi, que l'on flâne dans les magasins, que l'on sort le soir dans les bouchons ou au théâtre, que l'on se retrouve les jours de grand rassemblement et que les grands musées côtoient quelques innovations architecturales.

Se promener

DES TERREAUX À SAINT-NIZIER

Circuit 1 tracé en vert sur le plan III p. 127. Comptez 1h30 (sans les musées).

Place des Terreaux F2

Pour admirer sa plus belle perspective, placez-vous côté nord, près des terrasses de café.

La place est au cœur de l'animation lyonnaise. Son réaménagement, confié en 1994 à **Buren**, a conduit à la mise en place d'un dallage en granit assorti de 14 piliers et de 69 jets d'eau et complété par un éclairage nocturne élaboré. La place tire son nom du comblement, au moyen de terres rapportées ou terreaux, d'un ancien lit du Rhône ; c'est tout près d'ici que se trouvait le confluent, à l'époque romaine. Pour avoir conspiré contre Richelieu, le marquis de Cinq-Mars y fut décapité en 1642, devant une foule de spectatrices venues voir tomber une aussi jolie tête. À la Révolution, la place reprit cette sinistre fonction contre les Lyonnais eux-mêmes, déclarés coupables de Contre-Révolution.

La célèbre **fontaine★** monumentale en plomb est due au sculpteur Bartholdi, auteur de la Statue de la Liberté.

Hôtel de ville (F2 H) – À l'est de la place, cette remarquable construction, en partie Louis XIII, élevée d'après les plans de Simon Maupin, forme un grand rectangle de bâtiments, cantonné de pavillons et enserrant une cour d'honneur : l'originalité de celle-ci réside dans ses deux niveaux, séparés par un portique en hémicycle.

La façade primitive a disparu à la suite d'un incendie en 1674. Jules Hardouin-Mansart et Robert de Cotte, chargés de la réfection, transformèrent profondément cette façade ; les pavillons latéraux et le beffroi furent coiffés d'un dôme. Au centre, un grand tympan arrondi, soutenu par des atlantes, est orné, sous les armes de la ville, d'une statue équestre d'Henri IV.

Au sud, la place est bordée par la façade du palais des Arts ou **palais St-Pierre★** (F2). L'édifice, construit aux 17e et 18e s., était l'une des plus anciennes abbayes bénédictines de Lyon, celle des Dames de St-Pierre, recrutées dans la haute noblesse. Intérieurement, les bâtiments conservent une partie de leur décoration primitive, d'inspiration italienne, notamment le réfectoire et l'escalier d'honneur. Désaffecté à la Révolution, le bâtiment fut transformé en musée au cours du 19e s. En 1884, Puvis de Chavannes peignit *Le Bois sacré* dans l'escalier d'entrée. Il abrite aujourd'hui le **musée des Beaux-Arts**.

★★★ Musée des Beaux-Arts F2

20 pl. des Terreaux - ☏ 04 72 10 17 40 - www.mba-lyon.fr - ♿ - tlj sf mar. et j. fériés 10h (10h30 vend.)-18h - 6 € (-18 ans gratuit) ; 10 € billet combiné avec les expositions temporaires.

De la place des Terreaux, entrez dans le jardin de l'ancien cloître dont les galeries sont surmontées d'une terrasse. Transformé au 19e s. en jardin, le cloître abrite des statues de Bourdelle, Duret et Rodin. Après huit années de travaux, le musée des Beaux-Arts de Lyon est aujourd'hui complètement rénové et figure désormais parmi les plus beaux musées de France. Ses collections se sont enrichies grâce à la donation de 35 toiles impressionnistes et modernes de la collection Jacqueline Delubac.

Le musée des Beaux-Arts présente un exceptionnel panorama représentatif de l'art mondial. Ses collections sont organisées en cinq départements : peinture, sculpture, antiquité, objets d'art, médailles.

Peinture – Les salles exposent un choix d'œuvres des grandes périodes de l'art pictural européen, à commencer par la Renaissance italienne, avec l'*Ascension du Christ* du Pérugin, don du pape Pie VII à la ville de Lyon, la délicate *Nativité* de Costa et un ensemble de l'âge d'or vénitien : *Bethsabée au bain* de Véronèse, *Danaé* du Tintoret, deux scènes de bataille de Bassano. Le musée renferme également des œuvres des écoles bolonaise, napolitaine, florentine et romaine.

Tandis que Le Greco et Zurbarán illuminent de leurs œuvres la peinture espagnole, à côté de l'école de Cologne et de Cranach l'Ancien pour la peinture allemande, les artistes flamands et hollandais sont représentés par Gérard David, Metsys et plusieurs œuvres de Rubens.

La section de peinture française comprend un ensemble important d'œuvres des maîtres du 17e s., dont Simon Vouet *(La Crucifixion)*, Jacques Blanchard *(Danaé)*, Philippe de Champaigne *(L'Adoration des bergers)* et Charles Le Brun *(La Résurrection du Christ)*, cependant que le 18e s. est représenté notamment par Greuze *(La Dame de charité)* et Boucher *(La Lumière du monde)*.

Le « Salon des fleurs » annonce le passage au 19e s. avec une gracieuse statue de Juliette Récamier par J. Chinard, un charmant *Buste de fillette* de Houdon,

La place Bellecour pendant la Fête des lumières.
Jakezc / Fotolia.com

et les compositions florales colorées d'A. Berjon. Une large place est consacrée à la peinture lyonnaise du 19e s. avec J.-M. Grobon, Fleury Richard et Pierre Révoil.

Figure emblématique de la peinture lyonnaise, ce dernier dirigea l'école des Beaux-Arts pendant 25 ans. À ces premiers maîtres succède une autre génération lyonnaise représentée par Bonnefond, Flandrin et surtout Janmot dont on peut admirer le *Poème de l'âme*, constitué de 18 tableaux mystiques.

De ce 19e s. florissant, le musée peut encore s'enorgueillir de toiles de David, Delacroix, Géricault *(*dont la belle *Monomane de l'envie)* ou Corot.

La peinture impressionniste se taille aussi une belle part des salles dans lesquelles se bousculent Degas, Sisley, Renoir et Gauguin. Après les Nabis, Bonnard et Vuillard préludent à un panorama de la peinture du 20e s., illustrée, au début, par des compositions de Dufy *(Bateau pavoisé)*, Villon *(L'Écuyère)*, Braque *(Le Violon)*, Jawlensky *(Méduse)*, Chagall *(La Corbeille de fruits, Le Coq)*, Severini *(La Famille du peintre)*, Foujita *(Autoportrait)*. Parmi les artistes contemporains, on relève les noms de Masson *(Niobé)*, Atlan *(Bérénice)*, Max Ernst, Dubuffet et N. de Staël *(La Cathédrale)*.

Sculpture – Le département des sculptures s'étend de la période romane au gothique et à la Renaissance. Parmi les œuvres du 17e s. au début du 20e s., on prête une attention particulière aux bustes de Coysevox et Lemoyne, aux *Trois Grâces* de Canova, aux œuvres de Daumier jusqu'aux superbes marbres de Bourdelle, Maillot et Rodin.

Antiquité – Ce département est composé de trois sections organisées en salles thématiques. La mieux dotée est la **section égyptienne** qui couvre toutes les époques de l'ancienne Égypte ; le thème de « la vie après la mort » est illustré par de splendides sarcophages en bois polychrome, des amulettes ou des *ouchebtis* ; la période ptolémaïque est représentée par les portes monumentales du temple de Médamoud ; les cultes et la vie quotidienne sont largement évoqués par des stèles et masques funéraires, des instruments et objets usuels. Du **Proche et Moyen-Orient**, remarquez la « Tête de prêtre » d'Assyrie, les têtes de statues de Chypre et les sarcophages en plomb de la

HISTOIRE DU QUARTIER

Du marais aux marchands – Le creusement d'un parking en 1966 a révélé que le quartier de Bellecour avait été drainé, à l'aide d'amphores renversées, dès la période romaine. Le sud de la Presqu'île était en effet marécageux, coupé par les **lônes**, bras morts que le Rhône laisse fréquemment sur son passage. C'est à la Renaissance qu'est réalisé le premier aménagement de la place d'armes de Bellecour, alors que la ville commerçante s'étend petit à petit de la rive droite à la rive gauche de la Saône. Pour ce faire, elle passe par le pont de pierre qui enjambe la rivière : c'est devant lui que s'élance la rue Mercière, dont les rez-de-chaussée s'ouvrent en bancs d'échoppes. La rue abrite, durant les 15e et 16e s., les grandes merceries, les passementeries mais aussi les librairies et les boutiques d'imprimeurs. S'ensuivent diverses rues commerçantes dont la toponymie garde le souvenir : Tupins pour les potiers, Dubois pour les menuisiers, Grenette pour le blé, mais aussi Fromagerie, Poulaillerie, etc. Dans le même temps, s'installent diverses communautés religieuses dont on trouve aussi la trace dans les places des Cordeliers, des Jacobins ou des Célestins.

Vers la ville moderne – De la Renaissance au 19e s., le quartier se peuple et se construit : il grignote à nouveau les terres du fleuve, gagnant sur les marécages et les îles vers les Terreaux. Au 17e s., le développement de l'industrie de la soie déplace le centre économique de la ville vers la Presqu'île, tandis que la construction de l'hôtel de ville ancre là le centre de la vie administrative. L'Hôtel-Dieu, installé dans le quartier depuis le 14e s., fait l'objet, ainsi que le quartier qui l'entoure, d'une véritable opération immobilière de la part de **Soufflot** au 18e s. Il se crée, petit à petit, un écart entre la fonction du lieu et l'apparence des rues et maisons anciennes : la **rue Mercière** reste la plus importante jusqu'au milieu du 19e s. C'est pourquoi le préfet Vaïsse entreprend, sous Napoléon III, les percées « haussmanniennes » des futures rues de la République et Édouard-Herriot.

Syrie romaine (3e-6e s.) qui constituent les plus belles pièces. La dernière section couvre les civilisations **grecque et romaine**. Une exceptionnelle statue de Korê (jeune Athénienne) provenant de l'Acropole témoigne du degré de perfection atteint par la sculpture grecque antique tandis que les célèbres céramiques à figures noires rivalisent de beauté et de finesse avec la technique plus tardive des figures rouges, dans une vaste collection d'amphores, de cratères, d'hydries et autres vases.

Objets d'art – Cette section présente des collections très variées qui traversent les époques et les continents. Le Moyen Âge nous a laissé des ivoires très travaillés, comme le triptyque attribué au maître du diptyque de Soissons ; cette qualité de travail se retrouve sur les émaux romans et gothiques, souvent de Limoges, ou sur les pièces d'orfèvrerie (bras reliquaire de la fin du 15e s.). L'art islamique est très bien représenté par des céramiques, des bronzes, ou par un bassin iranien de 1347, au décor particulièrement soigné (or et argent). La Renaissance française est illustrée par une armure de cheval dont le décor est d'une exceptionnelle précision. Cette période correspond au développement des faïences hispano-mauresques, des majoliques italiennes parfois historiées (assiette de 1533, *Hercule et Cacus*, Urbino), et des émaux peints, tel le retable de 27 plaques attribué à Jean Ier Limosin (fin du 16e s.). Les périodes suivantes ne sont pas oubliées avec des faïences françaises du 18e s., le salon de « La Norenchal » (décor en trompe-l'œil caractéristique du néo-classicisme), le mobilier Art nouveau d'Hector Guimard…

Remarquez également la collection Raphaël Collin qui rassemble de nombreuses céramiques de la Chine, de la Corée et du Japon (6e-19e s.).

Médailles – La salle du médaillier, remarquable par son plafond à caissons, expose pour sa part plus de 40 000 pièces, de l'époque grecque à nos jours.

Empruntez la rue Paul-Chenavard.

Aux nos 2 et 4 (19e s.), on reconnaît dans les médaillons divers hommes célèbres de la région : Soufflot, Delorme, Jacquard, Montgolfier…

Au no 21, vous retrouvez une des façades du musée des Beaux-Arts.

Prenez deux fois à droite la rue du Major-Martin, puis la rue de la Lanterne.

Alphonse Daudet, qui y vécut, en garde un souvenir noir qu'il rapporte dans *Le Petit Chose*. Remarquez, au no 10, l'église évangélique de style néo-gothique et, au coin de la place Tobie-Robatel et de la rue d'Algérie, les grilles et lambrequins en fonte des fenêtres, typiques de la ville.

Continuez jusqu'à la rue de la Martinière. La rue tient son nom d'un illustre Lyonnais, le major Martin, et des écoles qu'il fonda. Au no 35, **La Martinière des jeunes filles★** (F2), construite en 1906, a gardé son architecture Art nouveau, avec un élégant portail en fer forgé et des mosaïques vénitiennes. Parmi le décor, la ruche de gauche rend hommage au fructueux labeur du major, celle de droite célèbre la donatrice Mme de Cuzieu et Lyon par sa devise « Avant, avant, Lion le *melhor* ».

En face, la **salle Rameau** (F2) est de la même époque. Lyon gagnait avec sa construction un lieu où abriter les concerts et conférences, elle est donc ornée par les muses de la Rhétorique et de la Musique, en émaux de Venise. L'utilisation nouvelle du béton armé a permis de concevoir un vaste espace sans pilier, et l'intérieur garde des staffs et vitraux Art nouveau, dont profite encore l'académie de billard.

Suivez la rue de la Martinière vers la gauche jusqu'au quai St-Vincent.

★ Fresque des Lyonnais F2

Angle du 49 quai St-Vincent et du 2 r. de la Martinière.

Sur la place, arrêtez-vous devant cette fresque réalisée en 1995 par La Cité de la Création : 31 personnages de la région y sont représentés, parmi lesquels vous reconnaissez Louise Labé, l'abbé Pierre, Bernard Pivot, Paul Bocuse, Frédéric Dard, les frères Lumière, Bertrand Tavernier, Mme Récamier, Saint-Exupéry avec son Petit Prince, Guignol et son inventeur…

LE GÉNÉREUX MAJOR ET SES ÉCOLES

Lorsqu'il s'engage dans la Compagnie française des Indes, **Claude Martin**, fils d'un tonnelier du quartier des Terreaux, n'a que 17 ans. Il n'imagine sans doute pas quel brillant avenir l'attend, d'autant moins qu'il est fait prisonnier par les Anglais et que la France cède en 1763 la quasi-totalité de ses comptoirs indiens. Mais les Anglais repèrent son intelligence et trouvent un moyen de l'utiliser sans lui faire trahir son pays. Négociant avisé, il lance la culture et l'industrie de l'indigo. Militaire, diplomate, médecin au besoin, le major Martin se met au service du nabab de la province de Lucknow où il habite durant 24 ans. Ces diverses activités lui permettent d'amasser une fortune qu'il lègue à sa mort, en 1800, pour l'éducation des garçons et des filles tant en Inde que dans sa ville natale Lyon. Ainsi naissent après sa mort **les Martinières**, qui comptèrent parmi leurs élèves les frères Lumière, et sont encore actives dans leurs deux pays d'origine.

Quai Saint-Vincent E2

Le quai St-Vincent offre une **charmante vue★** sur les maisons colorées du Vieux-Lyon et de Fourvière.

Faites demi-tour.

Quai de la Pêcherie

Les bouquinistes occupent le quai de la Pêcherie le week-end. Parsemée de citations, la **fresque Bibliothèque de la cité** *(r. de la Platière - F2)*, qui leur fait face, est justement dédiée aux écrivains de la région (Rabelais, Stendhal, Clavel, Saint-Exupéry, Chevallier…).

Suivez la rue de la Platière jusqu'à la place Meissonier.

Quartier de Saint-Nizier

La fontaine centrale (19e s.) représente un bienfaiteur de la ville, Pleney, qui légua sa fortune aux orphelins ayant charge de famille. Juste en face se dresse l'**ancienne église St-Pierre** (F2). Remarquez l'étroite façade du 12e s. et le sobre portail roman encadrant de superbes vantaux de bois du 18e s. L'édifice abrite les sculptures du musée des Beaux-Arts.

Prenez la rue Paul-Chenavart à droite pour rejoindre la place St-Nizier.

Église Saint-Nizier (F2) – Selon la tradition, l'église actuelle, dont la plus grande partie date du 15e s., s'élèverait à l'emplacement du plus ancien sanctuaire lyonnais. La nef est épaulée par des arcs-boutants doubles, bien visibles de la rue de la Fromagerie. Prenez du recul pour voir les flèches, qui constituent l'une des singularités du paysage urbain lyonnais. La flèche nord, gothique, construite en brique, contraste avec celle, ajourée, du clocher sud (19e s.). Le portail Renaissance, encadré de quatre colonnes doriques, est surmonté d'un cul-de-four à caissons dans sa partie supérieure. Il est surmonté d'un pignon néo-gothique.

L'intérieur, restauré, est caractérisé par sa décoration flamboyante (15e s.) : la voûte, nervurée, comporte des clefs ornées d'armoiries. Un triforium très ouvragé orne tout le pourtour. Dans une chapelle du croisillon sud, remarquez la gracieuse **Vierge à l'Enfant★** de Coysevox.

La rue de la Fromagerie mène rue Édouard-Herriot, que vous prenez à droite.

Ancienne rue de l'Impératrice, elle ouvre une percée « haussmannienne » dans Lyon. S'y concentrent quelques banques et magasins de luxe. Repérez aux nos 32, 34 et 38, les cariatide et atlante dus à Fabisch, sculpteur de la basilique de Fourvière.

À l'angle avec la rue de la Poulaillerie, l'horloge Charvet est animée par Guignol et sa compagnie.

Prenez la rue de la Poulaillerie. Entrez au n° 13 pour admirer la magnifique cour Renaissance du **musée de l'Imprimerie**, qui traboule avec la rue des Forces.

★★ Musée de l'Imprimerie F2

13 r. de la Poulaillerie - ✆ 04 78 37 65 98 - www.imprimerie.lyon.fr - merc.-dim. 9h30-12h, 14h-18h - fermé 1er Mai et 14 Juil. - 3,80 € (-18 ans gratuit).

Destiné à l'origine à l'un des marchands prospères qui commerçaient avec l'Italie, le superbe **hôtel de la Couronne** (fin 15e s.) accueille depuis 1963 le musée de l'Imprimerie. Le sujet est parfois un peu technique, la présentation un peu austère, mais les très riches collections du musée sont une occasion unique de découvrir l'incroyable évolution de ces métiers depuis l'apparition de la presse à imprimer au 15e s. Ce retour dans le temps permet de mesurer l'incroyable apport de l'imprimerie dans le partage du savoir et des idées,

SE LOGER

- Élysée Hôtel .... (4)
- Hôtel Célestins .... (5)
- Hôtel des Artistes .... (2)
- Hôtel la Résidence .... (6)
- Hôtel St-Vincent .... (15)

SE RESTAURER

- Brunet .... (1)
- Café des Fédérations .... (3)
- Caro de Lyon .... (5)
- Le Café 203 .... (10)
- Le Jura .... (16)
- Le Mercière .... (18)
- L'Etage .... (20)
- Lolo Quoi .... (23)

dans l'essor de la littérature, de la culture, des religions… et la ville de Lyon rend un hommage mérité à ses grands libraires, humanistes, illustrateurs et graveurs.
De rarissimes **incunables** (imprimés avant 1500), d'anciennes presses, des notices et un grand nombre d'éditions anciennes initient le visiteur à l'esthétique des caractères et du livre, à l'évolution des supports, des techniques d'impression, de l'image imprimée avec les différents procédés de la taille (estampes, bois gravés, cuivres gravés, eaux-fortes, lithographies). Ne manquez pas l'exceptionnelle collection de 600 **bois gravés** ayant servi à illustrer la Bible (16e et 18e s.), ainsi que ceux des dessins de Gustave Doré illustrant les œuvres de Rabelais.

Rue de la République F2

Aux nombreuses banques succède rapidement la **place de la Bourse★**. Rénovée en 1994, elle bénéficie d'agréables plantations de magnolias, rhododendrons et azalées, inscrites dans un dessin de buis taillés. Le **Palais du commerce**, contemporain de la rue de la République, la borde de sa façade massive, ornée des allégories du commerce, de la paix et de l'abondance.
Les façades des immeubles, percées de hautes fenêtres dont le linteau s'orne d'un lambrequin en tôle découpée, sont caractéristiques des constructions lyonnaises du 19e s. La rue perd petit à petit son prestige un peu guindé d'ancienne rue impériale. Piétonne des Cordeliers à Bellecour, très commerçante et populaire, la « rue de la Ré » est animée de grands magasins, boutiques, cinémas et brasseries.
Prenez à droite la rue de l'Arbre-Sec, puis les rues du Garet et Pizay.

★ Rues de bouchons

Très vivantes, elles concentrent bouchons et établissements à la mode. Le soir, les tables empiètent sur la chaussée. Dans une atmosphère typique, traversant les lumières de restaurants et le brouhaha des dîneurs, la circulation piétonne est dense. La rue Pizay débouche place de la Comédie où de jeunes danseurs de hip-hop ou de rap s'adonnent souvent à des performances sportives. À gauche s'élève l'opéra de Lyon, appelé aussi le Grand-Théâtre.

Opéra de Lyon F2

Il est l'aboutissement d'une ambitieuse modernisation. La façade de l'ancien théâtre a été restaurée. Le fronton conserve les muses que les impératifs de la symétrie avaient limitées au nombre de huit, excluant ainsi Uranie, la muse de l'Astronomie. Elles semblent aujourd'hui soutenir l'immense verrière semi-cylindrique, œuvre de l'architecte Jean Nouvel.
L'intérieur, outre le foyer rococo d'origine, abrite un amphithéâtre pour les concerts, une salle à l'italienne de 1 300 places, ainsi qu'un restaurant situé sous la verrière.
L'édifice prend une dimension particulière lorsque les éclairages nocturnes, à dominante rouge, mettent en valeur les contrastes de son architecture.
Sa réhabilitation a été récompensée par son élévation au rang d'Opéra national.

Place Louis-Pradel F2

Décorée d'une fontaine et de sculptures d'Ipoustéguy, elle allie les formes anciennes et modernes. Au-dessus s'étage le quartier de la Croix-Rousse.
Revenez place des Terreaux en passant derrière l'hôtel de ville.

DES CORDELIERS À BELLECOUR

Circuit 2 tracé en vert sur le plan III p. 127. Comptez 1h30.

Église Saint-Bonaventure F2

Du vaste couvent des Cordeliers, ne reste que l'église St-Bonaventure. Cet édifice, cher aux Lyonnais, a conservé son plan franciscain primitif. Les cordeliers tenaient leur nom de la corde à trois nœuds qu'ils portaient en guise de ceinture et saint Bonaventure, mort au 2e concile de Lyon, en 1274, fut une gloire de l'ordre franciscain. Le large vaisseau répond aux nécessités de la prédication, tandis que le dépouillement et la simplicité architecturale témoignent du respect des fils de saint François pour toutes les formes de la pauvreté.
À côté, l'ancien Grand Bazar (son nom reste inscrit en façade) fut le premier grand magasin de Lyon (milieu 19e s.)
En face se dresse une des façades massives du Palais du commerce.
Dans le prolongement de la place des Cordeliers se faufile la rue Grenette.

Rue Grenette F2

La rue fut très commerçante à la Renaissance. Vous ne trouverez pourtant plus de traces manifestes de cette période ; même la « grenette », la halle aux grains, a disparu. Remarquez pourtant au n° 2 la façade ornée de boiseries sculptées et surmontée d'une Vierge de pierre.
À l'angle de la rue Édouard-Herriot, jetez au moins un coup d'œil au décor de staffs et de miroirs du séculaire **café des Négociants**.

★ Rue Mercière F2

Aujourd'hui piétonnière, elle fut pourtant une des plus importantes artères de Lyon, portant le nom de rue Mercatoria, c'est-à-dire des marchands. Elle est aujourd'hui dévolue à la restauration. Vous repérerez encore de nombreuses arcades, vestiges des anciennes boutiques, mais remaniées à diverses époques. Les nos 48, 50 et 52 alignent de belles façades Renaissance de pierre rouge.
Au n° 56 fut imprimé le premier livre en français. Cette **Grande Maison** cache une cour avec galeries à l'italienne.

Place des Jacobins F3

Elle est dominée par la majestueuse fontaine des Jacobins élevée en 1886 à la mémoire de quatre artistes lyonnais, représentés en costume de leur époque : Philibert Delorme (architecte), Hippolyte Flandrin (peintre), Guillaume Coustou (sculpteur) et Gérard Audran (graveur).
Prenez à droite la rue du Port-du-Temple jusqu'au quai. La passerelle du palais de justice a été lancée en 1984. Elle offre de belles vues sur la Saône, Fourvière et la Croix-Rousse.
Prenez deux fois à gauche le quai des Célestins, puis la rue Charles-Dullin.

★ Quartier des Célestins F3

De proportions agréables et plantée de magnolias à feuilles caduques, la charmante **place des Célestins** qui fait face au théâtre à l'italienne (19e s.) du même nom suffirait à justifier la visite. C'est pourtant en sous-sol que se trouve la plus étonnante réalisation architecturale. Au milieu de la place, un périscope en donne un aperçu choisi.
Pour accéder au **parking des Célestins★,** prenez à droite l'ascenseur. La rampe hélicoïdale ajourée d'arceaux du parking s'enroule autour d'un puits central. Les lignes architecturales sont accentuées par un double jeu de lumière et d'alternance de peintures noire et blanche. En bas, un miroir circulaire

incliné tourne pour en refléter les arches. C'est sur lui que donne le périscope. Intitulé *Sens dessus dessous*, ce parking a été dessiné par **Daniel Buren** et **Michel Targe**.
Prenez la rue des Archers, puis à gauche la rue Émile-Zola. Les hautes arcades de cette petite rue abritent des magasins de luxe.

Place Bellecour F3

En son centre trône le « cheval de bronze ». Sous ce nom, les Lyonnais désignent la **statue équestre de Louis XIV** dont le piédestal porte cette inscription : « *Chef-d'œuvre de Lemot, sculpteur lyonnois.* » Une première statue du grand roi, œuvre de Desjardins (1691), avait été dressée ici dès 1713. Considérée comme un symbole de la royauté, elle fut renversée, brisée et fondue sous la Révolution. La statue actuelle date de 1828. Chose rare, son inscription ne se rapporte pas à son sujet (Louis XIV), mais à son auteur, le sculpteur Lemot. L'inscription d'origine a été retirée : c'est en effet par ce subterfuge que le commissaire extraordinaire de la République sauva la statue, à son tour menacée de destruction, en 1848. Elle est encadrée par deux bronzes des frères Coustou, le Rhône et la Saône, orientés vers les rives concernées.
Contournez la statue par la gauche pour apercevoir la basilique de Fourvière. La place est bordée à l'ouest et à l'est par d'immenses façades symétriques, de style Louis XVI, datant de 1800. De part et d'autre de la statue, deux pavillons se font face. Ils accueillent l'office de tourisme et une annexe pour les biennales lyonnaises. Vous pouvez aussi vous y rafraîchir dans un « pied humide », buvette lyonnaise.
Au sud-est de la place, isolé, devant l'hôtel des Postes, s'élève le **clocher de l'ancien hôpital de la Charité** (17e s.).
Au nord-est, la Banque nationale de Paris a succédé à une salle où furent données les premières projections du cinématographe Lumière *(voir p. 64)*.
Prenez la rue des Marronniers. Piétonnière, la rue se frange des terrasses de nombreux bouchons. Rejoignez la rue de la Barre que vous prenez sur la droite. Du pont de la Guillotière, jetez un coup d'œil sur l'harmonieuse **façade★** de l'Hôtel-Dieu *(voir ci-dessous)*, agrandie au 18e s. par Soufflot.
Revenez sur vos pas et continuez la rue de la Barre jusqu'à la rue de la République. Remarquez la belle **façade★** de l'ancien siège du *Progrès* au n° 85, encadrée de cariatides géantes. Le bâtiment Art déco du n° 79 est couronné par un coq Pathé géant ; le cinéma qu'il abrite fut longtemps le plus grand de Lyon.
Prenez la rue du Prof.-Louis-Paufique.
Vous retrouvez, au-dessus de la belle porte ancienne du n° 28, une plaque en mémoire de la **Belle Cordière** *(voir l'encadré ci-dessous)*.

LA BELLE CORDIÈRE

Une Lyonnaise, **Louise Labé (1524-1566)**, incarne l'esprit de l'époque, tant par sa grâce et sa beauté, que par sa veine poétique. À 20 ans, Louise sait le grec, le latin, l'espagnol, l'italien et la musique. Le goût des aventures la fait partir, « envieuse de bruit », pour le siège de Perpignan, abandonnant les « habits mols des femmes ». Revenue à Lyon, mariée au bonhomme cordier Ennemond Perrin, la « Belle Cordière » ouvre son salon aux poètes, aux artistes et aux érudits, comme le fera Mme de Sévigné un siècle plus tard.

★ Hôtel-Dieu F3

Ne manquez pas sa **porte★** (18e s.) très ornée ; passez-la pour admirer les jolies **cours** intérieures bordées d'arcades traboulant avec le quai Jules-Courmont. La chapelle, du 17e s., est de style Louis XIII. Si les bâtiments remontent au mieux au 17e s., l'Hôtel-Dieu est présent ici depuis le 12e s. (Rabelais y fut médecin de 1532 à 1534). Son fonctionnement exemplaire pour le secours des malades et des pauvres valut en son temps à Lyon le titre de « ville de la charité ».

Musée des Hospices civils F3 – *Mo Bellecour - 1 pl. de l'Hôpital - ✆ 04 72 41 30 42 - ♿ - lun.-vend. 13h-18h - fermé j. fériés - 4 € (-6 ans gratuit).*

Installé dans la partie 17e s. de l'Hôtel-Dieu, il présente une importante collection de faïences de pharmacies anciennes, une collection d'outils chirurgicaux et dentaires, beaucoup de meubles dont de très belles commodes, des étains, des objets d'art, notamment un buste par Coustou et une Vierge par Coysevox, originaire de Lyon. Chaque lit pouvait accueillir quatre à cinq malades. Trois salles ont reçu des boiseries provenant de l'hôpital de la Charité, aujourd'hui disparu ; les plus remarquables sont celles de l'**Apothicairerie★**, d'époque Louis XIII, ornées de motifs sculptés (l'*Arracheur de dents*), et de la salle des Archives (18e s.).

Prenez à droite la rue Marcel-Gabriel-Rivière jusqu'à la rue de la République. Empruntez sur la gauche le passage de l'Argue. C'est en 1825 que ce passage, qui hérite son nom d'une ancienne activité de tréfilage *(voir Trévoux p. 199)*, a reçu sa lumineuse verrière sur arcature métallique. C'est aujourd'hui une galerie marchande.

Ressortez rue Édouard-Herriot à droite jusqu'à la rue Thomassin que vous prenez à droite. Empruntez enfin la rue de la République à gauche, jusqu'aux Cordeliers.

DE BELLECOUR À CARNOT 3

▶ *Circuit 3 tracé en vert sur le plan III p. 127. Comptez 45mn (sans les musées).*

Place Bellecour F3

Les quartiers situés au sud de la place Bellecour épousent les contours de l'ancienne **île des Canabae**, qui tient son nom des entrepôts installés là par les Romains. En ce temps-là, le quartier comptait de riches villas, dont les mosaïques ont été transférées au Musée gallo-romain de Fourvière.

Prenez la rue Victor-Hugo. Les hautes façades bordent une artère piétonne très commerçante, qui relie Bellecour à la place Carnot. La rue a été percée entre la fin du 18e s. et le second Empire, en gagnant sur les possessions de multiples communautés religieuses. Elle marqua longtemps une nette frontière entre les **congrégations et écoles privées à l'ouest** et les **rues actives à l'est**. Remarquez au no 14 les grilles ouvragées.

En raison du nombre de ses issues, l'immeuble de style Art déco au coin de la rue Sala fut choisi en 1941 pour abriter la fondation du Mouvement lyonnais de Résistance. S'y tinrent plus tard des réunions auxquelles participa **Jean Moulin**, et le quartier général de l'armée secrète de la Résistance.

Tournez à droite rue Sala, puis à gauche rue St-François-de-Sales. Les communautés religieuses sont à l'origine de l'urbanisation du quartier. Vous en trouverez la trace dans l'omniprésence de bâtiments religieux, même s'ils ont souvent été reconstruits plus tardivement. À l'angle de la rue Ste-Hélène, remarquez la vaste façade néo-gothique de la **chapelle des Jésuites** (19e s.), construite à l'origine pour une communauté de clarisses.

Prenez à droite la rue Ste-Hélène et à gauche l'impasse Catelin. À gauche, le bâtiment (19e s.) du Centre Adélaïde-Perrin, portant une statue de la Vierge, a été élevé pour accueillir des jeunes femmes handicapées, tandis que l'ancienne école paroissiale (statue de St-Joseph) est désormais animée par l'Institut supérieur d'agriculture de Rhône-Alpes.

Gagnez par la rue de l'Abbaye-d'Ainay la place d'Ainay. Avant de vous tourner vers la basilique, remarquez à droite dans l'enfilade du porche, la **voûte d'Ainay** (18e s.), construite à l'emplacement de l'ancienne porte d'enceinte de l'abbaye et, au nº 20, la jolie **façade★** néo-romane de l'ancien presbytère, qui s'harmonise avec le style de l'église.

Basilique Saint-Martin-d'Ainay F3

Une première basilique fut construite au 4e s. dans le quartier, peut-être à cet endroit même, suivie par une abbaye carolingienne. La basilique, consacrée par le pape Pascal II en 1107, a subi d'importants remaniements. Le clocher-porche se termine par une pyramide encadrée de curieux acrotères d'angle qui lui donnent sa silhouette caractéristique. Remarquez la frise d'animaux courant sous la corniche entre le 2e et le 3e étage, et sa **décoration à incrustations de briques**.

À l'intérieur, la nef est séparée des collatéraux par de grosses colonnes d'origine romaine ; les arcades sont en plein cintre. Les **chapiteaux★** romans historiés représentent à droite du chœur, Adam et Ève avec le serpent, l'Annonciation, le Christ en majesté ; à gauche, Caïn tuant Abel, l'offrande de Caïn et d'Abel, saint Michel terrassant le dragon, Jean-Baptiste montrant le Christ.

Sur le croisillon sud s'ouvre la chapelle Ste-Blandine, primitivement indépendante de l'édifice principal et qui passe pour avoir abrité dans sa courte crypte les restes des martyrs de 177.

Longez l'église pour profiter, à l'angle des rues Bourgelat et Adélaïde-Perrin, de la vue d'ensemble de l'église, dominée par le clocher de façade et la tour carrée du transept.

Traversez la place Ampère. La statue qui trône en son centre est dédiée au physicien, théoricien de l'électromagnétisme, né à Lyon.

Empruntez la rue des Remparts, puis à gauche la rue de la Charité. Les hôtels de Villeroy et Lacroix-Laval, du 18e s., abritent respectivement les **musées des Tissus** et **des Arts décoratifs**. L'architecture de l'hôtel Lacroix-Laval et de ses écuries est attribuée à Soufflot.

★★★ Musée des Tissus F3

34 r. de la Charité - ✆ 04 78 38 42 00 - www.musee-des-tissus.com - tlj sf lun. et j. fériés 10h-17h30 - fermé dim. de Pâques et dim. de Pentecôte - 7 € billet combiné avec le musée des Arts décoratifs.

Fondé par la chambre de commerce de Lyon, il y a plus d'un siècle, et aménagé dans l'hôtel de Villeroy (1730), ce musée, qui abrite aussi le Centre international d'études des textiles anciens, constitue un véritable « conservatoire » du tissu d'art et fait la fierté des Lyonnais. Les prestigieuses collections sont organisées autour de deux grands pôles : l'Occident et l'Orient.

La première salle initie le visiteur aux différentes techniques utilisées dans le travail de la soie : le satin, le sergé, le taffetas, le velours... Les **tissus français** sont présentés à travers un ensemble de magnifiques étoffes exécutées surtout à Lyon depuis le début du 17e s., époque où la « Fabrique » lyonnaise se distinguait par son savoir-faire. Le 18e s. apporte beaucoup d'innovations, notamment grâce à **Philippe de Lassalle** et à **Jean Pillement** : les portraits brodés et les « chinoiseries » remportent un grand succès. On appréciera aussi le **Meuble Gaudin★**, célèbre tenture pour la chambre à coucher de Joséphine à Fontainebleau. Le début du 19e s. est marqué par le retour à l'antique : panneau à « Motif pompéien » d'après les danseuses d'Herculanum.

Robe du musée des Tissus.
P. Verrier / Musée des Tissus - Musée des Arts décoratifs

Dans la salle décorée d'un panoramique en papier peint avec des grisailles de Psyché, de petits **portraits★** en velours illustrent le haut degré de finesse obtenu par le procédé Grégoire (peinture sur fil de soie), au cours d'un siècle qui voit se développer les tissus imprimés à grande échelle et l'engouement pour les « châles des Indes ».
Le musée possède également un important ensemble de vêtements et d'**ornements liturgiques★** regroupant la production européenne du 12e au 18e s. D'Italie, viennent des tissus palermitains et vénitiens, et de somptueux velours génois et florentins de l'époque Renaissance à décor stylisé de chardons et de grenades. D'Europe du Nord-Ouest, outre de précieux témoignages de l'art de la broderie, le musée possède des pièces caractéristiques de l'art franco-flamand du 15e s., tandis que l'Espagne est représentée par des tissus hispano-mauresques au décor fortement influencé par l'art arabe et d'admirables velours de soie du 16e s. Parmi les **costumes civils**, l'exceptionnel **pourpoint★** (32 pièces) de Charles de Blois, du 14e s., constitue l'une des plus belles pièces.
La section réservée à l'**Extrême-Orient** offre des pièces raffinées du 16e au 19e s. : panneaux brodés et peints, kimonos du Japon, robes impériales en K'o-sseu (tapisserie au petit point) de Chine.
De l'**Orient**, le musée possède de nombreux éléments caractéristiques de civilisations anciennes : tapisseries coptes en laine ou en lin provenant des fouilles d'Antinoé, tissus sassanides à décor de scènes de chasse ou d'animaux affrontés, délicates broderies de l'Égypte des Fatimides, étoffes byzantines. De magnifiques **tapis★**, provenant de Perse, Turquie, Espagne, du 15e au 18e s., complètent cet ensemble remarquable.

★★ Musée des Arts décoratifs F3

34 r. de la Charité - ✆ 04 78 38 42 00 - www.musee-des-tissus.com - tlj sf lun. et j. fériés 10h-12h, 14h-17h30 - fermé dim. de Pâques et dim. de Pentecôte - 7 € billet combiné avec le musée des Tissus.

Il peut être difficile d'enchaîner cette visite avec celle, passionnante, du musée des Tissus, mais les très riches collections méritent vraiment que l'on s'y attarde. Aménagé dans le cadre d'un hôtel construit en 1739, le musée est principalement consacré au décor de la vie au 18e s.; sur trois étages, en parcourant les belles salles ornées de parquets et de boiseries, on peut admirer un important ensemble de meubles estampillés par de grands ébénistes (Hache, Oeben, Riesener), des objets d'art, des instruments de musique (magnifique **clavecin** de 1716), des tapisseries (Gobelins, Beauvais, Flandres, Aubusson), des porcelaines (St-Cloud, Sèvres, Meissen) et des faïences (Lyon, Moustiers, Marseille). Il est impossible de manquer, au deuxième étage, l'exceptionnel **décor de la salle à manger**; les lambris dorés et sculptés (18e s.) rapportés d'un hôtel particulier de Lyon.

Parmi les salles consacrées à l'art du Moyen Âge et de la Renaissance, on s'attachera particulièrement à la galerie contenant plus de 200 **majoliques italiennes★** du 15e et 16e s.

Enfin, une section est consacrée à l'**orfèvrerie contemporaine**. Une centaine d'œuvres signées par les plus grandes maisons (Maeght, Alessi) d'après de célèbres designers y sont exposées.

Reprenez la rue de la Charité, puis la rue Ste-Hélène à gauche. Les nos 29 et 31 traboulent joliment (cour des Fainéants décorée de stucs) vers la rue Sala, que vous prenez à gauche. Les boutiques d'antiquaires et galeries d'art de la rue Auguste-Comte, à droite, vous mènent jusqu'à la place Bellecour.

À voir aussi

Maison de la Confluence Hors plan

102 cours Charlemagne (vers la pointe sud de la Presqu'île, au-delà de la gare de Perrache) - ✆ 04 78 38 74 00 - merc.-vend. 14h-18h30.

Au cœur du nouveau quartier de la Confluence, ce lieu d'information et d'expositions (photos, vidéos et maquettes) donne une idée du vaste projet urbain en cours au sud de la Presqu'île, au-delà de la gare de Perrache. Il s'agit d'une des plus vastes opérations d'aménagement dans un centre-ville en Europe : 150 ha, 20 000 habitants et 22 000 emplois sur place à terme. Le paysage de cet espace longtemps resté vierge, conquis sur les eaux à partir de la fin du 18e s., est en perpétuel changement. Immeubles d'habitations, sièges d'entreprises (*Le Progrès*, Eiffage, Hôtel de Région), pôle de loisirs et de commerces – le chef étoilé Nicolas Le Bec y ouvre un nouveau restaurant – sont achevés ou en cours de construction. Les **Docks du quai Rambaud** accueillent déjà des galeries d'art et la Biennale d'art contemporain. Une promenade sur les bords de Saône et des jardins aquatiques verront bientôt le jour. Depuis la terrasse du centre d'information, admirez le point de vue sur la place Nautique dont la longue darse reliée à la Saône est désormais en eau. L'équipe d'architectes Herzog & De Meuron et le paysagiste Michel Desvigne ont été retenus pour la seconde phase d'aménagement, côté Rhône, sur les terrains libérés par le transfert du marché de gros et des prisons à l'extérieur de la ville.

À la pointe du confluent, le chantier du futur **musée des Confluences** est actuellement à l'arrêt. Pluridisciplinaire, héritier des riches collections du Muséum qui touchent aux sciences de la vie, de la terre et de l'homme, ce musée abordera des domaines aussi variés que la naissance de l'Univers ou les progrès en biotechnologie. Le futur bâtiment, dessiné par le cabinet d'architectes autrichien CoopHimmelb(l)au, aura l'allure d'un nuage de cristal entre Rhône et Saône. Un **espace d'information** temporaire installé sur le site présente le projet muséographique et architectural *(✆ 04 78 37 30 00 - merc.-sam. 13h-18h, dim. 10h-12h, 14h-18h).*

NOS ADRESSES SUR LA PRESQU'ÎLE

Pour les hébergements et les sorties, voir p. 88.

RESTAURATION

PREMIER PRIX

Lolo Quoi – *42 r. Mercière - 69002 Lyon - ✆ 04 72 77 60 90 - fermé 24, 25, 31 déc. et 1er janv. - 12,50/19,50 €.* Dans cette rue piétonne où se succèdent bouchons et restaurants de chaîne, voici une adresse branchée incontournable. Décor minimaliste et éclairage soigné pour une cuisine italienne moderne et des pâtes aux saveurs recherchées : les Lyonnais adorent !

Le Café 203 – *9 r. du Garet - 69001 Lyon - ✆ 04 78 28 66 65 - www.cafe203.com - fermé 25 déc. et 1er janv. - 8,80/16 €.* Certains le fréquentent pour sa cuisine de marché à découvrir sur l'ardoise du jour et servie dans un cadre bistrot. D'autres viennent pour des nourritures spirituelles : exposition de tableaux, citations de jeunes auteurs et écoute de bandes sonores. Il y a toujours une bonne raison de traîner ses guêtres au 203.

BUDGET MOYEN

Brasserie Georges – *30 cours Verdun - M° Perrache - ✆ 04 72 56 54 54 - www.brasseriegeorges.com - 20/25 €.* « Bonne bière et bonne chère depuis 1836 », cadre Art déco jalousement entretenu et ambiance *ad hoc* : cette brasserie classée est un incontournable de la ville.

Le Jura – *25 r. Tupin - M° Cordeliers - ✆ 04 78 42 20 57 - http://lejura.cartesurtables.com - fermé août, lun. sept.-avr., sam. mai-sept. et dim. - formule déj. 18 € - 25 €.* Cet authentique bouchon existe depuis 1864. Le décor, qui n'a pas changé depuis les années 1930, ne manque pas de cachet, et les traditionnelles « lyonnaiseries » sont goûteuses.

Brunet – *23 r. Claudia - 69002 Lyon - ✆ 04 78 37 44 31 - fermé dim., lun. et mar. midi - ♿ - formule déj. 15 € - 23/29 €.* Un vrai bouchon lyonnais avec sa façade en bois, ses tables au coude à coude, ses goûteux petits plats arrosés d'une gouleyante sélection de vins servis au pichet et ses serveurs en tablier noir. Belle vaisselle à l'effigie de Guignol et agréable terrasse (hiver et été).

Café des Fédérations – *8 r. Major-Martin - 69001 Lyon - M° Hôtel-de-Ville - ✆ 04 78 28 26 00 - www.lesfedeslyon.com - fermé 24 déc.-4 janv. et dim. - 20/25 €.* Cadre immuable (tables accolées, nappes à carreaux, saucissons suspendus) et ambiance bon enfant dans ce vrai bouchon, incontestable conservatoire de la cuisine lyonnaise.

Le Mercière – *56 r. Mercière - 69002 Lyon - ✆ 04 78 37 67 35 - www.le-merciere.com - formule déj. 17 € - 28,90/45 €.* Vieille maison pittoresque à débusquer dans une « traboule » (passage) s'ouvrant sur l'une des rues de bouche les plus animées de la ville. Cuisine traditionnelle cent pour cent régionale servie dans l'atmosphère typique des bouchons lyonnais.

Caro de Lyon – *24 r. du Bât-d'Argent - 69001 Lyon - ✆ 04 78 39 58 58 - lecarodelyon_reception@libertysurf.fr - fermé dim. - 27 €.* Derrière l'Opéra, restaurant conçu comme une bibliothèque. Ambiance intime soignée où se mêlent bois blond, lustres de Murano, objets anciens et chaises de couleurs. Sa cuisine inspirée des saveurs du Sud et asiatiques a conquis le Tout-Lyon, chic et décontracté.

L'Étage – *4 pl. des Terreaux - 69001 Lyon - M° Hôtel-de-Ville - ☎ 04 78 28 19 59 - fermé 19 juil.-21 août, dim. et lun. - ⊭ - 34/56 €.* Les Lyonnais ne se lassent pas de monter l'humble escalier conduisant à cet ancien atelier de canuts perché au 2e étage d'un immeuble. Cadre charmant et séduisante carte créative.

ACHATS

Giraudet Boutiques – *2 r. du Col.-Chambonnet - 69002 Lyon - ☎ 04 72 77 98 58 - www.giraudet.fr - tlj sf dim. 9h-19h ; juil.-août : mar.-sam. 10h-14h, 16h-19h.* Fondée en 1910 à Bourg-en-Bresse, la maison Giraudet perpétue depuis quatre générations la tradition des authentiques quenelles bressanes. Cette jolie boutique lyonnaise propose également des sauces d'accompagnement et des soupes de saison fraîches, à emporter ou à découvrir dans son espace restauration *(formules 9,80/13 €)*. Cours de cuisine et dégustations.

Pignol – *8 pl. Bellecour - 69002 Lyon - ☎ 04 78 37 39 61 - www.pignol.fr - 8h-19h30 - fermé dim. et lun. en août.* Après des débuts artisanaux (en 1954) rapidement couronnés de succès, ce traiteur a multiplié les conquêtes et possède aujourd'hui trois restaurants, sept boutiques et deux unités de production. La maison se voit régulièrement confier la restauration d'évènements nationaux ou internationaux organisés sur Lyon.

Reynon – *13 r. des Archers - 69002 Lyon - ☎ 04 78 37 39 08 - www.reynonlyon.com - mar.-sam. 8h30-13h30, 15h-19h - fermé dim., lun. (sf lun. fin déc.), 1 Mai, 14 Juil. 11 Nov. et 27 juil.-18 août.* Maison tenue par la même famille depuis sa création en 1937. Saucissons, rosettes, jésus, cervelas et plats cuisinés sont préparés avec beaucoup d'attention. Amateurs d'anecdotes et de recettes, lisez *Le fils du charcutier* écrit par Claudius Reynon.

Bonnard – *36 r. Grenette - 69002 Lyon - ☎ 04 78 42 19 63 - www.charcuteriebonnard.fr - 8h30-13h30, 15h-19h30 - fermé 15 j. fin août, dim. et lun.* Cette charcuterie créée en 1850 est une belle adresse pour qui veut faire provision de spécialités lyonnaises comme le fameux cervelas truffé (5 %) ou les quenelles de brochet. Le cadre Art déco et la verrière surmontée d'une magnifique tête de lion en cuivre valent le coup d'œil.

Voisin – *28 r. de la République - 69002 Lyon - ☎ 04 78 42 46 24 - www.chocolat-voisin.com - mar.-sam. 9h-19h30, lun. 10h-19h - fermé dim.* Cette maison fabrique une cinquantaine de chocolats, pâtes de fruits et autres savoureuses spécialités lyonnaises comme les Coussins ou les Quenelles de Lyon. Elle approvisionne aussi ses 18 boutiques de l'agglomération lyonnaise en cafés fraîchement torréfiés et en thés grands crus. Un « must ».

Tousoie – *19 r. Auguste-Comte - 69002 Lyon - ☎ 04 78 92 94 63 - www.tousoie.com - 10h-13h, 14h-19h - fermé lun.-dim.* Ce magasin, spécialiste de la mousseline depuis plus de 100 ans, propose de surcroît un vaste choix de tissus prestigieux. Sa collaboration avec de grands couturiers et la qualité de ses produits lui confèrent une solide réputation.

La Croix-Rousse

NOS ADRESSES PAGES 88 ET 145

SE REPÉRER

Métros Croix-Paquet, Croix-Rousse, Hénon et Cuire – Plan I p. 154-155 – Plan IV p. 138-139.

La colline de la Croix-Rousse domine la Presqu'île au nord. On distingue deux grands quartiers : les pentes et le plateau.

SE GARER

Garez-vous de préférence dans un des parkings de la Presqu'île. Évitez en tout cas de stationner dans les pentes où les voitures sont régulièrement vandalisées.

À NE PAS MANQUER

Le mur des Canuts et la fresque des Lyonnais ; la vue plongeante sur le Rhône de la rue Justin-Godart ; la cour des Voraces ; les ateliers de soieries ; les jardins et la vue de la Grande-Côte.

ORGANISER SON TEMPS

Prévoyez de visiter les pentes avant la tombée de la nuit, et de préférence le matin par temps chaud. Pour le plateau, préférez les matinées du samedi ou du dimanche afin de partager la pause hebdomadaire qui suit le marché…

Il flotte à la Croix-Rousse une atmosphère villageoise, en particulier les jours de marché, lorsque les Croix-Roussiens s'attablent en terrasse, leur panier de courses aux pieds, pour prendre l'apéritif. Les plus irréductibles d'entre eux, enracinés sur « le plateau » (intégré à la ville de Lyon qu'en 1852), contemplent de loin l'agitation d'en bas et peuvent, dit-on, passer des mois sans « descendre en ville ».

Se promener

LES PENTES

Circuit 1 tracé en vert sur le plan p. 138-139.
Partez de la place des Terreaux (F2), au pied de la Croix-Rousse. Prenez les rues Romarin et Ste-Catherine jusqu'à la rue St-Polycarpe que vous remontez en direction de l'église.

« Condition publique des Soies » F1

Elle s'ouvre au n° **7** par un porche dont l'arcade supérieure est décorée d'une majestueuse tête de lion et de feuilles de mûrier. Dans cet établissement, on contrôlait, au 19e s., le degré hygrométrique des étoffes de soie. En effet, ce tissu pouvant absorber jusqu'à 15 % de son poids en eau, il s'avérait nécessaire d'en garantir le poids loyal et marchand.
Remontez la rue de l'Abbé-Rozier.
Dans l'axe se dresse l'**église St-Polycarpe** (F1), des 17e et 18e s.
Tournez à gauche dans la rue René-Leynaud.

Au n° **19** (face au n° 14), s'ouvre, encadré par deux colonnes, le **passage Thiaffait** (Village des Créateurs) qui aboutit par un escalier à double volée à la rue Burdeau. En face du n° 36 s'élève la montée du Perron conduisant à la **place Chardonnet** (F1), dominée par le monument élevé à la mémoire du comte Louis-Marie Hilaire de Chardonnet (1839-1924), inventeur de la soie artificielle.

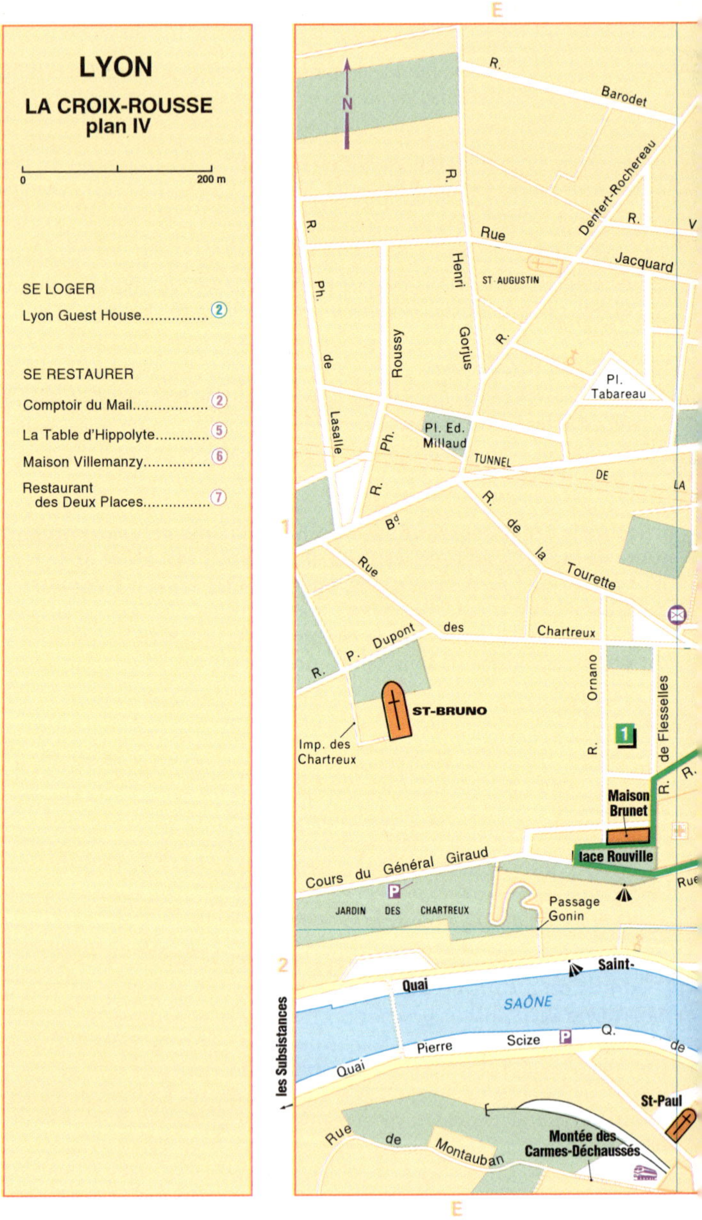

Gagnez la rue des Tables-Claudiennes que vous prenez sur la droite (escalier).

Rue des Tables-Claudiennes F1

Elle doit son nom aux inscriptions sur bronze découvertes par le drapier Gribaud dans sa vigne, à l'emplacement de l'amphithéâtre. Le n° **55** traboule vers le 20 rue Imbert-Colomès (escalier).

Prenez en face le n° 29 qui traboule vers la cour des Voraces (escalier et chemin à droite, tournez à gauche au niveau d'une lanterne, puis montez deux volées d'escalier).

Cour des Voraces F1

Cette cour intérieure, impressionnante par la taille de son escalier, était, au siècle dernier, le lieu de réunion d'une confrérie de canuts. Cette confrérie, dite des Voraces ou des Dévorants, aurait joué un rôle important dans la révolte de 1848. Vous débouchez sur la jolie place Colbert et son square.

Prenez à gauche la rue du Général-de-Sève (escalier), puis la rue Jean-Baptiste-Say qui débouche sur une grande esplanade.

★ Grande-Côte F1

La montée de la Grande-Côte porte bien son nom, mais vous la prenez… en descente. Pour compenser la destruction des maisons anciennes dans sa partie haute, elle a bénéficié d'un superbe réaménagement. L'agréable **jardin★** de la Grande-Côte, planté fin 2000, est orienté de manière à garder les belles **perspectives** sur les quartiers St-Paul, St-Jean et Fourvière. Il étage, au pied de rubans de pelouse, des essences variées d'arbres et d'arbustes à parfum, une collection de cerisiers du Japon, mais aussi les incontournables mûriers à fruits rouges ou blancs en mémoire des canuts. Amateurs de botanique, remarquez tout de suite à gauche les inhabituels mûriers à papier *(Broussonetia papyrifera)* à fruits orange, poisseux, dont l'aubier était utilisé pour fabriquer du papier en Chine, ou les fibres textiles des *tapa* en Polynésie.

La montée, longtemps très populaire, a pris des airs bourgeois, que confirme la rue pavée qui s'ensuit. Repérez après le jardin quelques fenêtres à meneaux, vestiges de bâtisses Renaissance.

Descendez jusqu'à la rue des Tables-Claudiennes que vous prenez sur la droite.

Amphithéâtre des Trois-Gaules F1

Selon la dédicace découverte au fond d'un puits en 1958, ce lieu vénérable fut construit en 12 av. J.-C. par Rufus afin de réunir les délégués des soixante tribus gauloises. Agrandi sous l'empereur Hadrien, il connut une triste notoriété sous Marc Aurèle en devenant le lieu de supplice des nouveaux adeptes du christianisme, au nombre desquels figure **sainte Blandine** qui y périt égorgée, après avoir été épargnée par les lions, en 177 (un poteau dans l'arène signale le lieu du martyre). C'est là que trônaient, à l'origine, les Tables claudiennes *(voir le Musée gallo-romain, à Fourvière p. 110)*. De l'ensemble, composé d'une arène entourée d'un caniveau et d'un podium qui supportait les gradins, n'a été dégagée que la partie nord.

Jardin des Plantes F1

Il n'en reste pratiquement que le nom, et quelques grands arbres sur la place : l'orangerie, de la fin du 18e s., a été remontée à la Tête d'Or en 1856. Pourtant, la présence d'un jardin au cœur du quartier de la soie était significative : les fleurs servaient de modèles aux dessins des soyeux. Le besoin constant d'innovation a longtemps motivé les collections de plantes. Lyon en a gardé un savoir-faire de reproduction et d'hybridation, particulièrement dans le domaine des roses *(voir p. 148)*.

Prenez, dans la montée des Carmélites, la rue Pierre-Blanc à gauche, puis la rue de Flesselles.

Place Rouville E1

Elle offre un joli **coup d'œil★** sur Lyon : en face, la dernière boucle de la Saône est dominée par la colline de Fourvière, au pied de laquelle se dresse le clocher

Bobines de fils de soie sur un métier à tisser.
Maison des Canuts

La soie

Découverte en Chine, la soie (bave du « bombyx de mûrier ») s'implante en France par la volonté du roi Louis XI, en 1466. Elle ne se développe réellement qu'à partir du 16e s. avec le choix de Lyon comme entrepôt de la soie et la plantation massive de mûriers. Cette expansion continue sous le règne de Louis XIV, favorisée par d'illustres novateurs comme Philippe de Lassalle. Malheureusement elle est brutalement stoppée par la Révolution. Dopée par une forte relance sous l'Empire, la soierie lyonnaise va atteindre son apogée vers 1850, avant que la pébrine, maladie héréditaire du ver à soie, ne décime les élevages français. La concurrence extérieure, la découverte de fibres artificielles et l'industrialisation massive ont depuis profondément modifié cette industrie ; mais la soierie lyonnaise est restée une référence au service de la mode et du luxe français.

LE TRAVAIL DE LA SOIE

La soie est obtenue par l'« éducation » du bombyx (sériciculture) dans des magnaneries. Après l'étape de la filature, la soie grège n'est pas assez résistante pour être tissée : il faut donc une opération préparatoire, le moulinage, qui assemble et tord les fils. Les bobines sont alors disposées sur un cadre, le cantre, puis déroulées en faisceau sur un ourdissoir ; les chaînes ainsi réalisées sont tendues sur le métier (fils parallèles) et sont croisées perpendiculairement par des fils de trame placés dans les canettes. Pour laisser passer la trame, les fils de chaîne sont soulevés par des cordelettes, les lisses, qui sont actionnées par différentes mécaniques dont la plus célèbre est celle de Jacquard (cartons perforés). Il existe plusieurs types de croisement possibles que l'on appelle armures : les principales sont le taffetas, le sergé et le satin.

LA COLLINE QUI TRAVAILLE

Tirant son nom d'une croix de pierre colorée qui se dressait, avant la Révolution, à l'un de ses carrefours, le quartier de la Croix-Rousse ne fut pas toujours opposé à Fourvière, « la colline qui prie ». Ce n'est en effet qu'après la Révolution, et les expulsions de communautés religieuses qui l'accompagnent, que les canuts, ouvriers de la soie, gagnent ses coteaux moins onéreux (les canuts tiennent leur nom de leur outil de travail, la canette, qu'ils glissent entre les fils de trame du métier à tisser).

L'invention de nouvelles techniques par **Joseph-Marie Jacquard** (1752-1834) accélère l'abandon du quartier St-Jean et l'installation des canuts dans de grands immeubles sévères aux larges fenêtres laissant passer la lumière. Au 19e s., les rues retentissent du « **bistanclaque** », bruit des métiers à bras actionnés par quelque 30 000 canuts. La fabrique de la soie s'est déplacée vers la Croix-Rousse, qui a gagné son surnom de « colline qui travaille ». Les traboules *(voir Le Vieux-Lyon p. 96)* de la Croix-Rousse, épousant la topographie du terrain, comportent de nombreuses marches. Elles permettent de transporter les pièces de soie à l'abri des intempéries. En 1831, puis en 1834, elles furent le théâtre des sanglantes insurrections de canuts arborant le drapeau noir, symbole de misère, où était inscrite la devise fameuse : *« Vivre en travaillant ou mourir en combattant. »*

de St-Paul ; à gauche, de l'horizon de toits rouges de la Presqu'île émergent le beffroi de l'hôtel de ville, le quartier de La Part-Dieu dominé par la tour du Crédit Lyonnais et, plus à droite, les flèches de St-Nizier.

Au nord de la place, les nos **5** et **6** abritent la **maison Brunet** (E1) aux 365 fenêtres, caractéristique de l'habitat canut.

Prenez à gauche la rue de l'Annonciade et descendez sur la droite dans la ruelle F.-Rey.

Vous traversez en biais la charmante placette Fernand-Rey, bordée de quelques agréables bouchons avec terrasse.

Place Sathonay F1

Ombragée de marronniers, elle est dominée au nord par l'escalier monumental de la montée de l'Amphithéâtre, encadré par deux lions crachant un filet d'eau.

Prenez la rue du Sergent-Blandan à droite.

Profitez de la **vue★** colorée sur les quais du Vieux-Lyon puis, dans la rue de la Martinière, arrêtez-vous devant la **fresque des Lyonnais★** et la **Martinière des jeunes filles★** *(voir p. 125)*.

Tournez dans la rue Terme sur la gauche, puis prenez la rue des Capucins. Sur la place des Capucins, un escalier et la rue Ste-Marie ramènent à la place des Terreaux.

★ LE PLATEAU

★ Ateliers de soierie vivante F1

21 r. Richan - ✆ 04 78 27 17 13 - www.soierie-vivante.asso.fr - permanence et boutique : mar. 14h-18h30, merc.-sam. 9h-12h, 14h-18h30 - fermé j. fériés - visite guidée de l'atelier municipal de passementerie : mar.-sam. à 14h et 16h ou sur RV - visite guidée de l'atelier de tissage sept.-juin : jeu.-sam. à 15h et 17h ou sur RV - 1 atelier : 5 € ; 2 ateliers : 8 € ; -6 ans gratuit.

Cette association, créée en 1993 pour sauvegarder et mettre en valeur le patrimoine des métiers de la soierie à la Croix-Rousse, propose, à partir de l'**Atelier municipal de passementerie** *(21 r. Richan)*, deux visites d'ateliers familiaux authentiques.

La passementerie est expliquée dans l'**atelier municipal de passementerie** où l'on peut voir fonctionner de vénérables métiers en noyer, tandis qu'à l'angle des rues Godart et Lebrun revit un **atelier de tissage**. Créé au 19e s., il conserve intact ce cadre typique des ateliers familiaux de la Croix-Rousse ; lieu de production mais aussi lieu de vie comme le rappellent la cuisine et la sous-pente. Démonstrations de tissage sur un métier à bras (19e s.) et sur les métiers électriques (1950) qui ont fonctionné jusqu'en 1990.

Circuit 2 tracé en vert sur le plan p. 138-139. Partez du métro Croix-Rousse sur la place de la Croix-Rousse.

Sur la place de la Croix-Rousse se dresse la **statue de Joseph-Marie Jacquard**.

Prenez sur la droite le boulevard de la Croix-Rousse jusqu'à la place des Tapis.

Place des Tapis F1

La place, ombragée par un double alignement de platanes, combine cinémas, terrasses de cafés et marché quotidien. L'ensemble est très fréquenté par les Croix-Roussiens.

Par la rue Jacquard et la rue Villeneuve, rejoignez le boulevard des Canuts.

★ Quartier des Canuts F1

À l'intersection du boulevard des Canuts et de la rue Denfert-Rochereau se dresse le **Mur des Canuts★** (F1) peint en trompe-l'œil (superficie : 1 200 m²), réalisé en décembre 1987 et réactualisé en 1997. Il évoque de façon pittoresque la vie dans un quartier de la Croix-Rousse. Remarquez, au rez-de-chaussée, Guignol, son épouse Madelon et le bailli.

Prenez la rue Pelletier, puis la rue de Cuire et la petite rue piétonne Victor-Fort.

Un petit marché s'abrite chaque matin sous les arbres de la place de la Croix-Rousse.

Enfilez l'étroite rue du Mail, commerçante, puis la rue d'Ivry sur la droite. La régularité des façades, égayées par l'alternance de divers tons d'ocre et de rose, est typique du quartier des canuts.

Maison des Canuts F1

10 r. d'Ivry - ☎ 04 78 28 62 04 - ♿ - tlj sf lun., dim. et j. fériés tte la journée - possibilité de visite guidée à 11h et 15h30 - 6 € (enf. 3 €) - dans la boutique, coupons de soie, foulards et beau choix de cartes postales sur Lyon.

Aux nos **10** et **12**, les artisans de la coopérative ouvrière de tissage à domicile (Cooptiss) font revivre les traditions des canuts lyonnais et apprécier les tissus de haute qualité. Au cours de la visite guidée, on peut voir fonctionner un métier à la grande tire et un métier de velours. Une exposition de tissus anciens (lampas, damas, brochés, velours aux fers et aux sabres), des tableaux et portraits tissés sur soie instruisent sur l'histoire de la soierie lyonnaise.

Continuez la rue d'Ivry et tournez à droite dans la rue de Belfort, jusqu'à la rue Justin-Godart.

Descendez-la doucement, pour profiter de la lente apparition de la Rive gauche en face, couronnée par la cime des arbres de la Tête d'Or. La rue, en pente, étroite et calme, abrite l'**atelier de tissage** qui fait partie des **Ateliers de soierie vivante** *(voir ci-dessus)*.

Continuez jusqu'à ce que la rue se transforme en escalier, que vous descendez un peu, parmi les fleurs des sophoras en été, pour profiter de la superbe **vue★** sur le Rhône, les quais de la Presqu'île à droite, la Rive gauche et le parc de la Tête d'Or à gauche.

Revenez sur vos pas pour prendre à gauche la rue Célu.

Esplanade du Gros-Caillou F1

Elle est formée d'un long rectangle de pelouse, puis d'une succession de jardins en terrasses descendant jusqu'à la place Bellevue. Le Gros-Caillou, gros bloc de quartzite poussé par le front d'un glacier du quaternaire, trône face à ce vaste panorama sur l'est de l'agglomération, le Bugey et le massif du Mont-Blanc, bien visible par beau temps.

Suivez les escaliers qui mènent jusqu'à la rue Philibert-Delorme pour rejoindre les quais.

Vous débouchez à droite du large cours d'Herbouville. Au n° 1 vécut Édouard Herriot. Un souterrain piétonnier peint – et barbouillé – permet de gagner la rue Royale, qui traboule joliment avec le **quai Lassagne** aux n°s 13, 15, 17, 19 et 21. Profitez-en, les immeubles du quai Lassagne sont dus à Soufflot.

Rejoignez la place Louis-Pradel par la place Tolozan.

Remarquez le bel immeuble (18e s.) au n° 19. Vous arrivez face à la statue, qui semble en équilibre instable, de *L'Homme de la Liberté*, du sculpteur César, puis place des Terreaux.

À voir aussi Plan IV

★ Église Saint-Bruno E1

7 imp. des Chartreux - ✆ 04 78 27 29 26 - www.baroque-stbruno.com - tlj sf dim. et j. fériés 15h-17h - gratuit.

Vestige de la Chartreuse de Lyon, cet édifice construit dès la fin du 16e s. ne se verra doté de sa **façade néo-baroque** actuelle qu'en 1870 grâce aux travaux dirigés par Sainte-Marie Perrin (1835-1917). Le **dôme** est percé de huit grandes fenêtres ovales et sa couverture à pans bombés supporte le globe et la croix en plomb, symboles des chartreux. À l'intérieur, la nef correspond à la campagne de travaux menée par l'architecte Delamonce (1678-1753) au 18e s. Elle comprend quatre travées et une voûte en anse de panier reposant sur les piliers de séparation des huit chapelles latérales. À la croisée du transept s'impose le **baldaquin★** dessiné en 1738 par Jean-Nicolas Servandoni (1695-1766), élève du peintre italien Panini. Ses quatre colonnes en marbre du Valais soutiennent la couronne d'où retombent d'amples draperies trempées dans un bain de plâtre. Un véritable joyaux à la gloire du baroque.

Les Subsistances Hors plan, à l'ouest de E2

8 bis quai St-Vincent - ✆ 04 78 39 10 02 - www.les-subs.com - se renseigner au moulin (accueil) pour visiter.

Elles regroupent un vaste ensemble architectural aux nuances ocre, allongé en bord de Saône. On distingue à droite l'ancien cloître bâti pour les visitandines au début du 17e s., puis mis à disposition de l'armée (1807) pour le stockage des vivres. L'édifice fut complété d'une Manutention (devenue « Subsistances militaires ») constituée, à gauche, du grand bâtiment à base carrée et, au centre, de deux moulins. Voir en particulier les voûtes ogivales du cloître et la verrière de la cour centrale qui diffuse une douce lumière sur le pavement. Le site, aujourd'hui réhabilité, accueille des artistes et organise des manifestations culturelles alternatives telles que performances, chantiers, ateliers, etc.

Jardin Rosa Mir Hors plan, au nord de F1

87 Grande Rue de la Croix-Rousse - http://rosa.mir.free.fr - avr.-nov. : sam. 15h-18h.

Encastré à l'arrière des façades, ce charmant jardin de pierres et de coquillages, bien fleuri, évoque la mode des rocailles ou les fantaisies de Gaudi, en beaucoup plus petit. Le maçon espagnol qui l'a composé lui a simplement donné le nom de sa mère.

NOS ADRESSES À LA CROIX-ROUSSE

Pour les hébergements et les sorties, voir p. 88.

RESTAURATION

PREMIER PRIX

Restaurant des Deux Places – *5 pl. Fernand-Rey - 69001 Lyon - ✆ 04 78 28 95 10 - fermé dim. et lun.; congés variables - ♿ - formule déj. 28 € - 13 €.* À deux pas de la place Sathonay, ce petit restaurant a tout du bouchon de tradition : décor chargé d'objets rustiques, ambiance conviviale et cuisine pur jus avec quelques spécialités comme les langues d'agneau tiédies ou les quenelles de brochet… Quelques tables en terrasse l'été.

La Table d'Hippolyte – *22 r. Hippolyte-Flandrin - 69001 Lyon - ✆ 04 78 27 75 59 - fermé 3 sem. fin août, 25 déc., dim. et lun. - formule déj. 17 € - 9/31 €.* Dans une ruelle proche des halles de la Martinière, adresse « cosy » mariant bibelots, vieux miroirs et bouquets de fleurs fraîches. Petite note romantique : la salle à manger est éclairée à la bougie. Cuisine traditionnelle saisonnière et miniterrasse très prisée des Lyonnais.

Comptoir du Mail – *14 r. du Mail - 69004 Lyon - ✆ 04 78 27 71 40 - fermé 3 sem. deb. août, dim. et lun. - ♿ - formule déj. 15 € - 16/20 €.* Ce restaurant a vite été adopté par les Lyonnais qui goûtent sa cuisine traditionnelle inspirée par le marché et son accueil convivial. Décor de bistrot, avec nappes en toile cirée et suggestions du jour inscrites sur les miroirs accrochés aux murs.

Maison Villemanzy – *25 montée St-Sébastien - 69001 Lyon - M° Croix-Paquet - ✆ 04 72 98 21 21 - www.maison-villemanzy.com - fermé 2-17 août, 20 déc.-11 janv., lun. midi et dim. - 💳̸ - formule déj. 19 € - 24 €.* Perchée sur les pentes de la Croix-Rousse, cette maison offre en terrasse une vue splendide sur la ville. Intérieur façon bistrot rétro, recettes familiales et plats canailles.

ACHATS

Marchés – *Tlj sf lun. 6h-13h30, merc. et jeu. 6h-13h.* La place des Tapis accueille sous sa double rangée de platanes un grand marché (alimentaire tlj, vêtements le mar.). Celui de la place de la Croix-Rousse, quotidien aussi, est dévolu aux fruits et légumes de production locale.

L'Atelier de Soierie – *33 r. Romarin - 69001 Lyon - ✆ 04 72 07 97 83 - www.atelierdesoierie.com - lun.-vend. 9h-12h, 14h-19h - sam. 9h-13h, 14h-18h - fermé dim.* Lyon fut la capitale française de la soie à partir du 16e s. Aujourd'hui, l'Atelier de Soierie perpétue ce savoir-faire, mêlant l'utilisation de métiers traditionnels et la peinture à la main. Entre autres spécialités, la panne de velours, exclusivement réalisée à Lyon, est une mousseline de soie et de velours façonnée en relief puis peinte à la main. Superbe !

Canova – *25 quai St-Vincent - 69001 Lyon - ✆ 04 78 39 40 40 - www.ac-canova.com - 9h-12h, 14h-18h30, juil. ouvert sam. - fermé sam. et dim.* Ce célèbre soyeux lyonnais vous ouvre les portes de son atelier d'impression où sont produits, entre autres, peignoirs, cravates ou carrés de soie d'une qualité exceptionnelle. Il confectionne aussi de la petite maroquinerie de luxe. Oui, c'est un peu cher, mais c'est si beau…

La Rive gauche

NOS ADRESSES PAGES 88 ET 153

SE REPÉRER

Métros des lignes B et D, tramway 1 – Plan I p. 154-155.

La tour du Crédit Lyonnais, « le crayon », signale de loin le quartier de La Part-Dieu.

SE GARER

Place du Général-Leclerc ou dans la Cité internationale. Les différents points d'intérêt de la Rive gauche, quoique éloignés les uns des autres, sont aussi aisément accessibles en métro.

À NE PAS MANQUER

Le beau parc à l'anglaise de la Tête d'Or; l'architecture du musée d'Art contemporain et de la Cité internationale.

ORGANISER SON TEMPS

Comptez une demi-journée pour la promenade.

AVEC LES ENFANTS

Le parc de la Tête d'Or, pour ses grands espaces, ses animations (dont Guignol), son lac, ses fleurs et ses animaux; le parc de Gerland.

« Go west ! » disaient les colons des États-Unis, « Allons Rive gauche » pourraient dire les Lyonnais : la rive gauche du Rhône a permis à la ville, à l'étroit dans sa Presqu'île et au pied de Fourvière, de s'étendre à partir du 18e s. Du parc de la Tête d'Or au très moderne Gerland, en passant par les bâtiments de verre et de brique de la Cité internationale et les superbes hôtels particuliers du boulevard des Belges, son extension, loin d'être achevée, a réuni les quartiers les plus divers. Ses quais, aménagés avec succès, y offrent aujourd'hui un idéal de vie écologique, alliant eau et espaces verts sur une promenade de 5 km. En dehors des piétons, seuls les modes de transport doux, comme le vélo ou le roller, peuvent désormais les arpenter.

Se promener

LES QUAIS DU RHÔNE DE LA CITÉ INTERNATIONALE À GERLAND

Pour aller d'un site à l'autre, utilisez le métro ou la voiture.

Cité internationale C1

Bus 4 et 47, arrêt Cité Internationale.

Ce vaste ensemble, qui a pris place entre le parc de la Tête d'Or et le Rhône, affirme la vocation internationale de la ville. Sur un site de 20 ha, une série de pavillons inspirés des serres du 19e s. abrite bureaux, hôtels, cinémas (14 salles), restaurants et logements, mais aussi le musée d'Art contemporain ou encore le palais des Congrès dont l'extension reste marquée par l'amphithéâtre signé par l'architecte génois Renzo Piano. Inauguré en 2006, l'hémicycle ouvert à 180° peut accueillir jusqu'à 3 000 personnes. En amont de l'amphithéâtre, une place publique de 4 000 m² ouvre sur le parc de la Tête d'Or.

★ Musée d'Art contemporain C1 M1

Cité internationale - bus C1, 4 et 58, arrêt Musée d'Art contemporain - 81 quai Charles-de-Gaulle - ☏ 04 72 69 17 17 - www.mac-lyon.com - ♿ - pdt expositions temporaires : tlj sf lun. et mar. 12h-19h - fermé 1er janv., 1er Mai et 25 déc. - 6 € (-18 ans 4 €).

La structure moderne du nouveau pôle culturel de la Cité internationale, construit autour de l'atrium de l'ancien palais de la Foire, permet une grande flexibilité et une bonne mise en valeur des œuvres. La collection est présentée sous forme de spectacle permanent, juxtaposition d'« espaces » régulièrement renouvelés. Les expositions sont très variées, car depuis sa première acquisition (*Ambiente spaziale*, de Fontana), le musée est devenu un « centre de production » qui accueille les œuvres de Baldessari, Brecht, Filliou, Kosuth, Yvonnet et de nombreux autres artistes.

★ Parc de la Tête d'Or C1

M° Masséna.

Des grilles monumentales dorées (19e s.) signalent l'entrée principale, place du Général-Leclerc.

C'est en 1856 qu'est décidée la création du grand parc de Lyon. À cet effet, le préfet Vaïsse, qui veut « offrir la campagne à ceux qui n'en ont pas », achète la ferme de la Tête d'Or et ses terres. Avec ses animaux domestiques, ses terres inondables et ses chemins en bord de lône (bras mort du Rhône, que le fleuve alimente lors de ses crues), le site remplit cette fonction de loisirs depuis longtemps. Il tire son nom d'une tradition d'après laquelle serait enterrée à son emplacement une tête de Christ en or – des fouilles furent réalisées au 19e s., vainement.

Le projet va offrir à la ville son plus grand et son plus bel espace vert. Pratiquement de la même taille (105 ha) que Kensington Park à Londres, il est parmi les plus vastes parcs urbains d'Europe. Choisi pour le dessiner, le Suisse Denis Bühler, coauteur des parcs de Rennes et de Tours, opte pour un plan à l'anglaise, encore parfaitement lisible aujourd'hui malgré quelques modifications.

Parce que l'industrie de la soie subit alors une crise, ce sont les canuts qui travaillent au terrassement, en dépit de leur inexpérience.

Comptez 2h pour la visite complète du parc. Partez de la Porte des Enfants-du-Rhône et faites le tour du lac par la gauche.

Parc à l'anglaise, îles et lac – Les arbres sont plantés par bouquets et l'espace, laissant place à de vastes pelouses, est sillonné d'allées en lacets. Bühler a conservé quelques platanes, aujourd'hui bicentenaires. Les lignes droites sont volontairement exclues et les perspectives ne doivent pas s'embrasser d'un seul regard, pour inviter à la découverte. Le parc est isolé de la ville et du Rhône par un remblai, couronné d'un rideau de conifères. Une lône a été transformée en lac de 16 ha – l'île du Souvenir, avec le monument aux morts de Tony Garnier, étant aujourd'hui accessible par un passage souterrain.

★ **Roseraie de concours** – Aménagée le long du lac, du côté de la Cité internationale, elle est riche de 70 000 plants environ, représentant 350 variétés qui forment une superbe parure entre juin et octobre.

Si vous aimez la botanique, traquez au nord-est de la roseraie un rare spécimen d'*Ehretia Thyrsiflora*, arbuste à feuille épaisse et brillante, originaire d'Asie, à la floraison printanière blanche et parfumée *(renseignez-vous auprès des jardiniers si vous ne le trouvez pas)*.

LES ROSES ET LYON

Les roseraies du parc rendent un hommage indirect à la place que tient la ville dans la création horticole. Stimulés par la demande de modèles pour le dessin des soieries, les horticulteurs de Lyon ont en effet quelques trophées à leur actif : plusieurs milliers de nouvelles variétés obtenues depuis le 19e s., la première exposition de roses (1840), la découverte par Jean-Baptiste Guillot de la greffe en écusson sur églantier (1849, technique généralisée depuis), la création par la même maison du premier hybride moderne ou hybride de Thé, baptisé « La France » (1867), la création du premier hybride moderne à fleur jaune (1900). S'ils ne sont plus 80 comme à leur belle époque, restent néanmoins à Lyon quelques grands obtenteurs de roses.

★ **Jardin zoologique** – *04 72 69 47 60 - www.zoo.lyon.fr - - de mi-avr. à mi-oct. : 9h30-18h30 ; reste de l'année : 9h30-16h30 - gratuit.* À ses débuts, le parc de la Tête d'Or abritait des animaux domestiques, puis devint de plus en plus exotique avec notamment l'arrivée en 1878 des premiers crocodiles. Aujourd'hui, le zoo compte près de 1 100 pensionnaires dont de nombreux animaux sauvages non européens. Récemment aménagée, la **Plaine africaine** offre un bel espace dédié aux animaux de la savane : girafes, zèbres, antilopes, autruches… Près de 130 animaux évoluent en semi-liberté. Certaines de ces espèces menacées d'extinction font l'objet de programmes d'élevage européens. Ne manquez pas non plus l'enclos des ours, la primaterie et, à l'ouest du zoo, le **parc aux daims**.

★ **Serres et jardin botanique** – *04 72 82 35 02 - www.jardin-botanique-lyon.com - jardin alpin : mars-oct. 8h-11h30 - serres : avr.-sept. 9h-17h30, oct.-sept. 9h-16h30 (serre de Madagascar fermée 11h30-13h30 tte l'année) - gratuit.* Avec ses 21 m de haut, la grande serre jouxtant le parc zoologique est la 3e plus haute d'Europe. Elle s'insère dans un réseau de 7 000 m² abritant une **végétation exotique luxuriante**, déclinée selon divers thèmes : l'évolution et la complexification des modes de reproduction, les plantes aquatiques (l'été, ne manquez pas les spectaculaires *Victoria cruziana*), les milieux arides de Madagascar, les orchidées, les cactus et plantes horticoles.

Le **jardin botanique** s'étend sur 6 ha. Les espèces sont regroupées par zones géographiques dans le jardin alpin ou, dans les rayons d'un demi-cercle, par familles. Observer la forme des feuilles, des fleurs, des tiges et les parfums

Les serres du jardin botanique.
Jakezc / Fotolia.com

permet de comprendre, par exemple, que la menthe, la lavande et la sauge sont cousines (labiacées ou labiées). En mai-juin, ne manquez pas la floraison des **roses** horticoles et botaniques (sauvages) et des 200 variétés de **pivoines**. Le jardin compte aussi quelques arbres rares, parmi lesquels un beau pin de Bunge à écorce de platane (à sa limite sud).
Animations – Sur la place de Guignol, des animations sont proposées aux enfants : manège, jeux et **spectacles de Guignol** présentés par l'équipe du Véritable Guignol du Vieux-Lyon. *04 78 93 71 75 - www.theatre-guignol.com - ♿ - possibilité de visite guidée - spectacle : merc., sam., dim., j. fériés et vac. scol. apr.-midi - 3,50 € (-16 ans 3 €).*

Quais du Rhône

Au sud de la Tête d'Or, s'étend le quartier des **Brotteaux** *(Mº Brotteaux)*. Ses rues géométriquement tracées occupent l'emplacement de bancs de sable déposés autrefois par le Rhône, dont il tire son nom. C'est au 18e s. que le terrain a été conquis sur la zone de crue du Rhône, tout d'abord pour un lotissement de quelques hectares, destiné aux Lyonnais aisés, puis pour un habitat beaucoup plus massif et varié. Aujourd'hui, les Brotteaux constituent un des quartiers élégants de Lyon, où sont dispersées quelques belles constructions **Art nouveau** (boulevard des Belges et, surtout, place Jules-Ferry).
À hauteur de l'Hôtel-Dieu, le quai Victor-Augagneur est bordé d'immeubles bourgeois imposants, construits à la fin du 19e s. Cette très belle promenade sous les platanes, égayée quotidiennement (sauf le lundi) par un marché en plein air, est particulièrement attachante par temps brumeux, lorsque le fleuve roule ses eaux tumultueuses. Du pont Wilson, la **vue**★ s'étend, en face, sur les pentes de la Croix-Rousse, où s'étagent les hautes maisons des anciens canuts.
Au sud du pont Wilson, le pont de la Guillotière remplace depuis 1958 un ouvrage établi au 13e s. par les frères pontifes. Il offre une bonne **vue** sur la colline de Fourvière. La cosmopolite **Guillotière** *(Mº Guillotière)*, à la population étudiante et multiculturelle, compte parmi les quartiers de Lyon en pleine métamorphose.

★ Centre d'histoire de la Résistance et de la Déportation B2

Tramway T2 arrêt Centre-Berthelot - 14 av. Berthelot - ✆ 04 78 72 23 11 - www.chrd.lyon.fr - ♿ - merc.-vend. 9h-17h30, w.-end 9h30-18h - fermé lun., mar., j. fériés (sf 8 Mai) et vac. de Noël - 4 € (-18 ans gratuit).

Ce musée est établi dans une partie des bâtiments qui ont abrité de 1882 au début des années 1970 l'École de santé militaire, et constitué de novembre 1942 à 1944 le siège lyonnais de la Gestapo. Le centre a pour vocation de perpétuer la mémoire des événements ayant trait à la Résistance, à la Déportation et à la Libération en France, et à Lyon en particulier.

La visite audioguidée s'effectue le long d'un circuit jalonné de vidéogrammes, diaporamas, documents d'archives et photographies. Au 1er étage, documents, affiches, extraits de films et diffusions de discours des personnalités de l'époque rappellent l'importance de Lyon dans l'éveil et le développement de la Résistance : événements locaux de juillet 1941 et premiers mouvements de la Résistance lyonnaise, exécutions massives et publiques des otages par les Allemands en août 1944, préludes à l'insurrection et à la libération de la ville par les forces alliées, en passant par la rafle de Vénissieux en août 1942 et l'arrestation de **Jean Moulin** à Caluire-et-Cuire en juin 1943.

Un autre ensemble de salles détaille le drame de la Déportation et la chronologie du génocide des Juifs. L'importance de l'information et de la propagande en temps de guerre est affirmée par la reconstitution d'une placette lyonnaise, ornée de documents de propagande d'époque, et d'un intérieur bourgeois avec son poste de radio diffusant les célèbres « messages personnels » de Radio Londres. Le parcours s'achève par la projection d'un diaporama géant qui replace les événements survenus à Lyon et en France dans le contexte mondial.

Les caves du bâtiment, utilisées comme cellules pendant l'Occupation, accueillent tout au long de l'année des expositions temporaires.

Halle Tony-Garnier B2

M° Stade-de-Gerland - 20 pl. Charles-et-Christophe-Mérieux - ✆ 04 72 76 85 85 - www.halle-tony-garnier.com - visite libre en fonction des manifestations - visite guidée sur RV : www.museeurbaintonygarnier.com.

Dans le cadre de son projet de « Cité industrielle », l'architecte urbaniste lyonnais Tony Garnier crée en 1914 la Grande Halle des abattoirs de La Mouche. Sa structure métallique représente le symbole même de l'architecture de fer avec une surface de près de 18 000 m² d'un seul tenant sans piliers de soutènement, sous une hauteur de 24 m. Après un long abandon, cette « cathédrale » de fer a bénéficié d'une heureuse restauration, avec notamment la mise en valeur de la charpente par un important ensemble de vitrages permettant une transparence maximale de la toiture et des façades latérales. La halle accueille aujourd'hui concerts, spectacles, salons et autres manifestations sportives.

Gerland B3

M° Stade-de-Gerland. La ligne B du métro est prolongée jusqu'au **stade de Gerland**, autre œuvre de Tony Garnier. Face au confluent du Rhône et de la Saône, le quartier de Gerland se caractérise par un habitat très morcelé, coupé par de vastes friches, et une population hétérogène. En pleine mutation, il est appelé à devenir une technopole, dont la halle Tony-Garnier constituera le noyau central. L'aménagement en cours a déjà permis d'accueillir l'École normale supérieure, l'Institut Mérieux, l'Institut Pasteur et le palais des Sports. La Cité scolaire internationale, œuvre des architectes Jourda et Perraudin, constitue un ensemble en verre ouvert sur le **parc des Berges du Rhône** (anciennement parc de Gerland). Ce dernier forme un vaste triangle vert, miroir du parc de la Tête d'Or au nord. Espace voué aux loisirs, aux sports (skatepark) et à la découverte de la nature, il doit s'étendre à terme sur près de 80 ha. Conçu par le paysagiste Michel Corajoud, il juxtapose une immense prairie et une mosaïque de jardins à thème : mégaphorbiaie (prairie dense de roseaux et de hautes herbes) et ses longues plates-bandes rectilignes bordées d'un canal, jardin pique-nique, jardin des oiseaux offrant haies et nichoirs... Sa fréquentation nocturne vaut la peine pour la mise en lumière pleine de fantaisie de la végétation. L'ancienne friche industrielle est désormais une porte d'entrée de la nature dans la ville, en lien avec le nouvel aménagement des berges du Rhône.

DE LA PART-DIEU AU BOULEVARD DES ÉTATS-UNIS

La Part-Dieu C2

M° La Part-Dieu. Sur un ancien terrain militaire couvrant 22 ha a été réalisé un vaste projet réunissant des services administratifs, des activités commerciales et bancaires, des sites culturels. L'ensemble comprend un grand nombre d'immeubles et de tours, parmi lesquels la cité administrative d'État, l'hôtel de la Courly, le centre commercial (3 niveaux de galeries marchandes couvrant 110 000 m^2), la maison de la Radio, la bibliothèque. Au nord-est se dresse l'**auditorium de Lyon** à l'architecture originale : en forme de coquille, il comporte une voûte d'une portée de 70 m. Bâti entre 1970 et 1977, puis agrandi dans les années 1980 lors de l'aménagement de la gare TGV *(voir ci-dessous)*, le deuxième quartier d'affaires en France après La Défense vit aujourd'hui la fin de l'urbanisme sur dalle (suppression des passerelles piétonnes) et la construction d'immeubles de grande hauteur.

Familièrement appelée « le crayon » par les citadins en raison de son toit conique, la **tour du Crédit Lyonnais** domine depuis 1977 le quartier de ses 140 m *(les derniers étages sont occupés par un hôtel)*. Devenue un second repère dans le paysage urbain, après les tours de Fourvière, elle arbore une couleur brique qui s'harmonise avec les toits des vieux quartiers. Ses 42 étages mettent au niveau de la colline de Fourvière sa plate-forme, avec vue panoramique.

Elle aura bientôt pour voisines la **tour Oxygène** (2010), haute de 115 m et à la double « peau » de verre, et, à plus lointaine échéance (2013), la **tour Incity** (200 m). Orienté dans l'axe dominant des vents, ce bâtiment bioclimatique devrait intégrer un système de production d'énergie solaire et éolienne.

Au programme également des aménagements à venir : le Cours Oxygène, centre commercial sur 6 niveaux relié à celui de La Part-Dieu, qui viendra compléter l'offre des 28 000 m^2 de bureaux.

À l'est, la nouvelle **gare de La Part-Dieu**, inaugurée en 1983 pour permettre l'accueil du TGV, s'ouvre sur les façades ouest et est, les voies ferrées se trouvant au-dessus du bâtiment d'accueil. Des hôtels et des logements complètent cet équipement. Diverses sculptures modernes et des espaces verts agrémentent les esplanades. Le niveau zéro correspondant à la voirie urbaine est réservé à la circulation routière.

Enfin, vous ne quitterez pas La Part-Dieu sans avoir fait un tour aux **Halles de Lyon-Paul Bocuse**, grand marché couvert de Lyon qui se tenait aux Cordeliers et qui a été démoli et réinstallé dans le nouveau quartier de La Part-Dieu en 1971. Les Halles demeurent un repère de la gastronomie lyonnaise où les meilleurs artisans de bouche tiennent boutique.

Musée des Moulages C2 M3

M° Garibaldi - 3 r. Rachais - ✆ 04 72 84 81 12 - mar. et jeu. 14h-18h - fermé vac. scol. et j. fériés - 1,50 €.

Toute l'histoire de la sculpture, de la Grèce archaïque au 19e s., présentée dans un ancien atelier de confection récemment rénové. Ces moulages offrent une occasion unique et saisissante de voir réunis des chefs-d'œuvre tels que *Le Discobole, Laocoon, La Victoire de Samothrace, L'Esclave* (de Michel-Ange)…

Musée africain C2

M° Garibaldi - 150 cours Gambetta - ✆ 04 78 61 60 98 - www.musee-africain-lyon.org - merc.-dim. 14h-18h - fermé lun., mar., août, 1er janv., Pâques, 1er Mai, 24, 25 et 31 déc. - 6 € (enf. 1,50 €).

Appartenant à la société des Missions africaines, ce musée présente sur trois niveaux 2 500 objets provenant de l'Afrique de l'Ouest, notamment du Bénin et de la Côte d'Ivoire.

Parmi les collections illustrant la vie quotidienne, sociale et religieuse de ces contrées, on remarque, au 1er étage, les figurines de bronze du Bénin, les armes et les ouvrages de passementerie touareg, et surtout, au 2e étage, un ensemble de poids géométriques et figuratifs (ashanti du Ghana et baoulé de Côte d'Ivoire) servant à peser la poudre d'or. Au 3e étage, statuettes, masques et autres objets rituels témoignent d'un art où le symbole est roi.

Musée Lumière C2

M° Monplaisir-Lumière - 25 r. du Premier-Film - ✆ 04 78 78 18 95 - www.institut-lumiere.org - mar.-dim. 11h-18h30 - fermé lun., 1er janv., 1er Mai et 25 déc. - 6 € (enf. 5 €).

Antoine Lumière, père d'Auguste et de Louis, inventeurs du cinéma et de la plaque autochrome, fit construire de 1889 à 1901 cette demeure dans le style majestueux cher à la grande bourgeoisie de l'époque. Boiseries somptueuses, lustres sophistiqués, planchers en marqueterie constituent l'étonnant décor intérieur de cet édifice qui abrite l'Institut Lumière et accueille des rencontres autour de l'image fixe et animée. Une exposition retrace la vie de la famille Lumière, illustre l'invention du cinématographe, ainsi que l'apparition des premiers autochromes et photographies couleur. Projections de films dans le hangar du premier film et soirées en extérieur pendant l'été *(se renseigner)*.

Musée urbain Tony-Garnier C2

Bd des États-Unis, de part et d'autre du boulevard, entre la rue Paul-Cazeneuve et la rue Jean-Sarrazin. Bus 32, 34, 36, 53 et 176, arrêt États-Unis-Tony-Garnier. Accueil public au 4 r. des Serpollières - ✆ 04 78 75 16 75 - www.museeurbaintonygarnier.com - ♿ - mar.-vend. 14h-18h, sam. 15h-19h (14h-18h nov.-avr.) - fermé lun., dim., vac. de Noël et j. fériés - visite guidée (2h30) sam. 15h (14h30 nov.-avr.) - visite guidée de l'appartement-musée (20mn) aux h d'ouverture de l'accueil - visite guidée 8 €, visite de l'appartement-musée 3 €, visite libre avec audio-guide 7 €.

Cet ensemble immobilier collectif a été construit dans les années 1930 par l'architecte urbaniste lyonnais Tony Garnier. À compter de 1991, les façades aveugles de ces grandes bâtisses ont bénéficié d'une mise en valeur originale par le groupe d'artistes « **La Cité de la Création** ». Ayant fait le choix d'un musée de plein air, ce groupe a réalisé une importante série de peintures murales monumentales suivant les thèmes de l'œuvre de Garnier. Il est toutefois possible de pénétrer à l'intérieur des habitations en visitant un **appartement-musée**, décoré dans le style spécifique des années 1930.

NOS ADRESSES RIVE GAUCHE

Pour les hébergements et sorties, voir p. 88.

RESTAURATION

Voir plan I, p. 154-155.

PREMIER PRIX

Chez les Gones – *102 cours Lafayette (Halle de Lyon) - 69003 Lyon - 04 78 60 91 61 - fermé dim. et lun. - ♿ - 14/23 €.* Ce bouchon installé au cœur des halles fait chaque jour le plein d'adeptes qui apprécient sa cuisine typiquement lyonnaise, son service tout sourire et sa bonne humeur ambiante. Grande terrasse sous verre à l'étage toute l'année.

L'Est – *14 pl. J.-Ferry - M° Brotteaux - 04 37 24 25 26 - www.bocuse.fr - 24/29 €.* Une brasserie tendance très prisée des Lyonnais. Cuisine ouverte sur la salle, rondes de trains miniatures au-dessus des têtes et saveurs des cinq continents dans l'assiette.

Le Petit Carron – *48 av. Félix-Faure - 69003 Lyon - 04 78 60 00 57 - www.lepetitcarron.fr - fermé 3 sem. en août et dim. - ♿ - formule déj. 16,90 € - 22,50/37,50 €.* Répondez donc à l'appel du petit guignol qui égaye la devanture de cet accueillant bouchon lyonnais. La salle de restaurant, feutrée, invite à parcourir une alléchante ardoise de préparations, composée selon le marché et l'inspiration du chef.

Le St-Florent – *106 cours Gambetta - 69007 Lyon - M° Garibaldi - 04 78 72 32 68 - zagonel@wanadoo.fr - fermé 1er-22 août, sam. midi, lun. midi, dim. et j. fériés - 15/35 €.* À Lyon, l'ambassade de Bresse se trouve au 106 cours Gambetta : du sol au plafond et de l'entrée au dessert, ce sympathique restaurant honore la volaille sous toutes ses formes.

POUR SE FAIRE PLAISIR

Argenson Gerland – *40 allée P.-de-Coubertin - 69007 Lyon - M° Stade-de-Gerland - 04 72 73 72 73 - www.nordsudbrasseries.com - formules 19,60/21,80 € - 30/56,90 €.* Cette maison d'allure bourgeoise à deux pas du stade de football, propriété du groupe Bocuse et de l'Olympique Lyonnais, possède une agréable terrasse. En été, la carte regarde vers le sud (pâtes, risotto, poissons rôtis entiers).

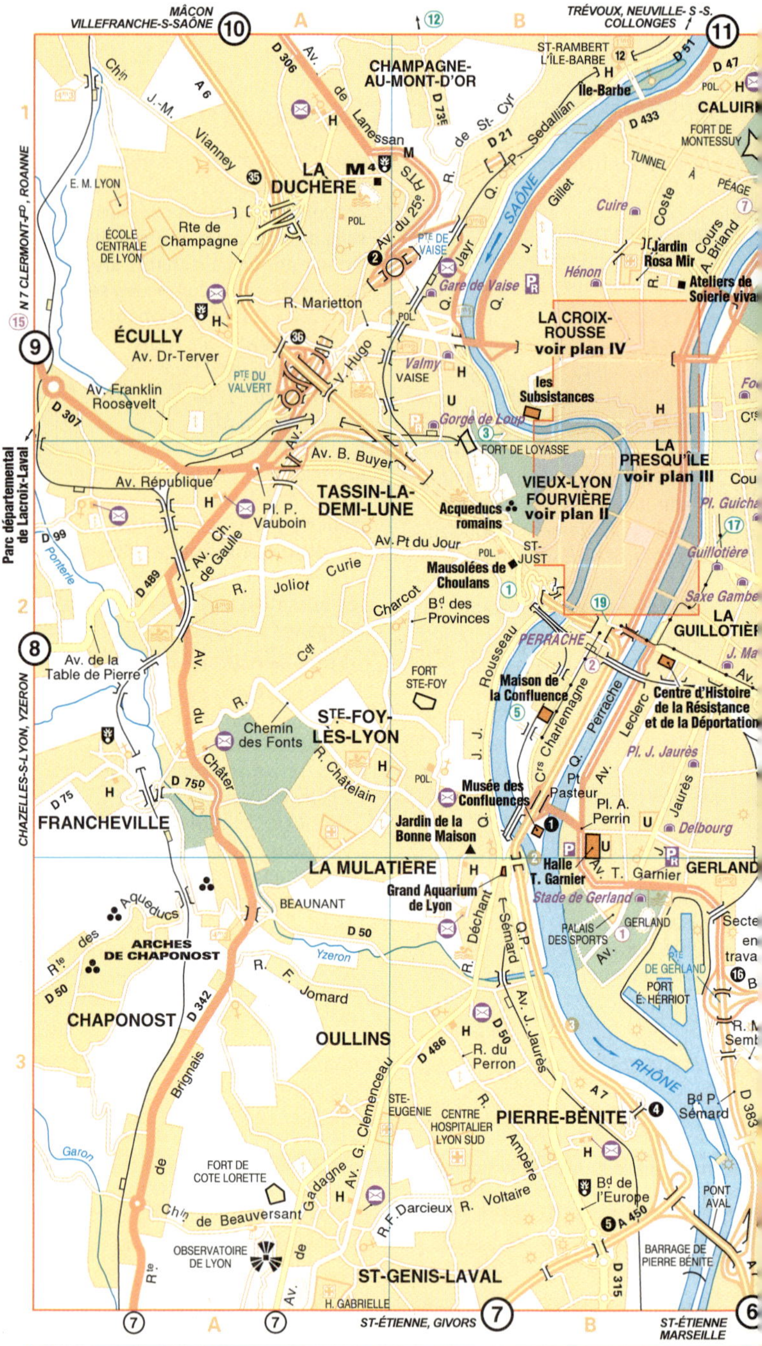

SE LOGER

Au Patio Morand ... 2
Chambre d'hôte La Grange de Fourvière ... 1
Chambre d'hôte Le Greillon ... 3
Chambre d'hôte Péniche El Kantara ... 5
Hôtel Ariana ... 7
Hôtel B & B ... 9
Hôtel La Chaumière ... 12
Kyriad Prestige Lyon-Centre ... 17
Savoies ... 19

SE RESTAURER

- Argenson Gerland 1
- Brasserie Georges 2
- Chez les Gones 3
- La Brunoise 5
- La Terrasse St-Clair 7
- Le Petit Carron 9
- L'Est 12
- Le St-Florent 14
- L' Orangerie de Sébastien 15

Le Grand-Lyon

NOS ADRESSES PAGES 88 ET 165

SE REPÉRER

Plan I p. 154-155.

Pas de forme géométrique simple pour ce Grand-Lyon qui accole des communes dans un rayon d'une vingtaine de kilomètres autour de la très centrale place Bellecour, allant de Genay au nord à Vernaison au sud, de La Tour-de-Salvigny à l'ouest à Jonage à l'est.

À NE PAS MANQUER

Le musée de l'Automobile et ses pièces uniques de la fin du 19e s.; un spectacle au TNP de Villeurbanne, réputé pour sa riche programmation, très contemporaine.

ORGANISER SON TEMPS

Comptez la journée pour la promenade et le circuit.

AVEC LES ENFANTS

Le planétarium de Vaulx-en-Velin, le domaine de Lacroix-Laval à Marcy-l'Étoile, le grand aquarium de Lyon et le parc de Miribel-Jonage *(voir « Nos adresses dans le Grand-Lyon »).*

Le Grand-Lyon réunit 57 communes en couronne autour de Lyon. Au sein de cette communauté de communes, l'agglomération lyonnaise (50000 ha), qui comprend 1,2 million d'habitants, représente à elle seule 75 % de la population du Rhône. Le contraste est donc important et visiter le Grand-Lyon donne vite l'impression d'avoir échappé à la ville. Passé les gratte-ciel de Villeurbanne, en quelques tours de roues, vous vous trouverez au cœur du Mont-d'Or, ou aux confins du pays des étangs de la Dombes.

Villeurbanne et l'est

VILLEURBANNE C 1-2

Jouxtant le quartier de La Part-Dieu, la ville de Villeurbanne doit son nom à son origine romaine; la *Villa Urbana* était une importante exploitation agricole établie par les Romains sur la colline de Cusset.

Le développement de la ville est assez récent, mais il est curieux de remarquer l'indépendance qu'elle a toujours marquée par rapport à Lyon. Après un premier afflux de soyeux à la fin du 19e s., le développement de la ville s'accélère au 20e s. Elle résiste aux pressions hégémoniques lyonnaises et consacre sa différence en construisant, dans les années 1930, le spectaculaire quartier des Gratte-Ciel. La ville poursuit aujourd'hui son développement en misant fortement sur les ressources culturelles : le fameux **Théâtre national populaire (TNP)**, une médiathèque ultramoderne, un musée d'art contemporain, la cité des Antiquaires qui ne réunit pas moins de 150 boutiques (*bd Stalingrad*)…

Les Gratte-Ciel C1

M° Gratte-Ciel.

Vers 1930, tandis que s'étend une grave crise économique, Villeurbanne offre des structures inadaptées à sa forte croissance démographique. À l'initiative de son maire, Lazare Goujon, un centre-ville est édifié, rapidement baptisé « cité des Gratte-Ciel », son architecture unique rappelant davantage les constructions d'outre-Atlantique que celles des faubourgs lyonnais. Plus qu'une recherche d'originalité, cette réalisation de l'urbaniste M. Leroux résulte d'une volonté de démocratiser le cœur de la ville. L'entrée du quartier est annoncée par deux hautes tours de 19 étages qui ouvrent une perspective bordée de grands immeubles blancs. Les 6 blocs d'habitation regroupent près de 1 500 logements répartis sur 9 à 11 étages. L'avenue Henri-Barbusse se termine par l'imposant et austère **hôtel de ville** dû à R. Giroud, dont la façade rythmée de colonnes cannelées est dominée par un beffroi de 60 m. De l'autre côté, la place du Dr-Lazare-Goujon est fermée par le **TNP** qui était à l'origine le palais du Travail. *✆ 0478033030 - www.tnp-villeurbanne.com.*

Institut d'art contemporain C2 M2

M° République - descendez le cours de la République vers le cours Tolstoï qu'il faut traverser - bus C3 arrêt Institut-d'art-contemporain - 11 r. du Dr-Dolard - ✆ 04 78 03 47 00 - www.i-art-c.org - merc.-dim. 13h-19h - possibilité de visite guidée sam. et dim. à 15h sur demande préalable - fermé lun., mar. et j. fériés - gratuit.

L'association Nouveau Musée, créée en 1978, s'est installée depuis quelques années dans cet espace, logiquement moderne, qui regroupe une section d'information et de documentation avec un espace de présentation d'art contemporain. Un partenariat efficace avec le FRAC (Fonds régional d'art contemporain) de Rhône-Alpes lui permet de proposer des expositions thématiques variées.

Maison du livre, de l'image et du son C1

247 cours Émile-Zola - ✆ 04 78 68 04 06 - ♿ - lun. 14h-19h, mar., jeu. et vend. 13h-19h, merc. 11h-19h, sam. 10h-18h - fermé dim. et j. fériés - gratuit.

Cette médiathèque réalisée en 1988 par le célèbre architecte Mario Botta est organisée sur cinq étages autour d'un puits central. Elle comprend des bibliothèques de prêt, une vidéothèque, une discothèque et une artothèque (prêt d'œuvres d'art contemporain).

VAULX-EN-VELIN

Planétarium de Vaulx-en-Velin D1

À 11 km à l'est de Villeurbanne - M° Laurent-Bonnevay puis bus C3 ou 56 arrêt Vaulx-Hôtel-de-Ville - pl. de la Nation (face à l'hôtel de ville) - www.planetarium vv.com - ✆ 04 78 79 50 12 - lun.-vend. 9h-12h30 (sf lun. et merc.), 14h-17h, w.-end 14h-17h - fermé 1er lun. du mois, 25 déc., 1er janv. et pont de l'Ascension- 6,50 € (-18 ans 4 €) - réserv. conseillée, se présenter 20mn avant la séance.

En préambule de la séance, un animateur scientifique vous livre les secrets de la voûte céleste. L'écran hémisphérique de 15 m de diamètre vous assure ensuite une immersion totale au cœur de l'Univers grâce à de fabuleuses projections qui séduisent à coup sûr petits et grands, rêveurs ou savants.

MIRIBEL

Carillon

À 13 km au nord-est de Villeurbanne, par l'A 46 puis l'A 42 - ouvert uniquement pendant les concerts - possibilité de visite guidée - s'adresser à l'office de tourisme - ✆ 04 78 55 61 16.

Construit entre 1939 et 1947, il s'élève à 30 m de haut, dominant de manière spectaculaire le parc de loisirs et le canal de Miribel, et offre un beau panorama jusqu'à Lyon et son « crayon » (table d'orientation). Il accueille le concours international de jeunes carillonneurs.

La Mulatière A-B 2-3

★ Jardin de la Bonne Maison B2

Par l'A 7, sortie La Mulatière. Prenez la direction Oullins-Centre. Au 2e carrefour, tournez à droite vers Ste-Foy-lès-Lyon, puis au 1er feu à droite. 99 chemin de Fontanières - ✆ 04 78 37 38 37 - www.labonnemaison.org - mars-juin et sept.-nov. : tlj sf dim. 9h-13h.

Installé dans la partie résidentielle de La Mulatière et protégé par ses murs, ce jardin offre son quasi-hectare de pente à une exceptionnelle **collection de roses anciennes★★**, d'arbustes (prunus, hydrangeas, viburnums), de vivaces (pivoines, hostas) et de bulbes. Ce sont en effet quelque 750 variétés de roses horticoles ou botaniques qui montent à l'assaut des arbres, couvrent les pergolas, ruissellent des murs ou forment des buissons. Mme Masquelier, propriétaire du jardin, est une spécialiste reconnue de ce fleuron de l'horticulture lyonnaise *(voir p. 148)*. La floraison (d'avril à fin juin) est spectaculaire, suivie de septembre à novembre par les couleurs vives et les formes diverses des cynorhodons (fruits du rosier).

★ Grand Aquarium de Lyon B3

En voiture par l'A 7, sortie La Mulatière et direction Oullins-Centre - bus 63, direction Oullins, arrêt Bastéro depuis Perrache. 7 r. Stéphane-Déchant - www.aquariumlyon.fr - ✆ 04 72 66 65 66 - 11h-19h - fermé lun. et mar. hors vac. scol., 1er janv. et 25 déc. - 13,50 € (-13 ans 9,50 €).

Sur les rives de la Saône, cette structure plutôt discrète propose une immersion dans les différentes eaux et mers du globe. Un petit tour s'impose, avant tout, dans les **eaux douces tempérées** où les impressionnants silures jouent les vedettes. Non loin de là, le **grand bassin des requins** (500 000 l sur 2 étages) retient l'attention. Beaucoup plus petits, mais très colorés et de toutes les formes, les hôtes des **lacs africains** et des **mers tropicales** assurent un spectacle permanent. Après la projection vidéo, le parcours se termine avec la **salle des cinq sens** (forêt tropicale) et le bassin tactile.

Les panneaux de présentation des différents bassins apportent des informations intéressantes, parfois cocasses, sur les caractéristiques et les mœurs des poissons. Snack, boutique.

Les Gratte-Ciel de Villeurbanne.
Ph. Vouillon / MICHELIN

L'ouest lyonnais

LA DUCHÈRE

Musée des Sapeurs-Pompiers A1 M4

10 km au nord-ouest par l'A 6 (direction Paris) puis la D 342 - M° Gare-de-Vaise - bus 21, 36, 44 et 92 - 358 av. de Champagne - www.museepompiers.com - ☏ 04 72 17 54 54 - lun.-vend. 9h-12h, 14h-17h - gratuit.

Installé au centre d'intervention de La Duchère, ce musée présente une impressionnante collection de matériels d'interventions du 18e s. jusqu'à nos jours. Pompes à bras, à vapeur ou à moteur témoignent ici de l'éternelle bravoure des hommes du feu. Une salle du souvenir abritant casques, portraits et drapeaux leur est dédiée, rappelant les tristes épisodes de Saint-Jean (1930) et Feyzin (1966). La visite se poursuit avec la présentation de près de 300 coiffures françaises et étrangères, sélectionnées parmi la collection privée de l'industriel Adrien Gallet, inventeur du casque F1 qui fait aujourd'hui encore référence dans le monde entier. Au sous-sol, place aux matériels roulants avec notamment cette échelle Merryweather (1923) ou encore l'autopompe Berliet (1909), qui ne représente, faute de place, qu'une infime partie de l'importante collection de ce musée.

MARCY-L'ÉTOILE

Domaine de Lacroix-Laval

Sortez de Lyon par le nord-ouest (direction Mâcon), puis suivez la D 7 en direction de Charbonnières - bus 98 arrêt Parc-de-Lacroix-Laval - rte de Sain-Bel.

Situé à l'ouest de l'agglomération lyonnaise dont il constitue un des poumons verts, il couvre une superficie de 115 ha. Parmi ses aménagements, un intéressant parcours de course d'orientation.

Un **petit train touristique**, *Le Furet*, offre une présentation ludique mais documentée du château et de son parc. *06 09 93 66 03 (M. Bonjour) - - trajet en petit train mars-nov. : vac. scol., merc., w.-end et j. fériés apr.-midi ; reste de l'année : sur demande - aller simple 2,50 € (enf. 2 €) ; AR 3,50 € (enf. 3 €).*

À l'extrémité est du parc se dresse un élégant **château** du 16e s. *(illustration p. 77)*, où des expositions temporaires sont proposées. *04 78 87 87 00 - www.lacroix-laval.com - - mar.-dim. 10h-17h - fermé lun., 1er janv., 1er Mai, 1er nov. et 25 déc. - gratuit.*

Ne manquez pas, dans ses jardins, le **potager historique** du domaine ; 600 variétés de végétaux présentées à travers quatre thématiques : l'horticulture lyonnaise, les plantes aromatiques et à parfum, le jardin sauvage ou encore les cultures fruitières et légumières. Entre senteurs et couleurs, c'est un agréable parcours sensoriel qui vous est proposé.

CHARBONNIÈRES-LES-BAINS

10 km par le nord-ouest (direction Mâcon), puis D 307.

Dans un cadre de bois exploités jadis par des charbonniers, le vallon de Charbonnières constitue un lieu de détente traditionnel des Lyonnais.

Pourquoi ces « bains » accolés au nom de la ville ? Selon la légende, les vertus reconstituantes des eaux du lieu auraient été découvertes par un innocent aliboron. Pelé et galeux, abandonné par son maître, l'âne errait dans les bois et vint boire à une source. On le vit réapparaître, peu après, tout ragaillardi. Plus officiellement, la source ferrugineuse fut mise au jour par un abbé en 1778. Un établissement de bains ouvrit, devint célèbre dans les années 1900, puis déclina, ferma et fut détruit il y a quelques années. Il reste un casino très fréquenté.

Le rallye automobile Lyon-Charbonnières est réputé pour ses étapes de montagne particulièrement sévères.

Le sud lyonnais

GIVORS

20 km au sud par l'A 7, puis l'A 47.

En plein centre-ville, le quartier **Les étoiles**, construit en 1982 sur les plans de Jean Renaudie, a été classé Patrimoine du 20e s. et… photographié par Doisneau. Promenez-vous pour en découvrir les placettes, les ruelles et les multiples terrasses. Comment est l'intérieur de ces appartements construits en étoiles superposées ? Quelques-uns ouvrent leur porte aux curieux qui se posent cette question.

Des ruines du château de St-Gérald *(accès par le lotissement « Les Étoiles » adossé au flanc de la colline)*, vue sur l'hôtel de ville, les deux églises de Givors et le Rhône en bordure duquel se trouve **la Maison du fleuve Rhône** consacrée au patrimoine fluvial. *1 pl. de la Liberté - 04 78 73 70 37 - www.maisondufleuverhone.org - - merc. et w.-end 14h-18h - fermé 25 déc. - 3 € (-16 ans gratuit).*

TERNAY

18 km au sud par la D 307 (direction Vienne par la N 7).

L'**église** (12e s.), perchée sur le rebord du coteau dominant le Rhône, est un intéressant témoin de l'école romane rhodanienne. Autrefois dédiée à saint

« GUINGUETTES » ET « CLOS »
À la belle saison, les « guinguettes » et les « clos », autrefois très nombreux sur les bords du fleuve, proposent de retrouver une ambiance de fête en dégustant une friture arrosée de beaujolais (notamment autour de Collonges, à l'île Roy et à Neuville-sur-Saône).

Mayol, elle appartenait à un prieuré clunisien. À l'intérieur, la partie la plus attachante est l'abside principale, avec sa voûte en cul-de-four et son arcature à pilastres. Les sculptures des chapiteaux forment un ensemble digne d'intérêt. Au sud de l'église, voir les vestiges du cloître.

Itinéraires conseillés

★ LES BORDS DE SAÔNE

49 km au nord-ouest de Lyon - environ 3h.
Les versants escarpés, dominant la Saône, ont accueilli depuis le 18e s. de nombreuses maisons de maîtres lyonnais et des petits châteaux. Les berges, qui connurent l'intense activité des lavandières et des bateliers, devinrent ensuite des lieux de baignade et de détente champêtre pour les Lyonnais qui s'y rendaient par le *Train bleu,* dont on peut voir un exemplaire au musée de l'Automobile Henri-Malartre. De nos jours, les rives de la Saône ont retrouvé une animation en fin de semaine grâce à l'aménagement d'une partie du chemin de halage, rive gauche.
Quittez Lyon par le nord (direction Trévoux). Sur la gauche se détache l'imposante masse de verdure de l'île Barbe. La D 433 longe la rive gauche de la Saône, bordée d'épais ombrages jusqu'à Rochetaillée.

★★ Musée de l'Automobile Henri-Malartre à Rochetaillée-sur-Saône

2 km après Fontaines-sur-Saône, suivez à droite les indications fléchées. 645 r. du Musée - ✆ 04 78 22 18 80 - www.musee-malartre.com - juil.-août : 10h-19h ; reste de l'année : tlj sf lun. 9h-18h - fermé dernière sem. janv., 1er janv. et 25 déc. - 5,30 € (-18 ans gratuit).
Dans ce château du 15e s., restauré, acquis par la ville de Lyon, et dans son parc en terrasses au-dessus de la Saône, sont réunies de remarquables collections d'automobiles (1890 à 1986), cycles (1818 à 1960), motocycles (1904 à 1964) et véhicules de transports en commun (1886 à 1935), tous en état de marche. M. Henri Malartre gérait en 1929 une entreprise de démolition d'automobiles. Sa passion de collectionneur commença en 1931, avec une Rochet-Schneider de 1898 dont le moteur fonctionnait encore puis, deux ans plus tard, avec un double-phaéton Gobron-Brillié, pièce unique, également de 1898.
Sur les 150 **automobiles** exposées, 50 modèles sont antérieurs à 1914, 18 sont de fabrication lyonnaise, rappelant que, dans la région, une centaine de constructeurs se sont lancés dans l'aventure automobile.
Certaines pièces sont uniques comme la Rochet-Schneider (1895), la Gobron-Brillié (1898), la Luc Court (1901), la Thieulin (1908) ; d'autres ont fait date dans le développement technologique, telles la Ford T (1910), la Peugeot BB (1913), la berline Voisin (1932). L'omnibus à vapeur Scotte (1892), la voiturette électrique Mildé (1900), le prototype de la 2 CV Citroën (1936), maquillé en camionnette pendant l'Occupation, cumulent les deux particularités.

On trouve aussi quelques voitures d'hommes célèbres : la Mercedes blindée (1942) d'Adolf Hitler, saisie en 1945 par la division Leclerc à Berchtesgaden, l'Hispano-Suiza (1936), coupé de ville utilisé par le général de Gaulle après la Libération de Paris, la Renault Espace utilisée par le pape Jean-Paul II lors de son passage à Lyon en 1986.

À noter également : un coupé-docteur De Dion Bouton (1900), un taxi de la Marne (1914), un ensemble de trois voitures Sizaire (1908, 1924, 1927), une décapotable Bugatti (1930).

Exposées dans le hall Gordini, les **voitures de course** ont été pilotées par les plus grands champions : Rolland Pilain (1923), Talbot Lago (1949) et Gordini (1952).

Une série de **cycles** allant de la draisienne au vélo d'Anquetil comprend ces étonnants « Grands Bi ».

Plus de 50 **motocyclettes** sont présentées, parmi lesquelles une Herdtlé-Bruneau (1904), la Koehler-Escoffier (1935) de Georges Monneret, des side-cars et des Zundapp (1937) de l'armée allemande en Afrique et en Russie.

Un hall est consacré aux **transports en commun**. On y voit un tramway hippomobile à impériale ouverte (1880) et à conduite bidirectionnelle (les deux chevaux pouvant être attelés indifféremment à l'avant et à l'arrière pour éviter de tourner le véhicule) ; la « motrice salon » (1900) utilisée par le président Poincaré à l'exposition de Lyon, en 1914 ; le premier trolleybus lyonnais (1935). Témoin d'un autre temps mais d'un besoin constant de nature, la motrice du « *Train bleu* » est bien connue des Lyonnais. C'est elle qui passait, jusqu'en 1957, au pied de Rochetaillée pour aller vers les lieux de baignades et les guinguettes de Neuville-sur-Saône.

Poursuivez en direction de la D 433 que l'on prend à droite.

LE FRANC-LYONNAIS

Représentant la superficie d'un canton actuel, le Franc-Lyonnais était composé de treize « marches » s'étendant entre la Dombes et la rive gauche de la Saône. Une enclave isolée, en amont de Trévoux, formait le « Petit » Franc-Lyonnais. Le territoire principal allait de Genay, en amont de Neuville-sur-Saône, jusqu'au plateau de la Croix-Rousse qui échappait ainsi à la juridiction de Lyon. Les Francs-Lyonnais, pour s'être séparés volontairement du reste de la Bresse et du duché de Savoie, obtinrent de François Ier, en 1525, un véritable statut d'indépendance qui faisait de leur territoire une sorte de protectorat. Fort chatouilleux de leurs franchises et privilèges, refusant de payer aide, gabelle, taille et autres impôts, à l'exception d'un « don gratuit » de 30 000 livres au roi de France tous les huit ans, les habitants (à peine 4 000 au total) avaient à leur tête un Syndicat général. Les Francs-Lyonnais n'hésitaient pas, lorsque leurs libertés étaient encore contestées, à en appeler au Parlement de Paris. La création des départements, sous la Révolution, mit fin à l'histoire du Franc-Lyonnais.

Neuville-sur-Saône

La ville est joliment située à un coude de la Saône. Neuville, qui s'appelait jadis Vimy, fut, sous l'Ancien Régime, la capitale du Franc-Lyonnais *(voir l'encadré « Le Franc-Lyonnais » ci-dessus)*. L'**église**, dominée par des clochers jumeaux du 17e s., abrite un ensemble de boiseries du sculpteur lyonnais Perrache (18e s.).

Trévoux *(voir ce nom dans « La Bresse et la Dombes »)*
La D 933 puis la D 504 à gauche mènent à Villefranche-sur-Saône.

Villefranche-sur-Saône *(voir ce nom dans « La Bresse et la Dombes »)*
Revenez à Lyon par l'A 6 (comptez 30mn).

★ LE MONT-D'OR LYONNAIS

55 km au nord de Lyon. Voir le circuit sur le plan ci-dessous. Comptez environ 2h30.

Dominant la vallée de la Saône en amont de Lyon, le petit massif du Mont-d'Or constitue un pays au charme rural. Son nom fait référence à un point de mine d'or. Mais au 10e s., il s'appelait déjà *Mons aureus*, ce qui pourrait être une déformation de *Monte tauro* (culte celtique du taureau).

Ses sommets offrent d'admirables points de vue. Les pentes exposées au Midi sont assez arides, piquetées de buis sauvages et d'arbustes. Les versants nord sont plus boisés. Vergers, vignes, jardinets fleuris, petites cultures et pâturages composent le joli décor des vallons intérieurs.

Quand on le découvre en venant par le nord, le Mont-d'Or semble un récif émergeant de l'ample val de Saône en raison de ses dimensions modestes (6 km sur 12) et de l'altitude de ses sommets ; mont Verdun (625 m), mont Thou (609 m), mont Cindre (469 m). Les affleurements calcaires donnent au terrain une riche coloration ocrée. Des carrières y sont exploitées depuis le 15e s.

Quittez Lyon par la D 306, et empruntez à droite la D 42 vers Limonest. Au centre du bourg, tournez à droite dans la D 73 puis, à la sortie du village, prenez, à gauche, la D 92 en direction du col du mont Verdun.

Les restes de l'habitat ancien, de type méridional, et des parcelles cultivées bordées de murs de pierre sèche subsistent, notamment autour de Poleymieux.

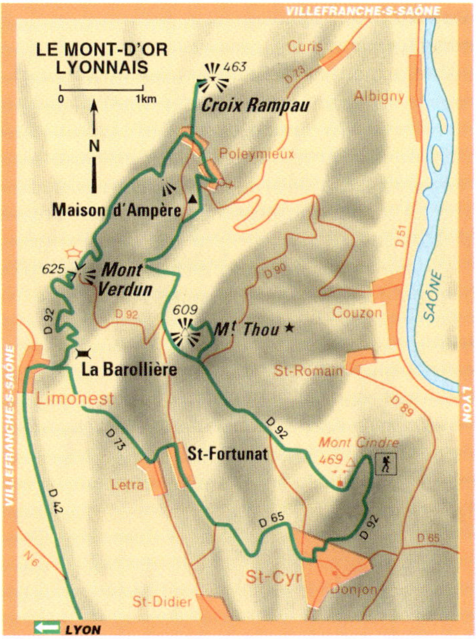

La route contourne le **château de la Barollière** (18e s.), flanqué de tourelles carrées, et offre de belles **échappées★** vers les monts du Lyonnais.
Le col du **mont Verdun** est occupé par un fort datant de 1875 *(accès interdit).*
Au col, tournez à gauche. La descente offre de jolies vues sur le val de Saône.
Aux premières maisons de Poleymieux, prenez à gauche, puis à droite dans un chemin de terre sur 200 m. L'accès à la croix Rampau se fait à pied par un sentier en montée à gauche.

★ Croix Rampau

Table d'orientation. Le **panorama** s'étend, par temps favorable, du puy de Dôme au mont Blanc.
Regagnez le bourg de Poleymieux en vous dirigeant vers l'église et remontez le vallon jusqu'à la maison d'Ampère.

Musée Ampère et de l'Électricité à Poleymieux-au-Mont-d'Or

300 rte Ampère - ✆ 04 78 91 90 77 - http://musee-ampere.univ-lyon1.fr - sam. 14h-18h, dim. 10h-12h, 14h-18h - 4 € (-13 ans 2 €).
Le savant lyonnais **A.-M. Ampère** (1775-1836) passa ici son enfance et ses premières années d'homme. Ses découvertes en mathématiques, physique et chimie le placent au premier rang des pionniers de la science au 19e s.
Dans la chapelle, à droite, on peut suivre une présentation audiovisuelle de sa vie et de son œuvre. La « chambre à recevoir » évoque le cadre de l'existence familiale ; la salle des « Trois Ampère » rappelle la vie du savant, celle de son père mort sur l'échafaud en 1793 et celle de son fils Jean-Jacques, historien et littérateur. Dans le **musée de l'Électricité★**, des appareils permettent d'exécuter les expériences fondamentales sur les courants, les aimants, etc.
Prenez la direction de St-Didier et, au premier carrefour, obliquez à gauche vers le mont Thou.

★ Point de vue du mont Thou

À 50 m du sommet *(terrain militaire, accès interdit)*, une esplanade offre une **vue** sur le val de Saône, le mont Cindre, Fourvière et l'agglomération lyonnaise.
À la descente du mont Thou, dirigez-vous vers le mont Cindre. Contournez par la droite la tour-relais de télédiffusion, d'où la D 92 descend vers St-Cyr. Dans le premier grand tournant, départ pédestre pour le « sentier des Rapaces ».
Sentier des Rapaces – Ce sentier-découverte a été aménagé sur un chemin rural de 1,9 km pour observer ces rapaces que l'on voit nombreux dans les airs du Mont-d'Or.
À l'entrée de St-Cyr, dominé par un donjon, prenez à droite la D 65 en direction de Limonest, puis encore à droite la route menant à St-Fortunat.

Saint-Fortunat

Le village, étiré en ruelle sur une raide échine rocheuse, est amusant à découvrir. À mi-côte s'inscrit le portail flamboyant de son humble chapelle.
Du haut de St-Fortunat, prenez à gauche, redescendez vers St-Didier et, aussitôt, tournez à droite dans la D 73.
Vues sur les monts du Lyonnais, en arrière de Fourvière.
Retour à Lyon par Limonest et la D 306.

NOS ADRESSES DANS LE GRAND-LYON

Pour les hébergements et sorties, voir p. 88.

RESTAURATION

Voir plan I, p. 154-155.

BUDGET MOYEN

La Brunoise – *4 r. A.-Boutin - 69100 Villeurbanne - M° Charpennes - 04 78 52 07 77 - www.labrunoise.fr - fermé 20 juil.-20 août, 2-7 janv., dim. soir, lun. soir, mar. et merc. - formule déj. 17 € - 20/58 € bc.* Les spécialités de la maison peintes sur la façade invitent à s'attabler dans cette lumineuse salle de restaurant. Carte actuelle élaborée sur des bases classiques.

POUR SE FAIRE PLAISIR

La Terrasse St-Clair – *2 Grande Rue St-Clair - 69300 Caluire-et-Cuire - 04 72 27 37 37 - www.terrasse-saint-clair.com - fermé 5-22 août, 23 déc.-15 janv., dim. et lun. - - formule déj. 18 € - 30/40 €.* Hommage à la Fanny – tant redoutée des boulistes ! – dans ce restaurant aux allures de guinguette et sur sa terrasse ombragée de platanes, aménagée pour parfaire son carreau.

L'Orangerie de Sébastien – *Domaine de Lacroix-Laval - 69280 Marcy-l'Étoile - 04 78 87 45 95 - www.orangeriedesebastien.fr - fermé 16 fév.-4 mars, dim. soir, lun. et mar. - - 27/45 €.* L'orangerie du château (17e s.) accueille cette salle de restaurant. Cuisine au goût du jour, belle terrasse côté jardins et nombreuses activités proposées sur le domaine.

ACTIVITÉS

Parc de Miribel-Jonage – *Chemin de la Bletta - 69120 Vaulx-en-Velin - 04 78 80 56 20 - www.grand-miribel.fr - mai-sept. : 9h-21h, dim. et j.fériés 9h-20h ; oct.-avr. : 9h-19h30, w.-end 10h-18h30 - fermé 25 déc.-1er janv.* Cet océan de verdure proche de la ville est accessible à tous gratuitement. Nombreuses activités sur place : randonnées pédestres ou à VTT, pêche, équitation, etc. On pourra rejoindre la base nautique du lac des Eaux Bleues par l'une des pistes cyclables du parc.

Randonnées – Grâce à sa géographie, le Grand-Lyon bénéficie de paysages diversifiés et de nombreux milieux naturels abritant une faune et une flore variées. Pour partir à leur découverte, plusieurs sentiers vous sont proposés à l'instar du sentier des Moissons au départ de Feyzin (boucle de 3 km en zone agricole) ou celui de l'Eau au départ de Collonges-au-Mont-d'Or (4,3 km au fil des puits, citernes et aqueducs). Fiches pratiques disponibles dans les offices du tourisme des communes du Grand-Lyon.

LA BRESSE ET LA DOMBES

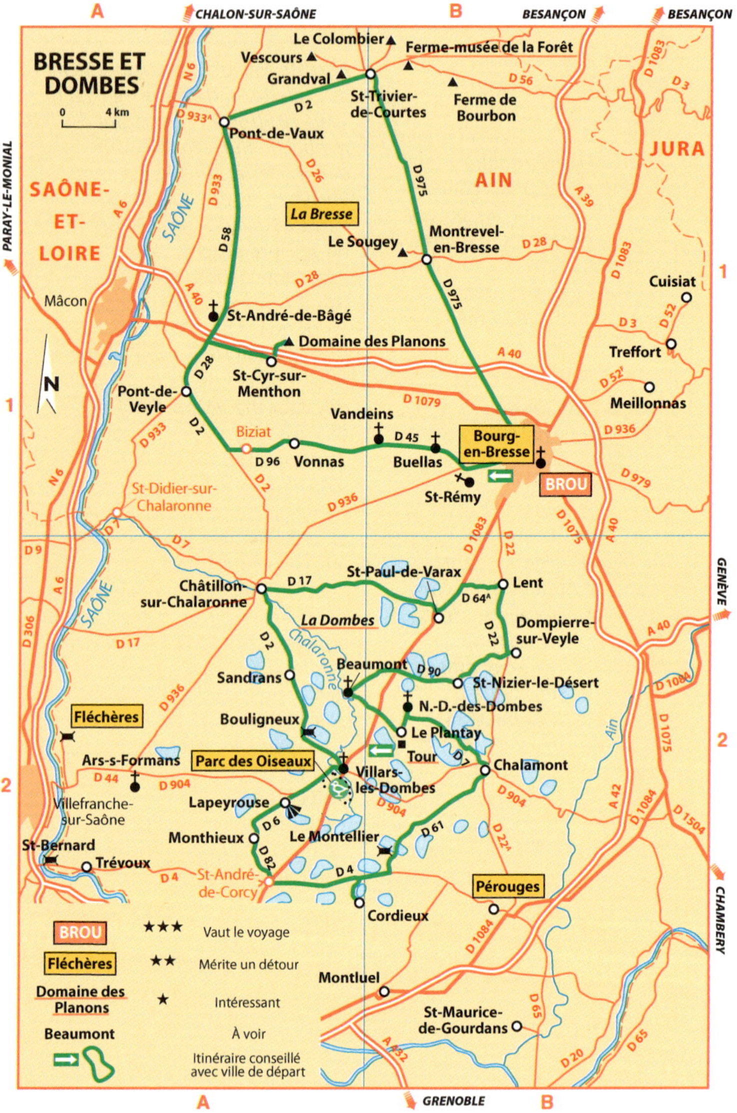

La Bresse et la Dombes 2

Carte Michelin Départements 327 et 328 – Ain (01)

Bourg-en-Bresse

★★

40 156 Burgiens – Ain (01)

NOS ADRESSES PAGE 181

S'INFORMER

Office de tourisme – *6 av. Alsace-Lorraine - BP 190 - 01005 Bourg-en-Bresse Cedex - ✆ 04 74 22 49 40 - www.bourg-en-bresse.org - juil.-août : lun.-vend. 9h-12h30, 13h30-19h, sam. 9h-12h, 14h-18h ; sept.-juin : lun.-vend. 9h-12h, 14h-18h30, sam. 9h-12h, 14h-18h.*

Bon à savoir – Le **passeport Musées de l'Ain** donne accès aux expositions permanentes et temporaires et aux animations des musées de la Bresse, dont le domaine des Planons. Il s'achète sur les quatre sites départementaux des musées des Pays de l'Ain. *Prévoir une photo d'identité. Passeport adultes : 5 €.*

SE REPÉRER

Carte de microrégion B1 *(p. 166) – Carte Michelin Départements 328 E3.*
Bourg se trouve à 62 km au nord-est de Lyon par la D 1083.

SE GARER

Sur le champ de foire pour visiter la ville, ou sur le parking près du monastère de Brou, à 3 km de là.

À NE PAS MANQUER

Brou est l'un de ces chefs-d'œuvre inoubliables, qui vaut largement le voyage pour ses tombeaux, ses stalles, ses vitraux et son jubé.

ORGANISER SON TEMPS

En décembre ont lieu les Glorieuses, concours de volailles de Bresse. Notez-le sur votre calendrier !

AVEC LES ENFANTS

Parcours énigmatique du monastère de Brou ; parcours-découverte au musée du Revermont à Cuisiat ; musée des Attelages à Vonnas ; musée de la Bresse à St-Cyr-sur-Menthon ; ferme-musée de la Forêt à St-Trivier-de-Courtes ; base de loisirs de Montrevel-en-Bresse.

Bourg est la capitale historique de la plantureuse région d'élevage de la Bresse. La production de volaille blanche assure son renom, et, depuis le Moyen Âge, la ville est le grand centre de fabrication des meubles « rustique bressan » en bois fruitier et frêne, ainsi que des émaux. Mais c'est son monastère royal qui fait l'essentiel de sa renommée : une œuvre flamboyante où se grave une belle histoire.

Se promener Plan de ville

Maisons anciennes

Deux édifices à pans de bois, de la fin du 15e s., attirent le regard : la **maison Hugon** (2), à l'angle de la rue Gambetta et de la rue V.-Basch, et la **maison Gorrevod** (2), dans la rue du Palais.

On remarque également, à l'angle de l'hôtel de ville, l'**hôtel de Bohan** (2), à la belle façade de pierre du 17e s., et rue Teynière, l'**hôtel de Marron de Meillonnas** (2), du 18e s., dont vous pourrez observer les belles ferronneries des balcons. Rue J.-Migonney, une rangée de maisons médiévales à pans de bois en encorbellement jouxte la **porte des Jacobins** (2), datant de 1437.

Église Notre-Dame (1)

Commencée en 1505, cette collégiale n'a été terminée qu'au 17e s. Extérieurement, elle présente une abside et une nef flamboyantes. Un triple portail Renaissance orne la façade. Le portail central est surmonté d'une Vierge à l'Enfant, copie d'une œuvre de Coysevox (17e s.). Le haut clocher a été élevé sous Louis XIV, mais le dôme et le lanternon ont été reconstruits au début du siècle. Il faut une certaine ponctualité ou beaucoup de chance pour écouter le carillon qui joue à 7h50, 11h50 et 18h50.

Intérieur – Il est orné d'un mobilier et d'œuvres d'art dignes d'attention : dans l'abside, belles **stalles★** sculptées du 16e s. Le maître-autel, l'aigle-lutrin, la chaire et le buffet d'orgue, tous en bois sculpté, sont du 18e s. ; le luxueux

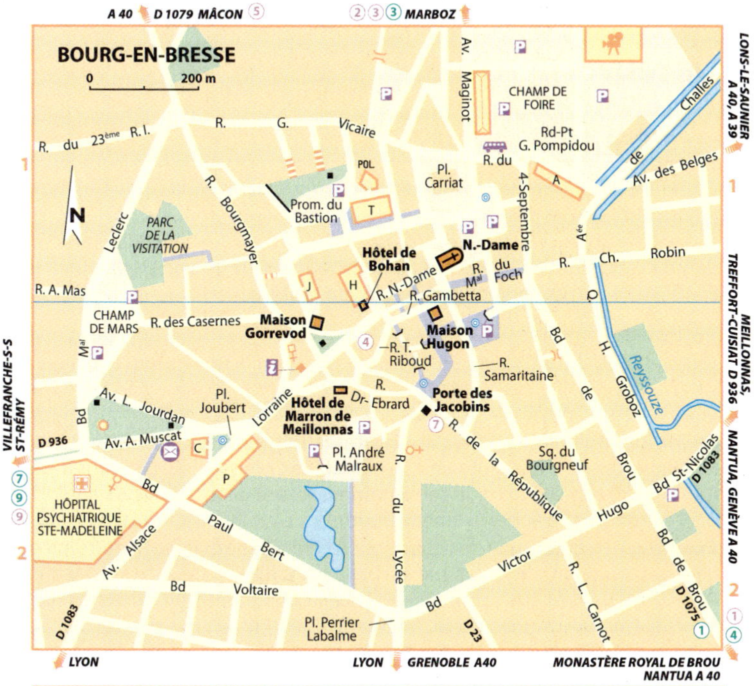

SE LOGER

- Château de Bourdonnel (Chambre d'hôte du) 9
- Logis de Brou (Hôtel) 1
- Pillebois (Hôtel) 3
- Prieuré (Hôtel) 4
- Vignes (Chambre d'hôte les) 7

SE RESTAURER

- Ancienne Auberge (L') 9
- Chalet de Brou (Le) 1
- Comptoir (Le) 2
- Ferme-auberge du Poirier 3
- Français (Le) 4
- Place 5
- Quatre Saisons (Les) 7

LE SAVIEZ-VOUS ?

Il faut prononcer *Bourk* : ce terme d'origine germanique ayant signifié « château fort » avant de désigner « un gros village ». Au 10e s., en effet, Bourg n'est encore qu'un village qui groupe ses chaumières autour d'une forteresse.

L'homme politique **Edgar Quinet** est né à Bourg en 1803. Démocrate, anticlérical, historien proche de Michelet, il fut l'un des premiers à investir les Tuileries en 1848. Comme Hugo (qui prononcera un discours mémorable à ses funérailles, en 1875), il dut s'exiler après le coup d'État de « Napoléon le Petit ».

autel de la chapelle à gauche du chœur est du 19e s. Dans la chapelle de l'Annonciation *(à droite du chœur)* se trouve la Vierge noire du 13e s. qui est à l'origine de la construction de l'église. La chapelle St-Crépin *(3e du bas-côté gauche)* abrite une verrière de la Crucifixion, des statues polychromes et un diptyque représentant la Cène, exécutés au 16e s. Les nombreuses verrières, datant du milieu du 20e s., qui décorent les bas-côtés sont dues, pour celles de gauche, à Le Chevallier, pour celles de droite, à Auclair.

Découvrir Carte de microrégion

★★★ MONASTÈRE ROYAL DE BROU B1

Jeu de découverte sous forme d'un livret distribué à l'entrée, pour explorer l'église et les cellules des moines tout en résolvant des énigmes.

Autrefois établi au voisinage de Bourg, cet ancien prieuré bénédictin, autour duquel s'était formée une petite agglomération, se retrouve maintenant au cœur d'un quartier englobé par l'extension urbaine.

★★ Église

04 74 22 83 83 - juil.-sept. : 9h-18h ; avr. - juin : 9h-12h30, 14h-18h ; oct.-mars : 9h-12h, 14h-17h - fermé 1er janv., 1er Mai, 1er et 11 Nov. et 25 déc. - 7,50 € (-18 ans gratuit) billet combiné avec le musée - audioguides en location.

Ce monument, où le gothique flamboyant est pénétré par l'art de la Renaissance, est contemporain du château de Chenonceau. En avant de la façade, on verra, à plat sur le sol, un cadran solaire géant, recalculé en 1757 par l'astronome Lalande, enfant de Bourg.

Extérieur – La façade principale, au pignon trilobé, est très richement sculptée dans sa partie centrale. Le tympan du beau **portail★** Renaissance représente, aux pieds du Christ aux liens, Philibert le Beau, Marguerite d'Autriche et leurs saints patrons. Au trumeau, saint Nicolas de Tolentino, à qui l'église est dédiée (la mort de Philibert survint le jour de la fête de ce saint) ; dans les ébrasements, saint Pierre et saint Paul. Surmontant l'accolade du portail, saint André.

Toute une flore sculptée, gothique flamboyant (feuilles et fruits) ou d'inspiration Renaissance (laurier, vigne, acanthe), se mêle à une décoration symbolique où les palmes sont entrelacées de marguerites. D'autres emblèmes de Brou, les initiales de Philibert et de Marguerite unies par des lacs d'amour (cordelière festonnant entre les deux lettres), alternent avec les bâtons croisés, armes de la Bourgogne. Les façades du transept, plus simples, offrent un pignon triangulaire à pinacles. La tour, carrée, élève ses cinq étages sur le flanc droit de l'abside.

Des traités et un vœu

D'UN SEIGNEUR À L'AUTRE

La lignée des seigneurs du pays s'éteint au 13e s. L'héritage revient aux puissants voisins, les ducs de Savoie, qui forment la province de Bresse. Bourg en deviendra la capitale. En 1536, lors de la 8e guerre d'Italie, le duc refuse la traversée de ses domaines à **François Ier**, qui veut envahir le Milanais. Le roi passe outre et, pour mieux assurer ses communications, met la main sur la Bresse, la Savoie, le Piémont.

Le traité de Cateau-Cambrésis met un terme à la 11e guerre (1559), obligeant **Henri II** à restituer ces conquêtes au duc Emmanuel-Philibert. En 1600, au cours de la guerre franco-savoyarde, Bourg résiste à **Henri IV**, mais celui-ci finit par envahir le duché. Le traité de Lyon, signé en 1601, contraint le duc de Savoie à échanger la Bresse, le Bugey, le Valromey et le pays de Gex contre le marquisat de Saluces, dernier vestige des possessions françaises en Italie. Bourg entre alors dans l'histoire de France.

D'UNE DAME À L'AUTRE

En 1480, Philippe, comte de Bresse, plus tard duc de Savoie, a un accident de chasse. Sa femme, **Marguerite de Bourbon**, la grand-mère de François Ier, fait vœu, s'il guérit, de transformer en monastère l'humble prieuré de Brou. Le comte se rétablit, mais Marguerite meurt sans avoir pu accomplir sa promesse. Elle en laisse le soin à son mari et à leur fils Philibert le Beau. Passé le péril, on oublie la promesse…

Vingt années s'écoulent. Philibert, qui a épousé **Marguerite d'Autriche** en 1501, meurt inopinément. Sa veuve y voit un châtiment céleste. Pour que l'âme de son mari repose en paix, elle va se hâter de réaliser le vœu de Marguerite de Bourbon, d'autant plus volontiers que cela doit lui permettre d'affirmer sa propre souveraineté et de rivaliser en prestige avec sa belle-sœur Louise de Savoie, bientôt régente de France. Les travaux commencent à Brou, en 1506, par les bâtiments du monastère. L'église du prieuré est ensuite abattue pour faire place à un édifice qui servira d'écrin aux trois tombeaux où reposeront Philibert, sa femme et sa mère. Marguerite, qui réside en Flandre, confie le chantier à un maître maçon flamand, **Van Boghem**, qui sera à la fois architecte et entrepreneur général. Réalisateur remarquable, il réussit à élever l'édifice dans le temps record de 19 ans (1513-1532).

Marguerite meurt deux ans avant la consécration, sans avoir jamais vu son église autrement que sur plans. Plus chanceuse que sa fondatrice, l'église de Brou traverse les guerres de Religion et la Révolution sans dommages irréparables.

Le couvent est successivement transformé en étable à porcs, en prison, en caserne, en refuge pour mendiants, en asile de fous. Il devient séminaire en 1823 et abrite aujourd'hui le musée. Depuis quatre siècles, Brou est avant tout un symbole de l'amour conjugal…

Depuis 1996, la toiture de l'église de Brou (profondément modifiée lors de travaux réalisés en 1759 par les moines augustins) a bénéficié d'une ambitieuse campagne de restauration pour lui redonner son aspect originel : les charpentes à la Mansart ont été remplacées par un comble à la française, beaucoup plus pentu. La couverture a retrouvé sa polychromie d'antan grâce à l'utilisation de tuiles plates vernissées et colorées ; le motif losangé est aux couleurs dominantes de la région (brun foncé, pain d'épice, jaune et vert).

Nef – En entrant dans l'église, après avoir longé le cloître orné d'un magnifique magnolia nain étoilé, on apprécie la clarté blonde qui baigne la nef et ses doubles bas-côtés. La lumière des fenêtres hautes illumine l'enduit des murs sur lequel a été dessiné un faux appareillage. Les piliers composés d'un faisceau serré de colonnettes montent d'un seul jet à la voûte, où ils s'épanouissent en nervures multiples aux clefs ouvragées. La balustrade qui court au-dessous des fenêtres de la nef est finement sculptée. L'ensemble architectural a beaucoup de noblesse.

Dans la 2e travée de la nef, à droite, une **cuve baptismale** en marbre noir du 16e s. porte la devise de Marguerite. Le bras droit du transept a un remarquable **vitrail** du 16e s. représentant Suzanne accusée par les vieillards *(en haut)* et disculpée par Daniel *(en bas)*.

La nef et le transept, accessibles aux fidèles, étaient séparés du chœur, domaine propre des religieux et sanctuaire des tombeaux, par le jubé. À sa droite s'ouvre la **chapelle de Montécuto**, dans laquelle se trouve une maquette du monastère tel qu'il était vers 1525. Sur la gauche du jubé, sont exposées des stalles en chêne (15e s.) de l'église St-Pierre, l'église paroissiale qui précédait l'église de Brou.

Jubé★★ – Observez l'étonnante richesse ornementale des arcs en anse de panier formant comme une dentelle de pierre sur cette clôture de séparation entre la nef et le chœur.

Chœur – Marguerite a tout mis en œuvre pour obtenir la perfection dans la magnificence. Prise dans son ensemble, l'ornementation sculptée de Brou frise l'excès ; mais le moindre détail (clefs de voûtes chiffrées, appareillage de fausses pierres, dessins des arêtes...) est traité avec maîtrise. L'enchantement est d'autant plus vif que l'examen est minutieux.

L'INFORTUNÉE PRINCESSE

Sur le dais du tombeau de Marguerite d'Autriche est gravée sa **devise** : « *Fortune infortune fort une* », que l'on peut développer en « Fortune (le destin) infortune (accable, persécute) fort (durement) une (une femme) ». Rappelons brièvement cette douloureuse destinée.

Fille de l'empereur Maximilien et petite-fille de Charles le Téméraire, elle perd sa mère Marie de Bourgogne à l'âge de 2 ans. L'année suivante, elle est élevée à la cour de Louis XI et on l'unit, par la cérémonie religieuse du mariage, au dauphin Charles, encore enfant. La Franche-Comté constitue la dot de la fillette. Le mariage blanc annulé, Marguerite épouse, à 17 ans, l'infant d'Espagne. Elle perd son mari après quelques mois d'union et met au monde un enfant mort-né. Quatre ans plus tard, son père, Maximilien, lui fait épouser en troisièmes noces Philibert de Savoie, jeune homme de son âge, volage et futile, mais qui respecte sa femme « intelligente pour deux » et la laisse pratiquement gouverner à sa place. Après trois années passées auprès de son « beau duc », le destin porte un nouveau coup à Marguerite : Philibert est emporté par un refroidissement pris à la chasse. Veuve pour la seconde fois, à 24 ans, elle reste fidèle à la mémoire de Philibert jusqu'à son dernier soupir.

Monastère royal de Brou : les trois tombeaux de l'église.
H. Maertens (Bruges) / © Monastère royal de Brou

Stalles★★ – Elles bordent les deux premières travées de chœur. Au nombre de 74 (pour 12 moines), elles ont été taillées dans le chêne en deux ans seulement, de 1530 à 1532. Si leur structure est encore médiévale, remarquez l'esprit de la Renaissance flamande dans les torsions des corps allongés et les gestes vifs. Le maître Pierre Berchod, dit Terrasson, dut mobiliser tous les menuisiers sculpteurs d'une région où le travail du bois a toujours été à l'honneur. Leur dessin est attribué à Jean de Bruxelles. Les sièges, les dossiers, les dais présentent un luxe de détails ornementaux et de statuettes qui en font un des chefs-d'œuvre du genre. Les stalles du côté gauche offrent des scènes du Nouveau Testament et des personnages satiriques. Celles du côté droit se rapportent à des personnages et à des scènes de l'Ancien Testament.

Tombeaux★★★ – De nombreux artistes ont collaboré à ces trois monuments, point culminant de l'épanouissement de la sculpture flamande en Bourgogne. Les plans ont été tracés par **Jean de Bruxelles**, qui a fourni aux sculpteurs des dessins « aussi grands que le vif ». L'ornementation et la petite statuaire sont dues, pour la plus grande part, à un atelier flamand installé à Brou auquel collaboraient également des artistes français (**Michel Colombe**), des Allemands et des Italiens. Les statues des trois personnages princiers ont été exécutées entre 1526 et 1531 par **Conrad Meyt**, artiste allemand installé à Malines, au service de Marguerite dès 1512. Tout acquis aux idéaux de la Renaissance, Meyt a fait montre plusieurs fois de son goût pour les nudités de pierre. Les effigies du prince et des princesses sont taillées dans le marbre de Carrare. Les gros blocs, venant d'Italie, ont été transportés par mer, puis par la voie du Rhône. Ils ont ensuite voyagé sur des chars traînés par neuf chevaux, à l'allure de 5 à 6 km par jour. Philibert et les deux Marguerite sont représentés, sur chacun de leur tombeau, étendus sur une dalle de marbre noir, la tête sur un coussin brodé. Suivant la tradition, un chien, emblème de la fidélité, est couché aux pieds des deux princesses ; un lion, symbole de la force, aux pieds du prince. Des angelots entourent les statues, symbolisant l'entrée des défunts au ciel.

Le tombeau de **Marguerite de Bourbon** occupe une niche creusée en enfeu dans le mur droit du chœur. Les deux autres tombeaux, formés chacun de deux dalles superposées, ont la particularité d'offrir du même personnage une double représentation, vif et mort. Celui de **Philibert** est placé au centre. La dépouille figurée du duc presque nu, sur la dalle du dessous, est particulièrement émouvante. Celui de **Marguerite d'Autriche**, sur la gauche du chœur, avec son énorme dais de pierre ciselée, prolonge le mur de clôture. Comme Philibert, Marguerite est représentée en double, dans son linceul : sur la plante du pied, on remarque la blessure qui, suivant la légende, a causé, par gangrène, la mort de la princesse.

Vitraux★★ – Les grandioses verrières ont été exécutées par des artistes lyonnais de 1525 à 1531. Elles illustrent surtout le thème de la résurrection. Celles de l'abside représentent, au centre, l'Apparition du Christ ressuscité à Madeleine *(partie supérieure)* et la visite du Christ à Marie *(partie inférieure)*, scènes tirées de gravures d'Albrecht Dürer. À gauche et à droite, Philibert et Marguerite sont agenouillés près de leurs patrons. Au-dessus du couple sont reproduits, étincelants de couleurs, les blasons des familles (Savoie et Bourbon pour le duc, Empire et Bourgogne pour la duchesse), ainsi que les blasons des villes de l'État savoyard.

Chapelles et oratoires – Sur la gauche du chœur s'ouvre la remarquable **chapelle de Marguerite★★★**, dont un retable et un vitrail font l'orgueil. Le **retable★★★** représente les Sept Joies de la Vierge. Exécuté en marbre blanc, il nous est parvenu dans un état de conservation rare. C'est un prodige de finesse dans l'exécution, un véritable tour de force qui confond l'esprit. Dans chacune des niches ménagées à cet effet se détache une scène des Sept Joies : en bas, à gauche, l'Annonciation ; à droite, la Visitation ; au-dessus, la Nativité et l'Adoration des Mages ; plus haut, l'Apparition du Christ à sa mère et la Pentecôte encadrent l'Assomption. Trois statues couronnent le retable : la Vierge à l'Enfant est entourée de sainte Madeleine et de sainte Marguerite.

De chaque côté du retable, on remarque saint Philippe et saint André. On note des influences multiples pour le **vitrail★★★**, d'une couleur somptueuse. Il est inspiré d'une gravure de Dürer représentant l'Assomption. Les verriers ont ajouté Philibert et Marguerite, à genoux, auprès de leurs patrons. La frise du vitrail, reproduction d'un dessin que Titien avait composé pour sa chambre, figure en camaïeu le Triomphe de la Foi : le Christ, dans son char, est tiré par les évangélistes et les personnages de l'Ancienne Loi ; derrière se pressent les docteurs de l'Église et les saints du Nouveau Testament.

Marguerite avait voulu qu'on installât, pour son usage personnel, deux oratoires superposés contigus à la **chapelle,** dite **de Madame**, le plus bas au niveau du chœur, l'autre à celui du jubé, et reliés par un escalier. Ces deux pièces, garnies de tapisseries, équipée chacune d'une cheminée, devaient constituer de véritables petits salons. Une fenêtre oblique, ménagée au-dessous d'une arcade, aurait permis à la princesse de suivre l'office. La **chapelle** voisine, qui porte le nom de **Laurent de Gorrevod**, conseiller de Marguerite, possède un superbe **vitrail★★** représentant l'Incrédulité de saint Thomas, ainsi qu'un triptyque commandé par le cardinal de Granvelle.

À droite du chœur, dans la **chapelle du Prince** sont exposés les vestiges d'un site funéraire antique découvert à Brou : sarcophages gallo-romains et burgondes, bijoux, éléments de parure, statuettes…

★ Musée

☎ 04 74 22 83 83 - juil.-sept. : 9h-18h ; avr.-juin : 9h-12h30, 14h-18h ; oct.-mars : 9h-12h, 14h-17h - fermé 1er janv., 1er Mai, 1er et 11 Nov. et 25 déc. - 7,50 € (-18 ans gratuit).

Il est installé dans les bâtiments du monastère, qui s'organisent autour de trois cloîtres à étages, cas unique en France. L'ancien prieuré bénédictin était si délabré et si humide que les moines obtinrent de Marguerite d'Autriche de commencer les travaux par le couvent et non par l'église.

Petit cloître – Cloître originel de Brou, il permettait aux moines de se rendre à couvert du monastère à l'église. Une galerie du 1er étage desservait l'appartement que Marguerite d'Autriche s'était réservé ; l'autre devait lui permettre de gagner directement la chapelle haute en passant par le jubé. Au rez-de-chaussée se trouvaient la sacristie et la première salle du chapitre, maintenant réunies en une seule salle affectée aux expositions temporaires. Des galeries, aujourd'hui dépôt lapidaire (fragments de corniches et pinacles), s'offre une **vue** sur le pignon du transept droit et le clocher.

Grand cloître – C'était celui où les moines déambulaient en méditant. Il donne accès à la deuxième salle du chapitre, devenue salle d'accueil du musée.

Premier étage – Un escalier permet d'accéder au dortoir, où les cellules des moines abritent des collections de peinture, de mobilier et d'art décoratif. Sur le palier et dans le renfoncement situé au milieu du grand couloir, on peut voir de beaux meubles bressans et une vitrine présentant des faïences de Meillonnas du 18e s. *(voir « À proximité »)*. Les cellules du côté sud sont dédiées à l'art du 16e au 18e s. : on remarque parmi les tableaux hollandais le beau **portrait de Marguerite d'Autriche★** dû à son peintre de cour, B. Van Orley (vers 1518), et un triptyque de la même année (*Vie de saint Jérôme*) ; les pièces suivantes présentent des peintures des 17e et 18e s. de l'école italienne (Magnasco : *Moines se flagellant*) et de l'école française du 18e s. (Largillière, Gresly), ainsi que du mobilier bourguignon et lyonnais (meubles de Nogaret) et des objets d'art religieux français. Sur le côté nord, les salles de droite sont consacrées à la peinture française du 19e s. (Gustave Doré, Gustave Moreau, école lyonnaise) ; celles de gauche au style troubadour et à la peinture du début du 20e s. (L. Jourdan, Migonney, Utrillo). La grande salle des États abrite une collection d'art contemporain.

Dans l'angle sud-est du grand cloître, on pénètre au rez-de-chaussée dans le réfectoire où sont exposées des sculptures religieuses du 13e au 17e s., notamment une Vierge romane polychrome (12e s.), un Saint Sépulcre de 1443, Philibert et saint Philibert provenant du tympan de l'église de Brou (début du 16e s.).

De là, on accède au 3e cloître.

Cloître des cuisines – Destiné aux communs, à la différence des deux autres, il conserve des traits caractéristiques de la région, tels les toits en pente douce couverts de tuiles creuses et les arcs en plein cintre.

À proximité Carte de microrégion

Saint-Rémy B1

7 km à l'ouest.

Le bourg est dominé par sa petite église romane, intéressante par la belle charpente de sa nef et, dans le chœur, son harmonieuse arcature romane.

Meillonnas B1

12 km au nord-est.

Meillonnas fut longtemps célèbre pour ses faïenceries dont la production fut particulièrement prisée sous Louis XV. L'activité industrielle s'est éteinte en 1866, mais on l'a reprise artisanalement depuis 1967 selon des dessins traditionnels. Voyez les maisons du 16e s. autour de l'église.

Treffort B1

15 km au nord-est.
Cette ville fortifiée a conservé tout le charme de son cadre médiéval. Empruntez les ruelles qui grimpent vers l'église, puis le Fiscal, surprenant chemin herbeux et fleuri. La Grande-Rue permet de gagner la halle du 15e s. L'église Notre-Dame (14e et 15e s.), surmontée d'un clocher à dôme, offre un ensemble de vingt-neuf stalles portant de remarquables médaillons sculptés.

Cuisiat B1

19 km au nord-est.
L'ancienne mairie-école du village accueille le **musée du Revermont**, qui évoque la vie des hommes de la région du 18e s. à nos jours : reconstitution de la classe de l'école communale, présentation de la vie des enfants, du passé viticole et du travail de la faïence à Meillonnas, potager et verger conservatoires où l'on découvre le cornichon d'âne et d'autres plantes amusantes. *04 74 51 32 42 - www.ain.fr - juil.-sept. : tlj sf mar. 11h-18h, dim. et j. fériés 11h-19h ; avr.-juin et oct. : tlj sf mar. et merc. 14h-18h, dim. et j. fériés 10h-18h - fermé du 2 nov. à déb. avr. - 4 € (-16 ans gratuit).*

Itinéraire conseillé Carte p. 178

★★ LA BRESSE

La Bresse bressane (ou savoyarde) est beaucoup mieux connue que sa voisine septentrionale, la Bresse bourguignonne, et a largement profité du dynamisme de sa capitale Bourg-en-Bresse.
104 km. Voir le circuit sur la carte p. 178. Comptez environ une journée. Quittez Bourg-en-Bresse à l'ouest en direction de Villefranche-sur-Saône. À Corgenon, prenez à droite la D 45 jusqu'à Buellas.

Buellas

L'**église**, précédée d'un auvent rustique, est intéressante par la belle arcature romane du chœur et son ensemble de statues. Remarquez le geste des anges soutenant la gloire où s'inscrit le Christ.
Poursuivez sur la D 45 jusqu'à Vandeins.

Vandeins

L'**église** est ornée d'un portail sculpté datant du 12e s. Au **tympan**★, le Christ bénissant est une belle œuvre romane. La Cène, de facture plus grossière, est représentée sur le linteau, entre deux petits groupes de damnés, sur les piédroits.
Continuez sur la D 96 qui conduit à Vonnas.

Vonnas

Cette paisible petite ville abondamment fleurie est une fameuse étape gastronomique aux confins de la Bresse et de la Dombes. Si vous souhaitez goûter *la* volaille de votre vie, Georges Blanc, un des meilleurs cuisiniers de France, pourra vous soumettre sa « poularde de Bresse aux gousses d'ail et foie gras ».
Musée des Attelages, de la Carrosserie et du Charronnage – *04 74 50 09 74 - de mi-mars à mi-nov. : tlj sf lun. 10h-12h, 14h-18h - fermé 1er Mai - 4,60 € (10-16 ans 2,30 €).* Installé dans un moulin, ce musée présente une collection de charrettes et de voitures à cheval, ainsi que les métiers du bois, du cuir et du fer.
Reprenez la D 96 en direction de Biziat et rejoignez la D 2.

Les valeurs sûres de la Bresse

Il existe une véritable culture bressane. Celle-ci se fonde sur la pérennité des traditions, la renommée de la production agricole et de la gastronomie, l'originalité de l'habitat rural.

LES « VENTRES JAUNES »

De la rivalité entre les paysans bressans et leurs voisins du Revermont, les « cavets », dont les terres sont beaucoup plus difficiles, est né le sobriquet de « ventres jaunes ». Il rappelle l'importance du maïs dans la nourriture régionale; le plat traditionnel bressan, « les gaudes », est en effet une bouillie à base de farine de maïs torréfié.

LE POULET DE BRESSE

La renommée de la volaille de Bresse remonte au 17e s. Son succès a fait la fortune de nombreux éleveurs et elle constitue, aujourd'hui encore, une ressource importante pour la région. Les contraintes du marché ont nécessité de strictes réglementations assorties de l'attribution d'une appellation d'origine contrôlée en 1957. Le fameux poulet à plumes blanches est élevé en liberté (minimum 10 m^2 par poulet) pendant 4 à 5 mois; il est nourri principalement au grain et termine sa vie dans une épinette (cage fermée) pour un bon engraissement; les plus recherchés sont les poulardes à la chair tendre et juteuse, et surtout les chapons (castrés à 8 semaines), qui sont engraissés plus longtemps et préparés avec un soin particulier pour les fêtes de fin d'année (ils sont alors roulés et serrés dans une toile végétale).

Les « Glorieuses de Bresse » – À partir du 3e vendredi de décembre se déroulent quatre concours de volaille de Bresse à Bourg-en-Bresse, Pont-de-Vaux, Montrevel-en-Bresse et Louhans.

HABITAT RURAL ET TRADITIONS

Plutôt boisée mais pauvre en pierre, la terre bressane a favorisé la construction de fermes à pans de bois, en pisé ou en torchis; certaines arborent fièrement leur cheminée sarrasine. Les constructions postérieures ou monumentales sont en briques ou « carons ». La terre est également utilisée pour les poteries ou la faïence, comme en témoigne la fabrique de **Meillonnas**. L'artisanat régional exploite avec bonheur d'autres ressources locales; ainsi, le mobilier bressan doit son succès aux différentes essences de bois harmonieusement combinées dans sa construction.

Pont-de-Veyle

Arrosée par la Veyle, ceinturée par d'anciens fossés en eau, la bourgade s'est développée dès le 13ᵉ s. et a servi de havre aux protestants mâconnais jusqu'à la révocation de l'édit de Nantes (1685). Elle a conservé de beaux vestiges, dont la **porte de l'Horloge**, la maison du Guetteur (16ᵉ s.), la maison de Savoie (*66 Grande-Rue* - 15ᵉ s.) et l'église de style jésuite (1752).

Sortez de Pont-de-Veyle au nord par la D 28. 3 km plus loin, prenez à droite la D 1079 en direction de Bourg-en-Bresse.

Saint-Cyr-sur-Menthon

La commune rassemble plusieurs exemples exceptionnels d'architecture rurale. Au nord de la D 1079, on peut encore voir l'une des plus grandes **poypes** (mottes féodales) de la région : 46 m de diamètre et 9,50 m de haut. Un peu plus loin, le hameau de la Mulatière a conservé plusieurs fermes à cheminée sarrasine, dont la plus importante est celle du domaine des Planons.

★ **Musée de la Bresse – Domaine des Planons** – *Depuis St-Cyr-sur-Menthon, vous pouvez rejoindre l'autoroute A 40, direction Mâcon, puis sortir sur l'aire de repos « Musée de la Bresse ». ✆ 03 85 36 31 22 - www.ain.fr - juil.-sept. : tlj sf mar. 10h-18h, dim. et j. fériés 10h-19h ; 15 fév.-mars : merc. 9h30-17h30, dim. 14h-18h ; avr.-juin et 1ᵉʳ oct.-15 nov. : tlj sf mar. et merc. 10h-18h - 4,50 € (-26 ans gratuit).* Ce très bel exemple d'architecture bressane accueille le musée de la Bresse, aménagé, depuis l'été 2005, dans un bâtiment d'architecture contemporaine, semi-enterré. En suivant les panneaux de verre ondoyant comme le paysage environnant, vous y découvrirez toute la Bresse à travers les collections de costumes et de parures, dont de superbes émaux bressans, ainsi que les produits du terroir.

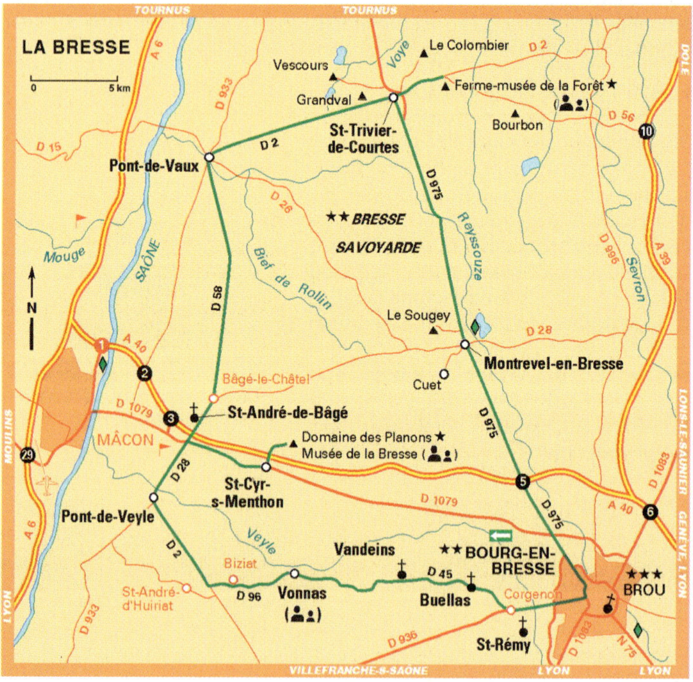

Suivant le plan d'une **ferme** à cour fermée, assez inhabituel en Bresse, le corps des bâtiments du domaine des Planons s'ouvre par un large porche ou « passou ». La maison d'habitation, remarquable par sa cheminée sarrasine, a été construite à partir de 1490 et restaurée selon les techniques traditionnelles. Un inventaire de 1784, retrouvé sur les lieux, permet de reconstituer fidèlement l'organisation et le mobilier d'une ferme à l'époque. Derrière la maison, le jardin potager a été recréé avec précision. Les autres bâtiments, dont certains bénéficient d'une animation sonore, présentent les dépendances d'une ferme, l'élevage du poulet de Bresse et quelques collections sur la vie rurale.

Le vaste **parc** accueille des animations complémentaires : mare, jeu de quilles, exposition sur le bois, élevage moderne de volailles selon les règles de l'AOC.

Revenez à St-Cyr-sur-Menthon, et reprenez la D 1079 jusqu'au croisement avec la D 28. Tournez à droite vers Bâgé-le-Châtel. L'église est isolée sur la gauche, avant le village.

Saint-André-de-Bâgé

L'**église** romane, bâtie à la fin du 11e s. grâce aux moines de Tournus, est isolée au milieu d'un cimetière. Un **clocher★** octogonal très élégant, coiffé d'une flèche en pierre, domine l'abside et ses deux absidioles. Le chœur est tout à fait intéressant pour ses colonnettes et ses chapiteaux historiés.

Gagnez Bâgé-le-Châtel, et continuez au nord sur la D 58 jusqu'à Pont-de-Vaux.

Pont-de-Vaux

Cette cité est attachée à la mémoire du **général Joubert**, commandant en chef de l'armée d'Italie, glorieux compagnon de Bonaparte, mort à Novi en 1799 (souvenirs au musée) et inhumé dans l'église de Pont-de-Vaux. Sa disparition obligea Sieyès à choisir un autre militaire (Bonaparte) pour opérer le coup d'État contre le Directoire… Autrefois ville frontière de Savoie, la petite cité s'est développée dans une boucle de la Reyssouze, affluent de la Saône bien connu des pêcheurs. Le cours aval de celui-ci, canalisé, permet aux plaisanciers naviguant sur la Saône de venir faire escale dans cette bourgade au cadre agréable (maisons à pans de bois, édifices ou façades des 16e et 17e s.) et qui accueille en décembre l'une des quatre Glorieuses de Bresse (concours de volailles).

Musée Chintreuil – *✆ 03 85 51 45 65 - de déb. avr. au 11 Nov. : tlj sf mar. 14h-18h - 3,50 €.* Il expose notamment d'intéressantes toiles de Jules Migonney *(Vieille Mauresque)* et d'Antoine Chintreuil (élève de Corot).

Église Notre-Dame – Elle remonte au 15e s. Sa façade, de style jésuite, est ornée de coquilles baroques. Faute de place, l'église fut bâtie tout en longueur et s'achève par un chœur de style gothique flamboyant éclairé par de grandes verrières. Outre les boiseries, qui proviennent de la chartreuse de Montmerle (vendue à la Révolution), l'église est ornée de onze grandes peintures dues à un élève de Boucher, Nicolas Brenet (18e s.).

Sortez au nord-est par la D 2 en direction de St-Trivier-de-Courtes.

Saint-Trivier-de-Courtes

Ancienne possession stratégique des sires de Bâgé, la ville fut érigée en comté en 1575. Elle est aujourd'hui célèbre pour les nombreuses fermes à cheminée sarrasine conservées dans les environs :

Ferme de Grandval – *1,5 km à l'ouest par la D 2.*

Ferme de Vescours – *5 km à l'ouest ; à gauche à l'entrée du village.*

Ferme du Colombier à Vernoux – *3 km au nord-est.*

LES CHEMINÉES SARRASINES

Particulièrement répandues dans la Bresse savoyarde, elles ont été construites sur l'ancien domaine des sires de Bâgé depuis le 13e s. Une trentaine seulement, bâties entre le 15e et le 18e s., sont conservées aujourd'hui ; elles se caractérisent à l'intérieur par un énorme foyer, non adossé au mur, surmonté d'une hotte sous laquelle on peut se tenir debout, et d'un conduit de fumée en torchis et pans de bois. Ces « foyers chauffant au large » étaient répandus dans toute la France, mais la spécificité de ceux de Bresse est la présence d'une mitre ressemblant à un petit clocher – ou plus rarement à un reliquaire – qui coiffe le conduit.
De plan rond, carré (sur le modèle du clocher de St-Philibert de Tournus) ou octogonal (celui de St-André-de-Bâgé), et d'inspiration romane, gothique ou parfois byzantine, ces mitres sont ajourées sur un ou plusieurs étages et se terminent par un cône, une pyramide ou un clocheton de style baroque surmontés d'une croix en fer forgé *(une carte du domaine des Planons permet de les localiser et de remarquer leur variété).* Leur appellation « sarrasine » date seulement du 18e s. Elle ne traduit pas une origine géographique, que l'on ignore, mais une survivance du sens médiéval du mot, qui signifiait « appartenant à une civilisation étrangère, ancienne ou inconnue ».

★ **Ferme-musée de la Forêt** – *3 km à l'est.* *04 74 30 71 89 - www.fermemuseedelaforet.com - juil.-sept. : tlj sf lun. 10h-12h, 14h-18h30 ; avr.-juin et oct. : w.-end et j. fériés 10h-12h, 14h-18h30 - 3 € (-12 ans gratuit).* Cette jolie ferme des 16e et 17e s. a été restaurée et transformée en musée fermier bressan. Le bâtiment – remarquez le balcon à croisillons de bois et la cheminée sarrasine – présente un intérieur traditionnel ; la cheminée à foyer ouvert, de 4 m de côté, est soutenue par une poutre de 4 t. Dans le second bâtiment, vous verrez une collection d'outillage agricole ancien.
Ferme de Bourbon à Saint-Nizier-le-Bouchoux – *6 km à l'est.*
De retour à St-Trivier, prenez la D 975 au sud en direction de Bourg-en-Bresse.

Montrevel-en-Bresse

Ancien fief de la famille de Montrevel, la ville est aussi la patrie de saint Pierre Chanel (1803-1841), missionnaire martyrisé dans l'île de Futuna et devenu saint patron de l'Océanie. Le village de **Cuet**, rattaché à la commune, perpétue le souvenir du saint (Musée océanien). La **ferme du Sougey** a conservé sa belle mitre carrée (17e s.).
Sur les gravières de la vallée de la Reyssouze, la **base de loisirs de Montrevel** constitue un important pôle d'attractions touristique de la Bresse.
Poursuivez sur la D 975 jusqu'à Bourg-en-Bresse.

NOS ADRESSES À BOURG-EN-BRESSE

HÉBERGEMENT

À Bourg-en-Bresse

POUR SE FAIRE PLAISIR

Hôtel Logis de Brou – *132 bd de Brou - ✆ 04 74 22 11 55 - www.logisdebrou.com - 30 ch. 66/76 € - ☕ 9 €.* Cet hôtel des années 1970 se refait peu à peu une jeunesse. Chambres (non-fumeurs) avec balcon, colorées et aménagées dans divers styles. Jardin fleuri et bon petit-déjeuner.

À proximité

PREMIER PRIX

Château de Bourdonnel – *Pont-de-Veyle - 01290 St-André-d'Huiriat - ✆ 04 74 50 03 40 - bourdonnel@wanadoo.fr - P - ⊭ - 2 ch. 16 € ☕ - rest. 21 €.* Ce château, dont l'origine remonte à 1560, se niche dans un vaste parc entouré par la campagne bressane. Vieux meubles de famille et parquets anciens agrémentent les chambres. Grande salle à manger ornée de moulures tricentenaires.

BUDGET MOYEN

Chambre d'hôte Les Vignes – *01310 Montcet - ✆ 04 74 24 23 13 - www.chambres-hotes-lesvignes.com - P - ⊭ - 4 ch. 58 € ☕ - rest. 22 €.* Cette maison bressane bâtie en brique et bois profite d'un emplacement calme en pleine campagne. Un labyrinthe d'herbes, une piscine et un étang poissonneux agrémentent l'agréable et vaste jardin fleuri. Chaleureuses chambres aux murs lambrissés. Petits-déjeuners servis en terrasse ou sous la véranda.

POUR SE FAIRE PLAISIR

Hôtel Pillebois – *Rte de Bourg-en-Bresse - 01340 Montrevel-en-Bresse - 2 km au sud de Montrevel sur D 975 - ✆ 04 74 25 48 44 - fermé dim. d'oct. à avr. - 31 ch. 85/90 € - ☕ 9 €.* Une façade moderne de style bressan (brique rouge et bois) cache des chambres fonctionnelles bien tenues. Le restaurant suscite des envies de voyages avec son décor ethnique et propose d'intéressants plats du terroir revisité. Terrasse face à la piscine.

Hôtel Prieuré – *49 bd de Brou - ✆ 04 74 22 44 60 - www.hotelduprieure.com - 14 ch. 99 € - ☕ 12 €.* Second souffle pour cet hôtel qui offre le choix entre les chambres du 1er étage, actualisées, et d'autres au charme suranné (meuble de style Louis XV, Louis XVI ou bressan).

RESTAURATION

À Bourg-en-Bresse

BUDGET MOYEN

Le Chalet de Brou – *168 bd de Brou - ✆ 04 74 22 26 28 - fermé 1er-15 juin, 23 déc.-23 janv., lun. soir, jeu. soir et vend. - 15/42 €.* Un petit restaurant où règne une gentille ambiance familiale face à la célèbre église de Brou. Boiseries, chaises rustiques et tapisseries font le charme un brin désuet de la salle à manger. Cuisine traditionnelle mâtinée d'influences régionales proposée à prix raisonnables.

Les Quatre Saisons – *6 r. de la République - ✆ 04 74 22 01 86 - fermé 2-10 janv., 1er-10 mai, 15-30 août, sam. midi, dim. et lun. - 19/55 €.* Le patron, passionné de vins et de produits locaux, vous mettra en appétit en vous commentant ses plats du terroir, aussi joliment réinventés que généreux. Ambiance conviviale.

Le Français – *7 av. Alsace-Lorraine - ✆ 04 74 22 55 14 - info@le-francais.fr - fermé 20-24 mai,*

Le Montellier

Le **château** *(ne se visite pas)*, le plus imposant de la Dombes, construit en briques, est flanqué à une extrémité d'un donjon primitif dressé sur sa poype. Dans le village, l'église d'origine gothique renferme un beau retable sculpté du 18e s.

Cordieux

On y remarque un beau manoir en briques rouges.

Reprenez la D 4 en direction de St-André-de-Corcy, puis après avoir franchi la D 1083, dirigez-vous vers Monthieux par la D 82. Poursuivez vers le nord jusqu'au croisement de la route vers Ambérieux-en-Dombes et vers Lapeyrouse.

Monthieux

La belle église romane en briques roses abrite les tombeaux des seigneurs de Damas. Le manoir de Breuil, du 16e s., qui fait partie des bâtiments du golf du Gouverneur, possède un intéressant puits sarrasin *(attention, propriété privée ; ne se visite pas)*.

Poursuivez vers Ambérieux et prenez la D 6 à droite.

Lapeyrouse

Du monument aux morts, **jolie vue** sur la chaîne des Alpes et, au premier plan, sur les étangs du Grand Glareins et le château de Glareins, du 15e s. *(ne se visite pas)*.

Revenez à Villars par la D 904.

NOS ADRESSES DANS LA DOMBES

HÉBERGEMENT

PREMIER PRIX

Chambre d'hôte Le Petit Bessay – *Le Petit Bessay - 01400 Sandrans - 3 km au sud de Châtillon-sur-Chalaronne par D 2 - ✆ 04 74 55 45 82 - http://perso.orange.fr/hubert.bouvier - fermé 3 sem. en hiver - ⊠ - 3 ch. 45 € ☕ - repas 15 €.* Un agréable parc agrémenté de parterres de fleurs entoure cette ancienne ferme entièrement rénovée. Les chambres et la suite familiale, dotées d'une excellente literie, affichent un décor simple. La propriétaire qui réserve un accueil chaleureux prépare petit-déjeuner maison (confitures) et cuisine de terroir.

BUDGET MOYEN

Chambre d'hôte Le Moulin de Longchamp – *01240 Lent - ✆ 04 74 52 73 67 - www.lemoulindelongchamp.com - 4 ch. 57/80 € ☕.* Une occasion rare de dormir au bord d'une rivière : cet authentique moulin du 18e s. abrite des chambres de charme, aux poutres apparentes, en harmonie avec les lieux.

Ribotel – *Rte de Lyon - ✆ 04 74 98 08 03 - ribotel@wanadoo.fr - P - fermé 22 déc.-3 janv. - 45 ch. 58 € - ☕ 8 € - rest. 17/35 €.* À la sortie du village de Villars-les-Dombes, une adresse pratique pour ornithologues de passage. De construction moderne, cet hôtel est en effet bien tenu et propret : ses chambres sont fonctionnelles, de bonne taille, sans surprise, mais très correctes.

RESTAURATION

PREMIER PRIX

Auberge de la Voûte – *Le Village - 01400 Sandrans - ✆ 04 74 24 53 50 - www.laubergedelavoute.fr - fermé* *janv., mar. soir et merc., lun. et jeu. soir de nov. à mars - 10,50/12 € déj. - 15,40/36 €.* Très prisée dans la région, cette petite auberge à l'ancienne n'essaiera pas de vous bluffer avec une décoration extravagante. Les habitués savent bien qu'ici l'important se trouve dans l'assiette. Au menu, gibier ou poissons frais selon la saison, cuisinés à partir de produits locaux essentiellement.

Restaurants du parc des Oiseaux – *✆ 04 74 98 05 54.* **La Carpe** est un restaurant traditionnel qui sert en saison un menu « dombiste » composé de produits du terroir : terrine de carpe, poulet de Bresse, tarte au sucre (Pass Saveur des Dombes : entrée du parc + menu à 32 €). **Le Pélican Frisé** est un self-service proposant entrées et plats chauds (Pass Ibis : entrée du parc + entrée ou dessert + plat du jour à 23,50 €). Enfin, vous trouverez un choix de salades, sandwiches, tartes et glaces à **La Roselière** et à **La Petite Carpe**.

BUDGET MOYEN

Auberge des Bichonnières – *Rte d'Ars-sur-Formans - 01330 Ambérieux-en-Dombes - 11 km à l'ouest de Villars-les-Dombes par D 904 - ✆ 04 74 00 82 07 - www.aubergedesbichonnieres.com - fermé 15 déc.-20 janv., dim. soir, mar. midi et lun. - 25/33 €.* Cette ancienne ferme typique de la Dombes dispose d'un joli cadre champêtre (poutres apparentes, tomettes, mobilier agreste et poêle Gaudin). Dès les premiers beaux jours, vous savourerez sur son agréable terrasse ombragée et fleurie d'attrayantes recettes traditionnelles où pointent quelques saveurs du terroir.

Hostellerie des Dombes – *Au bourg - 01330 Bouligneux - ✆ 04 74 98 08 40 - www.hostelleriedesdombes.com - fermé vac. de fév., 17-28 août, jeu. soir en hiver, jeu. midi en été et merc. - 23/49 €.* Au centre du bourg, salle à manger d'esprit champêtre ou agréable terrasse estivale pour déguster une cuisine ancrée dans le terroir ; grenouilles et gibier en saison.

ACTIVITÉS

Les Attelages de la Dombes – *Domaine du Grand Maréchal - 01400 Sandrans - ✆ 04 74 24 54 96 - sur RV.* Quel plaisir de découvrir la région au son du petit trot. Au choix, 6 voitures neuves, toutes différentes, de la calèche à l'omnibus de ville en passant par le chariot western. Promenades et visites commentées, allant d'une heure à une journée.

Châtillon-sur-Chalaronne

4 813 Châtillonnais – Ain (01)

NOS ADRESSES PAGE 193

S'INFORMER

Office de tourisme – *Pl. du Champ-de-Foire - 01400 Châtillon-sur-Chalaronne - ✆ 04 74 55 02 27 - www.tourisme-en-dombes.org - avr.-oct. : lun.-sam. 9h-12h30, 13h30-18h, dim. 10h-12h (du 15 juin au 21 sept. uniquement) ; nov.-mars : mar.-sam. 9h-12h, 13h30-17h30 - fermé dim. et lun. de Pâques, 1er et 8 Mai.*

SE REPÉRER

Carte de microrégion A2 *(p. 166) – Carte Michelin Départements 328 C4.*
Au nord de la Dombes, Châtillon s'allonge dans la vallée de la Chalaronne. La ville se situe à 25 km au sud-ouest de Bourg-en-Bresse.

À NE PAS MANQUER

Le charme des vieilles halles, des rues et des ponts qui les relient aux rives de la Chalaronne ; le triptyque du Musée municipal.

ORGANISER SON TEMPS

Comptez 2h pour la promenade en ville.

C'est à la belle saison qu'il faut venir flâner dans cette agréable ville réputée pour son décor fleuri. Les maisons à pans de bois avec hourdage en pisé ou en brique sont égayées par des brassées de fleurs disposées dans des paniers en osier dits « nids-de-poule ». Les halles, les ponts et les bords de la Chalaronne sont particulièrement attrayants tandis que sur la rivière, des barques semblent couler sous le poids de leur chargement multicolore.

Se promener Plan de ville

L'arrivée par la route de Villefranche *(D 936)* procure une vue agréable sur les toits rouges du bourg d'où surgit le clocher de l'ancien hospice.

Place Saint-Vincent-de-Paul

Au centre se dresse la statue en bronze de saint Vincent, réalisée par Émilien Cabuchet.

LE SAVIEZ-VOUS ?

Les vestiges du château qui veille sur la ville depuis le 11e s. confirment l'origine militaire du nom : Châtillon à la même origine que château. La Chalaronne est la rivière qui traverse l'ancienne cité médiévale.

Philibert Commerson vit le jour à Châtillon en 1727. Botaniste royal, il accompagna le comte de Bougainville dans son expédition autour du monde et rapporta du Japon un arbrisseau ornemental qu'il baptisa « hortensia ».

191

CHÂTILLON-SUR-CHALARONNE

Ancien hôpital et apothicairerie

Pl. St-Vincent-de-Paul - ✆ 04 74 55 15 70 - ♿ - visite guidée avr.-sept. : tlj sf lun. mat. et apr.-midi ; de déb. oct. à mi-nov. : w.-end mat. et apr.-midi - 3 € (16-18 ans 2 €) ; 4 € billet combiné avec le musée Traditions et Vie.

Élevés par le comte du Châtelard au 18e s., les bâtiments de l'ancien hôpital abritent le Centre culturel de la Dombes.

La pharmacie forme un bel ensemble avec ses boiseries de style Directoire garnies de pots en faïence de Meillonnas.

Dans une autre salle est exposé un **triptyque★** *(Déposition du Christ)* exécuté en 1527 et entièrement restauré. L'ancien ouvroir des religieuses accueille une intéressante collection de costumes bressans qui complète celle du musée Traditions et Vie.

Musée Traditions et Vie

24 imp. des Remparts - ✆ 04 74 55 15 70 - mêmes conditions de visite que l'apothicairerie.

Sur le chemin qui grimpe au château, le musée est consacré à la vie rurale, aux anciens métiers et aux savoir-faire de la vie bressane. Les anciens costumes bressans étaient utiles à bien des égards. Ainsi, les bonnets brodés indiquaient par leur décoration la richesse de leur propriétaire, tandis qu'une mentonnière rouge signalait que la fille était à marier. Pratique pour les jeunes hommes cherchant un beau parti !

Remparts du vieux château

Vestiges d'une des plus importantes places fortes de la Bresse ; le château fut démantelé à la fin du 16e s., lors de l'invasion de la région par Henri IV.

Maison Saint-Vincent

12 pl. des Halles - ✆ 04 74 55 26 64 - visite guidée mat. et apr.-midi sur RV - gratuit (dons bienvenus).

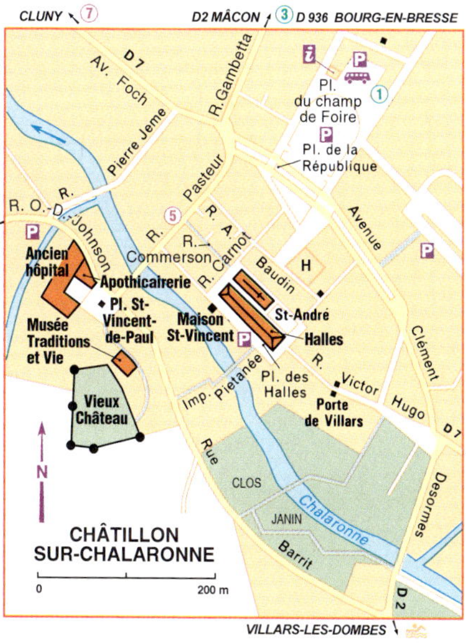

SE LOGER

Ancienne École du Chapuy .... (3)

Chambre d'hôte L'Inattendu .... (1)

SE RESTAURER

Auberge de Montessuy .... (2)

Restaurant La Gourmandine .... (5)

St-Lazare .... (7)

MONSIEUR VINCENT

Châtillon conserve, avec fierté, le souvenir du séjour qu'y fit **saint Vincent de Paul** ou Monsieur Vincent. Né à Pouy, près de Dax, dans les Landes, d'une famille de paysans pauvres, il se destina rapidement à la prêtrise. Devenu précepteur des enfants de M. de Gondi, général des galères, il manifesta le désir d'exercer son sacerdoce dans une paroisse retirée. Nommé curé de Châtillon-sur-Chalaronne en 1617, il n'y resta que quelques mois, assez cependant pour commencer ici son action charitable auprès de ces « pauvres pêcheurs de sangsues ». Le 23 août, il créa la première Confrérie de la Charité. En 1633, avec Louise de Marillac, il fonda la Compagnie des Filles de la Charité, qui, aujourd'hui encore, poursuit son œuvre.

Saint Vincent de Paul, curé de Châtillon pendant cinq mois, y fut hébergé par M. Beynier; il fonda ici la Confrérie des Dames de la Charité. Dans la chapelle élevée à l'emplacement de sa chambre est conservé l'acte de fondation de cette institution, signé de sa main.

Église Saint-André

Commencée au 13e s. par Philippe Ier de Savoie, elle subit de nombreuses transformations au cours du 15e s. C'est un édifice très coloré avec sa façade de briques et son toit de tuiles rouges, d'une hauteur exceptionnelle en Dombes. La tour ronde, à demi encastrée dans le mur sud, est le seul vestige de l'église primitive.
À l'intérieur, la nef et les chapelles latérales sont en calcaire blanc du Mâconnais. Au fond, une statue de **saint Sébastien**, sculptée dans un seul morceau de noyer, par un artiste châtillonnais, Jean Tarrit (1865-1950), est saisissante de réalisme.

★ Halles

Les halles actuelles, du 17e s., remplacent celles de 1440, détruites lors d'un incendie. C'est la Grande Mademoiselle, duchesse de Montpensier, qui fournit le bois nécessaire à leur reconstruction : la charpente repose sur 32 piliers faits chacun du tronc d'un des chênes de la forêt de Tanay. Jusque dans les années 1950, on pratiquait sous les halles, de la fin octobre à la mi-novembre, la « louée » des domestiques. De vieilles maisons à échoppes sont restées encastrées à une extrémité de la construction.

Porte de Villars

Des remparts qui protégeaient la ville, ne subsiste, à l'est, que cette tour carrée du 14e s. en « carrons » (briques), dont les assises et les angles sont en pierre calcaire. C'est un bel exemple d'architecture militaire réalisé pendant la période savoyarde de Châtillon qui dura de 1272 à 1601, date du rattachement de la cité au royaume de France.

Ponts et berges de la Chalaronne

Ils forment, en saison, notamment à hauteur de l'impasse Pietanée et de la rue Pasteur, un ravissant décor fleuri.

NOS ADRESSES À CHÂTILLON-SUR-CHALARONNE

HÉBERGEMENT

À Châtillon-sur-Chalaronne

BUDGET MOYEN

Chambre d'hôte L'Inattendu – *150 pl. du Champ-de-Foire - ✆ 04 74 55 06 86 - www.inattendu-hotes.fr - fermé 25 déc.-1er janv. - ♿ - P - 11 ch. 64 € ☕ - rest. 25/30 €.* Comme nous, vous serez séduit par le charme de cette maison chaleureuse avec ses grosses poutres, ses vieux meubles et son escalier de bois. Ses chambres douillettes sont un préambule au gargantuesque petit-déjeuner qui vous attend au réveil : ne le manquez pas !

À proximité

BUDGET MOYEN

Chambre d'hôte École du Chapuy – *Les Bruyères - 01400 Romans - ✆ 04 74 55 63 30 - www.ecoleduchapuy.fr - fermé nov.-mars - 2 ch. 60/70 € ☕.* Dans une ancienne école, que fréquentaient autrefois les enfants du pays, deux chambres lumineuses et romantiques, dotées de salle de bains ultracosy. Au réveil, quand le temps le permet, le petit-déjeuner est servi sous une pergola, où l'on s'installe sur d'élégantes chaises de jardin.

RESTAURATION

À Châtillon-sur-Chalaronne

BUDGET MOYEN

Restaurant La Gourmandine – *142 r. Pasteur - ✆ 04 74 55 15 92 - fermé 26 août -1er sept., 25 déc.-1er janv., jeu. soir, dim. et lun. - ♿ - formule déj. 18 € - 24,50/48 €.* Cette maison du 17e s. proche de la place des Halles, est remarquable avec ses murs de briques et galets. Ils donnent aussi beaucoup d'allure à la salle à manger coiffée de poutres apparentes. La jolie terrasse dressée au bord de la rivière s'avère très agréable en été. Plats régionaux.

Auberge de Montessuy – *Rte de Marlieux - ✆ 04 74 55 05 14 - www.montessuy.com - fermé lun.et dim. soir et mar. - ♿ - P - formule déj. 12 € - 23/31 €.* Un choix de spécialités bressanes s'emploie à combler votre appétit dans cette belle auberge traditionnelle de campagne. Salle à manger décorée d'un lustre en fer forgé présentant les écussons des différentes confréries gastronomiques régionales. Petit jardin paysagé avec herbes et plantes du pays.

À proximité

POUR SE FAIRE PLAISIR

St-Lazare – *Le Bourg - 01400 L'Abergement-Clémenciat - ✆ 04 74 24 00 23 - lesaintlazare@aol.com - fermé 15-31 juil., 20-27 déc., vac. de fév., dim. soir, merc. et jeu. - ♿ - formule déj. 25 € - 36/82 €.* Salles à manger lumineuses, véranda s'ouvrant sur un jardinet méditerranéen : cette maison de famille, où le chef propose une cuisine au goût du jour, ne manque pas de charme.

ACHATS

Marché du terroir – *8h30-12h30.* Humer, tâter, goûter et même ouvrir grand ses yeux : aux plaisirs habituels du marché s'ajoute en effet ici celui d'admirer les belles halles reconstruites au 17e s. Tous les samedis matin, les petits exploitants occupent une place particulièrement importante, proposant une foule de produits fabriqués localement.

Château de Fléchères

★★

Ain (01)

NOS ADRESSES PAGE 197

SE REPÉRER

Carte de microrégion A2 *(p. 166) – Carte Michelin Départements 327 H3 ou 328 B4.*

À 6 km au nord-est de Villefranche-sur-Saône par la D 933, Fléchères se trouve sur la commune de Fareins.

À NE PAS MANQUER

La personnalité du « saint curé » à Ars.

ORGANISER SON TEMPS

Comptez 1h30 pour le parc et le château.

La réhabilitation d'un monument est toujours un moment intense et émouvant, particulièrement à Fléchères, où celle-ci s'est accompagnée d'un lot de découvertes. L'architecture extérieure, tout d'abord, ne peut manquer d'étonner par son originalité ; il s'agit en effet d'un exemple rare de château construit autour d'un temple protestant. L'intérieur n'est pas en reste grâce aux magnifiques fresques qui ornent dix pièces du château et qui, au fil de leur restauration, réapparaissent près de quatre siècles après leur création.

Visiter

✆ 04 74 67 86 59 - visite guidée juil.-août : 10h-12h, 14h30-18h ; avr.-juin et de sept. à mi-nov. : w.-end et j. fériés 10h-12h, 14h30-17h30 - fermé de mi-nov. à mars - 7 € (enf. 4 €).

Extérieur

Le château est situé dans un parc de 30 ha qui garde de longues allées ombragées de platanes et de marronniers, des perspectives, terrasses et bassin à l'italienne, et un ensemble de buis taillés en topiaire.

Entouré de douves et autrefois accessible par un pont-levis, il s'élève sur une ancienne place forte qui contrôlait un gué sur la Saône. L'entrée dans la cour est du plus bel effet, dévoilant progressivement la rigoureuse façade rythmée de fenêtres à meneaux et encadrée de tours coiffées de dômes. Le motif maniériste de triangle brisé et inversé au-dessus de la porte (inspiré de la Porte des suppliques aux Offices de Florence), de même que l'architecture des anciens communs, affichent une allure italianisante. Les appartements sont limités aux ailes, d'ailleurs surbaissées, tandis que dans le corps central, l'immense pièce principale était consacrée au temple.

Intérieur

Sur la gauche, une porte dérobée ménage un accès vers les vastes cuisines voûtées en demi sous-sol, chauffées par une grande cheminée. Mais le plus intéressant se trouve aux étages nobles : un exceptionnel ensemble de

Les fresques du peintre italien Pietro Ricchi.
Simonet-Langlart / Château de Fléchères

Les surprises de Fléchères

UNE ARCHITECTURE CODÉE

N'allez pas vous imaginer que l'architecture soit le fruit du hasard ou de la simple recherche esthétique ! Elle est au contraire déterminée par une double orientation. Jean de Sève, échevin et prévôt des marchands à Lyon, fait édifier rapidement ce château à partir de 1608. Calviniste convaincu et bénéficiant de la « haute justice », il peut y organiser librement des réunions pour le culte. Le **temple** prend donc place dans le château ou, plus exactement, le château s'installe autour du temple : ce dernier occupe comme il se doit le dernier étage (pour que rien ne soit au-dessus de Dieu), éclairé par des fenêtres au nombre symbolique de 7, couronné par 3 lucarnes en trompe-l'œil, au 3e étage (trois symbolisant La Trinité), et est orienté vers le sud, ce qui différencie le château de tous ses voisins, habituellement tournés vers la Saône. Cette orientation religieuse sera prolongée dans les thèmes des décors. Seconde intention manifeste : Jean de Sève fait partie de la bourgeoisie montante de Lyon et revendique depuis peu une parenté avec l'ancienne et noble **famille italienne des Seva**. Pour accréditer cette origine, le château emprunte à l'art italien quelques éléments d'architecture et la facture de ses fresques.

LA TRIPLE CHANCE DES FRESQUES

Selon les archives du château, le peintre italien Pietro Ricchi y séjourna un an, en 1632, pour un travail à fresques. Au 18e s., la mode change et son travail est masqué derrière un ensemble de boiseries ou recouvert de plâtre. Si les boiseries protègent les couleurs, le plâtre s'accompagne en revanche d'un redoutable piquetage. La deuxième chance des fresques est d'avoir été découvertes il y a quelques années, et la troisième se trouve à la Bibliothèque nationale, qui en détenait les dessins. Cette source fiable facilite beaucoup la restauration.

UN DÉCOR DE CINÉMA

Le château sert régulièrement de décor pour des films de cinéma et de télévision.

Le Diable par la queue, film dans lequel Yves Montand donne la réplique à Madeleine Renaud et Marthe Keller, a été tourné à Fléchères. Dans cette comédie de Philippe de Broca (1968), des aristocrates désargentés ont transformé leur château en hôtel. Le butin de gangsters réfugiés chez eux permettrait de rendre son lustre d'antan à leur demeure…

fresques★★ italiennes de **Pietro Ricchi** (1606-1675). Au rez-de-chaussée, les fresques de la **salle des Chasses** sont parfaitement conservées : le combat avec le sanglier, le lion, le cerf et la panthère prise au piège de son reflet symbolisent respectivement la lutte contre l'instinct, l'orgueil, la mélancolie solitaire et l'illusion des sens. Remarquez également la cheminée monumentale datant de la construction, avec le lion du prévôt de Lyon, la corne d'abondance pour la prospérité, la licorne pour l'honnêteté.

Dans les pièces qui suivent, les belles soieries restituent le charme plus feutré des chambres-salons intimes du 18e s. À l'étage supérieur, les fresques de l'**antichambre de la Parade** évoquent le cortège des notables lors de l'entrée triomphale d'Henri IV à Lyon en 1595. La **salle des Perspectives** interroge, quant à elle, la réalité trompeuse des choses. Dans l'ancienne salle du conseil, devenue ensuite grand salon, les vertus cardinales sont personnifiées par quatre femmes. Une autre salle a ses murs peints de grands châteaux imaginaires. L'étage du temple, dont les murs sont toujours restés nus, ne se visite pas. La restauration continue, certains décors peints n'ayant pas tous été débarrassés de leur gangue de plâtre.

À proximité Carte de microrégion

Ars-sur-Formans A2

6 km à l'est par la D 904. Ce petit village de la Dombes a eu pour curé **Jean-Marie Vianney** (1786-1859), originaire de Dardilly, canonisé le 31 mai 1925 par le pape Pie XI. Depuis sa canonisation, le **« curé d'Ars »** est invoqué comme saint patron des prêtres de tout l'univers, et le village est devenu un lieu de pèlerinage très fréquenté. Le plus important est celui qui se déroule chaque année le 4 août, jour anniversaire de sa mort.

La modeste église du village est maintenant soudée à une **basilique** élevée en 1862 sur les plans de Pierre Bossan. À l'intérieur, le corps du saint repose dans une magnifique châsse. À proximité s'allonge une crypte à demi souterraine de 55 m de longueur, en béton à nu, œuvre de l'un des architectes de la basilique St-Pie-X à Lourdes.

L'ancien **presbytère** a été conservé tel qu'il était à la mort du curé d'Ars. On y voit la cuisine, la chambre et de nombreux souvenirs du saint curé. Dans une salle proche du presbytère, un montage audiovisuel évoque la vie et le message du saint. Après la visite du presbytère, on ira voir la **chapelle du Cœur** qui contient le reliquaire où est conservé le cœur du curé d'Ars. La statue en marbre de Carrare représentant le prêtre en prière est une œuvre du sculpteur bressan Émilien Cabuchet (1819-1902). *☎ 04 74 08 17 17 - www.arsnet.org - gratuit.*

L'Historial – *Descendez la rue principale. 625 r. Jean-Marie-Vianney - ✆ 04 74 00 70 22 - www.musee-ars.org - ♿ - mars-oct. : mat. et apr.-midi (sauf lun. mat. en juil.-août) ; reste de l'année : w.-end et j. fériés apr.-midi - 4,90 € (-15 ans 2,30 €).* Ce musée, qui abrite des personnages de cire créés par Grévin, complète heureusement la visite des lieux historiques encore marqués par le passage du saint curé. Dix-sept moments forts de sa vie ont été choisis pour illustrer son extraordinaire destin : naissance de sa vocation, prédication, mort…

NOS ADRESSES À FLÉCHÈRES

Voir aussi Villefranche-sur-Saône et la Dombes.

HÉBERGEMENT

PREMIER PRIX

Chambre d'hôte Mme Robin – *R. des Vignes, « Le Marquet » - 01090 Amareins - ✆ 04 74 69 30 90 - ⊭ - 3 ch. 47 € ☕ - repas 18 €.* Vous serez très bien accueilli dans cette charmante maison voisine du château de Fléchères. Chambres spacieuses et bien tenues. Malgré le léger désagrément des WC installés sur le palier, l'ensemble est vraiment très correct. Un petit parc arboré et fleuri, une piscine et un solarium viendront agrémenter votre séjour.

RESTAURATION

PREMIER PRIX

Au Petit Moulin – *Rte d'Ars - 01600 Ste-Euphémie - ✆ 04 74 00 60 10 - fermé 20 jan.-20 fév., jeu. soir en hiver, lun., mar. et merc. - 17/33 €.* Grenouilles, poissons d'eau douce et volailles, soigneusement mitonnés et généreusement servis, figurent sur la carte de cette modeste auberge de campagne voisine de la Dombes.

Trévoux

6 812 Trévoltiens – Ain (01)

NOS ADRESSES PAGE 200

S'INFORMER

Office de tourisme – *33 r. du Gouvernement-de-Dombes (accueil du public en bord de Saône, en face de la passerelle) - 01600 Trévoux - ✆ 04 74 00 36 32 - www.tourisme-trevoux-saonevallee.com - lun.-sam. 9h30-12h, 14h-18h, dim. et j. fériés 14h-18h - fermé dim. sf juil.-sept., 1er et 11 Nov. et 25 déc.-1er janv.*

SE REPÉRER

Carte de microrégion A2 *(p. 166) – Carte Michelin Départements 328 B5.*

L'A 46 dessert cette ville située entre Villefranche-sur-Saône et Lyon, ses proches voisines.

À NE PAS MANQUER

La vieille ville, avec son Parlement et ses hôtels particuliers datant du 18e s.

ORGANISER SON TEMPS

Comptez 2h.

Un parlement à Trévoux ? Vous ne rêvez pas, la ville est en effet l'ancienne capitale de la principauté de Dombes, indépendante jusqu'en 1762. Le duc du Maine ayant imposé à ses magistrats l'obligation de résidence, Trévoux fut dotée au 18e s. de quelques hôtels parlementaires, bordant les ruelles des vieux quartiers.

Se promener Plan de ville

LA VIEILLE VILLE

Circuit tracé en vert sur le plan ci-dessous. Garez-vous place de la Terrasse, qui domine la boucle de la Saône (table d'orientation).

Palais du Parlement

04 74 00 36 32 - ♿ - visite guidée Pâques-sept. : w.-end et j. fériés (se renseigner pour les horaires) - dép. de l'office de tourisme - fermé lun. de Pentecôte - 2 € (-12 ans gratuit) ; 5,50 € billet combiné avec la filière en diamant, l'apothicairerie et le château.

Il fut construit à la fin du 17e s. Le parlement de Dombes y siégea de 1697 à 1771. Peut-être vous souvenez-vous des fameuses initiales SPQR qui rendent hommage au peuple romain sur les grands monuments de Rome. Cette idée a été reprise au parlement de Dombes où l'on peut lire, à l'extrémité droite de la deuxième poutre en partant du fond, les orgueilleuses initiales SPQD *(Senatus Populusque Dumborum)*. À droite du vestibule s'ouvre la **salle d'Audience★** dont le beau plafond à la française est décoré de motifs peints.

Rue du Gouvernement

De part et d'autre de cette rue, située en contrebas de l'église, furent rédigés et imprimés le *Dictionnaire* et le *Journal de Trévoux*. Les jésuites habitaient la vaste et haute « **maison des Pères** » (K) dont l'entrée principale se trouvait aux nos 3 et 9 de la Grande-Rue ; ils n'avaient que la rue à traverser pour porter leurs copies à l'imprimerie située en face. Plus bas, une suite de demeures anciennes : hôtels

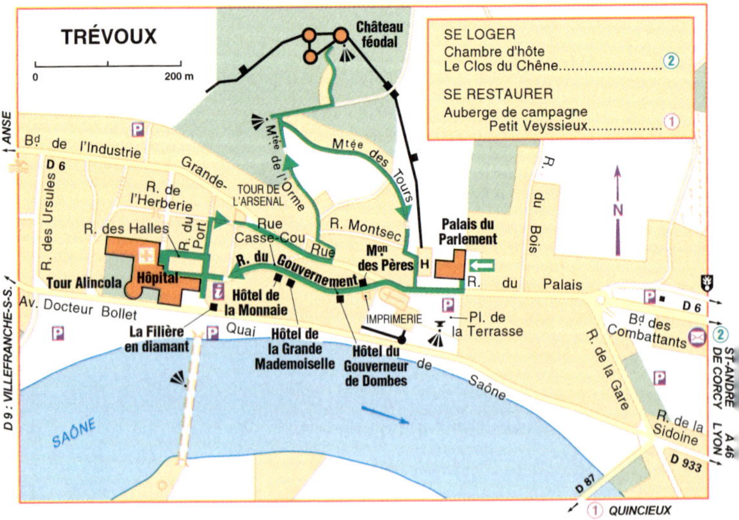

LE CENTRE INTELLECTUEL

Aux 17e et 18e s., Trévoux fut un des centres intellectuels les plus brillants de France disposant d'une célèbre imprimerie. En 1704, les jésuites firent paraître la première édition du fameux *Dictionnaire de Trévoux* en français et en latin : il s'intéressait tant à la langue qu'aux techniques et aux arts, et sa structure servit de modèle à l'encyclopédie ; sous leur direction, le *Journal de Trévoux* mena campagne pendant 30 ans contre Voltaire et les philosophes de l'*Encyclopédie*.

du Gouverneur de Dombes, de la **Grande Mademoiselle** et **de la Monnaie**, cachant derrière d'austères façades leurs terrasses dominant la Saône. Le carrefour avec la bien nommée rue Casse-Cou offre un amusant coup d'œil.
Prenez la rue du Pont.

La filière en diamant

Mêmes horaires que l'office de tourisme (voir la rubrique « S'informer » en début de chapitre).

Une exposition d'outils et un film retracent l'histoire du « tréfilage », travail très spécialisé qui consiste à tréfiler – d'où ce nom de « filière » –, autrement dit à fabriquer des fils de métal. C'est à Lyon que démarre au 16e s. cette activité : les tissus de soie intègrent alors des fils d'or et d'argent, et les premières filières ne sont pas en diamant, mais en rubis ou en saphir. Qu'est-ce que la filière ? C'est un disque de pierre très dure, troué, par lequel est formé le fil de métal. C'est en 1845 qu'est découverte la technique permettant de percer la pierre la plus dure qui soit, le diamant, qui remplace alors toutes les autres matières. Trévoux devient pour un siècle la capitale mondiale de fabrication des filières, utilisées tant pour les fils barbelés que pour les filaments des ampoules électriques… Aujourd'hui, deux entreprises perpétuent cette spécialité.
Par la rue des Halles, gagnez l'hôpital.

Apothicairerie de l'hôpital

☏ 04 74 00 36 32 - ♿ - visite guidée Pâques-sept. : w.-end et j. fériés 15h (RV devant l'office de tourisme) - fermé lun. de Pentecôte - 2 € (-12 ans gratuit) ; 5,50 € billet combiné avec le palais du Parlement, la filière en diamant et le château.

Fondé en 1686 par la Grande Mademoiselle, l'hôpital conserve sa pharmacie avec ses boiseries et une belle collection de pots de Nevers et de Gien. Sur le quai, on peut voir la **tour Alincola** (13e-17e s.), coiffée d'un dôme à lanternon.
Regagnez la rue du Port que vous remontez.

Rue de l'Herberie

La rue de l'Herberie, à droite, était jadis réservée aux Juifs. Le carrefour avec la Grande-Rue forme une placette triangulaire dominée par la tour carrée de l'Arsenal (1405), transformée plus tard en beffroi.
Par la montée de l'Orme, gagnez le château féodal.

Château féodal

☏ 04 74 00 36 32 - visite guidée Pâques-sept. : w.-end et j. fériés 16h15 - fermé lun. de Pentecôte - 2 € (-12 ans gratuit) ; 5,50 € billet combiné avec le palais du Parlement, la filière en diamant et l'apothicairerie de l'hôpital.

Vestiges de l'ancien château (14e s.) ; du sommet de la tour octogonale, vue sur la Saône.
La montée des Tours ramène place de la Terrasse.

À proximité Carte de microrégion

Château de Saint-Bernard A2

3,5 km à l'ouest. ✆ 04 74 00 37 62 - www.chateau-de-saint-bernard.fr - jardins de mi-mars à oct. : dim. et j. fériés 14h-18h ; visite guidée du château juil.-août - jardins 3 € ; château 5 € (-12 ans gratuit).

Construit au 13e s. par les seigneurs de Beaujeu, il marquait la frontière entre le Lyonnais franc – dont il dépendait –, la France et le Saint-Empire. Il garde son allure médiévale (tourelles, murailles, donjon, porte de pont-levis) malgré des modifications aux 17e et 19e s. Utrillo, sa mère et son beau-père l'habitèrent quelques années.

NOS ADRESSES À TRÉVOUX

HÉBERGEMENT

UNE FOLIE

Chambre d'hôte Le Clos du Chêne – *370 chemin du Carré - 01600 St-Bernard - 2 km à l'ouest par D 6 - ✆ 04 74 00 45 39 - www.leclosduchene.com - fermé 1er fév.-15 mars - 5 ch. 118/145 €.* En bordure de Saône, superbes chambres romantiques et cosy dans une vaste propriété alliant esprit de maison de famille, équipements modernes et thématique équestre.

RESTAURATION

BUDGET MOYEN

Auberge de campagne Petit Veyssieux – *Le Petit Veissieux - 69650 Quincieux - ✆ 04 78 91 14 70 - www.aubpetitveyssieux.com - fermé janv. et 1re quinz. d'août - ouv. dim. midi et sam. - ♿ - P -* *23,50/30 €.* Amateurs d'adresses authentiques, arrêtez-vous ici. Cette auberge de campagne qui n'ouvre que le week-end, travaux de la ferme obligent, sert une cuisine généreuse préparée par Claudie avec des produits fermiers. Un menu unique servi en famille.

Pérouges

★★

1 189 Pérougiens – Ain (01)

NOS ADRESSES PAGE 205

S'INFORMER

Syndicat d'initiative – *Entrée de la Cité - 01800 Pérouges - ☏ 04 74 46 70 84 - www.perouges.org - mai-août : 10h-17h ; mars-avr. et sept.-oct. : mar.-vend. 10h-12h, 14h-17h, sam. 14h-17h, dim. pairs en mars et impairs en avr. 14h-17h ; nov.-fév. : lun.-vend. 14h-16h30 - fermé 1er janv., 14 Juil., 1er et 11 Nov. et 25 déc.* Visites guidées en journée, costumées et nocturnes.

SE REPÉRER

Carte de microrégion B2 *(p. 166) – Carte Michelin Départements 328 E5.*
Relié à Lyon, tout proche, par l'A 42 et la D 1084, Pérouges est situé au sud de la Dombes, non loin d'Ambérieu-en-Bugey.

À NE PAS MANQUER

La place du Tilleul.

ORGANISER SON TEMPS

Comptez 2h pour la ville et ses environs.

C'est une miraculée ! Pérouges n'oubliera pas le 20e s. qui l'a vu passer d'une longue phase d'abandon, voire de destruction, à une restauration exemplaire. Couronnant une colline, protégé par ses remparts, ce véritable joyau d'architecture médiévale se découvre au fil de ses rues tortueuses bordées de vieilles maisons. Le décor pérougien est si typique que les cinéastes l'ont utilisé dans des films à cadre historique comme « Les Trois Mousquetaires », « Vingt ans après » ou encore « Monsieur Vincent ».

Se promener Plan de ville

★★ LA CITÉ

Circuit tracé en vert sur le plan p. 202. Laissez la voiture, à l'extérieur, à gauche de l'église ou sur le parking en contrebas.

La plupart des maisons de Pérouges, rebâties après le siège de 1468, sont du style de transition gothico-Renaissance. Les demeures seigneuriales ou de la riche bourgeoisie se distinguaient par l'importance de leurs dimensions et par leur luxe intérieur : hautes et vastes salles, plafonds à poutres sculptées, cheminées monumentales, fresques intérieures et extérieures. Celles des artisans et des marchands étaient beaucoup plus simples, les baies cintrées du rez-de-chaussée éclairaient l'atelier ou servaient à l'étalage des marchandises. Les plus anciennes maisons sont à pans de bois, avec des étages en encorbellement. Des rues sont restées telles qu'elles étaient au Moyen Âge.

★ Porte d'En-Haut

Entrée principale de Pérouges, elle était aussi la plus exposée, en raison de la pente douce du terrain à cet endroit. Sa défense était renforcée par l'église-forteresse et par une barbacane. Dans l'encadrement ogival apparaît la maison Vernay.
Du terre-plein, jolie vue sur la campagne, au-delà du fossé des fortifications.

★ Rue du Prince

C'était la voie principale. Les bouchers, vanniers, drapiers, l'armurier et l'apothicaire y tenaient boutique : on y voit encore les tables de pierre des éventaires. Elle est bordée par la **maison des Princes de Savoie**.

★★★ Place du Tilleul

Au centre de la cité, elle offre l'un des décors les plus évocateurs de France. Elle doit son nom aux halles qui brûlèrent dans un incendie en 1839. Le splendide tilleul qui se dresse au centre est un arbre de la liberté planté en 1792. Presque toutes les maisons qui entourent la place sont pittoresques.

Ostellerie – Elle est signalée par une enseigne portant les armes de la cité. La façade est, à pans de bois, est du 13e s., la façade sud Renaissance.

Musée du Vieux-Pérouges – *℘ 04 74 61 00 88 - avr.-sept. : mat. et apr.-midi - 4 €.* Consacré à l'histoire et l'archéologie de la Dombes et de la Bresse (gravures, ustensiles, mobilier, faïences de Meillonnas), il est aménagé dans une partie de la maison des Princes de Savoie et dans la maison Heer, qui donne sur la place par une galerie à piliers gothiques. Au rez-de-chaussée a été reconstitué un atelier de tisserand avec son métier.

Maison du Vieux-St-Georges – Sur la façade, une niche en coquille abrite une curieuse statue en bois du 15e s., représentant saint Georges, patron de Pérouges, en cavalier.

Prenez, au fond de la place, une ruelle en descente.

Maison Herriot – Avec ses vastes baies (en plein cintre, au rez-de-chaussée, à meneaux, à l'étage), elle a un aspect cossu.

Revenez sur la place et prenez la rue de la Place, au nord.

Maison Cazin – L'une des plus belles demeures de Pérouges présente des étages en encorbellement et à pans de bois. Au rez-de-chaussée, les fenêtres en plein cintre sont grillagées.

Prenez à droite la rue des Rondes. En face de la maison Cazin, adossé au rempart nord, s'élève le **manoir de l'Ostellerie**, ancienne maison Messimy.

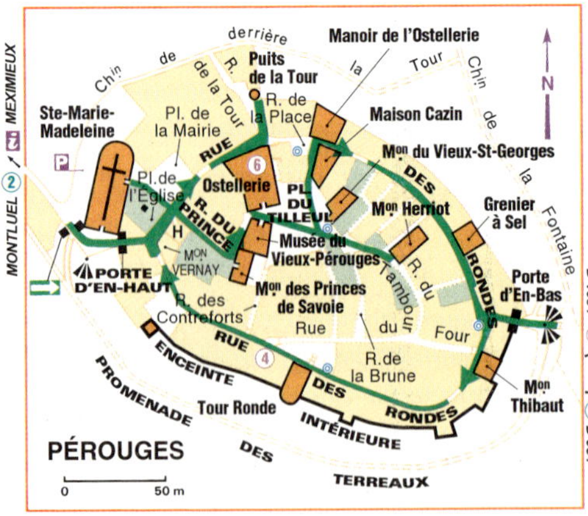

SE LOGER

Chambre d'hôte M. et Mme Debeney-Truchon.... ①
Petit Casset.................... ②

SE RESTAURER

Auberge de Campagne du Mollard.................... ②
Auberge du Coq............ ④
Ostellerie du Vieux Pérouges.............. ⑥

GRANDEUR ET DÉCADENCE

Pendant le Moyen Âge et jusqu'à l'annexion française (1601), les souverains du Dauphiné et de la Savoie se disputent la ville. Le siège de 1468, épisode de cette lutte, est resté fameux dans les annales locales.

Dans la cité, riche et active, des centaines d'artisans tissent la toile tirée du chanvre qu'on cultive tout alentour. Au 19e s., cette prospérité disparaît : Pérouges est loin du chemin de fer et l'artisanat ne peut soutenir la concurrence des usines. Des 1 500 habitants qu'elle comptait au temps de sa splendeur, l'agglomération tombe à 90. En 1909-1910, elle est sur le point de disparaître tout à fait. Beaucoup de propriétaires sont pris d'une fièvre de destruction. Des pâtés entiers de vieilles demeures tombent sous le pic. La ville aurait disparu sans l'intervention des passionnés regroupés au Comité du Vieux Pérouges qui s'allient à quelques Lyonnais et aux Beaux-Arts. Leur intervention est vigoureuse : les maisons les plus intéressantes sont achetées, restaurées avec goût, classées monuments historiques. L'essentiel de la cité est sauvé. Le Comité du Vieux Pérouges continue aujourd'hui cette action de sauvegarde.

★ Rue des Rondes

Elle a conservé, presque partout, son pavage ancien et sa rigole centrale. Les maisons anciennes qui la bordent, dont le **grenier à sel** et la **maison Thibaut**, sont protégées par des toits en surplomb.

Porte d'En-Bas

Plus ancienne que la porte d'En-Haut, elle est en plein cintre. Sur sa face extérieure, une inscription, d'un latin approximatif, est relative au siège de 1468. Elle peut se traduire ainsi : « Pérouges des Pérougiens ! Ville imprenable ! Ces coquins de Dauphinois ont voulu la prendre, mais ils n'ont pas pu. Cependant, ils emmenèrent les portes, les ferrures, les serrures et dégringolèrent avec elles. Que le diable les emporte ! »

Des abords de la porte, on a une jolie **vue★** sur les environs, les monts du Bugey et par temps clair, les Alpes.

Poursuivant dans la rue des Rondes, on débouche sur la place de l'Église.

Église Sainte-Marie-Madeleine

Elle a l'aspect d'une forteresse. Édifiée au 15e s., elle présente au nord-ouest une muraille percée de créneaux, de meurtrières et de baies très hautes et très étroites. Le clocher, détruit sous la Révolution, a été reconstruit sous l'Empire et doté d'un dôme à quatre pans, à la manière franc-comtoise. Le chemin de ronde, qui entourait l'enceinte, passe, dans l'église, au-dessus des voûtes latérales et dans les tribunes du mur de façade. À l'intérieur, remarquez l'ensemble des clefs de voûte armoriées ; la voûte centrale, notamment, porte le blason de la Maison de Savoie et les symboles des quatre évangélistes. À droite du chœur, statue en bois polychrome du 17e s., représentant saint Georges. *Par la rue des Rondes, gagnez la rue de la Tour.*

Puits de la Tour

Pendant longtemps, il suffit à fournir l'eau de toute la ville. Il doit son nom à la tour édifiée par les Romains, qui fut détruite en 1749, et dont le presbytère marque l'emplacement ; avec une lanterne située à sa partie supérieure, on pouvait communiquer par signaux avec des tours analogues formant relais jusqu'à Lyon.

TENIR LE HAUT DU PAVÉ

Étroites et sinueuses, les rues avaient un pavage à double pente avec une rigole médiane pour l'écoulement des eaux. Les toits des maisons, débordant très largement, abritaient le « haut du pavé », réservé aux personnes de qualité. Les gens du commun devaient céder le pas et s'aventurer vers les zones insalubres du milieu de la chaussée. De cette tradition largement pratiquée en France, reste l'expression… et les pavés de Pérouges.

Les deux enceintes

La rampe partant de la porte d'En-Haut mène à la **promenade des Terreaux★** tracée dans le fossé de l'enceinte extérieure réduite à l'état de vestiges ; l'enceinte intérieure est presque complète : elle sert de soubassement aux maisons de la rue des Rondes. La **tour Ronde**, où s'adosse la maison du sergent de Justice, servait de prison.

À proximité Carte de microrégion

Montluel B2

9,5 km au sud-ouest. Quittez Pérouges par la D 1084 en direction de Lyon.

Ce bourg fleuri a conservé plusieurs édifices intéressants qui rythment agréablement une promenade à partir de la collégiale Notre-Dame-du-Marais (16e-17e s.) : remarquez la façade de la **chapelle** de l'ancien couvent de la Visitation, puis le porche St-Étienne (12e s.) et les fenêtres à meneaux dans la Grande Rue, ou encore l'**apothicairerie** avec ses boiseries sculptées. *32 r. Neuve - ✆ 09 75 28 27 72 - possibilité de visite guidée mai-oct. : merc. et sam. apr.-midi ; reste de l'année : sam. apr.-midi - fermé j. fériés - 2,50 € (-16 ans gratuit).*

Sur les hauteurs (*reprenez la voiture*), à proximité des ruines de l'ancien château féodal, les alentours de la chapelle St-Barthélemy (13e s.) offrent une **vue** panoramique sur les confins de la Dombes.

Saint-Maurice-de-Gourdans B2

12 km au sud par la D 65B.

La bourgade est située sur le rebord d'un plateau dominant le confluent du Rhône et de l'Ain.

L'**église** date du 12e s. Une restauration adroite a mis au jour le mode de construction primitif ; pierres calcaires et cailloux roulés du Rhône, avec lits intercalaires de petites briques et de pierres plates.

L'**intérieur★** frappe par son aspect archaïque : la nef unique, basse, est un long berceau reposant sur une suite d'arcatures aveugles ornées de peintures murales. Disposées en bandeaux, elles illustrent dans un style naïf des scènes tirées pour la plupart des Évangiles. Dans la Création du monde, repérez Adam et Ève piégés par le serpent.

NOS ADRESSES À PÉROUGES

HÉBERGEMENT

À proximité

PREMIER PRIX

Chambre d'hôte M. et Mme Debeney-Truchon – *« L'Hôpital » - 01150 Chazey-sur-Ain - ☎ 04 74 61 95 87 -* P *- ⊭ - 6 ch. 45/90 €* ☕. C'est l'accueil et la simplicité du cadre qui vous séduiront dans cette ferme villageoise. Les propriétaires, ravis de recevoir, regrettent juste de voir passer leurs hôtes si vite… Lui, surtout, adorerait montrer comment il fait son pain. Amateurs de pétanque bienvenus !

BUDGET MOYEN

Petit Casset – *9 imp. du Petit-Casset - 01120 La Boisse - 9 km au sud-ouest de Montluel - ☎ 04 78 06 21 33 - www.lepetitcasset.fr - fermé mars et août - 16 ch. 65/75 € - ☕ 8 €.* Hôtel rénové, calme, dans un quartier résidentiel. L'atmosphère y est accueillante et les chambres, toutes personnalisées, donnent sur un jardin fleuri et arboré.

RESTAURATION

À Pérouges

BUDGET MOYEN

Auberge du Coq – *R. des Rondes - ☎ 04 74 61 05 47 - www.membres.lycos.fr/aubergeducoq - fermé fév., dim. soir et mar. midi d' avr. à nov. et dim. soir, lun. et mar. de déc. à avr. - 15,50/44 €.* Dans une ruelle pavée de galets, ce restaurant évoque les échoppes d'autrefois. Le patron, un Italien gourmand natif de Pérouges, défend à sa table quelques belles spécialités comme le gâteau de foies blonds à la crème d'écrevisses, les grenouilles fraîches ou le poulet fermier aux morilles… à découvrir.

UNE FOLIE

Ostellerie du Vieux Pérouges – *Pl. du Tilleul - ☎ 04 74 61 00 88 - www.hostelleriedeperouges.com - fermé 15 fév.-1er mars - 40/62 € -13 ch. 200/240 € - ☕ 16 €.* La célébrité de cette magnifique maison au cœur du village a dépassé les frontières depuis que Bill Clinton s'y est attablé en 1997… Il faut dire que c'est une belle étape, avec son décor typiquement bressan. Cadre médiéval ou ambiance bourgeoise au restaurant ; plats du terroir dont la fameuse galette.

À proximité

BUDGET MOYEN

Auberge de Campagne du Mollard – *01320 Châtillon-la-Palud - ☎ 04 74 35 66 09 - www.aubergedumollard.com - ouv. tte l'année sur réserv., vend. soir, dim. midi et sam. - ♿ -* P *- 17/36 € - 4 ch. 65 €* ☕. Cette ferme dombiste alanguie au milieu des champs vous ouvre ses portes : chambres garnies d'un joli mobilier en bois sculpté, salle à manger rustique avec mezzanine et cuisine à base de produits fermiers.

Le Beaujolais et les monts du Lyonnais 3

Carte Michelin Départements 327 et 328 – Loire (42), Rhône (69) et Saône-et-Loire (71)

Le vignoble du Beaujolais.

SGM / Age fotostock

LE BEAUJOLAIS ET LES MONTS DU LYONNAIS

Châtillon
St-Jean-des-Vignes
D 385
Turdine
N 7
L'Arbresle
Éveux
N 489
D 307
A 6
D 38
Villechenève
D 60
D 4
Savigny
D 7
St-Pierre-la-Palud
RHÔNE
Charbonnières-les-Bains
Col de la Luère
714
Corzieu
D 24
Grézieu-la-Varenne
LYON
Craponne
D 489
Arches de Chaponost
D 101
D 389
D 81
D 89
D 113
D 489
Haute-Rivoire
Yzeron
D 637
D 4
D 489
D 311
Aveize
D 34
D 389
D 122
LOIRE
A 450
RHÔNE
Lyonnais
La Neylière
Signal de St-André
934
D 1089
D 311
Anzieux
D 2
Chazelles-s-Lyon
St-Symphorien-sur-Coise
D 113
D 12
Riverie
Coise
du
D 6
D 126
St-Galmier
D 1082
Monts
Veauche
St-Martin-la-Plaine
D 77
D 6
D 37
D 54
A 72
CLERMONT-FERRAND
CLERMONT-FERRAND
ST-ÉTIENNE
A
B
3
3
4
4
LYON ★★★ Vaut le voyage
La Terrasse ★★ Mérite un détour
Oingt ★ Intéressant
Amplepuis À voir
Itinéraire conseillé avec ville de départ

209

Villefranche-sur-Saône

34 188 Caladois – Rhône (69)

NOS ADRESSES PAGE 214

S'INFORMER
Office de tourisme – *96 r. de la Sous-Préfecture - 69400 Villefranche-sur-Saône - ✆ 04 74 07 27 40 - www.villefranche-beaujolais.fr - tte la journée - fermé dim. et j. fériés.* Visites guidées.

SE REPÉRER
Carte de microrégion B2 *(p. 208) – Carte Michelin Départements 327 H4.*
L'A 6 et la D 306 relient la ville à Lyon, à 34 km au sud. Porte du Beaujolais, Villefranche est également proche de la Dombes, située de l'autre côté de la Saône.

À NE PAS MANQUER
La découverte de la peinture régionale au musée Paul-Dini.

ORGANISER SON TEMPS
Comptez environ 2h.

Villefranche, ou comment une charte peut changer le destin d'une ville. La ville doit en effet beaucoup à Guichard IV de Beaujeu qui en a fait la capitale du Beaujolais et l'a dotée de nombreux privilèges. On n'y vient pas pour un cœur historique ancien, mais pour sa fameuse et interminable rue Nationale qui résume bien l'originalité de son urbanisme.

Se promener Plan de ville

Vieilles demeures caladoises
✆ 04 74 07 27 40 - www.villefranche-beaujolais.fr - visite guidée sur demande préalable juil.-août : mar. et jeu. 9h30 et 15h, dép. de l'office de tourisme - 6 €.
Érigées et transformées entre le 15e et le 18e s., elles bordent, de part et d'autre, la **rue Nationale** (B 1-2). Elles doivent l'étroitesse de leurs façades à un article de la charte de 1260 prescrivant pour les nouveaux habitants, en contrepartie de la gratuité du terrain et des libertés et franchises accordées, une redevance annuelle de trois deniers par toise de largeur de façade (une toise équivalait à 1,95 m environ).
La numérotation des maisons part soit de la rue Nationale, soit du nord de la ville.
Côté impair – Remarquez les nos **375** (allée voûtée d'ogives), **401** (escalier à vis ajouré du 16e s. dans la cour) et, au no **17** de la rue Grenette, la tourelle d'escalier à claires-voies. Dans la cour du no **507**, le puits est surmonté d'un dais en coquille. Au no **523**, l'hôtel **Mignot de Bussy** (B1) forme un bel ensemble Renaissance avec son escalier à vis, ses fenêtres à meneaux et sa niche à coquille qui abrite une élégante statue.
Au no **561**, derrière la façade de 1760, une voûte d'ogives retombant sur des culots sculptés mène à une cour du 16e s., au crépi rose.
La **maison Eymin** (B2) au no **761** présente une façade du 18e s. avec voûtes sur quatre niveaux dans la cour, armoiries martelées et élégante tourelle abritant un escalier à vis.

La fin du service militaire annonce la Fête des conscrits.
J. Damase / MICHELIN

Au n° **793**, l'ancienne demeure de la famille Roland de la Platière, signalée par un médaillon et une plaque commémorative, possède un escalier monumental pourvu d'une belle rampe en fer forgé.

Côté pair – Du n° **400**, on a une bonne vue sur la tour polygonale et la balustrade en pierre sculptée de la maison Renaissance italienne située au n° **407**, en face.

Au n° **476**, à l'angle formé avec la rue du Faucon, se dresse une maison du 15e s. à encorbellement et pans de bois. Au n° **486**, au fond de l'allée, à droite, un bas-relief Renaissance montre deux angelots joufflus présentant des armoiries avec la date de 1537.

L'**auberge de la Coupe d'Or** (B1), au n° **528**, transformée au 17e s., était la plus ancienne auberge de Villefranche (fin du 14e s.). À l'angle avec la rue Paul-Bert, au n° **596**, deux jolies façades : celle de droite est de la fin du 15e s. avec ses gâbles en accolade ornés de choux frisés et de pinacles à crochets ; celle de gauche, Renaissance, présente des fenêtres moulurées à meneaux, où s'intercalent des médaillons.

Remarquez la niche d'angle, gothique, au n° **706**.

Le passage, au n° **810**, mène à une cour restaurée (puits, galerie et tourelle).

L'ancien **hôtel de ville** (B2) au n° **816**, pillé en 1562 par les troupes du baron des Adrets, fut terminé en 1660. La façade, en pierres dorées de Jarnioux *(p. 226)*, possède un portail en chêne orné de clous forgés et d'une imposte à panneaux rayonnants. Au n° **834**, la maison édifiée à la fin du 15e s. possède une jolie cour avec une haute tourelle à pans coupés logeant un escalier à vis. Le blason est aux armes de Pierre II de Bourbon et d'Anne de Beaujeu.

« LA VAGUE »

Chaque année, le dernier dimanche de janvier a lieu la **Fête des conscrits** qui anime la ville vers 11h du matin par un défilé haut en couleur. Dans un décor de mimosas et d'œillets, les hommes de 20 à 80 ans, au coude à coude, forment « la Vague » de l'amitié. Ils défilent dans la rue Nationale en costume noir, coiffés d'un gibus orné d'un ruban de couleur différente selon la décennie (20 ans, 30 ans, etc.).

LE SAVIEZ-VOUS ?

Les sires de Beaujeu créèrent cette ville autour de la tour de péage de Limans, en 1140, pour faire pendant à la forteresse d'Anse appartenant aux archevêques de Lyon. Elle se développa rapidement et, en 1260, Guichard IV de Beaujeu accorda aux habitants une charte de libertés et franchises, d'où son nom de « Villefranche ».

Autrefois, les commerçants avaient coutume de tenir marché sur le parvis de l'église qui était pavé de pierres plates appelées « calades ». « Aller à la calade » signifiait « aller à la ville », et le nom de « Caladois » est resté pour désigner les habitants de Villefranche.

Musée Paul-Dini B1

2 pl. Faubert - 04 74 68 33 70 - www.musee-paul-dini.com - - merc.-vend. 10h-12h30, 13h30-18h, w.-end 14h30-18h - fermé lun., mar., j. fériés, 1er dim. du mois et de mi-fév. à mi-mars - 5 € (-18 ans gratuit).

La donation de Paul Dini, directeur du *Dauphiné Libéré* pendant plusieurs années, a donné naissance au musée qui porte son nom dans l'ancienne halle aux grains. La collection de Paul-Dini constitue un panorama de la peinture régionale de 1875 à aujourd'hui, où l'on repère l'influence des écoles impressionniste, fauviste, abstraite et cubiste. Remarquez le travail du paysagiste

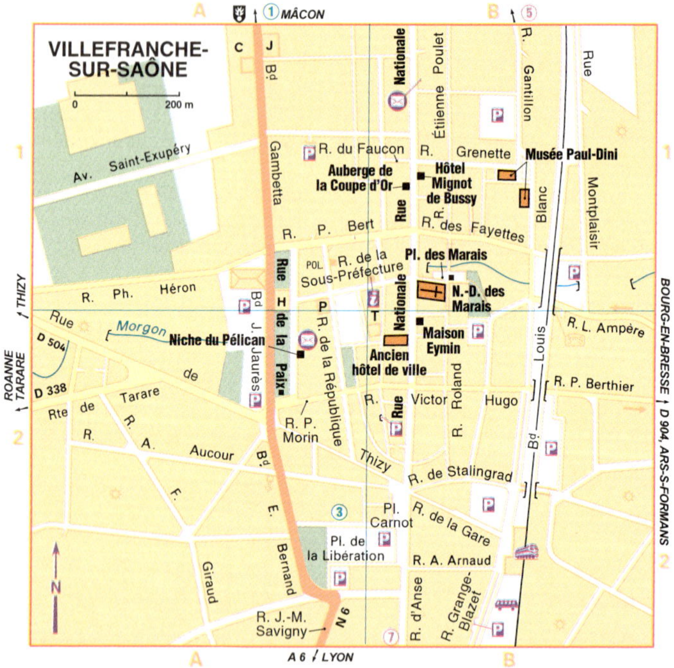

SE LOGER
Hôtel Émile Job.............................. ①
Hôtel Plaisance.............................. ③

SE RESTAURER
Ferme-auberge La Bicheronne.......... ⑤
Le Juliénas.. ⑦

Auguste Ravier, la proximité avec les dessins de soierie chez les peintres tels que François Vernay, les toiles de l'ami de Renoir Albert André et quelques œuvres de Suzanne Valadon, la mère d'Utrillo, qui vécut une dizaine d'années à St-Bernard. En 2005, le musée a intégré l'ancien site industriel Cornil tout proche du musée déjà existant; cette extension lui a permis de doubler sa surface d'exposition. Ce nouvel espace accueille des collections permanentes issues d'autres dotations et des expositions temporaires contemporaines.

Rue de la Paix A 1-2

Sur la façade du bâtiment jouxtant la Poste au sud a été rapportée de la rue Nationale la **niche du Pélican** (A2), sculpture gothique décorée de fleurons et de pinacles. En retrait, à côté, également rapporté de la rue Nationale, se dresse un gracieux puits Renaissance.

Place des Marais B1

Jouxtant l'église au nord-est, cette place agrémentée d'une fontaine carrée est bordée de bâtiments modernes à arcades aux tons roses et ocre. Dans le prolongement de la place, à l'angle avec la rue Nationale, une inscription rappelle l'octroi, en 1260, de la charte de Villefranche. Au-dessus, une décoration en céramique représente Pierre II de Bourbon et Anne de Beaujeu, en orants, d'après le fameux triptyque du maître de Moulins.

Église N.-D.-des-Marais B1

Seul subsiste de la chapelle primitive du 13e s. un petit clocher de style roman, au-dessus du chœur. L'église a subi de nombreux remaniements : la tour centrale est du 15e s., la somptueuse façade flamboyante du 16e s. a été offerte par Pierre II de Bourbon et Anne de Beaujeu, la flèche, détruite lors d'un incendie survenu en 1566, a été reconstruite en 1862.

À l'intérieur, la nef surprend par son élévation; jolie voûte ouvragée à clefs pendantes; orgues de 1835, dues au facteur J. Callinet et belle **chaire en marbre** du 17e s. *(illustration p. 74)*. Sur la façade nord, remarquez les gargouilles; l'une d'elles représente la luxure.

LE MARAIS CHOISI PAR LA VIERGE

Un jour, dans les marais qui entouraient Villefranche, des bergers trouvèrent une statue de la Vierge. On la transporta solennellement dans l'église Ste-Madeleine. Le lendemain, elle avait disparu, elle était retournée dans le marais. Les habitants de Villefranche s'empressèrent alors de construire une chapelle à cet emplacement. Ce type de tradition est assez fréquent en France.

NOS ADRESSES À VILLEFRANCHE-SUR-SAÔNE

HÉBERGEMENT

À Villefranche-sur-Saône

BUDGET MOYEN

Hôtel Plaisance – *96 av. de la Libération - 69400 Villefranche-sur-Saône - ✆ 04 74 65 33 52 - www.hotel-plaisance.com - fermé 23 déc.-2 janv. - 68 ch. 59/103 € - ☕ 11 € - rest. formule déj. 15 € - 25/40 €.* Immeuble des années 1970 situé au cœur de la capitale du Beaujolais. Jolies chambres et suites au look récemment actualisé. Parking et garage pratiques. Salle à manger agrémentée de fresques ; cuisine traditionnelle.

À proximité

POUR SE FAIRE PLAISIR

Hôtel Émile Job – *12 r. du Pont - 01190 Montmerle-sur-Saône - ✆ 04 74 69 33 92 - www.hotelemilejob.com - fermé 29 fév.-18 mars, 25 oct.-19 nov., dim. soir d'oct. à mai, mar. midi de juin à sept. et lun. - 22 ch. 70/80 € - ☕ 8 € - rest. 21/55 €.* Sur les bords de Saône, cette maison régionale a su préserver son atmosphère familiale et propose des chambres traditionnelles ou plus actuelles (rénovées et colorées). La carte alterne entre grands classiques et spécialités locales. Cadre bourgeois ; terrasse ombragée.

RESTAURATION

À Villefranche-sur-Saône

POUR SE FAIRE PLAISIR

Le Juliénas – *236 r. Anse - ✆ 04 74 09 16 55 - www.restaurant-lejulienas.com - fermé 2-21 août, lun. soir, sam. midi et dim. - menu 18 € - 26/48 €.* Vins de pays et savoureuse cuisine aux accents du Sud sont à l'honneur dans ce petit restaurant d'esprit bistrot aux tables simplement dressées.

À proximité

BUDGET MOYEN

Ferme-auberge La Bicheronne – *Le Bicheron - 01480 Fareins - ✆ 04 74 67 81 01 - fermé janv., lun. et jeu. - ♿ - P - formule déj. 12 € - 21/26,50 €.* Cette ferme-auberge bien connue des gens du coin fait souvent salle comble : depuis plus de 20 ans, la propriétaire régale ses hôtes avec ses poulets, coqs et pintades maison, souvent accompagnés d'un gratin dauphinois. La ravissante terrasse ombragée est prise d'assaut aux beaux jours.

Le Beaujolais

★★

Rhône (69)

NOS ADRESSES PAGE 227

S'INFORMER

Office du tourisme de Beaujeu – *Pl. de l'Hôtel-de-Ville - 69430 Beaujeu - 04 74 69 22 88 - www.aucoeurdubeaujolais.fr - mai-sept. : tlj ; mars-avr. et oct.-nov. : fermé lun. et mar. - fermé déc.-fév.* Visite audioguidée de la ville : 3 €.

Office du tourisme de Belleville – *68 r. de la République - 04 74 66 44 67 - www.ot-beaujolaisvaldesaone.fr - juil.-sept. : mat. et apr.-midi, dim. apr.-midi ; reste de l'année : tlj sf dim. mat. et apr.-midi - fermé lun. et j. fériés.*

Office du tourisme d'Anse – *8 pl. du 8-Mai-1945 - 69480 Anse - 04 74 60 26 16 - www.tourismepierresdorees.com - tlj sf dim. mat. et apr.-midi.*

SE REPÉRER

Carte de microrégion A1-2 B1-2-3 *(p. 208-209) – Carte Michelin Départements 327 F 2-4, G 2-4, H 2-4 – carte p. 217.*

Séparé de la Dombes par la Saône, le Beaujolais s'étend au nord-ouest de Lyon. La circulation nord-sud se fait essentiellement par la vallée de la Saône (D 306), car elle est particulièrement difficile dans la montagne.

À NE PAS MANQUER

Le lacis inextricable de routes qui sillonnent les célèbres vignobles. Tout du long, vous pouvez faire halte dans des villages de caractère tels que Oingt et Ternand.

ORGANISER SON TEMPS

Comptez 2 jours pour parcourir la région.

AVEC LES ENFANTS

La collection de poupées du musée des Traditions populaires à Beaujeu.

« Lyon, dit-on, est arrosé par trois fleuves : le Rhône, la Saône et… le Beaujolais. » Cette boutade tiendrait à accréditer l'idée d'un Beaujolais uniquement viticole. Très alléchante, cette idée est cependant incomplète pour présenter une région qui ne cesse de valoriser son patrimoine touristique. Sa richesse tient beaucoup à la variété et aux contrastes de ses paysages ; au nord, la montagne y est souvent sauvage, image renforcée par les sombres bois de sapins Douglas, tandis que dans le sud, les lumineux villages du pays des Pierres Dorées vibrent aux premières caresses du soleil.

Itinéraires conseillés Carte p. 217

★ LE VIGNOBLE

98 km de Villefranche-sur-Saône à St-Amour-Bellevue. Suivre le circuit 1 sur la carte p. 217. Comptez environ 5h.

La route serpente à travers le vignoble, escaladant les coteaux, puis redescendant vers la vallée de la Saône.
Quittez Villefranche par la D 504. Prenez à droite la D 19, puis à gauche la D 44.

Montmelas-Saint-Sorlin

On contourne par le nord le **château** féodal *(on ne visite pas)*, restauré par Dupasquier, élève de Viollet-le-Duc. Juché sur un promontoire rocheux, il a fière allure avec ses hautes murailles crénelées, ses tourelles et son donjon.
De Montmelas, poursuivez jusqu'au col de St-Bonnet. Du col, à droite, un chemin non revêtu conduit au signal de St-Bonnet (30mn à pied AR).

Signal de Saint-Bonnet

Du chevet de la chapelle, on découvre un panorama, au premier plan sur Montmelas, puis sur le vignoble et les monts du Beaujolais et, au-delà, sur la vallée de la Saône ; au sud-ouest, vue sur les monts du Lyonnais et de Tarare.
Du col, empruntez à droite la D 20.

Saint-Julien

Ce village de vignerons est la patrie de Claude Bernard (1813-1878).
Musée Claude-Bernard – *Route fléchée. ✆ 04 74 67 51 44 - w.-end et j. fériés mat. et apr.-midi, vend. apr.-midi - fermé 1er janv., 25 déc. et mars - 5 € (-16 ans 3 €).*
Au milieu des vignes se trouve la demeure acquise par le savant : « J'habite sur les coteaux qui font face à la Dombes… » Un musée y a été aménagé sous l'égide de la Fondation Mérieux de Lyon. Manuscrits, documents, photographies évoquent la vie et les découvertes de Claude Bernard. Remarquez notamment les instruments qu'il utilisait lors de ses séjours à St-Julien. En traversant le jardin qui longe les vignes, on peut accéder à sa maison natale située en arrière de la propriété.
Prenez la D 19 jusqu'à Salles.

LE PÈRE DE LA PHYSIOLOGIE

Fils d'humbles vignerons, **Claude Bernard** vient à Paris en 1834. Ses études sur la fonction glycogénique du foie font de lui le véritable créateur de la physiologie. Ses travaux ont servi de base à la médecine moderne et ses méthodes, exposées dans l'*Introduction à l'étude de la médecine expérimentale*, font encore autorité.

Salles-Arbuissonnas-en-Beaujolais

Salles-Arbuissonnas-en-Beaujolais a conservé quelques bâtiments d'un **prieuré** fondé au 10e s. par les moines clunisiens et occupé à partir du 14e s. par un chapitre de religieuses bénédictines qui deviendront, au 18e s., chanoinesses-comtesses non cloîtrées, et libérées du vœu de pauvreté comme l'atteste la taille de leur maison. Parmi elles se trouvait la future Mme de Lamartine, tante du poète.

On accède encore au prieuré par une majestueuse entrée (18e s.) donnant sur le parc, entre deux pavillons couronnés de vases de pierre.

Église – Elle s'ouvre par un beau portail roman de grès ocre, au décor floral de style clunisien. À l'intérieur, chœur du 11e s., jolie chaire du prieur, du 16e s., autel et stalles du 18e s.

Salle capitulaire – *Accès par le jardin et le cloître, tout de suite à gauche en sortant de l'église. ✆ 04 74 67 51 50 - visite guidée sur demande préalable à Mlle Alliès - 2 €.*

Les voûtes de cette salle du 15e s. retombent sur un pilier central. Remarquez les élégantes clefs de voûte décorées des symboles des quatre évangélistes, ainsi que des fresques, malheureusement très abîmées.

Différents souvenirs et objets d'art ont été rassemblés dans cette salle.

Cloître – À droite de la façade de l'église, une petite porte de style flamboyant donne accès à l'ancien cloître roman dont il ne reste qu'une galerie à gracieuse colonnade composée alternativement d'une colonne et de deux colonnettes jumelles ; la cour était le cimetière de la communauté ; à droite

de la salle capitulaire, le passage est voûté d'ogives, avec une clef de voûte armoriée. Sortez par là et retournez-vous pour apprécier la vue sur le clocher et un charmant escalier extérieur.

Place du Chapitre – Ombragée de tilleuls et bordée par le rythme régulier des petits balcons et escaliers des anciennes maisons de chanoinesses, elle permet d'admirer la sobriété du chevet de l'église et de son clocher roman coiffé d'une toiture en pyramide, comme le sont souvent les églises bâties au 12e s. en Beaujolais.

De Salles, suivez la D 35, puis la D 49^{E} à droite.

Vaux-en-Beaujolais

Ce village vigneron accroché aux pentes de la montagne beaujolaise *(voir l'encadré « Nos adresses dans le Beaujolais »)* a inspiré Gabriel Chevallier (1895-1969) dans son truculent roman *Clochemerle*. Ce village n'est évidemment pas comme les autres et il suffit d'y flâner pour profiter un peu de son ambiance.

La D 49^{E} traverse le Perréon. Par la D 62, dirigez-vous vers Charentay.

À 1 km à l'est de Charentay, dans un tournant à droite, on découvre la silhouette de l'étrange château d'Arginy.

Château d'Arginy

Très délabré, il intéresse par le mystère qui l'entoure. Certains y placent le trésor des Templiers qui aurait été rapporté par le comte Guichard de Beaujeu, neveu de Jacques de Molay, Grand Maître de l'ordre. De l'époque des Templiers, ne subsiste que la grosse tour en brique rouge dite tour des Huit Béatitudes ou tour d'Alchimie.

Continuez par la D 62, puis la D 19 à gauche et la D 37 à droite jusqu'à Belleville.

Belleville

Située au carrefour des axes de circulation nord-sud et ouest-est, cette ancienne bastide est à la fois un centre viticole et industriel (construction de machines agricoles). L'**église** du 12e s. faisait partie d'une abbaye de chanoines augustins, édifiée par les sires de Beaujeu. Le clocher carré fut construit au 13e s. sur le croisillon sud. Le beau portail roman, qui donne accès à la nef gothique, présente une arcade extérieure décorée de motifs géométriques. À l'intérieur, les sculptures des chapiteaux, qui représentent les péchés capitaux, sont d'une naïve verdeur.

L'**Hôtel-Dieu**, construit au 18e s. en remplacement du vieil hôpital, a été occupé par des malades jusqu'en 1991. Ses trois grandes salles présentent les alignements typiques d'alcôves aux rideaux blancs et communiquent avec la chapelle par de belles grilles ouvragées. L'apothicairerie renferme une collection de faïences des 17e et 18e s., mises en valeur par les boiseries de noyer. *68 r. de la République - ☎ 04 74 66 44 67 - ♿ - visite guidée merc.-vend. 10h et 16h, w.-end 17h (10h, 16h et 17h dim. juil.-août) - 5 € (-10 ans gratuit).*

Reprenez la D 37. Après Cercié, la route contourne le mont Brouilly.

Pour y accéder, empruntez la D 43, tournez à gauche dans la D 43^{E}, puis 100 m plus loin, prenez de nouveau à gauche la route de la « Côte de Brouilly ».

Mont Brouilly

Sur ses pentes se récolte le cru des côtes-de-brouilly, à la fois fruité et bouqueté ; ce cru est, avec le brouilly, produit dans les communes s'étendant autour du mont Brouilly, le plus méridional du vignoble beaujolais.

De l'esplanade, **vue★** sur le vignoble, les monts du Beaujolais, la plaine de la Saône et la Dombes ; une chapelle, au sommet (alt. 484 m), est un lieu de pèlerinage pour les vignerons.

Les vins du Beaujolais

Grâce à la culture de la vigne et à la réputation de ses vins, le Beaujolais est connu bien au-delà de nos frontières. La vigne, cultivée ici depuis l'époque romaine, a connu des fortunes diverses : florissante au Moyen Âge, presque abandonnée au 17e s., elle bénéficie au 18e s. d'une véritable renaissance ; Lyon, « la pompe à beaujolais », cesse alors d'être le seul débouché et des convois sont acheminés vers Paris. Les marchés s'élargissent avec le développement des réseaux routier et ferroviaire, et la culture de la vigne devient une monoculture.

Aujourd'hui, le vignoble s'étend de la côte mâconnaise au nord à la vallée de l'Azergues au sud, il recouvre les pentes des coteaux ensoleillés qui dominent la Saône. Le cépage, très homogène, est constitué de gamay noir à jus blanc. Il produit des vins rouges frais et fruités dont le parfum varie selon la composition du sol. Le vignoble est en fait divisé en deux régions dont les productions sont différentes :

Les coteaux du Beaujolais – Au nord de Villefranche, les terrains granitiques donnent en se décomposant le « gore », argile à l'aspect cendreux qui est caractéristique du vignoble beaujolais. C'est la région des beaujolais-villages et des 10 crus : moulin-à-vent, fleurie, morgon, chiroubles, juliénas, chénas, côte-de-brouilly, brouilly, saint-amour et régnié.

Le pays des Pierres Dorées – Entre Villefranche et la vallée de l'Azergues, les terrains sédimentaires dominent et donnent un parfum différent au jus du gamay. C'est la région des beaujolais et beaujolais supérieurs.

	CARACTÉRISTIQUES	GARDE	PRIX
BEAUJOLAIS	Essentiellement rouges. Belle teinte rubis profond, des arômes exprimant des notes de fruits rouges ou de bonbons anglais. En général des tanins soyeux malgré une bonne vinosité.	1 à 2 ans.	Entre 3 et 5 €.
BEAUJOLAIS-VILLAGES ET CRUS	En vieillissant, ils prennent des notes de gibier, de sous-bois et « pinotent » à la manière des bourgognes.	3 à 5 ans, et plus pour les bons millésimes.	Entre 5 et 9 €.

LE BEAUJOLAIS EN PRATIQUE

Dans les pays de vignobles, il est souvent possible de visiter les chais et découvrir la grande variété des crus ; les visites sont accompagnées de dégustations de la production locale. Certaines caves sont célèbres, comme celles du château de la Chaize (108 m de long), de Clochermerle et de Villié-Morgon, mais il ne faut pas hésiter à rendre visite aux nombreux vignerons de la région. Il faut parfois prendre rendez-vous : renseignez-vous auprès de l'organisme « Pays Beaujolais ».

Site officiel du beaujolais : **www.beaujolais.com**

Voir notre sélection de caveaux de dégustation dans « Nos adresses dans le Beaujolais » p. 227.

Revenez à Cercié, et à la sortie du village, prenez à gauche la D 68E pour gagner le vieux bourg de Corcelles. De là, prenez à gauche la D 9.

★ Château de Corcelles

☏ 04 74 66 00 24 - ♿ - mars-nov. : tte la journée ; janv.-fév. : mat. et apr.-midi - fermé dim. et j. fériés - 4 €.

Ce château fort fut édifié au 15e s. pour défendre la frontière entre la Bourgogne et le Beaujolais. Aménagé au 16e s., il prit une allure de gentilhommière. Au-dessus de l'entrée du donjon, armes de la famille Madeleine-Ragny. La cour intérieure est agrémentée de galeries Renaissance et d'un puits orné de ferronneries du 15e s. La chapelle renferme des boiseries gothiques remarquables. Le château de Corcelles figure parmi les célèbres domaines vinicoles du Beaujolais. Son grand **cuvier** du 17e s. compte parmi les plus beaux de la région.

Reprenez la D 9 à droite.

Cette route traverse les vignobles de crus aux noms prestigieux et offre de belles vues sur la vallée de la Saône. Dans chaque village, un caveau ou une cave coopérative propose la dégustation des grands vins.

Villié-Morgon

Son cru a pour caractéristique de bien vieillir. Produit sur des schistes décomposés, il a un parfum très fruité.

De Villié-Morgon, prenez au nord la D 68.

Fleurie

Ses vins « tendres » et légers se boivent jeunes.

De Fleurie, suivez la D 32, à l'est, puis la D 186, sur la gauche.

Romanèche-Thorins *(voir ce nom)*

Par la D 266 traversant le hameau du Moulin-à-Vent, rejoignez la D 68.

Chénas

Cette commune est le berceau de deux grands vins : le moulin-à-vent, charnu et robuste, dont elle partage les vignobles avec la commune de Romanèche-Thorins, et le chénas proprement dit, plus léger.

Juliénas

Ses vins corsés et résistants peuvent se déguster dans le **cellier** de la vieille église, décoré de scènes bachiques. À la sortie du village, par la D 137, la maison de la Dîme (16e-17e s.) présente une très belle façade à arcades. *☏ 04 74 04 42 98 - ♿ - juin-sept. : mat. et apr.-midi - fermé mar. (oct.-mai) - gratuit.*

Gagnez St-Amour-Bellevue.

Saint-Amour-Bellevue

Située à la pointe nord du Beaujolais, cette commune produit des vins rouges colorés et charnus ainsi que des vins blancs de qualité.

★ LA MONTAGNE

134 km de St-Amour-Bellevue à Villefranche-sur-Saône. Suivre le circuit 2 sur la carte p. 217. Comptez environ 6h.

Cet itinéraire très pittoresque s'élève à travers les coteaux couverts de vignes, s'enfonce dans les sombres forêts de sapins, puis redescend sur la riante vallée de l'Azergues animée par ses scieries.

Saint-Amour-Bellevue et Juliénas *(voir description ci-dessus)*

À Juliénas, prenez la D 26 qui s'élève jusqu'au col de Durbize (550 m), puis passe par le col du Truges (445 m).

Beaujeu

« À tout venant, beau jeu », telle était la devise de l'ancienne capitale du Beaujolais, qui aligne ses maisons basses le long d'une rue étroite, entre les collines tapissées de vignes.

Caveau des beaujolais-villages – *Pl. de l'Hôtel-de-Ville - 69430 Beaujeu - ✆ 04 74 04 81 18 - fév.-déc. : mat. et apr.-midi - fermé 3 sem. en janv. et le mar. en hiver.* Au sous-sol du musée Marius-Audin, signalé par une belle tête de Bacchus, un caveau de dégustation offre un vaste choix de beaujolais-villages à goûter en compagnie d'une belle effigie en cire de Catherine de Beaujeu.

Les Sources du Beaujolais – *Entrée par la Maison de pays, en face de l'église. Pl. de l'Hôtel-de-Ville - ✆ 04 74 69 20 56 - ♿ - juil.-août : 10h-12h30, 14h-19h (dim. et j. fériés 15h-19h) ; mars-juin et sept.-déc. : tlj sf mar. 10h-12h30, 14h-18h (dim. et j. fériés 15h-18h) - fermé janv.-fév. - 6 € (enf. 3 €).* Ce pôle œnologique, agrémenté d'une muséographie originale et moderne, propose un parcours historique consacré au monde vinicole du Beaujolais. Après la présentation du passé glorieux de Beaujeu, le malheureux Ganelon vient s'écraser dans la « salle du puits » devant plusieurs artisans décidément imperturbables. Mais le plus étonnant est sans doute la réplique grandeur nature d'une **péniche** dont on traverse le pont. Boutique de produits régionaux.

Église St-Nicolas – Les moellons irréguliers de roches noires ayant servi à sa construction lui donnent un aspect fort curieux. Édifiée en 1130, mais profondément remaniée au cours des siècles, elle a conservé son clocher roman.

Musée des Traditions populaires Marius-Audin – *Pl. de l'Hôtel-de-Ville - ✆ 04 74 69 22 88 - www.beaujeu.com - mai-sept. : 9h30-12h30, 14h30-18h30 (19h juil.-août) ; mars-avr. et oct.-nov. : merc.-dim. 10h-12h, 14h30-18h - fermé déc.-fév. - 2 € (-12 ans gratuit) ; 6 € billet combiné avec les Sources du Beaujolais et le Caveau.* Ce musée fut créé en 1942 par l'imprimeur érudit Marius Audin (1872-1951), né à Beaujeu. Dans la section de folklore, un intérieur paysan du 19e s. a été reconstitué tandis qu'une salle de classe restitue l'ambiance scolaire 1900, avec les pages d'écriture et les leçons de morale. Sont également présentés des outils d'artisans ainsi que des meubles et objets provenant des hospices de Beaujeu.

DE LA GRANDE FAMILLE AU BEAUJOLAIS

C'est la **famille de Beaujeu** qui a donné son nom à la région. Beaujeu pourrait venir du latin *bellus* (beau) et de *jugum* (montagne). Durant les 9e, 10e et 11e s., les sires de Beaujeu se taillèrent un territoire important entre le Mâconnais et le Lyonnais ; ils fondèrent Villefranche et l'abbaye de Belleville. En 1400, Édouard de Beaujeu fait don de ses terres aux Bourbon-Montpensier. Véritable figure dans la région, Anne de France (1461-1522), fille de Louis XI, épousa Pierre II de Beaujeu, fils cadet du duc de Bourbon. La « **Dame de Beaujeu** » assura avec sagesse la régence du royaume de France pendant la minorité de son frère Charles VIII, dont elle favorisa le mariage avec Anne de Bretagne. Sous François Ier, le connétable de Bourbon fit de lourdes erreurs sanctionnées par la confiscation de ses terres, et donc du Beaujolais, par la couronne ; mais, en 1560, les Bourbon-Montpensier reprennent possession de leurs biens. À sa mort, Marie-Louise de Montpensier, **la Grande Mademoiselle**, lègue le Beaujolais à la famille d'Orléans qui le garde jusqu'à la Révolution.

Le point fort du musée est une intéressante **collection de poupées** de mode du 19e s., entourées de miniatures délicatement présentées. Ces poupées ont été les messagères de l'élégance française à l'étranger, surtout en Angleterre, avant de servir de jouets précieux. D'autres figurines arborent des costumes régionaux de France ou d'Italie : Champagne, Bourgogne, Piémont, Sardaigne…

Par les D 26 et D 18, montez à la Terrasse.

★★ La Terrasse

Alt. 660 m. Table d'orientation. Située à 1 km du col du fût d'Avenas, dans une boucle de la D 18. De ce lieu-dit se révèle un magnifique **panorama** semi-circulaire : au-delà de la vallée de la Saône, il embrasse les plaines de la Bresse, le Jura et, par temps clair, les Alpes avec le mont Blanc, le massif de la Vanoise et le Pelvoux.

Avenas

Avenas est situé sur l'ancienne voie romaine reliant Lyon à Autun. Ce petit village vit du travail du bois et de la fabrication d'un fromage de chèvre, le « blanc de Faye ». Son **église** date de la seconde moitié du 12e s. et renferme un magnifique **autel**★ en calcaire blanc de la même époque. Sur la partie antérieure, le Christ en majesté lève la main droite en signe de bénédiction. Il est entouré des symboles des évangélistes, tandis que les apôtres, disposés de chaque côté sur deux registres, tiennent le livre de leurs écrits. Sur les faces latérales, on voit, à gauche, des scènes de la vie de la Vierge, à droite, le roi Louis VII offrant l'église d'Avenas au chapitre de St-Vincent de Mâcon.

La D 18E, puis la D 32 mènent au col de Crie.

Juste avant ce col se dégage une très belle vue vers le nord par la trouée de la Grosne orientale. En redescendant, sur la droite, se dresse la masse imposante du **mont St-Rigaud** (alt. 1 009 m), point culminant de la région.

UN RELIEF CONTRASTÉ

Le Beaujolais est un massif montagneux situé entre les bassins de la Loire et du Rhône, à la ligne de partage des eaux (océan Atlantique-Méditerranée). Ses limites sont nettes à l'est et à l'ouest, beaucoup moins au nord et au sud où il se rattache au Charolais et aux monts du Lyonnais. Si l'altitude est relativement peu élevée – le mont St-Rigaud, point culminant, est à 1 009 m –, on est frappé par l'abondance des plateaux, l'existence des vallées sinueuses et encaissées, et surtout, par la dissymétrie entre les versants est et ouest. Alors qu'à l'ouest on s'élève par une pente assez douce, c'est un talus accentué qui domine à l'est la plaine de la Saône. Ce talus constitue la « Côte beaujolaise », tandis que tout le reste du massif forme la « Montagne ».

Avec ses monts et ses vallées pittoresques, ses paysages variés, la Montagne est une région digne d'être visitée. De la ligne de crête, et d'un grand nombre de belvédères, on découvre de vastes panoramas : au-delà de la plaine de la Saône apparaissent les contreforts du Jura et, plus loin, les hauts sommets des Alpes. Aux bois de sapins et aux landes de genêts qui couvrent les sommets, succèdent, sur les pentes, forêts de chênes et vastes clairières.

Chénelette
Cette petite localité est agréablement située dans une région boisée. Elle est dominée par le **Tourvéon** (alt. 953 m) au sommet duquel se dressait l'énorme château fort, dit de Ganelon. Ce château aurait été rasé sur ordre du roi Louis le Débonnaire. *Accès aux ruines : 45mn à pied AR.*

Les Écharmeaux
Au milieu des herbages cernés de forêts de sapins, situé sur l'ancienne route de Lyon à Autun, le col des Écharmeaux forme un important nœud routier du Beaujolais, à 720 m d'altitude. De ce carrefour, belle vue sur les monts du Haut-Beaujolais.
À partir des Écharmeaux, la D 10 en direction de Ranchal passe par le col des Aillets, puis celui des Écorbans à travers la forêt.
Entre Ranchal et St-Nizier-d'Azergues, la D 54 offre des **vues★** sur la vallée de l'Azergues. Après le **col de Favardy** (alt. 862 m), un belvédère permet de découvrir un beau **panorama★** vers le nord-est : au premier plan sur la vallée de l'Azergues et au loin, sur la masse du Tourvéon et les derniers contreforts du Beaujolais.

Saint-Nizier-d'Azergues
Ce petit bourg occupe un site agréable au-dessus de la vallée de l'Azergues.
La route, très pittoresque, se poursuit jusqu'à Grandris.
Après Grandris, prenez à gauche la D 504 jusqu'à La Folletière, puis à gauche, de nouveau, la D 485.
La route longe la haute vallée de l'Azergues. Elle traverse ensuite le village de Lamure-sur-Azergues.
Au Gravier, prenez à droite la D 9.

Claveisolles
Ce petit village juché sur un promontoire est surtout connu pour ses sapinières. Au 19e s., le comte du Sablon importa d'Amérique des sapins Douglas. Le peuplement forestier actuel est l'un des plus beaux de France.
Revenez sur la D 485 et prenez à gauche la direction de Chambost-Allières.

Chambost-Allières
Cette commune est formée de deux villages distincts. Allières, dans la vallée, est actif. C'est un lieu de passage. **Chambost**, que l'on atteint par la D 116 s'élevant au-dessus de la vallée, est un petit hameau au charme rural.
De Chambost-Allières à Cogny par Le Saule-d'Oingt, le **parcours★★** est très pittoresque. La route s'élève jusqu'au col du Joncin (alt. 735 m). C'est une agréable route de crête d'où, par temps clair, on découvre une très belle **vue★** sur les Alpes.
Au Saule-d'Oingt, prenez à gauche la D 31, puis encore à gauche la D 19.
Au cours de la descente, le panorama s'étend à la vallée de la Saône, la Bresse et aux contreforts du Jura.
La D 504 ramène à Villefranche.

★★ LE PAYS DES PIERRES DORÉES

59 km au départ de Villefranche-sur-Saône. Suivre le circuit 3 sur la carte p. 217. Comptez environ 4h. Quittez Villefranche par la D 70 au sud.
Cette jolie **route de crête★** offre des vues dominantes sur la vallée de la Saône.

Marcy

À l'extérieur du bourg *(accès par une petite route à gauche signalée « Tour Chappe »)* se dresse une **tour de télégraphe**, construite par Claude Chappe en 1799, dont le mécanisme à bras mobiles, restauré, a servi à transmettre des messages optiques jusqu'en 1850. *✆ 04 74 67 02 21 - mars-nov. : dim. apr.-midi - possibilité de visite guidée - fermé déc.-fév. - 1,50 € (enf. gratuit), gratuit dim.*

Du pied de la tour, la vue embrasse la vallée de la Saône, la Dombes, les monts du Lyonnais et du Beaujolais.

Charnay

Située au sommet d'une colline, cette petite bourgade possède des vestiges de fortifications provenant d'un château féodal du 12e s. Sur la place, entourée de maisons des 15e et 16e s. en pierres dorées, l'**église** abrite une très belle statue gothique de saint Christophe en pierre polychrome (12e s.). Plus haut, l'imposant château du 17e s., appelé « la Mansarde », abrite la mairie.

Prenez, au sud de Charnay, une route étroite menant à St-Jean-des-Vignes.

Saint-Jean-des-Vignes

La petite église perchée offre, dans son cadre fleuri, une très belle vue sur l'ensemble du pays lyonnais.

Espace Pierres Folles – *✆ 04 78 43 69 20 - www.espace-pierres-folles.com - mars-nov. : mar., jeu. et vend. mat. et apr.-midi, merc., sam. et dim. apr.-midi - fermé lun. déc.-fév. - 4,50 € (-6 ans gratuit).* La présence de sites géologiques importants dans les environs est à l'origine de la création du musée. Une partie de celui-ci retrace l'histoire de la planète, telle qu'on peut la lire dans la composition du sous-sol. Des vitrines, tableaux et films expliquent cette lente évolution de la vie sur la terre ; remarquez l'aquarium de nautiles vivants et l'hologramme d'un « vol de ptérosauriens ». Le reste du musée est consacré à la découverte du terroir et à son exploitation industrielle et touristique.

Rejoignez la D 30 pour atteindre Chazay-d'Azergues.

Chazay-d'Azergues

De la cité fortifiée dominant l'Azergues subsistent un beffroi et quelques maisons des 15e et 16e s. Le château *(on ne visite pas)*, du 15e s., était la résidence des abbés d'Ainay. Ne manquez pas d'aller voir la fameuse « porte du Babouin » : elle doit son nom à un bateleur qui, déguisé en ours, sauva d'une tour en feu la dame du seigneur et sa petite fille qu'il épousa.

Empruntez la D 30 jusqu'à Lozanne, puis la D 385 jusqu'à Châtillon.

Châtillon

Ce village est dominé par une forteresse des 12e et 13e s. qui commandait l'entrée de la vallée de l'Azergues. Englobée à l'origine dans cette forteresse,

Les vignobles du Beaujolais en automne.
C. Cousin / Fotolia.com

la **chapelle St-Barthélemy** *(accès en forte montée signalé à gauche de l'église paroissiale)* fut agrandie au 15e s. par Geoffroy de Balzac, gendre de Jean le Viste pour qui furent tissées, dit-on, les tapisseries de *La Dame à la licorne* exposées au musée de Cluny à Paris. À l'intérieur, tableaux de Lavergne et d'H. Flandrin. Le chevet en encorbellement est très curieux. *✆ 04 78 43 92 66 - possibilité de visite guidée (45mn) de mi-avr. à fin oct. : dim. et j. fériés 14h30-18h - gratuit.*
De l'esplanade du Vingtain, en contrebas, jolie vue sur le bourg. À la sortie du village, sur la D 76 en direction d'Alix, pittoresque puits couvert dit « sarrasin ».
Suivez la D 385 bordée de terrils rouges.

Chessy

L'**église** de style gothique flamboyant abrite un beau bénitier du 16e s. et une sainte Marthe terrassant un dragon. Dans cette localité était exploité autrefois un important gisement de cuivre dont Jacques Cœur fut propriétaire. Le minerai, dit « chessylite », est une variété d'azurite aux beaux reflets bleus, très prisée des collectionneurs.
Empruntez la D 19 en direction de Bagnols.

Bagnols

Le village possède un château du 15e s. restauré en château-hôtel haut de gamme. L'**église**, de la même époque, comporte une belle clef de voûte pendante. Sur la place, de très jolies maisons à auvent des 15e et 16e s.
Revenez sur la D 19 que vous prenez à gauche. Arrêtez-vous au hameau du Boitier.

Le Boitier

À la sortie du hameau sur la droite se trouve le clos de la Platière où **Mme Roland** passa ses plus beaux jours.

Theizé

Parking à droite de la route. Prenez la rue qui grimpe à droite de la place de l'église.
L'agréable village de Theizé, typique de la région des Pierres Dorées, a la particularité de posséder deux châteaux, l'un en contrebas de la route et l'autre au sommet du village. Sur la partie haute du village, le **site de Rochebonne**, constitué d'une ancienne chapelle (16e s.) et d'un château, concentre l'intérêt touristique. La **chapelle**, dont on peut admirer le chœur gothique flamboyant à clef pendante, est aujourd'hui utilisée pour des concerts et des expositions temporaires. Le **château de Rochebonne** se distingue par sa façade classique flanquée de deux tours et surmontée d'un fronton. L'intérieur, qui a conservé un bel escalier à vis, accueille un pôle œnologique et des expositions. Les

LE SAVIEZ-VOUS ?
Manon et Jean-Marie Roland de la Platière furent aux débuts de la Révolution des Girondins convaincus. Dans le salon qu'elle tenait à Paris, Mme Roland recevait Robespierre, et elle intervenait aussi bien dans *Le Patriote français* que dans les discours de son mari lorsqu'il fut ministre de l'Intérieur. Mais les temps étaient instables et, tandis que M. Roland échappait de justesse à l'arrestation, Mme Roland était emprisonnée, puis exécutée. En l'apprenant, Jean-Marie Roland se suicida.

étages supérieurs, dégradés au cours de longues périodes d'abandon, sont progressivement restaurés. *℘ 04 74 71 16 10 - www.theize-en-beaujolais.com - juil.-août : tlj sf mar. apr.-midi ; mai-juin et de déb. sept. à mi-oct. : w.-end et j. fériés apr.-midi - possibilité de visite guidée sur demande (2 sem. av.) - 3 € (enf. 1,50 €).*

★ Oingt

De la redoutable forteresse d'Oingt, il ne reste que la porte de Nizy par laquelle on pénètre dans le village dont les rues piétonnes, la « Maison commune » du 16e s., restaurée, et de nombreux ateliers artisanaux (céramique, tissage, etc.) accentuent le charme. Des ruelles bordées de très belles maisons mènent à l'**église**, ancienne chapelle du château (14e s.), où, sur les culs-de-lampe supportant les arcades du chœur, figurent les têtes sculptées de Guichard IV, son épouse et leurs six enfants.

Du sommet de la **tour** s'offre un magnifique panorama sur les monts du Lyonnais et du Beaujolais ainsi que sur la vallée de l'Azergues. *℘ 04 74 71 21 24 - juil.-août : apr.-midi ; de mi-avr. à fin juin et sept. : w.-end et j. fériés apr.-midi - fermé de déb. oct. à mi-avr. - 1,30 € (-12 ans gratuit).*

Continuez sur la D 96.

À **St-Laurent-d'Oingt**, remarquez l'église à auvent. En arrivant sur la D 385, tournez à droite. Sur la gauche se dresse le bourg fortifié du vieux Ternand.

★ Ternand

Autrefois bastion des archevêques de Lyon, Ternand a gardé des vestiges de fortifications : le donjon et le chemin de ronde qui offre une jolie perspective sur les monts de Tarare et la vallée de l'Azergues. L'**église** est surtout intéressante par ses chapiteaux carolingiens dans le chœur et ses peintures murales de la même époque dans la crypte. *Visite guidée sur demande à la mairie - ℘ 04 74 71 33 43.*

Faites demi-tour, traversez le lieu-dit Les Planches et suivez la D 31.

Ce **parcours★★**, qui passe par le col du Saule-d'Oingt, est très pittoresque. À flanc de coteau, de très belles fermes dominent des pâturages. Du Saule-d'Oingt, en descendant vers Villefranche, on a une vue très étendue sur la vallée de la Saône.

À la Maladière, tournez à droite vers Jarnioux.

Jarnioux

Le **château**, à six tours, construit aux 15e et 17e s., comprend une très belle partie Renaissance. La majestueuse entrée, où subsistent des traces de pont-levis, donne accès à deux cours successives. *℘ 04 74 03 80 85 - possibilité de visite guidée de déb. juil. à mi-juil. et de mi-août à fin sept. : lun., merc., vend. apr.-midi, mar. et jeu. mat. - fermé 14 Juil. et 15 août - 5 € (enf. 3 €).*

Revenez à Villefranche par la D 116 et la D 338.

NOS ADRESSES DANS LE BEAUJOLAIS

HÉBERGEMENT

PREMIER PRIX

Camping La Grappe Fleurie – *69820 Fleurie - à 0,6 km au sud du bourg par D 119E et à droite - ☎ 04 74 69 80 07 - camping@fleurie.org - ouv. de mi-mars à fin oct. - réserv. conseillée - 96 empl. 16 €.* Ce camping municipal bordé de vignes et très bien entretenu, situé à seulement 600 m du village, propose des emplacements verdoyants bien délimités et quatre chalets (d'autres à venir). Piscine, court de tennis, tables de ping-pong et jeux d'enfants sont à la disposition des vacanciers.

BUDGET MOYEN

Chambre d'hôte M. et Mme Bonnot – *Au bourg - 69430 Les Ardillats - 5 km au nord-ouest de Beaujeu par D 37 - ☎ 04 74 04 80 20 - fermé janv. - ⊭ - 5 ch. 50 € ☕ - repas 18 €.* Enseigne où tout se conjugue pour rendre votre séjour agréable : convivialité, bonne chère et belle cave forcément dédiée au beaujolais. Des mangeoires donnent un cachet rustique à la salle des repas et chaque chambre est associée à un fruit.

Chambre d'hôte Domaine des Quarante Écus – *Les Vergers - 69430 Lantignié - 3,5 km à l'est de Beaujeu par D 78 - ☎ 04 74 04 85 80 - bnesme@wanadoo.fr - ⊭ - 5 ch. 52 € ☕.* Ce domaine viticole dispose de quelques chambres garnies de meubles anciens ou modernes et décorées de reproductions de Van Gogh. Toutes offrent une échappée sur les vignes ou sur le jardin et les vergers. Petit-déjeuner servi dans une belle salle rustique. Visite de la cave et dégustation du vin de la propriété.

Chambre d'hôte Domaine de La Grosse Pierre – *La Grosse Pierre - 69115 Chiroubles - par la D 119 dir. Chiroubles - ☎ 04 74 69 12 17 - www.chiroubles-passot.com - fermé déc.-janv. - 5 ch. 60 € ☕.* Adresse idéale pour une immersion complète en plein Beaujolais, ce beau domaine viticole (10 ha) met à votre disposition des chambres agréables, quoique simplement aménagées, et un plaisant salon avec cheminée. Des dégustations de vins ont lieu dans la cave voûtée.

Hôtel Les Vignes – *Rte de St-Amour - 69840 Juliénas - 3 km au sud-ouest de St-Amour-Bellevue par D 17E - ☎ 04 74 04 43 78 - www.hoteldesvignes.com - fermé 20 déc.-3 janv. - P - 22 ch. 64/70 € - ☕ 10 €.* À la sortie de Juliénas, cet hôtel bâti à flanc de coteau et entouré de vignes abrite des chambres rénovées, gaies et fonctionnelles. Le petit-déjeuner beaujolais, rehaussé de spécialités charcutières locales et servi dans une salle aux tons ensoleillés, mérite une mention spéciale. Accueil sympathique.

Chambre d'hôte Gérard Lagneau – *Huire - 69430 Quincié-en-Beaujolais - par D 37, dir. Beaujeu et rte à gauche apr. la station Avia - ☎ 04 74 69 20 70 - www.domainelagneau.com - fermé janv. - réserv. obligatoire - 4 ch. 63 € ☕.* Cette belle bâtisse en pierres du pays située au cœur du vignoble constitue une « case départ » idéale pour partir à la découverte du Beaujolais. Chambres sobrement décorées. Vue étendue sur les vignes et la plaine de la Saône. Dégustation de vins de la propriété dans un caveau du 16e s.

Chambre d'hôte Domaine de Romarand – *69430 Quincié-en-Beaujolais - 5,5 km au sud-est de Beaujeu par D 37, D 9, puis dir. château de Varennes - ✆ 04 74 04 34 49 - berthelot.romarand@orange.fr - fermé 25 déc.-1er janv. - réserv. obligatoire - 4 ch. 60/62 € ☕ - repas 23 €.* Cette belle demeure tenue par un couple de viticulteurs ouvre sur les vignes et les monts alentour. Les chambres, modernes et confortables, profitent de cet agréable panorama tout comme la piscine et le jardin de rocaille joliment fleuri. Pâtisseries et confitures maison au petit-déjeuner ; dégustation et vente de vin.

POUR SE FAIRE PLAISIR

Chambre d'hôte Les Picorettes – *Montrichard - 69460 Vaux-en-Beaujolais - 2 km au sud du Vaux-en-Beaujolais par D 49E, au lieu-dit Montrichard - ✆ 04 74 02 14 07 - www.picorettes.com - 4 ch. 70/108 € ☕ - repas 27 €.* Josette et Francis Blettner ont aménagé trois chambres et une suite familiale dans cette jolie maison beaujolaise. Au 2e étage, celle baptisée « Vigne » offre la plus belle vue sur le village. Petit-déjeuner mariant le sucré et le salé et cuisine traditionnelle (blanquette, poulet de Bresse) servie à la table d'hôte.

Chambre d'hôte Domaine de la Chapelle de Vâtre – *Le Bourbon - 69840 Jullié - ✆ 04 74 04 43 57 - www.vatre.com - P - 3 ch. 70/95 € ☕.* Le domaine, sis au sommet d'une colline, ménage un panorama exceptionnel sur les vignobles et la vallée de la Saône. Un couple de Belges a acheté cette demeure, l'a restaurée puis y a aménagé trois chambres de caractère – mêlant l'ancien et le contemporain – et un gîte tout aussi superbe. Belle piscine à débordement.

Chambre d'hôte Les Pasquiers – *Les Pasquiers - 69220 Lancié - 2,5 km au sud-est de Fleurie par D 119E - ✆ 04 74 69 86 33 - www.lespasquiers.com - ⊠ - réserv. obligatoire - 4 ch. 80 € ☕ - repas 30 €.* Un grand jardin clos entoure cette belle demeure du second Empire qui a conservé ses aménagements d'origine : tapis, bibliothèque, piano à queue dans le salon, etc. Les chambres du bâtiment principal possèdent de beaux meubles du 19e s., celles de la dépendance offrent un « look » plus contemporain.

RESTAURATION

BUDGET MOYEN

Le Buffet de la Gare – *Pl. de la Gare - 69220 Belleville - ✆ 04 74 66 07 36 - lay.sylvie@9business.fr - fermé 1 sem. au printemps, 3 sem. en août et 1 sem. en hiver - réserv. conseillée - 12/15 € déj. - 15/35 €.* Ce restaurant a du cachet avec son décor « vieux bistrot », ses banquettes, ses meubles en bois et ses vieilles affiches. On y sert d'appétissantes recettes régionales et un menu du jour, dans une ambiance chaleureuse et bon enfant. L'adresse faisant souvent salle comble à l'heure du déjeuner, pensez à réserver.

Auberge Vigneronne – *Au bourg - 69430 Régnié-Durette - 5 km au sud de Beaujeu par D 78 - ✆ 04 74 04 35 95 - www.beaujeu.com - fermé mar. soir d'oct. à avr. et lun. - 11 € déj. - 18/29 €.* Près de l'église, derrière une belle façade en pierre dont la porte arbore un magnifique vitrail, restaurant traditionnel complété d'un caveau de dégustation. Deux chaleureuses salles à manger typiquement beaujolaises, dont une avec cheminée, et terrasse d'été.

La Maison des Beaujolais – *441 av. de l'Europe, RN 6 - 69220 St-Jean-d'Ardières - ✆ 04 74 66 16 46 - www.lamaisondesbeaujolais.com - fermé 22 déc.-4 janv., mar. soir et merc. soir sf juil.-août - formule déj. 11/12,70 € - 19,50/32 €.* Voici une excellente adresse pour découvrir la cuisine et les vins du Beaujolais. Au restaurant, vous aurez le choix entre de nombreux menus et les formules du jour, toujours préparés à partir de produits frais. Boutique et espace dégustation où l'on propose des initiations (à partir de 5 personnes et sur réservation).

La Terrasse du Beaujolais – *Rte d'Avenas - 69115 Chiroubles - ✆ 04 74 69 90 79 - www.laterrassedubeaujolais.fr - fermé déc.-fév. sf sam. et dim. - 22/58 €.* La salle à manger et la terrasse de ce restaurant campé sur les hauteurs de Chiroubles offrent une vue exceptionnelle sur les monts du Beaujolais. Cuisine régionale avec pain, terrines et pâtisseries maison ; salon de thé et en-cas l'après-midi.

Le Coq à Juliénas – *Pl. du Marché - 69840 Juliénas - ✆ 04 74 04 41 98 - www.leondelyon.com - fermé 13 déc.-14 janv., mar. soir et merc. - 20/23 €.* Au pays des vins, le coq est roi ! C'est en tout cas vrai dans cette maison pimpante sur la place de Juliénas. Derrière ses volets bleus, sa salle au décor soigné accueille une belle collection de coqs de toute sorte… À admirer en savourant sa cuisine gourmande.

Les Platanes de Chénas – *Aux Deschamps - 69840 Chénas - 2 km au nord de Chénas par D 68 - ✆ 03 85 36 79 80 - chgerber@wanadoo.fr - fermé fév., 21-28 déc., 10 fév.-10 mars, mar. et merc. - 25/68 €.* Ah qu'il est doux de ne rien faire quand tout s'agite autour de soi ! Installé sous les platanes de la terrasse, votre regard s'étend sur les vignobles de Chénas et votre palais découvre les vins d'ici accompagnés d'une honnête cuisine au goût du jour.

UNE FOLIE

Le Cep – *Pl. de l'Église - 69820 Fleurie - ✆ 04 74 04 10 77 - fermé 29 juin-7 juil., déc., janv., dim. et lun. - 45/95 €.* Foin du décor élégant ou de la brigade stylée ! Cette digne ambassade du Beaujolais a renoncé au luxe pour mieux retrouver les saveurs d'une authentique cuisine du terroir. Ses spécialités : des cuisses de grenouilles sautées et le pigeonneau de grain, avec un beaujolais blanc de Fleurie.

ACHATS

Cave Beaujolaise de Quincié – *5,5 km au sud de Beaujeu par D 37^{E} puis D 37 - 69430 Quincié-en-Beaujolais - ✆ 04 74 04 34 17 - www.cavedequincie.com - 8h30-12h, 14h-18h, sam. 9h-12h, 14h-18h, dim. 10h-12h, 15h-18h (juin-sept. : 18h30) - fermé 1er janv., 1er Mai, 1er nov. et 25 déc.* Les différents crus : beaujolais-villages, régnié, brouilly, etc. de cette coopérative viticole née en 1928 dispensent des arômes de fruits et de fleurs régulièrement primés dans les concours. Une salle de vente et de dégustation très moderne permet de présenter la sélection dans des conditions optimales.

La Cave de Clochemerle – *Au bourg - 15 km au nord-ouest de Villefranche-sur-Saône par D 43 - 69460 Vaux-en-Beaujolais - ✆ 04 74 03 26 58 - tlj sf dim. 10h30-12h, 15h-20h (sam. 22h) - fermé 1er janv. et 25 déc.* La cave fut inaugurée en 1956 par Gabriel Chevallier lui-même. Outre un manège relatant en 4 scénettes musicales l'histoire de Clochemerle, le pôle œno-touristique inauguré en juin 2006 consacre un espace au romancier qui fit passer le village à la postérité : film retraçant les étapes de sa vie, 6 bornes sonores contant son histoire (avr.-oct.). Caveau de dégustation et vente de beaujolais-villages rouge et rosé.

Cave des Producteurs des Grands Vins de Fleurie – *Au bourg - 69820 Fleurie - ✆ 04 74 04 11 70 - www.cavefleurie.com - 15 avr.-15 oct. : 9h30-13h, 14h30-19h ; 15 oct.-15 avr. : 9h30-12h, 14h-18h.* Cette coopérative créée en 1927 est la doyenne des caves du Beaujolais. Elle vinifie un tiers du cru Fleurie, produit une gamme de vins par climat – La Chapelle des Bois, Les Garants, etc. – et s'enorgueillit d'y lever deux cuvées d'exception baptisées « Cardinal Bienfaiteur » et « Présidente Marguerite ».

Cave du Château de Chénas – *La Bruyère - 3,5 km au nord-est de Fleurie par D 68 - 69840 Chénas - ✆ 04 74 04 48 19 - www.dvp-bourgogne.com/fr/producteur-cave-du-chateau-de-chenas.php - 8h-12h, 14h-18h (sam. 19h), dim. et j. fériés 10h (avr.-déc. : 9h) - 12h, 14h30-19h.* Dans le cadre magnifique du château de Chénas fut constituée en 1934 cette association de viticulteurs qui compte aujourd'hui 275 adhérents. Le domaine de 280 ha produit plusieurs AOC (le vignoble de Chénas donne naissance à deux grands vins : moulin-à-vent et chénas) élevées sous de superbes voûtes du 17e s.

Caveau des beaujolais-villages – *Pl. de l'Hôtel-de-Ville - 69430 Beaujeu - ✆ 04 74 04 81 18 - mai-sept. : 10h30-13h, 14h-19h30 - fermé 3 premières sem. de janv. et mar. de fin janv. à fin avr. et d'oct. à déc.* Ce « temple de Bacchus » dédié à l'appellation beaujolais-villages occupe les caves voûtées de la mairie. La statue de saint Vincent, patron des vignerons, et l'effigie en cire d'Anne de Beaujeu veillent sur les dégustations de beaujolais-villages, beaujolais-villages blanc et beaujolais-villages rosé. Nouvelle cuvée Pierre et Anne de Beaujeu.

La Maison des Beaujolais – *441 av. de l'Europe, RN 6 - 69220 St-Jean-d'Ardières - ✆ 04 74 66 16 46 - www.lamaisondesbeaujolais.com - été : 12h-22h (reste de l'année : 21h) - fermé vac. de Noël et 1er janv.* L'enseigne est sans équivoque : cette maison fondée en 1952 par le vignoble est entièrement dédiée aux vins du Beaujolais. Dégustation, boutique et restaurant vous permettront de mieux connaître cette célèbre région viticole ainsi que sa production.

Cap Vignes - Château Bel Air – *394 rte Henry-Fessy-Belleville, à Belleville - 69220 St-Jean-d'Ardières - ✆ 04 74 66 45 97 ou 04 74 66 62 78 - www.capvignes.com - tlj sf w.-end 8h-12h, 14h-18h - visites sur RV - fermé 1re quinz. d'août.* Pour tout savoir sur les métiers du vin, le pôle œnologique et touristique du Beaujolais a créé cet espace éducatif dans l'enceinte du château. Visite complète avec projection de films sur les vendanges, parcours sur le sentier viticole, découverte du jardin aromatique et accès aux bornes interactives.

La Maison des Vignerons – *Au bourg - 3,5 km au sud-ouest de Fleurie par D 68 - 69115 Chiroubles - ☎ 04 74 06 16 15 - cvba@cave-belair.com - 10h-12h30, 14h30-18h30 - fermé lun., mar., merc. mat. et j. fériés.* La maison, nichée dans le petit village de Chiroubles, a mis en place depuis une vingtaine d'années une démarche qualité rigoureuse. Elle vinifie aujourd'hui les récoltes d'environ 250 adhérents cultivant une centaine d'hectares situés sur les aires d'appellations contrôlées chiroubles, fleurie, morgon, régnié, beaujolais-villages, chénas et saint-amour.

Château du Moulin-à-Vent – *Le Moulin-à-Vent - 3,5 km à l'est de Fleurie - ☎ 03 85 35 50 68 - chateaudumoulinavent@gmail.com - 9h-12h, 14h-18h, w.-end et j. fériés sur demande préalable - fermé 1re quinz. d'août.* Vous voici sur les lieux de production d'une des plus fameuses appellations du Beaujolais. De couleur rubis, ronds, corsés et charpentés, les moulin-à-vent sont des vins puissants et racés aptes à bien vieillir. Dégustation sur place, millésimes anciens disponibles.

Huilerie Beaujolaise « Mireille et Jean-Marc » – *29 r. des Écharmeaux - 69430 Beaujeu - ☎ 04 74 69 28 06 - boutique@huilerie-beaujolaise.fr - tlj sf dim. 9h15-13h, 15h-19h - fermé lun., dim., 1re quinz. de janv. et j. fériés.* La vieille meule en pierre de cette huilerie du 19e s. continue de broyer les fruits secs (noix, noisettes, pignons de pin, argan, amandes, noix de pécan, pistaches, etc.) et quelques graines oléagineuses pour en tirer les huiles vierges les plus fruitées qui soient. Visite de l'atelier possible et dégustations.

ACTIVITÉS

Forêt de Flachère – *69620 Légny - ☎ 04 74 71 73 28 (ONF).* Cet ancien domaine des chevaliers de Malte (13e s.) constitue l'une des rares forêts de feuillus du nord du département. 3 km de sentiers y sont aménagés et balisés pour la promenade ainsi qu'un sentier botanique et sylvicole de 2 km ponctué de panneaux d'informations sur les espèces remarquables et la vie de la forêt. Deux étangs et des aires de pique-nique créent d'agréables espaces détente.

Romanèche-Thorins

1 710 Romanéchois – Saône-et-Loire (71)

NOS ADRESSES : VOIR LE BEAUJOLAIS PAGE 227

SE REPÉRER

Carte de microrégion B1 *(p. 208) – Carte Michelin Départements 327 H2 ou 328 B3.*

Entre la Saône et la montagne beaujolaise, Romanèche-Thorins, traversé par la N 6, se trouve à 18 km au sud de Mâcon et à 35 km à l'ouest de Bourg-en-Bresse.

À NE PAS MANQUER

Admirez la démarche gracieuse des très rares tigres blancs royaux, et laissez-vous attendrir par le regard tendre des gorilles du Touroparc.

ORGANISER SON TEMPS

Comptez une journée pour visiter le Hameau Dubœuf et découvrir son théâtre d'automates, ses expositions, sa gare et son jardin. Vous pourrez, si vous le désirez, vous restaurer sur place.

AVEC LES ENFANTS

Avec ses animaux des quatre coins du monde et ses attractions en tout genre, Touroparc vous promet de grands moments en famille. Vos enfants n'en apprécieront pas moins Cérès, Tchoutchou et Toine, au Hameau Dubœuf…

Au cœur des beaujolais-villages, Romanèche-Thorins est réputé pour son célèbre cru du moulin-à-vent, « seigneur des beaujolais », qui doit son appellation à un vieux moulin situé au milieu des vignes, en haut d'une colline. Deux sites d'attractions majeurs, l'un consacré au monde animal, l'autre dédié à l'univers du vin et de la vigne, vous inviteront à y passer de bons moments.

Visiter

★ Parc zoologique et d'attractions Touroparc

Accès : au carrefour de la Maison-Blanche, sur la N 6, prenez la D 466^{E} route de St-Romain-des-Îles. ✆ 03 85 35 51 53 - www.touroparc.com - ♿ - juin-août : 9h30-19h (attractions 13h30-18h) ; fév. : 10h30-17h30 (attractions 13h30-17h30) ; mars-mai et sept.-11 Nov. : 9h30-18h (attractions 13h30-17h30) - saison 17 € (3-10 ans 15,50 €), hors sais. 14 € (3-10 ans 12 €).

Dans un cadre de verdure égayé de constructions ocrées, ce parc zoologique accueille, sur 10 ha, quelque 120 espèces d'animaux des cinq continents évoluant en semi-liberté. Ne manquez pas le belvédère des singes, avec ses gorilles, chimpanzés et orangs-outans, la serre tropicale, le vivarium ou encore la **planète sauvage★**, où vous découvrirez de merveilleux tigres blancs royaux ; le Touroparc, qui participe activement à la conservation de cette espèce en voie de disparition, a eu à plusieurs reprises le privilège extraordinaire de voir naître en ses murs des petits. Le Touroparc est également un parc d'attractions dont le monorail aérien, le petit train, le « TGV des étoiles », les toboggans et jeux aquatiques divers feront le bonheur des enfants.

Les chais du Hameau Dubœuf à Romanèche-Thorins.
H. Hughes / hemis.fr

Maison de Benoît-Raclet

☎ 03 85 35 51 37 - visite guidée sur RV - fermé déc.-fév. - gratuit.
Vers 1830, les vignes du Beaujolais étaient dévastées par le « ver coquin » ou pyrale, et les vignerons se trouvèrent désemparés face à ce fléau. Un certain **Benoît Raclet** remarqua qu'un pied de vigne planté le long de sa maison, près du déversoir d'eaux de ménage, se portait à merveille. Il décida d'arroser tous ses ceps avec de l'eau chaude, portée à 90°, dès le mois de février, afin de tuer les œufs de la pyrale. C'est ainsi qu'il sauva sa vigne, sous l'œil sceptique de ses voisins. Ceux-ci finirent pourtant par adopter sa technique. Les vignerons lui sont à jamais reconnaissants d'avoir découvert la technique de l'échaudage des vignes qui fut généralisée et utilisée jusqu'en 1945. Souvenirs divers et matériels d'échaudage sont rassemblés dans sa maison.

★★ Le Hameau Dubœuf

La Gare - ☎ 03 85 35 22 22 - www.hameauduvin.com - avr.-oct. : 9h-19h ; nov.-mars : 10h-18h - fermé 25 déc. - saison 16 €, hors sais. 13 € (-16 ans gratuit).
« Stationné » en gare de Romanèche-Thorins, ce vaste site est avant tout un outil de promotion, conçu avec des moyens spectaculaires, du producteur de beaujolais Dubœuf, mais c'est aussi une très belle vitrine de l'univers de la vigne. La visite du **Hameau Dubœuf** commence dans la Salle des pas perdus d'une gare 1900 *(reconstitution)*, où l'on prend son ticket pour partir à la découverte de l'univers du vin. Une succession labyrinthique de salles est consacrée à l'histoire du vignoble, aux outils du vigneron, aux goûts du vin et à leurs liens avec la terre, aux étapes de fabrication du vin (impressionnant pressoir mâconnais de 1708), des tonneaux, des bouchons de liège, du verre, des étiquettes, etc. De beaux objets bénéficient d'une muséographie résolument moderne, avec un théâtre d'automates et divers petits films, dont une comédie musicale en 3D mettant en scène Paul Bocuse et Bernard Pivot… Une dégustation vient logiquement clore la visite dans la **salle du limonaire★**.

En face du Hameau Dubœuf, la **Gare** explique au visiteur le lien étroit qui unissait le vin et le rail aux 19e et 20e s. Elle abrite le beau **wagon impérial** qu'utilisait Napoléon III pour saluer la foule, une collection d'objets et de trains électriques circulant dans des maquettes de villes et paysages, et une exposition sur l'aventure du TGV.
Rendez-vous ensuite au **Jardin en Beaujolais** *(prenez le petit train, ce n'est pas tout près)*, pour y découvrir les arômes propres aux vins du Beaujolais à travers des parterres thématiques (fleuri, végétal, boisé, fruits à coques, fruité, épices). Trônant au milieu de ce grand jardin de 5 000 m², le **centre de vinification** des vins Georges Dubœuf permet d'enrichir la visite avec la découverte, grandeur nature, de toutes les étapes de la production.

Musée du Compagnonnage Guillon

✆ 03 85 35 22 02 - www.saoneetloire.eu/musee_compagnonnage - juin-sept. : 10h-18h ; reste de l'année : 14h-18h - fermé 1er Mai et 16 déc.-1er janv. - 3,50 € (-18 ans gratuit).
Voici une belle illustration du compagnonnage à travers la collection de **Pierre-François Guillon** (1848-1923). Des chefs-d'œuvre, des documents et des souvenirs ont été réunis dans cet atelier où, à la fin du 19e s., ce compagnon charpentier dirigeait une école de dessin appliqué à la construction en bois.

Monts de Tarare

★

Rhône (69)

NOS ADRESSES PAGE 237

S'INFORMER

Office du tourisme du Pays de Tarare – *6 pl. de la Madeleine - 69170 Tarare - ✆ 04 74 63 06 65 - www.ot-paystarare.com - lun.-vend. 9h-12h, 14h-18h, sam. 9h-12h - fermé dim. et j. fériés.*

SE REPÉRER

Carte de microrégion A2 *(p. 208) – Carte Michelin Départements 327 F4 – carte p. 236.*
Tarare, porte d'entrée des monts qui portent son nom, se situe sur la N 7 entre Roanne (à 42 km à l'ouest) et Lyon (à 46 km à l'est).

À NE PAS MANQUER

Les vallons et forêts de sapins de la route de crête qui traverse les monts de Tarare.

AVEC LES ENFANTS

Se baigner au lac des Sapins.

Entre Beaujolais et Lyonnais, à la limite du Rhône et de la Loire, les monts de Tarare déploient un massif granitique agricole et boisé propice aux randonnées. Côté tradition, il faut voir Tarare enveloppé de milliers de mètres de voiles multicolores lors des traditionnelles Fêtes de la mousseline (tous les cinq ans) pour saisir l'importance de cette industrie pour la ville et toute l'histoire textile de la région.

Itinéraire conseillé Carte p. 236

113 km au départ de Tarare. Voir le circuit sur la carte p. 236. Comptez une demi-journée.

Au confluent de la Turdine et du Taret, **Tarare** est profondément encaissé dans le chaînon occidental des **monts du Beaujolais**.

Quittez Tarare par la D 8. Dans un virage, à l'entrée du Charpenay, situé au pied d'une butte rocheuse portant la statue de N.-D.-de-la-Roche, tournez à droite, à angle droit. Ensuite, à la hauteur de la croix du col des Cassettes, prenez à gauche la D 56.

Cette **route de crête★** offre de belles échappées sur de profonds vallons ou traverse de sombres bois de sapins.

Tournez à gauche dans la D 313 pour gagner Amplepuis.

Amplepuis

Barthélemy Thimonnier (1793-1857), inventeur de la machine à coudre *(voir p. 63)*, a vécu à Amplepuis.

UNE DÉLICATE ENVOLÉE

En 1754, **Georges-Antoine Simonet** monte les premiers métiers à mousseline de Tarare, en s'inspirant des méthodes de fabrication qu'il a étudiées en Suisse. Mais ce qu'il produit est médiocre. Il meurt dans la misère en 1778. En 1786, son neveu, Adrien Simonet, reprend son œuvre avec succès en important du coton de qualité.

La mousseline – Ce tissu en laine originaire de Mossoul, d'où son nom, était tissé de façon très claire et très légère. Les Suisses réussirent à l'imiter en utilisant du coton. Simonet fit donc venir du coton importé du Levant ; les gros ballots arrivent à Lyon et à Tarare et se vendent au détail. Mais, pour la beauté et la solidité du tissu, il fallait des fils fins et égaux ; les fils obtenus sont défectueux, c'est la ruine. Son neveu réussit enfin en rapportant de Suisse des filés de coton qu'il fait tisser au métier à bras dans les campagnes.

Pendant le premier Empire, le blocus continental, en interdisant l'entrée en France de tissus étrangers, fait la fortune de l'industrie de la mousseline. En 1863, on introduit le tissage mécanique du coton pour faire face à la concurrence des manufactures d'Alsace et des Vosges.

Le synthétique – Après 1918, la reproduction des filés de rayonne accroît son développement, tandis que la fabrication et la vente des voiles commencent à prendre de l'importance : les tissus synthétiques fins remplacent la mousseline. Tarare s'affirme jusque dans les années 1980 un grand centre de tissage et de montage du rideau. Aujourd'hui, après une forte crise, cette spécialité perdure grâce à quelques usines pour le synthétique, et des artisans pour les tissus dits nobles.

Musée Barthélemy-Thimonnier de la Machine à coudre et du Cycle – *Pl. de l'Hôtel-de-Ville - ✆ 04 74 89 08 90 - apr.-midi - fermé vac. de Noël - 4 € (enf. 1,50 €).* Aménagé dans la chapelle et les bâtiments de l'ancien hôpital, le musée présente, à l'aide de modèles français et étrangers (Berthier, Omega, Hurtu, Peugeot, Wheeler et Wilson, etc.), une rétrospective des évolutions de la machine pour laquelle le génial tailleur déposa un premier brevet en 1830.
À l'étage sont présentés l'histoire d'Amplepuis, un atelier de couturière et de blanchisseuse, une collection de fers à repasser… mais aussi l'histoire du vélocipède, depuis la draisienne (machine à courir du baron Drais) jusqu'à la première roue lenticulaire, en passant par le vélo de Bernard Hinault.
Suivez au nord d'Amplepuis la D 8, la D 10 puis la D 504 en direction de Cublize.
La route suit la verdoyante vallée du Reins.

Lac des Sapins

Formé par une retenue d'eau sur la vallée du Reins, le lac est officiellement né le 31 décembre 1979 peu avant minuit, quand il a été enfin rempli. Issu de l'inondation de terres agricoles et de leurs trois fermes, il résulte d'une nouvelle option économique régionale au profit du tourisme, devant la dégradation du marché du textile.
Enchâssé dans les prairies et les conifères, son plan d'eau de 40 ha se prête à la baignade, la voile et la pêche. Un sentier pédestre *(1h)* en fait le tour.

Faites demi-tour et prenez à gauche la D 56 qui traverse la bourgade rurale de Ronno et débouche sur la D 313. À 1,5 km environ, reprenez à gauche la D 98 qui conduit au col de la Croix-des-Fourches (alt. 776 m), situé en pleine forêt.

Au cours de la montée se révèle un panorama sur la chaîne du Forez, de Pierre-sur-Haute aux monts de la Madeleine avec, en arrière-plan, par temps clair, le sommet du puy de Dôme.

Continuez vers St-Just-d'Avray et tournez à droite dans la D 54 vers St-Appolinaire.

Au cœur de la zone de sapins de Douglas, **St-Appolinaire** est un centre de sylviculture important.

La D 313 mène à St-Clément-sur-Valsonne. À droite, la pittoresque D 107 ramène à Tarare.

La route domine la vallée du Soanan et offre un joli coup d'œil sur le site de Tarare.

NOS ADRESSES DANS LES MONTS DE TARARE

HÉBERGEMENT

PREMIER PRIX

Camping du Lac des Sapins – *69550 Cublize - ✆ 04 74 89 52 83 - camping@lacdessapins.fr - ouv. avr.-sept. - réserv. conseillée - 155 empl. 16,50 €.* Proche du lac et de la vaste base de loisirs, ce camping dispose d'emplacements agréables et soignés. Location de chalets bien équipés, installés à l'orée d'un bois. Terrain multisports et court de tennis.

BUDGET MOYEN

Hôtel Burnichon – *1,5 km à l'est de Tarare par D 307 - ✆ 04 74 63 44 01 - www.hotel-burnichon.com - P - fermé 21-27 déc. - 34 ch. 47/54 € - ☕ 9 € - rest. 15/36 €.* Cet hôtel moderne proche de Tarare est une étape pratique sur la route du Beaujolais. Ses chambres sont plutôt grandes et bien équipées, malgré un style années 1980 un peu daté. Au restaurant, cuisine traditionnelle sans prétention et menu pour les petits.

RESTAURATION

POUR SE FAIRE PLAISIR

Le Tilia – *Pl. du Plaisir - 69170 Joux - 6 km à l'ouest de Tarare par N 7 - ✆ 04 74 05 19 46 - www.letilia.com - fermé 17-31 août, 8-15 fév., dim. soir, lun. et mar. - déj. en sem. 15 € - 26/55 €.* Près du château, une maison régionale cosy, aux boiseries claires, aux tables soignées. Cuisine traditionnelle et généreuse. Jolie terrasse d'été.

Monts du Lyonnais

★

Rhône (69)

NOS ADRESSES PAGE 246

S'INFORMER

Office du tourisme des Hauts-du-Lyonnais – *Pl. de l'Église - 69850 St-Martin-en-Haut - ✆ 04 78 48 64 32 - http://hauts.du.lyonnais.tourisme.googlepages.com - mar.-sam. 9h-12h, 14h-18h - fermé dim., j. fériés (sf Ascension et 15 août) et 24 déc.-5 janv.*

Office du tourisme de Forez-en-Lyonnais – *9 pl. de J.-B.-Galland - 42140 Chazelles-sur-Lyon - ✆ 04 77 54 98 86 - www.cc-forez-en-lyonnais.fr - mar.-sam. 9h-12h, 14h-18h - fermé dim., j. fériés et 24 déc.-5 janv.*

Office du tourisme du Pays de L'Arbresle – *18 pl. Sapéon - 69210 L'Arbresle - ✆ 04 74 01 48 87 - www.arbresletourisme.fr - juil.-août : lun. 15h-19h, mar.-sam. 9h30-12h, 15h-19h ; avr.-juin et sept.-oct. : mar.-sam. 9h30-12h, 15h-18h30 ; nov.-mars : mar.-sam. 10h-12h, 15h-18h - fermé dim., j. fériés et 1 sem. vac. de Noël.*

Office du tourisme des Balcons du Lyonnais – *www.cc-paysmornantais.fr*

Office du tourisme de l'Ouest Lyonnais – *www.ccvl.fr*

Office du tourisme de Chamousset-en-Lyonnais – *www.chamousset-en-lyonnais.com*

SE REPÉRER

Carte de microrégion A-B 3-4 *(p. 209) – Carte Michelin Départements 327 F6, G 5-6, H5– carte p. 242-243.*

Les monts du Lyonnais s'interposent entre St-Étienne et Lyon, au-dessus du parc naturel régional du Pilat. Ils sont coupés de profondes dépressions – Brévenne et Azergues au nord, Gier au sud – qui séparent la montagne des massifs voisins : Pilat, monts de Tarare et du Beaujolais. À l'ère quaternaire, les glaciers ont raboté la partie orientale, donnant naissance au plateau lyonnais. Son rebord domine le Rhône de 100 à 150 m par un front de collines portant la trace d'anciennes moraines.

À NE PAS MANQUER

Les vestiges des aqueducs romains, notamment les arches de Chaponost ; le Signal de St-André qui offre un panorama sur les Alpes ; l'architecture de Le Corbusier pour le couvent de Ste-Marie-de-la-Tourette.

ORGANISER SON TEMPS

Comptez deux jours pour parcourir la région.

AVEC LES ENFANTS

Laissez-vous effrayer par le spectacle de (haut) vol des rapaces au Parc animalier de Courzieu, par les menaces de disparition sur les espèces animales au zoo de St-Martin-la-Plaine ou encore par les hommes d'armes de Salva Terra.

C'est un véritable dépaysement qui attend le promeneur lyonnais à deux pas de son immense agglomération. La région regroupe un peu de plaine, mais surtout des coteaux et des monts (700-900 m). Les vieilles maisons rurales, à la disposition caractéristique – trois bâtiments en équerre enserrant une cour généralement fermée – sont encore nombreuses. Les paysages parfois tourmentés de cette région montagneuse offrent de belles balades dans un milieu naturel encore préservé.

Découvrir Carte p. 242-243

LES AQUEDUCS ROMAINS

Le plateau conserve de nombreux vestiges des aqueducs qui alimentaient le Lyon gallo-romain en eau. La ville recevait journellement 75 000 m^3 d'eau de ses quatre aqueducs : Mont-d'Or, Brévenne, Yzeron et Gier. C'est l'aqueduc du Gier, le dernier construit, long de 75 km, qui a laissé le plus de vestiges. Sa construction, sous le règne d'Hadrien, au début du 2e s., fut particulièrement soignée : parement réticulé, à moellons clairs et foncés, disposés en nid d'abeilles, arcades à claveaux alternés de pierres et de briques, canal cimenté. Il était le seul à alimenter les hauteurs de la colline de Fourvière. *Voir la maison de l'Araire à Yzeron.*

★ Arches de Chaponost

À **Beaunant**, dans le creux du vallon de l'Yzeron, envahi par les constructions suburbaines, subsiste une partie du pont-siphon.

Poursuivez par la D 50.

Au débouché sur le plateau, au « Plat de l'Air », la route offre, à droite, une jolie **perspective**★ sur l'enfilade d'une quarantaine d'arches subsistantes, sectionnées en plusieurs tronçons.

Laissez la voiture à l'entrée du chemin et longez à pied l'aqueduc.

À l'extrémité de l'enfilade, l'ancien réservoir de chasse du pont-siphon de Beaunant est encore visible, sur la pile terminale. Un plan incliné, en maçonnerie, permet d'accéder au sommet. On distingue les orifices des tuyaux et l'enduit de ciment rougeâtre du canal *(15mn à pied AR)*.

Autres vestiges

D'autres vestiges subsistent à **Brignais** (mur réticulé), **Soucieu-en-Jarrest** (réservoir de l'aqueduc ou « chameau », en raison de sa silhouette bossue), **Craponne** (tourillons ou piles d'un réservoir) et **Mornant** : à 300 m du bourg – qui conserve une belle église gothique –, empruntez sur la D 63, direction St-Sorlin, un sentier, à droite, menant au pied d'une arche, dans le creux d'un vallon *(5mn à pied AR)*.

À Lyon même, on peut voir également des vestiges d'aqueduc comme l'entrée de l'ancienne voie d'Aquitaine, aujourd'hui rue Roger-Radisson.

LES PONTS-SIPHONS

Plus encore que par leur architecture, les aqueducs romains nous étonnent par la science hydraulique dont ils témoignent. La technique des ponts-siphons fait l'originalité des aqueducs lyonnais. Ils permettaient de franchir les vallées sans avoir recours à de gigantesques et coûteux ponts-aqueducs, comme celui du Gard.

Itinéraire conseillé Carte p. 242-243

DE LYON À SAINT-ÉTIENNE

203 km. Voir le circuit sur la carte p. 242-243. Comptez deux jours sans la visite de Lyon. Quittez Lyon, à l'ouest, par l'autoroute A 6. À la sortie de Tassin-la-Demi-Lune, suivez la N 7 jusqu'à L'Arbresle.

L'Arbresle

Au confluent de la Brévenne et de la Turdine, cette cité industrielle, qui était spécialisée dans la soierie, est dominée par les vestiges du château des abbés de Savigny et par les pinacles couronnant le clocher (19e s.) de l'église. L'Arbresle est la patrie de **Barthélemy Thimonnier**, inventeur de la machine à coudre.

Église – Remarquez, dans le chœur, les belles verrières (16e s.) des hautes baies et les stalles du 18e s. La première chapelle du collatéral gauche abrite une statue de saint Pierre et une Pietà du 15e s.

Prenez la D 19 au sud-est de L'Arbresle.

★ Couvent d'Éveux

✆ 04 74 26 79 70 - www.couventlatourette.com. Bâtiments en cours de restauration : visites guidées suspendues, mais vous pouvez vous promener dans les jardins et autour du couvent.

Situé à flanc de coteau, le couvent dominicain de **Ste-Marie-de-la-Tourette** a été édifié de 1956 à 1959 sur les plans de **Le Corbusier**. C'est un remarquable exemple d'architecture moderne appliqué à la vie conventuelle. L'ensemble des bâtiments, construits en béton brut, dessine un quadrilatère fermé au nord par l'église. Celle-ci, très dépouillée, est éclairée latéralement par d'étroites fentes horizontales. Les cellules des religieux donnent sur les prairies et les bois environnants. Dans l'église, à droite de l'entrée, la chapelle du Saint-Sacrement capte la lumière par trois ouvertures inclinées suivant des axes différents.

Retournez sur la D 389 pour rejoindre la D 159 sur votre gauche.

Savigny

Ce bourg s'est bâti autour d'une abbaye bénédictine fondée au 8e s. Des bâtiments abbatiaux subsiste un corps de logis Renaissance. Dans le cœur du bourg se trouve un petit **musée lapidaire** où sont exposées des sculptures des 12e et 14e s. provenant de l'abbaye bénédictine : linteau présentant la Cène, chapiteaux richement sculptés, fragments de clôture de chœur. *✆ 04 74 72 09 09 ou 04 74 01 48 87 - visite guidée (dép. dev. la mairie) 1er sam. du mois 15h, sur demande préalable à la mairie ou à l'office de tourisme - 2 € (-16 ans gratuit).*

Dans l'église, remarquez une Vierge de majesté en bois (13e s.) et un retable (16e s.).

Quittez Savigny par la D 7 et continuez sur cette route, après avoir traversé la D 389 au passage.

Musée de la Mine de Saint-Pierre-la-Palud

1 r. du Musée - ✆ 04 74 70 39 66 - www.musee-de-la-mine.com - mars-nov. : w.-end et j. fériés 14h-18h ; juil.-août : visite supplémentaire mar. et jeu. à 15h ; vac. de la Toussaint et de printemps : visite supplémentaire jeu. à 15h - 5 € (enf. 3,50 €).

Cet ancien site minier sur lequel est implanté le musée connut la prospérité de 1840 à 1972, année de sa fermeture, grâce à la pyrite de fer. La visite débute au cœur de galeries reconstituées où pénombre et ambiance sonore offrent la sensation d'un voyage sous terre.

Spectacle médiéval au parc Salva Terra.
www.salva-terra.com

À l'étage, l'exposition de matériels et documents retrace l'histoire de ces hommes qui y laissèrent la sueur de leur front. Deux salles complètent l'intérêt du musée, l'une abritant une collection de plus de 2 000 minéraux, l'autre consacrée à la paléontologie régionale.
Terminez la visite en suivant le sentier pédestre qui mène jusqu'au puits d'extraction, vestige de l'ancienne mine.
Rejoignez la D 389 en direction de St-Étienne. À Ste-Foy-l'Argentière, tournez à droite dans la D 489, puis la D 81 à gauche.

Parc Salva Terra à Haute-Rivoire

Ancienne Voie romaine - www.salva-terra.com - ☏ 04 74 26 35 92 ou 06 10 65 09 33 - juil.-août : merc.-dim. 13h-20h ; vac. scol. (hors été) : merc.-dim. 13h-19h ; hors vac. scol. : w.-end et j. fériés 13h-19h - fermé nov.-janv. - 18 € (5-12 ans 14 €, 3-4 ans 6 €).

Accueilli par une joyeuse troupe de saltimbanques et troubadours, vous vivrez l'espace d'un après-midi un véritable voyage à travers le 13e s. Dans la cité fortifiée s'affairent forgerons et écuyers, tandis que sur le campement des guerriers, les plus téméraires s'essaient à quelques exercices d'escrime ou de lancés de javeline. Sous sa tente, le seigneur des lieux vous dévoile dans une narration tout aussi pédagogique que ludique les réalités de la vie féodale. Animations, contes, chants et duels se succèdent ainsi tout au long de la journée jusqu'au soleil couchant lorsque la lice des chevaliers devient la scène d'impressionnantes passes d'armes et démonstrations équestres.
Prenez la D 637 qui débouche sur la D 389 que l'on prend à gauche ; tournez à droite dans la D 633 et empruntez la D 4 jusqu'à Aveize.

Aveize

À l'entrée nord du bourg, de la D 4, **vue★** sur Ste-Foy-l'Argentière établie au creux de la dépression de la Brévenne.
Prenez la direction de St-Symphorien-sur-Coise par la D 4, puis tournez à droite dans la D 662.

Notre-Dame-de-la-Neylière

Outre la chapelle, il est possible de visiter les musées d'Océanie et de Jean-Claude Colin, chaque dim. apr.-midi à partir de 15h et sur demande préalable à la Neylière - 69590 Pomeys - ✆ 04 78 48 40 33.

Maison d'accueil des pères maristes bâtie sur une colline dominant la vallée de la Coise. Dans la chapelle très dépouillée, mais ornée de vitraux et d'une fresque modernes, repose le père **Jean-Claude Colin** (1790-1875), fondateur de la Société de Marie.

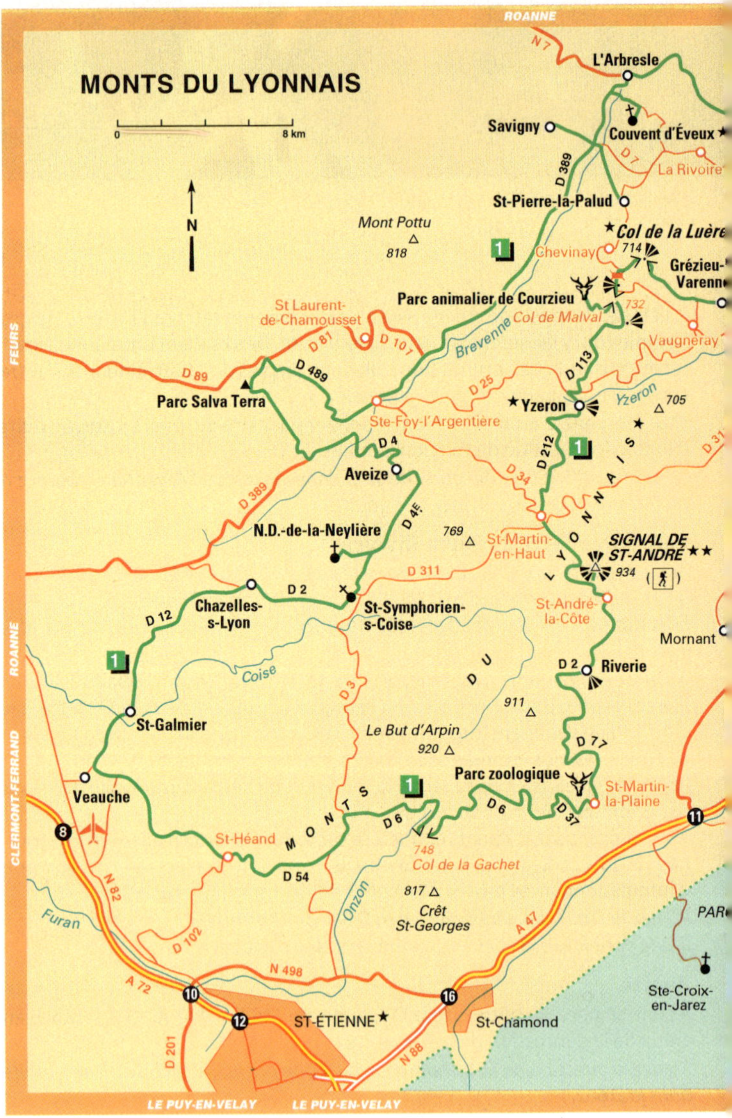

Saint-Symphorien-sur-Coise

Son église gothique domine cet ancien bourg fortifié. C'est aujourd'hui un petit centre industriel où l'on fabrique du saucisson sec.

Chazelles-sur-Lyon

Chapeau bas pour cette commune qui doit sa célébrité à la qualité de ses couvre-chefs en feutre ! Les temps ont bien changé depuis le début du 20e s., période faste pour la bourgade qui comptait une trentaine de fabriques. Aujourd'hui, l'industrie du chapeau a bien régressé et il ne reste qu'une entreprise où l'on perpétue le savoir-faire traditionnel.

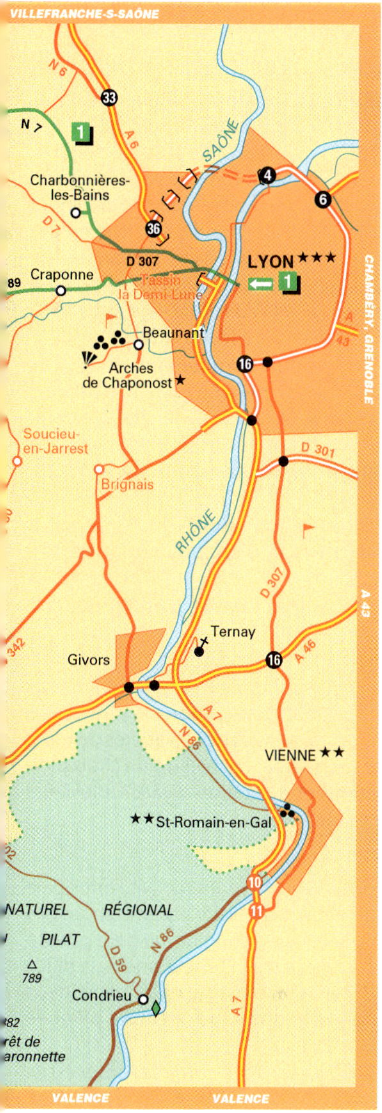

Musée du Chapeau – *16 rte de St-Galmier - ☎ 04 77 94 23 29 - www.museeduchapeau.com - visite guidée 14h-18h, dim. et j. fériés 14h30-18h30 - fermé mar. (sf juil.-août), 1er janv., 1er Mai et 25 déc. - 4,50 € (enf. 2,50 €).*

Pourquoi cette présence du chapeau à Chazelles ? Au 12e s., le comte **Guy II de Forez** y fixa une commanderie de chevaliers de St-Jean-de-Jérusalem dont il ne subsiste aujourd'hui qu'une tour hexagonale. Une tradition veut que les commandeurs aient enseigné aux habitants l'art de fouler le feutre, technique qu'ils auraient eux-mêmes apprise auprès des Arabes lors des croisades.

Le musée, aménagé dans une ancienne usine de chapellerie, présente dans dix ateliers reconstitués les étapes de la fabrication du feutre de luxe, depuis le soufflage et le « bastissage » du poil de lapin ou de lièvre jusqu'au bichonnage et au garnissage. Un film vidéo réalisé dans la dernière usine en activité, un diaporama et des démonstrations sur d'authentiques machines en état de marche agrémentent la visite. Un espace réservé à la création contemporaine accueille chaque année des modistes renommés. Parmi les couvre-chefs exposés, certains le sont à double titre : ils ont été portés par Antoine Pinay, François Mitterrand, Paul Bocuse ou Michel Troisgros.

LA VIE ÉCONOMIQUE

Les monts du Lyonnais forment un territoire rural qui, par tradition, a toujours eu une vocation industrielle marquée, dans des secteurs tels que la salaisonnerie, la chapellerie ou le secteur minier (fabrication de tuiles). Ils demeurent une région économiquement dynamique du fait d'un réseau de PME, notamment dans le domaine agroalimentaire. En agriculture, la production laitière reste la principale, aux côtés d'intéressantes diversifications dans la culture des fraises et des petits fruits rouges de qualité.

Saint-Galmier

Les eaux de la ville, connues dès l'époque romaine, ne devinrent vraiment réputées qu'au début du 19e s., grâce à l'esprit d'initiative de **A.-S. Badoit** qui, le premier en France, eut l'idée de mettre l'eau en bouteilles. Pour vaincre les préjugés de son époque – on pensait alors que l'eau ainsi transportée perdait ses propriétés –, Badoit organise une véritable campagne publicitaire, en France et à l'étranger : la société qui porte son nom connaît rapidement un essor important. Cette eau pétillante, froide et limpide, est riche en gaz carbonique, sels de calcium et fluorures. Elle est captée à une profondeur de 78 m et mise en bouteilles dans l'**usine** située près de la source. *Visite guidée sur demande préalable à l'office de tourisme - ✆ 04 77 54 06 08 - âge minimum : 8 ans - fermé 21 déc.-2 janv., sam., dim. et j. fériés - 3 € (-18 ans 2 €).*

Église – *Visite guidée sur demande préalable à l'office de tourisme - ✆ 04 77 54 06 08.* C'est un édifice de style flamboyant à trois nefs. En entrant, à gauche, sous la tribune, très belle **Vierge du pilier★** de l'école de Michel Colombe (16e s.). Contre le 2e pilier de la nef, à droite, **triptyque★** de l'école flamande (15e s.) ; le volet central, en bois sculpté et doré, représente une Vierge à l'oiseau, entre sainte Barbe et sainte Catherine.

Hôpital – Il est installé dans un ancien couvent d'ursulines. La chapelle, à droite en entrant, possède un beau retable en bois sculpté, à colonnes torses, du 17e s.

Vieux quartier – *En sortant de l'hôpital, tournez à droite, puis empruntez à gauche la rue Félix-Commarmond.* Cette rue bordée de maisons anciennes mène place des Roches.

Roseraie – *Pour y accéder, prenez la direction de Cuzieu et, à gauche, l'avenue de la Coise. Suivez le fléchage.* Créée en l'an 2000 pour célébrer le passage au 3e millénaire, elle réunit sur moins d'un hectare environ 300 variétés de roses anciennes et modernes, soigneusement étiquetées au milieu d'un choix judicieux d'arbustes (collection de viburnums) et de plantes vivaces (plusieurs variétés de nepetas, de vrais géraniums, etc.).

Veauche

Sur le rebord d'un coteau dominant la Loire, Veauche, dont l'activité principale est la fabrication des bouteilles pour les eaux de St-Galmier, est connue des archéologues et des amateurs d'art. L'**église** était, à l'origine, un petit prieuré donné en 970 à l'abbaye de Savigny. Très modeste extérieurement, l'édifice a été presque entièrement rebâti aux 15e et 16e s. La partie préromane (deux premières travées de la nef) se distingue par une sobre arcature plaquée contre les murs des collatéraux.

Gagnez St-Héand par la D 54 et poursuivez par la D 6 (à partir de Fontanès) en direction de St-Martin-la-Plaine.

À partir de St-Héand, la route offre de belles échappées sur les monts du Lyonnais. Les vues plongent au-dessus de la vallée du Gier, à droite, et du bassin de la Loire, à gauche.

Parc zoologique de Saint-Martin-la-Plaine

04 77 75 22 93 - www.espace-zoologique.com - mars-sept. : 9h-17h ; oct.-fév. : 10h-16h - fermé 25 déc. et selon conditions climatiques en hiver - 12,50 € (3-10 ans 8,50 €).

À proximité de la vallée du Gier, ce parc s'attache aux problèmes de reproduction des espèces menacées dans leur milieu naturel. De nombreux animaux ont été placés en prêt, pour l'élevage, par d'autres zoos. Parmi les espèces présentes et devenues rares : des gorilles, tigres de Sibérie, loups à crinière des pampas d'Amérique du Sud, des binturongs, babiroussas…

Dans la maison des gorilles, où sont recréées les conditions climatiques des forêts humides équatoriales, évoluent quelques représentants de ces grands anthropoïdes. Possibilité d'assister à leur repas *(vers 14h).*

Gagnez St-Martin-la-Plaine et suivez la D 77 puis la D 126 jusqu'à Ste-Catherine, où vous prenez la D 2 à droite.

Riverie

Vieux bourg féodal établi sur un promontoire. De l'ancien chemin de ronde, vue bien dégagée en direction du sud-est.

Poursuivez sur la D 113 au nord.

★★ Signal de Saint-André

45mn à pied AR. À environ 800 m au nord-ouest du bourg de St-André-la-Côte, un sentier, partant de la D 113, mène au sommet du signal (alt. 934 m). Un **panorama** se révèle face aux Alpes, et en arrière sur des villages perchés.

Empruntez la D 113 jusque St-Martin-en-Haut, puis la D 122 vers Yzeron.

★ Yzeron

Ce village aux maisons de pierre est marqué par l'abondance de ses sources qui lui ont permis de conserver sa vocation rurale. Production laitière, élevage de chèvres et culture de fruits rouges donnent à cette contrée la beauté de ses paysages.

Le **lac du Ronzey**, créé ici il y a vingt ans, est aujourd'hui l'un des lieux de prédilection des Lyonnais qui viennent s'adonner aux plaisirs de la pêche ou du pédalo. C'est dans ce pays de l'eau que les Romains établirent le point de départ d'un aqueduc qui se dirigeait vers Lyon en passant par Vaugneray et Craponne.

La **maison de l'Araire** y consacre une importante exposition. Photos, maquettes et vidéos expliquent la construction des quatre aqueducs qui alimentaient Lugdunum. Au rez-de-chaussée, vous pourrez également découvrir les techniques du tissage de velours de 1830 à 1930 ou encore retrouver l'ambiance des foires et marchés du début du 20e s. *23 r. de la Cascade - 04 78 81 07 79 - de mi-avr. à fin oct. : sam.-dim. et j. fériés apr.-midi - 2 € (-12 ans 1 €).*

Avant de quitter les lieux, admirez depuis la terrasse la **vue★** sur la vallée du Rhône.

À environ 800 m au sud du col de Malval, un **panorama★** se dégage sur la plaine du Rhône, le Mont-d'Or à droite, le mont Pilat à gauche et, au fond, les contreforts des Alpes. Plus loin, la D 113 ménage successivement des échappées sur la vallée de la Brévenne à gauche et la vallée du Rhône à droite.

Parc animalier de Courzieu

04 74 70 96 10 - www.parc-de-courzieu.fr - de mi-mars à août : 10h-19h ; sept.-11 Nov. : lun.-mar., jeu. et vend. 12h-18h - 13 € (-12 ans 9 €).

Ce parc de 20 ha fait découvrir grâce à une promenade en sous-bois la vie des prédateurs d'Europe (loups, rapaces). Une structure d'accueil d'inspiration nordique (cabanes en rondins de mélèze et toits en gazon), une aire de jeux de même inspiration et un jardin botanique agrémentent la visite.

Dans la journée, vous pourrez assister au repas des loups et à un beau **spectacle de rapaces en vol★** *(30mn)* sur fond musical (effraies, hulottes, grand duc, buse américaine, milan noir, vautours, aigles royal et d'Amérique).

★ Col de la Luère

Agréable site forestier. Entre les cols de Malval et de la Luère, près du château de St-Bonnet-le-Froid, la route offre, à gauche, une **vue★** sur la vallée de la Brévenne.

Poursuivez la D 24 jusqu'à Grézieu-la-Varenne.

Grézieu-la-Varenne

L'histoire de cette bourgade est étroitement liée à son activité de blanchisserie. C'est ici qu'au 17e s. était lavé le linge des communautés religieuses de Lyon et c'est ici encore que continue à travailler l'un des derniers blanchisseurs de la région. L'**écomusée de la Blanchisserie artisanale** rend hommage à cette activité qui s'éteint peu à peu. Du lavoir au tambour en bois, du poêle à coke à l'essoreuse toupie, tout est réuni pour comprendre l'évolution des procédés techniques qui firent passer la blanchisserie de l'artisanat à l'industrie. *R. des Pierres-Blanches - 04 78 57 38 82 ou 04 78 57 15 86 - ouv. le 4e dim. de chaque mois, apr.-midi - 2 €.*

Revenez à Lyon par la D 489.

NOS ADRESSES DANS LES MONTS DU LYONNAIS

HÉBERGEMENT

BUDGET MOYEN

Hôtel Forez – *6 r. Didier-Guetton - 42330 St-Galmier - 10 km au sud-ouest de Chazelles-sur-Lyon par D 12 - 04 77 54 00 23 - contact@hostellerieduforez.com - fermé 10-30 août, 21 déc.-4 janv., dim. soir et lun. midi - 16 ch. 62/67 € - 9 € - rest. 13/35 €.* Dans la localité où jaillit la source d'eau minérale Badoit, modeste affaire familiale progressivement rénovée abritant des petites chambres fonctionnelles, un restaurant et un caveau de dégustation.

Chambre d'hôte Le Chêne Patouillard – *69210 Bully - 8 km au nord-ouest de L'Arbresle par D 307 et chemin à dr. - 04 74 26 89 50 ou 06 10 98 04 16 - www.gite-de-france-au-chene-patouillard.com - fermé vac. de Noël - - 5 ch. 60/66 € - repas 26 €.* Cette ferme se trouve en pleine campagne, au milieu des vignes et des pâturages, avec les monts du Lyonnais en toile de fond. Les chambres, sobres et bien tenues, portent des noms de plantes et offrent une jolie vue sur la nature. Produits maison servis à la table d'hôte, le soir sur réservation.

POUR SE FAIRE PLAISIR

Chambre d'hôte Chez Jacotte et Elia – *Le Plat - 42330 St-Galmier - 3 km du centre sur D 12 vers Chazelles, prendre petite rte dir. Le Plat - 04 77 54 08 27 - http://jacotte.elia.free.fr - - 4 ch. 68/73 € - repas 27 €.* Cette authentique ferme fortifiée, isolée en pleine campagne, a été restaurée avec goût. Meubles anciens et décoration soignée partout, notamment dans les chambres, climatisation et wifi. La table d'hôte, dressée dehors aux beaux jours, invite à découvrir les légumes du potager et les produits locaux. Tennis, jacuzzi extérieur et terrain de pétanque.

Chambre d'hôte La Maison Dieu – *3 r. Dupuy - 42330 St-Galmier - ✆ 04 77 54 03 03 ou 06 25 80 07 51 - www.peycelon.fr - fermé déc. - ⊭ - 4 ch. 80 € ☕ - repas 30 €.* Vous serez séduit par le charme insolite de cette maison bourgeoise recélant une chapelle (1882) et, à côté du superbe jardin, une galerie en forme de cloître qui donne aux petits-déjeuners d'été une saveur inoubliable. Chambres raffinées et table d'hôte réputée : Martine Peycelon anime un atelier cuisine.

RESTAURATION

PREMIER PRIX

Auberge la Picoraille – *Pl. du Marché - 69440 Riverie - ✆ 04 78 81 82 87 - ouv. w.-end et j. fériés - ⊭ - 13/22 €.* Dans une belle bâtisse du 14e s., cette auberge fut créée en 1975 par des agricultrices qui souhaitaient réunir citadins et ruraux autour de leur table. Malgré une nouvelle équipe, l'adresse n'a rien perdu de son authenticité ! Cuisine familiale préparée avec une majorité de produits fermiers.

BUDGET MOYEN

Ferme-auberge des 17 Clochers – *Domaine de Lérieux - 69620 St-Vérand - ✆ 04 74 71 74 82 - ouv. vend. soir-dim. - 19,50/24 € - 12 ch. 50 € ☕.* Cette ferme-auberge réputée profite d'une splendide vue sur les vignobles et les églises des 17 villages alentour. Ambiance rustique, cuisine du terroir et dégustations de vin ; les cuvées Vieille Vigne, Fût de Chêne et Sainte-Catherine Vendange Tardive valent le détour. Chambres d'hôte au confort simple.

ACHATS

La Maison de Pays – *6 r. Joseph-Venet - 69440 Mornant - ✆ 04 78 44 03 76 - www.maison-pays.com - 15 juin-15 sept. : 14h30-18h30 ; reste de l'année : sam. 14h30-18h30, dim. 11h-12h30, 14h30-18h30 - fermé janv.-fév.* Occupant les trois niveaux d'une bâtisse du 16e s., la Maison de Pays propose une découverte du patrimoine régional à travers des expositions de peintures, sculptures et objets anciens. Vente de produits locaux au rez-de-chaussée : vins des coteaux du Lyonnais, saucisson, terrines, miels, confitures, etc.

Maître-Verrier - M. Marion – *Manoir Philip, bd du Sud - 42330 St-Galmier - ✆ 06 79 67 81 31 - pierre.marion.verre@hotmail.fr - pour les horaires d'ouverture : se renseigner.* Après avoir terminé son apprentissage outre-Manche et transmis son savoir aux États-Unis, Maître Marion (oui, il mérite ce titre) est revenu au pays perpétuer la tradition verrière. Au cours d'une démonstration commentée, il transforme sous vos yeux la matière brute en œuvre d'art. De la magie ? Non, du métier !

Le Roannais et le Forez 4

Carte Michelin Départements 327 – Loire (42) et Puy-de-Dôme (63)

Brebis sur les hautes chaumes du Forez.

J.-L. Mavel / Parc naturel régional Livradois-Forez

LE ROANNAIS ET LE FOREZ

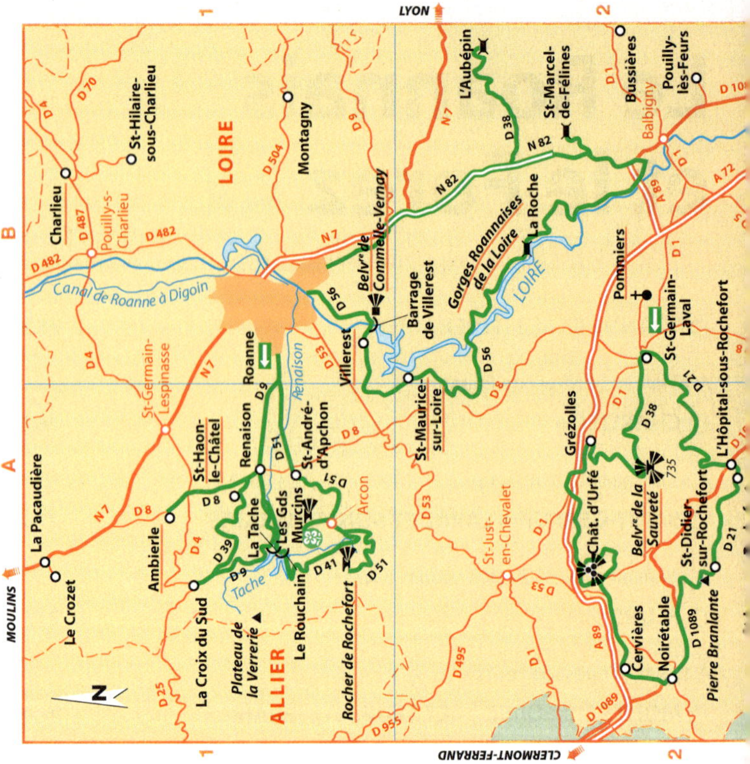

LE ROANNAIS ET LE FOREZ
0
4 km
Monts du Forez
★★ Mérite un détour
Charlieu
★ Intéressant
Roanne
À voir
Itinéraire conseillé avec ville de départ
LA VALETTE
LYON
ST-ÉTIENNE
ST-ÉTIENNE
Feurs
Chambéon
Montrond-les-Bains
La Bastie-d'Urfé
Montverdun
Chalain-d'Uzore
Champdieu
Goutelas
Chât. de Couzan
Couzan
Sauvain
Monts du Forez
Chalmazel
La Chambonie
Col du Béal
1390
1634
Pierre-sur-Haute
PARC
NATUREL RÉGIONAL
LIVRADOIS - FOREZ
PUY-DE-DÔME
Col des Supeyres
1366
Jasserie du Coq-Noir
Roche
1256
Col de Baracuchet
St-Anthème
Essertines-en-Châtelneuf
Montbrison
Moingt
St-Romain-le-Puy
Sury-le-Comtal
Bonson
St-Just-St-Rambert
Chât. d'Essalois
Chambles
Le Pertuiset
Cornillon
LOIRE
St-Jean-Soleymieux
Marols
Luriecq
St-Bonnet-le-Château
Rozier-Côtes-d'Aurec
St-Nizier-de-Fornas
St-Hilaire-Cusson-la-Valmitte
Montarcher
Estivareilles
Usson-en-Forez
Apinac
St-Pal-de-Chalencon
A72
D 1082
D 496
D 8
D 60
D 107
D 5
D 498
D 3
D 14
D 96
D 104
D 101
D 44
D 106
D 139
D 996
D 102
D 37
D 40
D 6
D 55
D 97
D 110
D 20
3
4
A
B

Roanne

36 126 Roannais – Loire (42)

NOS ADRESSES PAGE 260

S'INFORMER

Office de tourisme – *Pl. du Mar.-de-Lattre-de-Tassigny - 42300 Roanne - 04 77 71 51 77 - www.leroannais.com - mai-sept. : tte la journée ; reste de l'année : mat. et apr.-midi, lun. apr.-midi - fermé dim. et j. fériés.*

SE REPÉRER

Carte de microrégion B1 *(p. 250) – Carte Michelin Départements 327 D3.*

À 85 km au nord-ouest de Lyon, Roanne est accessible par la N 7 et l'A 72 qui relie Clermont-Ferrand à St-Étienne. La ville s'étend dans la vallée de la Loire, plaine limitée par les monts de la Madeleine à l'ouest et les monts du Beaujolais à l'est.

À NE PAS MANQUER

Un repas dans le grand restaurant de Troisgros ou son annexe *Le Central* ; les côtes et gorges roannaises.

ORGANISER SON TEMPS

Comptez une journée pour sillonner la région.

Pourquoi vient-on à Roanne ? Sa réputation de ville industrielle spécialisée dans le textile n'est pas forcément une référence touristique. S'il en est une, en revanche, c'est celle de la gastronomie. La ville compte plusieurs établissements de qualité dont un des plus célèbres de France. Ajoutez-y son port, sa proximité de la Côte roannaise (vins AOC) et des gorges de la Loire, la ville a finalement bien des atouts !

Se promener

Musée des Beaux-Arts et d'Archéologie Joseph-Déchelette

22 r. Anatole-France - 04 77 23 68 77 - 10h-12h, 14h-18h, sam. 10h-18h, dim. 14h-18h - fermé mar. et j. fériés - 4,50 € (enf. gratuit).

Installé dans un hôtel particulier de la fin du 18e s., le musée a été fondé par le grand archéologue roannais **Joseph Déchelette** (1862-1914). On lui doit la riche **section archéologique** avec ses antiquités gallo-romaines provenant de fouilles de la région ; d'importantes réserves, présentées en rotation, illustrent les périodes préhistorique et égyptienne. Le musée possède aussi d'importantes collections de céramiques dont les célèbres **faïences révolutionnaires★** (300 pièces), regroupées par thèmes. Remarquez les bouteilles en forme de livre, décorées de scènes historiques et les pièces de céramiques contemporaines.

Un ensemble de peintures et de sculptures du 15e au 20e s. complète la visite.

Place du Maréchal-de-Lattre-de-Tassigny

L'ancienne place du château *(une partie du donjon reste encore debout)* est bordée au sud par l'**église St-Étienne**, dont subsiste le vitrail représentant le martyre de saint Sébastien, du 15e s. *(2e travée à droite)*. Au chevet de l'église,

Château de la Roche, à St-Priest-la-Roche.
Grand Roanne Agglomération

on a mis au jour des fours de potiers gallo-romains. Flanquant l'église au nord, le « caveau de Roanne » est une petite maison à colombages.

Port de plaisance

Jusqu'à la fin du 17e s., le trafic sur la Loire n'est possible qu'en aval de la ville. Des bateaux en chêne, les « cabanes », du nom de l'abri qu'ils transportent, relient Roanne à Paris ou à Nantes. Au 18e s., des travaux rendent la Loire navigable vers St-Étienne.

Le **canal de Roanne à Digoin** est mis en service en 1838. Son trafic commercial est très important, jusqu'en 1945. À l'origine, le canal sert presque exclusivement dans le sens Roanne-Digoin pour le transport du charbon venant de St-Étienne, puis le charbon de Montceau-les-Mines « monte » vers Roanne. À partir de 1970, le déclin s'accentue et le trafic commercial s'arrête définitivement en 1992. La navigation de plaisance a pris le relais depuis l'ouverture des écluses le dimanche, d'avril à fin octobre.

De même, la construction du **barrage de Villerest** en 1984 permet à Roanne de célébrer des retrouvailles avec un fleuve longtemps redouté pour ses crues. Aujourd'hui, on y pratique la pêche dite « au coup », une pêche statique qui vise à attirer les poissons dans un endroit précis, et l'on s'y balade également

DEUX-TROIS MOTS SUR ROANNE...

- En 1814, la ville résista pendant sept jours aux Autrichiens avec seulement deux canons. Après la capitulation, le maire **Populle** réussit à éviter le pillage. Un jardin public perpétue son nom.
- Roanne est l'un des centres français de l'industrie textile les plus réputés pour la confection, la maille (2e rang en France, après Troyes) et le tissage éponge. Parmi les activités économiques, citons un Arsenal (GIAT) et une unité de production Michelin.
- Comment parler de Roanne sans évoquer sa fameuse équipe de basket, la Chorale, championne de France en 1959, et collectionnant depuis les titres de champions junior, espoir pro, minimes…

le long du sentier qui rejoint les anciennes gravières de Matel. 5 km offerts aux marcheurs et VTTistes et ponctués de panneaux présentant l'histoire du fleuve et son écosystème.

Chapelle Saint-Nicolas-du-Port

Sa courte silhouette se dresse à proximité des quais du port. La date inscrite au fronton – 1630 – évoque le vœu, fait cette année-là par les mariniers, d'élever une chapelle à leur patron s'ils échappaient à l'épidémie de peste.

À proximité Carte de microrégion

Montagny B1

14 km à l'est par la D 504. Suivez la pancarte « Roseraie » au sortir de Montagny, la parcelle pouvant être déplacée d'une saison à l'autre.

Roseraie Dorieux – *Accès libre et gratuit à la roseraie de déb. juil. à mi-sept.; reste de l'année : se renseigner - ✆ 04 77 66 11 46 - possibilité d'achat de rosiers.* Dans ce paysage régulier de jaune et de vert, la roseraie vient comme une étole jeter ses reflets chatoyants sur la colline. À la belle saison, on peut humer les fragrances des roses créées ici même et baptisées de noms de rêve.

Plateau de la Verrerie A1

40mn. Quittez Roanne à l'ouest par la D 9 jusqu'à Renaison, puis prenez la D 47 à droite : à la Grand'Borne, tournez à droite et suivez la D 478 qui conduit au site de la tourbière. Pour redescendre : au col de la Rivière prenez la D 39, puis la D 9 pour Roanne ou la D 4 pour un détour par Briennon.

Pour une échappée de la ville, une envie de solitude, choisissez cette route qui grimpe dans la fraîcheur forestière avant de déboucher sur la sécheresse du **plateau de la Verrerie**. La tourbière, fleuron écologique du massif, est aménagée pour une agréable promenade. Cette incursion dans les **monts de la Madeleine** découvre une large **vue** sur la plaine de Roanne.

Le Crozet A1

25 km au nord-ouest par la N 7.

Cette petite cité médiévale étage ses maisons fleuries sur les premiers contreforts des monts de la Madeleine. Propriété au 10e s. des vicomtes de Mâcon, elle fut cédée au 13e s. aux comtes de Forez qui la fortifièrent et l'élevèrent au rang de châtellenie au siècle suivant.

Laissez la voiture sur le parking prévu à l'entrée.

On pénètre dans l'ancienne place forte par la « Grand-Porte » flanquée de deux tours rondes tronquées et en partie masquées par des maisons.

Maison du Connétable – Elle offre une belle façade à pans de bois. À cette demeure fait suite l'ancienne halle de cordonnerie (15e s.); remarquez les arcades, aujourd'hui murées, qui abritaient les échoppes.

Maison Dauphin – Ancienne halle de la boucherie, cette maison de la fin du 15e s., fortement restaurée, conserve de belles fenêtres Renaissance.

Maison Papon★ – Pénétrez dans la cour afin d'admirer la belle façade Renaissance, de céramique émaillée, ornée de fenêtres à meneaux.

Tour de guet – L'ancien donjon, du 12e s., se dresse à proximité de l'église (19e s.). Il a perdu son couronnement de mâchicoulis. Du sommet, la vue se porte sur les monts de la Madeleine au sud, du Charolais à l'est; table d'orientation.

Musée des Amis du Vieux Crozet – *✆ 04 77 64 11 06 (syndicat d'initiative) - juin-sept. : merc.-dim. 15h-19h - possibilité de visite guidée - 2,50 € (enf. 1 €).* Un petit intérieur paysan a été reconstitué dans cette maison du 15e s., ainsi qu'un atelier de sabotier et celui d'un maréchal-ferrant taillandier.

Le Petit Louvre à La Pacaudière A1

23 km au nord-ouest par la D 207, puis la N 7. ✆ 04 77 64 11 06 - juil.-sept. : tlj sf lun. et mar. apr.-midi - 2 € (-15 ans gratuit).

Construite au 16e s., cette ancienne propriété des ducs de Bourbon garde une superbe **toiture★** en tuiles vernissées (motifs de croisillons) de 13 m de haut, une tourelle d'angle, et des fenêtres à meneaux.

Itinéraires conseillés Carte p.257

★ LA CÔTE ROANNAISE

Une ligne de coteaux à vignobles, « la Côte », orientée nord-sud, domine à l'ouest le bassin de Roanne. Séparés d'elle par les vallées du Rouchin et de la Tache se dressent en arrière-plan les **monts de la Madeleine**, hauteurs granitiques culminant à la Pierre-du-Jour (1 165 m) et prolongeant les monts du Forez et les Bois-Noirs. À la sévérité des monts de la Madeleine, la Côte oppose un aspect riant et coloré, avec ses vignobles produisant des vins rouges réputés classés AOC, mais aussi des vins rosés ou blancs.

100 km. Suivre le circuit 1 sur la carte p.257. Comptez une demi-journée. Quittez Roanne par la D 9 et empruntez la D 51 vers St-André-d'Apchon.

Saint-André-d'Apchon

Au centre du bourg se cache, dans un cadre retiré, un château du 16e s. construit pour le maréchal de St-André et conservant sa façade primitive décorée de médaillons Renaissance.

Empruntez à pied, sur la place du monument aux morts, la rue située à l'angle de l'hôtel du Lion-d'Or, puis passez sous le passage voûté à 30 m, à droite.

L'**église**, de style flamboyant, est couverte de tuiles vernissées et ornées de vitraux du 16e s. À droite du clocher, remarquez le portail Renaissance : au tympan, belle statue en pierre de saint André (16e s.), surmontée d'une petite effigie du Père éternel.

Poursuivez sur la D 51 vers Arcon.

La montée en lacet, au-dessus de St-André, offre une succession de vues sur la plaine roannaise.

Quittez Arcon par le nord et gagnez l'arboretum des Grands-Murcins.

Arboretum des Grands-Murcins, à Arcon

15mn à pied AR. L'arboretum créé en 1936-1937, au cœur d'un domaine forestier de 150 ha, à une altitude moyenne de 770 m, est surtout riche en résineux, parmi lesquels figurent des pins pleureurs de l'Himalaya, des sapins *Abies alba*, *Tsuga canadensis* aux branches en draperies, et *Douglas* qui prospèrent dans la région à une altitude inférieure à 900 m.

De la table d'orientation, **vue** sur la plaine de Roanne et les monts du Lyonnais.

Revenez à Arcon et gagnez La Croix-Trévingt. Prenez la D 51 vers St-Priest.

À TESTER

Entre les dégustations dans les caves de la Côte, faites un petit tour par la petite ville thermale **St-Alban-les-Eaux**, dont la production a repris dans une usine ultramoderne. Il est possible de goûter son eau agréablement gazeuse à la fontaine du village.

LES PAYSANS-TISSEURS

L'industrie textile a pris son essor dans la région à partir de 1880, époque où s'affairaient plus de 6000 tisserands. À la fin du 19e s., l'essor de l'industrie cotonnière s'étendait des monts de la Madeleine à l'ouest aux monts du Beaujolais à l'est. Dès le 16e s., le travail domestique des étoffes passa sous le contrôle des négociants lyonnais, qui fournirent la matière première et appliquèrent à cette main-d'œuvre dispersée les règles du système manufacturier. Le tisseur à domicile exerçait son activité dans un bâtiment ou une pièce annexe à son habitation (la cabine) et continuait à cultiver la terre pour améliorer son revenu.

★ Rocher de Rochefort

Le rocher de Rochefort est surmonté d'une table d'orientation. **Vues** sur la plaine de Roanne, les monts du Beaujolais et du Lyonnais.

Revenez à La Croix-Trévingt. Par la D 51 à gauche, puis la D 41, encore à gauche, empruntant la vallée du Rouchain, on atteint le barrage du Rouchain.

Barrage du Rouchain

Un emplacement pour les voitures et une zone piétonne permettent de s'approcher du barrage du Rouchain. Le pied du barrage est accessible par la route qui va au barrage de la Tache. Ce dernier a également son parking, un agréable restaurant ainsi que des aires de jeux pour enfants et un mini-golf; des sentiers s'élèvent vers la crête du barrage. Nombreuses promenades possibles.

Doublant le barrage de la Tache pour alimenter en eau potable l'agglomération roannaise, cet ouvrage (1977) en enrochement est long de 230 m, haut de 55 m, large de 9 m en crête et de 190 m à la base. Pourvue d'un évacuateur de crue sur la rivière le Rouchain, la retenue possède une capacité de 6500000 m^3 et occupe trois vallées. La D 47, reliant Renaison au bourg des Noës, suit la berge de la retenue.

Barrage de la Tache

Le barrage de la Tache, long de 221 m et haut de 51 m, a été construit de 1888 à 1892. Son épaisseur, qui n'est que de 4 m au sommet, atteint 47,50 m à la base. Il est du type « barrage-poids », c'est-à-dire qu'il résiste par sa masse à la poussée des eaux. Sa capacité est de 3326000 m^3.

De l'extrémité droite de la crête, près de la D 41, jolie vue sur le lac-réservoir *(30mn à pied AR)*.

Au cours de la descente vers Renaison, bordée de belles plantations de cèdres bleus de l'Atlas, on découvre le vignoble de la Côte roannaise.

Renaison

Centre économique de la Côte roannaise. L'église néo-gothique renferme un orgue romantique du facteur John Abbey.

Faites demi-tour; suivez la D 9 en direction de La Croix-du-Sud.

À gauche, un **rocher-belvédère★** offre une jolie vue sur le plan d'eau de la Tache. La montée vers le col ménage ensuite des vues sur les hauteurs de la Madeleine.

La Croix-du-Sud

Important carrefour de routes établi sur un seuil séparant les monts de la Madeleine de la « côte », et les vallées de la Teyssonne et de la Tache.

Au cours de la **descente★** par la D 39, remarquez l'étagement de la végétation : sur la crête, landes de bruyères ou manteau forestier; au-dessous, pâturages et cultures diverses; plus bas la zone viticole, et enfin, au loin, la plaine, avec ses riches herbages et ses vastes domaines. Avant d'arriver au-dessus des terres rouges du vignoble, la route offre des vues sur les villages de St-Haon-le-Vieux et St-Haon-le-Châtel.

★ Saint-Haon-le-Châtel

Laissez la voiture sur une place dans le haut du village et passez, à gauche d'une boucherie, sous une porte fortifiée, à vantaux de bois cloutés.

Capitale du Roannais ! C'est ce que fut, du 15e s. à 1677, St-Haon *(prononcez St-Han)*, jusqu'à ce que l'hôpital et la justice soient transférés à Roanne. Il reste de cette période de relative puissance un bourg à l'aspect médiéval, une partie des remparts, une belle porte du 14e s. avec ses clous en pointes de diamant. Au hasard des ruelles, vous découvrirez de charmants manoirs du 15e s. ou Renaissance, notamment l'ancienne prévôté (panonceau de notaire et mairie), la maison du cadran solaire, le manoir de la fleur de lys. Dans l'**église** (12e-17e s.), des peintures murales du 16e s. ont été mises au jour et restaurées.

★ Ambierle

Le bourg, bien exposé au soleil du matin, s'étage sur les pentes de la Côte roannaise, couverte de vignobles produisant un agréable rosé. Il conserve, dans sa partie haute, un ancien prieuré de Cluny montrant encore une porte fortifiée, un vaste logis du 18e s. et une belle église gothique.

★ **Église** – Bâtie à la fin du 15e s., elle est de style gothique flamboyant. À l'intérieur, la nef étroite est d'une grande élégance. De magnifiques **vitraux★** du 15e s. garnissent les cinq fenêtres du chœur, hautes de 13 m, celles des deux chapelles latérales et du bas-côté gauche. Sur le maître-autel, derrière la grille du chœur, est exposé un **retable flamand★** du 15e s. Les sculptures sur bois de la partie centrale représentent des scènes de la Passion.

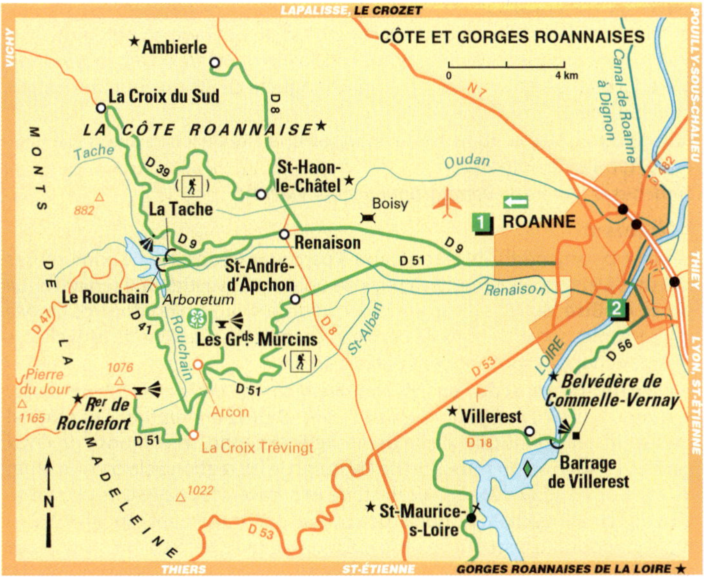

Musée Alice-Taverne – *☎ 04 77 65 60 99 - fév.-nov. : 10h-12h, 14h-18h - fermé janv. et déc. - 4,50 € (-15 ans 2,50 €).* Aménagé dans un bâtiment du 18e s., il sait initier aux jeux, coutumes, rites et superstitions qui émaillaient la vie dans les campagnes voisines, mais aussi à l'habitat, aux usages domestiques. Reconstitution de la « maison », pièce unique du logis rural ordonné autour de son âtre central, et de divers intérieurs (auberge, atelier de couturière, etc.).

Retour à Roanne par les D 8 et D 9.

À gauche, jolie vue sur la grosse tour ronde du **château de Boisy** *(ne se visite pas).* Ce château (14e-16e s.) occupe une place importante dans l'histoire roannaise. Il appartint successivement aux Couzan, à Jacques Cœur puis aux Gouffier. C'est en faveur d'Arthur Gouffier, son ancien précepteur, que François Ier érigea la terre de Boisy en duché-pairie de Roannais.

★ GORGES ROANNAISES DE LA LOIRE

139 km. Suivre le circuit 2 sur la carte p. 257. Comptez une demi-journée. Quittez Roanne au sud par l'avenue de la Libération et prenez à droite la D 43, puis la D 56 en direction du belvédère de Commelle-Vernay, signalisé.

La construction en amont de Roanne du barrage de Villerest a fait apparaître un nouveau « lac de Loire », qui s'allonge sur 33 km et attire, l'été, de nombreux plaisanciers.

★ Belvédère de Commelle-Vernay

La **vue** embrasse, au nord, l'agglomération roannaise et le pont de Vernay, à l'ouest, la commune et le barrage de Villerest, ainsi que les installations modernes des Papeteries de Villerest avec, à l'arrière-plan, les monts de la Madeleine. Un **petit train touristique** propose un parcours commenté de 7 km sur la rive droite du lac de Villerest. *☎ 04 77 44 29 50 - www.le-petit-train-touristique.net - trajet en petit train ponctué d'animations (attaque de train, cirque...) sur réserv. juil.-août : tlj 15h, 16h30 et 18h ; avr.-oct. : w.-end et j. fériés 15h et 16h - 5,50 € (-12 ans 4 €).*

Barrage de Villerest

Destiné à maîtriser les crues de la Loire, c'est un ouvrage en béton de type poids d'une longueur de crête de 469 m. Sa forme en arc en accentue la stabilité. La retenue à niveau variable a une longueur de 30 km pour une largeur moyenne de 250 m.

Autour du lac de retenue s'est développée une aire de loisirs avec base nautique, terrain de golf, etc.

Franchissez la crête du barrage pour gagner Villerest.

★ Villerest

Le vieux **bourg médiéval** est agréable à parcourir. Il conserve de nombreuses maisons à encorbellement ou à pans de bois et des vestiges de remparts. La **porte de Bise**, du 13e s., marque le début de la visite à pied dont les étapes intéressantes sont illustrées de panneaux explicatifs. En période estivale, les vieilles échoppes sont animées par des artisans.

Musée de l'Heure et du Feu – *Pl. Jean-Baudinat - ☎ 04 77 69 71 97 - juil.-août : tlj sf mar. 14h-18h ; mai-juin : w.-end 14h-18h - 3 € (-12 ans gratuit).* Cet original musée, installé dans une vieille demeure forézienne, se compose de deux parties. La **section du feu★** retrace l'histoire de la création et la conservation du feu domestique depuis la préhistoire et à travers les pays. Une présentation de l'amadou, champignon arboricole, et son traitement rappellent qu'il fut la composante essentielle de la création du feu avec le silex et une pièce métallique.

Les diverses vitrines exposent toutes sortes de briquets dont un briquet japonais miniature du 18e s., un briquet-couteau à pinces datant de la Révolution française, et le célèbre briquet hydropneumatique de Gay-Lussac, dangereux à manipuler car fonctionnant à l'hydrogène. L'autre section, plus éclectique, propose d'abord un bel assortiment d'horloges et de montres curieuses du 18e au 20e s. Une salle est consacrée à l'intéressante collection de briquets fabriqués par les poilus de 1914-1918.
Prenez la direction de St-Jean-St-Maurice-sur-Loire.

★ Saint-Maurice-sur-Loire

St-Maurice occupe un **site★** pittoresque dans les gorges roannaises de la Loire. Dominant un méandre de la retenue du barrage de Villerest, les vieilles maisons du bourg s'accrochent sur un éperon couronné par les vestiges d'un château féodal. Depuis 1974, le village s'est associé à St-Jean-le-Puy pour former la commune de St-Jean-St-Maurice-sur-Loire.
Laissez la voiture sur la petite esplanade à l'entrée de la partie haute du bourg.
De la terrasse du **donjon** (12e s.), belle vue sur les gorges.
Église – L'édifice conserve une abside romane, à chevet plat, décorée d'intéressantes **peintures romanes** du 13e s. Elles représentent, sur les registres de la voûte, l'Annonciation, la Visitation, la Nativité et la Fuite en Égypte, le Massacre des Innocents et le Paradis terrestre (Création d'Ève, le Fruit défendu).
Manoir de La Mure-Chantois – On y accède par une porte ornée de sculptures représentant Adam et Ève ; la tour d'escalier (16e s.), qui desservait une partie du logis aujourd'hui disparue, conserve un fronton finement sculpté.
Prenez la direction de Bully d'où l'on redescend du coteau vers la Loire au pont de Presle. Prenez à droite la D 56, route bordière.
Le parcours offre un beau passage rocheux à hauteur du château de la Roche.

Château de la Roche, à Saint-Priest-la-Roche

✆ 04 77 64 97 68 - www.lechateaudelaroche.fr - visite guidée juil.-août : 10h-12h, 14h-19h ; juin : tlj sf lun. 14h-19h ; mai et sept. : tlj sf lun. 14h-18h ; mars-avr. et oct.-nov. : w.-end 14h-18h ; vac. scol. et j. fériés : mar.-dim. 14h-18h - 5,50 € (6-15 ans 4,50 €)
Rescapé de justesse du barrage sur la Loire, grâce à la mobilisation de nombreux bénévoles, cet étonnant petit château de style troubadour (19e s.) est devenu l'endroit idéal pour présenter les évolutions des gorges de la Loire au cours des siècles (maquette et photos).
En amont, la vallée présente un aspect plus pastoral. *Peu après le viaduc de Chessieux, on atteint Balbigny où l'on emprunte à gauche la N 82 vers Neulise. À 6 km, tournez à droite dans la D 5.*

Saint-Marcel-de-Félines

Situé en terrasses sur une croupe de terrain dominant la cuvette de Feurs, face aux monts du Forez, ce bourg paisible possède un château, maison forte du 12e s., agrandie et embellie au 16e s.
Château – *✆ 04 77 63 23 42 - visite guidée août : lun., dim. et j. fériés apr.-midi ; de Pâques à fin juil. et de déb. sept. à la Toussaint : dim. et j. fériés apr.-midi - 5 € (-14 ans 3 €).* Ses toitures, ses tours basses et la belle teinte dorée des pierres lui donnent une silhouette pittoresque ; remarquez les lucarnes aux frontons ornés de motifs en forme de bulbe. Par un pont franchissant les anciens fossés, on accède à la cour intérieure d'inspiration italienne ; un vieux puits est orné de sphinx à tête de femme. Les salons doivent leur homogénéité à des **peintures★** de la seconde moitié du 17e s. Lambris et plafonds sont divisés

en compartiments peints de rinceaux, figures allégoriques ou grotesques, natures mortes, paysages ou portraits. Dans le salon de Jeanne d'Arc, un des rares portraits de la sainte habillée en femme.

Revenez sur la N 82, puis à Neulise tournez à droite dans la D 38. Après Croizet, franchissez le Gand et prenez le chemin à droite.

Château de l'Aubépin

✆ 06 19 74 20 19 - mat. et apr.-midi - fermé mar., merc. et 15 août - gratuit.

Cette jolie demeure (16e-18e s.), flanquée de pavillons d'angle coiffés en poivrière et précédée d'un avant-corps à décor de mascarons, est campée en terrasses dans un cadre verdoyant.

Regagnez Roanne par la N 82. La route offre des vues sur la Côte roannaise et vers la cuvette de la Loire, en aval.

NOS ADRESSES À ROANNE

HÉBERGEMENT

À Roanne

PREMIER PRIX

Hôtel Terminus – *15 cours de la République - ✆ 04 77 71 79 69 - www.hotel-terminus-roanne.com - fermé 2 sem. en août et 26 déc.-1er janv. - P - 55 ch. 43,60/49,10 € - ☕ 7 €.* Bâti en face de la gare (d'où le nom de l'enseigne), cet hôtel fraîchement rénové propose un hébergement correct à des prix très avantageux, compte tenu de sa situation. Les chambres, confortables et insonorisées, disposent toutes d'une salle de bains avec WC, téléphone, TV et prise Internet.

POUR SE FAIRE PLAISIR

Grand Hôtel – *18 cours de la République, face à la gare - ✆ 04 77 71 48 82 - www.grand-hotel-roanne.fr - fermé 30 juil.-22 août et 24 déc.-2 janv. - P - 31 ch. 72/92 € - ☕ 12 €.* En face de la gare de Roanne, cet hôtel qui date du début du siècle est bien tenu et a été récemment rénové sous l'impulsion d'une nouvelle équipe. Chambres de différentes tailles. Une adresse utile.

À proximité

POUR SE FAIRE PLAISIR

Chambre d'hôte Domaine du Fontenay – *42155 Villemontais - à 12 km au sud-est de Roanne par D 53, puis D 8 et chemin à dr. - ✆ 04 77 63 12 22 - www.domainedufontenay.com - 4 ch. 68 € ☕.* Un chemin grimpant parmi les vignes mène à cette maison incluse dans un domaine viticole de 10 ha. Les chambres spacieuses, lumineuses et aménagées avec goût offrent une vue splendide sur les vignobles et la plaine du Roannais. Les propriétaires, charmants, proposent des dégustations de leur vin à l'ancienne.

Chambre d'hôte L'Échauguette – *Ruelle Guy-de-la-Mure - 42155 St-Jean-St-Maurice-sur-Loire - 12 km au sud-ouest de Roanne par D 53 et D 203 - ✆ 04 77 63 15 89 - www.echauguette-alex.com - 🚭 - 4 ch. 67/77 € ☕ - repas 27 €.* Située en lisière du bourg, L'Échauguette surplombe un lac entouré de collines. Les chambres sont toutes différentes et le petit-déjeuner se prend dans la cuisine ou, s'il fait beau, sur la terrasse d'été où vous ne perdrez aucune miette du panorama !

RESTAURATION

Bon à savoir – Pour vous faire plaisir sans trop dégarnir votre porte-monnaie, vous trouverez des petits restaurants sympathiques et peu onéreux du côté de la rue Victor-Bach. On a aimé le Visconti (pizzeria), la crêperie l'Armorique, ainsi que La Petite Fourchette et Le Coq en Paille qui proposent tous deux une cuisine plus traditionnelle.

Roanne « Table ouverte » – Chaque année, au mois d'octobre, se déroule le Festival Roanne table ouverte qui associe gastronomie et spectacles. À cette occasion, de nombreux restaurants de la région proposent des représentations variées à l'heure du dîner (théâtre, musique classique, magie, chanson française…), et les Halles Diderot organisent des soirées dégustation. Exposition à thème culinaire et ateliers de cuisine ou d'œnologie. *www.roannetableouverte.com*

À Roanne

BUDGET MOYEN

Le Central – *20 cours de la République (face à la gare) - 04 77 67 72 72 - restaurant. lecentral@wanadoo.fr - fermé 2-22 août, 24 déc.-1er janv., dim. et lun. - réserv. obligatoire - 21/29 €.* À côté du restaurant des frères Troisgros (*voir ci-dessous*), ce bistrot-épicerie appartient à la célèbre famille. On y propose une cuisine simple, au goût du jour, dans un décor chaleureux, au milieu des bocaux… à acheter à l'épicerie avant de partir.

UNE FOLIE

Troisgros – *Pl. de la Gare - 04 77 71 66 97 - www.troisgros.com - fermé vac. de fév., 4-19 août, lun. midi en oct.-fév., mar. et merc. - réserv. obligatoire - 95 (déj. en sem.)/195 €.* Véritable institution, cette maison est une référence gastronomique française. La famille Troisgros accueille ses hôtes dans sa maison où modernisme, qualité, luxe et sobriété se marient élégamment.

À proximité

PREMIER PRIX

L'Auberge du Barrage – *Lieu-dit La Tache - 42370 Renaison - 04 77 64 41 23 - fermé de déc. à mi-mars, mar. et merc. sf juil.-août - 14/28 €.* Cette auberge située au bord d'un ruisseau et en lisière de forêt, vous reçoit, selon la saison, dans l'une de ses deux salles à manger rustiques ou en terrasse. Le chef, un enfant du pays parti 15 ans aux Antilles, prépare une cuisine du terroir (grenouilles, fritures…) rehaussée d'épices de là-bas.

BUDGET MOYEN

Ma Chaumière – *3 r. St-Marc - 42120 Le Coteau - rive droite de la Loire - 04 77 67 25 93 - machaumiere@wanadoo.fr - fermé dim. soir, mar. soir et lun. - 15/46 €.* Bon accueil et bonne table dans ce restaurant situé entre les quais et le centre-ville. Le sympathique couple qui tient la maison avec passion soigne ses clients : la cuisine traditionnelle est élaborée à partir de produits frais et servie avec attention.

L'Escale – *Pl. St-Jean - 42155 St-Jean-St-Maurice-sur-Loire - 04 77 63 14 24 - fermé 1 sem. en janv., dim. soir et lun. - 18/35 €.* Ce restaurant, proche du barrage de Villerest et des côtes du Roannais, séduira les amateurs de cuisine régionale, cuisses de grenouilles et autres spécialités de friture. Vaste salle de style contemporain et terrasse.

Le Relais de la Vieille Tour – *42155 St-Maurice-sur-Loire - 04 77 63 16 83 - fermé lun.-merc. en janv.-mars, lun. midi et mar. midi en avr.-juin - 19,50/29 €.*

Sympathique adresse familiale hébergeant deux salles à manger dont une au rez-de-chaussée, fleurie et bourgeoise ; à l'étage, la salle rénovée et la terrasse d'été offrent une jolie vue sur la région. Registre culinaire classique.
Le Marcassin – *Rte de St-Alban-les-Eaux - 42153 Riorges - 3 km à l'ouest de Roanne par D 31 - ✆ 04 77 71 30 18 - lemarcassin@wanadoo.fr - fermé vac. de fév., 17-31 août, dim. soir et sam. - 18/55 € - 9 ch. 65 € - ☕ 8 €.* Après la visite du musée de la Maille à Riorges, vous pouvez vous arrêter dans ce restaurant familial. Tenu par un jeune chef, il décline des saveurs actuelles, dans un cadre moderne plutôt agréable ou sur la terrasse. Chambres très simples.

ACHATS

Bon à savoir – Il existe encore quelques fabricants textiles réputés en France, dont les boutiques d'usine sont accessibles aux particuliers. Vous y trouverez des articles de l'année précédente à des tarifs très intéressants. **Griffon** *(41 r. Georges-Plasse - ✆ 04 77 23 65 60)* et **Lewinger-Degriff** *(50 r. St-Alban - ✆ 04 77 71 66 46)* proposent du prêt-à-porter masculin et féminin. **Janine Pauporté** *(6 bd Charles-de-Gaulle au Coteau - ✆ 04 77 68 82 24)* s'adresse exclusivement aux femmes. Et, pour les enfants, vous pourrez opter pour **FGM** *(14 r. Jean-Mermoz - ✆ 04 77 68 97 18).*
Pralus – *8 r. Charles-de-Gaulle/les Halles Diderot - ✆ 04 77 71 24 10 ou 04 77 67 69 02 - www.chocolats-pralus.com - tlj sf dim. et lun. 9h-12h, 14h-19h.* Cette adresse est devenue célèbre grâce à ses pralulines, brioches au beurre agrémentées de praline, d'amandes et de noisettes.
Domaine Robert Sérol – *Les Estinaudes - 42370 Renaison - ✆ 04 77 64 44 04 - 8h30-12h30, 13h30-19h, dim. et j. fériés sur RV.* Ce domaine familial de 20 ha fournit depuis plus de 20 ans la maison Troisgros en vins AOC de la Côte roannaise rouge et rosé. Vue magnifique et très sympathique caveau de dégustation-vente.
Les Brasseurs du Sornin – *400 rte de Roanne - 42720 Pouilly-sous-Charlieu - ✆ 04 77 60 82 28 - www.brasseursdusornin.com - tlj sf dim. et j. fériés 8h-12h, 14h-18h.* Cet établissement familial créé en 1998 bénéficie de l'expérience d'un maître brasseur formé en Belgique. Parmi les 17 parfums originaux proposés, il faut découvrir la Perle Verte, à base de lentille du Puy-en-Velay, la Bière Rouge, aux baies de fleurs et la Bière des Verts, aux couleurs d'un certain club de foot…
La Maison des métiers d'Art – *Pl. du Mar.-de-Lattre-de-Tassigny - ✆ 04 77 67 87 90 - tlj sf dim. et lun. 14h-18h30 (les j. d'exposition).* L'Association des métiers d'art du Roannais regroupe les artisans de la région autour d'expositions thématiques. Poterie, sculpture, céramique, ébénisterie… Cette vitrine du savoir-faire artisanal mérite le détour.

EN SOIRÉE

Bon à savoir – Le **château de la Roche** accueille des expositions tout au long de l'année. Des soirées à thème sont organisées chaque samedi de juin et juillet, et un spectacle son et lumière pyrotechnique s'y déroule le 3e samedi d'août. Enfin, une année sur deux s'y tient le Festival de la science-fiction et de l'imaginaire.

Charlieu

★

3 649 Charliendins – Loire (42)

NOS ADRESSES PAGE 269

S'INFORMER

Office de tourisme – *Pl. St-Philibert - 42190 Charlieu - 04 77 60 12 42 - www.leroannais.com - juil.-août : lun. 14h-18h, mar.-sam. 9h30-12h30, 14h30-18h, dim. et j. fériés 9h30-12h30, 14h30-18h30 ; oct.-mars : mar.-sam. (sauf j. fériés) 9h30-12h30, 14h30-17h30 ; avr.-juin et sept. : mar.-sam. et j. fériés 9h30-12h30, 14h30-18h.*

SE REPÉRER

Carte de microrégion B1 *(p. 250) – Carte Michelin Départements 327 E3.*
Charlieu se trouve au carrefour de routes du sud du Brionnais, avec Roanne à 19 km au sud, et Paray-le-Monial à 40 km au nord.

À NE PAS MANQUER

La façade de l'abbaye bénédictine et ses superbes détails sculptés ; les somptueuses collections de tissus et de robes d'époque du musée de la Soierie ; les chapiteaux du couvent des Cordeliers, figurant les vices et les vertus.

ORGANISER SON TEMPS

Comptez environ 1h pour visiter l'abbaye, et au moins autant pour flâner dans la vieille ville et admirer ses maisons à pans de bois.

AVEC LES ENFANTS

Démonstrations de techniques de tissage au musée de la Soierie ; parc des Canaux à Briennon *(voir « Nos adresses à Charlieu »).*

Marché actif dès l'époque médiévale, sur la voie reliant la vallée de la Saône à celle de la Loire, Charlieu devint au 19e s. un grand centre de tissage de soierie, tant en usine qu'au sein d'ateliers familiaux. Mais c'est surtout à la qualité de ses trésors architecturaux que la cité doit sa renommée.

Découvrir Plan de monument

★ Abbaye bénédictine

Fondée vers 870 et rattachée à Cluny vers 930, l'abbaye fut transformée en prieuré un siècle plus tard. Au 12e s., elle bénéficia de la collaboration des architectes et artistes de Cluny (qui reconstruisirent l'église et ajoutèrent l'avant-nef et le nouveau portail, cette fois-ci latéral) ainsi que de l'aide de Philippe Auguste, son protecteur, qui la fit fortifier.

En entreprenant leurs recherches, les archéologues ont découvert sur le site de l'abbaye une succession de constructions. Les **fouilles** attestent ainsi la présence de deux églises, du 9e et du 10e s., ainsi que d'une abbatiale du 11e s., légèrement désaxée. À partir du 10e s., l'église est flanquée de collatéraux pour permettre la circulation des pèlerins autour des reliques des saints Fortuné et

Étienne. La prieurale du 11e s. adopte le plan de la croix latine, avec un transept et un chœur à absidioles orientées typiquement bénédictin. Lorsque la tourmente révolutionnaire arrive, le prieuré bénédictin ne compte plus que six moines. Il est sécularisé en mars 1789, et les bâtiments – dont l'église St-Fortuné, « la plus parée des filles de Cluny » – sont en grande partie démolis. Le site entame alors une longue période de déclin qui se poursuivra jusque vers la fin du 19e s.

De St-Fortuné ne subsistent aujourd'hui que la dernière travée, dont les chapiteaux sont typiques du Brionnais, et l'avant-nef ajoutée au 12e s.

Façade★★★ – La façade nord de l'avant-nef s'ouvre par un **grand portail** du 12e s., véritable chef-d'œuvre de l'art roman. Bien que toutes les têtes aient été brisées ou martelées à la Révolution, il continue d'éblouir par la qualité de sa décoration sculptée.

Le **tympan** figure le Christ en majesté dans une mandorle, soutenue par deux anges et entourée des symboles des quatre évangélistes ; sur le linteau sont représentés la Vierge assistée de deux anges et les douze apôtres. Notez la précision des vêtements. Quelques copies de têtes ont été placées, sans qu'on soit vraiment sûr de leur attribution (les originaux sont conservés au musée lapidaire de l'abbaye). Aux impostes des piédroits apparaissent, à gauche, mutilés, le roi David et, sans doute, Boson, roi de Bourgogne et de Provence, qui aurait été l'un des bienfaiteurs de l'abbaye, qu'il porte entre ses mains, et à droite, saint Jean-Baptiste et l'évêque Robert, fondateur de l'abbaye. Au-dessus de l'archivolte, on ne peut manquer l'agneau pascal. Le même travail de la toison se retrouve dans la peau de bête dont est vêtu Jean-Baptiste. Aux voussures et sur les colonnes, qui encadrent la porte, s'allient les motifs

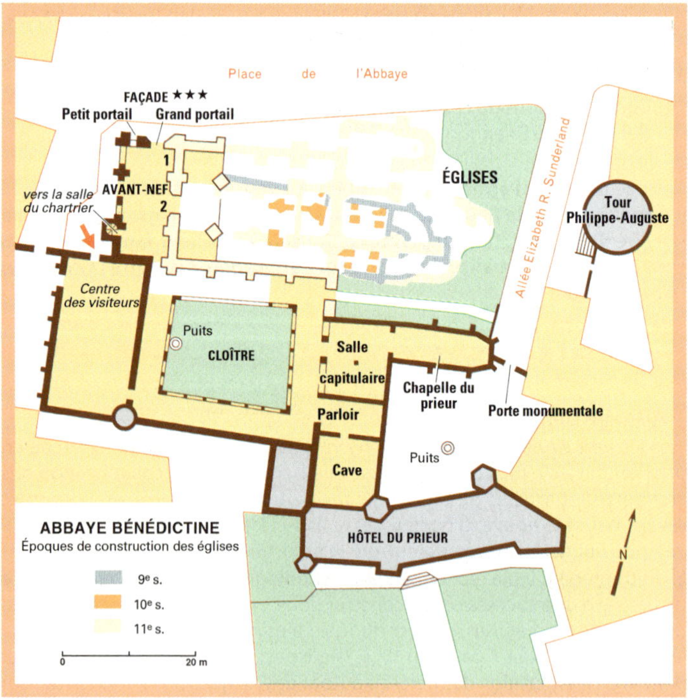

géométriques et floraux dont la luxuriante décoration, d'inspiration orientale, est un héritage des croisades.

Le tympan du **petit portail,** à droite, est lui aussi intéressant. On reconnaît au linteau des animaux qui sont amenés vers un personnage assis pour être sacrifiés : la scène s'inspire des représentations antiques de sacrifices païens pour évoquer le temple de Jérusalem et les rites de l'ancienne Alliance. Elle est surmontée par les Noces de Cana, premier miracle du Christ. À l'archivolte, la Transfiguration du Christ est dominée par un nuage : des nuées sortaient le visage et le bras de Dieu (martelés) pour désigner son fils. Ce portail résume par ses scènes successives le passage de l'ancienne à la nouvelle Alliance.

Centre des visiteurs – *✆ 04 77 60 09 97 - juil.-août : 10h-12h, 13h-19h ; avr.-juin et sept.-oct. : tlj sf lun. 10h-12h30, 14h-18h30 ; fév.-mars et nov.-déc. : tlj sf lun. 10h-12h30, 14h-17h30 - fermé janv. et 25 déc. - 4,30 € (-12 ans gratuit).* Aménagé dans l'ancien dortoir des novices, à l'entrée de l'abbaye, le centre des visiteurs propose, en introduction à la visite, une présentation sur l'univers monastique. De là, vous pénétrez à proprement parler dans l'abbaye.

Avant-nef – Édifice rectangulaire de 17 m de longueur sur 10 m de largeur environ, il comprend deux salles superposées, voûtées d'arêtes, dont une abrite un **sarcophage gallo-romain** (1), trouvé au cours des fouilles. À l'est, le mur est constitué par la façade occidentale de l'ancienne église St-Fortuné, consacrée en 1094, qui comporte : un portail (2), dont le tympan, encadré de trois voussures à arêtes vives, figure le Christ en majesté ; deux baies géminées à voussures, séparées à l'extérieur par un pilier flanqué d'une colonnette cannelée à chapiteau corinthien (au-dessus, deux figures affrontées).

Salle du chartrier – On y accède par un escalier à vis. À l'est, la grande baie est flanquée de deux petites arcades aveugles et surmontée de belles voussures reposant sur les chapiteaux à feuillages des colonnes engagées.

Elle offre une vue d'ensemble sur les fondations des trois sanctuaires des 9e, 10e et 11e s. qui se sont succédé à cet emplacement, et que distinguent la couleur des joints et la verdure de la pelouse. La vue englobe également la tour Philippe-Auguste, l'hôtel du Prieur et les toits de la ville. Dans la 1re travée de l'ancienne église du 11e s., observez d'intéressants chapiteaux : une représentation de Daniel dans la fosse aux lions et une sirène bicaudée.

Cloître – Il a été édifié au 15e s., en remplacement du cloître roman. Un vieux puits subsiste, adossé à la galerie ouest. Dans la galerie est, six arcades massives reposent sur des colonnettes jumelées dont les chapiteaux présentent une simple ornementation de feuilles d'acanthe, d'oiseaux et de motifs géométriques.

Parloir – Cette belle salle voûtée du début du 16e s. abrite un **musée lapidaire** où, à côté d'anciens chapiteaux du prieuré, on remarque deux bas-reliefs : l'un, carolingien, du 10e s., représente à nouveau Daniel dans la fosse aux lions ; l'autre, du 12e s., figure l'Annonciation dans un ensemble de quatre arcades accolées.

Cave – Voûtée de deux berceaux en plein cintre, elle accueille un **musée d'Art religieux** comportant un bel ensemble de statues en bois polychrome du 15e au 18e s., dont une Vierge à l'oiseau provenant de l'église d'Aiguilly, près de Roanne, et une Vierge à l'Enfant, toutes deux gothiques (15e s). Remarquez aussi les visages expressifs des petits chantres (19e s.).

Salle capitulaire – Elle date du début du 16e s. Ses ogives reposent sur un pilier rond portant un lutrin sculpté dans la masse.

Chapelle du prieur – Édifiée à la fin du 15e s., elle est surmontée d'un clocheton couvert de lamelles de bois. Le carrelage de terre cuite a été reconstitué sur le modèle ancien.

Hôtel du prieur – Ce logis borde une élégante cour ornée en son centre d'un puits au couronnement en fer forgé. La construction (1510) comprend deux tours d'angle aux toitures couvertes de petites tuiles de Bourgogne. Sur la tour située à l'angle sud-est figure le blason des prieurs de la Madeleine.

À l'intérieur, meubles et objets évoquent le cadre de vie des prieurs au 18e s. En sortant, admirez la **porte monumentale** du 16e s., en anse de panier, surmontée de créneaux décoratifs et d'un blason de prieur.

Tour Philippe-Auguste

Cette imposante tour, de belle pierre ocrée, faisait partie du système défensif de l'abbaye construit sur ordre du roi vers 1180. Philippe Auguste estimait la place forte de Charlieu « très utile à la couronne ».

Se promener Plan de ville

VIEILLE VILLE

Circuit tracé en vert sur le plan p. 267.

En flânant dans la vieille ville, vous découvrirez de nombreuses habitations du 13e au 18e s. À l'angle de la place St-Philibert et de la rue Grenette, l'office de tourisme est installé dans une maison en pierre du 13e s. Notez, à l'étage, les fenêtres géminées réunies par une colonnette.

Église Saint-Philibert

Commencée au 13e s., cette église a reçu son tympan au 20e s. Sans transept, elle possède une nef de cinq travées, flanquée de bas-côtés, et un chœur rectangulaire, caractéristique de l'art bourguignon.

Elle abrite de beaux objets d'art : chaire en pierre monolithe du 15e s., **stalles** des 15e et 16e s. Ces dernières sont accompagnées de panneaux peints : ceux de gauche représentent douze saints et saintes, ceux de droite, signés du maître huchier Colinet, font se succéder les apôtres portant chacun une phrase du Credo. Remarquez la statue de Notre-Dame-de-Septembre, patronne de la corporation des tisserands, portée chaque année lors de la procession qui a lieu le deuxième dimanche de septembre. Dans la chapelle Ste-Anne, à droite du chœur, le retable peint sur pierre (15e s.) représente la Visitation et la Nativité. Dans la chapelle St-Crépin, à gauche du chœur, se dévoilent une Pietà du 17e s. et la statuette de saint Crépin, patron des cordonniers et des bourreliers, en pierre polychrome.

Ancien hôtel-Dieu

Ce bâtiment du 18e s., dont on peut apprécier la belle façade sur la rue Jean-Morel, regroupe deux musées.

Musée de la Soierie★ – *✆ 04 77 60 28 84 - www.amisdesartscharlieu.com - juil.-août : 10h-13h, 14h-19h ; fév.-juin et sept.-déc. : 14h-18h - fermé lun. (sf lun. fériés), janv. et 25 déc. - 4,30 € (enf. 3,50).*

Ce musée témoigne des traditions du tissage de la soie à Charlieu. La ville est d'ailleurs le siège de la dernière corporation de tisserands en France. Le beau choix de soieries (luxueuses robes anciennes, créations personnalisées pour les grandes familles, échantillons de tissus de rêve…), accompagnant les imposants métiers à tisser, offre un reflet de l'évolution des techniques depuis le 18e s. Du métier « à bras » au métier sans navette… l'ensemble du matériel présenté fonctionne en **démonstrations★**.

À l'étage, vous trouverez une exposition de tissus et de créations de grands couturiers, et vous pourrez assister à une projection vidéo sur les techniques traditionnelles et actuelles du tissage de la soie.

Musée hospitalier – *✆ 04 77 60 28 84 - ♿ - mêmes conditions de visite que le musée de la Soierie.* L'hôtel-Dieu, où officièrent pendant trois siècles les religieuses de l'ordre de Ste-Marthe, a cessé son activité en 1981. Transformé en musée, il témoigne de l'atmosphère quotidienne d'un petit hôpital, de la fin du 19e s. aux années 1950. L'apothicairerie a conservé son aménagement du 18e s., et la lingerie ses belles armoires régionales.

L'une des grandes salles des malades a été reconstituée avec son double alignement de lits ceints de rideaux ; par la fenêtre qui permettait aux malades d'assister de leur lit à l'office, on contemple la chapelle qui abrite un bel **autel en bois doré** (1733), au devant paré de cuir repoussé.

Dans cette même rue Jean-Morel, on atteint le n° 32.

La **maison des Anglais** est la plus jolie de la vieille ville. Datant du début du 16e s., elle est dotée de fenêtres à meneaux séparées par une niche gothique, d'une galerie et de deux échauguettes qui flanquent la façade. Pour apercevoir sa tour du guetteur, empruntez la rue de la Fromagerie sur quelques mètres.

Tournez à droite dans la rue André-Farinet.

Observez les maisons à pans de bois au n° 31 et au n° 27, où vous verrez la **maison Disson**. Au n° 29, maison en pierre du 13e s. ; à l'angle en vis-à-vis, au n° 22, quelques vestiges d'un grenier à sel du 14e s.

Prenez à droite dans la rue Charles-de-Gaulle.

La **maison des Armagnacs** (13e et 14e s.), au n° 9, présente deux fenêtres géminées, surmontées d'arcs trilobés, décorés à gauche d'un motif floral, à droite d'une tête humaine ; l'étage à pans de bois surplombe le tout.

Prenez la rue Michon et la rue Chanteloup, commerçante. Obliquez à droite, à la hauteur de l'église, pour trouver la rue du Tour-de-l'Église, qui compte diverses maisons à pans de bois et bancs d'échoppe. Gagnez ensuite la rue du Merle.

Aux angles formés avec la rue des Moulins (n° 11), puis avec la rue des Moulins et la place St-Philibert, se dressent de vieilles maisons à pans de bois.

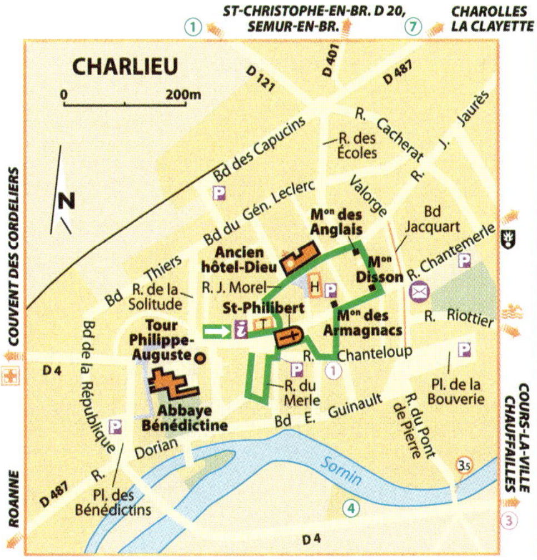

SE LOGER

Domaine du château de Marchangy (Chambre d'hôte) 1

Relais de l'Abbaye 4

Violetterie (Chambre d'hôte La) 7

SE RESTAURER

Moulin de Rongefer 3

P'tit Normand (Le) 1

HORS LES MURS

★ Couvent des Cordeliers

Sortez à l'ouest par la rue Ch.-M.-Rouiller. ✆ 04 77 60 07 42 - www.amisdesartscharlieu.com - ♿ - juil.-août : 10h-13h, 14h-19h ; avr.-juin et sept.-oct. : tlj sf lun. 10h-12h30, 14h-18h ; fév.-mars et nov. : tlj sf lun. 10h-12h30, 14h-17h - fermé déc.-janv. - 4 € (-12 ans gratuit).

C'est au 13e s. que les bourgeois de Charlieu firent appel aux franciscains, qui s'établirent à St-Nizier-sous-Charlieu. Situés hors des remparts de la ville, les bâtiments de leur couvent ont souffert de la guerre de Cent Ans.

Les galeries du **cloître** (fin 14e-15e s.) sont décorées de motifs végétaux très variés. Les **chapiteaux★** de la galerie nord *(à droite en entrant)* sont les plus intéressants. Ils représentent les vices et vertus. On reconnaîtra, dans l'ordre, à l'intérieur, l'hermine (la pureté), le félin (la prudence), le porc-épic (la justice), l'agneau (la douceur), le coq et l'écureuil (le travail), le chien (la fidélité) ; à l'extérieur, on trouve dans cette même portion un autre chien (la vigilance), une chouette (la sagesse), une tête de religieux (la sérénité), un animal casqué (le courage), deux dragons (le mal contrôlé), un visage voilé (la pudeur). Les vices occupent l'autre partie de la galerie : à l'extrémité opposée, on voit le singe (la lubricité), le serpent (l'hypocrisie), le perroquet (le bavardage), le vieillard (l'orgueil), un moine et une femme (la luxure) et, à l'intérieur, le soldat et la mort (la luxure), le chien (la paresse), les lions (la colère), le centaure (le vol) et de nouveau le singe.

L'**église** (14e s.) à nef unique, sans transept, avec trois chapelles latérales au sud (fin 15e-début 16e s.), a été en partie restaurée. Entièrement peinte à l'origine, elle conserve quelques fragments de son décor dans le chœur.

À proximité Carte de microrégion

Saint-Hilaire-sous-Charlieu B1

6 km au sud par la D 49.

Le Grand Couvert – *✆ 04 77 60 12 42 - tte la journée - diaporama 2 € (16mn).*
Cette grange aux pans très inclinés est typique de l'architecture rurale de la région. Ces témoins datent généralement du 18e ou du 19e s. Des panneaux et des écrans présentent l'ouvrage et le pays de Charlieu.

NOS ADRESSES À CHARLIEU

HÉBERGEMENT

À Charlieu

POUR SE FAIRE PLAISIR

Hôtel Relais de l'Abbaye – *415 rte du Beaujolais - ✆ 04 77 60 00 88 - www.relais-abbaye.com - fermé 20 déc.-10 janv. - P - 27 ch. 68/86 € - ☕ 9 € - rest. formule déj. 14 € - 20/49 €.* Établissement rénové où vous séjournerez dans des chambres fonctionnelles, colorées et bien tenues. Vaste pelouse avec aire de jeux pour enfants. Salle à manger néo-rustique, paisible terrasse et plats classiques aux accents du terroir.

À proximité

BUDGET MOYEN

Chambre d'hôte La Violetterie – *71740 St-Maurice-lès-Châteauneuf - ✆ 03 85 26 26 60 - fermé 11 Nov.-Pâques - P - 💳̸ - 3 ch. 60 € ☕ - rest. 20 €.* Cette maison bourgeoise du 19e s. est charmante avec son perron et son portail à l'entrée de la cour. L'accueil de l'hôtesse l'est tout autant. Les chambres sont claires et ouvrent sur le jardin. Boiseries et cheminée dans le salon-salle à manger.

POUR SE FAIRE PLAISIR

Chambre d'hôte Domaine du château de Marchangy – *Château de Marchangy - 42190 St-Pierre-la-Noaille - ✆ 04 77 69 96 76 - www.marchangy.com - P - 💳̸ - 3 ch. 90/110 € ☕ - rest. 15 €.* Au milieu de son parc, ce château du 18e s. en fera rêver plus d'un avec sa cour d'honneur, ses écuries et sa ferme. Les chambres, aménagées dans les dépendances, sont spacieuses, calmes, confortables et agrémentées par des ciels de lit. Terrasse et piscine.

RESTAURATION

À Charlieu

PREMIER PRIX

Le P'tit Normand – *8 r. Chanteloup - ✆ 04 77 60 38 29 - fermé dim. soir et lun. - ♿ - formule déj. 10,50 € - 13 €.* On vous réservera un accueil des plus chaleureux dans ce charmant petit restaurant qui borde la rue semi-piétonne de Charlieu. Au menu, plusieurs formules assez copieuses (pour des prix corrects), avec une mention particulière pour la terrine de lapin maison. Intérieur soigné et très intimiste.

À proximité

BUDGET MOYEN

Le Moulin de Rongefer – *300 chemin de Rongefer - 42190 St-Nizier-sous-Charlieu - ✆ 04 77 60 01 57 - lemoulinderongefer@club-internet.fr - fermé 16 août-10 sept., 15 janv.-5 fév., dim. soir, mar. soir et merc. - P - formule déj. 15 € - 25/51 €.* Ancien moulin bordant le Sornin où l'on déguste une cuisine actuelle (belle carte des vins honorant la Bourgogne). Salle à manger campagnarde et agréable terrasse fleurie.

ACTIVITÉS

Le Parc des Canaux – *Le Port - 42720 Briennon - ✆ 04 77 69 92 92 - vac. scol. : 14h-18h ; avr.-oct. hors vac. scol. : merc. et w.-end sur RV.* En plus de la découverte du canal par la voie des eaux, les Marins d'eau douce (oui, c'est bien leur nom) proposent un large éventail d'activités ludiques ou instructives comme la visite de la péniche-musée ou le pilotage de modèles réduits dans un circuit avec écluses et ascenseurs à bateaux.

Saint-Germain-Laval

1 570 Germanois – Loire (42)

NOS ADRESSES PAGE 274

S'INFORMER

Office de tourisme – *R. Nationale - 42260 St-Germain-Laval - 04 77 65 52 96 - juil.-août : se renseigner pour les horaires - fermé lun.*
Autre adresse : 28 r. Robert-Lugnier - 04 77 65 48 75 - sept.-juin : mat. et apr.-midi - fermé w.-end et j. fériés.

SE REPÉRER

Carte de microrégion B2 *(p. 250) – Carte Michelin Départements 327 D5.*
La voie d'accès la plus rapide est certainement l'A 72, qui passe à 5 km de St-Germain (sortie 5). Le bourg se trouve à 33 km au sud de Roanne.

À NE PAS MANQUER

Le charmant village perché de Pommiers ; le panorama depuis le belvédère de la Sauveté.

ORGANISER SON TEMPS

Comptez environ 1h.

L'Aix arrose ce bourg de montagne, agréablement circonscrit par un amphithéâtre de collines qui se nuancent au fil des saisons, du doré au vert sombre. Un endroit charmant où il fait bon flâner et demeurer. Vous serez sans doute séduit, comme Louis Pize qui lui trouve une atmosphère virgilienne.

Se promener

La D 38, en venant de l'ouest, offre une vue agréable de ce bourg forézien, établi sur un mamelon dominant le vallon de l'Aix.

Église de la Madeleine

Datant du 18e s. et couverte d'un dôme en lanternon, elle est désaffectée et sert de cadre à des expositions thématiques durant la belle saison.

Église paroissiale

Situé à l'autre extrémité du bourg, cet édifice néo-gothique abrite une **statue de Moïse** (1065), en pierre, à droite en entrant, et une petite Pietà naïve en bois polychrome, dans une niche au-dessus des fonts baptismaux.

LE SAVIEZ-VOUS ?

Dans la vallée verte passa sans doute saint Germain, évêque d'Auxerre au 5e s. aussi populaire que saint Martin. Deux autres localités de la Loire lui sont dédiées : St-Germain-Lespinasse et St-Germain-la-Montagne.

Au moins deux Germanois ont laissé une trace dans l'histoire : **Papire Masson**, humaniste et historien (1544-1611), et l'explorateur **Greysolen du Luth** qui, au 17e s., découvrit les sources du Mississippi. On donna son nom à la ville de Duluth (Minnesota, États-Unis).

Place de la Mairie

Elle est bordée de demeures anciennes : l'une d'entre elles, à pans de bois, est la maison natale de l'explorateur Greysolen du Luth.
La mairie, installée dans un hôtel du 18e s., à l'emplacement de l'ancienne forteresse, abrite un petit **musée** : tapisseries, mobilier, miniatures françaises et orientales. Deux belles tapisseries d'Aubusson sont à voir dans la grande salle. *Pl. de l'Hôtel-de-Ville - ✆ 04 77 65 41 30 - visite guidée mat. et apr.-midi - fermé w.-end et j. fériés - gratuit.*

À proximité Carte de microrégion

Chapelle Notre-Dame-de-Laval

1,3 km par la D 38, à la sortie ouest de St-Germain.
La chapelle, gothique, apparaît comme une vision de grâce au bord de l'Aix, enjambé par un beau pont médiéval. La façade ornée d'un gâble flamboyant surmonte deux portails en anse de panier ; à l'intérieur, statue de la Vierge noire. Ce sanctuaire dédié à Notre-Dame attira des foules de pèlerins du Moyen Âge au 17e s. Il reçut la visite de Louis XI, revenant du Puy.

★ Pommiers B2

3 km à l'est de St-Germain par la D 21. L'arrivée par le sud (D 94) offre un plus beau coup d'œil.
En limite du Forez et du Roannais, ce très joli village perché, tout en rondeur, vous enchantera, tout en vous dépaysant agréablement. Ce site, occupé dès l'époque romaine et les premiers temps de l'ère chrétienne, s'est développé au 9e s., autour d'un monastère bénédictin rattaché à Nantua. Au 14e s., comme beaucoup de villages inquiets de la montée de l'insécurité, Pommiers s'entoure de bonnes murailles. C'est à l'intérieur de cette enceinte fortifiée que nous vous invitons à musarder un peu.
Le conseil général de la Loire s'est rendu propriétaire de l'**ancien prieuré** bénédictin.
Église – L'église bénédictine est aujourd'hui paroissiale. Cet édifice des 11e et 12e s. frappe dès l'abord par son austérité. Le vaisseau central gagne ainsi en rigueur. À partir de la 5e travée, la voûte de la nef est percée de petits orifices, les *échéas*, sortes d'amphores encastrées dans la maçonnerie et servant à améliorer l'acoustique.
L'absidiole nord a conservé une intéressante série de **peintures murales** du 16e s. Remarquez dans le collatéral nord une arcature sur pilastre, d'inspiration rhodanienne, et dans une niche, un beau **torse de Christ en bois**, datant du 13e s.
Bâtiments conventuels – Au 16e s., le prieur commendataire fait édifier une façade Renaissance devant la Maison Forte où il tient ses séances de justice. Aux 17e et 18e s., le prieuré est complètement reconstruit, avec un cloître ample et majestueux donnant sur l'église romane, demeurée intacte.

Itinéraire conseillé Carte de microrégion

LES VALLÉES DE L'ANZON ET DE L'AIX A-B 2

90 km environ. Voir le circuit sur la carte de microrégion p. 250. Comptez 5h. Quittez St-Germain-Laval au sud par la D 1 puis empruntez à droite la D 21 en direction de Nollieux. Poursuivez jusqu'à l'Hôpital-sous-Rochefort.

L'Hôpital-sous-Rochefort A2

Comme il le précise dans son journal de voyage, Montaigne, de retour d'Italie, fait étape dans cette « petite ville close » : le village et l'**église** furent fortifiés au 15e s. Des remparts, il reste deux portes d'enceinte.

La façade de l'**église** du 12e s. présente un mur carré surmonté d'une jolie arcature ouverte. La nef, étroite, abrite une remarquable **Vierge à l'Enfant★★** en bois polychrome, de la fin du 15e s. Cette statue, grandeur nature, est merveilleuse de grâce et de fraîcheur.

Quittez l'Hôpital-sous-Rochefort par la D 21 à l'ouest, direction St-Didier-sur-Rochefort ; sur cette route s'embranche le chemin d'accès à Rochefort (vieux village perché). Revenez sur la D 21 et prenez la direction de St-Didier-sur-Rochefort.

Saint-Laurent-Rochefort A2

Remarquez, à côté de l'église, une belle croix à personnages du 15e s.

Gagnez St-Didier-sur-Rochefort par la D 21. Entre St-Didier-sur-Rochefort et St-Julien-la-Vêtre, un mégalithe, la **Pierre branlante**, se dresse au bord de la route (D 73).

Poursuivez vers St-Julien-la-Vêtre par la D 73, puis vers Noirétable par la D 1089.

Noirétable A2

8 r. des Tilleuls - 42440 Noirétable - ✆ 04 77 24 93 04 - www.noiretable-haut-forez.com - avr.-oct. : mat. et apr.-midi, merc. mat. ; reste de l'année : tlj sf merc. mat. - fermé dim. et j. fériés.

Aux confins du Puy-de-Dôme et de la Loire et au cœur des montagnes du Haut-Forez, la station climatique de Noirétable domine la vallée de l'Anzon, trouant le manteau de sombres sapinières qui l'encadre. Artisanat (coutellerie, broderie au fil d'or, fabrication de ruches) et industrie du bois constituent les principales ressources de cet agréable bourg de montagne.

Église – De style gothique flamboyant dans son ensemble (15e s.), elle tire son originalité du **porche** précédant la façade. Autrefois beaucoup plus vaste, celui-ci servait de marché couvert. Au sommet de son fronton se dresse la statue de saint Jean-Baptiste, dans une pose évoquant un empereur romain ; de part et d'autre, Moïse et Élie. Toutes ces statues du 17e s., en pierre noire de Volvic, proviennent du monastère de l'Hermitage *(8 km au sud-ouest de Noirétable)*, d'où elles furent apportées sous la Révolution. Sous la voûte, à gauche, remarquez une statue représentant Madeleine étendue (17e s.), la main sur un crâne.

La région de Noirétable est particulièrement riche en pierres dites « druidiques », pour ne citer que les pierres creuses juxtaposées de **La Baronnie** *(qui se situe à 1 km de Cervières)* et les pierres branlantes des environs de **St-Julien-la-Vêtre**.

À la sortie ouest de Noirétable, prenez la D 24 au nord en direction de Cervières.

Cervières A2

Laissez la voiture sur l'esplanade à l'entrée du village. Passé la belle arche de granit, vous voici au Moyen Âge dans la superbe résidence d'été des comtes de Forez : le bourg de Cervières tout entier.

Dans l'**église** gothique, un peu trapue, les retombées d'ogives se font sur des éléments sculptés en forme de masques. À voir, une petite Pietà naïve.

En face de l'église, une belle maison Renaissance au nom charmant, l'Auditoire. Franchissez le passage voûté et longez à gauche la ligne ombrée des anciennes fortifications jusqu'à une nouvelle arche de granit ; là, une ruelle en montée ramène à l'église. Après la mairie, on atteint le champ de foire qui surplombe joliment les alentours.

Une grenadière au travail (voir ci-dessous la maison des Grenadières).
Maison des Grenadières

Maison des Grenadières★ – *En face de l'église - ✆ 04 77 24 98 71 - www.grenadieres.com - juil.-août : tlj sf mar. 14h30-18h ; avr.-juin et sept.-Toussaint : tlj sf mar. et sam. 14h30-18h ; nov. : dim. 14h30-18h - 4,50 € (-18 ans 3,50 €).* Les brodeuses du Canton de Noirétable fabriquaient au 19e s. l'emblème de la gendarmerie et des pompiers, la « grenade », une munition en flamme. Ces réalisations en grandes séries, brodées de cannetilles d'or, leur valurent le nom de **« grenadières »**. Au nombre de 500 dans les années 1960, les brodeuses subirent de plein fouet la mécanisation et la création des insignes métalliques ; elles ne sont plus qu'une dizaine aujourd'hui mais leur répertoire de clients n'est pas des moindres : grands couturiers, représentants de l'État, académiciens… Installé dans la coquette maison de l'Échevin (Renaissance), le musée retrace avec précision et émotion l'histoire et les techniques de ce métier : une scénographie moderne valorise outils, dessins (manteau de Napoléon Ier), écussons (pattes d'épaules de Bokassa Ier) et costumes. Au 3e étage, démonstration et initiation par une grenadière. La vidéo du rez-de-chaussée rassemble des témoignages touchants. Une exposition temporaire complète la visite.

Continuez sur la D 24 jusqu'aux Salles, puis gagnez Champoly par la D 53. À gauche part une petite route revêtue et balisée qui conduit au site du château d'Urfé.

Château d'Urfé A2

45mn à pied AR. Cette forteresse (12e-15e s.) a été la résidence de la famille d'Urfé, avant la construction de la Bastie-d'Urfé *(voir ce nom)*. Ce château, également connu sous le nom de « Cornes d'Urfé », est progressivement restauré. Une **table d'orientation** installée en haut du donjon accompagne la belle vue circulaire sur les monts du Lyonnais et les contreforts des monts d'Auvergne.

Revenez vers Champoly pour emprunter la D 24. Après St-Marcel-d'Urfé, suivez la D 1 à droite qui mène à Grézolles.

Grézolles A2

Village dominé par le clocheton d'ardoise d'une petite chapelle du 16e s.

Gagnez St-Martin-la-Sauveté par la D 26 et, au sud du village, prenez à gauche de la D 20 le sentier d'accès au belvédère.

★ Belvédère de la Sauveté A2

Table d'orientation. *15mn à pied AR.* Le chemin mène au pied du château d'eau et de la statue de la Vierge ; vaste **panorama**.

Revenez à l'entrée de St-Martin et prenez la D 38 à droite vers St-Germain-Laval.

NOS ADRESSES À SAINT-GERMAIN-LAVAL

RESTAURATION

À proximité

BUDGET MOYEN

La Terrasse de Pommiers – *La Buisante - 69480 Pommiers - ✆ 04 74 65 05 27 - www.terrasses-de-pommiers.com - fermé 26 oct.-10 nov., 22 fév.-9 mars, lun. et mar. - 19/54 €.* Belle vue sur la vallée de la Saône et les monts du Lyonnais par les vitres de la serre parquetée où l'on s'attable en été, devant des plats de saison. Salle « en dur » pour l'hiver.

POUR SE FAIRE PLAISIR

Auberge du château – *Pl. de l'Église - 69210 Bully - 16 km au nord par la D 8 puis la D 45 - ✆ 04 74 72 50 95 - aubergeduchateau@yahoo.fr - fermé 5-11 mai, 1re quinz. de sept., mar. de nov. à mars, sam. midi, dim. soir et lun. - déj. en sem. 20 € - 28/59 €.* En face de l'église du village, cette vénérable auberge de 1749 dissimule un fin restaurant moderne, avec une salle et une terrasse aménagées dans l'esprit actuel. Cuisines apparentes et carte gastronomique, inspirée des produits du terroir.

Feurs

7 380 Foréziens – Loire (42)

NOS ADRESSES PAGE 279

S'INFORMER

Office de tourisme – *Pl. du Forum - 42110 Feurs - 04 77 26 05 27 - www.officedutourismedefeurs.org - mai-oct. : lun. 14h-18h, mar.-sam. 9h-12h, 14h-18h ; nov.-avr. : lun. 14h-18h, mar.-jeu. 9h-12h, 14h-18h, sam. 9h-12h - fermé dim. et j. fériés.*

SE REPÉRER

Carte de microrégion B3 *(p. 250) – Carte Michelin Départements 327 E5.*

Entre Roanne (à 41 km au nord) et St-Étienne (à 50 km au sud), Feurs est établi au centre de la plaine forézienne, sur la rive droite de la Loire.

ORGANISER SON TEMPS

Comptez 2h pour la ville et ses environs.

On ne refait pas l'Histoire et c'est dommage pour Feurs, qui a connu une réelle prospérité au temps des Gaulois dont elle était une place commerciale importante. La situation n'est pas si grave car elle bénéficie, aujourd'hui encore, de sa position stratégique dans la vallée de la Loire. Cet atout lui apporte pas mal d'activités et en fait une étape pratique pour rayonner dans la plaine forézienne.

Se promener

Musée d'Archéologie

3 r. Victor-de-Laprade - 04 77 26 24 48 - apr.-midi - fermé sam. et j. fériés - 3 € (-12 ans gratuit).

Il est consacré à l'archéologie gauloise et gallo-romaine ainsi qu'aux arts et traditions populaires. Exposition sur le cheval en Forez et section consacrée aux peintres paysagistes du 19e s.

Église Notre-Dame

C'est un édifice à trois nefs, de style gothique flamboyant. Le clocher, très ouvragé, refait au 19e s., porte une horloge à jacquemart de la fin du 15e s. Le chœur du 12e s. subsiste en partie. À droite de celui-ci, une *Vierge à l'Enfant* de J.-M. Bonnassieux. Les boiseries et les stalles (18e s.) proviennent du prieuré de Pommiers.

À proximité Carte de microrégion

Dès que l'on s'écarte des grands axes pour emprunter ses petites routes sinueuses, la cuvette intérieure du Forez réserve d'agréables découvertes.

Pouilly-lès-Feurs B2

7 km au nord par la D 1082 et la D 58.

Ancien bourg fortifié dont l'église romane, intéressante, dépendait d'un **prieuré** clunisien ; remarquez surtout la façade, très sobre, et, à l'intérieur, l'homogénéité de la construction du 12e s. *Possibilité de visite guidée - 04 77 26 05 84.*

À l'ouest de Pouilly, un petit pavillon Renaissance conserve un fronton sculpté et une loggia à l'étage.

Musée du Tissage à Bussières B2

14 km au nord par la D 1082, puis la D 58 à droite. Pl. Vaucanson - ✆ 04 77 27 33 95 - www.museedutissage.com - ♿ - visite guidée (1h30) juil.-août : tlj sf dim. à 15h, 16h et 17h ; avr.-juin et sept.-oct. : w.-end à 15h, 16h, 17h - 4,50 € (-12 ans gratuit).

Animé et commenté par d'anciens ouvriers du textile, il réunit un grand nombre de machines en état de fonctionnement, avec leur ouvrage en cours. L'occasion est bonne de comprendre la fabrication des tissus, du cocon de soie jusqu'à la fabrication du liseré.

La Valette Hors plan

7 km au nord-est par la D 113. À 2 km à l'est de Salvizinet, empruntez à droite, après le pont sur la Charpassonne, le chemin d'accès revêtu s'amorçant devant l'auberge.

Humble **église** rurale, au flanc du vallon de la Charpassonne. C'est un petit édifice roman à nef unique et chœur surélevé ; mobilier typiquement forézien, d'une naïve rusticité.

Chambéon : Écopôle du Forez B3

6 km au sud par la D 1089 et la D 107. Fléché à partir de Chambéon et de Magneux-Haute-Rive. ✆ 04 77 27 86 40 - ♿ - de fin mars à fin oct. : w.-end, j. fériés et merc. apr.-midi ; reste de l'année : se renseigner - possibilité de visite guidée (se renseigner) ; visite thématique 1er dim. du mois 16h30 - fermé 1er janv., 25 déc. - 3 € (-7 ans gratuit), visite guidée 2 € (-7 ans gratuit).

À proximité de l'aéroport de St-Étienne, mais aussi et surtout de la Loire, l'Écopôle est une zone préservée en milieu humide devenue un observatoire idéal pour étudier les oiseaux migrateurs et la faune aquatique. Un grand centre d'observation et 12 km de sentiers pédagogiques invitent à découvrir les secrets de la nature sur les berges de la Loire. Si vous en avez, emportez vos jumelles, car cela facilitera l'observation des oiseaux. À défaut, il y a possibilité d'en emprunter (sur le grand observatoire) ou d'en louer pour votre parcours.

★ Château de la Bastie-d'Urfé B3

13 km à l'ouest par la N 89. À partir du village de St-Étienne-le-Molard, des panneaux fléchés indiquent le chemin jusqu'au château. ✆ 04 77 97 54 68 - visite guidée juil.-août : 10h-12h, 13h-18h ; avr.-juin et sept.-oct. : 10h-12h, 14h-18h ; nov.-mars : merc., vend. et w.-end 14h-17h - fermé 31 déc.-1er janv., 24 et 25 déc. - 4 € (enf. 1 €) ; 7 € billet combiné avec l'abbaye de Pommiers.

Bienvenue au pays d'Astrée et de Céladon. Vous êtes en effet dans la verdoyante vallée du Lignon, lieu d'inspiration inépuisable si l'on en croit Honoré d'Urfé qui y a commis *L'Astrée*, célèbre roman-fleuve de quelque… 5 000 pages ! Mais on vient surtout à la Bastie-d'Urfé pour découvrir son château, véritable joyau Renaissance – style d'ailleurs très rare dans la région – connu pour ses belles galeries superposées et sa séduisante grotte de rocaille (*illustration au chapitre « Art et architecture » p. 76*).

Trois corps de bâtiment entourent la cour d'honneur à laquelle on accède en franchissant la seule partie subsistante des douves.

À gauche, l'aile réservée au corps de garde comprend un cellier légèrement enterré, surmonté d'une suite de six loges voûtées. L'aile de droite est composée de deux galeries superposées à l'italienne et d'une rampe dont le départ

La Bastie-d'Urfé, château de légende

UN LIEU SPIRITUEL

Au 15e s., les rudes seigneurs d'Urfé se bâtissent un manoir sur les rives du Lignon. Le terme Bastie ou Bâtie, comme celui de bastide, désigne une maison forte. Pendant les guerres d'Italie, Claude d'Urfé séjourne plusieurs années à Rome : il y représente François Ier au concile de Trente, où est proclamé le dogme de la présence réelle du Christ dans l'eucharistie. Il en ressort catholique convaincu, choisissant l'agneau immolé comme armes de sa famille. À son retour, il transforme son manoir en demeure Renaissance, dont les thèmes religieux et humanistes imprègnent l'architecture et le décor : dès l'entrée, un sphinx, symbole de la science et de la connaissance, trône en bas de la rampe. Derrière, la grotte de rocaille est isolée par une superbe grille ornée des raisins de l'eucharistie. Elle est parée de stalactites, de coquillages, d'antiques rapportés d'Italie dont un dieu Pan (qui engendre la panique), et mène à la chapelle. C'est le passage du paganisme au christianisme. Sur la porte de la chapelle, remarquez les signes trinitaires : les 3 marches, les fleurs à 3 pétales, le triangle. Le contraste avec le décor explicite de la chapelle est saisissant. Les armes de la famille et les phrases en hébreu proclament la foi et la culture de cet humaniste catholique. Dans la partie profane de l'habitation, la rampe cavalière est ornée d'un personnage (le Christ ? l'homme de bonne volonté ?) qui porte sa croix, d'une scène de lutte (la connaissance contre l'ignorance ? la vertu contre le vice ?), d'une femme chargée de la corne d'abondance, et mène à… la bibliothèque, le lieu du savoir.

LE BEST-SELLER DU ROMAN PASTORAL

L'Astrée, publié de 1607 à 1628, lance en France la mode du roman et des bergeries. Les interminables amours d'un berger, Céladon, et de sa bergère, Astrée, serviront de cadre à un bréviaire de « l'honnête homme » au 17e s. Les amours vécues par son auteur **Honoré d'Urfé** (1567-1625) furent tout aussi romanesques. L'écrivain passe son enfance dans le cadre raffiné de ce château. Après ses études au collège de Tournon, il regagne la Bastie auprès de son frère aîné. L'épouse de celui-ci, la belle et ardente **Diane de Châteaumorand**, lui inspire une brûlante passion. Ayant obtenu l'annulation de son premier mariage non consommé, elle épouse son beau-frère en 1600. Les nouveaux époux s'installent à Châteaumorand, dans le château de Diane, au nord-ouest de La Pacaudière. Ce second mariage n'est pas plus heureux que le premier. Honoré d'Urfé fuit Châteaumorand et se remet à la rédaction de *L'Astrée*, ébauchée à son retour de Tournon.

MISÈRES D'URFÉ

Lorsque la famille d'Urfé s'éteint au 18e s., le château entre dans une redoutable succession de propriétaires. En 1872, en triste état, il tombe entre les mains d'un avocat de Montbrison. C'est lui qui fait araser les bastions de la façade sud au premier étage, supprime les jacobines qui éclairaient les combles et vend à un antiquaire lyonnais les décors du château. Ceux de la chapelle, les plafonds de la galerie, les portes de la grotte partent pour le Louvre, la collection Rothschild, le Metropolitan Museum à New York. Sauvé par La Diana *(voir p. 286)*, le bâtiment a retrouvé les peintures de sa chapelle, l'autel et le tympan de la porte, ainsi que la porte de la grotte.

est marqué par un sphinx *(voir page précédente)*. Le rez-de-chaussée ouvre sur une cuisine médiévale tandis que les salles du premier étage montrent d'admirables plafonds peints. Les pièces de réception sont ornées d'un beau mobilier (16e s.), d'un beau **buste★** de Marc Aurèle et d'une collection de tapisseries représentant des scènes de *L'Astrée*.

Au rez-de-chaussée du corps de logis central s'ouvre la célèbre **grotte de rocaille★★** ou salle de fraîcheur. Son revêtement de cailloutis, de coquillages et de sables diversement teintés, d'où se détachent des figures en relief, forme un ensemble richement coloré. On reconnaît dans les thermes, dont le bas du corps se termine de manière informe, l'été et l'hiver. Les statues antiques du printemps et de l'automne occupaient les niches. Celle du dieu Pan est remplacée aujourd'hui par un Dionysos. Du décor païen de ce nymphée, on passe aux scènes bibliques qui décorent la **chapelle** contiguë. L'élégante **voûte★** à caissons de stuc doré est d'un raffinement exquis.

À l'extérieur, les abords et les jardins sont recomposés pour former à nouveau un bel écrin d'eau et de verdure.

Montverdun B3

18 km à l'ouest par la N 89 et la D 42.

Curiosité géologique insolite, le « pic » de Montverdun s'élève entre la vallée du Lignon et le mont d'Uzore. C'est une éminence volcanique formée à l'ère tertiaire par les mouvements tectoniques qui ont donné naissance à la plaine du Forez. Au cours de son histoire, elle a été couronnée d'un prieuré fortifié et a vu un village se développer à ses pieds.

Prieuré – *Partant du bourg moderne, une route mène à la butte. Laissez la voiture à l'extérieur de l'enceinte. ✆ 04 77 97 53 33 - avr.-oct. : apr.-midi ; reste de l'année : tlj sf lun. et dim. (se renseigner pour les horaires) - fermé 1er janv., 11 Nov. et 25 déc. - gratuit ; 2,50 € visite guidée.* Le prieuré, fondé au 8e s. par **saint Porcaire**, fut confié au 13e s. aux bénédictins de La Chaise-Dieu, qui en firent un domaine important. Le dernier moine s'y éteignit en 1700. Du monastère fortifié ne subsistent que les soubassements, l'église et des vestiges des bâtiments conventuels, dont le logis prieural. Le cloître a disparu.

L'**église** est un édifice des 12e et 15e s., dont la sévérité est accentuée par l'emploi de basalte noir. Remarquez un bénitier du 15e s. et un autel en bois doré du 18e s., dédié à la Vierge. Des peintures murales ont été dégagées : observez celles surmontant la porte dans le mur nord, qui donne accès au cimetière. À gauche, dans le chœur, est exposée la châsse en argent finement ciselée (17e s.) de saint Porcaire, torturé par les Sarrasins au 8e s. Dans le croisillon sud, on repère la pierre tombale d'un Bourbon, archevêque de Narbonne et prieur à Montverdun au 15e s.

Le **cimetière** est jonché de croix en fonte désordonnées. De cet endroit, la fortification du monastère apparaît évidente : murailles percées de meurtrières, tour crénelée. Les dimensions du clocher de l'église laissent supposer la présence passée d'un hourd.

Le **logis du prieur** a conservé sa remarquable **galerie en chêne★** du 15e s. À l'étage, dans la salle ornée d'une cheminée gothique aux armes des Bourbons, ont été dégagés des décors peints superposés dont les premiers dateraient du début du 13e s.

Du terre-plein, la **vue★** s'étend sur le Forez, le Beaujolais, le Lyonnais, et barrant la perspective au sud, le mont d'Uzore.

NOS ADRESSES À FEURS

HÉBERGEMENT

À proximité

PREMIER PRIX

Chambre d'hôte La Bussinière – *Rte de Lyon, Bussin - A 72 sortie n° 6 - ✆ 04 77 27 06 36 - www.labussiniere.com - - 4 ch. 43/51 € - repas 17 €.* Les chambres occupent une dépendance attenante à cette ancienne ferme rénovée située au bord de la route. Toutes sont confortables, parfaitement tenues et insonorisées. Accueil des plus charmants; cuisine familiale et produits du jardin à la table d'hôte.

BUDGET MOYEN

Chambre d'hôte La Ferme des Roses – *Le Clair - 42360 Panissières - à 20 km au nord-est de Feurs par D 89 puis D 60 - ✆ 04 77 28 63 63 - jednostka.arabians@free.fr - - 5 ch. 54/59 € - repas 17 €.* Les chambres de cette ancienne ferme (1813), garnies de meubles contemporains, sont baptisées sur le thème des roses, deuxième passion du propriétaire après celle des chevaux. Les repas mettent à l'honneur les produits du terroir, notamment le traditionnel « casse-croûte forézien » sur réservation servi en guise de petit-déjeuner.

POUR SE FAIRE PLAISIR

Gîte le Nid Douillet – *Rte de Montbrison - 42110 Poncins - à 5 km à l'ouest de Feurs par D 1089 - ✆ 04 77 27 80 36 ou 06 88 26 44 07 - www.le-nid-douillet.com - 6 chalets 325/500 €/sem. pour 6 pers. - restauration.* Ce parc résidentiel et de loisirs aménagé au cœur de la plaine du Forez dispose de chalets équipés (four, linge fourni, terrasse et salon de jardin) pouvant accueillir 4 à 6 personnes. Possibilité de louer à la nuitée hors saison. Piscine avec solarium et transats; 10 box à chevaux pour « touristes équestres ».

RESTAURATION

À Feurs

BUDGET MOYEN

La Boule d'Or – *42 r. René-Cassin - ✆ 04 77 26 20 68 - fermé 27 juil.-17 août, dim. soir, lun. soir et merc. soir - 18/55 €.* Située à la sortie de la petite ville, sobre bâtisse abritant trois salles à manger colorées où se déguste une solide cuisine traditionnelle. Terrasse de poche ombragée.

À proximité

PREMIER PRIX

Assiette Saltoise – *Le Bourg - 42110 Salt-en-Donzy - ✆ 04 77 26 04 29 - www.assiette-saltoise.com - fermé 1er-7 janv., mar. soir et merc. - 13/22 €.* Cette auberge de campagne jouxte la petite église romane au cœur d'un paisible village rural. Dans cette vieille maison, devancée par une terrasse ombragée d'une tonnelle et de tilleuls, le cadre est simple mais la cuisine du terroir est généreuse et soignée.

Monts du Forez

★★

Loire (42) et Puy-de-Dôme (63)

NOS ADRESSES PAGE 286

S'INFORMER

Maison du parc naturel régional Livradois-Forez *(voir ci-contre).*
Syndicat mixte des Pays du Forez – *Pl. du Prieuré - BP 14 - 42600 Champdieu - ✆ 04 77 97 70 35.* Visites découvertes dans la cadre du label Pays d'art et d'histoire.

SE REPÉRER

Carte de microrégion A-B 3 *(p. 251) – Carte Michelin Départements 327 B-D 5/6.*
Au sud-ouest de Roanne, les monts du Forez se situent au cœur d'un quasi-rectangle ponctué, à l'ouest, par Ambert et Thiers et, à l'est, par St-Germain-Laval et Montbrison.

À NE PAS MANQUER

Les panoramas du col du Béal et du balcon du Forez ; le point de vue depuis le col des Supeyres.

ORGANISER SON TEMPS

Comptez une journée et demie pour découvrir la région.

AVEC LES ENFANTS

Parc de la Droséra à Jeansagnière (maquettes des sites majeurs de la région du Forez) ; station de ski de Chalmazel ; Docil'Âne à Valensanges (*voir Nos adresses dans les monts du Forez*).

Pays des hautes chaumes, des jasseries et de l'estive, les monts du Forez ou « montagnes du Soir » offrent des paysages contrastés, souvent assombris par les noirs bois de sapins. Mais au-dessus, souvent masqués par les brumes et les nuages, les sommets étonnent par leurs vastes landes dénudées paraissant abandonnées. Cet étrange paysage devient presque lunaire sous certains éclairages ; seuls, des rochers granitiques, de profondes tourbières ou des buissons de genêts marquent ces rudes étendues.

Découvrir Carte p. 284

PARC NATUREL RÉGIONAL LIVRADOIS-FOREZ

Les monts du Forez sont une petite partie du parc naturel régional Livradois-Forez, créé en 1984 et couvrant plus de 300 000 ha. Ses objectifs sont la revitalisation d'un milieu rural en déclin, la présentation et la promotion du patrimoine local, notamment artisanal et industriel. Par ailleurs, le parc cherche à favoriser le tourisme vert.

Parc naturel régional Livradois-Forez

ZONE PROTÉGÉE
Bien préservée grâce à son enclavement, la montagne forézienne comblera certainement les amoureux de la nature. Il convient de respecter les plantes rares ou même protégées, comme le lys martagon. Une règle essentielle : si vous devez cueillir des fleurs, n'arrachez jamais les racines ou les bulbes.

Maison du Parc (Saint-Gervais-sous-Meymont)

Carte Michelin Départements 326 I8. 30 km au sud-ouest de Noirétable par les D 53 et D 906. 63880 St-Gervais-sous-Meymont - à côté de la mairie - ✆ 04 73 95 57 57 - www.parc-livradois-forez.org - ♿ - juin-sept. : mat. et apr.-midi, w.-end et j. fériés apr.-midi ; janv.-mai : mat. et apr.-midi - fermé w.-end et j. fériés (sf juin-sept.) - gratuit.

La Maison du parc naturel régional Livradois-Forez met à disposition différents documents, vend des topoguides et tient l'agenda de l'ensemble des manifestations et animations du parc. Vous pourrez aussi visiter « l'Atelier encyclopédique », exposition de maquettes et d'objets qui s'appuie sur six pages connues d'une *Encyclopédie des arts et techniques du Livradois-Forez* disparue, traitant de l'utilisation de la roue et la force hydraulique.

La Route des Métiers

Terre de traditions et de savoir-faire ancestraux (papier, coutellerie, minoterie, tannerie, tissage, tressage, chapelet…), le parc naturel régional Livradois-Forez vous propose de suivre cette route, qui regroupe des châteaux, musées, artisans d'art et producteurs fermiers, et fait découvrir aux visiteurs les témoignages des métiers d'autrefois.

Circuits des balcons et du basalte

Pour une découverte plus longitudinale du Forez, suivez les panneaux : tout en hauteur, la route des balcons relie Cervières à St-Juste-St-Rambert tandis que la route du basalte chemine en contrebas dans les plaines, entre Boën et Montbrison.

Itinéraires conseillés Carte p. 284

★ PAR LE COL DU BÉAL

84 km au départ de Boën. Suivre le circuit 1 sur la carte p. 284. Comptez une journée.

Boën

Dominant la rive gauche du Lignon, Boën *(prononcez Bo-in)* marque la limite entre la plaine et la montagne foréziennes. La ville est la patrie de l'**abbé Terray** (1715-1778), contrôleur général des Finances à la fin du règne de Louis XV. Les mesures impopulaires qu'il dut prendre pour rétablir l'équilibre du budget, compromis par les dépenses de la Cour, lui valurent le triste surnom de « vide-gousset ».

★ **Château de la vigne et du vin** – *✆ 04 77 24 08 12 - www.chateaumuseedelavigne.com - ♿ - juil.-août : mar.-sam. 10h-12h, 14h-18h, dim. 14h-18h ; mars-juin et sept.-nov. : tlj sf lun. 14h-18h - fermé lun., 1er Mai et déc.-fév. - 4 € (7-18 ans 2 €).* Cette élégante demeure du 18e s. abrite un **musée** à la scénographie inventive. Il est constitué presque exclusivement de dons de Foréziens, ce qui confère une réelle authenticité aux reconstitutions d'intérieurs traditionnels

MONTS ET VALLÉES
Les monts granitiques du Forez forment, sur 45 km, une chaîne centrale de laquelle se détachent des chaînons parallèles séparant les pittoresques vallées qui se dirigent d'un côté vers la Dore, de l'autre vers la Loire. Le versant est domine la plaine du Forez (*voir p. 275 Feurs*) ; il est moins abrupt que le versant ouest qui tombe brusquement sur le fossé de la Dore.

(loges, fermes) comme aux présentations plus techniques de l'activité viticole. La visite débute au 2e étage et propose un cheminement historique au travers de mobiliers, d'outillages, d'alambics, d'ambiances sonores (ne manquez pas le bistrot sous les combles) et de récits de la vie d'autrefois racontés avec le savoureux accent du Forez. Toute la vie vigneronne de jadis est là dans cet écrin muséographique. Avant de partir, ne manquez pas la dernière salle œnologique présentant des testeurs olfactifs et gustatifs des côtes du Forez.
Quittez Boën par la D 1089, puis à 2,5 km, prenez à gauche la D 6 vers Sail-sous-Couzan.

Sail-sous-Couzan
Ce village tranquille est devenu depuis peu un lieu de pèlerinage pour les passionnés de foot qui veulent connaître les lieux où Aimé Jacquet a fait ses premières armes ou plutôt ses premières passes. Inévitable, le stade qui porte son nom près de la rivière offre une belle vue sur le château. Il ne faudrait pas quitter Couzan sans faire un petit tour à sa fontaine où coule une eau gazeuse déjà recommandée par un prieur au 17e s.
Empruntez, sur la route de St-Georges-en-Couzan (D 6), le chemin revêtu, à droite, menant en très forte montée jusqu'au pied des ruines où on laisse la voiture.

★ Château de Couzan
Fort de ses trois enceintes épaulées de puissantes tours, le château de Couzan se dresse sur un promontoire rocheux, étranglé entre les ravins du Lignon et du Chagnon. Il fut construit à partir du 11e s. par les Damas, issus d'une importante famille bourguignonne. Quand ils venaient au château, les seigneurs de Couzan résidaient dans la citadelle qui couronne la place forte. Elle est progressivement restaurée et, en saison, un centre culturel (La Diana) y entretient une animation locale.
★ **Panorama** – Du promontoire rocheux situé derrière le château, à l'ouest, admirez la vue sur les murailles de l'enceinte, ancrées à pic au-dessus du Lignon, et le vigoureux contraste entre les âpres ravins du côté montagne et la plaine forézienne.
De retour à Sail-sous-Couzan, rejoignez à gauche la D 97 en direction de St-Just-en-Bas.
La route franchit le col de Croix-Ladret. Un tracé en corniche au-dessus de la haute vallée du Lignon dominée par Pierre-sur-Haute précède l'arrivée à Jeansagnière.

Parc de la Droséra à Jeansagnière
✆ 04 77 24 81 44 - www.ladrosera.fr - ♿ - fermé du 11 Nov. au 20 déc. - 6 € (-16 ans 4 €).
Des reproductions miniatures des monuments du Forez parsèment la flore naturelle d'un joli **site** avec en bouquet final, une chute d'eau vertigineuse. Les reproductions ne sont pas d'une grande qualité, mais l'ensemble offre un panorama complet de la région, chaque monument étant accompagné d'une longue notice bien documentée et riche en anecdotes.

Les hautes chaumes.
J.-L. Mavel / Parc naturel régional Livradois-Forez

Poursuivre vers le **col de la Loge** : le rideau de sapins s'entrouvre en clairière, délimitant une fraîche pelouse. Avant La Chamba, la forêt cède la place à un paysage pastoral ; le tracé, épousant une succession de cirques occupés par de beaux pâturages, offre de belles échappées vers la trouée de la Dore et le Livradois.

2 km après La Chamba, tournez à gauche et poursuivez en direction du Brugeron.

La Chambonie

Village niché dans un cirque pastoral.

Aussitôt après une scierie, prenez à droite la D 37.

Après une longue montée forestière, la **vue** se dégage de façon magnifique sur la chaîne des monts Dôme. Après un nouveau passage forestier, on atteint la zone des hauts pâturages parsemés de jasseries.

★ Col du Béal

Du col, on jouit d'un **panorama** étendu sur les monts d'Auvergne et du Lyonnais. Il forme un seuil entre les deux versants du Forez.

★★ Pierre-sur-Haute

Promenade de 2h30 à pied AR, recommandée par temps clair, en montant directement à travers les chaumes par la ligne de crête, ou accès par télécabine. ✆ 04 77 24 85 09 - de déb. juil. à mi-sept. : apr.-midi (w.-end seult en sept.) - 5,50 €.

Pierre-sur-Haute, point culminant des monts du Forez (1 634 m), est une montagne granitique en forme de dôme, couronnée par des installations de radars de l'armée. Les landes qui la tapissent, balayées par le vent, sont surmontées çà et là de gros éboulis rocheux. Des jasseries sont établies sur ses flancs.

Du point culminant (signal et croix), à droite des installations militaires, le **panorama** englobe tout le Forez, les monts du Lyonnais et du Beaujolais, la Limagne, les monts Dôme, les monts Dore, le Cantal, les monts du Velay et du Vivarais.

Au cours de la descente rapide du col du Béal sur Chalmazel, trois types de paysages se succèdent : chaumes, puis belle forêt de sapins et enfin une zone de pins et de prairies.

À 7 km du col du Béal s'embranche sur la droite la route qui mène aux pistes de ski et à la télécabine de Pierre-sur-Haute.

À l'arrivée sur Chalmazel, jolie vue plongeante sur le château.

Chalmazel

Accroché au flanc du ravin de Lignon, ce bourg montagnard, animé par les sports d'hiver, est dominé par l'ancien **château des Talaru-Marcilly** (13e s.), grosse bastide flanquée de tours d'angle conservant son chemin de ronde et son souterrain de fuite. La chapelle est ornée de fresques du 16e s. *✆ 04 77 24 88 09 - www.chateaudechalmazel.com - visite guidée juil.-août : apr.-midi ; de mi-mai à fin juin et sept. : w.-end et j. fériés tte la journée - fermé de fin sept. à mi-mai - 6 € (-16 ans 4 €).*

Prenez la D 101 en direction de Sauvain.

Sauvain

On ne saurait affirmer avec certitude que le village ait été fondé par les sylvains, sympathiques génies des bois, mais il y a de fortes présomptions !

La **maison Sauvagnarde**, ancienne ferme du 17e s., appartenait au célèbre Louis Lépine, organisateur d'un fameux concours d'innovations. Les expositions illustrent la fabrication de la fourme et la vie dans la région au début

L'ESTIVE DANS LES HAUTES CHAUMES
L'homme, ou plutôt la femme, a essayé de s'accommoder de cet environnement hostile : en effet une société matriarcale a vu le jour et s'est développée dans les fermes d'estive à la belle saison ; c'est l'origine des **jasseries**. Tandis que les hommes travaillaient et moissonnaient dans la vallée, les femmes et les enfants rejoignaient les hauteurs avec le bétail (vache ferrandaise) pour fabriquer la fameuse fourme ou cueillir les « simples » (plantes médicinales).
Ce mode de vie difficile a lentement décliné et désormais il n'y a plus de jasseries en activité ; cependant, certaines d'entre elles ont été restaurées sous forme d'écomusées qui présentent les traditions et métiers de ces fières « amazones » de la montagne.

du siècle. *Le Bourg - ✆ 04 77 76 85 21 - www.maisonsauvagnarde.com - ♿ - juil.-août : tlj sf lun. 14h30-18h30 ; mai-juin et sept.-oct. : dim. 14h30-18h30 - 3 € (6-12 ans 1,50 €).*
Poursuivez la D 101 en direction de Montbrison. Aussitôt après avoir traversé le Lignon à Pont-de-Pierre, prenez à gauche la D 110 vers le col de la Pelletière. Par La Bruyère et Prélion (D 20), gagnez Trelins où vous prenez à droite la D 20^A^.

Château de Goutelas

Dominant en terrasses la plaine du Forez, c'est une jolie demeure de la fin du 16e s., restaurée, qui accueille des stages et des séminaires. On peut pénétrer dans la cour d'honneur et faire le tour extérieur du bâtiment.
Faites demi-tour pour regagner Boën par la D 8.

★ PAR LE COL DES SUPEYRES

70 km au départ de Montbrison. Suivre le circuit 2 *sur la carte p. 284. Comptez une demi-journée.*

Montbrison *(voir ce nom)*

Quittez Montbrison à l'ouest par la D 101 qui remonte le ravin pelé et rocailleux du Vizezy. Un court crochet mène au village d'Essertines.

Essertines-en-Châtelneuf

Petite église gothique à décoration flamboyante. Du bourg, vue sur la plaine du Forez d'où émerge le piton de St-Romain-le-Puy.
Reprenez la D 101, puis tournez à gauche par la D 44^A^. À Roche, prenez à gauche la D 44 et poursuivez ensuite par la D 113 vers le col de Baracuchet.
La route offre quelques échappées sur la plaine du Forez. La montée se poursuit en traversant des vallons cultivés dominés par des hauteurs boisées. À l'approche du col, les arbres rabougrissent, puis laissent la place à une vaste clairière d'où l'on aperçoit, à gauche, la vallée de l'Ance et, face à la route, la ligne de crête du Forez.
La montée au col des Supeyres s'effectue au milieu des hautes chaumes tapissées de bruyères. Çà et là des jasseries apparaissent. On laisse à gauche les jasseries du Grand Genévrier qui seront visitées au retour.

Col des Supeyres

Alt. 1 366 m. Situé à l'est du parc naturel régional Livradois-Forez, il offre un paysage steppique de hautes chaumes mal drainées, d'une solitude prenante. On ressentira particulièrement cette impression de sauvage isolement en

LE SAVIEZ-VOUS ?

Feurs, Forez, c'est toujours la même racine latine (*forum* = marché, place) qui désigne aussi bien la plaine que la montagne forézienne.

La Société historique et archéologique du Forez, La Diana, œuvre pour la connaissance du passé de la région ; elle anime les sites de la Bastie-d'Urfé et du château de Couzan.

Au moins une personnalité forézienne est universellement connue : **Aimé Jacquet,** l'entraîneur de cette fameuse équipe de football française qui remporta la Coupe du monde en 1998.

empruntant une amorce de route en direction de Pierre-sur-Haute, carrossable sur 1 km environ. Une table de lecture de paysage, « la Montagne des Allebasses », et un sentier à thème *(durée 2h30)*, aident à la compréhension de la vie dans la région.
À la descente du col vers St-Anthème, la route longe le groupe de **jasseries du Grand Genévrier**, dont l'une est ouverte aux visiteurs.

Jasserie du Coq-Noir

La visite de cette ancienne ferme de transhumance instruit sur la vie pastorale en montagne, l'art de couvrir les toits de chaume et la fabrication des fourmes. On peut y faire collation de lait, de pain de seigle et de fourme de St-Anthème.
La descente vers St-Anthème offre des vues sur les sucs du Velay : Meygal, Lizieux, Mézenc et Gerbier-de-Jonc.

Saint-Anthème

Ce bourg abrite ses toits rouges au creux de la vallée de l'Ance.
Pour le retour à Montbrison, empruntez à St-Anthème la D 496.
Après le col de la Croix-de-l'Homme-Mort, la route offre de très jolies vues sur la plaine du Forez, les monts du Lyonnais et le mont Pilat.

NOS ADRESSES DANS LES MONTS DU FOREZ

HÉBERGEMENT

BUDGET MOYEN

Chambre d'hôte L'Écusson – *Le Bourg - 42560 Marols - ☎ 04 77 76 70 38 - fermé nov.-avr. - - 4 ch. 51 € .* Vous vous sentirez très vite à l'aise dans cette maison rénovée avec goût et qui hébergeait jadis un bistrot-boulangerie (le four à bois fonctionne toujours). C'est à l'humour et à la bonne humeur contagieuse de la propriétaire que l'on doit le nom des jolies chambres meublées d'ancien. Table d'hôte sur réservation.

Parc de la Droséra – *42920 Jeansagnière - à 5 km au nord de Chalmazel par D 101 - ☎ 04 77 24 81 44 - www.ladrosera.fr - 10 chalets 115 €/nuit pour 5 pers., 155 €/nuit pour 8 pers. - 8,50 € - rest. 23/34 €.* Ce parc locatif situé sur le versant est des monts du Forez propose 10 chalets tout équipés, aménagés en pleine nature. Vous trouverez sur place un restaurant servant une cuisine régionale et une piscine couverte.

RESTAURATION

PREMIER PRIX

Ferme-auberge des Granges – *Les Granges - 42920 Chalmazel - 5 km au sud-ouest de Chalmazel dir. le col du Béal - ✆ 04 77 24 80 62 - fermé nov. - réserv. conseillée le soir - 10,70/15 €.* Ce long chalet élevé à seulement 100 m des pistes s'avère des plus commodes pour recharger ses batteries après une tonifiante journée de ski. Copieuses préparations valorisant les sains produits de la ferme.

Ferme-auberge du Mazet – *42990 St-Georges-en-Couzan - ✆ 04 77 24 80 95 - fermé déc., janv. et dim. soir - 11/17,80 € - 6 ch. 35/48 €* ☕. Cette ferme-auberge perchée sur les hauteurs du village profite d'une belle vue sur les monts du Forez. Appétissante cuisine élaborée avec les produits de l'exploitation – charcuteries, patcha forézien, poulet rôti, etc. – servie dans un cadre rustique. Six chambres d'hôte et un gîte d'étape, simples et bien tenus.

Les 4 Saisons – *21 r. St-Jean - 42130 Boën - ✆ 04 77 24 09 04 - fermé le soir - formule déj. 11,50 € - 11/25 €.* Ne vous fiez pas à l'aspect passe-partout de cet établissement. Derrière sa devanture toute simple se cache en effet un petit restaurant fort sympathique, très prisé des locaux. Au menu, plusieurs formules qui vont du plat unique à « la totale » avec foie gras maison, sauté de biche et assiette gourmande.

Rival – *R. Centrale - 42550 Usson-en-Forez - ✆ 04 77 50 63 65 - hotelrival@msn.com - fermé 25 juin-6 juil., 12 nov.-3 déc., dim. soir et lun. hors sais. - 12,50/40 € - 10 ch. 44 € - ☕ 7 €.* Simple affaire familiale proche de l'écomusée du bourg, sur le chemin de Compostelle. Menus régionaux et salle des repas rustique. Chambres rafraîchies. Tarif spécial pèlerins.

ACHATS

Les Vignerons Foréziens – *Le Pont-Rompu - 42130 Trelins - ✆ 04 77 24 00 12 - 9h-12h, 14h-18h30 (18h nov.-mars), dim. 10h-12h, 14h-18h30 (sf nov.-mars).* Cette cave coopérative produit chaque année des vins principalement issus du cépage gamay noir à jus blanc. Outre l'enfant du pays, le côtes-du-forez AOC, on appréciera particulièrement la cuvée du domaine de Montaubourg ou encore le vin de pays d'Urfé (cépage chardonnay) en rosé demi-sec.

ACTIVITÉS

Ski – *Les Granges - 42920 Chalmazel - ✆ 04 77 24 83 11 - station-chalmazel.com - 18 € (enf. 14 €).* Un télésiège, plusieurs téléskis, une batterie de canons à neige et toutes sortes de pistes. Que demander de plus pour être de plain-pied avec le panorama de Pierre-sur-Haute ?

Docil'Âne – *Valensanges - 42600 Lézigneux - ✆ 04 77 58 68 22 - www.lahaltebleuedocilane.com - sur réserv. - fermé vac. de la Toussaint - location 1 âne : 27 € la 1/2 j ; 43 € la j.* Les randonnées paraissent faciles quand un âne porte les bagages. Partageant les locaux avec la Halte Bleue, cette structure de loisirs propose des séjours-promenades de plusieurs jours pour découvrir le Forez de manière originale. À vivre en famille.

Montbrison

15 127 Montbrisonnais – Loire (42)

NOS ADRESSES PAGE 292

S'INFORMER

Office de tourisme – *Cloître des Cordeliers - 42600 Montbrison - ✆ 04 77 96 08 69 - www.loireforez.com - juil.-août : mat. et apr.-midi, dim. mat. ; reste de l'année : mat. et apr.-midi - fermé dim. et j. fériés (sf juil.-août).* Visites guidées, nocturnes en été.

SE REPÉRER

Carte de microrégion B3 *(p. 251) – Carte Michelin Départements 327 D6.* Montbrison est situé sur la D 8, à 34 km au nord-ouest de St-Étienne.

À NE PAS MANQUER

Les orgues de la collégiale N.-D.-d'Espérance, l'église fortifiée de Champdieu ; les boiseries et plafonds du château de Sury-le-Comtal.

ORGANISER SON TEMPS

Comptez une demi-journée pour la ville et ses environs.

AVEC LES ENFANTS

La collection de poupées du musée d'Allard.

Montbrison, bâti en cercle autour d'une butte volcanique, est dominé par le dôme (18e s.) de l'ancien couvent de la Visitation (actuel palais de justice) et par l'imposant clocher de son église gothique. Au 11e s., quelques maisons se groupent au pied du château des comtes du Forez. Des boulevards ombragés remplacent maintenant les anciens remparts de cette ville close. Différentes festivités culturelles animeront votre séjour. L'ancienne capitale du comté du Forez vit aujourd'hui surtout du commerce de la fourme (AOC), dont la finesse et le goût délicat restent sans égal.

Se promener

Collégiale Notre-Dame-d'Espérance

Fondée en 1226 par Guy IV, comte du Forez, c'est une importante construction gothique restaurée en 1970. L'austérité de la façade est accentuée par l'aspect massif de la tour-clocher épaulée de contreforts. Le portail flamboyant, ajouté au 15e s., expose au tympan une jolie Vierge à l'Enfant du 14e s.

L'**intérieur**★ frappe par l'aspect harmonieux et la longueur de la nef. Remarquez la disposition des grandes fenêtres en triple lancette ; leur partie inférieure offre l'aspect d'un triforium aux arcatures trilobées. Le chœur, de style gothique rayonnant, abrite, à gauche, le tombeau de Guy IV. À l'extrémité du collatéral nord, beau gisant du 14e s. Classé monument historique, l'orgue comporte un buffet réalisé par le facteur d'orgue alsacien Callinet. Il se compose de 46 jeux ou registres, et de 4 claviers. Sa qualité lui permet de recevoir, une année sur deux, le Concours international d'improvisation.

LE SAVIEZ-VOUS ?

Une aimable tradition raconte que les Gaulois avaient dédié le site de Montbrison à Briso, la déesse des songes. Mais le nom de la ville signifierait plutôt « mont brisé », en référence à la butte d'origine volcanique sur laquelle elle est construite.

Outre le passage de Mandrin *(voir Valence p. 525)*, la ville a vu naître **Pierre Boulez**, le célèbre compositeur créateur de l'IRCAM, et la comique **Muriel Robin**, à 30 ans d'écart exactement.

La Diana

7 r. Florimond-Robertet - ✆ 04 77 96 01 10 - merc. et sam. 9h-12h, 14h-17h - possibilité de visite guidée (5 €) - fermé j. fériés - 3 € (-12 ans gratuit).

Construite à l'occasion du mariage du comte du Forez, Jean Ier, en 1296, cette salle servit plus tard de lieu de réunion aux prêtres du doyenné, en latin *decanatus*, d'où son nom de Diana. L'intérieur (14e s.) est remarquable par sa voûte en bois, divisée en petits caissons peints – près de 1 700 – représentant les armoiries, répétées plusieurs fois, de grandes familles françaises et maisons nobles du Forez. C'est assurément un édifice à ne pas manquer ! La salle donne accès à un musée lapidaire.

Musée d'Allard

13 bd de la Préfecture - ✆ 04 77 96 39 15 - tlj sf mar. 14h-18h - fermé 1er janv. et 25 déc. - 3,10 € (enf. 1,40 €).

Situé dans l'ancien hôtel particulier de Jean-Baptiste d'Allard, ce musée est aménagé sur 4 niveaux. Au sous-sol et au rez-de-chaussée sont rassemblées d'importantes collections de minéraux (beaux spécimens de roches fluorescentes) et d'oiseaux naturalisés.

Au 1er étage est exposée une importante collection de **poupées** du monde entier (plus de 600 pièces). Vous avez l'embarras du choix, depuis les « shaouabtis » découvertes dans les sarcophages égyptiens jusqu'aux poupées de mode du 18e s., en passant par les modèles précolombiens en terre cuite. Remarquez les dînettes anciennes et récipients miniatures, en porcelaine de Limoges ou de Chine et en faïence de Nevers, et une remarquable collection de bénitiers de chevet. Le musée s'est agrandi pour accueillir des petits trains et du matériel ferroviaire miniature.

Jardin d'Allard

Ce jardin public est agréablement tracé et ombragé. Il fut aménagé à la demande de Jean-Baptiste d'Allard, derrière son hôtel particulier.

Promenade dans la ville

Il faut prendre le temps de baguenauder un peu dans le centre ancien, qui cache de **beaux hôtels particuliers,** notamment rue St-Pierre *(nos 1, 7, 10, 11, 13 et 17)*, rue Puy-de-la-Bâtie *(nos 5, 9, 11, 14, 18, 19 et 20)* et rue Martin-Bernard *(nos 5, 14, 23 et 25)*.

L'office de tourisme a édité en plusieurs langues des itinéraires de balades qui vous guideront aussi vers le **palais de justice**, ancien couvent de la Visitation dont l'autre partie sert de cadre à un centre musical, la **butte du calvaire**, la **chapelle des Pénitents**, transformée en centre culturel, et dont la façade 18e s. est attribuée à Soufflot.

À proximité Carte de microrégion

Moingt B3

3 km au sud par la D 8.

Cette ancienne cité, de fondation romaine, a gardé son aspect médiéval avec ses ruelles étroites et sinueuses. Ce village possède l'**église** St-Julien dont le clocher est remarquable par ses chapiteaux à entrelacs datant du 11e s.

La place de l'église s'ouvre par une porte voûtée, flanquée d'une tour du 15e s., derniers vestiges d'un château médiéval.

Champdieu B3

4,5 km au nord par la D 8.

À la limite de la plaine et des monts du Forez, Champdieu possède une remarquable **église romane★** construite pour un prieuré bénédictin. Au 14e s., l'église et l'ensemble des bâtiments du prieuré reçurent une puissante armature fortifiée.

Elle surprend par l'importance de son appareil défensif : de hautes arcatures forment mâchicoulis sur le flanc et le croisillon sud de l'église ; un même système d'arcatures se développe le long des murs du prieuré établis en quadrilatère autour d'une cour dont l'église forme le côté méridional. Des deux clochers du sanctuaire, le plus remarquable, d'époque romane, est celui du transept, percé de jolies baies en plein cintre. Le second clocher, sur la façade, date du 15e s. ; sa base forme le narthex. Au portail de la façade, à gauche, remarquez le chapiteau représentant une sirène à double queue.

À l'**intérieur**, on est frappé par la sobriété des lignes et l'influence très marquée du style roman auvergnat, le prieuré de Champdieu relevant de l'abbaye de Manglieu en Auvergne : nef centrale en berceau, collatéraux voûtés en quart-de-rond et croisillons saillants, percés à leur extrémité d'une arcature encadrant un arc en mitre caractéristique. Une arcature, à colonnettes et chapiteaux sculptés, décore l'abside principale. Sous le chœur s'étend une crypte de la fin du 11e s., remarquable surtout pour sa partie centrale divisée en trois nefs par des colonnettes à chapiteaux sculptés.

Réfectoire – *Accès par une porte s'ouvrant à gauche de l'église.* Au rez-de-chaussée de la partie ouest du prieuré, l'ancien réfectoire des moines a conservé sa décoration du 15e s. : plafond peint à caissons et, au-dessus de la cheminée, belle peinture murale représentant la Cène.

Château de Vaugirard – Classique et relativement modeste, la construction présente, dans sa façade et ses pavillons, une symétrie caractéristique du 17e s. Parmi les bas-reliefs rapportés sur la façade, l'un commémorerait le passage d'Henri IV. Mais c'est l'intérieur qui s'avère le plus intéressant : d'abord par la signification des armes du constructeur Jacques Girard, négociant en grain anobli pour avoir fait don de ses réserves lors d'une famine, qui choisit trois épis surmontés de trois roses avec pour devise « L'espoir d'une autre vie ». Ensuite pour les plafonds à la française, cheminées (19e s.) et fresques des salles d'apparat. Malheureusement très restaurées « à l'identique », les fresques offrent une rare représentation du grand carrousel de Louis XIV.

Chalain-d'Uzore B3

7,5 km au nord par la D 5.

Le **château** (14e-16e s.) est surtout intéressant pour son ancienne salle de Justice, transformée en salle des Fêtes à la Renaissance (cheminée monumentale), et pour sa galerie aux portes sculptées. De la terrasse, jolie vue sur les monts du Forez. Jardins à la française. *04 77 97 13 12 - visite guidée de mi-juil. à fin août : 15h30 et 16h30 - 5 € (enf. gratuit).*

Vue aérienne de Champdieu.
Mairie de Champdieu

Montrond-les-Bains B3

11 km à l'est par la D 496.

Cette station thermale du Forez, où l'on soigne l'obésité et le diabète, a gardé un château dont les ruines se dressent sur une motte basaltique tout près de la Loire.

Brûlé au 18e s., le **château** a gardé intact son mur d'enceinte. Le vaste porche orné de pilastres cannelés et de chapiteaux en marque l'entrée. La visite débute dans l'espace muséographique dédié aux seigneurs de Montrond et à l'entrée royale d'Henri II à Lyon. Reconstitution, costumes Renaissances et livres sonores dévoilent les fastes de l'époque. À l'extérieur, une bande audio accompagne votre déambulation dans les vestiges du corps de logis des 14e et 15e s. (belles fenêtres à meneaux et vestiges de monumentales cheminées). Dans la salle souterraine, c'est en sons et lumières que l'ambiance des festins vous est contée, alors que depuis les tours s'offre une belle vue sur la plaine et les monts du Forez à l'ouest, le mont Pilat au sud-est. La tour ronde accueille un insolite **musée de la Poste**. *04 77 94 64 74 - www.montrond-les-bains.com - juil.-août : merc.-dim. et j. fériés 14h-18h ; juin et sept. : vend.-dim. et j. fériés 14h-18h - avr.-mai : w.-end et j. fériés 14h-18h - fermé oct.-mars - 4,50 € (enf. 3,50 €).*

Saint-Romain-le-Puy B3

7 km au sud-est par les D 8 et D 95.

L'église de l'ancien prieuré de St-Romain-le-Puy qui dépendait, dès la fin du 10e s., de l'abbaye St-Martin-d'Ainay, à Lyon, se dresse sur un piton volcanique émergeant de la plaine du Forez, dominant une verrerie de St-Gobain située au pied du pic. Une source minérale est exploitée au nord-est de la localité près de la D 8 (source Parot).

De la plate-forme devant l'église, le panorama s'étend sur un vaste cercle montagneux : monts du Forez à l'ouest, d'Uzore au nord et de Tarare et du Lyonnais du nord-est au sud-est.

Église du prieuré★ – *Accès en voiture à partir de la place Michalon jusqu'au parking situé à mi-pente. 04 77 76 92 10 - avr.-oct. : tlj sf mar. apr.-midi, dim. mat. et apr.-midi - possibilité de visite guidée sur demande préalable au prieuré.* Par

Saint-Bonnet-le-Château

★

1 492 Castel-Bonisontins – Loire (42)

NOS ADRESSES PAGE 299

S'INFORMER

Office de tourisme – *7 pl. de la République - 42380 St-Bonnet-le-Château - 04 77 50 52 48 - www.cc-pays-st-bonnet-le-chateau.fr - mat. et apr.-midi - fermé lun., 1er janv., 1er Mai, lun. de Pentecôte et 25 déc.*

SE REPÉRER

Carte de microrégion B4 *(p. 251) – Carte Michelin Départements 327 D7.*
La ville se trouve à 30 km à l'ouest de St-Étienne et à 32 km au sud de Montbrison. Il faut découvrir le site en arrivant par la D 3 à l'est.

À NE PAS MANQUER

La vieille ville ; les jolis objets de la vie quotidienne et des métiers traditionnels à l'écomusée du Forez.

AVEC LES ENFANTS

L'écomusée du Forez.

Au pays des hautes chaumes, St-Bonnet est un village de caractère, avec son église gothique et ses ruelles médiévales montant lestement à l'assaut de la butte qui porte la collégiale. « La perle du Forez », ancien oppidum romain, semble ainsi rayonner de la plaine du Forez au Pilat. C'est aujourd'hui un petit centre industriel actif, surtout réputé pour sa fabrique de boules (1 million de paires par an).

Se promener Plan de ville

LA VILLE ANCIENNE

Circuit tracé en vert sur le plan ci-contre.

Maisons anciennes 2
Sur le chemin de l'église, remarquez au passage deux maisons Renaissance à l'entrée des rues s'ouvrant à gauche de la place du Cdt-Marey et, plus loin, d'autres maisons des 15e et 16e s., rue de la Châtelaine, rue et place des Fours-Banaux, où se dressent, à l'angle, deux vastes logis du 15e s.

★ Chemin des Murailles 1-2
Il suit les anciennes fortifications du 14e s. et contourne la butte. Le panorama sur la plaine du Forez donne un vif attrait à cette promenade que l'on prolongera jusqu'à la **porte de la Châtelaine**, du 14e s. La « châtelaine » est le nom donné à Notre-

LE SAVIEZ-VOUS ?
St-Bonnet-le-Château porte le nom d'un ancien évêque arverne dont les reliques ont été transférées de Lyon à Clermont en 722 à travers le Forez. Il a laissé son vocable à de nombreuses paroisses sur son passage.

Dame-du-Bon-Secours. À l'occasion d'une épidémie de peste au 18e s., les Castel-Bonisontins lui ont symboliquement confié la protection de la ville par un oratoire logé dans la porte elle-même, auquel ne manque que la statue d'origine.

Presque au bout du chemin, traversez le jardin vers la collégiale.

★ Point de vue 2

De la terrasse au nord du chevet de la collégiale (table d'orientation), la vue s'étend sur la plaine du Forez d'où émergent la butte de St-Romain-le-Puy, les monts du Beaujolais et du Lyonnais, les Alpes, le mont Pilat, le pic du Lizieux et le Mézenc.

Collégiale 2

Cet édifice gothique, du début du 15e s., a fière allure avec ses deux clochers et surtout sa situation exceptionnelle. L'acte de naissance de la collégiale est gravé dans un mur de la crypte, indiquant précisément le 8 mai 1400. Elle est achevée dans les premières années du 16e s. Collégiale jusqu'à la Révolution, elle connut sous l'Ancien Régime une renommée due notamment à la qualité de ses musiciens.

L'intérieur surprend par la faible élévation des voûtes.

La **bibliothèque** se trouve dans une salle à gauche du chœur. Le fonds ancien, installé en 1716, présente des incunables, en particulier un missel lyonnais du 15e s., une bible de Louis XI de 1476, première imprimée en France, et les *Chroniques* de Froissart (1490), reliées aux armes des Urfé. Remarquez aussi une bible de Robert Estienne (1565) et un exemplaire de *Lancelot du lac* (1520). *✆ 04 77 50 52 48 - visite guidée : pour les horaires se renseigner à l'office de tourisme - 3 € (-13 ans 1,50 €).*

Dans la nef, avec une jolie rampe en fer forgé, la **chaire** du 18e s. représente Jésus – enfant – enseignant au Temple, les quatre apôtres et le Bon Berger.

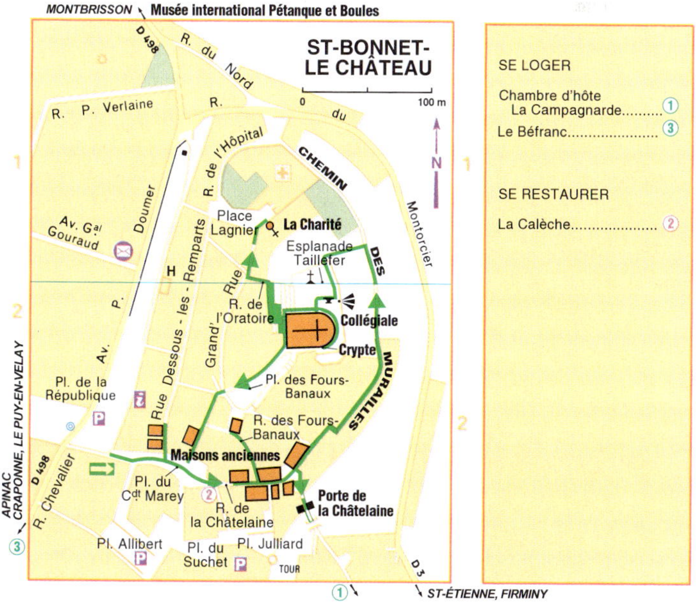

Au fond de la nef à droite, se trouve le **caveau des Momies** contenant une trentaine de corps desséchés qui datent de la seconde moitié du 17e s. Ces sépultures ont été découvertes dans l'église en 1838, et leur bon état de conservation leur a valu l'appellation impropre de momies.

Ressortez par le portail principal Renaissance et contournez l'église par la droite. L'entrée du bureau des guides se trouve à la hauteur du chevet de la collégiale.

Crypte 2

℘ 04 77 50 11 15 - visite guidée avr.-oct. : merc.-sam. apr.-midi, w.-end mat. et apr.-midi - fermé 1er nov.-15 avr., 1er janv. et 25 déc. - 3 €.

La crypte, située sous le chœur et accessible par une porte extérieure à droite de l'église, est revêtue de peintures murales du 15e s. Parmi les sujets représentés, empruntés au Nouveau Testament, les plus remarquables sont les quatre évangélistes (petites voûtes du chœur) et la Crucifixion (mur nord). On voit aussi des anges musiciens.

Descendez l'escalier à droite du parvis et, via *la rue de l'Oratoire, tournez à droite dans la Grand'Rue.*

Chapelle de la Charité 1

Cet édifice du début du 17e s. est intéressant par sa décoration et son mobilier : plafond à caissons peints, devant d'autel sculpté, statues anciennes et une très belle grille en fer forgé qui fermait la partie réservée aux religieuses.

Revenez en passant en contrebas de la collégiale.

À voir aussi

Musée international Pétanque et Boules Hors plan de ville

Au nord de la ville par la D 498. Bd des Chauchères - ℘ 04 77 50 15 33 - juin-sept. : mat. et apr.-midi, lun. apr.-midi ; reste de l'année : mat. et apr.-midi, lun. et sam. apr.-midi - fermé dim. et j. fériés - 4 € (enf. 2 €).

Aménagé dans des locaux d'un important fabricant de boules de pétanque, ce musée original présente une rétrospective du jeu de boules depuis l'Antiquité jusqu'à l'année 1910 qui vit la naissance de la pétanque à La Ciotat.

On observe tour à tour un remarquable **bas-relief** en bois sculpté et incrusté d'ivoire, du 18e s., figurant des soldats jouant aux boules, une importante collection de boules cloutées (depuis le milieu du 19e s.), des représentations populaires de « Fanny » destinées aux joueurs perdants, des extraits de films et des répliques d'acteurs restituant l'ambiance des terrains de boules. Une vidéo présentant les étapes d'une chaîne de fabrication moderne de boules de pétanque et de celle du façonnage artisanal du cochonnet à partir du buis termine cette visite.

Itinéraires conseillés Carte de microrégion

LES BELVÉDÈRES A-B 4

35 km. Voir le circuit sur la carte de microrégion p. 251. Comptez 1h30. Quittez St-Bonnet par la D 498, au nord.

Luriecq B4

L'**église**, très simple, est un édifice de style gothique flamboyant, avec porche Renaissance ; beau Christ en bois dans la nef.

Dans une maison, sur la place de l'Église, modeste collection d'objets foréziens d'autrefois.
Faites demi-tour et prenez la D 5 à droite.

Marols B4

L'**église** a été fortifiée au 14e s. Des deux clochers, le plus élancé, au-dessus du chœur, est une véritable tour défensive. *Poursuivez sur la D 5.*

Saint-Jean-Soleymieux B4

L'**église** est intéressante pour sa crypte du 12e s., dont les piliers trapus portent de frustes chapiteaux. Ce village est situé à proximité d'une très ancienne voie de passage. Reliant les futures Lyon et Bordeaux, la grande via Agrippa, qui desservait dans l'Antiquité le pays des Vellaves et des Gabales, fut baptisée au Moyen Âge la voie de Bolène. D'après Franck Imberdis, on trouve la trace de son nom au lieu-dit Boulaine, situé entre Usson et St-Bonnet.
Empruntez successivement la D 96 et la D 44.

Montarcher A-B 4

De la terrasse de la petite **église** (12e-15e s.), ornée à l'entrée du chœur d'un bel arc décoratif rustique, **vue**★ sur le mont Pilat, le Mézenc, les sucs de la région d'Yssingeaux et les monts de la Margeride. L'eau de source de Montarcher a été commercialisée en 1999.
Les D 14 et D 498 ramènent à St-Bonnet.

LE HAUT-FOREZ A-B 4

50 km. Voir le circuit sur la carte de microrégion p. 251. Comptez environ 2h. Quittez St-Bonnet par la D 3 au sud-est et prenez la D 109 à droite.

Saint-Nizier-de-Fornas B4

La jolie **église** de style flamboyant conserve d'importants éléments romans (façade et nef). Extérieurement, le clocher rectangulaire, dont les contreforts s'ornent de pinacles et de grosses gargouilles, lui donne, du côté sud, une silhouette particulière. À l'intérieur, bel ensemble de clefs de voûte sculptées.
Continuez sur la D 109.

Rozier-Côtes-d'Aurec B4

L'**église**, construite aux 11e et 12e s., est celle d'un prieuré clunisien ; le clocher à double étage de baies géminées a été refait sur le modèle primitif. La façade présente un mur plat dont le pignon repose sur une corniche ornée d'une frise. Au **tympan**, un groupe sculpté, d'une admirable sobriété d'exécution, représente l'*Adoration des Mages*, et dénote une influence espagnole ; remarquez l'allongement des visages.
À l'intérieur, la nef unique est étayée d'arcatures. À voir surtout : l'abside décorée d'une **belle arcature** dont les pilastres cannelés évoquent les églises romanes rhodaniennes héritières des traditions romaines. Dans la nef, à gauche, **bas-relief roman**, représentant le Christ bénissant. Dans la chapelle sud, Pietà en pierre du 15e s.
Faites demi-tour et prenez à gauche la D 104, puis de nouveau à gauche la D 42.

Saint-Hilaire-Cusson-la-Valmitte B4

Église en partie romane, remaniée aux 15e et 19e s. ; remarquez le petit déambulatoire ménagé en arrière de l'arcature de l'abside primitive. Deux statues de bois polychrome du 15e s., la Vierge et saint Jean, sont disposées à l'entrée du chœur. Chaire du 18e s.

Faites demi-tour pour prendre tout de suite à gauche, à la hauteur de l'église, la route qui ramène à la D 104, que vous prenez à gauche.

Moulin de Vignal à Apinac B4

℘ 04 77 50 80 23 - http://moulinvignal.online.fr - visite guidée juil.-août : apr.-midi ; de Pâques à fin juin et de déb. sept. à la Toussaint : w.-end et j. fériés apr.-midi - 4 € (-12 ans gratuit).

Sauvé par une association, cet ensemble de bâtiments du 18e s., qui comprend quatre moulins, a été soigneusement restauré. Grâce au bief en prise sur l'Andrable, les roues horizontales et verticales tournent à nouveau et produisent de la farine par gros sacs, mais aussi de l'huile de colza. Les astuces et mécaniques du moulin sont ingénieuses et intéressantes à découvrir.

Revenez vers Apinac et tournez à gauche pour attraper, à droite, la D 443. Continuez par la D 24.

Saint-Pal-de-Chalencon A4

Bourg fortifié conservant plusieurs portes anciennes.

L'ensemble formé par l'église et la maison attenante du côté sud offre un joli coup d'œil. À l'intérieur de l'**église**, voyez notamment une Pietà du 15e s., dans le bas-côté gauche. *Les D 241 et D 91 conduisent à Usson.*

Usson-en-Forez A4

Le bourg, autrefois fortifié, est dominé par la haute flèche de son clocher (16e s.). La nef de l'**église** date du 15e s. ; de part et d'autre du chœur, remarquez le **décor sculpté des deux petites niches** ménagées dans les retombées des ogives et les statues en bois doré de saint Sébastien et de saint Roch.

Écomusée du Forez★ – *Quartier St-Joseph - ℘ 04 77 50 67 97 - www.ecomusee-usson-en-forez.fr - ♿ - apr.-midi - fermé 1er janv. et 25 déc. - 4 € (-16 ans 1,50 €).*

Créé en 1993 à partir d'une donation privée, il occupe d'anciens bâtiments conventuels restaurés et ranime les modes de vie, coutumes et métiers de la région. Pas à pas, en allant du peigne à la lessiveuse, du vêtement au carreau de dentellière, se reconstitue la **vie familiale** dans une maison de bourg. L'étable abrite encore les outils de travail. À l'étage, les centres d'intérêt s'élargissent aux métiers disparus des sabotiers (jolie collection de sabots), scieurs de long, paillons ou charrons, à la grande tradition de la **dentelle**, avec un utile décryptage des nombreux points, et à **la vie religieuse du Haut-Forez★**, illustrée par une riche collection d'objets de la piété populaire. Dans les bâtiments annexes, écoutez les **contes** (mis en forme par Henri Pourrat) qui se transmettaient pendant les longues soirées d'hiver et découvrez une collection de calèches rutilantes. Un joli jardin de curé, reconstitué à partir des plans de celui d'Usson, conclut le parcours.

À la sortie sud du bourg, à 300 m à gauche de la D 498, **chapelle de Notre-Dame-de-Chambriac**, dont l'abside romane abrite une statue ancienne de la Vierge.

Prenez la D 498 vers Estivareilles.

Estivareilles B4

Les maquis régionaux entreprirent en août 1944 de couper ici le repli des colonnes allemandes, ce lieu a donc été le théâtre de violents combats lors de la libération du Forez. Le **musée d'Histoire du 20e s.** retrace les étapes de cette campagne et, au-delà, grâce à une muséographie moderne et ludique, les grands bouleversements de ce siècle mouvementé. Les époques ressurgissent au travers d'objets, de vêtements, de musiques ou de petits films significatifs. *R. du Couvent - ℘ 04 77 50 29 20 - ♿ - apr.-midi - fermé sam. et lun. (12 nov.-31 mars), 1er janv. et 25 déc. - 3,10 € (8-16 ans 1,50 €).*

La D 498 ramène à St-Bonnet.

NOS ADRESSES À SAINT-BONNET-LE-CHÂTEAU

HÉBERGEMENT

À Saint-Bonnet

BUDGET MOYEN

Hôtel Le Béfranc – *7 rte d'Augel - 42380 St-Bonnet-le-Château - ℘ 04 77 50 54 54 - www.hotel-lebefranc.com - fermé 20-27 oct., 2 fév.-2 mars, dim. soir et lun. sf juil.-août - P - 17 ch. 50 € - ☕ 7 € - rest. formule déj. 13 € - 18/37 €.* Aux portes d'une localité surnommée « la perle du Forez », hébergement des plus « honnêtes », mettant à profit les anciens locaux de la gendarmerie ! Chambres proprettes. À l'heure de passer à table, choix de préparations traditionnelles.

À proximité

PREMIER PRIX

Chambre d'hôte La Campagnarde – *Rte d'Estivareilles - 42380 St-Nizier-de-Fornas - ℘ 04 77 50 71 19 - http://lacampagnarde.fr.tc - P - ⊭ - 5 ch. 45 € ☕ - rest. 17 €.* Pas de chichis, mais une bonne humeur toujours de mise en cette vaste ferme forézienne perchée à plus de 900 m d'altitude. Les chambres, au calme, possèdent toutes salle de bains et WC privatifs. Après un solide petit-déjeuner servi auprès de la grande cheminée de la salle commune, vous serez prêt à démarrer la journée.

RESTAURATION

À Saint-Bonnet

POUR SE FAIRE PLAISIR

La Calèche – *2 pl. du Cdt-Marey - 42380 St-Bonnet-le-Château - ℘ 04 77 50 15 58 - www.restaurantlacaleche.fr - fermé 2-16 janv., 10-25 fév., lun. soir d'oct. à mars, dim. soir, mar. soir et merc. - formule déj. 22 € - 32/55 €.* Le restaurant, aménagé dans une maison classée (17e s.), dispose de trois salles à manger joliment colorées. Le chef y concocte une cuisine dans l'air du temps personnalisée.

Vous connaissez
LeGuideVert
...Connaissez-vous
vraiment
MICHELIN ?
• Données au 31/12/2008
MICHELIN
Une meilleure façon d'avancer

N°1 mondial des pneumatiques avec 17,1 % du marché

Une présence commerciale dans plus de 170 pays

Une implantation industrielle au cœur des marchés

68 sites industriels dans **19** pays ont produit en 2008 :

- **177** millions de pneus
- **16** millions de cartes et guides

Des équipes très internationales

Plus de **117 500** *employés* de toutes cultures sur tous les continents dont* **6 000** personnes employés dans les centres de R&D en Europe, aux Etats-Unis, en Asie.

*110 252 en équivalents temps plein

Le groupe Michelin en un coup d'œil

Michelin présent en compétition

A fin 2008

- **24h du Mans**
  11 années de victoires consécutives
- **Endurance 2008**
  • 5 victoires sur 5 épreuves en Le Mans Series
  • 10 victoires sur 10 épreuves en American Le Mans Series
- **Paris-Dakar**
  Depuis le début de l'épreuve, le groupe Michelin remporte toutes les catégories
- **Moto GP**
  26 titres de champion du monde des pilotes en catégorie reine
- **Trial**
  Tous les titres de champion du monde depuis 1981 (sauf 1992)

Michelin, implanté près de ses clients

68 sites de production dans 19 pays

- Algérie
- Allemagne
- Brésil
- Canada
- Chine
- Colombie
- Espagne
- Etats-Unis
- France
- Hongrie
- Italie
- Japon
- Mexique
- Pologne
- Roumanie
- Royaume-Uni
- Russie
- Serbie

Un centre de Technologies réparti sur 3 continents

- Amérique du Nord
- Asie
- Europe

2 plantations d'hévéa

- Brésil

Notre mission

Contribuer, de manière durable, au progrès de la mobilité des personnes et des biens en facilitant la liberté, la sécurité, l'efficacité et aussi le plaisir de se déplacer.

Michelin s'engage pour l'environnement

Michelin, 1er producteur mondial de pneus à basse résistance au roulement, contribue à la diminution de la consommation de carburant et des émissions de gaz par les véhicules.

Michelin développe, pour ses produits, les technologies les plus avancées afin de :

- diminuer la consommation de carburant, tout en améliorant les autres performances du pneumatique ;
- allonger la durée de vie pour réduire le nombre de pneus à traiter en fin de vie ;
- privilégier les matières premières à faible impact sur l'environnement.

Par ailleurs, à fin 2008, 99,5 % de la production de pneumatiques en tonnage est réalisé dans des usines certifiées ISO 14001*.
Michelin est engagé dans la mise en œuvre de filières de valorisation des pneus en fin de vie.

*certification environnementale

Tourisme camionnette

Poids lourd

Michelin
au service de la mobilité

Génie civil

Avion

Agricole

Deux roues

Distribution

Partenaire des constructeurs, à l'écoute des utilisateurs, présent en compétition et dans tous les circuits de distribution, Michelin ne cesse d'innover pour servir la mobilité d'aujourd'hui et inventer celle de demain.

Cartes et Guides

ViaMichelin,

des services d'aide au voyage

Michelin Lifestyle,

des accessoires pour vos déplacements

MICHELIN
joue l'équilibre des performances

- **Longévité des pneumatiques**
- **Economies de carburant**
- **Sécurité sur la route**

... les pneus MICHELIN vous offrent les meilleures performances, sans en sacrifier aucune.

Le pneu MICHELIN
un concentré de technologie

1 Bande de roulement
Une épaisse couche de gomme assure le contact avec le sol. Elle doit évacuer l'eau et durer très longtemps.

2 Armature de sommet
Cette double ou triple ceinture armée est à la fois souple verticalement et très rigide transversalement. Elle procure la puissance de guidage.

3 Flancs
Ils recouvrent et protègent la carcasse textile dont le rôle est de relier la bande de roulement du pneu à la jante.

4 Talons d'accrochage à la jante
Grâce aux tringles internes, ils serrent solidement le pneu à la jante pour les rendre solidaires.

5 Gomme intérieure d'étanchéité
Elle procure au pneu l'étanchéité qui maintient le gonflage à la bonne pression.

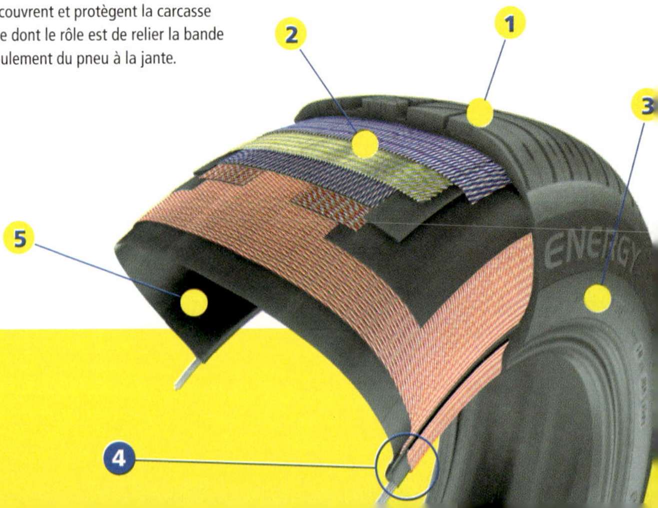

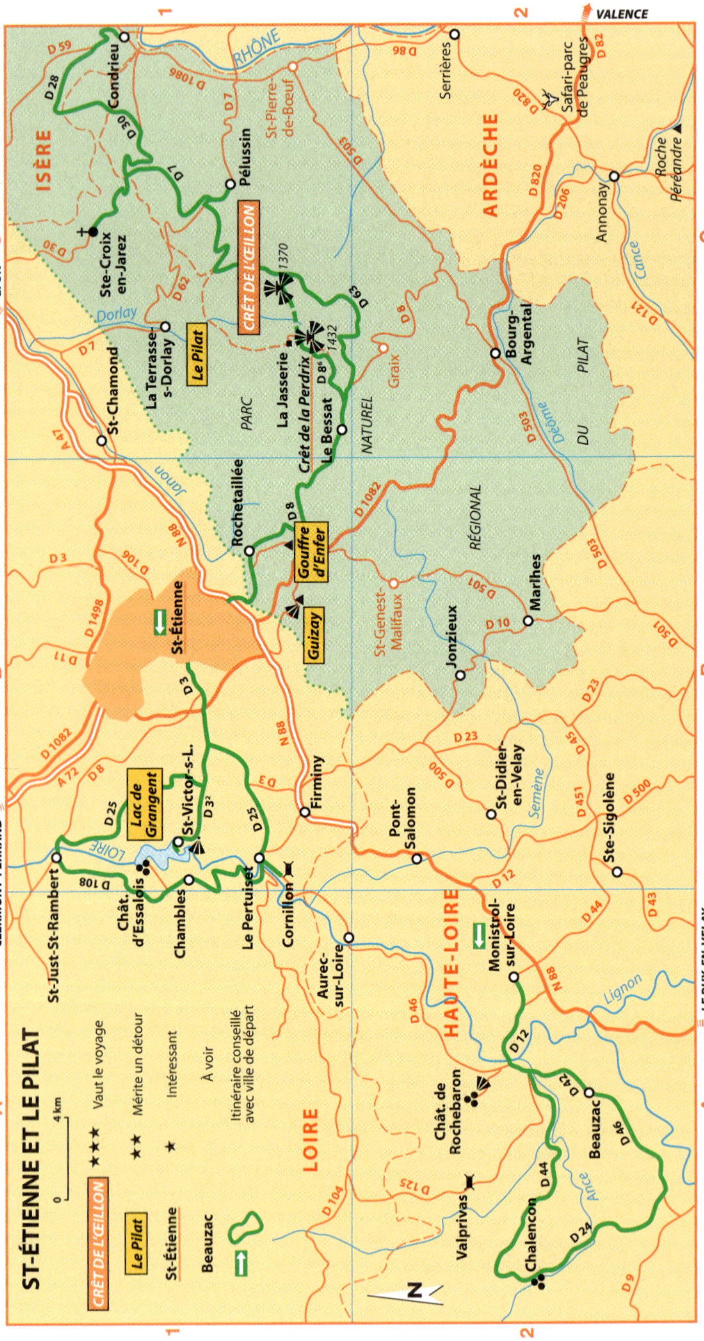
ST-ÉTIENNE ET LE PILAT
CRÊT DE L'ŒILLON ★★★ Vaut le voyage
Le Pilat ★★ Mérite un détour
St-Étienne ★ Intéressant
Beauzac À voir
Itinéraire conseillé avec ville de départ
0 4 km
ISÈRE
ARDÈCHE
LOIRE
HAUTE-LOIRE
PARC NATUREL RÉGIONAL DU PILAT
Condrieu
Pélussin
St-Pierre-de-Bœuf
Serrières
Safari-parc de Peaugres
Annonay
Roche Péréandre
Ste-Croix en-Jarez
CRÊT DE L'ŒILLON
1370
La Terrasse-s-Dorlay
Le Pilat
St-Chamond
La Jasserie
Crêt de la Perdrix
1432
Le Bessat
Graix
Bourg-Argental
Rochetaillée
Gouffre d'Enfer
Guizay
St-Étienne
St-Genest-Malifaux
Jonzieux
Marlhes
Firminy
Pont-Salomon
St-Didier-en-Velay
Ste-Sigolène
Lac de Grangent
St-Victor-s-L.
St-Just-St-Rambert
Chât. d'Essalois
Chambles
Le Pertuiset
Cornillon
Aurec-sur-Loire
Monistrol-sur-Loire
Chât. de Rochebaron
Valprivas
Beauzac
Chalencon
RHÔNE
Dorlay
Janon
Déôme
Cance
LOIRE
Semène
Lignon
Ance
LYON
VALENCE
CLERMONT-FERRAND
LE PUY-EN-VELAY
D 59
D 28
D 30
D 1086
D 7
D 503
D 86
D 820
D 82
D 206
D 62
D 63
D 8
D 8[6]
D 121
A 47
N 88
D 3
D 106
D 1082
D 1498
D 11
D 501
D 10
D 23
D 45
D 451
D 500
D 12
D 44
D 43
A 72
D 25
D 3[2]
D 108
D 46
D 42
D 104
D 125
D 24
D 9
N
A
B
C
1
2

Saint-Étienne et le Pilat 5

Cartes Michelin Départements 327 et 331 – Loire (42) et Haute-Loire (43)

Saint-Étienne

★

177 480 Stéphanois – Loire (42)

NOS ADRESSES PAGE 316

S'INFORMER

Office de tourisme – *16 av. de la Libération - 42000 St-Étienne - ☏ 04 77 49 39 00 - www.tourisme-st-etienne.com - lun.-sam. 9h30-12h30, 14h-18h30, dim. (sf sept.-juin) et j. fériés 9h30-12h30 - fermé 1er janv., 1er Mai, 1er nov. et 25 déc.* Labellisé Ville d'art et d'histoire. Visites guidées.

SE REPÉRER

Carte de microrégion B1 *(p. 300) – Carte Michelin Départements 327 F7.* À proximité du massif du Pilat et de la plaine du Forez, St-Étienne occupe le fond de la dépression du Furan. Par la N 88 puis l'A 47, on file vers Lyon et Vienne (situées au nord-est).

SE GARER

La circulation dans la ville n'est pas aisée : il est conseillé de se garer à proximité d'une des places situées près de la ligne de tramway.

À NE PAS MANQUER

Les très belles collections du musée d'Art moderne et du musée d'Art et d'Industrie.

ORGANISER SON TEMPS

Comptez une journée pour la ville et ses environs.

AVEC LES ENFANTS

Une visite au planétarium du site de la Manufacture ; baignade et activités nautiques à St-Victor-sur-Loire.

Les images sont souvent tenaces et beaucoup voient encore St-Étienne comme une ville noircie par l'exploitation du charbon et les fumées de ses industries. Sans renier son passé, bien au contraire, St-Étienne nous offre un bel exemple de reconversion réussie : les façades ont été reblanchies, des jardins et des places accueillantes ont été aménagés au cœur de la ville qui vit au rythme de la cloche de son célèbre tramway. Et surtout, la ville s'est donnée un challenge, celui de devenir la cité du design, se perpétue ainsi la longue tradition d'innovation et de création amorcée au 19e s. par les grandes entreprises industrielles, la Manufacture des Armes en tête de liste.

Se promener Plan de ville

Des allées du Jardin des Plantes, en particulier de la terrasse qui s'étend devant la **maison de la Culture** (C3) (1969), se révèle une **vue** caractéristique de la ville : sur le versant opposé, la colline Ste-Barbe et, plus loin, deux terrils, recouverts en partie par la végétation.

★ LE VIEUX SAINT-ÉTIENNE

Circuit tracé en vert sur le plan p. 304-305.
Partir de la **place du Peuple** (B3), champ de foire au Moyen Âge et aujourd'hui étape sur l'avenue utilisée par les tramways. L'angle de la rue Mercière est occupé par une tour du 16e s. s'ouvrant par des arcades et une croisée de pierre; une maison à colombages, de la même époque, lui fait face.

Rejoignez la rue Denis-Escoffier qui marque l'entrée de l'ancien faubourg d'Outre-Furan. À l'angle de cette rue et de la rue des Martyrs-de-Vingré, une curieuse maison du milieu du 18e s., ornée d'une statue, est représentative de l'architecture urbaine du Forez avec sa génoise à quatre rangs de tuiles et des poutres apparentes de belle taille. À gauche au n° **3** rue Georges-Dupré, une façade massive arbore d'imposants linteaux d'une seule pièce. Reprenez la rue des Martyrs-de-Vingré; les nos 19 et **30** sont des exemples de maisons du 18e s. abritant des ateliers. Remarquez les arcades à bossages au deuxième niveau.

On atteint la place Neuve. Empruntez à droite la rue Nautin qui traverse la rue Michelet.

OÙ EST PASSÉ LE FURAN ?

Jadis très fréquenté par les lavandières, ce cours d'eau est très présent sur toute l'iconographie ancienne de la ville et on peut légitimement se demander ce qui lui est arrivé : il traverse toujours la ville, mais englouti sous les pavages des places et des rues.

Rue Michelet B 2-3

Cette artère, percée dans l'axe nord-sud et parallèle à la rue Gambetta, vaut par les exemples d'architecture des années 1930 que l'on découvre aux nos **34**, 36, 42 et particulièrement au n° 44, imposant immeuble en béton armé.

Reprenez la rue Nautin et tournez à droite dans la rue Gambetta.

Musée du Vieux Saint-Étienne B3

Entrée dans la 2e cour à gauche. 13 bis r. Gambetta - ✆ 04 77 54 38 77 - www.vieux-saint-etienne.com - mar.-sam. 14h30-18h - fermé lun., dim. et j. fériés - 2,50 € (-15 ans gratuit).

Une borne d'octroi du 18e s., provenant de l'ancienne commune d'Outre-Furan, marque l'entrée de l'hôtel de Villeneuve, du 18e s. Le musée occupe le 1er étage, dans une succession de salles aux beaux plafonds à caissons moulurés. On y découvre la première charte mentionnant le nom de St-Étienne en 1258 et divers plans ou gravures illustrant l'expansion de la ville. Un beau retable baroque sculpté et des statues provenant d'églises stéphanoises sont également exposés. La mise en service de la première ligne de chemin de fer industriel en 1828 à St-Étienne est rappelée à travers une série de documents, dont le premier billet délivré sur cette ligne.

De retour rue Nautin, rejoignez la place W.-Rousseau.

Contournez la place dominée par l'ancien château qui accueille l'école des Beaux-Arts. La rue du Théâtre conduit à la place Boivin. En arrivant sur la place, remarquez, à gauche, les maisons en encorbellement.

Place Boivin B2

Ancien cœur de la ville, la place marque l'emplacement de l'ancien rempart nord au 15e s. Dirigez-vous vers l'avenue du Prés.-Émile-Loubet située en face de l'église; au n° **12**, belle façade, ornée de cinq cariatides, de la **maison de « Marcellin-Allard »** (16e s.). À droite de l'église, au début de la rue de la Ville, deux belles façades des 15e et 16e s. Celle du n° **5**, dite « **maison François-Ier** », est ornée de cinq médaillons Renaissance. Un côté de la place est occupé par l'église St-Étienne, dite la Grand'Église.

Le destin de Saint-Étienne

Comme on pouvait s'y attendre, c'est bien à saint Étienne, premier martyr, que la ville doit son nom. *Sanctus Stéphanus de Furano* (au 11e s.) est plus simplement appelé « Sainté » de nos jours.
Quand les Stéphanois ont des crampons aux pieds, ils s'appellent « les Verts », mais la plupart d'entre eux sont de vrais « gagas », appellation familière que se donnent encore entre eux les Stéphanois.

UNE VILLE INDUSTRIEUSE

Au 12e s., St-Étienne n'est encore qu'un village sur les bords du Furan. Les grandes voies de communication l'ignorent. Grâce à la présence de la houille et à l'esprit d'entreprise de ses habitants, la ville va connaître un extraordinaire développement passant de 3 700 habitants en 1515 à 45 000 en 1826 et à 146 000 en 1901, tandis que la zone industrielle s'étend dans les vallées de l'Ondaine (la Ricamarie, Firminy) à l'ouest, du Janon et du Gier (Terrenoire et St-Chamond) à l'est, du Furan (la Terrasse) au nord.

Armeville

Dès 1296, les Stéphanois exploitent des « **perrières** » ou carrières de charbon, à des fins domestiques, puis pour alimenter des forges d'où sortent les premiers couteaux, suivis des armes blanches, des arbalètes et enfin des armes à feu ; St-Étienne sait prendre à temps ce « virage » de l'armement.
En 1570, la Loge des Arquebusiers groupe 40 professions. On pratique déjà le travail en série. En 1764 est fondée la Manufacture royale d'Armes. Cette activité vaudra à la cité de prendre sous la Révolution le nom d'Armeville.

La ville où l'on fabriquait de tout

À l'industrie du ruban, importée d'Italie, s'est ajouté le tissu élastique dès la fin du 19e s. Pour éviter la crise, la région de St-Étienne s'était déjà spécialisée, à cette époque, dans les aciers de qualité, l'outillage, le fusil de chasse, la bicyclette et les pièces pour l'automobile.

Mise en train

Entre St-Étienne et Andrézieux, sur une distance de 21 km, est mis en service, en mai 1827, le premier chemin de fer français, construit d'après les plans de Beaunier ; il assure le transport du charbon. Les wagons sont tirés par des chevaux. Cet ancêtre des moyens de communication modernes, perfectionné en 1829 par la chaudière tubulaire de Marc Seguin, entraîne une véritable révolution dans les transports et un prodigieux essor de l'industrie.

L'HISTOIRE D'UNE RENAISSANCE

Dans la seconde moitié du 20e s., de nombreuses restructurations s'opèrent dans la sphère industrielle stéphanoise.
Après la fermeture de Manufrance et des mines de charbon, St-Étienne est décrite comme une ville en péril. Mais sa capacité de reconversion ne tarde pas à s'avérer. À la fin des années 1990, St-Étienne renaît. Le site de Manufrance s'est transformé en **pôle technologique**, le quartier de Châteaucreux est reconstruit en **Cité des Affaires** et la Manufacture royale d'Armes est progressivement réhabilitée en **Cité du Design**. Dédié à la création, à la recherche et à l'enseignement, ce site surplombé par une tour métallique de 32 m de haut offrant un panorama sur le quartier de Carnot accueillera un bâtiment unique

Supporters au stade Geoffroy-Guichard pendant un match de l'équipe de St-Etienne.
Ville de St-Etienne

baptisé « la Platine », espace de 6 000 m² sans murs ni poteaux et recouvert d'une peau opaque, transparente ou photovoltaïque.
Dans le domaine urbain, St-Étienne, déjà réputée pour son site de **Firminy Vert** (le plus vaste ensemble architectural réalisé en Europe par Le Corbusier), s'est également illustrée avec l'École stéphanoise d'aménagement qui a rapporté à la ville le premier prix national d'aménagement urbain en 1999.
Classée « Ville d'art et d'histoire » en 2000 pour son patrimoine historique et industriel magnifiquement réhabilité, elle accueille depuis une dizaine d'années la prestigieuse **Biennale internationale du design** qui attire plus de 120 000 visiteurs en une semaine. À l'image de son centre-ville traversé par deux lignes de tramway, St-Étienne est aujourd'hui une ville ouverte et contemporaine où il fait bon vivre !

« ALLEZ LES VERTS »

C'est l'histoire d'une légende et de la passion d'une ville pour son équipe de football qui porte le célèbre maillot vert. L'équipe de St-Étienne (ASSE) est née avec le soutien de l'entreprise Casino et la construction du stade Geoffroy-Guichard en 1931. Les débuts du club sont marqués par l'accession à la première division en 1938, puis la montée vers la gloire de 1957 à 1981, amorcée par de grands joueurs tels Mekloufi, Herbin et Keita ; avec la finale de la Coupe d'Europe des Clubs champions en 1976, l'épopée atteint la dimension d'un mythe. La France va se passionner pour cette « bande à Herbin » qui fait vibrer le « Chaudron » de Geoffroy-Guichard. Revelli, Rocheteau (dit l'Ange Vert), Larqué, puis Platini incarnent les « dieux du stade » portés aux nues par une médiatisation à l'image de l'extraordinaire palmarès de l'équipe : outre la finale de la Coupe d'Europe des Champions, 10 titres de Champion de France (1957, 64, 67, 68, 69, 70, 74, 75, 76 et 81), six Coupes de France (1962, 68, 70, 74, 75 et 77) et quatre doublés Coupe-Championnat (1968, 70, 74 et 75). Mais, en 1982, une affaire de caisse noire déstabilise l'équipe et met fin à ces grands moments. Depuis, la ville qui n'a pas oublié son heure de gloire rêve d'un nouveau « miracle stéphanois ».

QUELQUES CÉLÈBRES STÉPHANOIS...

La ville est la patrie de nombreuses célébrités telles que le compositeur **Jules Massenet**, le philosophe catholique et académicien **Jean Guitton**, l'auteur de romans policiers **Charles Exbrayat**, le dessinateur de presse **Piem**, le chanteur **Bernard Lavilliers** (né à Firminy), le groupe de rock **Mickey 3D** et **Alain Prost**, qui s'est illustré sur les circuits de Formule 1 avec un talent qui lui a valu le surnom de « Professeur ». Enfin, l'homme de théâtre parisien **Jean Dasté** a créé en 1947, puis longtemps dirigé la Comédie de St-Étienne, haut lieu de la décentralisation culturelle.

Grand'Église B2

C'est sous cette appellation que la désignent familièrement les Stéphanois. Seul témoin de l'architecture gothique dans la ville et la paroisse la plus ancienne, elle fut bâtie en grès forézien au 15e s. Le clocher n'a été ajouté qu'au 17e s. Dans la première chapelle de gauche, belle Mise au tombeau polychrome du 16e s. Le chœur, de style gothique flamboyant, date du milieu du 15e s. et les vitraux du 19e s.

En sortant de l'église, tournez à droite pour rejoindre la rue Ste-Catherine qui descend jusqu'à la rue du Gén.-Foy. Tournez à gauche en direction de la place Jean-Jaurès.

La place de l'Hôtel-de-Ville et la place Jean-Jaurès concentrent une bonne part de l'animation stéphanoise.

Place Jean-Jaurès B2

Un kiosque à musique, une esplanade totalement refaite et ombragée de platanes, la place devient un lieu très animé dès l'arrivée des beaux jours. Elle se termine par la cathédrale ou église St-Charles.

Par la rue Gérentet, la place Dorian et la rue Alsace-Lorraine, revenez à la place du Peuple.

À voir aussi Plan de ville

★★ Musée d'Art et d'Industrie B3

2 pl. Louis-Comte - ✆ 04 77 49 73 00 - www.musee-art-industrie.saint-etienne.fr - ♿ - 10h-18h - fermé mar., 1er janv., 1er Mai, 14 Juil., 15 août, 1er nov. et 25 déc. - 4,50 € (-12 ans gratuit), gratuit 1er dim. du mois.

Réaménagé par l'architecte J.-M. Wilmotte dans l'ancien palais des Arts, il constitue un véritable conservatoire sublimé du savoir-faire régional du 16e s. à nos jours ; une scénographie moderne met en valeur les collections exceptionnelles qui illustrent sur quatre niveaux la créativité de la ville.

D'anciens passementiers viennent régulièrement faire fonctionner les métiers à tisser. Des démonstrations qui rendent plus vivant le souvenir de la florissante activité rubanière de St-Étienne. *Se renseigner à l'accueil.*

Dans l'espace voûté du rez-de-jardin, la plus grande collection publique de **cycles** française retrace au travers de pièces uniques l'histoire de la « petite reine ». Ce corps à corps entre l'homme et la machine a donné lieu à des expérimentations audacieuses et fantastiques, tels le monocycle à cavalier intérieur de Jackson (1870), les vélos horizontaux (1897) et plus récemment un prototype à double pédalage jaune canari (1992). Le 1er étage est entièrement consacré aux **rubans** et à la passementerie. La « chambre des rubans » rassemble les trésors de petites tailles : modèles réduits de métiers Jacquard et commodes garnies de livres d'échantillons de velours et de soies du 18e s. La salle du « grand atelier des métiers » contient de véritables et gigantesques métiers à tisser dont on saisit toute la complexe mécanique en rejoignant la mezzanine. Les **armes** du 3e étage offrent une démonstration magistrale de l'inventivité des armuriers, des hallebardes de la Renaissance aux *flash-ball* de 1990, en passant par le siècle d'or de l'armurerie stéphanoise. La salle dédiée aux « grandes heures de la manufacture royale » expose des pièces très délicatement ouvragées (fusil de Louis XIV). Le 2e étage est destiné à des expositions temporaires donnant un nouvel éclairage (affiches) à cette heureuse alliance entre l'art et l'industrie.

★ Puits Couriot, musée de la Mine A2

3 bd Mar.-Franchet-d'Esperey - Puits Couriot - ✆ 04 77 43 83 26 - www.musee-mine.saint-etienne.fr - tlj sf mar. 9h-12h45, 14h-19h - plusieurs types de visite proposés (visite guidée, audiovisuelle) : se rens. pour les horaires - fermé 1er janv., 1er Mai, 14 Juil., 15 août, 1er nov. et 25 déc. - 4,60 à 7,50 € selon le type de visite, gratuit 1er dim. du mois.

Le puits Couriot a été exploité de 1913 à 1973 par les Houillères du Bassin de la Loire. La cour intérieure est ornée d'un monument aux mineurs et d'engins modernes d'extraction. Au temps de sa pleine activité, le puits produisait 3 000 t de charbon par jour et employait 1 500 mineurs.

La visite commence par la saisissante **« salle des Pendus »**★, vaste pièce qui servait de vestiaire pour les mineurs : leurs tenues y étaient suspendues au plafond pour gagner de la place et mieux sécher ; la salle de douche qui la jouxte témoigne, elle, des conditions de vie collective. La descente dans les galeries s'effectue grâce aux cages d'extraction qui servaient à la descente des mineurs, puis à la remontée du charbon, et éventuellement des blessés. Ce circuit « jour » a été récemment enrichi par la grande salle du bâtiment de la **machine d'extraction** et de la salle d'**énergie**.

La galerie d'accueil – **la recette** – est le point de départ d'un circuit historique en wagonnets. L'itinéraire remonte le temps à partir des années 1960, époque de l'exploitation très automatisée et électrifiée utilisant la technique de la « taille à soutènement marchant » mise au point dans le bassin de la Loire.

Après les années 1950 (la galerie moderne) et les années 1930 (rationalisation plus rigoureuse du travail et utilisation de l'éclairage portatif), la visite se poursuit avec une reconstitution fidèle d'un front de taille de 1900 où toute l'activité était encore manuelle : de l'abattage au pic et du transport par bennes poussées par des enfants, jusqu'à l'élargissement de la galerie. Enfin, une écurie rappelle que les chevaux, qui passaient leur vie dans la mine, constituèrent longtemps l'unique force de trait pour tirer les bennes. Émile Zola décrit la situation dans *Germinal* : le cheval y porte le nom significatif de « Bataille »…

Avant la remontée en surface, la représentation de la patronne des mineurs, sainte Barbe, évoque les grandes festivités religieuses et laïques auxquelles participe le 4 décembre chaque cité minière.

★★ Musée d'Art moderne de Saint-Étienne Métropole B1

Au nord du plan p. 304, à 4,5 km du centre-ville. Tramway 4 dir. Hôpital nord, arrêt Musée-d'Art-moderne. En voiture, quittez St-Étienne au nord par la rue Bergson, en direction de la Terrasse. Sur l'autoroute en direction de Clermont-Ferrand, prenez la sortie La Terrasse-St-Priest-en-Jarez. La Terrasse - r. Fernand-Léger - 42270 St-Priest-en-Jarez - ✆ 04 77 79 52 52 - www.mam-st-etienne.fr - ♿ - tlj sf mar.

10h-18h - visite guidée merc., sam. et j. fériés à 14h30, dim. à 11h, 14h30 et 16h30 - fermé 1er janv., 1er Mai, 14 Juil., 15 août, 1er nov. et 25 déc. - 5 €, visite guidée 6 €, -12 ans et 1er dim. du mois gratuit.

Ce très vaste musée, conçu par l'architecte D. Guichard, contient l'une des plus belles collections publiques françaises d'art moderne et contemporain. Le bâtiment sobre et fonctionnel qui couvre le quartier de la « Terrasse » apparaît de l'extérieur comme une structure de type industriel dont les murs couverts de panneaux en céramique noire rappellent la vocation charbonnière (révolue) de la région. Vivant foyer de rencontres, le musée propose des spectacles, des cycles de conférence, des ateliers de pratique artistique pour tout public, une bibliothèque spécialisée, une boutique, un restaurant.

Les 4 000 m^2 d'espaces d'exposition ne suffisent pas à mettre totalement en valeur la fabuleuse richesse de la collection permanente, d'autant que la politique du musée vise aussi la diversité d'expositions thématiques ou monographiques consacrées à des artistes majeurs (Gilbert & George, Roman Opalka, Georg Baselitz, Orlan, Sean Scully). Ainsi, la présentation des 15 000 œuvres, dont 1 200 pièces de design et 2 000 photographies, est renouvelée deux fois l'an. Parcourir les salles du « MAM » permet à chaque visite une découverte de cette collection qui embrasse l'art du 20e s. dans sa totalité, la situant juste derrière celle du Centre Pompidou. On citera pour exemple les séries de toiles de Pierre Soulages ou de Jean Dubuffet, les ensembles uniques en France d'œuvres des maîtres de l'abstraction américaine, de l'art allemand des années 1980, du nouveau réalisme et de la figuration narrative, d'Arte Povera, de Supports/Surfaces. Les récentes acquisitions (Dennis Oppenheim, Giuseppe Penone, Jannis Kounellis, Frank Stella) complètent ce travail tout en mettant l'accent sur la création contemporaine (Gilbert & George, Bertrand Lavier, Jan Fabre), les artistes vivants et l'ouverture aux talents d'Europe centrale et orientale. Le musée poursuit l'établissement d'une collection d'œuvres d'artistes incarnant les discours actuels et les nouvelles méthodologies de la pratique artistique. Une dizaine d'expositions annuelles rassemblent des artistes internationaux de haut niveau, sur des sujets anthropologiques, socioculturels et « narratifs » reflétant l'actualité contemporaine. Le design constitue un axe fort de la collection que l'on pourra découvrir notamment en lien avec la Cité du Design. La photographie contemporaine française est également très bien représentée.

MANUFRANCE

Aujourd'hui reconverti pour accueillir des technologies de pointe, le site de l'ancienne usine Manufrance reste un symbole pour les Stéphanois.

L'aventure a commencé en 1885 quand Étienne Mimard s'associe à Pierre Blachon pour reprendre l'entreprise Martinier-Collin. Précurseurs de la vente par correspondance, leur génie consistera à distribuer massivement les catalogues de leurs productions.

Dynamisée par le succès des fusils *Robust* ou de la bicyclette *Hirondelle*, Manufrance se développe et doit investir dans de nouveaux locaux et dans un imposant siège social conçu par Lamaizière. Mimard gère son entreprise de façon très « paternaliste » et s'apprête même à la léguer à son personnel quand une grève de 100 jours brise ses espoirs en 1937. C'est le début de la fin pour cette grande firme qui sera reprise par la ville, mais devra cesser ses activités en 1985, après un siècle d'existence.

L'église St-Pierre de Firminy, par Le Corbusier.
Office de tourisme de St-Etienne et sa région/Fondation Le Corbusier/ADAGP Paris 2010

Site de la Manufacture des Armes et Cycles de Saint-Étienne
Au sud-est du plan p. 304-305. Cours Fauriel.
Tracé sous le second Empire pour être, avec l'avenue de la Libération, l'une des vitrines de l'expansion industrielle stéphanoise, le cours Fauriel fut essentiellement occupé par les bâtiments de la Manufacture édifiés par Léon Lamaizière en 1893. Celle-ci fonctionna jusqu'en 1985. Une partie du site a été restaurée et réaménagée en Centre de congrès accompagné de bureaux, d'une galerie marchande et d'un planétarium.
L'Astronef★, planétarium – *Espace Fauriel - ✆ 04 77 33 43 01 - www.astronef.fr - ♿ - séance de projection (1h) vac. scol. (zone A) et w.-end à 14h15 (sf avr.-août), 15h30 et 16h45, merc. à 15h30 - fermé 3 premières sem. de sept., 1er janv., 24, 25 et 31 déc. - 6,50 € (enf. 5,50 €) - réservation conseillée.* Le planétarium dispose d'un équipement technique très performant qui fait l'attrait de ses spectacles didactiques sur l'Univers. Le cœur du dispositif est un simulateur astronomique qui peut recalculer et projeter les mouvements des planètes et de quelque 3 000 étoiles.

À proximité Carte de microrégion

Firminy B1
11 km au sud par la D 88.
Mairie - pl. du Breuil - 42700 Firminy - ✆ 04 77 40 50 60 - www.ville-firminy.fr - lun.-vend. 8h30-12h, 13h30-17h, sam. 8h30-12h.
Située dans la vallée de l'Ondaine, Firminy a toujours servi de trait d'union entre la montagne et la « plaine » de St-Étienne. La cité se distingue par les réalisations de l'architecte **Le Corbusier** (1887-1965), qui représentent sept années de sa carrière pendant lesquelles il a pu mettre en application ses théories en faveur de l'homme et de l'architecture contemporaine à l'échelle d'une ville.

Site Le Corbusier★ – *Billetterie r. de St-Just-Malmont - ✆ 04 77 61 08 72 - http://lecorbusier.ville-firminy.fr - visite libre (maison de la culture, stade et église) juil.-août : 10h-19h ; reste de l'année : 10h-18h (sf mar. sept.-mars) - visite guidée (1h30 : un ou plusieurs des monuments) à 10h30, 11h, 15h et 17h - visite guidée (3h : totalité des monuments) à 14h30 - fermé 1er janv., 1er Mai et 25 déc. - visite libre 8 € (5 € église uniquement), visite guidée 1h30 8 €, visite guidée 3h 12 €.*

Le Corbusier y a construit une **unité d'habitation**, dernière d'une série constituée de quatre immeubles construits dans toute la France, où cohabitent l'individu et la collectivité.

La **maison de la culture** et le **stade** mettent en évidence la culture de l'esprit et du corps. Quant à **l'église St-Pierre★**, Le Corbusier ne la verra jamais édifiée puisqu'elle n'a été achevée qu'en 2006, sous la direction de l'architecte José Oubrerie, qui avait collaboré au projet initial au côté du « maître ». Sous la forme d'une pyramide à base carrée, le bâtiment évolue en un cône tronqué qui culmine à 33,09 m. L'impressionnante sobriété de la nef offre un espace unique au jeu de lumière prévu sur le fronton sous la forme de la constellation d'Orion. La partie basse, destinée à l'origine à la vie paroissiale, accueille un **centre d'interprétation**, où mobilier, sculptures mais aussi maquettes et vidéos témoignent de la richesse de l'œuvre de l'architecte. L'ensemble, unique en Europe, fait de Firminy le deuxième « site Le Corbusier » dans le monde, après Chandigarh (Inde).

Écomusée des Bruneaux – *3 r. de Chanzy - ✆ 04 77 89 38 46 - www.multitex.fr/bruneaux - tlj sf lun. 14h-18h ; mine témoin uniquement dim. et j. fériés - fermé 1er janv., 1er nov. et 25 déc. - 3,50 € château seulement (enf. 2 €) ; 5 € château et mine (6-15 ans 3,50 €).* S'il vous reste un peu de temps, vous pourrez aller visiter le **château des Bruneaux**. Il présente un atelier de cloutier, un fournil et l'espace Jouets (collection venant de l'usine Gégé). Dans les communs, une mine témoin reconstituée par d'anciens mineurs montre les différents types de soutènement et de matériels utilisés.

Saint-Chamond C1

7 km au nord-est par la N 88.

C'est le noyau industriel le plus important de la **vallée du Gier**, groupant encore quelques forges et aciéries, des constructions mécaniques (fabrication d'engins blindés), tresses, lacets et tissus élastiques, et une teinturerie. L'autoroute ne la traverse plus et la ville réaménage peu à peu son centre. La bonne surprise est d'y découvrir un **jardin botanique★** de moins d'un hectare, architecturé avec les moyens du bord, empreint de la fantaisie joyeuse de son créateur Michel Manevy et réunissant quelque 4 500 variétés de plantes, arbres et arbustes (collections d'hostas, de lierre, d'hortensias et d'arbustes à fleurs). *Pour y accéder, quittez l'autoroute par la sortie 17 (La Varizelle) vers St-Chamond. Au rond-point, tournez juste après la gendarmerie. Au 2e feu, prenez à droite la rue Pilat, traversez la petite place puis prenez à gauche la rue du Général-de-Gaulle. Le chemin se faufile entre les nos 70 et 72. Le jardin est à quelques mètres à droite (portail rouge). ✆ 04 77 22 07 22 - ♿ - mai-oct. : lun.-vend. 9h-12h, 14h-19h - fermé 13-15 août - 4 €.*

LE NOUVEAU FRANC

Même si l'apparition de l'euro a bouleversé nos références monétaires, on ne peut oublier le père du « nouveau franc » (1960), **Antoine Pinay** (1891-1994), ancien maire de Saint-Chamond.

Aurec-sur-Loire A1

20 km au sud-ouest par la D 3.

Blottie dans une boucle de la Loire, la bourgade a conservé un bel ensemble médiéval récemment restauré : à partir de l'**église,** construite sur des bases antérieures à l'an mille, on chemine dans le **parc du château** (tour Guillaume de la Roue, 1466) et le long des remparts qui dominent le fleuve, avant de passer sous la porte David (à côté de la maison du Bailli).

Le **château du Moine-Sacristain** et sa **tour** des Bourguignons (16e s.) abritent un **musée** traditionnel bien fourni. *Pl. des Marronniers - ☏ 04 77 35 26 55 - www.office-tourisme-aurec.com - juil.-août : tlj sf lun. mat. 8h45-12h30, 14h-18h15 ; reste de l'année : lun. et jeu. 14h15-17h15, mar., merc. et vend. 9h30-12h, 14h-17h, sam. 9h15-11h45 - fermé vac. de printemps, 1er Mai, lun. de Pentecôte, 1er et 11 Nov. et 25 déc. - 2 € (-12 ans gratuit).*

Itinéraires conseillés Carte de microrégion

LES BELVÉDÈRES

Quittez St-Étienne au sud par le cours Fauriel (D 8). La N 82 s'élève au flanc du sauvage ravin du Furet, hérissé de sombres arrachements schisteux.

Le **col du Grand-Bois** (ou de la République) est un très joli site forestier.

Faites demi-tour et, par Planfoy où l'on tourne à gauche, gagnez Guizay.

★★ Point de vue de Guizay B1

Du pied de la statue du Sacré-Cœur, on découvre, juste dans l'axe de la célèbre Grande-Rue, une vue sur l'ensemble de la ville. À l'extrême droite, Rochetaillée *(p. 325)* apparaît sur sa crête. En avançant vers le relais de télédiffusion, le panorama révèle à gauche le couloir de l'Ondaine : le Chambon-Feugerolles, Firminy et les monts du Forez. Au cours de la descente, belles échappées sur l'agglomération stéphanoise et la vallée de l'Ondaine.

La D 88 ramène à St-Étienne.

★★ LAC DE GRANGENT B1

80 km. Voir le circuit sur la carte de microrégion p. 300. Comptez 4h.

Quittez St-Étienne au sud-ouest par la D 3 puis continuez sur la D 25.

Sur la route, le pont suspendu du **Pertuiset** marque la transition entre la cité industrielle et les paysages sauvages des gorges de la Loire.

Château de Cornillon B1

À St-Paul-en-Cornillon.

Le château, perché sur un éperon, domine les gorges de la Loire ; ce fut jadis le siège d'une des plus importantes baronnies du Forez.

Continuez sur la D 108 sur 10 km.

Le parcours en **corniche★★** escarpée offre des vues sur les méandres sauvages en partie submergés.

Chambles B1

Ce site est l'un des plus beaux des gorges de la Loire. À côté de l'église trapue, la tour de l'ancien château se dresse sur le rebord d'un haut escarpement, dominant les méandres de Grangent. Cette tour est caractéristique du système défensif des châteaux du Moyen Âge par son entrée située à mi-hauteur, qui n'était accessible qu'avec une échelle escamotable ; une porte plus récente

RAVACHOL

Ravachol, alias François-Claudius Kœnigstein (1859-1892), a bien sinistre réputation. Son père, d'origine néerlandaise, a quitté sa mère (Ravachol est son nom). Le jeune homme a sa famille à charge. Il ne cesse pourtant de perdre ses emplois d'ouvrier et devient cambrioleur. En 1891 à Chambles, il assassine un vieil ermite qui l'a surpris en pleine rapine. C'est son premier meurtre. Peu de temps après, ce solitaire commet de sanglants attentats à Paris au nom de l'Anarchie. Il sera guillotiné le 11 juillet 1892.

permet de grimper au sommet *(accès difficile)*, d'où s'étend un vaste **panorama★** sur le Forez et le Lyonnais; à gauche, silhouettes des châteaux de Vassalieux et d'Essalois.

2 km après Chambles, prenez à droite la petite route vers le château d'Essalois.

Château d'Essalois B1

Sa robuste silhouette se détache au-dessus des gorges escarpées; de cette belle sentinelle superbement restaurée s'étend une **vue★★** impressionnante sur le lac et l'île de Grangent.

À proximité du château, un oppidum celtique témoigne de l'importance stratégique des lieux.

Sur l'autre rive, des sites comme le plateau de la Danse (site préhistorique) ou St-Victor-sur-Loire (base nautique) permettent d'autres points de vue sur les gorges. L'histoire de ces lieux, faite de légendes, de guerres et de vie religieuse, leur confère, aujourd'hui encore, magie et mystère.

Revenez à Chambles par la même route, puis prenez la D 108 et la D 32.

Île de Grangent

Le lac artificiel a isolé la languette d'une échine rocheuse portant les vestiges du château de Grangent (tour du 12e s.) et une petite chapelle coiffée de tuiles rouges. De la D 32, sur la rive droite, **vue★** dans un virage *(à 750 m de la crête du barrage)*.

Reprenez la D 108 vers le nord.

Saint-Just-Saint-Rambert B1

Pl. de la Paix - 42170 St-Just-St-Rambert - ✆ 04 77 52 05 14 - www.loireforez.com - juil.-août : lun.-sam. 9h-12h, 14h-18h, dim. et j. fériés 9h-12h ; reste de l'année : tlj sf dim. et j. fériés 9h-12h, 14h-18h.

Situé au débouché des gorges de la Loire, dans le sud de la plaine du Forez, St-Rambert, ancien bourg gallo-romain d'*Occianum*, est accroché au flanc d'une butte; St-Just, la partie moderne de la localité, s'étend sur la rive droite.

Église St-André★ – *Clefs disponibles à l'office de tourisme. Possibilité de visite guidée dans le cadre de la visite des environs de St-Rambert, se renseigner à l'office de tourisme - ✆ 04 77 52 05 14 - 5 € (-12 ans gratuit).* C'est un robuste édifice des 11e et 12e s. Deux clochers le surmontent : au-dessus de la façade s'élève un clocher-tour fortifié (11e s.) et à la croisée du transept se dresse le **clocher★** proprement dit, du 12e s. À l'intérieur, les arcs situés

LES « SAINT-RAMBERTES »

St-Rambert a donné son nom à des embarcations en sapin, les « saint-rambertes », qui étaient fabriquées sur place pour transporter le charbon et le vin. Arrivées à destination, elles étaient détruites ou vendues car on ne pouvait leur faire remonter le courant.

entre la nef et les bas-côtés sont de plus en plus larges à mesure que l'on approche du chœur, ce qui a pour effet de donner plus de profondeur à la perspective. À la croisée du transept, une coupole sur trompes soutient le clocher central.

Chapelle Saint-Jean – *Visite combinée avec l'église St-André, sur demande à l'office de tourisme.* Cet édifice du 11e s., qui servait de baptistère, flanque l'église au nord.

Musée des Civilisations « le Prieuré » – *Pl. Madeleine-Rousseau - ✆ 04 77 52 03 11 - possibilité de visite guidée sur demande (1 mois av.) - tlj apr.-midi sf mar. - fermé 1er janv., 1er Mai et 25 déc. - 4 € (-10 ans 2,50 €).* L'histoire locale est représentée par des objets d'art évoquant saint Rambert et le passé de la cité. Caricatures de Cham, Daumier, etc. D'autres salles abritent des collections de divers pays, en particulier une collection d'art africain et océanien : **bronzes★** du Bénin, et un beau masque égyptien en obsidienne (18e dynastie).

Prenez la D 8 vers St-Étienne, puis tournez dans la D 3 vers la Roche-la-Molière où vous rejoignez la D 3² qui mène à St-Victor-sur-Loire.

Saint-Victor-sur-Loire B1

Ce bourg, dont la route d'accès est abondamment fleurie, surtout de roses, occupe un **site★** remarquable sur un promontoire s'avançant dans le lac artificiel formé par la Loire en amont de Grangent. Cette retenue et ses rives, très fréquentées en saison par les Stéphanois, se prêtent aux activités sportives (voile, motonautisme, ski nautique, randonnées pédestres et équestres).

L'**église** est un édifice roman, remanié aux 16e et 17e s., qui présente une nef et des collatéraux voûtés en berceau et séparés par des piliers carrés. Le maître-autel est constitué par un précieux retable baroque du 17e s. et un devant d'autel en cuir de Cordoue, gaufré et peint, à décor d'hermines. Vitraux modernes de J.-M. Benoît et beau buffet d'orgue.

De la terrasse de l'église, la **vue★** sur la retenue est très belle. Le **château** avec ses tours du 11e s., et le théâtre de plein air occupent le haut de la colline. *✆ 04 77 90 49 29 - www.chateau-saint-victor.com - lun.-vend. 8h30-12h, 14h-18h, w.-end 14h30-17h30 - fermé août et 25 déc.-1er janv. - gratuit.*

LES « CROQUE-CERISES »

Avant d'être quasiment annexé par St-Étienne dont il est maintenant un port de plaisance très prisé, St-Victor était un petit bourg rural où les vergers de cerisiers embaumaient au printemps. Les habitants venaient vendre leur production de cerises à St-Étienne, ce qui leur a valu le sobriquet de « croque-cerises ».

Continuez sur la même route. À l'entrée de Quéret, sur la place, prenez à gauche une route en forte descente.

Plateau de la Danse

45mn à pied AR. Laissez la voiture au parc de stationnement et suivez un sentier balisé « Point de vue », serpentant dans la forêt.

Ce lieu, chargé d'histoire et de légendes, aurait accueilli un temple de Jupiter. D'un promontoire rocheux, **vue★★** sur la retenue et l'île de Grangent *(p. 314)*, le promontoire de St-Victor, le château d'Essalois, l'église et la tour féodale de Chambles.

Revenez à St-Étienne par la D 25 et la D 3.

bordée de nombreux cafés qui arborent fièrement de larges terrasses.

Square du Temps-Passé – En bordure de ce square, la rue Richelandière est un haut lieu de la vie nocturne stéphanoise. Vous y trouverez de nombreux restaurants (comme l'Impala Lounge, très branché), une discothèque (Le Temple) et des bars musicaux (Pouchkin Kafé).

Le Triomphe – *4 sq. Violette - ☏ 04 77 32 22 16 - jeu.- sam. 14h-20h30 - fermé juil.-août, lun.-merc. et dim. - 12 €*. Ce café-théâtre installé dans un ancien cinéma cultive l'esprit, l'humour, l'accent et le vocabulaire stéphanois. Également, concerts de jazz, musique du monde, chanson française…

Le Midi-Minuit – *14 pl. Jean-Jaurès - ☏ 04 77 32 41 64 - lun.-vend. 7h-2h, sam. 13h-2h*. Boiseries, piano et banquettes profondes attirent une clientèle plutôt BCBG. Le principe : deux salles, deux bars, deux ambiances (la seconde salle étant réservée à des soirées d'affaires). Les amateurs de whiskies trouveront ici leur bonheur avec une centaine de marques. Nombreuses bières et cocktails. Petite restauration à tout moment.

Le Piccadilly – *3 pl. Neuve - ☏ 04 77 32 28 75 - 10h-1h30 - repas 7,90/17 €*. Situé au cœur du quartier historique, cet établissement peut s'enorgueillir de posséder l'une des plus belles terrasses de la ville. Le décor, hétéroclite et bigarré, est des plus séduisants, et l'ambiance, toujours bonne, attire une clientèle fidèle et jeune. Les prix pratiqués sont plutôt tempérés, avec des formules déjeuner de qualité. Concerts chaque fin de semaine.

Comédie de St-Étienne, Centre dramatique national – *7 av. du Prés.-Émile-Loubet - ☏ 04 77 25 14 14 - www.comedie-de-saint-etienne.fr - lun.-vend. 14h-19h, sam. 15h-18h - fermé juil.-août - 15-29 €*. Fondée en 1947 pour promouvoir la décentralisation théâtrale, elle dispose d'une troupe de comédiens permanents, d'ateliers de construction de décors et de costumes, de quatre salles de spectacles et d'un théâtre itinérant. Essentiellement centre de création, elle accueille aussi de nombreuses productions extérieures.

Opéra Théâtre de Saint-Étienne – *Jardin des Plantes - BP 237 - ☏ 04 77 47 83 47 - www.opera-theatre.saint-etienne.fr - 14h-20h - fermé de mi-juil. à mi-août et j. fériés*. L'Opéra Théâtre accueille chaque année plus de 100 000 spectateurs au sein du théâtre Copeau (350 places) et du Grand Théâtre Massenet (1 250 places). Œuvres lyriques, théâtre, danse, musique figurent au programme de ces deux lieux qui portent en outre une attention particulière envers le jeune public en proposant de nombreuses animations.

Nouvel Espace Culturel – *9 r. Claudius-Cottier - 42272 St-Priest-en-Jarez - ☏ 04 77 74 41 81 - fermé août*. Implanté dans la proche banlieue de St-Étienne, le « NEC » (Nouvel Espace Culturel) a été créé en 1989. De nombreuses troupes de théâtre viennent y présenter leur travail. Concerts de musique classique ou folklorique, danse et spectacles pour enfants complètent une programmation dynamique et exigeante.

Monistrol-sur-Loire

8 444 Monistroliens – Haute-Loire (43)

NOS ADRESSES PAGE 322

S'INFORMER

Office de tourisme – *4 bis r. du Château-des-Évêques - 43120 Monistrol-sur-Loire - ✆ 04 71 66 03 14 - www.ot-monistrol.com - lun. 9h-12h, mar.-sam. 9h-12h, 13h30-17h30 (14h-18h en juil.-août) - fermé dim. et j. fériés.*

SE REPÉRER

Carte de microrégion A2 *(p. 300) – Carte Michelin Départements 331 H2.*
Monistrol se trouve à 31 km au sud-ouest de St-Étienne.

À NE PAS MANQUER

Les peintures murales de la chapelle du château de Valprivas produites par l'atelier de Rubens ; les très agréables paysages de la vallée de l'Ance.

ORGANISER SON TEMPS

Comptez une journée pour la ville et ses environs.

L'important développement de la ville a heureusement épargné le bourg ancien qui surprend par son caractère méridional et ses ruelles médiévales bordées de maisons à génoise aux toits faiblement inclinés. C'est un agréable lieu de villégiature, un bon point de départ pour partir en promenade le long des gorges de la Loire ou au pays des sucs qui gravitent autour d'Yssingeaux.

Se promener

Château des Évêques

✆ 04 71 66 03 14 - mat. et apr.-midi, lun. mat. - fermé j. fériés (sf 14 Juil.) - gratuit - 3 € visite guidée avec la chapelle des Ursulines.

Le climat et la situation remarquable de Monistrol ont dû séduire les évêques du Puy-en-Velay car ils en ont fait un de leurs séjours favoris. L'endroit s'est tellement transformé qu'il est devenu la seconde ville du diocèse sous le nom de Monistrol-l'Évêque. La cité s'appellera ensuite Monistrol-en-Velay et, enfin, Monistrol-sur-Loire.

Partant de la place Néron, une promenade plantée de tilleuls monte vers les grosses tours rondes de l'ancien château des Évêques (14e-18e s.), qui abrite aujourd'hui l'office de tourisme et des expositions. Remarquez, à l'intérieur, les statues du Christ au jardin des Oliviers (16e s.) et la rampe en fer forgé (18e s.).

Contournez le château par l'allée à droite.

De l'extrémité de la terrasse ouest, vous bénéficierez d'une jolie vue sur la vallée de la Loire, Bas-en-Basset et le plateau de St-Bonnet.

Église

Sa nef centrale avec ses deux colonnes (unique exemple en Velay) et la coupole du chœur ont seuls résisté aux destructions révolutionnaires. La tour-clocher du 17e s. a retrouvé son dôme d'origine.

Le noyau ancien

Empruntez, en partant de l'église, la rue du Commerce, puis la première rue à droite. Égarez-vous pour le plaisir dans un lacis de ruelles et retrouvez-vous ici en plein Moyen Âge ou là dans le Monistrol classique du 17e s. (façades des couvents des Ursulines et des Capucins).

À proximité Carte de microrégion

Saint-Didier-en-Velay B2

11 km environ à l'est par la D 12.

Au cœur de la vallée de la Semène, ce bourg vellave a conservé sa vieille ville dont la pièce la plus ancienne est l'**église** de style roman joliment située sur la place du Senis (« seigneur du château »). Deux passages couverts, les « tounes », construits probablement au 18e s., ménagent une percée singulière dans les rues de St-Didier. Aux alentours de la **halle** aux grains (19e s.), qui abrite aussi un musée d'Art et Traditions populaires, observez la largeur inhabituelle des fenêtres : elle favorisait l'éclairage des métiers des passementiers (rubans) jadis installés à domicile.

Pont-Salomon B2

9 km au nord par la N 88.

Niché au cœur de la vallée de la Semène, ce village-usine, conçu selon les principes fouriéristes par **Pierre-Frédéric Dorian** (1814-1873), a vu le jour au 19e s. sous l'impulsion de l'industrie des lames de faux et faucilles. Le **musée de la Faux★** est installé dans l'une des sept usines dont deux subsistent encore à ce jour. Ici, le temps semble s'être arrêté. Les murs de l'atelier sont encore noirs de charbon et la forge équipée de martinets hydrauliques continue à fonctionner. Témoignage émouvant de la vie ouvrière. *R. des Martinets - ✆ 04 77 35 87 07/46 - www.valleedesforges.com - lun.-vend. mat. et apr.-midi, w.-end sur RV - 5 € (-11 ans gratuit).*

Sainte-Sigolène B2

9 km au sud-est par la D 44.

Quatre cents ans de tissage, 50 ans de plasturgie, la reconversion industrielle de Ste-Sigolène démontre la pugnacité de ses habitants qui, pour rien au monde, n'auraient quitté ces paysages boisés. Aménagé dans un ancien atelier de fabrication d'écharpes, le **musée La Fabrique**, animé par une équipe d'anciens passementiers, témoigne de cette histoire. Sur le métier à tresse de 1920 ou sur la machine à aiguille vivante de 1983, ils perpétuent des gestes pour que le savoir-faire ne disparaisse pas. Et c'est sans amertume qu'ils vous conduisent jusqu'à la salle dédiée à la plasturgie, parce que finalement pour eux, du fil au film (plastique), il n'y a qu'un pas. *R. des Riouzes - ✆ 04 71 75 01 55 - juil.-août : merc. apr.-midi ; reste de l'année : 1er dim. du mois apr.-midi - 3 €.*

C'est au 17e s. qu'**Anne-Marie Martel** (1644-1673) crée l'institution des béates. Ces jeunes filles laïques ayant quelques rudiments de lecture et d'écriture jouent à la fois les rôles d'institutrices, de catéchistes et d'infirmières au service des villageois. Ste-Sigolène a eu la particularité de compter neuf **maisons de béates** dont celle du hameau de **Reveyrolles**. Au rez-de-chaussée, l'ancienne salle de classe abrite une statue en bois de sainte Sigolène (17e s.), ainsi qu'une Vierge noire (19e s.). À l'étage, deux pièces de vie ont été reconstituées avec un mobilier du 19e s. *Hameau de Reveyrolles - ✆ 04 71 66 66 71/13 07 - sur RV - entrée à discrétion.*

Château de Valprivas A2

14 km à l'ouest par la D 12, puis D 42 et D 44. ☏ 04 71 66 71 33 - visite guidée sur demande préalable au centre culturel du château - 3,50 € (-12 ans gratuit).

C'est là qu'Antoine **Verd du Verdier**, humaniste forézien et ami des poètes de la Pléiade, rédigea sa *Bibliothèque française*. Cet ouvrage est considéré comme le premier essai de bibliographie en France.

Dans la cour d'honneur, la tour ronde abrite un rare escalier à vis tout en chêne, et présente un portail encadré de cariatides et surmonté d'un blason ; deux galeries superposées, à l'italienne, sont dotées au rez-de-chaussée de voûtes sur croisées d'ogives et à l'étage, d'un plafond à caissons.

La chapelle castrale, « reconsacrée » en 1493, est décorée de deux **peintures murales★**, réalisées à la fin du 16e s. par des artistes de l'atelier de P.-P. Rubens, fixés à Lyon après avoir travaillé au château de Fontainebleau. Sur le mur est, une peinture murale figure la Résurrection des morts (A. Verd du Verdier est représenté en orant, à gauche) ; sur le mur sud, une étonnante scène évoque l'Enfer. On visite également de vastes pièces aux belles cheminées ; à l'étage, dans la grande salle Renaissance reconstituée, les mélomanes apprécieront les concerts du **Centre culturel de Valprivas**.

Itinéraire conseillé Carte de microrégion

VALLÉE DE L'ANCE A2

46 km. Voir le circuit sur la carte de microrégion p. 300. Comptez une demi-journée.

Quittez Monistrol par la D 12, et gagnez Bas-en-Basset.

À environ 300 m au-dessus de la place des Marronniers, à Bas-en-Basset, empruntez le chemin s'amorçant à gauche d'un mur d'enceinte (45mn à pied AR).

Château de Rochebaron A2

On atteint les ruines du château féodal perché sur un éperon dominant la Loire, érigé entre le 11e et le 13e s., et précédé d'une triple enceinte. Seule reste intacte une tour ronde avec ses salles voûtées, reliées par un escalier à vis. De l'extrémité du promontoire, **vue★** sur le Basset et la vallée de la Loire.

Revenez au croisement de la D 12 avec la D 42 que l'on à droite. Tournez ensuite à droite dans la D 44 vers Tiranges.

La route suit d'abord la riante vallée de l'Ance, puis, à partir du village du Vert, s'élève en **corniche★**. Entre Chales et les Arnauds, les amateurs de points de vue bénéficieront de belles échappées sur le bassin de la Loire, la vallée de l'Andrable et les monts du Velay.

À Tiranges, empruntez à gauche la D 24.

Au cours de la descente sur l'Ance, la tour de Chalencon apparaît sur un piton.

Poursuivez par la D 24 jusqu'au carrefour avec la D 9. Prenez 2 fois à droite par la D 9, puis la D 29. Traversez le bourg de St-André-de-Chalencon et prenez la route qui longe le cimetière.

À 2 km, garez-vous et continuez à pied (15mn AR).

Chalencon A2

Le **coup d'œil★**, à l'arrivée sur Chalencon, est superbe : en haut du vieux village silencieux, une belle tour ronde crénelée se dresse au centre d'une enceinte carrée. À l'extrémité droite de l'éperon, la façade de l'ancienne chapelle seigneuriale s'inscrit harmonieusement dans le site. Du pied de la tour, vue sur les gorges de l'Ance que franchit le pont du Diable.

Les ruines du **château** de Chalencon occupent une position forte sur un piton rocheux, à la limite du Velay et du Forez. Chalencon était le fief d'origine d'une des plus anciennes familles du Velay qui compta parmi ses membres plusieurs évêques du Puy-en-Velay.

Reprenez la D 24, traversez Solignac pour prendre à gauche la D 46, en direction de Beauzac.

Beauzac A2

Sa petite **église** (12e-17e s.) présente un portail latéral flamboyant et un élégant clocher-peigne à trois étages. Sous l'abside se trouve une crypte, fait exceptionnel dans le Velay. Romane, celle-ci présente une grande sobriété de lignes ; notez l'absence de chapelles rayonnantes.

Quelques maisons du bourg, imbriquées dans les anciens remparts percés de deux portes, montrent, à la naissance du toit, de curieuses galeries de bois reposant sur de gros corbeaux.

Retournez à Monistrol par Pont-de-Lignon (D 461) et la N 88.

NOS ADRESSES À MONISTROL

HÉBERGEMENT ET RESTAURATION

À proximité

PREMIER PRIX

L'Air du Temps – *À Confolent - 43590 Beauzac - 4 km à l'est de Beauzac par D 461 - ✆ 04 71 61 49 05 - www.airdutemps.fr.st - fermé janv., dim. soir et lun. - 16/53 € - 8 ch. 47/52 € - ☕ 8 €.* Arrêtez-vous dans ce hameau en pleine nature, le temps d'un repas : cette maison des années 1920 abrite un restaurant plutôt gourmand, tenu par un ex-boulanger-pâtissier. Sa carte, généreuse, aime les saveurs régionales et décline les menus à prix sages. Agréable salle-véranda.

BUDGET MOYEN

Table du Barret – *Bransac - 43590 Beauzac - 3 km au sud de Beauzac par D 42 - ✆ 04 71 61 47 74 - sandy.caire@wanadoo.fr - fermé fév., 3-10 sept., 12-19 nov., 1er janv.-5 fév., dim. soir, mar. et merc. - 19/90 € - 8 ch. 60 € - ☕ 10 €.* Cette maison rose des années 1920 située au cœur d'un paisible hameau proche de la Loire abrite un restaurant. Récemment repris par un ancien bijoutier et son fils, il propose une cuisine traditionnelle soignée. Intérieur moderne et agréable terrasse ombragée. Chambres confortables.

Le Pilat

★★

Loire (42)

NOS ADRESSES PAGE 329

S'INFORMER
Maison du Parc à Pélussin – *Voir ci-dessous « Découvrir ».*

SE REPÉRER
Carte de microrégion B-C 1-2 *(p. 300) – Carte Michelin Départements 327 F7-8, G7-8, H7.*
Le massif du Pilat s'élève à l'est de St-Étienne, entre le bassin de la Loire et la vallée du Rhône.

À NE PAS MANQUER
Les sensations fortes procurées par le site du Gouffre d'Enfer (*1h à pied AR*) et le panorama sur la vallée du Rhône depuis le crêt de l'Œillon.

ORGANISER SON TEMPS
Comptez une journée pour traverser le massif et profiter de ses paysages.

AVEC LES ENFANTS
L'exposition de la maison du Parc à Pélussin.

Ce sont d'abord des paysages, beaux et variés : au bord du Rhône, des vergers et des vignobles (comme celui, fameux, de la Côte-Rôtie) qui font place, sur les plateaux, aux pâturages, puis en altitude à des forêts de hêtres et de sapins. La fraîcheur de ses sapinières, de ses eaux vives et de ses hauts pâturages contrastant avec les vallées industrieuses de l'Ondaine, du Janon et du Gier, en font un lieu fort apprécié des randonneurs comme de tous ceux qui, pour un temps, rêvent de « se mettre au vert ».

Découvrir Carte p. 326-327

PARC NATUREL RÉGIONAL DU PILAT

Créé en 1974, le parc s'étend sur 700 km^2 et regroupe 47 communes rurales réparties sur les départements du Rhône et de la Loire. Soucieux de préserver la nature et l'environnement, il développe des activités liées aux domaines rural, artisanal, touristique et culturel.

Maisons du Parc

Moulin de Virieu à Pélussin – *Maison du Parc et office de tourisme - 42410 Pélussin - ✆ 04 74 87 52 00 - www.parc-naturel-pilat.fr - de Pâques au 11 Nov. : mat. et apr.-midi ; reste de l'année : tlj sf dim. mat. et apr.-midi, mar. apr.-midi, sam. mat. - randonnées accompagnées, sorties découvertes, animations, programme sur demande.* Siège administratif du parc naturel régional du Pilat, le moulin de Virieu, bâtiment d'un ancien moulinage de soie, accueille une exposition permanente conçue pour les enfants avec de nombreuses maquettes, un diaporama, un théâtre virtuel et un jardin de découverte.

Maison du Châtelet à Bourg-Argental – *Maison du Parc et office de tourisme - 18 pl. de la Liberté - 42220 Bourg-Argental - ☏ 04 74 39 63 49 - 9h30-12h30, 14h30-18h30 - fermé mar. et vend. mat. de mi-sept. à mi-juin, sam. apr.-midi et dim. de mi-sept. à avr.* Cet ensemble architectural des 16e et 18e s. abrite les locaux de l'office de tourisme, un espace de découverte aménagé par le parc naturel régional du Pilat et des salles d'expositions temporaires *(avr.-oct.)*. Remarquez le plafond à fougère de style forézien, unique en son genre.

Sentiers de randonnée

Le parc balise et entretient un important réseau d'itinéraires pour randonneurs pédestres, VTTistes et équestres :

– plus de 600 km de sentiers pédestres balisés dont des tronçons des GR 7, GR 65 (chemin de St-Jacques-de-Compostelle) et GR 42, ainsi que des sentiers en boucle (balisage jaune, de 1h à une demi-journée) au départ de 35 villages du Parc ;

– 9 sentiers d'interprétation à la découverte du patrimoine et de la nature : sentier sur caillebotis aménagé dans la tourbière de Gimel (St-Régis-du-Coin), sentier des moulins (La Versanne), sentier de l'Arbuel dans les vallons rhodaniens (Condrieu), sentier de l'agriculture du Haut-Pilat (Marlhes).

Maisons du patrimoine

Maison des tresses et lacets à La Terrasse-sur-Dorlay – *Le Moulin Pinte - ☏ 04 77 20 91 06 - www.tressesetlacets.fr - ♿ - juil.-août : tlj sf mar. 14h30-18h ; reste de l'année : tlj sf mar. et sam. 14h30-18h - fermé janv. - 4,40 € (enf. 2,70 €).*

LE PATRIMOINE TEXTILE

D'abord artisanal puis industriel, le travail de la soie fut l'une des activités économiques majeures de la région dès le 15e s. lorsque s'installent les premiers moulinages. Le moulinage est la préparation du fil de soie après le dévidage du cocon. Les propriétaires des ateliers, puis des usines, trouvent dans les rivières du Pilat la force motrice nécessaire au fonctionnement de leurs machines. Le fil obtenu est ensuite tissé ou tressé. C'est l'une des particularités de la région que d'avoir connu diverses techniques et largeurs de tissu : tissage de rubans étroits (passementerie) dans l'ouest du Pilat autour de St-Genest-Malifaux, moulinage et tissage d'étoffes, tressage de lacets ou de cordons dans la vallée du Dorlay et dans les environs de St-Chamond. L'activité connaîtra son âge d'or au 19e s. Aujourd'hui, de nombreux bâtiments et aménagements témoignent de cette histoire industrielle : maisons-ateliers de passementiers à Jonzieux, vastes usines à St-Julien-Molin-Molette, biefs et petites retenues d'eau dans les fonds de vallons.

Paysage du Pilat.
Pilat, Mon parc naturel régional

Ce musée-atelier de 1920 possède d'anciens métiers à tresser dont le fonctionnement est très impressionnant à voir, de même que l'une des dernières roues à augets du village.

Maison de la passementerie à Jonzieux – *04 77 39 93 38/92 76 - mai-oct. : dim. 14h30-18h30 - 3 € (enf. 2 €).* L'atelier complet d'un passementier et un métier Jacquard tel qu'il fonctionnait au 19e s.

Maison de la Béate et de l'Allier à Marlhes – *L'Allier - 04 77 51 24 70 - juil.-oct. : dim. 14h30-18h30 - tarif libre.* Cette modeste maison de béate – nom donné aux membres d'un ordre religieux de la région – est dédiée à l'histoire locale et à la vie d'autrefois.

Itinéraire conseillé Carte p. 326-327

DE SAINT-ÉTIENNE À CONDRIEU

89 km. Voir le circuit sur la carte p. 326-327. Comptez environ une journée. Quittez St-Étienne vers le sud-est par la D 8.

Rochetaillée

Au cours de la montée, on découvre le site bien exposé de Rochetaillée, petit village perché sur un étranglement rocheux, entre deux ravins, et dominé par les tours en ruine d'un château féodal.

★★ Gouffre d'Enfer

1h à pied AR. À droite de l'auberge de la Cascade, un chemin suit le lit de l'ancien torrent jusqu'au pied du barrage. Le site est impressionnant : les parois rocheuses, vigoureusement taillées, se referment jusqu'à former un étroit et sombre goulet. Le barrage a été construit en 1866 pour alimenter St-Étienne en eau. Des escaliers permettent d'accéder à la crête. La retenue se développe au pied de versants couverts de sapins. À 50 m à gauche, des escaliers donnent accès à un **belvédère** face à Rochetaillée.

Pour rejoindre la voiture, tournez à gauche et prenez à droite le chemin passant devant la maison des Ponts et Chaussées.

Après Rochetaillée, jolies vues plongeantes, à droite, sur le barrage du Gouffre d'Enfer et le barrage du Pas-du-Riot. La route passe ensuite par **Le Bessat**, station estivale et de sports d'hiver.

Au Bessat, poursuivez en direction de la Croix de Chaubouret.

★ Crêt de la Perdrix

Peu après la Croix de Chaubouret, prenez à gauche la D 8A vers la Jasserie. Épicéas, hauts chaumes et bruyères se succèdent.

À environ 5 km, au sommet de la montée, laissez la voiture à hauteur du sentier conduisant (15mn à pied AR) au crêt de la Perdrix couronné par un chirat, éboulis rocheux particulier à la région.

De la table d'orientation, le **panorama** s'étend sur les pics du Mézenc, du Lizieux, du Meygal et du Gerbier-de-Jonc.

Revenez sur la D 8 et empruntez la D 63 en direction du crêt de l'Œillon.

La route serpente tantôt parmi les conifères, tantôt parmi des landes à bruyères.

HISTOIRES D'EAUX

Subissant les influences méditerranéennes à l'est, et atlantiques à l'ouest, le Pilat comporte une ligne de partage des eaux, notamment au col de Chaubouret (1 363 m), et joue pour la région stéphanoise un rôle de « château d'eau ».

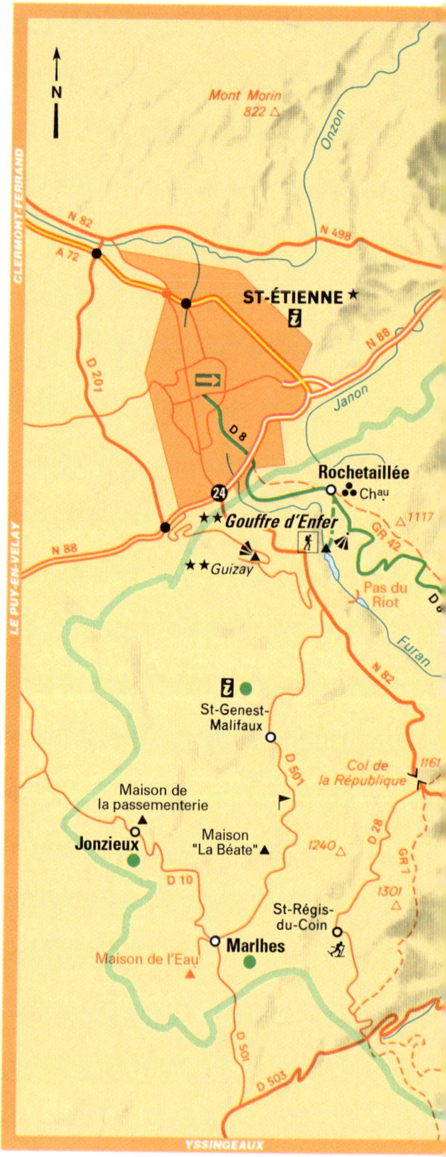

Parc naturel régional du Pilat

★★★ Crêt de l'Œillon

15mn à pied AR. Au col de l'Œillon, empruntez à gauche la route conduisant au relais de télédiffusion. Laissez la voiture au parc de stationnement. Au sommet, contournez l'enceinte du relais par sa gauche pour rejoindre la table d'orientation au pied d'une croix monumentale.

Le **panorama** est l'un des plus grandioses de la vallée du Rhône. Au premier plan, au-delà des rochers du pic des Trois-Dents, vue plongeante sur la vallée

du Rhône, de Vienne à Serrières. Au loin à l'est, la vue s'étend sur les Alpes ; au sud-est, sur le mont Ventoux ; à l'ouest, sur le puy de Sancy et les monts du Forez ; au nord, sur les monts du Lyonnais et au nord-est sur le Jura.

Poursuivez vers Pélussin.

Au belvédère de la Faucharat, belles échappées sur les vallée du Régrillon et du Rhône.

Pélussin

Laissez la voiture près de la maison du Parc. Descendez la rue du Dr-Soubeyran et prenez à gauche de la rue de la Halle.

L'ancienne halle forme un belvédère au-dessus de la plaine du Rhône et de l'agglomération de Pélussin. *Passez sous une porte fortifiée et tournez à gauche.* Remarquez l'ancienne chapelle et le vieux château. Dans le quartier Notre-Dame, en bas du village *(20mn à pied)*, se trouve l'agréable **jardin des Sons** où onze objets jouent avec l'eau et le vent dans le clos de l'ancienne maison de Gaston Baty, homme de théâtre natif de Pélussin. *Voir également la Maison du Parc naturel régional (moulin de Virieu) décrite p. 323.*

Faites demi-tour et prenez la D 7 à droite vers le col de Pavezin.

Sainte-Croix-en-Jarez *(voir ce nom)*

Au col de Pavezin, empruntez à droite la D 30 offrant au début de la descente une belle vue sur la vallée du Rhône. Par les D 19 et D 28, on atteint Condrieu.

L'arrivée est précédée, au tournant du calvaire, au-dessus de la ville, d'une **vue★** panoramique sur le bassin de Condrieu et la boucle du Rhône.

Condrieu

Pl. du Séquoia - 69420 Condrieu - ✆ 04 74 56 62 83 - juin-août : 9h30-18h, dim. 9h30-12h ; reste de l'année : se renseigner.

Le territoire de Condrieu produit un vin blanc renommé à partir d'un cépage unique, le viognier. Cultivé sur les fortes pentes qui dominent le Rhône, il a connu une large diffusion grâce au dynamisme du port, longtemps animé par ses célèbres mariniers. Réduit à une petite dizaine d'hectares à la fin des années 1960 du fait des difficultés d'exploitation, ce vignoble a fait l'objet d'une reconquête exemplaire, notamment sur les terrasses viticoles. Le nom de Condrieu est aussi associé à un fromage au lait cru de chèvre consacré en 2009 par une Appellation d'origine contrôlée, la rigotte de Condrieu.

Église – Le tympan de son portail gothique porte un fragment de bas-relief roman, très mutilé. De belles grilles ornementées du 18ᵉ s. ferment les chapelles latérales.

Maison de la Gabelle – Située à côté de l'église, sa façade du 16ᵉ s. s'orne d'un réseau de moulures s'entrecroisant avec des pilastres à peine saillants, décorés de médaillons. La poutre d'angle sculptée du toit évoque un animal fantastique.

À PROPOS DE CONDRIEU

C'est la position de la ville? à la jonction de l'Arbuel et du Rhône? qui est à l'origine de son nom : le terme gaulois *condate* désigne un confluent.

Souvent viticulteurs, les Condriots n'ont pas oublié leurs ancêtres mariniers dont les culottes doublées de cuir leur avaient valu le surnom de « culs-de-piau ». Très attachés à leurs traditions marinières, ils s'affrontent chaque année avec les meilleurs jouteurs nationaux dans des tournois nautiques sur le Rhône.

Maison des Villars – Au n° 31 de la rue de l'Arbuel, ce modeste logis de la famille du maréchal de Villars est précédé d'un élégant portail d'entrée.
Quartier du port – Dans la basse ville, il évoque un petit port du littoral méditerranéen. On pourra flâner rue des Sauzes et rue du Grand-Port. Au pied du pont suspendu reliant Condrieu aux Roches, la **place Frédéric-Mistral** rappelle que le grand poète provençal trouva à Condrieu l'inspiration de son *Poème du Rhône*.

NOS ADRESSES DANS LE PILAT

HÉBERGEMENT

PREMIER PRIX

Hôtel Le Cottage – *3 r. Barge - 42410 Pélussin - ☏ 04 74 87 52 52 - P - 25 ch. 38/52 € - ☕ 5,80 € - rest. 12/44 €.* Cet hôtel au centre du village est scindé en deux bâtiments de part et d'autre de la rue. Les chambres aménagées au-dessus du bar-restaurant sont assez modestes (WC sur le palier), et moins chères. On optera pour l'aile récente si l'on souhaite plus de confort. Prix très sages.

Chambre d'hôte Le Troll – *49 r. du Forez - 42660 St-Genest-Malifaux - ☏ 04 77 39 02 70 - www.letroll.massifpilat.com - ⊠ - 4 ch. 42 € ☕.* Ne vous laissez pas intimider par l'enseigne, vous serez accueilli fort chaleureusement dans cette maison des années 1950. Chambres récemment rafraîchies, sobres et agréables ; cuisinette à disposition des hôtes. Une adresse idéale, à un prix très raisonnable.

Domaine de l'Astrée – *L'Allier - 42220 Bourg-Argental - à la sortie du bourg dans le sens St-Étienne-Annonay - ☏ 04 77 39 72 97 - prl@bourgargental.fr - 16 empl. 14 €/j. + 22 chalets 490/550 € la sem.* Ce camping municipal installé au cœur du parc naturel régional du Pilat propose 16 emplacements et 22 chalets, dont plusieurs accessibles aux handicapés, de très bon confort : cuisine équipée, salle de bains avec WC indépendants, terrasse et salon de jardin. Nombreuses activités sur place et à proximité.

BUDGET MOYEN

Chambre d'hôte Le Moulin du Bost – *42131 La Valla-en-Gier - 13 km au nord du Bessat par D 2, puis D 76 après La Valla-en-Gier dir. Doizieux - ☏ 04 77 20 06 62 - moulinbost@orange.fr - fermé 1er nov.-Pâques - ⊠ - 2 ch. 53/69 € ☕ - repas 19 €.* Marcheur passionné et membre des « relais randonneurs », le propriétaire de cette maison située dans le parc naturel régional du Pilat vous conseillera plusieurs circuits pédestres adaptés à votre niveau. Chambres simples et table d'hôte généreuse. Une adresse pour communier avec la nature.

Chambre d'hôte La Rivoire – *42220 St-Julien-Molin-Molette - 5 km à l'est de Bourg-Argental par D 1082 - ☏ 04 77 39 65 44 - www.larivoire.net - ⊠ - réserv. obligatoire en hiver - 5 ch. 60/65 € ☕ - repas 20 €.* Cette maison a beaucoup de charme avec sa tour ronde et son grand jardin potager familial... Très bien située, elle domine la vallée de la Déôme : une vue splendide que vous pourrez admirer de toutes ses chambres et de la terrasse. Séjour reposant garanti.

Chambre d'hôte Pierre et Myriam Marquet – *Le Moulin Payre - 42740 La Terrasse-sur-Dorlay - ✆ 04 77 20 91 46 - fermé de mi-oct. à mi-mars - ⊭ - 5 ch. 65 € ☕ - repas 23 €.* Si à l'extérieur quelques travaux restent à faire, en revanche, à l'intérieur, il n'y a rien à redire : les chambres, décorées avec goût, sont très bien entretenues. La propriétaire, très accueillante, mitonne une cuisine familiale à partir de produits fermiers locaux. Un bon rapport qualité-prix.

POUR SE FAIRE PLAISIR

Domaine des Soyeux – *42220 St-Julien-Molin-Molette - 1 km au nord de St-Julien par D 8, dir. Le Bessat - ✆ 04 77 51 56 04 - www.domaine-soyeux.com - ⊭ - réserv. obligatoire - 5 ch. 75/135 € ☕.* Noble demeure fin 19e s. embellie d'un grand parc. Restauré dans l'esprit de l'époque, l'intérieur conserve son parquet d'origine. Les chambres adoptent les styles Louis XV et Louis XVI tandis que les salles d'eau s'offrent quelques concessions à la modernité.

RESTAURATION

BUDGET MOYEN

Aux 3 D – *42410 La Chapelle-Villars - ✆ 04 74 87 89 20 - fermé un j. de la sem. de déc. à mai, se renseigner - 10,60 € (déj.) - 15/45 € (ce dernier menu sur réserv.).* Seul commerce du petit village, cette auberge fait aussi office de bar, épicerie, dépôt de pain et fabrique elle-même des pizzas. Ambiance campagnarde et cuisine rigoureusement maison : plats en sauce, foie gras en hiver, cassolette de grenouilles au vin de viognier... Aux beaux jours, les repas peuvent être servis sous le préau en bois.

BUDGET MOYEN

La Fondue « Chez l'Père Charles » – *Grande-Rue - 42660 Le Bessat - ✆ 04 77 20 40 09 - www.pere-charles.com - fermé 15 nov.-15 mars, dim. soir et lun. midi sf vac. scol. - 15/52 € - 8 ch. 55 € - ☕ 8 €.* Les salles à manger à l'esprit champêtre sont logées dans une auberge située au centre du village. Goûteuse cuisine traditionnelle aux accents régionaux. Chambres simples.

ACTIVITÉS

Le Parc naturel régional organise des sorties tout public encadrées pour découvrir les milieux et espèces remarquables du Pilat. Au **centre d'observation de la nature de l'Île du Beurre**, des affûts permettent l'observation des oiseaux et des castors sur le Rhône *(RN 86 - 69420 Tupin-Semons - ✆ 04 74 56 62 62 - www.iledubeurre.org).*

De nombreuses activités sportives de pleine nature sont proposées dans le Pilat : trottinette tout-terrain, dévalkart, VTT de descente, parcours acrobatiques dans les arbres, via-ferrata (Planfoy), téléski nautique (Condrieu) et sports d'eaux-vives (St-Pierre-de-Bœuf). *Rens. à la maison du Parc à Pélussin.*

Sainte-Croix-en-Jarez

410 Cartusiens – Loire (42)

NOS ADRESSES PAGE 333

SE REPÉRER
Carte de microrégion C1 *(p. 300) – Carte Michelin Départements 327 G7.*
Comme caché au nord du Pilat, entre Vienne et St-Étienne, ce village est accessible par la petite D 30 depuis Rive-de-Gier ou Condrieu.

À NE PAS MANQUER
Les fresques de l'ancienne chartreuse.

ORGANISER SON TEMPS
Comptez environ 1h.

Voici certainement un des villages les plus insolites de France : situé dans un vallon verdoyant de la haute vallée du Couzon, en plein cœur du parc du Pilat, il a investi en effet les bâtiments d'une ancienne chartreuse, fondée en 1280 par Béatrix de Roussillon : école, mairie, appartements se sont installés dans les vénérables cellules des pères… et le monastère est devenu une commune comme les autres. Comme les autres ? À vous d'en juger !

Visiter Plan de monument

La beauté se mérite. Et de fait la route qui depuis Rive-de-Gier conduit à Ste-Croix, si elle n'est pas très longue, comporte de nombreux virages. La récompense ? De très beaux paysages et, au bout, ce village original qui a su préserver son authenticité.

ANCIENNE CHARTREUSE

---

04 77 20 20 81 - www.saintecroixenjarez.com - ♿ - juil.-août : 10h30-12h30, 13h30-19h ; avr.-juin et sept. : mar.-dim. 10h30-12h30, 14h-18h ; janv.-mars, oct.-déc. : w.-end et j. fériés 13h30-17h30 - possibilité de visite guidée - fermé 25 déc. et 1er janv. - 5,50 € (-12 ans gratuit).

Façade

Sur la façade des anciens bâtiments conventuels a été ouverte, au 17e s., une **porte monumentale** en granit, flanquée de tours rondes en moellons de schiste. On y distingue les **armoiries** des chartreux : un globe terrestre portant une croix et entouré de sept étoiles ; les étoiles symbolisent saint Bruno, fondateur en 1084 de cet ordre contemplatif, et ses six compagnons.
De chaque côté s'étend l'ancienne enceinte, défendue, à ses extrémités, par deux tours d'angle et occupée par des maisons d'habitation.
Après avoir franchi ce portail, on atteint une première cour.

Cour des Frères

Cette vaste cour rectangulaire est bordée par les bâtiments qui abritaient autrefois les activités des frères convers et « donnés » (liés à l'ordre par des contrats civils) assurant la vie matérielle de la communauté : pressoirs, celliers, boulangerie, ateliers, forges, écuries… Sur la gauche, un passage en

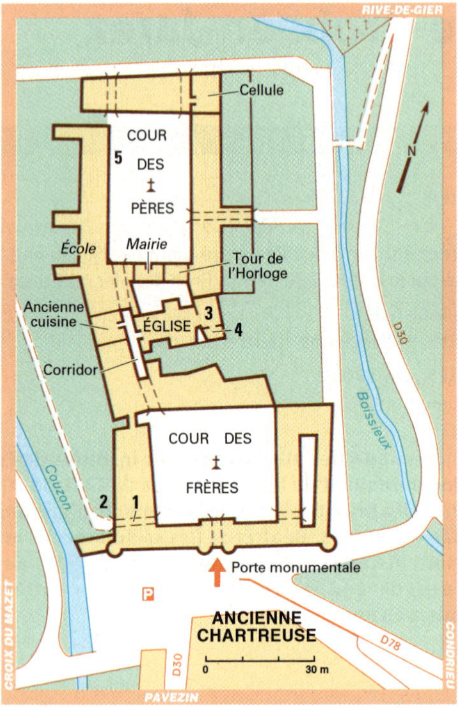

pente, sous **voûte** (1), mène à l'entrée du jardin potager, que borde le Couzon : remarquez la belle **imposte en fer forgé** (17e s.) (2) qui surmonte le vieux portail en bois.

Au fond de la cour, à gauche, s'ouvre une rue dallée, autrefois entièrement couverte, le « **corridor** », qui desservait les pièces destinées à un usage commun (réfectoire pour les repas des dimanches et de certains jours de fête, bibliothèque, etc.).

Église

Son portail est signalé par la présence de deux bénitiers latéraux, en pierre. L'édifice du 17e s. abrite des boiseries des 16e et 17e s., ainsi que des stalles du 14e s. dont les miséricordes et les accoudoirs sont sculptés de motifs très variés : masque grimaçant, coiffe de paysanne du Pilat, animaux, etc. Au-dessus

L'HISTOIRE DE L'ABBAYE

Ayant pris la Croix en 1277, le seigneur Guillaume de Roussillon était mort en Terre sainte. Il laissait une jeune épouse, Béatrix de la Tour. Celle-ci, loin d'être une veuve joyeuse, décida aussitôt de se retirer du monde. Or, lui apparut bientôt une croix lumineuse qui la guida jusqu'en ces lieux. Quoi de plus normal, alors, que de vouer à la sainte Croix le monastère qu'elle fonda ? À la Révolution, les chartreux, qui partageaient leur temps entre la prière, l'étude et les travaux manuels, furent expulsés et, en 1792, les cellules furent vendues et transformées en fermes, boutiques et bâtiments administratifs. Un vrai village avec sa mairie et son école était né.

du portail, le mur est orné de trois tableaux représentant le martyre de saint Sébastien (copie d'un tableau de Mantegna), saint Charles Borromée, agenouillé, et saint Bruno refusant l'épiscopat, vêtu de l'habit cartusien, la « cuculle » blanche.

Du chœur, on accède aux vestiges de l'église primitive : l'**ancienne salle capitulaire** (3) et l'**ancienne sacristie** (4) du 13e s. Celle-ci conserve des **fresques★** du 14e s., restaurées, qui illustrent avec un certain réalisme le couronnement de la Vierge, la Crucifixion (inspirée de Giotto), les funérailles de Thibaud de Vassalieu, qui, en 1312, traita avec Philippe le Bel pour le rattachement du Lyonnais à la couronne de France.

Au-dessus de la Crucifixion figure le groupe des chartreux de Ste-Croix.

En sortant de l'église, voir, en face, l'ancienne cuisine, voûtée, avec sa cheminée monumentale (lieu d'exposition). À l'extrémité du corridor, on débouche dans la seconde cour. À gauche de l'entrée, l'accueil est installé dans l'ancienne boulangerie du monastère.

Cour des Pères

Elle était, autrefois, entièrement bordée par un cloître sur lequel donnaient les cellules des chartreux. Chaque cellule comportait, au niveau de la cour, un oratoire, une chambre, une terrasse et un promenoir ; au niveau inférieur se trouvaient le bûcher, l'atelier et le jardin ; le moine recevait sa nourriture, les jours de semaine, par un guichet situé à côté de la porte d'entrée de sa cellule. Aujourd'hui, le cloître a disparu et les cellules (sauf une, reconstituée au fond de la cour) ont été transformées en logements, mairie, école... L'une des cellules, à l'ouest, dans la cour, est surmontée d'une scène en **bas-relief** (5) représentant saint Bruno méditant sur la mort.

Au sud-est, à un angle, se dresse la **tour dite de l'Horloge**, qui n'a plus son cadran depuis la Révolution.

NOS ADRESSES À SAINTE-CROIX-EN-JAREZ

HÉBERGEMENT

À proximité

BUDGET MOYEN

Le Clos de Jeanne – *Thezay - ✆ 04 77 54 82 28 - ⊭ - 3 ch. 50 €* ☕. Dans un hameau situé à 1 km de l'ancienne chartreuse (direction Jurieux), cette ferme restaurée avec soin comporte trois chambres d'hôte. Les petits-déjeuners sont servis dans une grande salle commune. Salon et coin cuisine à la disposition des hôtes. Agréable jardin en été.

RESTAURATION

À Sainte-Croix-en-Jarez

BUDGET MOYEN

Le Prieuré – *Pl. des Portes - ✆ 04 77 20 20 09 - prieure.bl@orange.fr - fermé 2 janv.-13 fév. et lun. (rest.) - menu 15 € - 18/40 € - 4 ch. 70 € - ☕ 10 €.* À l'entrée de Ste-Croix-en-Jarez, juste à droite de sa porte monumentale, ce restaurant sera parfait pour clore votre visite du village. En hiver, ne manquez pas les alléchantes charcuteries du patron.

BOIRE UN VERRE

Les Saisons de Rosalie – *R. de la Mairie - 69420 Longes - ✆ 04 37 22 64 67 - www.lessaisonsderosalie.com - fermé lun. et mar.* Le salon de thé d'un maître confiturier qui invite à des goûters gourmands (crêpes, tartes, assiettes de fromages).

Le Haut-Vivarais et le Velay 6

Carte Michelin Départements 331 – Ardèche (07) et Haute-Loire (43)

Paysage du Haut-Vivarais.

C. Guy/hemis.fr

LE HAUT-VIVARAIS ET LE VELAY
0 4 km
A
B
ST-ÉTIENNE
Monistrol-sur-Loire
St-Didier-en-Velay
Beauzac
Ste-Sigolène
Roche-en-Régnier
Retournac
Chamalières-sur-Loire
Montfaucon-en-Velay
Bge de Lavalette
Montregard
Suc de Jalore 1076
Mortesagne
Suc de Glavenas 1048
Suc d'Eyme 1137
Yssingeaux
Glavenas
Lavoûte Polignac
Lavoûte-sur-Loire
Suc de Chauven 848
Tence
HAUTE-LOIRE
Chaspinhac
Pic du Lizieux 1388
St-Voy
Gd Testavoyre 1436
Forêt du Meygal
Le Chambon-sur-Lignon
St-Pierre-Eynac
St-Julien-Chapteuil
LE PUY-EN-VELAY
Maziaux
Bigorre
Lac de St-Front
Fay-sur-Lignon
St-Front
Moudeyres
Chaudeyrolles
St-Clément
Freycenet-la-Tour
Le Monastier-sur-Gazeille
Vduc de Recoumène
Crx de Peccata
MT MÉZENC 1753
Les Estables
Crx de Boutières
PARC
NATUREL
Vachères
Arlempdes
Gerbier de Jonc 1551
Ferme du Bourlatier
Lac d'Issarlès
Ste-Eulalie
Mézilhac
St-Paul-de-Tartas
Coucouron
Cade du Ray-Pic
Pradelles
Auberge de Peyrebeille
St-Cirgues-en-Montagne
Lespéron
MENDE
AUBENAS
BRIOUDE
1
2
3
Ance
Lignon
Loire
Bourges

ST-ÉTIENNE
C
D
LYON
PARC NATUREL RÉGIONAL DU PILAT
Bourg-Argental
Déôme
Bge du Ternay
Safari-parc de Peaugres
Serrières
Champagne
Musée de l'Alambic
Boulieu-lès-Annonay
Annonay
Thorrenc
Andance
Albon
Cance
Quintenas-le-Peyron
St-Vallier
St-Uze
Défilé de St-Vallier
N.-D.-d'Ay
Les Roches qui dansent
VALENCE
Veyrines
Ay
St-Jeure-d'Ay
Chât. de Serves
RHÔNE
Lalouvesc
Vion
Belvre de Pierre-Aiguille
344
St-Félicien
Tain-l'Hermitage
Pailharès
Ggès du Doux
Devesset
Col du Buisson
920
Tournon-s-Rhône
Chât. de Rochebloine
Doux
Boucieu-le-Roi
CORNICHE DU RHÔNE
St-Agrève
Lamastre
ST-ROMAIN-DE-LERPS
Désaignes
Site éolien
Chât. de Rochebonne
ARDÈCHE
Crussol
Boffres
Cheylard
Chât. de La Chèze
Vernoux-en-Vivarais
Soyons
Chalencon
Chât. de la Tourrette
Charmes-s-Rhône
RÉGIONAL
CORNICHE DE L'EYRIEUX
Chât. de Pierre-Gourde
MONTS D'ARDÈCHE
St-Sauveur-de-Montagut
St-Laurent-du-Pape
Beauchastel
St-Pierreville
Le Fival
Eyrieux
Vallée de l'Eyrieux
La Voulte-s-Rhône
Le Bouschet
Le Mln-à-Vent
Drôme
GAP
ORANGE
MONTÉLIMAR
1
2
3
MT MÉZENC ★★★ Vaut le voyage
Pic du Lizieux ★★ Mérite un détour
Désaignes ★ Intéressant
Chalencon À voir
Itinéraire conseillé avec ville de départ

Annonay

17 088 Annonéens – Ardèche (07)

NOS ADRESSES PAGE 345

S'INFORMER

Office du tourisme du Pays annonéen – *Pl. des Cordeliers - 07100 Annonay - 04 75 33 24 51 - www.ot-annonay.fr - juil.-août : mat. et apr.-midi, j. fériés mat. ; reste de l'année : tlj sf dim. et j. fériés mat. et apr.-midi.*

SE REPÉRER

Carte de microrégion D1 *(p. 337) – Carte Michelin Départements 331 K2.*
À 15 km au sud-ouest de Serrières, au sud du parc naturel régional du Pilat, Annonay est établie dans une profonde entaille du plateau vivarois, au confluent de la Deûme et de la Cance.

À NE PAS MANQUER

Un vol en montgolfière dans les cieux qui l'ont vu naître (tôt le matin ou en fin de journée) ; les animaux du Safari-parc de Peaugres.

ORGANISER SON TEMPS

Comptez une journée pour apprécier la vieille ville et les environs.

AVEC LES ENFANTS

Le Safari-parc de Peaugres et ses animaux en liberté ; la réserve naturelle de l'île de la Platière.

C'est un grand moment chaque année quand, pendant la Fête des montgolfières le premier week-end de juin, des dizaines d'aérostats multicolores s'élèvent majestueusement au-dessus de la ville. Quel bel hommage pour une cité qui a vu naître tant de savants et tout particulièrement les frères Montgolfier ! Hommage aussi à une ville active, réputée pour le dynamisme de ses entreprises qui ont longtemps profité de la force des rivières : travail de la laine et du cuir dès le Moyen Âge, célèbres papeteries par la suite…

Se promener Plan de ville

LA VIEILLE VILLE

Circuit tracé en vert sur le plan ci-contre. Comptez 2h.
Partez de la place de la Libération.
Les vieux quartiers s'étagent sur les collines enserrant les deux rivières.
Sur la **place de la Libération** se dresse la statue des frères Montgolfier, érigée en 1883 à l'occasion du premier centenaire commémorant le succès de leurs expériences aérostatiques.
À gauche du bureau de poste, un petit belvédère offre une **vue** sur la vallée de la Cance et le parc Mignot en contrebas, à droite.
Empruntez les escaliers de la rue des Fossés-du-Champ et tournez à droite.

Rue Franki-Kramer

Cette ancienne Grande Rue d'Annonay est bordée de pittoresques maisons des 16e, 17e et 18e s. avec cours intérieures, escaliers et rampes en fer forgé.

La place des Forges est occupée par l'église Notre-Dame, construite en 1912. Continuez à descendre la rue avant de marquer une pause au **nº 15**, où l'ancienne église de l'aumône, du 17ᵉ s., est aujourd'hui devenue temple protestant (beau portail du 18ᵉ s.).

Prenez sur votre droite la rue de Trachin qui débouche face à la chapelle.

Au 2 rue Trachin se trouve la maison natale de **Marc Seguin** (1786-1875), inventeur d'un nouveau procédé de torsion de fils de fer réunis en écheveaux pour les ponts suspendus, et de la chaudière tubulaire à vapeur qui marqua un tournant dans l'histoire du chemin de fer.

Chapelle de Trachin

Seul vestige d'un prieuré fondé en 1320 par **Guy Trachin**, bourgeois d'Annonay, cet édifice gothique, qui a échappé aux destructions des guerres de Religion, servit à différentes reprises de chapelle de confrérie et d'église paroissiale. La haute flèche de pierre de la chapelle est du 16ᵉ s. Une sculpture représentant la tête du fondateur surmonte le porche nord ; au-dessus, Vierge à l'Enfant du 17ᵉ s.

Rejoignez la place de la Liberté par le passage Notre-Dame.

Place de la Liberté

Très animée le mercredi et le samedi, jours de marché, elle occupe le cœur de la cité. Au nord-ouest de la place s'élève la statue de Marc Seguin.

Engagez-vous dans la montée du Château, en contrebas de la place de la Liberté.

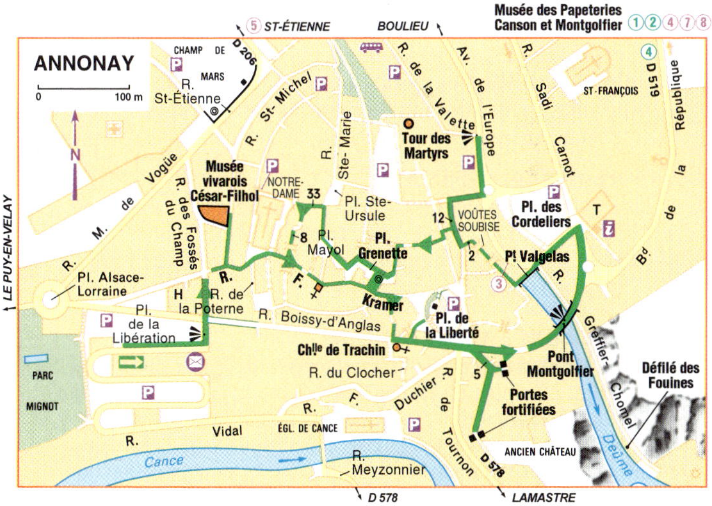

SE LOGER

Chambre d'hôte la Désirade........................ ①
Chambre d'hôte (Anne Morel) La Palisse.. ②
Le Charmeyran.. ④

SE RESTAURER

L'Escabelle.. ③
Marc et Christine... ④
Restaurant du Parc....................................... ⑦
Restaurant La Moustache Gourmande...... ⑤
Schaeffer.. ⑧

INDEX DES RUES

Portes fortifiées

La montée du Château s'élève en rampe raide jusqu'à une ancienne porte à mâchicoulis, vestige des Rohan-Soubise. Une seconde porte d'enceinte subsiste à droite, rue de Bourgville.

La rue Montgolfier mène au pont du même nom.

Pont Montgolfier

Jeté sur la Deûme, il offre en amont une **vue** sur le vieux **pont Valgelas**, du 14e s., en dos d'âne, et l'ancien couvent Ste-Marie, élevé au 16e s. En aval, la Deûme, en voie d'être couverte, s'engage dans le **défilé des Fouines**, étroit et sombre passage rocheux bordé de mégisseries désaffectées.

Place des Cordeliers

Elle doit son nom à l'ancien couvent édifié à l'emplacement où s'élève aujourd'hui le théâtre. À droite de l'office de tourisme, une plaque rappelle la première expérience publique des frères Montgolfier.

Regagnez le **pont Valgelas** et empruntez les pittoresques **voûtes Soubise**.

Par la rue de Deûme, gagnez l'avenue de l'Europe.

À l'intersection de l'avenue de l'Europe et de la rue de la Valette s'offre, à gauche, une **vue** sur la **tour des Martyrs** (12-13e s.), dernier vestige des remparts de la vieille ville.

Revenez sur vos pas et montez les escaliers vers la rue Grangeat. Prenez à gauche la rue Chalayer, puis à droite.

Place Grenette

Créée en 1585, elle conserve les piliers et arcades de l'ancienne halle du marché aux grains. Aux nos 1 et 3, remarquez les portes datées du 16e s.

Par le passage du Marché, gagnez la place Mayol. Prenez à droite la rue Ste-Marie, à gauche la rue de la Réforme et encore à gauche la rue des Consuls.

Remarquez sur la gauche la vieille demeure à **fenêtres à meneaux**.

Prenez à droite la rue Franki-Kramer qui croise la rue Jean-Baptiste-Béchetoille.

Musée vivarois César-Filhol

15 r. Jean-Baptiste-Béchetoille - ✆ 04 75 67 67 93 - www.mairie-annonay.fr - juil.-août : 14h30-18h ; reste de l'année : merc. et w.-end 14h30-18h - fermé j. fériés et 24 déc.-1er janv. - 3,50 € (-18 ans gratuit).

UNE EXPÉRIENCE AÉROSTATIQUE

Les **frères Montgolfier** avaient remarqué la force ascensionnelle de l'air chaud. Après plusieurs essais concluants pour capter cette énergie et l'exploiter, ils expérimentent leur procédé publiquement à Annonay, le 4 juin 1783, en présence des États particuliers du Vivarais. Un aérostat de 769 m^3 est lancé ; les fuseaux qui forment l'enveloppe sont confectionnés avec de la toile d'emballage et du papier ; ils sont assemblés par quelque 1 800 boutonnières. Cet aérostat s'élève en neuf minutes et demie à sa hauteur maximale (entre 1 000 et 2 000 m selon les divers témoignages), demeure en l'air pendant une demi-heure et finalement atterrit à plus de 2 km du lieu de lancement. L'aérostation, prélude de l'aviation, était née.

Un obélisque, dressé au rond-point de l'avenue Marc-Seguin, une plaque, apposée place des Cordeliers où eut lieu l'expérience, ainsi qu'une reconstitution historique du premier envol commémorent cet exploit.

Voyage à l'intérieur d'une montgolfière...
J.-P. Girard / Studio 2001

L'ancien bailliage royal (remontant à 1700) rassemble d'intéressantes collections concernant le Vieil Annonay et ses grands hommes. Une cuisine vivaroise a été reconstituée. Une salle est consacrée aux précurseurs de la locomotion : les frères Montgolfier (bien sûr) qui lancèrent à Annonay le premier ballon à air chaud ; Marc Seguin, inventeur de la chaudière tubulaire (maquette de sa locomotive datant de 1828) et des ponts suspendus ; les frères Seguin, créateurs du moteur rotatif d'aviation *Gnôme* en 1908.

À voir aussi

Musée des Papeteries Canson et Montgolfier Hors plan de ville

2,5 km. Quittez Annonay par le boulevard de la République, en direction de Valence. Juste avant la zone industrielle de Davézieux, prenez à gauche une route en descente signalée « Musée des Papeteries Canson et Montgolfier ». Laissez la voiture sur le parking devant l'église. 04 75 69 88 00 - - de mi-juil. à août : 14h15-18h ; reste de l'année : merc. et dim. 14h30-18h - fermé Pâques, 15 août et 25 déc. - 4,50 €.

Tout ce que vous avez toujours voulu savoir sur la fabrication du papier... Aménagé dans la maison natale des fameux frères Montgolfier, le musée retrace l'histoire des papeteries installées sur les rives de la Deûme, et plus précisément celle de Vidalon, devenue, grâce à la qualité de ses produits, manufacture royale en 1784. La rétrospective est vraiment complète : atelier traditionnel de fabrication avec sa cuve, son jeu de formes, son étendoir et sa presse en bois, volumineuse machine à papier à forme ronde du début du siècle, dernières techniques d'impression à partir d'un CD-ROM. Tout y est, même une petite démonstration de fabrication à la main. C'est ce qui s'appelle mettre la main à la pâte !

À proximité Carte de microrégion

Musée du Charronnage au car (espace Joseph-Besset) à Vanosc

12 km au sud-ouest par la D 121 jusqu'à Villevocance, puis la D 570 à droite. Chemin de la Fontaine - ✆ 04 75 34 62 93 - visite guidée mai-sept. : merc.-dim. 15h30-18h30 ; reste de l'année : sur RV - 4 € (enf. gratuit).

Musée consacré à l'histoire du charronnage à la carrosserie de car à travers le personnage de Joseph Besset, qui a contribué à faire d'Annonay la capitale française du car.

Boulieu-lès-Annonay D1

5 km par l'avenue de l'Europe, au nord.

Ancien bourg fortifié conservant, de part et d'autre de la rue principale, le dessin de son enceinte carrée.

Barrage du Ternay D1

10 km par la D 206 au nord, puis la D 820 et la D 306.

Construit en 1867 pour l'alimentation en eau d'Annonay, il offre un joli plan d'eau bordé d'une ceinture de cèdres.

Bourg-Argental C1

15 km au nord-ouest par la D 206 et la D 820.

Cette petite ville active, située au pied du massif du Pilat, a largement diversifié ses activités industrielles et artisanales.

Reconstruite au 19e s. dans le style roman, l'**église** conserve, sur la façade, un **portail★** sculpté (12e s.) ; remarquez surtout le tympan dont le registre inférieur, sous la mandorle du Christ en majesté, est orné de scènes de la vie de la Vierge, trahissant une certaine influence clunisienne.

Itinéraires conseillés Carte de microrégion

AU NORD D'ANNONAY D1

39 km. Voir le circuit sur la carte de microrégion p. 337. Comptez une demi-journée.

Sortez d'Annonay au nord-est par le boulevard de la République. Suivez la D 121, puis la D 519 et enfin la D 820 en direction de Serrières sur un peu plus de 6 km, jusqu'à un rond-point où vous prendrez la première sortie. Environ 300 m plus loin, tournez à gauche.

★ Safari-parc de Peaugres D1

Comptez au minimum 3h pour la visite. ✆ 04 75 33 00 32 - www.safari-peaugres.com - ♿ - juil.-août : 9h30-19h ; avr. : 9h30-18h30 ; mai-juin : 9h30-18h30, w.-end et j. fériés 9h30-19h ; sept. : 10h-17h, w.-end et j. fériés 9h30-19h ; de déb. fév. à mars et d'oct. à mi-nov. : 10h-17h - 18 € (-12 ans 14,50 €).

Situé au pied du massif du Pilat et aménagé de part et d'autre de la D 820, ce parc animalier abrite environ 400 mammifères, 300 oiseaux et une soixantaine de reptiles. Le programme des animations est fourni à l'entrée.

Visite en voiture – *Se conformer aux consignes de sécurité.* La route goudronnée serpente dans les quatre enclos séparés par des sas et permet de voir évoluer librement hamadryas (singes sacrés dans l'ancienne Égypte) et zèbres, ours « barribal » et bisons américains, dromadaires, buffles, yaks, hippopotames, rhinocéros, daims, girafes et éléphants.

Visite à pied – Dans le parc évoluent oiseaux aquatiques, girafes, autruches, élans du Cap (grandes antilopes africaines). Les caves du manoir abritent le vivarium où vivent lézards, caïmans, boas, pythons et roussettes. Dans la singerie paressent mandrills, ouistitis, orangs-outangs et lémuriens. Les lions ont rejoint le parc à pied et se laissent admirer de très près, comme les tigres et les guépards, grâce à un tunnel de verre. Un bassin accueille des otaries et une vingtaine de manchots. Dans le bâtiment neuf de la Maison des éléphants, vous pourrez assister à l'entraînement de ces étonnants pachydermes, en observant comment le soigneur guide l'animal, uniquement à la voix et avec une baguette.

Le long du parcours, des cabanes « pas bêtes », équipées de panneaux signalétiques et bornes interactives, développent plusieurs thèmes biologiques (sons, peaux, odeurs et même crottes !), tandis que les Zoolympiades proposent de rivaliser avec les animaux en s'essayant à quelques exercices d'acrobatie ou de suspension. Des haltes à la fois pédagogiques et ludiques qui enchantent petits et grands.

Poursuivez vers le nord sur 6 km par la D 820.

Serrières D1

Quai Jules-Roche - 07340 Serrières - ✆ 04 75 34 06 01 - de mi-juin à mi-sept. : mat. et apr.-midi ; mai : w.-end et j. fériés.

Comme sa voisine Condrieu *(voir p. 328)*, Serrières est une ancienne cité marinière qui restera à jamais associée à l'épopée des bateliers du Rhône. De ces temps héroïques subsistent les célèbres joutes nautiques qui animent chaque année les rives du fleuve.

Musée des Mariniers du Rhône – *R. du Musée - ✆ 04 75 34 00 46 - ♿ - de mi-juin à mi-sept. : 14h-19h, dim. 10h-12h - fermé mar. - 2,50 € (-12 ans gratuit).*
Sous la charpente en « cul de barque » de la chapelle St-Sornin (12e-14e s.), les objets exposés évoquent le souvenir des célèbres bateliers : cannes de compagnon, maquettes de remorqueurs ainsi que plusieurs spécimens de **croix des équipages★**. Ces croix, fixées à la proue de l'embarcation, protégeaient l'équipage d'une navigation toujours périlleuse. Elles étaient décorées des emblèmes de la Passion, naïvement sculptés et peints : clous, bourse de Judas, dés des légionnaires, fouet de la flagellation, gouttes de sang du Christ, main de Justice, etc. À leur sommet se dressait un coq, symbole de l'éveil constant du capitaine.

Traversez le Rhône via *la D 86 par le Pont de Sablons et prenez la D 4, première route à gauche, en direction du Péage du Roussillon. Environ 5 km plus loin, un chemin à gauche conduit à l'île de la Platière.*

L'ÉPOPÉE DES BATELIERS DU RHÔNE

Fleuve dieu, fleuve roi, le Rhône n'a pas toujours coulé des eaux égales telles qu'on peut les suivre aujourd'hui au rythme de ses barrages et de ses retenues. S'il n'est point le « fleuve mort » évoqué par certains nostalgiques, il n'a plus rien du « taureau furieux » qui se précipitait vers la mer et dont les riverains craignaient les terribles colères. Figures emblématiques et mythiques de ces temps révolus, les bateliers ou « mariniers » du Rhône sont entrés dans la légende grâce au *Poème du Rhône* de Mistral.

Après une période d'apogée vers 1830, la fin du 19e s. est un moment critique où la « vapeur » sonne le glas d'un des métiers les plus difficiles et des plus respectés, qui a longtemps animé les rives rhodaniennes. Dans son livre *Le Seigneur du fleuve*, Bernard Clavel a justement décrit cette résistance acharnée mais inégale.

Réserve naturelle de la Platière

L'accès à l'île est impossible en période de crue, et dangereux par grand vent.
Avec ses aulnes, ses frênes et ses peupliers (volets d'identification) envahis de lianes, de ronces et de vignes sauvages, mourant de leur belle mort et grinçant au gré du vent, cette « végétation alluviale » aurait presque des faux airs de mangrove. Sillonnant quelques-uns des 484 ha d'île protégés entre le Rhône et le canal, deux sentiers (*comptez environ 45mn*) s'intéressent au bois et aux hérons. Vous verrez que, bien avant le coucher du soleil, ce sont surtout les sentiers des moustiques. Celui des hérons conduit à un observatoire sur le Rhône. Venez-y tôt et muni de jumelles pour observer les éventuels oiseaux d'eau. La présence des castors, actifs la nuit, se détecte difficilement.
Faites demi-tour, empruntez à nouveau le Pont de Sablons vers l'ouest pour attraper la D 86, puis tout droit vers le sud.

Champagne D1

Malgré sa situation sur la rive droite du Rhône, Champagne fut terre dauphinoise jusqu'à la Révolution : c'était un fief des puissants comtes d'Albon dont le château se dressait sur la rive opposée.
Église – L'édifice date, dans son ensemble, du 12e s. C'est la seule église de la vallée du Rhône à posséder une nef voûtée d'une série de coupoles sur trompes. Trois coupoles, s'appuyant sur des piliers cruciformes, coiffent la nef. Une quatrième coupole surmonte le carré du transept. Belles stalles du 15e s.
Prenez la D 86 et après 2,5 km, bifurquez à droite sur la D 291 jusqu'à St-Désirat.

★ Musée de l'Alambic à Saint-Désirat D1

04 75 34 23 11 - www.jeangauthier.com - juil.-août : tte la journée ; reste de l'année : mat. et apr.-midi - fermé 25 déc.-1er janv. - gratuit.
Aménagé dans les bâtiments de la distillerie Gauthier, ce musée fait revivre le métier de bouilleur ambulant. Une franchise est à l'origine de cette activité : de nombreux agriculteurs avaient le droit de faire bouillir jusqu'à 10 l d'alcool pur, pour leur consommation personnelle. La fin de cet avantage en 1960 sonne le glas des bouilleurs ambulants qui sont remplacés par des distilleries artisanales ou industrielles dûment contrôlées.
Plusieurs films, de riches collections, de nombreuses scènes animées de personnages de cire et de panneaux didactiques permettent de suivre l'évolution des matériels et de comprendre les étapes de la fabrication de l'eau-de-vie. Une dégustation termine agréablement la visite. La distillerie, dont la spécialité est l'alcool de poire williams, propose ses différentes productions à la vente.
Revenez à la D 86 que vous prenez à droite.
À l'arrivée à Andance, au pied des aiguilles granitiques, on aperçoit au loin, sur la rive gauche, la silhouette de l'altière tour d'Albon.

Andance D1

L'**église** abrite une remarquable **croix des Équipages★** de la marine du Rhône *(à droite, dans la chapelle latérale)*. Beaux pilastres romans.
Suivez la D 82 en direction d'Annonay. À St-Étienne-de-Valoux, tournez à gauche vers Thorrenc.

Château de Thorrenc D1

Ne se visite pas. Récemment restauré, ce château du 11e s. se dresse au creux du ravin du Thorrençon.
Au-delà d'Ozas, vous pouvez rentrer à Annonay par la D 370 à droite.

VALLÉES DE L'AY ET DE LA CANCE D1

48 km. Voir le circuit sur la carte de microrégion p. 337. Comptez environ 2h. Quittez Annonay par la rue de Tournon au sud en direction de Lamastre.

Quintenas-le-Peyron D1

Le village est dominé par le beau clocher (14e s.) de son **église** romane. Mentionnée dès 776 comme dépendance de l'abbaye de St-Claude dans le Jura, elle fut fortifiée au 14e s., puis restaurée au 19e s. : remarquez la bretèche de la façade et, du côté sud, les arcatures qui formaient mâchicoulis.

À Quintenas, à droite, en face de l'église, prenez la direction de St-Romain-d'Ay.

La petite route serpente dans la campagne, offrant de belles vues sur les paysages du Haut-Vivarais.

On laisse sur la gauche l'église de St-Romain et on atteint la D 6 où il faut tourner à gauche. À 100 m, à droite, un chemin en descente conduit à Notre-Dame-d'Ay.

Notre-Dame-d'Ay D1

Ce modeste sanctuaire du Haut-Vivarais, établi sur un promontoire, est un lieu de pèlerinage très fréquenté ; les terrasses de l'ancien château offrent un joli coup d'œil sur le ravin.

Faites demi-tour, prenez la D 6 à droite, puis suivez la D 221 vers Sarras.

Au-dessus de l'Ay qui cascade, les versants rocheux offrent un aspect déchiqueté. À un tournant apparaît, sur un éperon, le pan de mur de la tour d'Oriol.

À Sarras, tournez à gauche pour suivre la D 860 et à 2 km, avant le pont de la Cance, prenez à gauche la D 270.

La route suit en corniche étroite la vallée de la Cance aux versants abrupts tapissés de chênes. Au lieu-dit le Moulin-sur-Cance, en contrebas des usines de moulinage, un vieux pont, construit selon la nouvelle technique de Marc Seguin, reliait autrefois les villages de Vernosc et Quintenas. Un projet de restauration à l'identique est en cours.

Un peu plus loin, le torrent baigne en bouillonnant la **roche Péréandre★**, se dressant à plus de 40 m de hauteur.

Poursuivez sur la D 270, puis la D 371 jusqu'à Annonay.

NOS ADRESSES À ANNONAY

HÉBERGEMENT

À Annonay

BUDGET MOYEN

Le Charmeyran – *19 bd de la République - ✆ 04 75 33 79 00 - www.charmeyran.fr - P - 8 studios (2 pers.) et 2 appartements de 2 pièces (4 pers.) : 59 € (studio)/89 € (appartement).* Demeure « début de siècle » transformée en résidence hôtelière. Les studios et appartements sont tous équipés d'une kitchenette. Après une journée de visite, vous pourrez vous délasser à l'ombre des marronniers de la terrasse ou dans la piscine.

À proximité

BUDGET MOYEN

Chambre d'hôte La Désirade – *Rte de la Syrah - 07340 St-Désirat - ✆ 04 75 34 21 88 - www.desirade-fr.com - fermé déc. et janv. - - 6 ch. 59 € - rest. 19 €.* À deux pas du musée de l'Alambic, maison de famille (1860) et son beau jardin-terrasse ombragé. Coquettes chambres aux noms de fleurs évocateurs. Bonne tenue, accueil charmant. La maîtresse des lieux propose une table d'hôte valorisant le terroir.

POUR SE FAIRE PLAISIR

Chambre d'hôte (Anne Morel) « La Palisse » – *Rte de Cheval - 07340 Peaugres - ✆ 04 75 67 08 37 et 06 03 34 97 19 - www.lapalisse-peaugres.com - ouv. mai-oct. ; reste de l'année sur réserv. - ♿ - P - ⊭ - 3 ch. 66 €* ☕. On pourrait presque dire que ce site offre un voyage dans le voyage, avec son ambiance exotique. Et quand les animaux du Safari-parc de Peaugres s'y mettent, on croirait se réveiller à l'autre bout du monde. Rassurez-vous, les pâtisseries maison du petit-déjeuner vous confirmeront que vous êtes encore bel et bien en Ardèche. Piscine chauffée (été).

RESTAURATION

À Annonay

BUDGET MOYEN

L'Escabelle – *1 av. de l'Europe - ✆ 04 75 67 64 09 - fermé lun., merc. soir et dim. soir - 15/25 €.* Cuisine traditionnelle dans le cadre splendide d'une salle voûtée, aux pierres apparentes.

Marc et Christine – *29 av. Marc-Seguin - ✆ 04 75 33 46 97 - marc-et-christine@wanadoo.fr - fermé 19-26 avr., 16-30 août, 22 fév.-1er mars, dim. soir et lun. - ⊭ - 19/48 €.* Découvrez ce bistrot familial et gourmand, légèrement excentré. On s'y régale d'une cuisine traditionnelle de produits du terroir dans une ambiance délicieusement provinciale.

À proximité

BUDGET MOYEN

Restaurant La Moustache Gourmande – *Le Village - 07430 St-Clair - ✆ 04 75 67 01 81 - www.ala-moustache-gourmande.com - fermé lun., mar. de nov. à avr., lun. en été, 15 j. fin août et 1re sem. sept. - ♿ - P - 18/32 € - 4 ch. 42,80 €* ☕. Ce restaurant, tenu par un jovial Charentais et situé au cœur d'un charmant village, a bonne réputation : produits frais, bon choix de poissons et fruits de mer (vivier à homards), décor aux tons pastel et vue superbe sur les collines boisées depuis la terrasse. Quatre chambres d'hôte.

Restaurant du Parc – *40 quai Jules-Roche - 07340 Serrières - ✆ 04 75 34 00 08 - www.leparc07.com - fermé dim. soir, jeu. soir et lun. - ♿ - formule déj. 13 € - 19/26 €.* Il faut passer le porche et remonter l'allée pour rejoindre le petit parc où des tables sont dressées à l'ombre des arbres. Au choix, une formule du jour ou un menu gourmand qui vous fera découvrir les spécialités régionales comme les ravioles et les charcuteries ardéchoises. Bon rapport qualité-prix.

POUR SE FAIRE PLAISIR

Schaeffer – *D 86 - 07340 Serrières - ✆ 04 75 34 00 07 - www.hotel-schaeffer.com - fermé 4-18 août, 24 oct.-4 nov., 2-17 janv., sam. midi, dim. soir et lun. - formule déj. 24 € - 36/110 €.* Restaurant cossu prolongé d'une véranda tournée sur le pont suspendu qui enjambe le Rhône. Cuisine classique et belle carte de côtes-du-rhône. Chambres fonctionnelles.

ACHATS

Norbert Chenevier – *7 pl. des Cordeliers - ✆ 04 75 33 40 55 - www.patisserie-chenevier.com - mar.-sam. 7h-19h30, dim. 7h-19h - fermé de mi-juil. au 10 août et lun.* Cette pâtisserie, renommée pour ses pognes, est l'endroit idéal pour faire provision de viennoiseries, galettes ardéchoises, petits fours, chocolats, glaces maison et confiseries (nougatines à l'ancienne, sucres d'orge, etc.). Un espace salon de thé est également à disposition.

ACTIVITÉS

Ardèche Montgolfières – *8 r. Boissy d'Anglas - ✆ 04 75 69 39 39 - www.ardeche-montgolfieres.fr - bureaux mar.-sam. 9h-12h, 14h-19h ; vols tlj, tte l'année - 220 € (enf. 180 €) : vol 1h avec casse-croûte ardéchois et baptême au champagne.* Pour découvrir l'Ardèche « à dos de nuage », il faut se lever tôt. Mais c'est de bonne grâce que l'on oublie le manque de sommeil devant le spectacle unique de la nature qui s'éveille dans la lumière du matin. Appareil photo et sourire obligatoires.

Tournon-sur-Rhône

★

10 582 Tournonais – Ardèche (07)

NOS ADRESSES PAGE 354

S'INFORMER

Office de tourisme – *2 pl. St-Julien - 07300 Tournon-sur-Rhône - www.ville-tournon.com - ✆ 04 75 08 10 23 - juil.-août : 9h30-12h, 14h30-19h, dim. 9h-12h ; mai-juin et sept. : lun. 14h-18h30, mar.-sam. 9h30-12h, 14h-18h30 ; reste de l'année : lun. 14h-18h, mar.-sam. 9h30-12h, 14h-18h (sam. 17h30).* En été, visite de la vallée du Doux en bus, sur inscription.

SE REPÉRER

Carte de microrégion D2 *(p. 337) – Carte Michelin Départements 331 L3.* La ville est desservie par l'A 7 et la N 7. Elle est proche de Romans-sur-Isère (20 km à l'est) et de Valence (19 km au sud).

UN FIN POLITIQUE ET UN POÈTE

François de Tournon (1489-1562) fut successivement abbé de St-Antoine, puis de la Chaise-Dieu, cardinal, doyen du Sacré Collège et archevêque de Lyon. C'était aussi un habile politicien, ainsi qu'un humaniste raffiné qui protégea de nombreux artistes. C'est lui qui négocia à Madrid la mise en liberté de François Ier après la bataille de Pavie. Grâce à quoi, ayant gagné la confiance du roi, il devint son principal ministre, avant d'être envoyé à Rome comme ambassadeur par Henri II. Il y gagna la pourpre cardinalice et fut même un temps évêque d'Ostie.

Stéphane Mallarmé (1842-1898) fut quant à lui nommé professeur d'anglais au lycée de la ville de 1863 à 1866. Mais, aux prises le jour avec de turbulents potaches, la nuit avec la poésie, le maître du symbolisme ne fut guère heureux à Tournon.

À NE PAS MANQUER

La magnifique route panoramique de la corniche du Rhône ; le site impressionnant du château perché de Crussol ; ces autres routes tortueuses qui traversent les gorges du Doux et le défilé de St-Vallier. Enfin, pour avoir une vue de Tournon, empruntez côté Tain-l'Hermitage la rue étroite qui suit le bord du Rhône (rive gauche) depuis l'entrée nord de la ville jusqu'à la passerelle Marc-Seguin.

ORGANISER SON TEMPS

Comptez une demi-journée pour la ville et ses environs.

AVEC LES ENFANTS

L'escalade des Roches qui dansent à Ponsas.

Située au pied de superbes coteaux granitiques, Tournon est une ville commerçante fort animée. Des quais ombragés, les terrasses d'un vieux château et des ruines perchées composent un paysage rhodanien caractéristique. Un pont routier et une passerelle relient cette ville à Tain-l'Hermitage, sa sœur jumelle qui loge de l'autre côté du Rhône.

SE LOGER	
Hôtel Les Amandiers	1

SE RESTAURER	
Le Chaudron	5
Tournesol	2

LE JEUNE RONSARD AU CHEVET DU PRINCE

En 1536, le futur poète **Pierre de Ronsard** (1524-1585) résida à Tournon. Âgé de 12 ans, il y fut page au service du dauphin François, fils aîné de François Ier. Un jour qu'il jouait au ballon, le jeune prince prit froid et mourut. Il avait 19 ans. Ronsard écrivit plus tard :

Mon malheur a voulu qu'au lit mort je le visse,
Non comme un homme mort, mais comme un endormi,
Ou comme un beau bouton qui se penche à demi,
Le Rhône le pleura…

Se promener Plan de ville

Lycée Gabriel-Faure A

Pl. Mallarmé - visite sur demande écrite auprès de M. le Proviseur.

Devant le lycée s'élève la statue du cardinal de Tournon qui fonda en 1536 le collège de Tournon (le premier en province) et en fit l'un des plus brillants foyers de culture de la Renaissance.

La façade ouest du lycée est ornée d'un portail d'honneur, Renaissance ; avec la façade élégante de la chapelle (17e s., style jésuite), disposée en retour d'équerre, elle forme un bel ensemble architectural. À l'intérieur, on peut voir la salle des Actes : tableaux de Jean Capassin, élève de Raphaël que le cardinal de Tournon appela dans sa bonne ville, bustes par Coustou et Gimond (1894-1961) ; la galerie des tapisseries (Flandres et Aubusson, 17e s.) ouvre sur une cour plantée de gigantesques platanes.

Sur la maison d'angle au pied du château, à proximité du monument aux morts, une plaque évoque le séjour de Mallarmé, qui, enseignant le jour, travaillait d'arrache-pied la nuit à son œuvre : « Les misérables qui me paient au collège ont saccagé mes belles heures », écrira-t-il.

Château musée A

✆ 04 75 08 10 30 - www.ville-tournon.com - juil.-août : 10h-12h, 14h-18h ; juin : 14h-18h ; de mi-mars à mai et sept.-oct. : tlj sf merc. 14h-18h - fermé 1er Mai - 3,50 € (7-16 ans 2 €), 1er dim. du mois gratuit).

Le château a été construit par les seigneurs de Tournon aux 14e et 15e s. On accède à la cour intérieure par une ancienne porte conservant ses vantaux de bois.

Musée – *Visites commentées en juil.-août à 15h et 16h30.* Plusieurs salles évoquent la batellerie et les mariniers du Rhône, ainsi que des figures locales comme le sculpteur Gimond (élève de Maillol), l'éditeur Charles Forot ou l'ingénieur ardéchois Marc Seguin qui construisit en 1825, à Tournon, le premier pont métallique suspendu sur le fleuve, démoli en 1965. Une salle est consacrée au sculpteur Marcel Gimond ; on peut y voir une aquarelle de Raoul Dufy.

Chambre d'Hélène de Tournon – Dans cette pièce a été reconstituée la chambre d'Hélène de Tournon, jeune fille de la famille qui, dit-on, serait morte d'amour. Des recherches ont été faites avec le musée des Tissus de Lyon pour retrouver les teintes et les motifs des tissus utilisés à la Renaissance.

Salle du Dauphin – Cette pièce évoque le Dauphin, fils de François Ier, qui mourut au château de Tournon sous les yeux d'un jeune page, qui deviendra plus tard le célèbre poète Pierre de Ronsard.

Chapelle St-Vincent – Du 17e s., elle abrite le superbe triptyque de Capassin, commandé au 15e s. par François de Tournon.

★ **Terrasses** – La terrasse haute est aménagée en jardin suspendu d'où l'on domine le Rhône, face au massif du Vercors. À l'opposé, la grande terrasse, établie au pied des tours en belvédère au-dessus du quai, offre un **coup d'œil★** splendide sur la ville, le Rhône, et les coteaux de l'Hermitage.

Collégiale Saint-Julien A

Un clocher carré flanque la façade flamboyante de l'ancienne collégiale du 14e s. À l'intérieur, de belles arcades divisent en trois nefs le vaisseau couvert d'un plafond de bois à caissons. Dans la chapelle des Pénitents (partie la plus ancienne de l'église), un magnifique ensemble de peintures murales des 15e-16e s. illustre la Passion. Dans la chapelle des fonts baptismaux remarquez une Résurrection, exécutée en 1576 par Jean Capassin. Contre le mur du collatéral de droite, un beau triptyque sur bois (16e s.) d'influence italienne représente l'Annonciation, la Visitation et la Nativité.

À proximité Plan de ville

Tain-l'Hermitage : musée Palué

(peintres de la nouvelle École de Paris) A

Pour rejoindre Tain-l'Hermitage, traversez le Rhône par la passerelle Marc-Seguin. ✆ 04 75 07 15 54 - avr.-oct. : w.-end 15h-19h - 3 € (-12 ans gratuit).

Qu'est-ce que la nouvelle École de Paris ? Un ouvrage réunit sous ce nom les artistes qui, sans qu'on leur reconnaisse de parenté stylistique, exposèrent beaucoup à Paris après la Seconde Guerre mondiale. Installé dans l'ancien hôtel de Courbis (16e s.), le musée Palué réunit, dans une atmosphère intimiste, des lithographies, aquarelles et dessins de quelques-uns de ces peintres : Pierre Palué (dont la propre fille, Marie Palué, anime ce lieu), Henri Matisse, mais aussi André Lhote, Maurice Savin, Édouard Pignon, Jean Carzou, Maurice Brianchon, Jean Cocteau, le peintre de la Provence Yves Brayer, André Minaux, Georges Laporte…

Itinéraires conseillés Carte de microrégion

★★★ CORNICHE DU RHÔNE D2

De Tournon-sur-Rhône à Valence, la **route panoramique**, tracée en corniche, offre d'extraordinaires points de vue.

43 km. Voir le circuit sur la carte de microrégion p. 337. Comptez environ 1h.
Quittez Tournon au sud par la rue du Dr-Cadet et la rue Greffieux (voir le plan de la ville) en direction de St-Romain-de-Lerps.

La montée, en lacet, très raide, est éblouissante. On domine bientôt la plaine valentinoise, que limite à l'est la haute barre du Vercors. Un peu plus loin se creusent, sur la droite, les gorges du Doux.

Dans le village de Plats, tassé sur le plateau, tournez à gauche dans le GR 42 devant le monument aux morts.

À la sortie du village, on aperçoit la « tour » de St-Romain-de-Lerps.

★★★ Panorama de Saint-Romain-de-Lerps D2

Deux balcons d'orientation sont aménagés de part et d'autre d'une petite chapelle, sur une plate-forme, à quelques mètres de la « tour », surmontée d'un relais de télédiffusion. Le **panorama**, immense, couvre 13 départements. C'est l'un des plus grandioses de la vallée du Rhône.

Tournon-sur-Rhône, en face du vignoble de Tain-l'Hermitage.
G. Maury / Office du tourisme du Tournonais

Du côté est, au-dessus de la plaine de Valence, s'élèvent les barres du Vercors, entrecoupées de failles sombres et dominées par la dent de la Moucherolle et le dôme du Grand-Veymont. Au-delà scintillent les sommets neigeux des Alpes et la masse du mont Blanc. Au nord, dans l'axe du Rhône, légèrement à gauche, se dresse le mont Pilat; au sud se profile le mont Ventoux. Du côté ouest s'étendent les plateaux et les serres vivaroises. Le sommet du Mézenc domine au loin cette tourmente de crêtes.

De St-Romain-de-Lerps, prenez la D 287 vers le sud, où la descente sur St-Péray offre de remarquables vues sur le bassin de Valence. À St-Péray, empruntez la route passant devant le château de Beauregard (ne se visite pas). Parc de stationnement à l'extrémité du chemin, après la statue de la Vierge.

★★ Crussol D2

La montagne de Crussol porte, 200 m au-dessus de la plaine, les célèbres **ruines du château de Crussol**. La pierre blanche de Crussol a été souvent utilisée pour les constructions de Valence en raison de son grain lisse. Le **site**★★★ est l'un des plus grandioses de la vallée du Rhône. Selon la légende, le lieutenant Bonaparte aurait réussi, au péril de sa vie, à effectuer, en 1785, l'ascension de Crussol par la falaise. Une conquête qui en annonçait de plus révolutionnaires…

On gagne les ruines du village fortifié et du château par un sentier (1h à pied AR). Il faut se montrer prudent, surtout en cas de pluie, car les pierres deviennent glissantes et l'aménagement reste partiel.

UNE FORTERESSE PERCHÉE

Au 12e s., Bastet de Crussol établit ici son château fort. L'ambition des « petits sires de Crussol » sera vite récompensée : un Crussol sera chambellan de Louis XI, un autre, par son mariage, devient l'héritier du comté d'Uzès : son fils, sénéchal de Beaucaire et de Nîmes, guerroie en Italie aux côtés de Charles VIII et de Louis XII. Leurs charges éloignent les Crussol de l'incommode forteresse ancestrale qui sera en partie abattue au 17e s.

Après avoir franchi la poterne nord de l'ancienne enceinte, empruntez le sentier de gauche. On grimpe à travers les ruines de la « **villette** », où les habitants de la plaine se réfugiaient en période de troubles.
Prenez à gauche le chemin intérieur qui longe l'enceinte, puis obliquez vers la demeure seigneuriale. Dressé sur un promontoire rocheux, le château domine de 230 m le Rhône. À l'intérieur du donjon, un belvédère aménagé offre une superbe vue sur la plaine valentinoise, le barrage de Bourg-lès-Valence et le confluent du Rhône et de l'Isère. Le Vercors, Roche-Colombe et les Trois-Becs dessinent un magnifique arrière-plan.
À l'extrémité du piton, on atteint l'ancien corps de logis. À l'angle nord-est, les restes d'une échauguette constituent un remarquable belvédère, au-dessus d'un vide vertigineux. Le sentier suivant la crête escarpée, au sud, offre, avec le recul *(comptez 30mn de plus)*, un **point de vue★★** sur les ruines qui jaillissent du roc et sur les derniers contreforts du Massif central ; il rejoint plus loin les ruines de l'oppidum et les carrières romaines.
Retour à Tournon par la D 86.

★ GORGES DU DOUX PAR LA CORNICHE D2

50 km. Voir le circuit sur la carte de microrégion p. 337. Comptez environ 2h.
Quittez Tournon à l'ouest par la D 532.
La route longe les vergers du bassin du Doux dont le cours s'encaisse peu à peu. Laissant à droite la route d'Annonay qui franchit le Doux sur le « Grand Pont » (14e-18e s.), impressionnant par son arche unique, en léger dos d'âne, qui mesure 50 m d'ouverture.
Poursuivez à gauche en direction de Lamastre (D 534).
La route en **corniche★** surplombe les gorges du Doux tapissées de chênes et chênes verts, genêts d'Espagne, fougères, buis sauvages et pins rabougris.
Empruntez la D 209, à droite, vers Boucieu-le-Roi.

Boucieu-le-Roi D2

Ancien bailliage royal du Haut-Vivarais, ce village avec ses maisons anciennes vaut le détour. L'église (13e-16e s.) offre une jolie silhouette.
Retour à Tournon-sur-Rhône par Colombier-le-Vieux (aire de détente, accès aisé au Doux) et la D 234, tracée sur le versant opposé des gorges.
C'est la partie la plus sauvage : seuls le torrent, la voie ferrée et la route y trouvent place.

★ DÉFILÉ DE SAINT-VALLIER D 1-2

60 km. Voir le circuit sur la carte de microrégion p. 337. Comptez 2h.
Quittez Tournon-sur-Rhône au nord par la D 86.

Vion D2

Église en partie romane ; au transept, les chapiteaux sculptés représentant des scènes de la vie du Christ et de la Vierge.
À Vion, empruntez la petite route qui rejoint la D 532. À la Croix du Fraysse, prenez la direction de St-Jeure-d'Ay, puis tournez à droite sur la D 6. Environ 7 km après, descendez à droite la D 506 vers Ozon.
La descente, très rapide, au-dessus du village d'Ozon, encore invisible, offre, dans deux virages prononcés, un superbe **coup d'œil★★** sur le **défilé de St-Vallier★**. De part et d'autre du fleuve, les coteaux s'alignent en rangs serrés. Leurs versants abrupts portent des cultures en terrasses, vergers et vignes. La vue plonge sur les méandres du Rhône, parsemé d'îles et bordé de rideaux de peupliers.

Traversez le Rhône entre Sarras et St-Vallier puis suivez la N 7, tracée sur la rive gauche, vers Tain. À la sortie de St-Vallier, empruntez à gauche la D 51 en direction de St-Uze.

Maison de la Céramique de Saint-Uze D1

Pl. du 8-Mai-1945 - ✆ 04 75 03 98 01 - www.territoire-ceramique.com - juil.-août : 10h-12h, 14h-18h30, w.-end 14h-18h30 ; de fin mars à juin et sept.-déc. : merc.-dim. 14h-18h30 - 4 € (6-14 ans : 3 €).

Au 19e s., la présence d'argile kaolinique dans la région incite de nombreuses entreprises de céramique à s'implanter afin d'y produire des pièces culinaires bon marché. Rapidement, St-Uze s'offre une signature grâce à ses célèbres « bleus » issus de l'oxyde de cobalt. Panneaux interactifs et vidéos présentent l'histoire de cette production locale et de ses techniques de fabrication. Expositions temporaires à l'étage.

À la sortie de St-Uze, tournez à droite vers St-Barthélemy-de-Vals que vous traversez pour rejoindre la D 500 vers Ponsas. Après 1,5 km environ, prenez à gauche le chemin qui s'enfonce dans la forêt.

Les Roches qui dansent D1

Ce petit bois de châtaigniers, accidenté, est parsemé de grosses roches que colonisent à l'occasion les écoles d'escalade. Très fréquenté et peu étendu, l'espace est maillé de sentiers et parsemé de tables de pique-nique.

Poursuivez vers Ponsas.

Appréciez la vue sur le Vercors à gauche.

Regagnez la N 7 que vous prenez à gauche.

Cette portion de vallée, resserrée en couloir, est la plus évocatrice du Rhône féodal. Ruines de châteaux forts et vieilles tours de défense et de guet se succèdent à la pointe des escarpements. L'arrivée à **Serves-sur-Rhône** est précédée d'une superbe **vue** en avant sur les vestiges imposants de son château. En face se dresse, sur la rive droite, la **tour** rivale d'**Arras-sur-Rhône**.

Tournez à gauche vers Crozes-Hermitage que vous traversez. Suivez ensuite l'accès signalé « Belvédère de Pierre-Aiguille ».

★ Belvédère de Pierre-Aiguille D2

Dominant les coteaux où s'étage le célèbre vignoble de Tain-l'Hermitage, le belvédère (alt. 344 m) offre un beau panorama sur le Rhône et les deux cités en vis-à-vis (Tournon et Tain), sur les contreforts du Vercors sur fond d'Alpes à l'est, sur la vallée du Doux, le Mézenc et le Gerbier-de-Jonc à l'ouest. Au retour, la descente procure également des vues agréables sur les coteaux.

Retour à Tournon-sur-Rhône par Tain-l'Hermitage (D 241).

NOS ADRESSES À TOURNON-SUR-RHÔNE

HÉBERGEMENT

BUDGET MOYEN

Hôtel Les Amandiers – *13 av. de Nîmes - ✆ 04 75 07 24 10 - www.hotel-amandiers.com - fermé 18 déc.-3 janv. - ♿ - 25 ch. 59/69 € - ☕ 8 €.* Pavillon moderne fréquenté par la clientèle d'affaires en semaine. Chambres refaites, climatisées, bien insonorisées et équipées de grandes salles de bains.

RESTAURATION

BUDGET MOYEN

Tournesol – *44 av. du Mar.-Foch - ✆ 04 75 07 08 26 - www.letournesol.net - fermé 1er-24 août, vac. de la Toussaint, de fév., dim. soir, mar. et merc. - formule déj. 15 € - 18/34 €.* Cuisine au goût du jour, produits frais et belle sélection de vins des côtes du Rhône rangés dans une cave vitrée, sont à l'affiche de ce restaurant au cadre actuel. Terrasse.

POUR SE FAIRE PLAISIR

Le Chaudron – *7 r. St-Antoine - ✆ 04 75 08 17 90 - fermé 2-24 août, 23 déc.-6 janv., mar. soir, jeu. soir et dim. - formule déj. 12 € - 27/36 €.* Boiseries foncées, banquettes en moleskine verte et agréable terrasse composent le cadre de ce sympathique bistrot. Goûteuse cuisine du terroir et riche carte de côtes-du-rhône.

ACHATS

Le vignoble de Tain-l'Hermitage – Étiré sur la rive gauche du fleuve, Tain est bien connu des gastronomes, pour son vignoble, l'un des plus fameux des côtes-du-rhône. L'**hermitage rouge** est un vin corsé, délicat, de couleur rubis foncé, l'**hermitage blanc**, doré et sec. Les cépages cultivés sont le syrah pour le vin rouge, la roussanne et la marsanne pour le blanc. La production est d'environ 3 500 hl par an.

Domaine Courbis – *Rte de St-Romain - 07130 Châteaubourg - ✆ 04 75 81 81 60 - http://vins-courbis.rhone.com - sam. réserv. 9h-12h, 14h-18h - fermé dim. et j. fériés.* Des coteaux ardéchois bien pentus et de belles grappes de raisin mûrissant au soleil, tel se présente depuis le 16e s. le domaine familial de Courbis. Les 26 ha de son vignoble produisent plusieurs crus, dont le rare Cornas Sabarotte (5 000 à 6 000 bouteilles par an). Vinification selon des méthodes ancestrales.

La Voulte-sur-Rhône

4 976 Voultains – Ardèche (07)

NOS ADRESSES PAGE 362

S'INFORMER

Office du tourisme du Pays de La Voulte –*Pl. Étienne-Jargeat - 07800 La Voulte-sur-Rhône - 04 75 62 44 36 - www.paysdelavoulte.fr - mat. et apr.-midi, sam. mat. - fermé dim. (sf de mi-juil. à mi-août), j. fériés et 20-31 déc.*

SE REPÉRER

Carte de microrégion D3 *(p. 337) – Carte Michelin Départements 331 K5.*
La Voulte est à 19 km au sud de Valence, sur la D 86.

À NE PAS MANQUER

Les collections de fossiles du Musée; la vallée de l'Eyrieux; le circuit panoramique de la corniche de l'Eyrieux; le site du château de Pierre-Gourde.

AVEC LES ENFANTS

Le Labyrinthe végétal de Charmes-sur-Rhône; Ardèche Miniatures et une excursion dans les grottes néandertaliennes de Soyons; le musée vivant de la Laine et du Mouton à St-Pierreville.

Petite cité au passé industriel posée sur la rive droite du Rhône, La Voulte a conservé un agréable centre ancien, fort animé aux beaux jours, constitué de ruelles bordées de vieilles demeures.

Se promener

Comptez 1h. Empruntez la Grand' Rue qui vous mène au cœur du centre ancien.

Auberge des Mariniers

À l'entrée de la Grand' Rue, la bâtisse ornée de belles fenêtres à meneaux rappelle les grandes heures du port fluvial fréquenté par tant de mariniers.

Chemin des Remparts

Montez jusqu'aux remparts et crapahutez sur le chemin qui fait le tour du château pour admirer de beaux panoramas sur le Rhône et les anciennes fonderies.

Parc Baboin

Au cœur du parc, les **hauts fourneaux** témoignent du glorieux passé industriel de la commune, terni en 1890 avec la fermeture de l'usine de transformation du minerai de fer.

Église Saint-Vincent

Remarquez dans le maître-autel un bas-relief du 16e s. en marbre blanc, représentant une Descente de croix et un tableau du 17e s. ayant pour thème l'Assomption.

Château

04 75 62 44 36 - visite guidée de Pâques à la Toussaint : merc. à 10h30 - dép. de l'office de tourisme - 4 € (-12 ans gratuit).

Des 15e et 16e s., ce château où siégeaient les États du Languedoc a été fort endommagé pendant la Seconde Guerre mondiale. La cour est bordée par une galerie à bossages et par la **chapelle des Princes** de styles Renaissance et maniériste.

Rue Dauphine

L'étroite ruelle pavée présente un bel exemple de passage couvert, appelé ici androne.

Place Girou

Au pied de la tour carrée, vestige des remparts, remarquez la jolie fontaine datée du 16e s.

À proximité Carte de microrégion

Île fluviale de Printegarde

Entre Livron et La Voulte, 14 km de sentiers balisés vous permettent de découvrir la richesse de la faune (castors, hérons cendrés…) et de la flore (aulnes, saules, peupliers…), mais aussi l'histoire d'un fleuve dompté par les hommes à coups de digues, canaux et siphons. Une journée au fil de l'eau à apprécier à pied comme à vélo.

Charmes-sur-Rhône D3

8,5 km au nord-est par la D 86.

Bâti à même le roc, ce village a conservé son caractère médiéval. Portes en arcades et ruelles joliment restaurées dressent le décor aux ruines du château. Depuis la table d'orientation, admirez le point de vue qui s'étend jusqu'au Vercors.

Labyrinthe végétal – *04 75 25 80 65 - www.labyleo.com - juil.-août : 10h-20h (vend. 22h) ; 3 premiers dim. de sept. : 10h-20h - 5,50 € (4-16 ans 4,50 €).* Installé sur les hauteurs de Charmes, au cœur d'une exploitation agricole, ce champ de maïs de 3 ha se transforme chaque année en un véritable jeu de piste. Un questionnaire ludique s'ajoute au plaisir de se perdre dans ce décor digne de Lewis Carroll !

Soyons D3

16 km au nord par la D 86.

Ce petit village, adossé aux collines, s'étale le long du Rhône et recèle un important site de peuplement préhistorique et médiéval. Il doit son nom à « Soïo », divinité locale, vénérée au 7e s. av. J.-C. Les quelque 30 ha du site protégé sont progressivement fouillés et révèlent des informations précieuses sur les différentes périodes d'occupation de Soyons qui se sont succédé durant environ 150 000 ans.

Musée archéologique – *Pl. de la Déesse-Soïo - 04 75 60 88 86 - www.soyons.fr - juil.-août : tte la journée ; avr.-juin et de déb. sept. à mi-oct. : tlj sf lun. et mar. apr.-midi - 6 € (enf. 5 €) - tarif réduit sur présentation du billet Ardèche Miniatures.* Il présente les produits des fouilles archéologiques réalisées sur les collines des alentours. Le rez-de-chaussée rassemble une collection de vestiges gallo-romains dont un bel autel. Au 1er étage consacré à la vie de l'homme préhistorique et à son environnement, vous trouverez des vertèbres, des molaires et une impressionnante mâchoire : les restes d'un mammouth provenant d'une aire de dépeçage datant de 30 000 ans, découverte sur place.

Grottes★ – *Juste après la sortie sud de Soyons sur la D 86, prenez à droite vers un parking réservé. Un sentier botanique grimpe dans la colline et conduit aux grottes. 04 75 60 88 86 - www.soyons.fr - visite guidée juil.-août : tte la journée ; avr.-juin et de déb. sept. à mi-oct. : merc.-dim. apr.-midi - 6 € (enf. 5 €).* Il s'agit d'un site clé pour l'étude de l'homme de Neandertal. Un important réseau souterrain s'ouvre à partir du **trou du Renard**. Plusieurs salles, ornées de concrétions polymorphes parfois monumentales, sont aménagées pour la visite. Elles ont été occupées très tôt par les hommes et les animaux des cavernes. On y a découvert des ossements d'ours, de loups, de lions des cavernes…

Fouilles de la Brégoule – Ce chantier, exploité depuis 1980, livre des vestiges qui couvrent une période d'environ 10 000 ans. Complément de la visite du site, il permet de mieux comprendre la réalité du travail de l'archéologue.

Ardèche Miniatures – *1230 rte de Nîmes, à 800 m au sud de Soyons par la D 86 - 04 75 60 96 58 - http://ardeche-miniatures.blogspot.com - juil.-août : 10h-19h ; mai, juin et sept. : tlj sf lun. 13h30-18h ; avr. et d'oct. à mi-nov. : merc., w.-end et vac. scol. 13h30-17h30 - 7,50 € (3-15 ans 4 €) ; tarif réduit sur présentation du billet du Musée archéologique.* Sur 2 800 m², ce parc concentre les plus beaux paysages ardéchois reproduits à l'échelle de 1/25e dans un décor très naturel. Le Pont d'Arc, le mont Gerbier-de-Jonc, ou la cascade du Ray-Pic sont reconstitués dans leur particularité géologique à l'aide de roches importées. Le site est parcouru par un réseau ferroviaire miniature, fidèle copie du fameux train à vapeur des chemins de fer du Vivarais qui lui est en rénovation jusqu'en 2011.

Itinéraires conseillés Carte de microrégion

★ VALLÉE DE L'EYRIEUX C-D 3

Moins célèbre que sa consœur méridionale, l'Ardèche, la rivière Eyrieux a néanmoins donné son nom à une vallée accueillante que domine une corniche très sauvage.

De vieux hameaux isolés s'agrippent sur les versants rayés par les murettes des cultures en terrasses. Les bourgades les plus importantes se sont fixées dans les petits bassins intérieurs de la vallée, au débouché des affluents. Quelques-unes connaissent une certaine activité industrielle comme le Cheylard (peausserie, tissages…). Mais le caractère dominant de la vallée provient de la culture du pêcher, que complètent les champs de légumes verts et de fraisiers.

LA VALLÉE DES PÊCHERS

Autrefois, un verger modèle – Le développement des vergers de l'Eyrieux a tenu à des conditions naturelles particulièrement favorables : un sol léger, perméable et chaud, se drainant bien ; une vallée abritée du mistral et des vents du sud, rarement affectée par des gelées printanières ; des débuts d'été chauds, facilitant la maturation.

Cette réussite a été due, pour une grande part, à la volonté des hommes. Les premiers essais de plantation, à **St-Laurent-du-Pape**, demeurée une commune pilote, datent de 1880. Les méthodes de production, patiemment améliorées depuis cette époque, ont été adoptées par les cultivateurs des régions voisines. Peu à peu, les vergers ont gagné du terrain dans la vallée, mais l'introduction de la mécanisation a entraîné une forte régression de la production des pêchers plantés au flanc des versants.

Selon les exigences d'une culture quasi artisanale, chaque verger ne doit occuper que 1,5 ha en moyenne. Un arbre peut fournir, en pleine production, de 25 à 40 kg de fruits, et un hectare entier, 10 à 16 t de pêches.

Une production en déclin – La pêche de l'Eyrieux s'était imposée par sa qualité sur le marché national et à l'exportation. Mais aujourd'hui, la culture ne compte plus que quelques rares producteurs ; lorsqu'elles sont constructibles, les terres sont vendues, utilisées pour des élevages de chevaux ou des petites cultures : kiwis, pommiers, cultures maraîchères.

Au printemps, les pêchers en fleurs transforment cette rude vallée en un ruissellement de pétales. À la fin du mois de mars, on ne manquera pas de parcourir la D 120 : l'étalement de la floraison, qui commence par les vergers de la basse vallée, crée une extraordinaire symphonie de rose pâle, de carmin et de pourpre.

55 km. Voir le circuit sur la carte de microrégion p. 337. Comptez 3h.
Quittez La Voulte-sur-Rhône au nord par la D 86ᴱ.

Beauchastel D3

Cet ancien village classé se blottit au pied des ruines de son château. Il faut grimper au milieu d'un dédale de ruelles et passages couverts pour gagner la Maison du patrimoine et la terrasse qui offre une très belle **vue** sur St-Laurent-du-Pape et la vallée.

Reprenez la D 21 en direction de St-Laurent-du-Pape.

Saint-Laurent-du-Pape D3

Peut-être grâce à son pont qui traverse l'Eyrieux, St-Laurent est la véritable porte de la vallée et un agréable lieu de séjour.

Continuez à suivre la vallée en direction du Cheylard.

À droite de la route, les vergers se succèdent et constituent un magnifique spectacle au printemps.

Saint-Sauveur-de-Montagut C3

Dominé par les ruines du château de Montagut (*accessible par la D 244 et un chemin forestier*), le village est au confluent de l'Eyrieux et de la Glueyre.

Prenez avant le pont la D 102 en direction de St-Pierreville.

La route longe la vallée de la Glueyre dans laquelle une plage a été aménagée. La route suit la rivière presque jusqu'à St-Pierreville. Le spectacle de cette nature sauvage et escarpée est de toute beauté.

Il faut traverser la rivière pour arriver à St-Pierreville. Déjà, apparaissent de nombreux châtaigniers aisément reconnaissables aux branches mortes qui couronnent les cimes. La maladie a fait des ravages avant d'être progressivement contrôlée.

Poursuivez la D 244 jusqu'à St-Étienne-de-Serre où vous empruntez la D 8 à gauche.

Temple du Fival C3

04 75 65 46 84 - juil.-août : mar., jeu. et vend. 15h-19h.

Cet ancien temple a été reconverti en espace culturel consacré à l'histoire huguenote. Exposition permanente sur la route des Dragonnades du parc naturel régional des Monts d'Ardèche *(voir p. 60).*

Continuez sur la D 8 qui serpente sur environ 11 km jusqu'à St-Pierreville.

Saint-Pierreville C3

Bienvenue dans la capitale du châtaignier. Pour bien s'en convaincre, il suffit d'aller manger à l'hôtel-restaurant ou de se rendre à la **Maison du**

DE RUISSEAUX EN TORRENT

Le régime de l'**Eyrieux** est celui d'un torrent. En raison de la pente du cours supérieur, les orages d'automne gonflent subitement la rivière et ses affluents. De 0,8 m^3/s, le débit peut monter à 3 600 m^3/s en quelques heures. Lors de la grande crue de septembre 1857, les eaux atteignirent 17,25 m dans l'étranglement de Pontpierre, près de St-Fortunat.

Pêches de la vallée de l'Eyrieux.
J. Damase / MICHELIN

châtaignier. Une exposition didactique et quelques vidéos vous éclaireront sur les évolutions de cette activité et sur la lutte contre la maladie. Mais attention, il faut venir en octobre pour la cueillette ! On peut heureusement la déguster toute l'année et les nombreux produits présentés ne manqueront pas de vous combler. *✆ 04 75 66 64 33 - www.maisonduchataignier.fr - juil.-août : 11h-12h30, 14h30-18h ; avr.-juin et sept.-nov. : w.-end, j. fériés et vac. scol. 14h-18h - 4 € (5-12 ans 2 €).*

La châtaigne n'est pas l'unique activité de la région, car les moutons s'accommodent très bien de ces terrains si difficiles à cultiver. Au **musée vivant de la Laine et du Mouton**, l'entreprise Ardelaine présente les différentes races de mouton et la qualité très inégale de leurs laines : ne cherchez pas, le meilleur, c'est le mérinos. Toutes les étapes du travail de la laine sont présentées et le parcours se termine logiquement à la boutique pour apprécier le résultat. *✆ 04 75 66 63 08 - www.ardelaine.fr - visite guidée de mi-juil. à août : 11h, 14h, 15h, 16h et 17h ; d'avr. à mi-juil. et sept.-oct. : 14h30 et 16h ; de déb. fév. à mars et nov.-déc. : 15h - boutique : 10h-18h - fermé de janv. à déb. fév. et 25 déc. - 5,80 € (5-12 ans 4,20 €).*

Par la D 102, on rejoint St-Sauveur-de-Montagut, puis La Voulte par la D 120.

★★★ CORNICHE DE L'EYRIEUX Carte p. 360

90 km au départ de St-Laurent-du-Pape (5 km au nord de La Voulte par les D 86E et D 120). Voir le circuit sur la carte p. 360. Comptez environ 3h30. Par la D 120, quittez St-Laurent-du-Pape (voir p. 337) et prenez rapidement à droite la D 21 en direction de Vernoux.

Cette très belle route de crête offre, à la montée vers le col de Serre-Mure (alt. 765 m), des vues sur les serres du Vivarais, le haut bassin de l'Eyrieux, le pays des Boutières et sur le versant ouest du piton de Pierre-Gourde. À l'approche de Vernoux, au cours de la descente rapide dans les gorges de la Dunière, apparaît le château de la Tourette.

Tournez à gauche dans la D 231, puis la D 331.

Saint-Julien-le-Roux

Du cimetière entourant l'église, on découvre un vaste **horizon**★ montagneux, au-dessus des ruines du château de la Tourette.

Revenez sur vos pas vers la D 231, que vous prenez à gauche. Prenez à droite, en épingle à cheveux, la D 233 vers Silhac. Après nombre de lacets, laissez sur votre droite la direction de Boucharnoux. Précisément 70 m après un transformateur à gauche, prenez l'étroite route goudronnée à droite. Garez-vous à l'entrée du hameau de La Chareyre.

Écomusée des Terrasses, à La Chareyre

Sur la commune de St-Michel-de-Chabrillanoux. ☏ 04 75 65 24 70 - juil.-août : mar.-dim. apr.-midi, jeu. tte la journée, j. fériés sur demande préalable ; reste de l'année : sur demande préalable - 3,50 € (-12 ans 2 €).

Quelques maisons, parfaitement perdues, jouissent d'un panorama localement conservé, celui des anciennes terrasses de culture. S'accomplit ici un rude travail de rares passionnés, qui n'avance qu'à un petit rythme en regard de la tâche à accomplir : leur restauration. Un itinéraire de verger en culture, de sentiers en escaliers camouflés, permet d'en redécouvrir la précision et la variété. Avec guide et commentaire, vous distinguerez les murs tout-venant, assisés, les escaliers rentrants, les chemins terrasses et les murs chemins… Toute une poésie du paysage. Un second itinéraire – « Sur les pas de Jean Victor » – de cet écomusée en plein air fait découvrir le territoire et l'activité d'une famille « de la pente » au 19e s.

Reprenez la D 233 à gauche. À Silhac, empruntez la D 2 à droite.

Vernoux-en-Vivarais

Sur le plateau vivarois, entre l'Eyrieux et le Doux, au centre d'une cuvette harmonieuse, Vernoux offre de loin une agréable silhouette de gros bourg, ramassé autour de la haute flèche de son église (19e s.). Place Pasteur, remarquez le temple, vaste édifice en pierres de taille (1826).

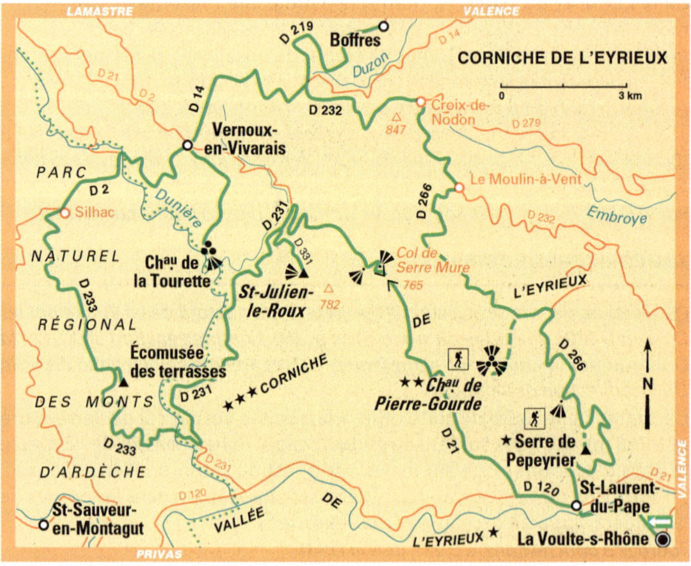

Château de la Tourette – *Laissez la voiture sur l'aire aménagée de la ferme de Pailler et terminez à pied : 30mn AR. Partant de Vernoux, une petite route goudronnée et fléchée « La Tourette » mène directement en voiture au château.*

Les ruines de ce bastion, qui marquait jadis l'entrée des États du Languedoc, comptent, dans un **site★** très sauvage, parmi les plus évocatrices du Vivarais. L'énorme donjon garde une partie de son couronnement de mâchicoulis et de corbeaux. Des ruines, la vue plonge sur le ravin de la Dunière dessinant une série de méandres profondément encaissés. Au clair de lune, sa silhouette ruinée est des plus fantomatiques.

Rejoignez Boffres, 8,5 km au nord-est par la D 14 et la D 219.

Boffres

Bâti sur un ressaut de terrain, en demi-cercle au pied de sa toute simple église de granit rose et des vestiges d'un ancien château fort, le village perché de Boffres domine un paysage rural encadré de châtaigneraies.

À quelques centaines de mètres du village, un buste en bronze dû au sculpteur ardéchois Gimond, érigé en bordure de la route, évoque la mémoire de **Vincent d'Indy**.

Revenez en arrière vers le carrefour avec la D 14 et prenez, à gauche, la D 232.

La route serpente à flanc de coteau, offrant de belles vues sur Vernoux-en-Vivarais au centre de sa cuvette ; au fond, à gauche, s'étend la dépression du Duzon. Après Croix-de-Nodon, on découvre une ample échappée vers la vallée du Rhône ; la route, bordée de taillis et de bois maigres, domine alors, en premier plan, la profonde vallée boisée de l'Embroye.

Au Moulin-à-Vent, prenez à droite la D 266.

Après un long passage boisé, la route emprunte un tracé en corniche assez impressionnant, face au piton de Pierre-Gourde, en avant des crêtes fermant la vallée de l'Eyrieux.

À droite de la D 266 s'amorce le chemin d'accès au château de Pierre-Gourde, non revêtu. Laissez la voiture à un col, en vue des ruines.

★★ Panorama du château de Pierre-Gourde

Ce château féodal en ruine occupe un **site★** magnifique. Au pied du piton qui portait le donjon apparaissent les vestiges du corps de logis, des pans de murs de l'enceinte fortifiée et du village féodal.

Contournez les ruines par la gauche pour atteindre une plate-forme rocheuse qui sert de belvédère.

Le **belvédère** découvre le Rhône, à travers l'échancrure du Bas-Eyrieux, et, dans l'axe, les Trois-Becs, entre la barre du Vercors, les Baronnies et le Ventoux. À l'opposé, l'échine déchiquetée de la Croix de Bauzon domine la trouée du Haut-Eyrieux ; le sommet du Mézenc limite à l'horizon le réseau compliqué des serres vivaroises.

Au cours de la descente, deux virages panoramiques offrent des vues impressionnantes sur la vallée de l'Eyrieux, dont les plans détachés de serres se répètent à l'infini, et sur la vallée du Rhône, à gauche.

À 5 km environ de Pierre-Gourde, un panneau, à droite de la D 266, indique la direction du serre de Pepeyrier. Laissez la voiture à 250 m en direction du relais de télédiffusion et montez sur le rebord du serre.

★ Vue du serre de Pepeyrier

15mn à pied AR. Très belle **vue** du serre sur le débouché de l'Eyrieux et ses vastes vergers de pêchers, Beauchastel et la plaine du Rhône ; au fond, le Ventoux se détache distinctement.

Reprendre la D 266 pour revenir à St-Laurent-du-Pape.

NOS ADRESSES À LA VOULTE

HÉBERGEMENT

À proximité

PREMIER PRIX

Chambre d'hôte Le Pass'Eyrieux – *Le Bas-Pranles - 07360 Les Ollières-sur-Eyrieux - ✆ 04 75 66 21 50 - fermé déc.-mars - ⊠ - réserv. conseillée en hiver - 4 ch. 43 € ☕ - repas 20 €.* Situé entre route et rivière, cet ancien relais de diligences abrite des chambres simples (murs blanchis et plancher en bois brut). Table d'hôte proposée ponctuellement : renseignez-vous. Canoë à la disposition des clients.

Camping L'Ardéchois – *07190 St-Sauveur-de-Montagut - 8,5 km à l'ouest de St-Sauveur-de-Montagut par D 102 dir. Albon - ✆ 04 75 66 61 87 - ardechois.camping@wanadoo.fr - ouv. de fin avr. à fin sept. - réserv. conseillée - 107 empl. 27,50 € - restauration.* Ici, vous goûterez aux joies de la nature ardéchoise : ce camping à l'ambiance familiale vous offre les eaux claires de sa petite rivière et l'ombrage de ses emplacements pour des vacances paisibles… Piscine et club-enfants.

BUDGET MOYEN

Chambre d'hôte de la Porte de Besse – *Porte de Besse - 07240 Chalencon - ✆ 04 75 58 15 18 - www.portedebesse.free.fr - fermé 1er nov.-Pâques - ⊠ - 3 ch. 55 € ☕ - repas 22 €.* Cette maison du 12e s. située à l'entrée du village médiéval séduira ceux qui recherchent l'authenticité. Décor personnalisé dans chaque chambre (voir la « Mandragore » et son lit à baldaquin). Produits du terroir et recettes moyenâgeuses servis dans une salle coiffée d'une voûte en pierre d'origine.

RESTAURATION

À proximité

BUDGET MOYEN

Montagut – *Pl. de l'Église - 07190 St-Sauveur-de-Montagut - ✆ 04 75 65 40 31 - lemontagut@aol.com - fermé 14-30 juin, mar. soir, dim. soir et lun. sf juil.-août - 16/40 € - 4 ch. 45 € - ☕ 6 €.* Auberge d'esprit rustique dans un petit village ardéchois dominé par les ruines d'un château. Salle à manger au décor frais et vaste terrasse ombragée où l'on propose une cuisine régionale. Repas plus simples servis au bar fréquenté par une clientèle locale.

Lamastre

2 526 Lamastrois – Ardèche (07)

NOS ADRESSES PAGE 365

S'INFORMER
Office de tourisme – *Pl. Montgolfier - 07270 Lamastre - ☎ 04 75 06 48 99 - www.lamastre.fr - juil.-août : 9h30-13h, 14h-18h30, dim. et j. fériés 10h-13h ; mai : lun.-sam. 10h-12h30, 14h-17h30 ; avr., juin et sept.-oct. : mar.-sam. 10h-12h30, 14h-17h30 ; nov.-mars : mar.-sam. 10h-12h30, 14h-17h.*

SE REPÉRER
Carte de microrégion C2 *(p. 337) – Carte Michelin Départements 331 J4.*
Lamastre se trouve à 35 km à l'ouest de Valence, sur la D 533. Il est situé à 373 m d'altitude sur les rives du Doux, rivière qui relie la ville à Tournon.

À NE PAS MANQUER
La vue sur le bassin du Doux à Rochebloine ; le charme du village médiéval de Désaignes.

ORGANISER SON TEMPS
Comptez environ 3h.

AVEC LES ENFANTS
Baignade au plan d'eau de Désaignes *(voir « Nos adresses à Lamastre »)*.

Lamastre, tout le monde descend ! En venant de Tournon, on a pu apprécier l'étonnante vallée du Doux qui y conduit. La ville doit beaucoup à cette rivière qui entraînait ses moulins et de nombreux ateliers. Les châteaux ruinés assistent, sans doute avec étonnement, à l'essor touristique et au succès du festival rock de la cité.

Se promener

L'ancienne ville haute est dominée par le **château de Peychelard** (table d'orientation et parcours d'interprétation), tandis que sur les bords du Doux se développe la ville basse, le Savel.

Église

Située en haut de la ville, dans le vieux quartier de Marcheville, c'est une construction de style roman, aux pierres d'une jolie coloration rose. Seule l'abside, décorée extérieurement d'une baie polylobée, date du 12e s. ; le reste de l'édifice est une reconstruction moderne. De la terrasse de l'église, vue plongeante sur la ville, dominée par les vestiges d'un château féodal.

À proximité Carte de microrégion

★★ Point de vue de Rochebloine C2

9 km à l'ouest par la D 236.
Au début de la montée, la route offre une vue sur les ruines du château de Retourtour. Jusqu'à Nozières, le parcours en corniche découvre des vues étendues sur les crêtes séparant le Doux et l'Eyrieux, puis, à droite, sur la butte de

Boucieu-le-Roi. À 2,5 km au-delà de Nozières, un chemin se détache à gauche ; le sentier qui le prolonge mène aux ruines de Rochebloine.
Dans un virage prononcé à droite, un chemin *(15mn à pied AR)* conduit à l'extrémité du promontoire où subsistent quelques vestiges d'un château fort. La vue sur le haut bassin du Doux est saisissante.

★ Désaignes C2

7 km à l'ouest par la D 533.
Bien des vestiges, dont ceux d'une voie romaine, attestent l'importance du village à l'époque gallo-romaine. Il deviendra, bien plus tard, la ville la plus peuplée du Vivarais. De cette grandeur passée, Désaignes conserve un très bel ensemble restauré. En franchissant le porche de l'enceinte, on découvre de nombreuses maisons gothiques et des ruelles étroites que dominent le temple et le château du 14e s. Le **temple** fut construit en 1822 sur le site d'une ancienne forteresse du 11e s., dont il a gardé pour clocher le donjon avec ses belles fenêtres à colonnettes romanes. Quant au **château**, il conserve des fenêtres Renaissance et des cheminées monumentales. Son ancienne salle à manger abrite un **musée de la Vie rurale**. Vous y découvrirez la vie rurale traditionnelle, ainsi que l'histoire de la région : cahier de doléances de Désaignes (1789), histoire des huguenots du Vivarais, Désaignois célèbres (Chazallon, Killian...), guerre 1939-1945 et Résistance. La visite proprement dite du château est desservie par l'escalier à vis qui débouche sur le poste de guet de la tour. *04 75 06 61 19 - de juil. à mi-sept. : tlj sf lun. 14h-18h ; Pâques-juin et de mi-sept. à la Toussaint : w.-end 14h-18h - fermé 1er Mai - 3 € (enf. 1,50 €) - possibilité visite guidée du village et du musée (1 à 3h).*
En été, un caveau de dégustation est aménagé dans les caves du château. Au menu : charcuteries, miels, confitures sans oublier le fameux picodon ! *Juil.-août : vend., sam. et dim. 14h-18h.*

Itinéraire conseillé Carte de microrégion

★ ENTRE DOUX ET EYRIEUX C-D 2-3

64 km. Voir le circuit sur la carte de microrégion p. 337. Comptez environ 3h. Quittez Lamastre au sud, en direction de Vernoux (D 2), puis empruntez à droite la D 283 vers Cluac.
Jolies vues sur le vallon de la Sumène et le bassin supérieur du Doux.
À Cluac, empruntez la D 21, à droite.
La descente sur Nonières offre une vue sur un horizon hérissé de sucs volcaniques ; puis, au cours de la montée vers St-Julien-Labrousse, par la D 241, un virage dévoile une ample **vue★** sur les sucs du massif du Mézenc.

Chalencon C3

Ce vieux bourg, jadis fortifié, était le siège d'une importante baronnie. De l'esplanade du monument aux morts, située dans la partie la plus ancienne du bourg, vue plongeante sur les gorges de l'Eyrieux.

Vernoux-en-Vivarais *(voir p. 361)*

Quittez Vernoux par la D 14 et revenez à Lamastre, par la D 105 et le col de Montreynaud (D 2).
Le parcours ombragé de châtaigniers est agréable ; remarquez les maisons basses du plateau de Châteauneuf-de-Vernoux. Du col, on découvre une vue sur le bassin de Lamastre et la haute vallée du Doux, dominés au nord par les monts de Lalouvesc.

NOS ADRESSES À LAMASTRE

HÉBERGEMENT

À Lamastre

PREMIER PRIX

Hôtel Les Négociants – *14 pl. Rampon - ✆ 04 75 06 41 34 - www.hoteldesnegociants.fr - fermé 15 nov.-1er déc. - 15 ch. 38/47 € - ☕ 6,50 € - rest. 13/29 €.* Quel plaisir de s'attabler sur cette terrasse fleurie, d'où l'on voit passer le fameux train à vapeur du Vivarais. Mais le bonheur est aussi dans l'assiette pour qui veut découvrir la gastronomie ardéchoise à des prix très abordables. Chambres propres et bien entretenues.

RESTAURATION

À Lamastre

POUR SE FAIRE PLAISIR

Midi – *Pl. Seignobos - ✆ 04 75 06 41 50 - fermé 23-29 juin, de fin déc. à fin janv., vend. soir, dim. soir et lun. - 39/88 €.* Cette maison située au cœur du village a su conserver son charme d'autrefois. Confortable salle de restaurant où l'on propose une cuisine classique réalisée avec brio.

À proximité

BUDGET MOYEN

L'Escapade – *Le Groubon - 07270 Le Crestet - à 2 km au nord-est de Lamastre en direction d'Empurany - ✆ 04 75 06 33 90 - repas 16/34 €.* Situé à deux pas du hameau historique de Monteil, au bord du Doux, ce petit restaurant sert une cuisine du terroir, à base de produits locaux. Terrasse au bord de la piscine.

ACTIVITÉS

Baignade – Le plan d'eau de Désaignes fait le bonheur des vacanciers qui viennent s'y prélasser et s'y baigner (toboggan).

Lalouvesc

491 Louvetous – Ardèche (07)

NOS ADRESSES PAGE 368

S'INFORMER

Office du tourisme de Lalouvesc et du Val d'Ay – *R. St-Régis - 07520 Lalouvesc - ✆ 04 75 67 84 20 - www.valday-ardeche.com - se renseigner pour les horaires.*

SE REPÉRER

Carte de microrégion C1 *(p. 337) – Carte Michelin Départements 331 J3.*
À 25 km au sud-ouest d'Annonay, Lalouvesc siège dans une zone montagneuse encadrée par le suc de Mirabel et les montagnes de Chaix et du Besset.

À NE PAS MANQUER

Le panorama de la basilique ; les routes des plateaux du Haut-Vivarais.

AVEC LES ENFANTS

Le village ardéchois en miniature, au col du Buisson.

Une basilique dans ce modeste village ? On y vénère saint Jean-François Régis. Décédé tragiquement en 1640, ce « missionnaire » a marqué la région. Lieu de pèlerinage, Lalouvesc est aussi une agréable station établie sur un col à 1 050 m d'altitude, appréciée pour la pureté de son air et de ses sources, entre deux monts boisés.

Se promener

Basilique

Construite au 19e s. par Bossan, l'architecte de Notre-Dame de Fourvière à Lyon, elle se dresse, comme l'église qu'elle a remplacée, sur le lieu de la tombe du saint. À l'intérieur, une châsse en bronze abrite ses reliques.

L'APÔTRE DU VIVARAIS

Né à Fontcouverte, près de Narbonne, en 1597, **Jean-François Régis** entre au noviciat des jésuites à Toulouse où il est ordonné prêtre en 1630. C'est l'époque de la Contre-Réforme : les évêques envoient dans leur diocèse des « missionnaires » chargés moins de convertir les protestants que de ranimer la foi des catholiques. Dès ses premières missions, Jean-François Régis, par son humilité et sa flamme, sait gagner le cœur des populations simples et farouches des Boutières et des hauts plateaux du Velay et du Vivarais. Lalouvesc n'est encore qu'un humble village quand, fin 1640, l'apôtre vient y prêcher une mission à la veille de Noël. Égaré sur les pentes de la montagne de Chaix, dans la tempête de neige et la « burle » glacée, il passe la nuit dans une cabane de bûcheron où il prend froid. Il meurt à Lalouvesc le 31 décembre. Les habitants gardent jalousement son corps : des miracles se produisent. Il fut canonisé en 1737.

À proximité de la basilique, les pèlerins peuvent visiter, outre la chapelle St-François-Régis, élevée sur le lieu de la mort du saint, un petit musée avec diaporama, une œuvre de Serraz, des souvenirs de saint Jean-François Régis, et le couvent du Cénacle où se trouvent la chapelle et la châsse de **sainte Thérèse Couderc** (1805-1885), canonisée en 1970.

★ Point de vue

De la table d'orientation située devant la basilique se découvre un vaste **panorama** sur la vallée du Rhône et les Alpes au-dessus de la trouée de l'Ay.

Itinéraire conseillé Carte de microrégion

★ LES PLATEAUX DU HAUT-VIVARAIS C-D 1-2

62 km. Voir le circuit sur la carte de microrégion p. 337. Comptez environ 2h30. Quittez Lalouvesc par la D 532, direction Tournon, puis empruntez à droite la D 236 vers Lamastre.

La route contourne la montagne du Besset. Le parcours, ombragé, offre des échappées vers le Mézenc et des **vues**★ sur les villages perchés de Lafarre et Molières.

Col du Buisson C2

Alt. 920 m. *Laissez la voiture sur le parking.* Au nord-est, la **vue** porte, par temps clair, sur le mont Blanc, les Grandes Rousses et la Meije ; au sud se profilent la vallée du Doux, et, plus à l'ouest, les monts Mézenc et Gerbier-de-Jonc.

À l'intersection des D 273 et D 236 s'étend un **village ardéchois en miniature**, réalisé en granit du pays. *04 75 23 14 77 - juil.-août : tte la journée ; mai et juin : w.-end et j. fériés tte la journée - fermé 15 oct.-30 avr. - 1,60 € (-8 ans gratuit).*

Empruntez la D 273 à gauche.

Pailharès (C2) conserve le dessin rectangulaire de son ancienne enceinte fortifiée. Le vieux village mérite le détour et l'église, une visite.

Saint-Félicien C2

St-Félicien évoque l'Ardéchoise, la plus grande course cycliste et cyclotouriste d'Europe qui, chaque année en juin, démarre ici et rassemble plusieurs milliers de participants *(voir « Organiser son voyage », p. 26).* Le village a aussi donné son nom à un petit fromage au lait de vache, proche en goût du st-marcellin, mais aujourd'hui peu fabriqué sur place.

L'**église** est intéressante pour ses parties romanes : arcature du collatéral nord, avec ses pilastres surmontés de colonnes engagées.

Empruntez à gauche la D 115.

Le parcours en corniche offre de belles **vues**★ en direction de la vallée du Rhône.

À Satillieu, empruntez la D 480 vers St-Symphorien-de-Mahun, puis prenez une route à gauche.

Veyrines C1

L'**église** est un édifice roman en granit d'une simplicité attachante, notamment la façade avec son porche creux orné de tores. À l'intérieur, remarquez, à l'entrée du chœur, deux frustes chapiteaux ; à droite, la Descente du Christ aux limbes ; à gauche, Ève recevant du serpent, dans une main, la pomme qu'elle place, de l'autre main, dans la bouche d'Adam.

Retour à Lalouvesc par la D 578^{A}, s'élevant au flanc de la montagne de Chaix.

NOS ADRESSES À LALOUVESC

HÉBERGEMENT

À proximité

POUR SE FAIRE PLAISIR

Hôtel Le Fort du Pré – *43290 St-Bonnet-le-Froid - 11 km au nord-ouest de Lalouvesc par D 532 - ✆ 04 71 59 91 83 - www.le-fort-du-pre.fr - fermé 30 août-3 sept., 18 déc.-4 mars, dim. soir et lun. sf juil.-août - P - 34 ch. 69/120 € - ☕ 10 € - rest. 19/65 €.* Jolie ferme restaurée isolée en pleine nature. Vous apprécierez ses activités de loisirs (piscine couverte, fitness) et ses chambres pratiques et colorées. La salle à manger est prolongée d'une véranda, elle-même ouverte sur une verdoyante terrasse. Produits du terroir.

RESTAURATION

À Lalouvesc

BUDGET MOYEN

Restaurant des voyageurs – *10 r. des Cévennes - ✆ 04 75 67 83 40 - fermé 15 nov.-15 mars - 17/30€.* La cuisine met à l'honneur les produits du terroir, au gré des saisons.

À proximité

À 11 km au nord-ouest de Lalouvesc par la D 532, St-Bonnet-le-Froid s'est taillé une excellente réputation en matière de gastronomie. C'est ici que sont installés les chefs étoilés Régis et Jacques Marcon *(voir « Les grands chefs de la région » p. 37)*, ouvrant la voie à de nombreux autres talents. Vous y trouverez donc plusieurs restaurants de qualité.

Saint-Agrève

2 588 Saint-Agrèvois – Ardèche (07)

NOS ADRESSES PAGE 372

S'INFORMER

Office de tourisme – *37 Grande-Rue - 07320 St-Agrève - ✆ 04 75 30 15 06 - www.saintagreve.com - de mi-juin à août : 9h-12h30, 14h-18h, dim. et j. fériés 10h-12h30 ; d'avr. à mi-juin et sept.-oct. : tlj sf merc. et dim. 9h-12h, 14h-18h ; nov.-mars : tlj sf merc. et dim. 9h-12h, 14h-17h (sam. 16h30).*

SE REPÉRER

Carte de microrégion C2 *(p. 337) – Carte Michelin Départements 331 I3.*
St-Agrève est presque à mi-chemin entre Le Puy-en-Velay (51 km à l'ouest) et Valence (61 km à l'est).

À NE PAS MANQUER

Les saisissants points de vue du mont Chiniac et des Boutières.

ORGANISER SON TEMPS

Comptez une demi-journée.

AVEC LES ENFANTS

Baignade et activités au lac de Devesset.

Station appréciée des amateurs de tourisme vert, St-Agrève est située sur les pentes du mont Chiniac à 1 050 m d'altitude. Une église, un temple, rares sont les monuments du bourg car il a été rasé plusieurs fois pendant les guerres de Religion. Lui reste pourtant le magnifique écrin du massif granitique des Boutières, pays d'eau et de monts, qui offre de très belles balades, à pied ou en voiture, agrémentées de nombreux points de vue.

Se promener

Vieux village

On peut monter au vieux village de St-Agrève, serré au pied du château, et dont les rares vestiges sont enfouis sous les arbres du parc de Clavière. Magnifique panorama depuis la table d'orientation. Au pied du château, sur la pente sud, s'étageait la vieille ville (maisons de pierre).

★★ Mont Chiniac

Alt. 1 120 m. *Place de la République, prenez la montée des Sports, puis tournez à gauche à un carrefour (possibilité d'accès à pied par la rue de l'Église).*
La route mène au sommet du mont Chiniac dont la couronne de sapins domine le bourg. Appelé *Chinacum* par les Romains, St-Agrève aurait été rebaptisé en l'honneur de saint Agrippa, évêque martyrisé sur le mont Chiniac.
Laissez la voiture sur un terre-plein à gauche, 150 m avant la table d'orientation.
La **vue** s'étend au sud-ouest sur le massif du Mézenc où se détachent le suc de Montivernoux, le Gerbier-de-Jonc, la dorsale du Mézenc ; à l'ouest sur le massif du Meygal et le pic du Lizieux ; au nord-est sur les monts de Lalouvesc.

À proximité Carte de microrégion

Devesset C2

8 km au nord par la D 9.
Au 12e s., les Hospitaliers de St-Jean-de-Jérusalem, séduits par ce site qui offre une belle vue panoramique sur les Alpes et le Massif central, y installèrent une commanderie.
Aujourd'hui, la commune est une base idéale pour la pratique de nombreux loisirs qui sont pour la plupart concentrés autour du vaste **lac** (48 ha) : baignade surveillée, parc aquatique (en été), pédalo, école de voile, location VTT, tour du lac à pied…

Itinéraire conseillé Carte de microrégion

★★ LES BOUTIÈRES B-C 2

80 km. Voir circuit sur carte de microrégion p. 336-337. Comptez environ 4h.
Au sud de St-Agrève et au nord du parc naturel régional des Monts d'Ardèche, les Boutières sont constituées de montagnes aux pentes abruptes où le châtaignier est roi. L'autre spécificité de ses paysages est la culture en terrasses, petits murs de pierre entretenus depuis des générations par les habitants.
Quittez St-Agrève au sud par la D 120 vers Le Cheylard.
Au cours de la descente, la vue se dégage sur le Mézenc, puis la route (D 120) s'enfonce dans le ravin de l'Eyrieux naissant.

À la sortie de St-Julien-Boutières, prenez à droite la D 101, remontant la vallée encaissée de la Rimande.

La calotte du mont Signon ferme la perspective. En débouchant sur le plateau, on découvre à droite le pic du Lizieux et, à gauche, le Mézenc.

Fay-sur-Lignon

Au flanc d'un piton phonolithique, Fay-sur-Lignon *(prononcez faï)* offre, aux confins du Velay et du Vivarais, l'aspect d'une bourgade montagnarde : les maisons basses semblent se serrer pour mieux résister en hiver aux rafales de la « burle » glacée. L'hiver, un foyer de ski de fond attire les amateurs de neige.

À Fay, empruntez à gauche la D 262, pittoresque, qui conduit à St-Clément.

École du vent à Saint-Clément B2

✆ 04 75 30 41 01 - www.ecole-du-vent.com - juil.-août : 10h-12h30, 14h-18h30 ; avr.-juin : merc.-dim. 14h-18h ; oct.-mars : sam. 14h-18h, dim. 14h-17h - fermé 25 déc. et 1er janv. - 5 € (-6 ans gratuit).

Cette maison-musée, installée dans une vieille et vaste demeure, représente l'un des pôles thématiques du parc naturel régional des Monts d'Ardèche. L'exposition permanente est dédiée au vent : comment l'homme a volé, comment il utilise le vent, comment volent les oiseaux... Des ateliers thématiques sont également organisés.

Près du village, un sentier d'interprétation géologique vous permettra de découvrir les 12 coulées de lave.

En sortant de St-Clément, un saisissant **point de vue★★** se découvre sur le Gerbier-de-Jonc, le suc de Sara et le Mézenc, dans l'axe du fossé de la Saliouse.

Au-delà de Lachapelle-sous-Chanéac, la D 278 descend vers l'Eyrieux que l'on franchit à Armanas.

Le parcours (D 478), très accidenté, offre de très jolies vues sur le cirque du Haut-Eyrieux, puis sur St-Martin-de-Valamas, bien situé au confluent de l'Eysse et de l'Eyrieux.

★ Ruines de Rochebonne C2

Laissez la voiture en bordure de la route. Le **site★★** est grandiose. Étagés sur des rochers granitiques fissurés, dominant la trouée de l'Eyrieux, les vestiges de la forteresse féodale se découpent face à un immense **panorama** dominé par le Mézenc. Bien que livrées à l'oubli et à l'érosion, les ruines en imposent encore : à partir du 11e s., la famille de Châteauneuf avait construit là une forteresse, qui fut prise et pillée pendant les guerres de Religion.

Descendez (30mn à pied) pour approcher les ruines, en serrant à gauche.

Un sentier conduit près d'autres rochers fissurés encadrant un ravin piqueté de pins où un torrent tombe en fraîches petites cascades.

Poursuivez sur la D 478 jusqu'à St-Jean-Roure où vous tournez à droite.

Le Cheylard C3

Le centre ancien joliment restauré accueille une très moderne **Arche des métiers**. L'ancienne tannerie surplombant la Dorne a en effet été redessinée et présente un panorama instructif des activités industrielles d'hier et d'aujourd'hui dans la vallée, premier pôle industriel d'Ardèche. S'y fabriquent bijouterie industrielle (11 millions d'objets par an), fibres techniques, eau minérale naturellement gazeuse d'Arcens (60 millions de bouteilles par an), fruits surgelés, etc. L'occasion est bonne de découvrir, entre autres, René Perrier, fondateur du groupe du même nom, qui commença sa carrière dans la région par l'invention de la première machine à homogénéiser la limonade (1962).

Pl. des Tanneurs - ✆ 04 75 20 24 56 - www.arche-des-metiers.com - ♿ - juil.-août :

Lac de Devesset.
Office du tourisme du Pays de St Agrève

lun.-vend. 10h-12h, 14h-18h30, w.-end et j. fériés 14h-18h30 ; reste de l'année : se renseigner - 5 € (-7 ans 3 €).
Quitter le centre du village par la D 204 en direction du camping et parcourir 1,5 km.

Château de La Chèze C3

✆ 04 75 29 45 93 - visite guidée juil.-août : lun.-vend. 16h ; journée portes ouvertes le 15 août avec animations - participation libre.
Cette imposante bâtisse du 14e s. présente un plan rectangulaire flanqué d'une tour polygonale et de quatre tours rondes. L'une d'entre elles, au nord, fait office de donjon et abrite la chapelle. En 1622, le château passa aux mains des protestants qui y firent d'importants travaux défensifs : remarquez sur les façades les couleuvrines et bouches à feu qui côtoient les fenêtres à meneaux. En 1629, la réaction catholique engendre de nouvelles démolitions. Un important chantier de rénovation a permis la reconstruction de voûtes et plafonds à la française. Toujours en cours, il offre un intérêt pédagogique à la visite illustrée par les différentes étapes de restauration.
Revenez à St-Jean-Roure où vous prenez la D 478 à droite. Tournez ensuite à droite dans la D 21 jusqu'au lieu-dit La Citadelle.

Site éolien C2

Visite libre ou guidée sept. : mar. à 14h30 sur réservation à l'office du tourisme de St-Agrève.
Inaugurées en 2007, les six éoliennes font partie d'une démarche énergétique globale et participent au développement local visant à valoriser les ressources propres au pays. Sentier d'interprétation.
Le retour à St-Agrève se fait par la D 21 en sens inverse.

NOS ADRESSES À SAINT-AGRÈVE

HÉBERGEMENT

À Saint-Agrève

BUDGET MOYEN

Hôtel Le Bois Sauvage – *Rte de Valence - ✆ 04 75 30 15 15 - www.leboissauvage.fr - fermé janv.-fév. - P - 27 ch. 49/59 € - ☕ 9 € - rest. 15,50/29,50 €.* Niché dans un grand parc arboré, cet hôtel-restaurant se veut proche de la nature sans pour autant négliger confort et modernité. Une belle réussite quand on constate l'état impeccable et l'équipement des chambres. L'appétissante cuisine à base de produits locaux vient parfaire le tableau.

RESTAURATION

À Saint-Agrève

UNE FOLIE

Faurie – *36 av. des Cévennes - ✆ 04 75 30 10 22 - 85 € (réserv. obligatoire).* Dans l'hôtel familial de ses grands-parents, au cadre rétro pimenté de touches décalées, le chef Philippe Bouissou s'inspire de son potager pour ses menus quotidiens : les girolles avec l'amande en automne, la saucisse avec la rhubarbe ou le feuilleté framboise et crème de marron à la belle saison. Attention, nombre de couverts limité !

À proximité

BUDGET MOYEN

Les Hurle-Vents – *07320 St-Jeure-d'Andaure - 8 km au nord-est de St-Agrève par la D 276 - ✆ 04 75 30 61 90 - lun.-jeu. midi, vend.-dim. midi et soir (service à partir de 12h et 19h) - 22/25 €.* En plein cœur d'un petit village qui domine la haute vallée du Doux, ce restaurant convivial travaille les produits du terroir avec une touche personnalisée. La carte, où l'on trouve du gibier en période de chasse, n'oublie cependant pas le poisson, cuisiné ici avec des quenelles lyonnaises et une sauce au safran.

POUR SE FAIRE PLAISIR

Domaine de Rilhac – *2 km au sud-est de St-Agrève par D 120, D 21, puis rte secondaire - ✆ 04 75 30 20 20 - www.domaine-de-rilhac.com - fermé du 20 déc. à mi-mars, mar. soir, jeu. midi et merc. - 25 € déj. - 40/78 € - 7 ch. 105/125 € - ☕ 14 €.* Arrêtez-vous au Domaine de Rilhac pour profiter du calme et du charmant décor de cette ancienne ferme ardéchoise joliment rénovée. Ravissante salle à manger tournée sur le Gerbier-de-Jonc et de très belles chambres de style provençal. Cuisine dans l'air du temps.

ACTIVITÉS

Chemin de fer touristique du Velay – *Rens. aux offices du tourisme de Tence (✆ 04 71 59 81 99), Le Chambon-sur-Lignon (✆ 04 71 59 71 56), Montfaucon (✆ 04 71 59 95 73) ou St-Agrève (✆ 04 75 30 15 06) - www.asso-vfv.net - juil.-août : jeu. et dim. (ligne Tence-St-Agrève), merc. (ligne Tence-Dunières) ; juin et sept. : dim. (ligne Dunières-Le Chambon) - aller simple de 7 à 12 € (4-12 ans 4 à 8 €), AR de 8 à 15 € (4-12 ans 5 à 10 €).* Entre Tence et St-Agrève, ou entre Tence et Dunières, le chemin de fer touristique du Velay est une très belle façon de découvrir la vallée et les gorges du Lignon.

Le Chambon-sur-Lignon

2 661 Chambonnais – Haute-Loire (43)

NOS ADRESSES PAGE 376

S'INFORMER

Office du tourisme du Haut-Lignon – *2 rte de Tence - 43400 Le Chambon-sur-Lignon - 04 71 59 71 56 - www.ot-hautlignon.com - juin-sept. : lun.-sam. 9h-12h, 14h-18h30, dim. et j. fériés 10h-12h ; reste de l'année : tlj sf dim. et j. fériés 9h-12h, 15h-18h.*

SE REPÉRER

Carte de microrégion B2 *(p. 336) – Carte Michelin Départements 331 H3.*
Aux limites de la Haute-Loire et de l'Ardèche, Le Chambon-sur-Lignon occupe une très belle vallée entre Tence et St-Agrève, à 43 km à l'est du Puy-en-Velay.

À NE PAS MANQUER

Les environs de la ville, avec le panorama depuis le sommet du pic du Lizieux et les paysages pittoresques de la vallée du Lignon.

ORGANISER SON TEMPS

Comptez environ 3h.

Situé dans la haute vallée du Lignon, sur le plateau Vivarais-Lignon, Le Chambon est une agréable station estivale dotée de nombreux équipements sportifs. Elle doit à son climat tonique, à sa situation dans un cadre pastoral et à son altitude (960 m) d'accueillir de nombreuses maisons d'enfants.

Itinéraires conseillés Carte de microrégion

★ LE PLATEAU PROTESTANT B2

L'office du tourisme du Chambon met à disposition le livret *Parcours de la mémoire* qui rend compte de l'accueil des Juifs pourchassés pendant l'Occupation. Une visite du plateau Vivarais-Lignon est également possible avec un audioguide autour du thème « Mémoire et Résistance sur le plateau ».

33 km. Voir le circuit sur la carte de microrégion p. 336. Comptez environ 2h. Quittez Le Chambon-sur-Lignon au sud par la D 151, puis la D 7. À Mazet-St-Voy, prenez la 2e route à droite qui mène au hameau de St-Voy. Laissez la voiture sur le terre-plein devant l'église.

Saint-Voy B2

La petite **église** romane (11e s.) est dédiée à saint Évode, évêque du Puy vers 374. L'histoire de celle-ci est intimement liée à l'introduction de la Réforme au 16e s. Dès 1560, en effet, la population, à la suite de son curé Bonnefoy, adopta le courant novateur, mais l'église n'abrita le culte réformé qu'une quinzaine d'années.
L'édifice, bâti en granit et couvert de lauzes, a le charme des églises rustiques. Le chœur aux lignes pures est percé de fenêtres dont les soubassements s'élèvent de gauche à droite suivant l'ascension du soleil.

UN VILLAGE-REFUGE ?

La cité huguenote – L'isolement naturel du Chambon a permis à sa population, de religion protestante, de survivre aux persécutions et de se maintenir en forte majorité. En 1598, l'édit de Nantes n'accorda la liberté de culte qu'au Chambon et à St-Voy, mais sa révocation, en 1685, entraîna dans ces deux localités en particulier une résistance cachée tenace et un attachement profond à la religion réformée.

Après la Révolution, le concordat de 1801 reconnut l'Église consistoriale de St-Voy.

De nos jours, Le Chambon possède, entre autres fondations protestantes, un important centre scolaire international, le **Collège-Lycée cévenol**, ouvert en 1938.

Le pays des Justes – Le lycée international et les nombreuses pensions d'enfants du Chambon comptent parmi les lieux qui abritèrent de nombreux Juifs lors de la Seconde Guerre mondiale. En effet, à partir de 1942, les habitants du Chambon et des communes avoisinantes entreprennent de cacher et d'aider ceux contre qui s'exercent de terribles persécutions. Face à un tel acte de bravoure, les Chambonnais furent déclarés « justes parmi les nations », comme en témoigne la plaque commémorative face au portail du temple du Chambon. Deux films retracent cette période difficile : *La Colline aux mille enfants* (1994), de Jean-Louis Lorenzi, et *Les Armes de l'esprit* (1989), de Pierre Sauvage.

Revenez à Mazet-St-Voy et suivez la signalisation « Foyer de ski de fond du Lizieux ». À 1,3 km, prenez sur la gauche une route non revêtue, signalée « Pic du Lizieux ». À 600 m du chalet s'embranche, à gauche de la route, le sentier d'accès au pic du Lizieux (laissez la voiture sur le terre-plein).

★★ Pic du Lizieux B2

Alt. 1 388 m. Table d'orientation *(30mn AR à pied)*. Le plus oriental des sucs phonolithiques du Velay domine un vaste plateau basaltique. Le **panorama** révèle au nord la vallée du Lignon, à l'est, les monts du Vivarais, au sud, la chaîne des Boutières avec son point culminant, le mont Mézenc, à l'ouest, le massif du Meygal.

Regagnez la voiture et par la petite route, poursuivez jusqu'à Montbuzat ; de là, prenez à droite la route forestière vers le nord.

Elle contourne une grande partie de la forêt du Lizieux et offre, à l'ouest, de belles vues sur les pâturages.

Revenez au Chambon-sur-Lignon par Le Mazet-St-Voy et la D 151.

VALLÉE DU LIGNON B 1-2

57 km. Voir le circuit sur la carte de microrégion p. 336. Comptez 2h30. Quittez Le Chambon-sur-Lignon au nord par la D 103.

Le Chambon tire l'origine de son nom aux terres fertiles (« champs bons ») qui s'étalent autour d'un des méandres du Lignon. Prenant sa source au pied du versant nord du mont Mézenc, cette rivière se jette dans la Loire en amont de Monistrol. Le Lignon offre un cours pittoresque, alternant les passages en gorges boisées et les vallonnements. Aux abords de Tence, en suivant la D 103, se révèlent des vues de la vallée.

Le train du chemin de fer touristique du Velay.
Office du tourisme du Haut-Lignon

Tence B2

Situé à 840 m d'altitude, le bourg de Tence, traversé par le Lignon et la Sérigoule, renommés pour leurs truites, constitue un bon centre d'excursions. Dans les ruelles en contrebas de l'église, remarquez les quelques maisons encore coiffées de lauzes, et la forme des anciennes cheminées, solidement ancrées sur les constructions pour résister au vent. *Chemin de fer touristique, voir « Nos adresses au Chambon-sur-Lignon ».*

Église – Dominée par la haute flèche de son clocher, l'édifice possède une nef du 17e s. Le chœur, gothique (15e s.), restauré, est la partie la plus intéressante ; remarquez les retombées sculptées des croisées d'ogives représentant les symboles des évangélistes. Les stalles du 17e s. proviennent de l'ancienne chartreuse de Bonnefoy.

Musée de la Chapelle des Pénitents – *Pl. du Chatiague - ✆ 04 71 59 81 99 - juil.-août : mar. 10h et 15h, sam. 15h ; reste de l'année : sur RV - 2,50 € (-15 ans gratuit).* L'édifice de 1813 abrite un musée dédié aux pénitents blancs : instruments de la passion, ornements sacerdotaux (17e et 18e s.), cannes de procession… Admirez la chaire sculptée d'inspiration végétale (1882) et les boiseries en noyer représentant le Christ entouré des apôtres.

Musée de la Pharmarcie – *Pl. du Chatiague - ✆ 04 71 59 81 99 - juil.-août : mar. et jeu. 10h-12h - gratuit.* Construite entre 1822 et 1874, cette pharmacie accolée au bâtiment de l'hospice a conservé ses boiseries anciennes qui abritent désormais une série de pots en faïence et d'instruments ayant servi à la préparation des remèdes.

Quittez Tence vers l'ouest par la D 103, route d'Yssingeaux. À 8 km, prenez à droite la D 47.

Barrage de Lavalette B1

Établi sur le Lignon, il offre un vaste plan d'eau dans son décor boisé.

Suivez au nord la D 47, puis à droite la D 105.

Montfaucon-en-Velay B1

La **chapelle Notre-Dame** située sur la gauche de l'hospice, sur la route d'Yssingeaux, abrite un ensemble de 12 tableaux exécutés en 1592 par le

peintre flamand Grimmer (vers 1575-1619) et représentant des paraboles évangéliques dans le décor des travaux des mois. La première peinture *(à droite en entrant, à côté du dispositif d'éclairage)* a pour thème l'arrivée de Marie et Joseph à Bethléem, en décembre, dans l'indifférence des habitants d'un petit village flamand du 16e s. ; le dernier tableau (novembre), aux tonalités tristes, est centré sur l'appel des apôtres qui pêchent ; remarquez les détails d'arrière-plan, évoquant l'art de la miniature. Au fond du sanctuaire, Vierge couronnée et habillée, du 16e s.
Poursuivez par la D 105 et prenez à droite la D 233.

Montregard B1

Ce village est un belvédère face au Meygal et au Mézenc. De la butte la plus à l'ouest, surmontée d'une statue de saint Jean-François Régis, on découvre un **panorama★** sur le massif du Mézenc, le pic du Lizieux, les sucs dominant la dépression d'Yssingeaux et les monts du Velay.
Retour à Tence par la D 233 et à droite la D 18. Poursuivez par la D 185 en direction du Chambon-sur-Lignon. Remarquez au passage les maisons rurales traditionnelles en granit couvertes d'un toit de lauzes à deux versants.
La D 157 ramène au Chambon-sur-Lignon.

NOS ADRESSES AU CHAMBON-SUR-LIGNON

HÉBERGEMENT

Au Chambon

BUDGET MOYEN

Le Bois Vialotte – *Rte de la Suchère - 3 km au sud par la D 151 - ✆ 04 71 59 74 03 - www.leboisvialotte.com - fermé oct.-mai - 17 ch. 56/69 € - ☕ 10 € - rest. (résidents seult) 15/26 €.* Les amateurs de calme apprécieront cet établissement familial situé à la lisière d'un bois. Les chambres, tournées vers la campagne, sont très bien tenues. Salle de restaurant au charme un peu désuet, de type « pension » ; cuisine ménagère traditionnelle.

RESTAURATION

À proximité

PREMIER PRIX

La Cabriole – *Paulhachon - 43190 Tence - 3 km à l'ouest de Tence sur la D 500, dir. Le Mazet-St-Voy - ✆ 04 71 65 05 22 - ouv. de fin mars à mi-nov. sam. soir et dim. midi sur réserv., juil.-août tlj sf lun. - 13/18 €.* Aménagée dans une ancienne étable, cette ferme-auberge très productive sert une cuisine toute simple, de qualité inestimable : agneaux, chevreaux, poulets élevés sur place, charcuterie et fromage de chèvre de la maison. Viande à midi seulement, casse-croûte le soir.

ACTIVITÉS

Chemin de fer touristique du Velay – *Rens. aux offices du tourisme de Tence (✆ 04 71 59 81 99), Le Chambon (✆ 04 71 59 71 56), Montfaucon (✆ 04 71 59 95 73) ou St-Agrève (✆ 04 75 30 15 06) - www.asso-vfv.net - juil.-août : jeu. et dim. (Tence-St-Agrève), merc. (Tence-Dunières) ; juin et sept. : dim. (Dunières-Le Chambon) - aller simple de 7 à 12 € (4-12 ans 4 à 8 €), AR de 8 à 15 € (4-12 ans 5 à 10 €).* Entre Tence et St-Agrève, ou entre Tence et Dunières, le chemin de fer touristique du Velay est une très belle façon de découvrir la vallée et les gorges du Lignon.

Yssingeaux

6 888 Yssingelais – Haute-Loire (43)

NOS ADRESSES PAGE 380

S'INFORMER
Office du tourisme du Pays des Sucs – *Pl. du Gén.-de-Gaulle - 43200 Yssingeaux - ✆ 04 71 59 07 67 - www.pays-des-sucs.com - lun.-jeu. 9h-12h, 14h-17h, vend. 14h-16h30, sam. 9h-12h - fermé 1er janv. et 1er Mai.*

SE REPÉRER
Carte de microrégion B1 *(p. 336) – Carte Michelin Départements 331 G3.*
Sur la N 88, Yssingeaux est située à 28 km au nord-est du Puy-en-Velay.

À NE PAS MANQUER
Le panorama du sommet du Grand Testavoyre ; la tradition des toits de chaume à Bigorre-Les Maziaux.

ORGANISER SON TEMPS
Comptez environ 2h pour la ville et ses environs.

Autrefois languedocienne, aujourd'hui autant rhodanienne qu'auvergnate de cœur, Yssingeaux est une des plus vastes communes de France. Elle est posée au cœur d'une région dont les paysages originaux sont hérissés de sucs volcaniques et de monts boisés. Dominé par le mont Meygal, Yssingeaux est le point de départ d'excursions et de randonnées. C'est aussi une halte gourmande. Raison de plus pour s'arrêter au pays des « Copains » !

Se promener

Hôtel de ville

Il est installé dans le château du 15e s., ancienne résidence d'été des évêques du Puy. Remarquez sur la façade les intéressants mâchicoulis trilobés.

Musée Saint-Roch – Apothicairerie

20 av. de la Marne - ✆ 04 71 65 77 00 - ♿ - juil.-août : mar.-sam. 14h30-18h ; reste de l'année : sur demande. Attention, hôpital en rénovation jusqu'en 2011.
Installées dans l'ancienne chapelle de l'hôpital, ses collections de faïences comptent parmi les plus importantes de France.

Itinéraire conseillé Carte de microrégion

★ LE MASSIF DU MEYGAL ET LE PAYS DES SUCS A-B 1-2

98 km. Voir circuit sur la carte de microrégion p. 336. Comptez environ 3h30. Quittez Yssingeaux au sud-est par la D 7, puis à 3 km prenez à droite la D 42.
La route longe sur la droite les sucs d'Ollières (alt. 1 186 m) et de Bellecombe (alt. 1 182 m) et à gauche le suc d'Achon (alt. 1 151 m).
Le massif du Meygal culmine au Grand Testavoyre (alt. 1 436 m), cône de roches phonolithiques aux pentes parsemées d'éboulis rocheux. Ce massif prolonge, au nord, le Mézenc *(voir ci-dessous)* dont le sépare la haute vallée du Lignon vellave.

Forêt du Meygal B2

Ce manteau forestier de près de 1 200 ha a été constitué entre 1865 et 1880. Il s'accroche en partie aux flancs du Grand Testavoyre. Deux routes forestières traversent du nord au sud cette futaie de résineux où alternent pins sylvestres, sapins, épicéas.

Après la bifurcation d'Araules, prenez à droite la D 18 en direction de Queyrières, puis à gauche la première route forestière, balisée en rouge et bleu, s'engageant dans le sous-bois. À la bifurcation suivante, empruntez la route de gauche qui longe le flanc est du Grand Testavoyre. Laissez la voiture sur l'aire de détente aménagée dans une clairière à 300 m de la maisonnette forestière.

Grand Testavoyre★★ – Le sentier *(30mn à pied AR)* s'élève sous bois, puis serpente parmi bruyères et myrtilles. Du sommet, le **panorama** révèle un beau paysage volcanique. Au nord, la région d'Yssingeaux et sa ceinture de sucs. À l'est, le pic du Lizieux (1 388 m) domine l'horizon. Au sud, on voit St-Front, face au Mézenc. Du sud-ouest au nord-ouest, les monts du Velay.

En redescendant du Grand Testavoyre, poursuivez la route forestière jusqu'à la sortie de la forêt.

La route ouest passe devant la « **maison des Copains** », lieu rendu célèbre par le roman de Jules Romains.

La route forestière de gauche aboutit à la D 15, que vous prenez à gauche. Tournez ensuite à droite dans la D 26, puis toujours à droite dans la D 263 qui longe le lac de St-Front.

Saint-Front B2

Ce vieux village adossé à une butte offre une **vue★** excellente sur le versant nord-est du Mézenc et le mont d'Alambre. Remarquez, au centre du bourg, l'église de montagne avec son clocher-peigne typique (11e s.).

Prenez à l'ouest la D 39. Avant le hameau de Machabert, tournez à droite dans la route conduisant aux Maziaux.

★ Les Maziaux et Bigorre A2

La spécificité de ces hameaux est due à la passion d'un homme : Isidore Boyer était agriculteur et aimait les toits de chaume de son village. Il apprit donc à les entretenir et à les refaire. L'ensemble a ainsi gardé ses chaumières et son architecture traditionnelle. Par sa cabane de bergers, ses outils ruraux, le commentaire de la maquette du village et surtout son film (malheureusement détérioré) sur la réfection des chaumières, le charmant **écomusée** ressuscite la vie rurale locale. *✆ 04 71 59 53 04 - juil.-août : 15h-18h30 - 3,50 € (-6 ans gratuit).*

Au bout de la route, prenez à droite la D 39 puis la D 49, que vous gardez jusqu'à St-Julien-Chapteuil.

Saint-Julien-Chapteuil A2

8 pl. St-Robert - 43260 St-Julien-Chapteuil - ✆ 04 71 08 77 70 - www.auvergne-paysdumeygal.com - vac. scol. : 10h-12h, 15h-18h (18h30 en été), dim. 10h-12h30 ; reste de l'année : lun., merc. et vend. 10h-12h, 15h-18h, jeu. 10h-12h.

Au centre d'un bassin verdoyant arrosé par la Sumène et hérissé de pitons volcaniques, le village occupe un **site★** original. À l'est, un rocher basaltique porte les vestiges du château féodal.

Église – Bien situé sur une plate-forme rocheuse, cet édifice roman a été largement remanié ; la façade et le clocher sont modernes. Remarquez dans l'abside quelques chapiteaux anciens. De la terrasse proche du chevet, jolie vue sur les pitons voisins, en particulier le **suc de Monac**, belle falaise de trachyte et le suc de Chapteuil, reconnaissable à ses orgues basaltiques.

Musée Jules-Romains – *✆ 04 71 08 77 70 - www.auvergne-paysdumeygal.com - mêmes horaires que l'office de tourisme - 2 € (-10 ans gratuit) ; 3 € visite guidée.*
Dans une salle de l'office de tourisme sont rassemblés des documents et des objets évoquant la vie et l'œuvre de Louis Farigoule plus connu sous le nom de **Jules Romains** (1885-1972), né au hameau de la Chapuze au nord du village. Romancier, dramaturge et essayiste, il est l'auteur de nombreux ouvrages dont *Knock* ou le *Triomphe de la médecine*, immortalisé par l'acteur Louis Jouvet, *Les Copains* et *Les Hommes de bonne volonté*, vaste fresque sociale couvrant la période de 1908 à 1933.
Passée la place de la Mairie, prenez la première rue à droite en direction de Moudeyres sur 2 km jusqu'à Bourgeneuf.

Bourgeneuf

Dans ce petit hameau, on peut encore voir une ancienne **maison de béate** bien conservée. Elle illustre la vie des « béates », jeunes filles et femmes entièrement dévouées aux habitants des villages du Velay. *✆ 04 71 08 77 70 - visite guidée juil.-août - rens. à l'office du tourisme de St-Julien-Chapteuil - gratuit.*
Revenez à St-Julien et prenez la D 26 au nord-ouest.

Saint-Pierre-Eynac A2

Jolie **église** rurale à clocher-peigne, portail roman et porche Renaissance.
Au cours de la montée vers Aupinhac, **vue★** à gauche, sur le bassin et Le Puy : on distingue la cathédrale, le rocher Corneille et St-Michel-d'Aiguilhe.
Poursuivez sur la D 26 vers le village de St-Étienne-Lardeyrol en franchissant la N 88.
La D 71 remonte vers le nord, en traversant un paysage jalonné de sucs. À la sortie de Malrevers, à gauche, le **suc de Chauven** (alt. 848 m).
Après Rosières, prenez à droite la D 7.
On longe successivement sur la gauche le **suc de Jalore** (alt. 1 076 m) et on distingue, en arrière-plan, le **suc d'Émeral** (alt. 1 081 m).
Engagez-vous dans la première route à droite après un cimetière vers Mortesagne.
La route est dominée par le **suc d'Eyme** (alt. 1 137 m) que l'on aperçoit à gauche ; à **Mortesagne**, remarquez la maison forte du 16e s. La petite route revêtue à droite conduit au pied du **suc de Glavenas** (alt. 1 048 m). Au cours de la descente vers le village, belle **vue★** sur l'église perchée de **Glavenas** se détachant sur un étrange paysage.
Par la D 431 et la N 88 rejoignez Yssingeaux.

ADIEU JOLIS CHAUMES ?

Ironie de l'histoire qui veut que la paille de seigle qui couvrait autrefois les toits des pauvres soit aujourd'hui le privilège de ses amoureux les plus riches ! Les chaumières étaient en effet courantes dans la région alors qu'il faut maintenant visiter Bigorre ou Moudeyres *(voir p. 401)* pour les retrouver en nombre (une association défend leur survie sur le plateau du Mézenc). En effet, si la matière reste meilleur marché, c'est le prix de la main-d'œuvre qui marque la différence, d'autant qu'un toit de chaume demande à être régulièrement revu, et refait entièrement tous les 20 à 30 ans (contre 100 environ pour l'ardoise). De plus, le chaume implique un surcoût d'assurance. La visite de l'écomusée, avec la disposition régulière des nœuds sous chaque « cloissoux » de paille, convainc pourtant de ses qualités esthétiques, de son pouvoir d'isolation, sans parler de la douce odeur qui règne sous la charpente.

NOS ADRESSES À YSSINGEAUX

HÉBERGEMENT

À Yssingeaux

BUDGET MOYEN

Hôtel Le Bourbon – *5 pl. de la Victoire - ✆ 04 71 59 06 54 - www.le-bourbon.com - fermé 25 juin-8 juil., 8-21 oct., 23 déc.-20 janv., dim. soir, mar. midi et lun. - 11 ch. 65/75 € - ☕ 12 € - rest. 13/46 €.* Hostellerie traditionnelle aux intérieurs très chatoyants dont chaque chambre, baptisée d'un nom de fleur, offre un confort douillet. Le regard est fort sollicité dans la salle à manger, tant par ses couleurs vives que par les nombreux tableaux qui la décorent.

À proximité

BUDGET MOYEN

L'Auberge de Pays d'Herminette – *Bigorre - Les Maziaux - 43550 St-Front - 5 km au nord-ouest de St-Front par D 39 et chemin à droite - ✆ 04 71 59 57 58 - http://auberge-lherminette.com - réserv. obligatoire - 6 ch. 60/78 € ☕ - repas 12,50/20 €.* Une petite hermine a trouvé refuge dans cette maison coiffée d'un toit de lauzes. Après une nuit réparatrice et un repas inspiré par la gastronomie régionale, n'hésitez pas à visiter l'écomusée voisin évoquant histoire et architecture locales.

RESTAURATION

À Yssingeaux

PREMIER PRIX

La Ferme de Lavée – *Lavée - ✆ 04 71 59 00 00 - www.fermedelavee.com - buffet 10,80 €, formules 11,90/13,50 €.* Proche du centre-ville, dans une zone artisanale en développement, cette ferme réaménagée abrite désormais un restaurant. C'est dans l'ancienne grange que les repas sont servis. Cuisine du terroir et formule économique en font une adresse très courue à l'heure du déjeuner.

À proximité

BUDGET MOYEN

Auberge de Marliou – *43260 Queyrières - à 9 km au sud d'Yssingeaux par la D 152 - ✆ 04 71 57 63 00 - avr.-déc. : jeu.-dim. ; mars : sam.-dim. - fermé janv.-fév. - 20/29 € - réserv. obligatoire.* À l'orée du massif du Meygal, une ferme typique coiffée de lauzes a installé sa salle de restaurant dans la grange et l'ancienne écurie qui a conservé ses stalles. Cuisine du terroir élaborée avec les produits choisis à proximité : feuilleté aux champignons, veau des monts du Velay, civet de cerf ou bœuf au bleu du pays.

Le Puy-en-Velay

★★★

19 321 Ponots – Haute-Loire (43)

NOS ADRESSES PAGE 393

S'INFORMER

Office du tourisme de l'agglomération du Puy-en-Velay – *Pl. du Clauzel - 43000 Le Puy-en-Velay - ✆ 04 71 09 38 41 - www.ot-lepuyenvelay.fr - juil.-août : 8h30-19h30 ; de Pâques à fin juin et sept. : 8h30-12h, 13h30-18h15 ; reste de l'année : 8h30-12h, 13h30-18h15, dim. et j. fériés 10h-12h - fermé 1er janv. et 25 déc.* Visites guidées en journée et nocturnes.

SE REPÉRER

Carte de microrégion A2 *(p. 336) – Carte Michelin Départements 331 F3.*
La ville est située sur la N 88, qui va de St-Étienne à Mende, en Lozère. Elle se trouve aussi sur les grandes voies de pèlerinage qui mènent à Compostelle, en Espagne, ou au mont Gagliano, en Italie.

SE GARER

Circuler dans la ville en plein été peut s'avérer difficile. Laissez votre voiture en bordure du centre-ville : place Michelet ou place du Breuil au sud, place Carnot à l'ouest.

À NE PAS MANQUER

La visite de l'extraordinaire cathédrale Notre-Dame, inscrite au Patrimoine mondial de l'Unesco ; et, pour les plus sportifs, l'ascension du rocher d'Aiguilhe, pour la visite de sa ravissante chapelle, perchée sur son doigt de lave à 82 m de hauteur.

ORGANISER SON TEMPS

Prévoyez deux jours pour parcourir la ville et découvrir la constellation de châteaux qui l'entourent.

AVEC LES ENFANTS

Découvrez la vieille ville, à bord du petit train touristique. Emmenez également vos enfants rue des Tables pour observer le minutieux travail des dentellières, puis partez gravir les marches du rocher Corneille, coiffé d'une impressionnante statue de Notre-Dame de France.

Lorsque l'on prononce son nom, trois mots viennent volontiers à l'esprit : dentelle, lentilles et verveine. Mais le Puy-en-Velay est avant tout l'un des sites les plus extraordinaires de France… Vision étrange et splendide que cette ville enserrée entre ses buttes, avec son rocher Saint-Michel d'Aiguilhe, surmonté d'une chapelle romane, son rocher Corneille, couronné par une Vierge monumentale, et sa non moins étrange cathédrale Notre-Dame, presque orientale, dont la célèbre Vierge noire fait aujourd'hui encore l'objet d'une grande dévotion. Car vous êtes ici au point de départ de la fameuse « Via Podiensis », l'une des routes de Saint-Jacques-de-Compostelle. En septembre, dans les rues de la cité, les Ponots costumés renouent avec la fête du « Roi de l'Oiseau », une curieuse tradition datant de la Renaissance.

Se promener Plan de ville

★★★ L'ÎLE AUX TRÉSORS

Circuit 1 tracé en vert sur le plan de ville (p. 387).
La cité épiscopale domine la ville haute, dont la cathédrale fut restaurée entre 1994 et 1999. Partez de la place des Tables, où s'élève la gracieuse fontaine du Choriste (15e s.), et montez vers la cathédrale par la pittoresque rue des Tables, aux escaliers latéraux bordés de demeures anciennes et où vous pourrez voir dentelliers et dentellières au travail.

★★★ Cathédrale Notre-Dame B1

Un large escalier de 134 marches donne accès à l'étrange façade ouest, aux laves polychromes et aux parements de mosaïques. Cet extraordinaire édifice de style roman est inscrit au Patrimoine mondial de l'Unesco, dans le cadre du classement des chemins de St-Jacques-de-Compostelle. Il doit son originalité à l'influence de l'Orient. On y retrouve aussi l'influence byzantine, due aux croisés, dans les coupoles octogonales des voûtes de la nef. L'église primitive correspond au chevet actuel. La place vint à manquer, au 12e s., quand on entreprit de l'agrandir : les dernières travées de la nef et le porche ouest furent alors construits « dans le vide », de hautes arcades servant d'appui. Les porches du For et St-Jean furent ajoutés à la fin du 12e s.

Trajet sous la cathédrale – La cathédrale a fait l'objet d'importantes restaurations à différentes époques qui ont notamment permis la remise en place du grand escalier qui aboutit dans le chœur. Les degrés de l'escalier se prolongent jusqu'à la porte principale, sous les quatre travées construites au 12e s. Au niveau de la deuxième, deux portes à **vantaux★**, appelées portes de Cèdre, ferment deux chapelles latérales. Leurs sculptures (12e s.) à faible relief retracent la Nativité et des épisodes de la Passion. Dans la travée suivante, on voit deux **fresques** restaurées : *La Vierge Mère* (13e s.) à gauche, *La Transfiguration de Notre Seigneur* à droite. Franchissez la Porte dorée (ainsi appelée car jadis recouverte de cuivre ciselé), encadrée de deux colonnes de porphyre rouge. À la quatrième travée, l'escalier bifurque et vient à nouveau déboucher dans la cathédrale face au maître-autel, ce qui faisait dire qu'« on entrait à Notre-Dame du Puy par le nombril, et on en sortait par les oreilles » !

Empruntez la branche de droite, qui conduit à une porte située dans le bas-côté.

Intérieur – L'originalité de l'église réside dans la suite de coupoles qui couvrent la nef (celle de la croisée du transept est moderne). Remarquez la chaire **(1)** et le beau maître-autel **(2)**, qui accueille une **Vierge noire** en bois, copie assez fidèle de la statue d'origine, brûlée lors de la Révolution. Elle fut réalisée au

Vue générale du Puy-en-Velay.
Office du tourisme du Puy-en-Velay

19e s. d'après les descriptions et dessins faits par Faujas de St-Fons. L'originale, en cèdre, datait d'avant la fin du 10e s. Elle fut dépouillée en janvier 1794, puis oubliée aux archives jusqu'à ce que quelques mois plus tard, à l'occasion de la Pentecôte, on vint la chercher pour la brûler sur la place du Martouret. En se consumant, la statue dévoila une cachette secrète renfermant un parchemin, mais malheureusement celui-ci partit en fumée sans que personne ait pu lire son contenu. Remarquez aussi, au fond de la nef à l'ouest **(11)**, le grand orgue baroque restauré à deux faces en noyer sculptées. Dans le bas-côté nord, un grand tableau de Jean Solvain, dit *Vœu de la peste* (1630), illustre une procession d'actions de grâces qui se déroula sur la place du For **(3)**.

Dans le bras gauche du transept, belles fresques romanes : *Les Saintes Femmes au tombeau* **(4)** et *Le Martyre de sainte Catherine d'Alexandrie* **(5)**. Sur la gauche, on aperçoit une tribune où se trouve une **fresque de saint Michel★** (fin 11e s.-début 12e s.), la plus grande peinture connue en France représentant l'archange. *✆ 04 71 05 98 74 - de déb. juil. à mi-sept. : 7h-19h.* La fameuse **pierre des Fièvres (12)** se trouve dans la chapelle qui jouxte le porche St-Jean.

Les plus belles pièces du **trésor★** sont exposées dans la sacristie. À voir, dans l'ordre qu'il vous plaira : une Pietà, peinture sur bois de l'école bourguignonne, une tête de Christ en cuivre doré (15e s.), un Christ en ivoire, une croix de bateliers du Rhône et des boiseries en noyer, du 17e s.

Porche du For

Il date de la fin du 12e s. et donne accès à la cathédrale par la **Porte papale**, selon l'inscription qui la surmonte. Dans l'angle intérieur, les ogives retombent sur un pilastre que soutient une main ouverte sortant de la muraille.

LE FEU, LA PIERRE ET L'EAU…

C'est à des phénomènes volcaniques que le bassin du Puy doit sa physionomie si originale. Il doit sa formation première à l'effondrement du plateau vellave, en contrecoup du plissement alpin. Puis des sédiments arrachés aux hauteurs environnantes comblèrent en partie le bassin, où la Loire s'enfonça en gorge. À la fin du tertiaire, une série d'éruptions volcaniques bouleversa la région ; le lit de la Loire se trouva déporté à l'est. À l'ère quaternaire, l'érosion reprit son travail, laissant en saillie des récifs volcaniques plus résistants, d'origines diverses. On reconnaît des tables basaltiques, restes de coulées (rocher de Polignac), des cheminées de volcans (rocher St-Michel), des parties de cônes éruptifs (rocher Corneille). Les coulées, en se refroidissant, ont donné naissance à des assemblages de colonnes prismatiques comme les orgues d'Espaly.

De la petite place du For, on a une **vue** étonnante sur la partie moderne de la ville, et on détaille bien le clocher légèrement détaché du chevet fortement restauré : c'est une construction de forme pyramidale, à sept étages.
Contournez le chevet par la rue de la Manécanterie.

Porche Saint-Jean

En sortant de la cathédrale, remarquez les battants, recouverts de cuir, qui arborent de belles **pentures** (appliques en fer forgé) du 12e s. Précédé d'une grande arcade surbaissée, ce porche, qui était destiné au passage des souverains, relie la cathédrale au baptistère St-Jean *(voir ci-dessous)*.
Passez sous le clocher où se trouvent les tombeaux d'abbés et de chanoines. Dans la petite cour attenante au chevet **(6)**, vous verrez, derrière le puits roman, les bas-reliefs gallo-romains encastrés dans la base du chevet et la frise qui les couronne (scènes de chasse).

Baptistère Saint-Jean

Relié à la cathédrale par le porche du même nom, cet édifice, datant des 10e et 11e s., servit de baptistère à l'ensemble des paroisses de la cité jusqu'à la Révolution. L'entrée sud est flanquée de lions en pierre, érodés. À l'intérieur, on peut voir la cuve baptismale de forme pyramidale.

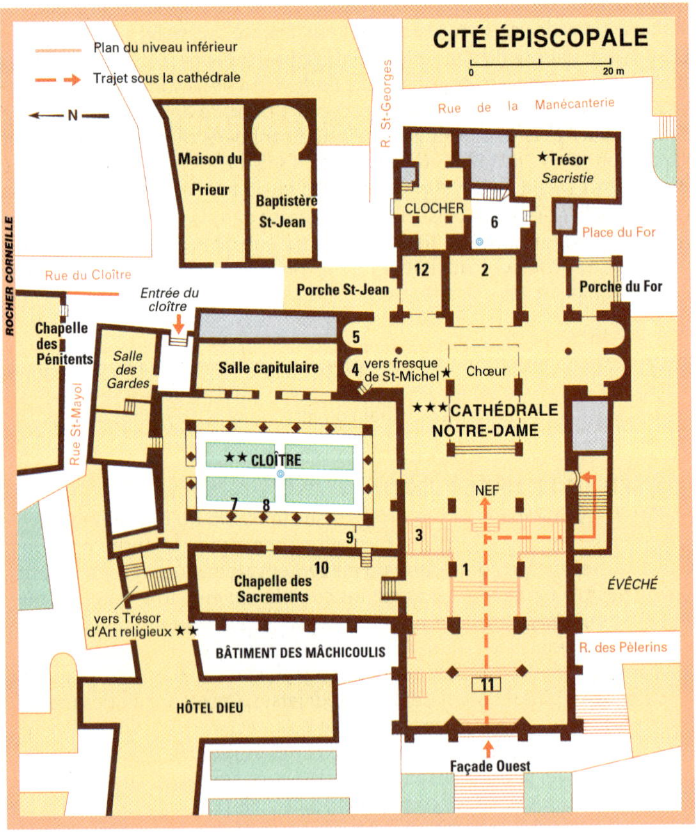

LA CITÉ DE LA VIERGE

La capitale vellave de l'époque romaine, *Ruessium*, a été identifiée à St-Paulien. Le site du Puy (le puy d'Anis) semble avoir été un très ancien lieu de culte païen (restes d'un sanctuaire du 1er s. dans les fondations de la cathédrale), christianisé à partir du 3e s. Des apparitions de la Vierge, des guérisons miraculeuses auprès d'une table de dolmen appelée depuis lors « pierre des Fièvres » *(visible dans la cathédrale)* incitèrent les premiers évêques à se transporter en ces lieux et à s'y établir, sans doute à la fin du 5e s. Une basilique s'éleva, puis une cathédrale autour de laquelle se développa une ville, l'ancienne *Ruessium* étant déchue de son rang.
Au Moyen Âge, le **pèlerinage** du Puy connaît un succès d'autant plus important que la cité constitue elle-même un point de départ pour St-Jacques-de-Compostelle. Avec Chartres, c'est le plus ancien lieu de culte marial de France. Des rois, des princes, des foules d'humbles gens s'y pressent pour invoquer la mère de Dieu.
Vénérée aujourd'hui encore, la **Vierge noire** fut, selon la légende, apportée d'Orient par Louis VII ou par Saint Louis. Couronnée en 1856, elle remplace celle brûlée en 1794.

★★ Cloître B1

✆ 04 71 05 45 52 - www.monum.fr - juil.-août : 9h-18h30 ; 23 sept.-30 juin et 1er-22 sept. : 9h-12h, 14h-18h30 - fermé 1er janv., 1er Mai, 1er et 11 Nov. et 25 déc. - 5 € (-18 ans gratuit).

Ce très beau cloître, accolé au nord de la cathédrale, est composé de galeries d'époques différentes, la plus ancienne, au sud, étant romane. La polychromie des claveaux, des écoinçons en losanges rouges, ocre, blancs ou noirs formant des mosaïques, compose un décor dont on a souligné la parenté avec l'art islamique.
Parmi les **chapiteaux historiés**, remarquez, dans la galerie ouest, celui qui représente une dispute autour d'une crosse abbatiale **(7)**, et un autre qui figure un centaure **(8)**. Une remarquable **grille romane★ (9)** ferme la galerie ouest. De l'angle sud-ouest du cloître, on découvre la cheminée romane coiffant le logis des clergeons. Sur la galerie est s'ouvre la **salle capitulaire**, chapelle des Morts au 14e s., dont l'entrée est encadrée par des pilastres striés de cannelures à double ondulation (motif rare). Elle est ornée, sur le mur sud, d'une fresque du 13e s., représentant la Crucifixion *(éclairage à l'entrée)*. Tout autour du cloître, au-dessus des arcades, court une **corniche** délicatement ornée, illustrant avec verve le bestiaire du Moyen Âge.

Hôtel-Dieu

✆ 04 71 09 38 41 - ouverture prévue début 2010.

Situé en contrebas de la façade ouest de la cathédrale et du bâtiment des Mâchicoulis, il servait autrefois d'abri pour les pèlerins les plus démunis. C'est seulement sous l'Ancien Régime qu'il devint un hôpital. Classé au Patrimoine mondial de l'Unesco, il a été réhabilité pour accueillir le Centre d'interprétation de l'architecture, du patrimoine du Pays d'art et d'histoire du Puy-en-Velay, ainsi que le Centre de réflexion autour de la spiritualité.

Bâtiment des Mâchicoulis

Cette construction massive, abritée derrière la chapelle de l'Hôtel-Dieu, faisait partie des fortifications de la cathédrale et du palais épiscopal au 13e s.

Chapelle des Sacrements

9h-19h. Respectez le silence durant les offices.

Cette chapelle s'ouvre sur le bas-côté nord de la cathédrale. Son beau retable doré abrita, jusqu'à la Révolution, les reliques apportées à Notre-Dame du Puy. Ancienne bibliothèque de l'université St-Mayol, elle fut ornée, au 15e s., sur le mur est, de la célèbre peinture des **Arts libéraux★ (10)**.

Chaque art libéral (Grammaire, Logique, Rhétorique, Musique) est représenté par une femme assise et par un personnage allégorique. La précision des étoffes et des bijoux est riche d'enseignements sur les goûts de cette époque.

★★ Trésor d'art religieux

Mêmes conditions de visite que pour le cloître de la cathédrale.

Aménagé dans l'ancienne salle des États du Velay, au-dessus de la chapelle des Sacrements, il rassemble d'admirables œuvres d'art : chape de soie du 11e s. ; châsse en émail champlevé du 13e s. ; Vierge allaitant du 15e s., en pierre polychrome ; magnifique manteau brodé de la Vierge noire du 16e s. ; remarquable parchemin du 15e s. (Genèse de la création du monde à la Résurrection).

Parmi les tableaux se distinguent *L'Adoration des Mages*, par Claude Vignon (1640), et surtout *La Sainte Famille*, attribuée au Maître de Flémalle (fin 15e s.). L'art du sculpteur montpelliérain **Pierre Vaneau** (1653-1694) est représenté par des panneaux illustrant des thèmes mythologiques et par deux statues d'esclaves, en noyer.

Chapelle des Pénitents B1

✆ 04 71 09 52 77 - http://penitentslepuy.free.fr - juil.-août : 14h-18h - possibilité de visite hors sais. sur demande préalable (penitentslepuy@free.fr).

On y pénètre par une porte aux vantaux de bois sculpté dans le style Renaissance. À l'intérieur, les peintures décorant la tribune, les parois lambrissées de la nef unique, mais surtout le beau **plafond à caissons**, relatent la vie de la Vierge. Elles ont été réalisées aux 17e et 18e s. Les instruments de la Passion des pénitents blancs, confrérie fondée en 1584, sont encore portés en procession, notamment pour la veillée du Jeudi saint.

La rue du Cloître mène au rocher Corneille.

Rocher Corneille B1

R. du Cloître - ✆ 04 71 04 11 33 - juil.-août : 9h-19h30 ; mai-juin et sept. : 9h-19h30 ; de mi-mars à fin avr. : 9h-18h ; d'oct. à mi-mars : 10h-17h - fermé de mi-nov. à fin janv. (sf vac. scol. et dim. apr.-midi) - 3 € (-18 ans 1,50 €).

LA VILLE DE LA DENTELLE

Au Puy et dans le Velay, comme dans la région d'Arlanc, la dentelle à la main tenait autrefois une place importante dans l'économie locale. Son origine remonte probablement au 15e s., mais c'est au 17e s., grâce à l'action d'un père jésuite, canonisé sous le nom de **saint Jean-François Régis**, qu'elle prit un essor décisif et qu'une organisation particulière se mit en place. Dans tous les villages, des femmes travaillaient à domicile pour le compte de marchands établis dans les villes voisines. Des « leveuses », apportant fils et cartons aux ouvrières, servaient d'intermédiaires avec les patrons. Ce travail d'appoint était une nécessité pour la paysannerie pauvre de la région. L'imprégnation religieuse du métier resta longtemps très forte. La transmission du savoir-faire se faisait de mère en fille, mais aussi par des femmes pieuses, appelées « béates », qui enseignaient en même temps le catéchisme.

LE PUY-EN-VELAY

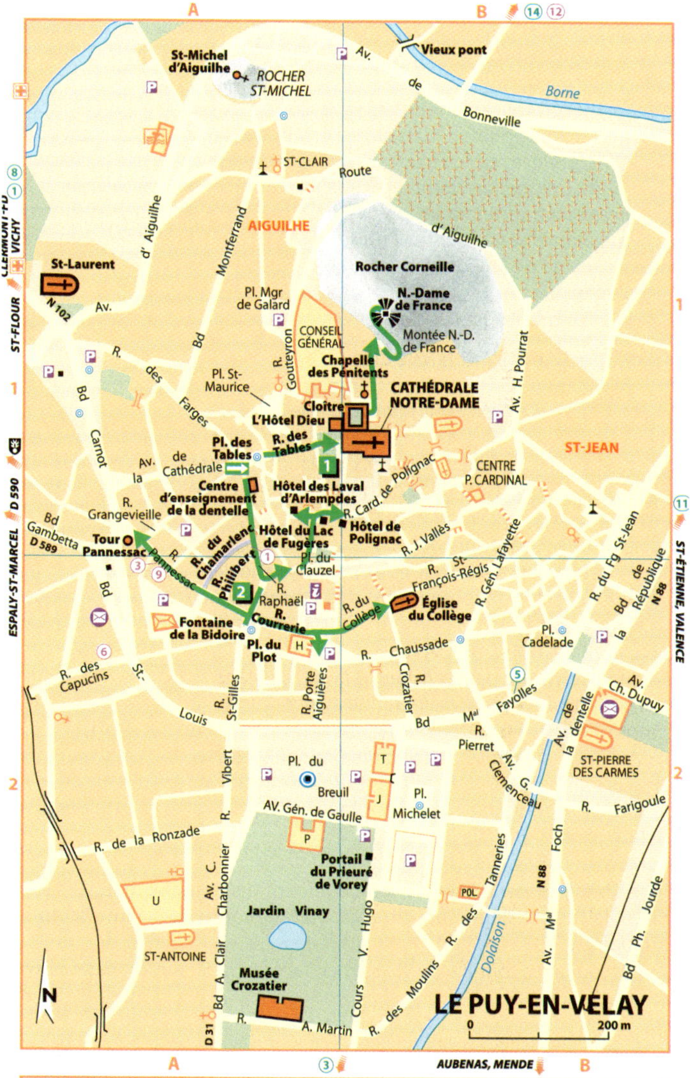

SE LOGER

Bilhac (Gîte de) ... 1
Domaine de Bauzit (Chambre d'hôte) ... 3
Dyke Hôtel ... 5
Gourmantine (Chambre d'hôte La) ... 8
Moulin de Barette (Hôtel Le) ... 11
Paravent (Chambre d'hôte La) ... 14

SE RESTAURER

Chamarlenc (Le) ... 1
Écu d'Or (L') ... 3
Lapierre ... 6
Poivrier (Le) ... 9
Renouée (La) ... 12

Le rocher Corneille, ou **mont d'Anis**, est un reste de cône appartenant sans doute au volcan dont le rocher St-Michel représente la cheminée. De la plate-forme, **vue★** panoramique sur les toits rouges de la ville et le bassin du Puy *(table d'orientation)* ainsi que sur le rocher St-Michel au nord-ouest, derrière lequel se profile le château de Polignac *(consultez* Le Guide Vert Auvergne*)*.
Le rocher est surmonté d'une colossale **statue de Notre-Dame de France** B1 (hauteur : 22,70 m, poids : 110 t) érigée en 1860, par souscription nationale. 213 canons, prélevés sur les trophées de la prise de Sébastopol (1855), durant la guerre de Crimée, servirent à la couler. Et si la Vierge, contrairement à la représentation traditionnelle, porte l'Enfant à droite, et non près du cœur, c'est tout simplement pour qu'il puisse bénir la ville de sa main droite sans cacher le visage de la Vierge. On peut monter à l'intérieur de la statue, jusqu'au niveau du cou.
Revenez à la place des Tables.

★ EN PARCOURANT L'ANCIENNE CITÉ A1-2

Circuit 2 *tracé en vert sur le plan de la ville p. 387.*
La vieille ville regroupe ses hautes maisons aux toits rouges autour du rocher Corneille, tandis que les boulevards circulaires marquent le début de la ville basse moderne. Au pied de la cathédrale, la **place des Tables** A1 offre un intéressant aperçu de la cité épiscopale.
Prenez à gauche la rue Raphaël.
Notables et familles bourgeoises de la ville y résidaient autrefois. Au n° 38 se trouve le **Centre d'enseignement de la dentelle au fuseau** A1 *(voir « Nos adresses au Puy-en-Velay »)*. Au n° 56, remarquez un logis du 16e s. à cinq niveaux, dit **logis des Alix Selliers**.
Au terme de cette rue, prenez à gauche la rue Saulnerie, puis remontez à gauche la rue Rochetaillade aux façades romanes, notamment au n° 7.
À l'angle de la rue du Cardinal-Polignac s'élève l'**hôtel du Lac de Fugères** A1, du 15e s. Engagez-vous dans cette rue : au n° 8, l'**hôtel de Polignac** B1 présente une tour polygonale du 15e s. Revenez vers le croisement de la rue Rochetaillade pour rejoindre la rue Vaneau et voir au n° 3 l'**hôtel des Laval d'Arlempdes** A1 (15e s.).
Revenez sur vos pas.
La rue Chênebouterie, dans le prolongement de la rue Raphaël, présente, au n° 6, la façade d'une maison d'aromateur comportant une sculpture scatologique.
Au n° 8, cour avec tourelle du 15e s. et en face, au n° 9, maison natale (16e s.) du maréchal Fayolle.

LE ROI DE L'OISEAU

En septembre, les Ponots perpétuent une tradition qui remonte au 16e s. : le **tir au roi**, qui permettait de sacrer « meilleur archer de la cité » celui qui réussirait à abattre d'une flèche un oiseau de chiffon (le Papagaï). Le vainqueur, proclamé **Roi de l'année,** jouissait de quelques privilèges, dont celui de ne pas payer l'impôt et de détenir les clés de la ville. Aujourd'hui, c'est en costume Renaissance que les concurrents doivent tirer l'oiseau, et la cible est toujours atteinte. Les rues laissent alors la place aux spectacles, aux cavaliers et troubadours, aux défilés auxquels participent plus de 6000 personnes costumées.

Fête du « Roi de l'Oiseau » au Puy-en-Velay.
J. Perez / Festival Roi de l'Oiseau 2008

La rue débouche sur la **place du Plot** A2 (ancienne place du Pilori), point de départ de la *Via Podiensis* qui mène à St-Jacques-de-Compostelle. Cette place est animée, en fin de semaine, par un marché coloré, autour de la **fontaine de la Bidoire** A2 (1246). Au 13e s., nombreux étaient les marchands du Poitou, de Provence et d'Espagne qui venaient étaler leurs armes, leurs laines, leurs cuirs et leurs joyaux. À partir de 1544, un marché des fruits et légumes se tint au Plot : une tradition qui perdure, très vivante, chaque samedi matin.
Quittez la place et prenez à gauche la rue Pannessac.
Cette rue en partie piétonne est bordée d'élégantes maisons Renaissance des 16e et 17e s., présentant des façades en encorbellement parfois flanquées d'une tour ou échauguette, comme aux nos 16 et 63.
Au no 42, le **logis des André** ; au no 46, le **logis des frères Michel**, du 17e s., orné au rez-de-chaussée de masques et d'écoinçons sculptés et aux étages de mascarons, de guirlandes et de cartouches, affichent l'opulence des commerçants qui habitaient ce quartier.
Au bout de la rue, la **tour de Pannessac** A1, du 13e s., est le dernier vestige des dix-huit portes fortifiées, à tours jumelles, que possédait l'enceinte.
Revenez sur vos pas.
Sur la gauche, la ruelle de traverse du **Chamarlenc** A1-2 a conservé son caractère médiéval ; au no 18, la façade de la **demeure des Cornards**, dont le privilège était de brocarder les bourgeois de la ville, est ornée de deux têtes à cornes, l'une hilare, l'autre tirant la langue, surmontées d'inscriptions facétieuses.
Au niveau de la place du Plot, poursuivez en face.
La rue Courrerie compte, au no 8, une intéressante façade du 16e s. suivie de celle de l'**hôtel de Marminhac**, aux baies en plein cintre dont les clefs portent des masques sculptés. Vous arrivez place du Martouret (lieu d'exécution sous la Révolution), où se dresse la façade de l'hôtel de ville.
Empruntez la rue du Collège pour rejoindre l'église.

Église du Collège B2

Au tout début du 17e s., le père jésuite Martellange construisit, pour le nouveau collège de son ordre, un bâtiment du nouveau style baroque italien, le premier en France. On y admire des retables dorés, ornés de tableaux de Guy François.

À voir aussi Plan de la ville

Musée Crozatier A2

Jardin Henri-Vinay - travaux prévus jusqu'en 2012, mais le musée est partiellement rouvert depuis 2009 - ✆ 04 71 06 62 40.

Un nouvel édifice et un espace de 200 m² dédié à l'art contemporain compléteront ce musée installé dans un imposant bâtiment (1865) au fond du jardin Vinay et consacré, en particulier, à l'histoire ponote.

Vous y retrouverez la **collection lapidaire**★ (nombreux chapiteaux historiés et sculptures provenant de la cathédrale), les expositions temporaires (arts gallo-romain, roman et gothique), le bel ensemble d'objets d'art et de peintures du Moyen Âge et de la Renaissance (dont une **Vierge de l'Annonciation** en pierre polychrome et dorée de la fin du 15e s.), les panneaux et maquettes didactiques de mécanique et le **praxinoscope** (ancêtre du théâtre d'animation), les artisanats et traditions vellaves (riche collection de **dentelles**★ à la main, du 16e au début du 20e s., magnifiques ouvrages au fuseau ou à l'aiguille), enfin les **beaux-arts**, du 14e s. à nos jours, et, dans la section d'histoire naturelle, la **collection ornithologique**, qui regroupe près de 400 espèces.

Jardin Vinay A2 – Servant de cadre au musée Crozatier, il renferme, entre autres monuments, le beau portail du prieuré de Vorey. L'agencement savant de ses essences est l'œuvre d'Henri Vinay, ancien ordonnateur des lieux.

Église Saint-Laurent A1

Rare exemple de l'art gothique en Velay, elle date du 14e s. et faisait partie d'un couvent de dominicains. Le portail de façade, de style flamboyant, est remarquable. À l'intérieur, la nef, épaulée par deux bas-côtés et couverte de voûtes d'ogives, surprend par son ampleur.

Dans le chœur, à droite, le tombeau de Du Guesclin contient les entrailles du connétable, mort en 1380 pendant le siège de Châteauneuf-de-Randon. Des travaux effectués dans le chœur ont amené la découverte du tombeau de l'évêque Bernard de Montaigu (13e s.).

Les pavages ont été réalisés par Daniel Dezeuze en 1988, à la suite d'une commande publique passée par le ministère de la Culture en 1987. À gauche de l'église, une chapelle du 14e s., dite **salle capitulaire**, a été dégagée.

★★ La chapelle Saint-Michel-d'Aiguilhe A1

✆ 04 71 09 50 03 - www.rochersaintmichel.fr - mai-sept. : 9h-18h30 (de mi-juil. à fin août : 18h45) ; de mi-mars à fin avr. et de déb. oct. à mi-nov. : 9h30-12h, 14h-17h30 (vac. et w.-end de Pâques, vac. de la Toussaint et w.-end du 11 Nov. : 9h30-17h30) ; de déb. fév. à mi-mars et vac. de Noël : 14h-17h - fermé 1er janv. et 25 déc. - 3 € (-14 ans 1,50 €).

À pied, la montée Gouteyron relie la ville haute au rocher d'Aiguilhe. Vous pouvez aussi parvenir au pied du rocher en voiture et vous garer à proximité. Une fois franchi le portail d'entrée, on accède au sommet par un escalier de 268 marches. Des oratoires jalonnaient jadis cette rude montée. Aujourd'hui, des paliers vous permettront de reprendre votre souffle aux tournants.

L'ascension du rocher St-Michel, une gigantesque aiguille de lave qui s'élève d'un jet à 82 m, vous mènera à la ravissante chapelle romane St-Michel-d'Aiguilhe. Avec son fin clocher en forme de minaret, elle semble prolonger le doigt rocheux qu'elle couronne. Sa construction (10e s.), qui dura 12 ans, est d'inspiration orientale, avec son portail trilobé, son gracieux décor d'arabesques, ses **mosaïques** de pierres noires, grises, blanches et rouges. À l'intérieur, le plan très irrégulier épouse les contours du rocher. La complexité du système de voûtes témoigne de l'art avec lequel les architectes ont su tirer parti du terrain. Les colonnettes, qui dessinent comme un déambulatoire autour d'une courte nef, sont surmontées de chapiteaux sculptés. La voûte de la petite abside est décorée de **peintures murales** du 10e s. À droite, une vitrine abrite divers objets d'art trouvés sous l'autel en 1955, dont un Christ-reliquaire en bois du 11e s. et un coffret en ivoire byzantin du 13e s. Un chemin de ronde contourne la chapelle, d'où l'on domine, à l'est, le **vieux pont** à redents qui enjambe la Borne. Au pied du rocher, remarquez la très belle **chapelle St-Clair** (12e s.), au plan octogonal et au décor de losanges en mosaïques de pierre.

Itinéraire conseillé Carte de microrégion

★ GORGES DE LA LOIRE A 1-2

54 km du Puy à Retournac. Voir le circuit sur la carte de microrégion p. 336. Comptez environ 3h. Quittez Le Puy-en-Velay au nord par la D 103.

En sortant du bassin du Puy, la Loire s'enfonce dans les gorges de Peyredeyre.

À Peyredeyre, prenez à droite la D 71.

Chaspinhac A2

La route pittoresque surplombe la vallée de la Sumène avant d'atteindre le hameau de Chaspinhac dont la modeste **église** romane, au bel appareil en pierre volcanique rouge, renferme de beaux chapiteaux sculptés.

L'apparition du château de Lavoûte-Polignac marque l'entrée dans le riant bassin de l'Emblaves où la vallée s'épanouit, au pied d'un cirque dominé par des pitons de formes variées.

Reprenez la D 71 en direction de Malrevers. Là, empruntez à gauche, la D 26 puis, encore à gauche, la D 7 pour aller à Lavoûte-sur-Loire.

Château de Lavoûte-Polignac A2

04 71 08 50 02 - vac. de printemps et juin-sept. : mat. et apr.-midi ; avr.-mai (sf vac. de printemps) et oct. : w.-end et j. fériés apr.-midi, sem. sur demande - 5,50 € (enf. 2 €, -7 ans gratuit).

Déjà possession des Polignac au 13e s., il était destiné à servir de manoir de plaisance alors que Polignac était la forteresse. L'unique corps de bâtiment, restauré après la Révolution, vaut surtout pour son site perché, à l'intérieur d'une « voulte » (boucle) de la Loire. La visite est intéressante par les évocations que permettent les **souvenirs★** de famille (mobilier, tableaux, tapisseries, correspondance).

Lavoûte-sur-Loire A2

La petite **église** romane, à nef unique, abrite, au-dessus du maître-autel, un remarquable **Christ★** en bois sculpté du 13e s. *04 71 08 52 40 - avr.-sept. : tte la journée (se renseigner).*

Prenez au nord la D 103 puis à gauche la D 29.

Roche-en-Régnier A1

Vieux village perché sur la rive gauche et dominé par un chicot volcanique portant une ancienne tour de défense.

Au pied de la tour, le **panorama★** sur les monts du Velay, du Forez et les sucs d'Yssingeaux est superbe.

Au nord, la D 35 traverse la Loire juste après Roche-en-Régnier et conduit à Chamalières-sur-Loire.

Chamalières-sur-Loire A1

Sur la rive droite de la Loire, en aval du Puy-en-Velay, le bourg s'allonge en terrasses au pied du mont Gerbizon (1 064 m), face à la ligne des monts Miaune dont le dernier mamelon porte les ruines du château d'Artias. Chamalières mérite un arrêt pour son église romane (début du 12e s.). Elle appartenait à un ancien prieuré bénédictin assez prestigieux disputé par les plus grandes familles du Velay et du Forez. Des bâtiments conventuels, il ne subsiste aujourd'hui que des vestiges. L'église a été restaurée au début du 20e s.

★ **Église** – *✆ 04 71 01 46 67/30 67 - Possibilité de visite guidée, se renseigner à l'office de tourisme - 4,50 € (-10 ans gratuit).* À l'extérieur, la partie haute de la nef, du côté sud, est décorée d'une belle arcature en plein cintre se poursuivant autour de l'abside. L'intérieur comprend une nef de trois travées en berceau, flanquée de bas-côtés, à voûtes d'arêtes. L'**abside** est tout à fait remarquable par sa voûte en cul-de-four, d'une ampleur exceptionnelle. À mi-hauteur de la voûte, au-dessus des oculi, les petits orifices disposés sur trois rangs correspondent à des vases acoustiques, ou *échéa*, noyés dans la maçonnerie.

À droite, en entrant, se trouve une célèbre sculpture romane, à l'origine pilier monolithe de l'ancien cloître, creusé plus tard en vasque et utilisé comme bénitier. Sur le pilier gauche du transept, du côté du maître-autel, une peinture murale (13e s.) représente la Vierge en majesté. Au fond du bas-côté sud est conservée la porte romane primitive de l'église (12e s.).

Ancien cloître – Une porte s'ouvrant dans le bas-côté gauche de l'église donne accès aux vestiges du cloître roman, établi jadis en terrasses au-dessus de la Loire.

Empruntez la D 103 en direction de Retournac.

Retournac A1

Joliment situé, le bourg abrite une **église**, en partie romane, qui se signale extérieurement par sa construction en pierres d'une belle coloration jaune, son clocher massif et sa couverture de lauzes. À l'intérieur, remarquez la coupole sur trompes, la sobre élégance du chœur, une Vierge à l'Enfant, œuvre italienne du 16e s., l'autel moderne de P. Kaeppelin et des vitraux d'H. Guérin.

Sur les lieux mêmes de l'ancienne manufacture « Experton Frère et Sœur » construite en 1913, le **musée des Manufactures de dentelles** restitue avec charme l'atmosphère d'un atelier et la mémoire des dentellières grâce à une très riche collection de modèles de dentelle, de mobiliers et d'archives. Une façon sensible et originale de pénétrer au cœur d'un artisanat d'art qui, aux 19e et 20e s., fit l'identité de la Haute-Loire en même temps que sa réputation internationale. *14 av. de la Gare - ✆ 04 71 59 41 63 - www.ville-retournac.fr - ♿ - apr.-midi - fermé entre la fin des vac. de Noël et le déb. des vac. d'hiver, 1er janv., 1er Mai, 24-25 et 31 déc. - 5 € (-12 ans gratuit).*

NOS ADRESSES AU PUY-EN-VELAY

VISITE

Train touristique – *04 71 02 70 70 ou 06 20 31 64 77 - dép. sur le parking - pl. Michelle - visite guidée mai-sept. : dép. 10h, 11h, 14h, 15h, 16h et 17h (juil.-août : dép. suppl. 18h) - 7 € (-12 ans 4 €).* Il fait découvrir les principales curiosités de la ville.

HÉBERGEMENT

Au Puy

PREMIER PRIX

Dyke Hôtel – *37 bd Mar.-Fayolle - 04 71 09 05 30 - www.dykehotel.fr - fermé 18 déc.-5 janv. - 15 ch. 43/55 € - 6,50 €.* Dans la ville veillée par ses fameux dykes basaltiques, hôtel doté de petites chambres simples. Bien que toutes insonorisées, celles côté ruelle sont plus calmes. Accueil cordial.

À proximité

PREMIER PRIX

Gîte de Bilhac – *Bilhac - 43000 Polignac - 04 71 09 72 41 - www.gite-bilhac.com - P - 5 ch. 40 €.* Cette belle ferme familiale entièrement restaurée a conservé le caractère rustique de l'auberge qu'elle était il y a encore quelques années. Hébergement très simple mais bien entretenu. Possibilité de louer un gîte pour 9 pers. avec une grande salle et 3 chambres. Spécialités régionales à l'heure des repas.

Chambre d'hôte Domaine de Bauzit – *43750 Vals-Près-le-Puy - 04 71 03 67 01/06 - http://ch.bauzit.free.fr - fermé 16 oct.-14 mars - P - 5 ch. 42/49 €.* Blottie dans un vaste domaine, cette ancienne abbaye respire la sérénité. Le décor des chambres rend hommage à quatre différents pays d'Asie, tandis que la cinquième et dernière, « Auvergne », s'avère plus simple mais tout aussi confortable. Cuisine du pays le plus souvent, et de temps en temps, repas asiatique… passion oblige.

BUDGET MOYEN

Chambre d'hôte La Gourmantine – *Chemin de Ridet - 43000 Polignac - 04 71 05 94 29 - www.gourmantine.fr - fermé 25 déc. - P - 5 ch. 50/58 €.* Située au pied du château, cette ferme rénovée bénéficie du calme du village. Chambres coquettes et cuisine familiale servie dans la « salle à manger Monet ». La propriétaire, grande collectionneuse, expose ses trésors dans la « salle à manger des collections » où sont servis les petits-déjeuners (copieux et bons).

Chambre d'hôte La Paravent – *43700 Chaspinhac - 04 71 03 54 75 - www.la-paravent.com - fermé de nov. au vac. de printemps - 5 ch. 48/60 €.* Vous serez bichonné dans cette belle maison campagnarde située à quelques kilomètres du Puy. Son décor est authentique et ses chambres douillettes ; toutes sont même dotées d'un petit salon. Une étape simple tenue par un couple sympathique qui vous accueillera dans une ambiance détendue.

Hôtel Le Moulin de Barette – *43700 Blavozy - 04 71 03 00 88 - www.lemoulindebarette.com - fermé de mi-janv. à mi-fév. - P - 40 ch. 54/65 € - 8 €.* Même si le bâtiment principal, tapissé de vigne vierge, demeure très correct, on sera naturellement attiré par les chambres du motel, à la fois simples et fonctionnelles. Également sur place, un beau terrain pour le camping. Côté loisirs, une piscine à 2 bassins et snack libre-service.

RESTAURATION

Au Puy

BUDGET MOYEN

Le Chamarlenc – *19 r. Raphaël - ✆ 04 71 02 17 72 - www.lechamarlenc.fr - lun., mar. et merc. déj. seult, jeu., vend. et sam. déj., goûter et dîner, fermé dim. - ♿ - formule déj. 13 € - 18/20 €.* Ce petit restaurant du centre historique sert une cuisine à base de produits du terroir et de céréales biologiques. Au menu : terrine maison, mitonnée du jour, fromages de la région, yaourts maison.

Lapierre – *6 r. Capucins - ✆ 04 71 09 08 44 - formule déj. 15 € - 20/29 €.* Mobilier bistrot, lambris peints et tissus tendus dans les tons gris côté décor, produits bio et incontournables lentilles du Puy côté cuisine : une étape gourmande prisée.

L'Écu d'Or – *59-61 r. Pannessac - ✆ 04 71 02 19 36 - www.zoom43.fr/alecudor - fermé dim. soir et merc. d'oct. à mai - 17/46 €.* Dans une rue piétonne de la vieille ville, ce restaurant, dans une belle salle voûtée des 14e et 16e s. décorée de grandes fresques murales, est assez pittoresque. La table est plutôt bonne et le service jeune.

Le Poivrier – *69 r. Pannessac - ✆ 04 71 02 41 30 - www.lepoivrier.fr - fermé dim. sf le soir en août, lun. soir et mar. soir - ♿ - 15/35 €.* Restaurant relooké dans un style design épuré, assez tendance, sans perdre en convivialité. Exposition de photographies. Spécialités de viandes de bœuf de Haute-Loire.

À proximité

BUDGET MOYEN

La Renouée – *43800 St-Vincent à Cheyrac, 2 km au nord par D 103 - ✆ 04 71 08 55 94 - auberge.larenouee@laposte.net - fermé vac. de la Toussaint, 5 janv.-7 mars, mar. soir, merc. soir et jeu. soir du 15 oct. au 31 mars, dim. soir et lun. - ♿ - 19/46 €.* Maison centenaire devancée par un jardinet. Grande cheminée en pierre et beau vaisselier rustique en merisier dans la salle redécorée. Carte régionale teintée de créativité.

ACHATS

Bon à savoir – Au fil de la **rue des Tables**, artère piétonne pleine de charme, vous découvrirez essentiellement des boutiques consacrées à la dentelle. Il est souvent possible d'admirer les dentellières au travail.

Marché aux puces – *Pl. du Clauzel.* Tous les samedis matin.

Chocolaterie du Velay – *70 r. Pannessac - ✆ 04 71 09 34 82 - 8h-19h30 - fermé dim. apr.-midi et lun. mat.* Cet artisan chocolatier honore la profession en réalisant d'excellentes friandises à l'image de ses pâtes de fruits (dont une à la verveine biologique), chocolats et gelée de verveine biologique. La rue dans laquelle est située la boutique a donné son nom au Pavé de Pannessac (une mousse au chocolat, nature ou verveine bio, entre deux épaisseurs de meringue, le tout enrobé de chocolat).

Marché – *Pl. du Plot - sam. mat.* Sur cette place magnifique, embellie d'une fontaine, le marché offre le meilleur des produits fermiers (notamment le Velay, un fromage au lait cru) et les fruits des cueillettes saisonnières (fruits rouges et champignons).

Centre d'enseignement de la dentelle au fuseau – *38-44 r. Raphaël - ✆ 04 71 02 01 68 - www.ladentelledupuy.com - juil.-sept. : tlj sf dim. 8h30-11h30, 13h30-17h,* *sam. 9h30-16h30; janv.-juin et oct.-20 déc. : tlj sf w.-end 10h-11h30, 14h-17h - fermé j. fériés.* Par saint Jean-François Régis – patron des dentellières – enfin un établissement digne de ce nom qui permette de découvrir la dentelle de façon originale. Une vidéo relate l'implantation de la dentelle au Puy dont l'origine remonte probablement au 15e s. Expositions thématiques. Un centre d'enseignement permet de s'essayer à la confection au fuseau (cours à l'heure).

Au Cyrano – *1 r. Crozatier - ☏ 04 71 09 04 16 - tlj sf dim. et lun. 8h-19h.* Dentelles, photos anciennes en sous-verre : la famille Savelon, installée depuis trois générations à cette adresse, n'oublie pas d'honorer sa jolie ville. Sa gamme sucrée-salée comporte de nombreuses spécialités comme le Succès ou le Cyrano (recettes inchangées depuis 1930), le pâté en croûte au veau mariné au Madère, les pâtes de fruits ou les délicieux chocolats maison…

Didier Rix – *13 r. St-Gilles - ☏ 04 71 09 30 07 - tlj sf lun. 8h-19h15, sam. 7h30-19h30, dim. 8h-13h - fermé 1 sem. en fév., 2 sem. en juin-juil. et 2 sem. en oct.* Didier Rix, patron de cette petite boutique depuis 1999, imagine sans cesse de nouvelles recettes de gâteaux qu'il élabore dans le respect de la tradition : ganaches aux fruits, nougat, macarons, millefeuilles réputés, entremets joliment décorés, pâtisseries modernes, glaces (une quinz. de parfums)…

Distillerie de la Verveine du Velay-Pagès – *ZI de Blavozy - 43700 St-Germain-Laprade - ☏ 04 71 03 04 11 - www.verveine.com - janv.-fév. : tlj sf dim. et lun. 13h30-16h30; mars-juin : tlj sf dim. et lun. 10h-12h, 13h30-18h30; juil.-août : tlj 10h-12h30, 13h30-18h30; sept.-déc. : tlj sf dim. et lun. 10h-12h, 13h30-18h30 - fermé 1er janv., 1er Mai, 1er et 11 Nov. et 25 déc.* Les visiteurs sont conviés à la découverte de la fabrication de la célèbre Verveine du Velay conçue en 1859 par J. Rumillet-Charretier. Pas moins de 32 plantes et un savoir-faire jalousement préservé sont nécessaires à son élaboration. Dégustation et salle d'exposition.

La Distillerie – *11 r. Porte-Aiguière - ☏ 04 71 04 91 12 - 8h-1h, dim. 8h-19h.* Brasserie fort sympathique au décor – casiers et bancs en bois, alambic en cuivre, vieux outils… – très réussi ; la terrasse, sise dans la cour intérieure, au milieu des tonneaux, invite à s'attarder. Sur place, produits de la Verveine du Velay.

Le Monastier-sur-Gazeille

1 738 Monastérois – Haute-Loire (43)

NOS ADRESSES PAGE 401

S'INFORMER

Office du tourisme du Pays du Mézenc et de la Loire sauvage – *32 r. St-Pierre - 43150 Le Monastier-sur-Gazeille - ✆ 04 71 08 37 76 - www.jeuneloiremezenc.com - juil.-août : 9h30-12h30, 15h-18h30 ; reste de l'année : lun.-sam. 9h30-12h, 13h30-17h.*

SE REPÉRER

Carte de microrégion A2 *(p. 336) – Carte Michelin Départements 331 G4.*
Situé à 21 km au sud-est du Puy, Le Monastier-sur-Gazeille a pour voisins proches Arlempdes et le lac d'Issarlès.

À NE PAS MANQUER

La façade très particulière de l'abbatiale ; l'église St-Jean ; le mont Gerbier-de-Jonc où vous voyez des filets d'eau qui vont se transformer en fleuve ; un autre panorama impressionnant vous attend en haut du mont Mézenc.

Tout en longueur, le bourg s'étire de part et d'autre d'une ancienne abbaye, sur les bords de la Gazeille. Situé à mi-distance entre le mont Mézenc et la haute vallée de la Loire, c'est un excellent point de départ pour randonner sur toute la partie sud du Velay. Vous découvrirez avec plaisir son patrimoine attachant et son Festival des cuivres qui propose des spectacles de qualité et fait naître au mois d'août un air de fête à vous ravir le cœur.

Se promener

Ce gros bourg de la Haute-Loire doit son nom à un monastère bénédictin, le plus ancien du Velay : son origine remonte à la fin du 7e s. Les bâtiments conventuels qui abritent actuellement la mairie sont ceux élevés au 18e s. sous la direction de l'abbé de Castries. Calmin, comte d'Auvergne, fonde le monastère et fait venir Eudes, du monastère de Lérins, comme premier abbé. En 728, saint Théofrède, son successeur, est massacré lors d'une incursion sarrasine. Le monastère, relevé de ses ruines, connaît durant plusieurs siècles un rayonnement extraordinaire. À la fin du 12e s., le domaine abbatial compte 235 dépendances ou prieurés, notamment Chamalières-sur-Loire en Velay, Veyrine et Thines en Vivarais. Le déclin est très rapide à partir du 16e s., quand des abbés commendataires succèdent aux abbés réguliers.

Abbatiale

Le sanctuaire roman construit au 11e s. a été profondément remanié au 15e s. et les bâtiments conventuels ont été réhabilités et réaménagés.

★ **Façade** – Elle date du 11e s., vivement colorée avec ses pierres volcaniques sombres ou dorées dont l'assemblage *en pain d'épice* illustre une technique décorative répandue dans l'Auvergne et le Velay romans. C'est à l'étage, au-dessus du porche, que le jeu des couleurs est le plus marqué. La corniche du grand fronton triangulaire est décorée d'une frise d'animaux, de figures grotesques et de feuillages.

Intérieur – Vous serez frappé, en entrant, par le contraste entre la nef en pierre volcanique grise et le chœur de style flamboyant, en arkose claire. Transept et collatéraux ont conservé leurs voûtes romanes. Le chœur du 15e s. est entouré d'un petit déambulatoire sur lequel s'ouvrent cinq chapelles rayonnantes. La deuxième à droite, la plus tardive, est de pur style Renaissance, avec son plafond à caissons agrémenté d'écussons et de médaillons.
Dans le bas-côté nord, un bel **orgue**★ de 1518, restauré, attire l'attention par la délicatesse du décor peint et des claires-voies ornant le buffet. Dans la partie haute figurent, dans un écu, les armes de l'abbé Gaspard de Tournon ; de nombreuses restaurations datent de son abbatiat, entre 1504 et 1520.
Le **trésor** est exposé dans la sacristie attenante au bas-côté nord et abrite des pièces intéressantes dévoilées uniquement pendant la visite guidée : une Pietà en pierre polychrome du 15e s., deux étoffes de soie byzantines ayant enveloppé les reliques des saints fondateurs, une Vierge en bois polychrome du 17e s. et surtout le **buste-reliquaire**★ de **saint Théofrède**, dit aussi **saint Chaffre**, en chêne recouvert de plaques d'argent serties de pierres précieuses. *℘ 04 71 08 37 76 - juil.-août : mar. apr.-midi - possibilité de visite guidée sur demande à l'office de tourisme (2 j. av.) - 3 € (enf. 2 €).*

Musée municipal

Château abbatial - ℘ 04 71 03 80 01/94 08 - ♿ - juil.-août : 10h30-12h, 14h-18h ; sept. : 10h30-12h, 14h30-17h ; juin et oct. : 14h30-17h - fermé lun. - 2 €.
Il est aménagé dans les belles salles voûtées du **château abbatial** (sous-sol et rez-de-chaussée). Le bâtiment actuel, cantonné de quatre grosses tours rondes et d'une tour qui renferme un escalier à vis, fut élevé en 1525, sur les fondations d'un château du 14e s., par Charles de Sennecterre (ou Saint-Nectaire), dont la famille fournit des dignitaires ecclésiastiques au Velay pendant un siècle et demi (blason aux 5 fuseaux surmontés d'une crosse). Les collections illustrent l'ethnologie régionale (dentelles, costumes vellaves traditionnels), la préhistoire de la haute vallée de la Loire. **Une salle est consacrée à R.L. Stevenson**, une autre abrite un ensemble lapidaire composé de vestiges de l'abbaye. Au 1er étage, dans la tour sud, la chapelle de l'abbé présente des vestiges de fresques du 17e s.

Église Saint-Jean

Située à l'extrémité sud du village, cette ancienne église paroissiale édifiée au 9e s., et très remaniée au 15e s., est d'une sobre élégance. Elle est entièrement restaurée.

L'ÉQUIPÉE DE STEVENSON

Réputés pour leur « amour de la dive bouteille, leur liberté de langage et leurs dissensions politiques sans égales. Une vraie Pologne montagnarde » : ainsi **Robert Louis Stevenson** décrivit-il les Monastérois après son passage par le village. Durant l'automne 1878, le romancier britannique, auteur de *L'Île au trésor,* cherche à satisfaire son humeur vagabonde et à retrouver la trace du vieil esprit camisard. Il traverse à pied les Cévennes, du Monastier à Alès, couchant à la belle étoile ou dans des auberges de fortune. Son carnet de voyage est une mine d'observations humoristiques et pertinentes sur la diversité des paysages et des personnages rencontrés au hasard de sa promenade. Pour porter l'invraisemblable sac de couchage qu'il s'est fait confectionner, Stevenson a fait l'acquisition d'une ânesse, aussitôt baptisée **Modestine**. Le conflit entre l'obstination du romancier et l'entêtement d'une ânesse du Velay durera autant que le voyage.

À proximité Carte de microrégion

Viaduc de la Recoumène A2

2 km au sud par la D 500, puis la D 535 en direction d'Aubenas.

Ce bel ouvrage d'art, franchissant la Gazeille à près de 66 m de hauteur, fut construit entre 1921 et 1925. Comportant huit arches en basalte, il était destiné à former un jalon sur la ligne de chemin de fer Le Puy-Nièglès (Ardèche), qui ne fut jamais mise en service. C'est à l'heure actuelle le seul site du Velay homologué pour le **saut à l'élastique** (frissons garantis !).

Itinéraire conseillé Carte p. 400

AU PAYS DES SUCS ET DE LA LAUZE

125 km. Voir le circuit sur la carte p. 400. Comptez une journée. Quittez Le Monastier par la D 38 vers Issarlès.

Château de Vachères

Ne se visite pas. Un donjon massif flanqué de tours à poivrières donne à ce château (13e s., remanié et surélevé au 18e s.), avec ses blocs de basalte noir noyés dans un mortier blanc, une fière allure médiévale.

★ Lac d'Issarlès

Pl. de l'Église - 07470 Le Lac-d'Issarlès - 04 66 46 17 69 - www.la-montagne-ardechoise.com - juil.-août : lun.-sam. mat. et apr.-midi ; reste de l'année : lun., mar., jeu. et vend. apr.-midi - fermé certains j. fériés (se renseigner).

Tel un saphir incrusté dans un profond cratère, le joli lac d'Issarlès apporte tout l'éclat de ses eaux d'un bleu intense à sa parure volcanique ponctuée de sucs. De forme arrondie, il fait partie de l'ensemble hydroélectrique de Montpezat, ce qui provoque des variations de niveau de son plan d'eau ; il est maintenu en pleine eau pendant la période estivale durant laquelle il attire les amateurs de baignade.

Tour du lac – Situé à une altitude de 1 000 m, le lac occupe un cratère volcanique de 90 ha, profond de 138 m. Il est possible d'en faire le tour (environ 5 km de circonférence) ; une bonne partie de la promenade est en sous-bois, mais il est conseillé de se renseigner car les bords sont parfois inondés en fonction de l'activité hydroélectrique.

Paysage du massif du Mézenc.
Office du tourisme du Pays du Mézenc

Point de vue★ – *15mn à pied AR. Empruntez, à l'extrémité sud du village, le chemin montant à gauche de la plage. Suivez ce chemin à travers les pins, jusqu'aux vestiges d'une habitation troglodytique creusée dans un affleurement rocheux.*

Un peu plus loin, un second rocher forme un excellent belvédère au-dessus du lac et de son cadre forestier. De cette plate-forme, un sentier dégringole vers la rive sablonneuse, que l'on pourra suivre au retour.

Quittez le lac d'Issarlès par la D 16 vers Le Béage où l'on prend la direction de Ste-Eulalie.

Sainte-Eulalie

07510 Ste Eulalie - ✆ 04 75 38 89 78 - www.ardeche-sources-loire.com - juil.-août : lun.-sam. 9h30-12h, 14h30-18h ; oct.-mai : lun.-vend. 9h30-12h, 14h30-18h (sf merc.), sam. 9h30-12h (pendant vac. scol.).

Commune du Gerbier-de-Jonc et donc des sources de la Loire, le village est également réputé pour ses toits de genêts qui disparaissent malheureusement du paysage. Juste à côté de l'église, on peut encore admirer une de ces anciennes maisons particulièrement bien entretenues. Vers le Gerbier-de-Jonc, on peut voir également une très belle « paillisse » avec son toit de genêts, la **ferme Philip**. *✆ 04 75 38 80 00 - visite guidée de mi-juil. à fin août ; reste de l'année : sur demande.*

Continuez sur la D 122 en direction de Lachamp-Raphaël jusqu'au carrefour avec la D 378.

★ Ferme du Bourlatier

✆ 04 75 38 84 90 - juil.-août : 14h-18h - 2 € (-12 ans gratuit).

Magnifique témoin de l'architecture à toits de lauzes, cette grande ferme seigneuriale a été totalement restaurée selon les règles de l'art. Sa partie la plus exceptionnelle est sa superbe charpente en forme de carène renversée qui doit supporter les quelque 150 t – excusez du peu ! – de la toiture.

Prenez au carrefour la D 378 en direction des Estables et du Gerbier-de-Jonc.

★★ Gerbier-de-Jonc

Pourquoi ce nom ? Le mot « Gerbier » est la latinisation de la racine indo-européenne « gar » signifiant rocher. Quant au mot « Jonc », c'est un dérivé du latin *jugum*, montagne. Littéralement, Gerbier-de-Jonc signifie donc le mont rocheux, aux dépens de l'image plaisante d'une gerbe de joncs…

On ne peut pas manquer son étonnante silhouette qui se détache à 1 551 m d'altitude, sur la ligne de crête séparant les bassins de la Loire et du Rhône.

Le Gerbier, qui appartient au massif du Mézenc, est constitué de roches phonolithiques. Ces roches, d'origine volcanique et sonores sous le choc, se délitent par plaques. Elles forment des éboulis instables et semblent habiller le mont d'une carapace écailleuse. Au pied du versant sud-ouest naissent plusieurs filets d'eau : les sources de la Loire.

Accès – C'est en venant de St-Martial, au nord-est, ou de Ste-Eulalie, au sud, en remontant le vallon pastoral de la Loire naissante, que la découverte du Gerbier-de-Jonc est la plus frappante.

Ascension – La montée est rude mais assez courte *(45mn à pied AR)*. Du sommet, le **panorama★★** est impressionnant. Du côté nord-est, le regard plonge au-dessus de la trouée de l'Eysse, affluent de l'Eyrieux ; du fond des ravins monte le sourd grondement du torrent. La vue est particulièrement belle vers le sud-est, découvrant un vaste horizon de crêtes et de sucs, hérissant l'échine de la montagne, entre Eyrieux et Ardèche. Le mont d'Alambre, le Mézenc et le suc de Sara bornent l'horizon au nord, le suc de Montfol à l'ouest. Reconnaissable à sa forme tabulaire, le suc de la Barre forme un premier plan tout proche au sud. Une partie de la chaîne des Alpes est visible par temps clair.

Poursuivez sur la D 378 vers Les Estables.

Très agréable parcours de crête, en particulier à l'approche du rocher des Pradoux.

Les Estables

43150 Les Estables - 04 71 08 31 08 - déc.-mars et de juin à mi-sept. : mat. et apr.-midi ; reste de l'année : ma.

À 1 367 m d'altitude, sur les contreforts du Mézenc, ce village montagnard est le plus élevé du Massif central. Grâce aux remonte-pentes installés sur les flancs du mont d'Alambre (1 691 m) et aux nombreuses pistes de ski de fond, le tourisme hivernal s'y est considérablement développé.

Traversez le village dans le sens sud-nord pour prendre à droite vers le mont Mézenc par la Croix de Peccata.

★★★ Mont Mézenc

Deux accès sont possibles, mais le plus fréquenté et le mieux signalé est celui de la Croix de Boutières.

Accès par la Croix de Peccata – *3 km au départ des Estables. Laissez la voiture à la Croix de Peccata (alt. 1 570 m), puis prenez à droite le sentier (1h à pied AR).* Il s'élève sous bois, puis serpente au milieu des bruyères et des genévriers. *Obliquez à gauche vers le sommet nord (1 749 m), surmonté d'une croix.*

Panorama★★★ – Si le temps le permet, le lever du soleil derrière les Alpes est un spectacle inoubliable, mais qui impose de partir des Estables de très bonne heure et chaudement vêtu. Du sommet, un **panorama** immense se révèle : au nord, le Meygal et les monts du Forez ; à l'ouest, le bassin du Puy, le Velay et les monts d'Auvergne ; au sud, le lac d'Issarlès et un horizon de sucs ; à l'est, les gorges de la Saliouse et de l'Eysse creusent, vers le Haut-Eyrieux, le pays des Boutières aux trouées profondes entrecoupées de crêtes, de serres et de pics : des plans multiples, enchevêtrés, se dessinent jusqu'à la vallée du Rhône. Au-delà apparaissent les Alpes dont on distingue, par temps clair, les principaux sommets.

Accès par la Croix de Boutières – *2,5 km au départ des Estables par la D 631. Laissez la voiture à la Croix de Boutières (alt. 1 508 m).* Le rocher qui domine le col de la Croix de Boutières, à droite, offre une belle **vue★★** sur le suc de Sara, la montagne de Roche-Borée et les Boutières.

Prenez le GR 7 (1h15 à pied AR) qui s'élève, à gauche, vers le sommet. Par le replat intérieur séparant les deux sommets, on gagne le sommet sud (1 753 m).

Rejoignez la D 274 au nord.

Chaudeyrolles

Au pied du massif du Mézenc, ce bourg typique conserve des maisons en pierres volcaniques coiffées de toits de lauzes. Installée dans l'une d'entre elles, la **Maison du Fin Gras du Mézenc** présente la fabrication de cette viande AOC, issue d'un élevage particulier de bœufs et de génisses, et propose des dégustations dans sa petite boutique de produits du terroir. *04 71 56 17 67 - juil.-août : mar.-dim. 10h-12h, 14h30-18h ; mai, juin et sept. : 14h-18h ; fév.-avr. et oct. : jeu.-sam. 14h-17h.*

Continuez sur la D 274, puis tournez à gauche dans la D 500 vers Le Monastier.

On découvre un immense plateau à pâturages qui, à la fin de l'été, prend l'aspect d'une véritable steppe. À gauche, au flanc du Mézenc, trois sombres témoins basaltiques évoquent des tours en ruine, d'où leur nom de « Chastelas » ; pour les habitants de la région, ce sont les « Dents du Mézenc » ou « Dents du Diable ». Un peu plus loin sur la gauche se dressent le rocher d'Aiglet et, en arrière, le mont d'Alambre.

Quelques kilomètres après, prenez à droite la D 36 et la D 361 vers Moudeyres.

Le mont Mézenc

Le massif volcanique du Mézenc *(prononcez Mézin)* forme une barrière naturelle déterminant la ligne de partage des eaux entre l'Atlantique et la Méditerranée. Il culmine à 1 753 m au mont Mézenc qui a donné son nom à l'ensemble du massif.

Prolongé au nord par le Meygal, au sud-est par le Coiron, le Mézenc constitue le centre d'une traînée volcanique coupant l'axe des Cévennes. Il est flanqué à l'ouest par les monts granitiques de la Margeride, à l'est par les plateaux cristallins du Haut-Vivarais. Un vaste domaine skiable, dit **« zone nordique du Mézenc »**, se prête l'hiver à la pratique du ski de fond *(voir p. 19)*. Plus de 100 km de pistes entretenues et aménagées sont réparties sur les communes de Chaudeyrolles, Freycenet-la-Cuche, les Estables et St-Front ainsi que sur le mont d'Alambre au-dessus des Estables.

DES VERSANTS D'ASPECT CONTRASTÉ

Du côté du Velay, le Mézenc offre l'aspect d'un immense plateau dénudé. En été, il évoque l'image d'une véritable steppe balayée par le vent, parsemée de fermes basses aux toits de chaume ou de lauzes. Le versant vivarois présente un paysage des plus tourmentés, s'enfonçant brutalement en direction du Rhône. Les torrents ont mis à nu le soubassement granitique.

DE SPLENDIDES COULÉES BASALTIQUES

Au flanc des vallées, l'érosion a dégagé d'amples coulées basaltiques, particulièrement remarquables dans le cours supérieur de l'Ardèche et de ses affluents : la Volane, la Bourges, la Fontaulière et le Lignon. Ces coulées, en forme d'orgues prismatiques, ont créé des sites célèbres : cascade du Ray-Pic, chaussée de Thueyts, éperons de Pourcheyrolles, Jaujac, Antraigues.

LA FLORE DES SOMMETS

Le Haut-Mézenc possède une flore qui fera la joie des botanistes. Le séneçon leucophylle n'apparaît, dans tout le Massif central, qu'au sommet du Mézenc : c'est la fameuse « herbe du Mézenc », aux feuilles argentées et aux capitules d'un beau jaune vif. Grande violette des montagnes, anémone des Alpes, gentianes de toute sorte, trolles, arnicas, épilobes, saxifrages sont les plus répandus. Mais c'est à la floraison des narcisses, au mois de juin, que la montagne offre sa plus belle parure. Un marché traditionnel de plantes médicinales, la « Foire des violettes », se tient à **Ste-Eulalie**, chaque année.

UN CORTÈGE ROYAL

Les **sucs** phonolithiques apparus à la fin de l'ère tertiaire forment, de part et d'autre du mont Mézenc, un cortège majestueux : au nord, le mont Signon (1 454 m) ; à l'est, la montagne de Roche-Borée et le suc de Touron (1 380 m) ; au sud-est, le suc de Sara (1 520 m), le Gerbier-de-Jonc (1 551 m), les sucs de Montivernoux (1 441 m) et de l'Areilladou (1 448 m) ; au sud, les sucs du Pal et de Bauzon ; au sud-ouest, le suc de Montfol (1 601 m) ; à l'ouest, le Rocher-Tourte (1 535 m) et le mont d'Alambre (1 691 m).

BÉATES DU VELAY

Les « béates » (de *beatus*, heureux), étaient des « demoiselles de l'instruction », ayant religieusement consacré leur vie à l'instruction spirituelle, scolaire et manuelle (technique de la dentelle) des enfants, mais aussi aux soins et au conseil des adultes. Elles devaient être appelées par le curé du village et les paroissiens prenaient à leur compte la construction de leur maison et leur modeste nourriture. Précieux lien social au sein du village, elles furent interdites d'enseignement en 1880 (loi Ferry). Ne leur restait que la dentelle et le catéchisme, qu'elles enseignèrent longtemps…

Moudeyres

Le village conserve de nombreuses chaumières typiques du plateau du Mézenc. La **ferme des Frères Perrel** (17e-18e s.) notamment, avec ses murs de basalte, son toit de chaume coiffant les bâtiments d'exploitation et ses lauzes couvrant l'habitation proprement dite, a conservé l'intégralité de son ameublement et de son outillage à la date où les frères Perrel en firent don à la mairie (1974). L'ensemble introduit dans les coulisses d'une vie familiale rurale déjà presque oubliée. *✆ 04 71 03 85 37 - ♿ - visite guidée avr.-oct. : mat. et apr.-midi - fermé lun. et nov.-mars - 3,50 € (-16 ans 2 €).*

Au centre du village, un clocheton signale la petite **Maison de la Béate**.

Faites demi-tour et regagnez la D 500 que l'on prend à droite vers Le Monastier-sur-Gazeille.

Freycenet-la-Tour

La tour a disparu, mais ce village vaut le coup d'œil pour son église romane avec son toit en lauzes du pays, et les rives romantiques de l'étang des Barthes, niché au cœur d'une grande forêt domaniale.

NOS ADRESSES AU MONASTIER-SUR-GAZEILLE

HÉBERGEMENT

Au Monastier-sur-Gazeille

PREMIER PRIX

Hôtel Le Provence – *Av. des Écoles - ✆ 04 71 03 82 37 - www.le-provence.com - P - 9 ch. 43/47 € - ☕ 7 € - rest. 12/25 €.* À deux pas du centre-ville, cet hôtel-restaurant a le mérite de faire les choses de façon simple. Les chambres ont été rénovées et sont pourvues d'un sanitaire propre et bien entretenu. Côté restaurant, les menus comptent quelques spécialités régionales d'un bon rapport qualité-prix.

À proximité

PREMIER PRIX

Camping La Plaine de la Loire – *07470 Lac d'Issarlès - ✆ 04 66 46 25 77 - ouv. de déb. mai à fin sept. - réserv. conseillée - 55 empl. 14 €.* Situé au bord de la Loire, à près de 1 000 m d'altitude, ce camping satisfera les amateurs de vacances au grand air. Sans être à la pointe de la modernité, les sanitaires sont propres et fonctionnels. Même s'il ne fourmille pas d'activités originales, on appréciera le lieu pour sa simplicité et sa bonne tenue.

BUDGET MOYEN

Hôtel du Nord – *Au bourg - 07510 Ste-Eulalie - 16 km à l'est du lac d'Issarlès par D 16 et D 122 - ☎ 04 75 38 80 09 - fermé 12 nov.-6 mars, rest. fermé mar. soir sf juil.-août et merc.- P - 15 ch. 52/88 € - ☕ 8 € - rest. 20/37 €.* Cette auberge de campagne située dans un village proche du Gerbier-de-Jonc constitue une étape pratique : chambres confortables, régulièrement rénovées, et sobre salle à manger où l'on sert une cuisine familiale inspirée du terroir.

RESTAURATION

Au Monastier-sur-Gazeille

PREMIER PRIX

Auberge des Acacias – *1 rd-pt des Acacias - ☎ 04 71 08 38 11 - www.auberge-pays-auvergne.com - fermé vac. de fév. et 15-30 nov. - repas 16/28 € - 4 ch. 46 € - ☕ 5 €.* Affilié à l'association « Auberge de pays », ce petit hôtel-restaurant bénéficie d'un charme unique. Les chambres sont coquettement aménagées et la salle de restaurant offre un agréable décor campagnard avec ses boiseries et son mobilier rustique. Cuisine simple, mais bonne.

À proximité

PREMIER PRIX

Auberge des Fermiers du Mézenc – *Au bourg - 43150 Estables - ☎ 04 71 08 34 30 - alain.ribes@orange.fr - fermé fév. et 1 sem. en oct. ou nov. - 12h30-14h30, 19h30-21h - 13/27 €.* Pour découvrir les produits du terroir, petit détour conseillé dans cette auberge dont l'authentique cuisine locale fait le bonheur des randonneurs : magret de canard, galette de pommes de terre, fromage blanc en faisselle.

BUDGET MOYEN

Ferme de la Besse – *À Rieutord - 07510 Usclades-et-Rieutord - ☎ 04 75 38 80 64 - aubergedelabesse.com - ouv. 1er avr.-11 Nov., w.-ends de fév-mars et 11 Nov.-23 déc. - 💳 - 25/30 €.* Dans les murs d'une authentique ferme du 15e s. au beau toit de lauzes. Intérieur rustique superbement préservé, avec pierres, poutres et cheminée. Cuisine du terroir.

ACHATS

Auberge des Fermiers du Mézenc – *Point de vente 14h-19h.* À côté du restaurant *(voir ci-dessus)*, toutes sortes de spécialités de la montagne ardéchoise sont en vente : fromages de pays, miels, confitures, tartes aux châtaignes…

Arlempdes

★

129 habitants – Haute-Loire (43)

NOS ADRESSES PAGE 407

SE REPÉRER
Carte de microrégion A3 *(p. 336) – Carte Michelin Départements 331 F4.*
Arlempdes est situé à 28 km au sud du Puy-en-Velay.

À NE PAS MANQUER
Le circuit menant aux plateaux volcaniques.

AVEC LES ENFANTS
La visite au musée vivant du Cheval de trait de Pradelles, pour voir de près des animaux à la fois impressionnants et familiers.

L'homme peut toujours essayer de copier la nature, jamais il ne fera une aussi belle et solide forteresse que cet étrange piton volcanique qui domine les gorges de la Loire d'un à-pic de 80 m. C'est bien ce que pensaient les seigneurs de Montlaur en y construisant un château au 13e s. Mais aussi exceptionnelle soit-elle, cette position n'a pas suffi à le protéger, même si ses ruines couronnent toujours avec une certaine fierté la remarquable « citadelle ».

Se promener

Le village

Campé au pied du château, il conserve une porte d'enceinte fortifiée du 11e s. et une charmante **église**. Sur la placette qui la précède, se dresse une belle croix à personnages du 15e s.

Château

15mn à pied AR. Empruntez, à gauche de l'église, le sentier passant sous une arche et menant à la porte d'entrée. ☎ 04 71 57 17 14 - de mi-mars à fin oct. : tte la journée - possibilité de visite guidée l'apr.-midi en juil.-août - fermé de fin oct. à mi-mars - 5 € (-16 ans 2 €) - en dehors de juil.-août, prendre billet et clef à l'hôtel du Manoir.

Construit par les seigneurs de Montlaur au 13e s., il fit l'objet de plusieurs mises à sac malgré sa position « imprenable ». Le sommet de l'éperon est couronné par une petite chapelle romane en pierres volcaniques rouges. Son chevet offre un **point de vue** impressionnant sur les gorges où gronde parfois la Loire.

Le mur d'enceinte nord garde son couronnement de merlons et de créneaux, face aux splendides coulées basaltiques de la rive opposée. Du pied de la tour de droite, le regard plonge sur la vallée de la Loire à l'aplomb d'une saisissante aiguille basaltique.

Itinéraire conseillé Carte de microrégion

★ LES PLATEAUX VOLCANIQUES A3

56 km. Voir circuit sur la carte de microrégion p. 336. Comptez 4h.
Quittez Arlempdes par la D 54 à l'est et prenez à droite la D 500.

St-Paul-de-Tartas A3

Village dominé par son église romane aux pierres volcaniques violacées.
Au carrefour de la D 500 et de la N 102, prenez à droite, puis à gauche vers Pradelles.

Pradelles A3

Le bourg, situé sur un promontoire, au carrefour des routes du Velay et du Vivarais, conserve en bas de la rue de traversée un vieux quartier qui témoigne de l'importance de cette ancienne place forte.
En 1588, la cité, assiégée par le capitaine Chambaud, chef des huguenots, fut délivrée grâce à l'intervention héroïque d'une simple paysanne, **Jeanne la Verdette**. Un bas-relief moderne commémore cet événement, à droite de la porte de la Verdette.
La place de la Halle, avec son ancien château fort, ses maisons à arceaux, ses logis Renaissance, les gros corbeaux de pierre ou de bois soutenant les toitures – certaines offrent, par contraste, un fronton à génoise – forment un ensemble intéressant. Un réseau de ruelles adjacentes descend vers la porte fortifiée de la Verdette qui donne accès à l'église, et vers celle de St-Clément au sud.
À gauche de la place des Halles, dans le pittoresque « carrierou de l'Oustaou » pavé, on remarque plusieurs maisons aux fenêtres Renaissance ; l'une d'elles abrite en saison des expositions sur le terroir.
Musée vivant du Cheval de trait – *R. du Breuil - ☏ 04 71 00 87 87 - www.cheval-land.com - ♿ - juil.-août : tte la journée - 8 € (enf. 6 €) ; 14 € billet combiné avec parcours pieds nus.* Installé dans une auberge reconstituée, il est consacré aux « chevaux lourds » qui, après une longue période d'abandon, retrouvent progressivement une place dans certaines exploitations (forêt) et dans les loisirs (attelage). Vous pourrez retrouver six des neuf races reconnues par les haras nationaux : le boulonnais, le breton, le comtois, le mulassier poitevin, le percheron et le trait du Nord.
De la Croix d'Ardennes (butte volcanique de 1 133 m), au-delà du cimetière, belle vue sur la haute vallée de l'Allier.
La N 88 au sud, puis la D 108, à gauche, mènent à Lespéron.

Lespéron A3

L'**église** romane, mêlant le granit et la pierre volcanique, est un exemple intéressant de sanctuaire montagnard, avec son clocher-peigne, les chapiteaux sculptés de la nef et surtout sa belle abside à cinq pans.
Par la D 108 et la D 300, gagnez la N 102 pour rejoindre l'auberge de Peyrebeille située sur la commune de Lanarce.

Auberge de Peyrebeille A3

Cette maison reconstruite sur plan ancien, située sur la commune de Lanarce, est célèbre dans les annales criminelles.
C'est ici que les époux Martin, aidés de leur domestique, ont, pendant un quart de siècle, systématiquement massacré, pour les piller, les voyageurs qui s'ar-

rêtaient chez eux. Le futur préfet du second Empire, Haussmann, faillit être leur victime. L'affaire éclata en mai 1831. Les assassins furent finalement arrêtés, condamnés à mort et exécutés en 1833 dans la cour même de l'auberge. La thèse de leur culpabilité a fait l'objet de controverses. La sinistre auberge a inspiré Claude Autant-Lara qui en a fait un film en 1951, *L'Auberge rouge*, repris en 2007 par Gérard Krawczyk. Le cynisme des époux Martin s'y révèle sans limites et rien ne semble pouvoir arrêter cette organisation meurtrière… avant qu'un moine (l'inimitable Fernandel) vienne, très involontairement, tout bouleverser…
Prenez à gauche la D 16.

Coucouron A3
Le bourg, voué à l'industrie laitière et fromagère, a donné son nom à un fromage, ou plus exactement une « fourme », que l'on retrouve essentiellement dans la région. Il possède une église dont on remarquera le portail roman. À l'intérieur, grand Christ en bois (16e s.).
La D 298 s'enfonce dans le vallon boisé de la Méjanne et rejoint la D 500 (direction Le Monastier). Tournez peu après dans la D 54 qui ramène à Arlempdes.

NOS ADRESSES À ARLEMPDES

HÉBERGEMENT ET RESTAURATION

À Arlempdes

PREMIER PRIX

Hôtel du Manoir – *Au bourg - ✆ 04 71 57 17 14 - fermé 26 oct.-14 mars, dim. soir sf juil.-août - 13 ch. 45/60 € - ☕ 8 € - rest. 17/40 €.* Cette massive maison en pierre située au pied du château abrite un hôtel-restaurant familial. Les chambres sont petites et proprettes ; certaines dominent les gorges de la Loire. Pour gagner la salle à manger rustique, il vous faudra passer par le bar. Cuisine traditionnelle simple.

À proximité

PREMIER PRIX

Le Provence – *07660 Lanarce - 23 km au sud par la N 102 - ✆ 04 66 69 46 06 - www.hotel-le-provence.com - ouv. 15 mars-15 nov. - 19 ch. 44/57 € - ☕ 8 € - rest. 19/35 €.* Les chambres de cette bâtisse récente longeant un axe fréquenté sont toutes insonorisées et ouvrent du côté opposé à la route ; préférez celles qui viennent d'être rénovées. Appétissante cuisine du terroir servie en salle ou sur la paisible terrasse.

Le Bas-Vivarais 7

Carte Michelin Départements 331 – Ardèche (07)

Aven d'Orgnac.
J. Damase / MICHELIN

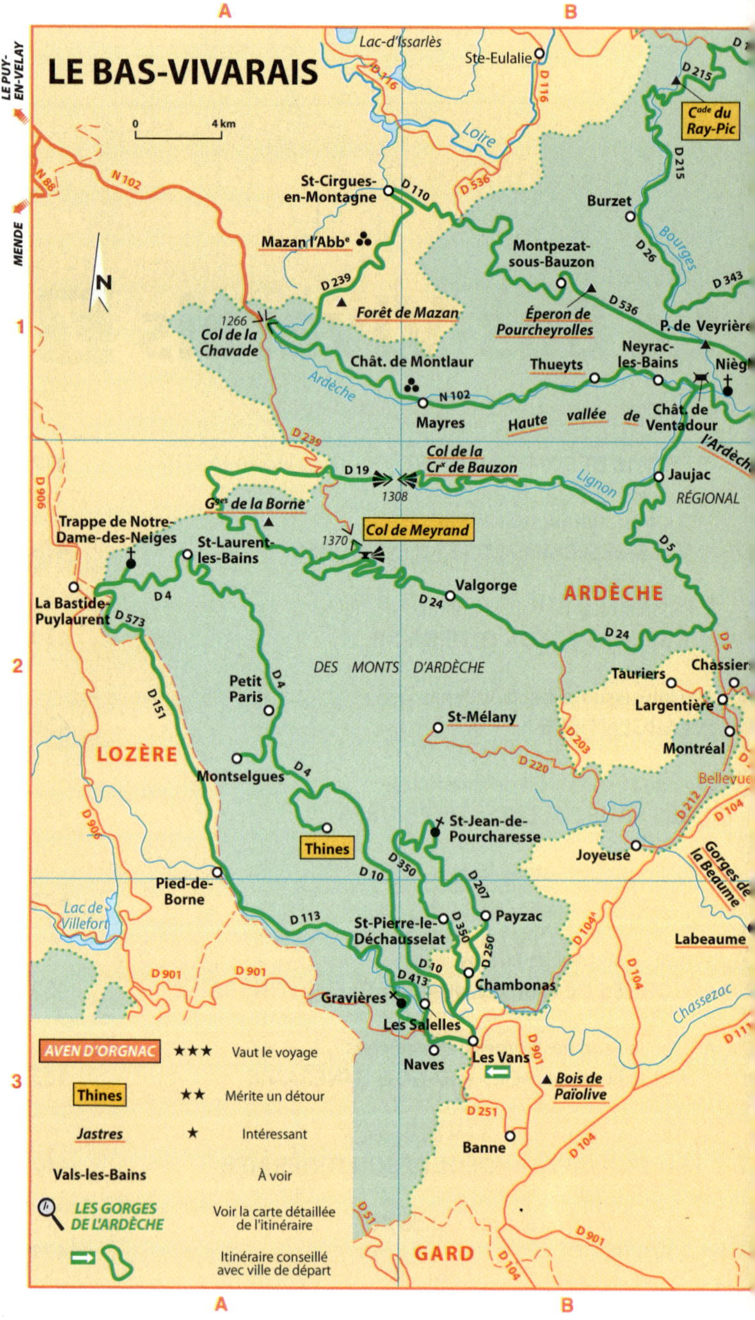
LE BAS-VIVARAIS
A
B
LE PUY-EN-VELAY
MENDE
0 4 km
N
Lac-d'Issarlès
Ste-Eulalie
Loire
St-Cirgues-en-Montagne
Mazan l'Abbe
Forêt de Mazan
Cade du Ray-Pic
Burzet
Montpezat-sous-Bauzon
Éperon de Pourcheyrolles
P. de Veyrière
1266 Col de la Chavade
Chât. de Montlaur
Thueyts
Neyrac-les-Bains
Mayres
Haute vallée de l'Ardèche
Chât. de Ventadour
Ardèche
Col de la Crx de Bauzon
1308
Lignon
Jaujac
RÉGIONAL
Gges de la Borne
Trappe de Notre-Dame-des-Neiges
St-Laurent-les-Bains
1370
Col de Meyrand
Valgorge
ARDÈCHE
La Bastide-Puylaurent
DES MONTS D'ARDÈCHE
Tauriers
Chassiers
Largentière
Petit Paris
St-Mélany
Montréal
LOZÈRE
Montselgues
Bellevue
Thines
St-Jean-de-Pourcharesse
Joyeuse
Gorges de la Beaume
Pied-de-Borne
Payzac
Lac de Villefort
St-Pierre-le-Déchausselat
Labeaume
Chambonas
Gravières
Les Salelles
Chassezac
Naves
Les Vans
Bois de Païolive
Banne
GARD
N 102
N 88
D 116
D 110
D 536
D 239
D 215
D 26
D 343
N 102
D 19
D 906
D 4
D 573
D 24
D 5
D 151
D 203
D 220
D 212
D 104
D 10
D 350
D 207
D 113
D 250
D 413
D 901
D 104A
D 251
D 51
1
2
3
AVEN D'ORGNAC ★★★ Vaut le voyage
Thines ★★ Mérite un détour
Jastres ★ Intéressant
Vals-les-Bains À voir
LES GORGES DE L'ARDÈCHE Voir la carte détaillée de l'itinéraire
Itinéraire conseillé avec ville de départ

C
D
Mézilhac
PARC
NATUREL
Le Bouschet-de-Pranles
Moulin de Mandy
Vᵉˢ de la Volane
D 122
D 260
Pourchères
D 104
GAP
D 86
Privas
D 122
Col de l'Escrinet
787
D 104
D 7
Antraigues-sur-Volane
D 256
Crête de Blandine
1017
D 2
D 22
D 86
1
Le Coiron
D 243
Chât. de Boulogne
Taverne
D 578
D 256
D 104
D 7
D 2
St-Vincent-de-Barrès
Cruas
Vals-les-Bains
St-Julien-du-Serre
St-Martin-le-Supérieur
VALENCE
Ucel
St-Laurent-sous-Coiron
D 22ᴬ
D 213
D 86
N 102
D 324
D 258
Montbrun
Sceautres
Meysse
Aubenas
Mirabel
D 7
D 263
Pic de Chenavari
507
N 7
Jastres
361
N 102
D 259
D 258
D 458ᴬ
N 102
Chât. de Rochemaure
D 11
D 579
Le Pradel
D 86
N 102
Le Teil
Montélimar
D 104
Vogüé
Villeneuve-de-Berg
Alba-la-Romaine
N 102
2
D 114
D 103
D 558
D 107
Vinezac
RHÔNE
D 86
N 7
D 294
de l'Ardèche
D 401
Rochecolombe
D 73
Balazuc
St-Maurice-d'Ibie
DRÔME
de
D 579
Viviers
N-D-de-Montcham
Défilés
D 558
D 86
VALENCE
Défilé de Ruoms
Les Salelles
Larnas
Gorge de la Ste-Baume
Défilé de Donzère
Ruoms
Lagorce
Gras
N 7
D 262
St-Montan
D 262
Donzère
Mᵗˢ de la Vignasse
Dent de Rez
719
St-André-de-Mitroys
D 541
A 7
Bois de Laoul
381
Vallon-Pont-d'Arc
D 362
340
N 93
Canal de
D 579
D 4
D 86
ocher de
ampzon
St-Remèze
D 4
Plateau des Gras
3
D 13
D 358
Bourg-St-Andéol
D 59
D 579
GORGES DE L'ARDÈCHE
D 59
Ferme aux Crocodiles
LES GORGES DE L'ARDÈCHE
Labastide-de-Virac
N 7
Donzère
ORANGE
D 979
Aven de la Forestière
D 217
D 86
Ardèche
arjac
AVEN D'ORGNAC
D 290
N 7
D 317
VAUCLUSE
C
D
AVIGNON

Privas

8 624 Privadois – Ardèche (07)

NOS ADRESSES PAGE 416

S'INFORMER

Office du tourisme du Pays de Privas – *3 pl. du Gén.-de-Gaulle - ✆ 04 75 64 33 35 - www.paysdeprivas.com - juil.-août : 9h-12h30, 14h-19h, dim. et j. fériés 9h-13h ; reste de l'année : lun.-vend. 9h-12h, 14h-18h, sam. 9h-12h, 14h-17h30.*

SE REPÉRER

Carte de microrégion D1 *(p. 411) – Carte Michelin Départements 331 J5.*

Situé entre le parc naturel régional des Monts d'Ardèche et la vallée du Rhône, Privas est à une trentaine de kilomètres d'Aubenas (au sud-ouest) et de Montélimar (au sud-est).

À NE PAS MANQUER

L'architecture et la mécanique des moulins à Pranles ; les paysages volcaniques du Coiron.

ORGANISER SON TEMPS

Comptez une demi-journée.

AVEC LES ENFANTS

Décortiquer le fonctionnement des moulins à Pranles.

Privas occupe un site★ original dans le bassin de l'Ouvèze, au pied du mont Toulon. Tout en longueur, la partie haute de la ville s'encombre facilement aux heures de pointe. Peu de places ont été aussi durement marquées par l'Histoire, et le siège qu'a subi la capitale huguenote au 17e s. a été particulièrement destructeur. Les remparts ont été abattus, mais pas le dynamisme de la ville qui est devenue la préfecture de l'Ardèche et la capitale incontestée du marron glacé.

Se promener

Mont Toulon

1h AR. Depuis l'hôtel de ville, remontez la rue Hélène-Durand pour rejoindre le boulevard du Montoulon à gauche. Itinéraire également fourni par l'office de tourisme.

Un chemin fléché, sur la droite, conduit au sommet où l'on peut découvrir un **calvaire** monumental (trois croix) et une belle **vue★** sur les environs.

Pont Louis-XIII

Construit sur l'Ouvèze, il conserve son couronnement de gros corbeaux de pierre et offre une bonne vue sur le site de Privas.

À proximité Carte de microrégion

Musée du Vivarais protestant au Bouschet-de-Pranles D1

15 km au nord par la D 2 et la D 344. ✆ 04 75 64 22 74 - juil.-août : 10h-18h, dim. 14h-18h ; 2e quinz. de juin et sept. : tlj sf lun. 14h-18h ; de mai à mi-juin : w.-end et j. fériés (sf lun.) 14h-18h - fermé oct.-avr. - 4 € (-12 ans 2 €).

PRIVAS, ENTRE PROTESTANTS ET CATHOLIQUES

Privas a joué pendant les guerres de Religion un rôle de premier plan qui lui valut le titre de « Boulevard (rempart) de la Réforme ». C'est un prêtre privadois, **Jacques Valéry** (ou Vallier), qui introduisit la Réforme à Privas dès 1534. Au centre des premières luttes religieuses, la ville fut l'une des places fortes concédées aux protestants par Henri IV, lors de l'édit de Nantes, en 1598.

Pour le meilleur et pour le pire – La politique d'unification de Richelieu et des haines encore vivaces raniment le conflit religieux qu'attise en Vivarais une question de mariage. **Paule de Chambaud**, veuve du chef huguenot, Jacques de Chambaud, héritière de la baronnie de Privas, a le choix, pour se remarier, entre deux prétendants, un catholique et un protestant. Elle choisit le plus jeune, le catholique **Claude de Hautefort-Lestrange**, à la grande colère des Privadois, en majorité protestants, et qui ne veulent pas d'un « papiste » pour seigneur.

Les combats reprennent. En 1629, l'armée royale, commandée par Schomberg et Biron, vient camper devant Privas. Louis XIII s'installe au sud de la ville, dans une demeure désignée depuis sous le nom de Logis du Roi. Face à l'armée royale, forte de 20 000 hommes, les assiégés ne disposent que de 1 600 défenseurs. Après un siège de 16 jours, l'assaut est lancé. Une partie des défenseurs se réfugie sur le mont Toulon. Préférant « périr par le feu plutôt que par la corde », l'un de leurs chefs met le feu à ses propres réserves de poudre. Pris de panique, ses compagnons se jettent dehors, mais ils se font tuer par les soldats du roi. La ville est prise, pillée et brûlée, les habitants massacrés.

La revanche des Privadois – Les habitants qui avaient réussi à s'échapper obtinrent plus tard le droit de revenir, poursuivis cependant, de tribunaux en tribunaux, par le vicomte de Lestrange, leur seigneur, qui leur réclamait le prix de son château détruit… du moins jusqu'en 1632. Compromis dans l'un des complots de Gaston d'Orléans, Lestrange fut alors fait prisonnier et fouetté publiquement à Privas, puis exécuté à Pont-St-Esprit.

Ce petit musée a été installé dans la maison natale de **Pierre Durand**, pasteur des églises du Désert au 18e s., et de sa sœur **Marie Durand**. Cette héroïne huguenote du 18e s. resta enfermée 38 années dans la tour de Constance d'Aigues-Mortes (1730-1768), tandis que son frère fut pendu pour avoir continué à célébrer le culte. Au travers d'objets de la vie quotidienne, de bibles et de lettres ressurgit leur foi simple et forte. Pranles est devenu un haut lieu du martyre vivarois et le siège de la Société d'histoire du protestantisme français.

★ Moulin de Mandy à Pranles D1

13 km au nord par la D 2. En venant de Privas, restez sur la D 2 et tournez à gauche, 2 km après avoir laissé sur votre gauche la direction de Pranles. ℘ 04 75 64 26 03 ou 04 75 65 02 63 - juil.-août : tlj sf sam. 14h30-18h30, merc. 10h30-18h30 (cuisson du pain au four à bois à 11h30) ; reste de l'année : sur demande - 5 € (6-15 ans 2,50 €).

Si, pendant l'été, le débit des « béalières » est insuffisant pour produire de la farine comme pendant le reste de l'année, il permet néanmoins de mettre en route la lourde et belle **mécanique** de bois et de métal. La passion d'un vieux meunier, relayée par une association de passionnés, a permis la survie puis la restauration de ce moulin, agrandi au 19e s. sur la base d'un bâtiment du

15e s. Les moulins à grain, à huile, à tan et à laine, qui furent jusqu'à 103 greffés sur les eaux du Vivarais, ainsi que l'architecture d'Ardèche, sont le thème d'une **exposition** permanente bien illustrée.
Plusieurs sentiers partent du moulin pour faire découvrir le réseau de béalières. L'un mène à l'**église** romane de **Pranles** *(1h15 AR)*, vestige d'un prieuré rattaché à La Chaise-Dieu. Remarquez la belle facture de ses chapiteaux.

Itinéraire conseillé Carte de microrégion

★★ LE COIRON D 1-2

74 km. Voir le circuit sur la carte de microrégion p. 411. Comptez une demi-journée.
Quittez Privas par la D 7, au sud, en direction de Villeneuve-de-Berg.
Fortement érodée, la barre volcanique du Coiron limite, au nord, le Bas-Vivarais. Du col de l'Escrinet au Rhône, ses basaltes noirs interrompent la ligne des coteaux et créent le contraste puissant des dykes (roches éruptives formant muraille) de Rochemaure. La partie supérieure offre l'aspect d'un vaste plateau dénudé, d'une altitude moyenne de 800 m, s'élevant du Rhône vers le nord-ouest.
La route traverse le bassin de l'Ouvèze, puis pénètre dans le ravin calciné de la Bayonne. Au cours d'une montée se succèdent de très belles vues sur le site de Privas. Soudain le paysage s'assombrit : la couche de basalte a recouvert le socle de la montagne.
À l'embranchement vers Freyssenet, poursuivez à gauche vers Taverne.
Le plateau déroule ses vastes ondulations de landes piquetées de genévriers, de buis et de genêts. Dans cet horizon dépeuplé surgit l'humble hameau de **Taverne** (D1).
À Taverne, empruntez la D 213.
Entre le col de Fontenelle et le hameau des Molières, une large trouée permet d'apercevoir au loin le Rhône. Les premiers plans sont constitués par des orgues basaltiques d'où s'échappe un filet d'eau ; sur un versant, à droite, l'érosion a dégagé le calcaire sous-jacent. Puis c'est la descente rapide en contre-haut du hameau des Molières et au flanc d'un ravin montrant à nu ses strates.
L'arrivée à **St-Martin-le-Supérieur** (D1) est précédée d'une jolie vue sur sa charmante petite église romane à clocher-mur.
En contrebas de St-Martin-l'Inférieur, suivez la basse vallée du Lavezon dont le lit s'encombre de gros cailloux roulés noirs ou blancs.

Meysse D2

15mn à pied AR. Ce vieux village conserve, en arrière d'un front d'habitations plus récentes, son aspect de jadis. Autour de l'ancienne église romane s'étend un lacis de ruelles et de passages voûtés.
Longer la basse vallée du Lavezon par la D 2 que l'on poursuit à droite, en direction de St-Vincent-de-Barrès.
La route pénètre dans la vaste dépression du **Barrès**, aux riches cultures. Elle emprunte la vallée affluente du Rhône qui sépare le massif calcaire de Cruas à droite et les Coirons volcaniques à gauche.

Saint-Vincent-de-Barrès D1

Ce beau village perché sur un neck basaltique émerge de la plaine du Barrès. Il est dominé par les tours de basalte de son ancienne forteresse. De l'esplanade de l'église, vue sur le Barrès.
Empruntez la D 322 qui serpente vers l'est sur 8,7 km.

Cruas D1

1 pl. de la Liberté - 07350 Cruas - ✆ 04 75 49 59 20 - www.ot-cruas.fr - de Pâques à fin sept. : tte la journée, dim. et j. fériés apr.-midi ; reste de l'année : tlj sf merc., dim. et j. fériés apr.-midi, sam. mat. - fermé w.-end, lun. de Pâques et 1er Mai.

Signalé par les panaches de la centrale nucléaire, recouvert d'une pellicule poudreuse blanche provenant des cimenteries qui exploitent la falaise, Cruas paye un lourd tribut au développement industriel. Ce contexte difficile ne doit pas faire oublier son exceptionnel patrimoine constitué par son abbatiale et le vieux village que domine l'imposant donjon-chapelle.

C'est en 804 que des moines bénédictins, envoyés par saint Benoît d'Aniane, réformateur de l'ordre, fondent une abbaye à Cruas. La partie la plus ancienne de l'église remonte au 11e s. Pour se protéger des invasions et des inondations du Rhône, les bénédictins élèvent peu après, sur un replat rocheux de la falaise, une chapelle-refuge, intégrée plus tard dans un ensemble défensif qui lui vaudra le nom de « château des moines ». Aux 16e et 17e s., l'abbaye subit les attaques des huguenots, puis périclite. En 1741, l'évêque de Viviers en décide la suppression.

Ancienne église abbatiale★ – *✆ 04 75 49 59 20 - visite guidée organisée par l'office de tourisme.* C'est un bel édifice roman situé en contrebas de la rue centrale. La façade sur la route est dominée par une puissante tour-lanterne, sur plan carré, à étages en retrait. Au-dessus de la croisée du transept s'élève une seconde tour, surmontée d'un gros lanternon circulaire à toit conique. En contournant l'édifice, on remarque l'élégante homogénéité de sa décoration de bandes lombardes et la sobre ordonnance du chevet.

L'**intérieur**, très sombre, comprend une nef voûtée en berceau et flanquée d'étroits collatéraux. Le sol a été fortement exhaussé du 15e au 18e s., à la suite d'inondations. Entre la nef et les bas-côtés, de robustes piliers s'ornent de chapiteaux sculptés : remarquez notamment les aigles qui s'affrontent sur un pilier à gauche. Le chœur est prolongé par une tribune monastique (fin du 12e s.) qui s'étend sur les deux premières travées de la nef. Elle est surtout intéressante par son système de voûte, significatif de l'évolution de l'architecture passant du roman au gothique : les arêtes des travées sont renforcées de gros tores se croisant à la façon d'ogives. Derrière le maître-autel, l'abside conserve un pavement en **mosaïque**, de style byzantin, représentant les prophètes Élie et Énoch encadrant deux arbres de vie. La mosaïque porte la date : 1098, lisible à droite.

L'église repose sur une **crypte★** du 11e s., établie sous le chœur. Celle-ci présente une voûte d'arêtes sur colonnes monolithes décorées de chapiteaux archaïques ; la plupart montrent un animal isolé, oiseau ou quadrupède. L'ensemble de ce bestiaire constitue un remarquable spécimen des débuts de la sculpture romane.

Donjon-chapelle – *Prenez la rue Jean-Jaurès : à environ 200 m, empruntez à gauche une route en montée ; laissez la voiture sur une esplanade et dirigez-vous vers les ruines à pied. ✆ 04 75 49 59 20 - visite guidée organisée par l'office de tourisme.* L'édifice évoque un donjon : ses tourelles d'angles et les imposantes arcatures soutenant son couronnement crénelé cachent au regard la chapelle primitive du 12e s. En contrebas, remarquez un ensemble de maisons médiévales en cours de consolidation.

Retour à Privas par la D 86, puis la D 22 qui dessert Chomérac, et enfin la D 2.

NOS ADRESSES À PRIVAS

HÉBERGEMENT

À Privas

BUDGET MOYEN

Hôtel Les Châtaigniers – *Plaine du Lac - ✆ 04 75 66 39 60 - www.leschataigners.fr - P - 82 ch. 49/54 € - ☕ 8 € - rest. 18/32 €.* Avec ses chambres fonctionnelles et climatisées, cet hôtel constitue une étape toute trouvée sur la route du massif du Coiron. Petit-déjeuner servi au bar ou en terrasse. Une carte de recettes traditionnelles est proposée dans la lumineuse salle à manger.

POUR SE FAIRE PLAISIR

Hôtel La Chaumette – *Av. Vanel - ✆ 04 75 64 30 66 - www.hotelchaumette.fr - fermé 2-13 janv. - 36 ch. 75 € - ☕ 14,50 € - rest. 35/65 €.* Poussez la porte de cet hôtel pour découvrir un décor aux couleurs et aménagements évoquant la Provence et l'Afrique. Choisissez de préférence l'une des chambres rénovées. Salle à manger mariant mobilier contemporain et parquet en bois exotique. Terrasse et piscine.

À proximité

PREMIER PRIX

Camping Les Ilons – *✆ 04 75 49 55 43 - Cruas - www.campinglesilons.com - réserv. conseillée - 80 empl. 20,50 €.* Les joies du camping au bord du lac. Les sanitaires ont été rénovés ainsi que de nouveaux aménagements. Un règlement strict préserve les usagers d'un voisinage bruyant, pour le confort de tous. Piscine « haricot » et location de mobile homes.

POUR SE FAIRE PLAISIR

Chambre d'hôte Château de Fontblachère – *07210 St-Lager-Bressac - 15 km au sud-est de Privas par D 22, puis D 2 et D 322 à gauche face au village de St-Lager-Bressac, fléchage - ✆ 04 75 65 15 02 - www.chateau-fontblachere.com - fermé nov.-mars - ouv. w.-end hors sais. - 5 ch. 100/140 € ☕ - repas 30 €.* Cette ravissante maison des collines ardéchoises est la promesse d'un séjour paisible dans un décor à la fois simple et élégant. Chambres peintes aux pigments naturels et aménagées avec goût. Orangerie (17e s.), piscine, tennis et jacuzzi sont disséminés dans le superbe parc. Deux appartements pour les longs séjours.

UNE FOLIE

Chambre d'hôte du Château de Rochessauve – *07210 Rochessauve - ✆ 04 75 65 07 06 - www.chateau-de-rochessauve.com - fermé janv.-Pâques - ⊭ - P - 5 ch. 110/120 € ☕ - repas (fermé jeu.) 20/40 €.* Les montagnes ardéchoises servent d'écrin à ce château très tranquille dont les chambres dégagent une atmosphère raffinée. Les repas, composés de produits du terroir, sont servis dans la salle à manger, décorée d'objets de collection, ou dans le patio en été.

RESTAURATION

À Privas

PREMIER PRIX

Le Corentin – *2 pl. de la République - ✆ 04 75 64 75 75 - fermé 15-30 mai, 15-30 sept., 22 déc.- 6 janv. et dim. soir - 11/22,50 €.* Sur une placette calme et ombragée, cette crêperie sert aussi une cuisine bistrot soignée et un menu du terroir « Goûtez l'Ardèche » parfait pour découvrir les saveurs d'ici : caillette, joues de porc confites avec criques (pommes paillasson), picodon et glaces artisanales…

ACHATS

Bon à savoir – On trouve des marrons glacés toute l'année mais, à l'état frais, la châtaigne d'Ardèche s'achète d'octobre à décembre. Son apparence doit être lisse et brillante. Il faut qu'elle soit ferme et lourde quand vous la prenez dans le creux de la main. Contrairement à ce que l'on pourrait croire, la châtaigne fraîche ne se conserve pas longtemps.

Clément Faugier – *Chemin du Logis-du-Roy - ✆ 04 75 64 07 11 - www.clement-faugier.fr - tlj sf w.-end 8h30-11h45, 13h45-17h30 (vend. 16h30).* Cette usine ardéchoise fabrique, depuis 1882, des produits à base de marrons (crème, purée, marrons glacés, au cognac, au sirop), qu'elle vend ensuite individuellement ou présentés dans un joli panier cadeau. À voir, le petit musée et une vidéo expliquant les secrets de fabrication.

Brocante aux 4 Sous – *1 719 rte de Privas - 07400 Meysse - ✆ 04 75 52 92 88 - www.brocante-4sous.com - 14h-19h - fermé de mi-juil. à mi-août.* Enfants de brocanteurs, Sylvie et Philippe ont repris l'affaire de leurs parents, créée en 1969, et désormais installée dans les locaux gigantesques d'une ancienne usine à chaux. Plusieurs milliers de m² dédiés aux objets et meubles de tous les styles et de toutes les époques, du classique au plus insolite. Un petit musée y représente aussi les métiers populaires.

Vals-les-Bains

3 716 Valsois – Ardèche (07)

NOS ADRESSES PAGE 428

S'INFORMER

Office du tourisme du Pays d'Aubenas-Vals – *Maison Champanhet - 7 r. Jean-Jaurès - 07600 Vals-les-Bains - ✆ 04 75 89 02 03 - www.aubenas-vals.com - juil.-août : lun.-sam. 9h-12h30, 14h-19h, dim. 9h-13h, j. fériés 9h-12h, 15h-19h ; reste de l'année : tlj sf dim. 9h-12h, 14h-18h, j. fériés 9h-13h (sf 1er janv. et 25 déc.).*

SE REPÉRER

Carte de microrégion C1 *(p. 410-411) – Carte Michelin Départements 331 I6.*

En voiture depuis l'A 7 sortie Loriol ou Montélimar Sud, depuis l'A 75 sortie Brioude. En train, gares TGV Valence ou Montélimar, puis bus TER. Vals-les-Bains est niché à 5,5 km au nord d'Aubenas.

À NE PAS MANQUER

L'impressionnante cascade du Ray-Pic ; la source intermittente qui jaillit seulement toutes les six heures ; le goût de l'eau ; le col de Meyrand.

ORGANISER SON TEMPS

Comptez une demi-journée pour la cité thermale et ses hauteurs.

AVEC LES ENFANTS

Découvrez l'identité ardéchoise à travers les jeux de la maison Champanhet.

L'arrivée est des plus magistrales lorsque l'on découvre Vals au sortir des lacets du col de la Chavade. Traversée par la Volane, la ville, ancienne place forte protestante, idéalement placée à la rencontre des vallées de la Volane et de l'Ardèche, a dû se développer en longueur. Elle offre l'aspect d'un étroit couloir urbain long de plus de 2 km, pour une largeur moyenne de 300 m. Découvrez sur place les raisons du succès de la fameuse eau de Vals : outre ses qualités digestives, son goût, très apprécié dans les restaurants.

Se promener

Source intermittente

Plusieurs parcs agrémentent la station, notamment celui du Casino. Le parc de l'Intermittente doit son nom à une source (connue en 1865), entourée d'une vasque pavée de prismes basaltiques, qui jaillit à 8 m de hauteur toutes les six heures : dans la journée à 11h30 et 17h30 en été, à 10h30 et 16h30 en hiver.

Maison Champanhet

7 r. Jean-Jaurès - ✆ 04 75 89 02 03 - juil.-août : lun.-sam. 9h-12h30, 14h-19h, dim. 9h-13h, j. fériés 9h-12h, 15h-19h ; reste de l'année : tlj sf dim. 9h-12h, 14h-18h, j. fériés 9h-13h (sf 1er janv. et 25 déc.) - 1,50 € (-16 ans 1 €).

Venez prendre les eaux à Vals-les-Bains !
J. Damase / MICHELIN

Innovante, la famille Champanhet est la première à avoir affermé les eaux de Vals-les-Bains. Elle a ici légué sa maison à la ville. On y découvre, outre la reconstitution d'un intérieur bourgeois de la fin du 19e s. (notez la jolie rampe d'escalier), les savoir-faire agricoles et artisanaux typiques de la région : travail de la terre, du bois, du fer, de la soie, variété des moulins, cultures en terrasses. L'ensemble permet d'esquisser quelques traits de l'identité des hautes Cévennes ardéchoises. La muséographie est moderne, elle assortit ses commentaires de deux films et de jeux pour les enfants.

Rocher des Combes

Un exemple d'excursions parmi les nombreuses qui ont Vals pour point de départ :

2 km, 20mn à pied AR. De la table d'orientation (alt. 480 m), **vue** sur la trouée de l'Ardèche, Aubenas, le Tanargue, la chapelle Ste-Marguerite au sommet de sa colline, le chaînon de Mézilhac, le roc de Gourdon et le plateau du Coiron.

LE THERMALISME

Les centres d'animation de la station sont constitués par les sources, au nombre de 145. Exploitées à partir de 1600, elles ne prirent vraiment de l'essor qu'au milieu du 19e s. Leurs eaux sont froides (13°), bicarbonatées et sodiques ; leurs différences proviennent de leur degré de minéralisation : la plus connue, la source St-Jean, est faiblement minéralisée.

Les eaux, surtout utilisées comme boisson – plusieurs millions de bouteilles sont expédiées chaque année –, exercent une action sédative sur l'estomac et stimulante sur le foie. Elles sont recommandées pour le traitement du diabète et des maladies de la nutrition. Des douches, des bains et des massages complètent la cure de boissons prises aux sources de la station. L'établissement thermal et le centre hospitalier spécialisé « Paul-Ribeyre » fonctionnent toute l'année.

Itinéraires conseillés Carte de microrégion

★★ VALLÉE DE LA VOLANE ET DE LA BOURGES B-C 1

69 km. Voir le circuit sur la carte de microrégion p. 410-411. Comptez environ 4h.

Quittez Vals par la D 578 au nord.

Tout de suite commence la montée de la vallée de la Volane, offrant des vues sur les coulées basaltiques qui assombrissent ce couloir ; remarquez la dispersion des maisons, en hameaux étagés, de la commune d'Asperjoc, disposition imposée par l'étranglement de la vallée. L'apparition d'Antraigues, sur un éperon dominant le confluent de la Volane et de la Bise, marque la fin des coulées volcaniques.

Antraigues-sur-Volane C1

Ce charmant village perché vit autour de sa place ombragée bordée d'agréables terrasses et régulièrement occupée par des boulistes passionnés. La présence de Jean Ferrat à partir des années 1960 a attiré pendant quelque temps des artistes connus avant de retrouver sa quiétude. La montée se poursuit dans un décor d'éboulis.

Château de Craux – *3h à pied. Rens. et parcours à la Maison de la randonnée du canton d'Antraigues - ✆ 04 75 38 74 37.* Cette belle randonnée au départ de la place d'Antraigues permet de monter au château de Craux, en bordure d'un ancien volcan et à proximité d'une châtaigneraie aux arbres séculaires.

Mézilhac C1

Le village occupe, sur le rebord de la montagne vivaroise, un seuil séparant les bassins de l'Eyrieux et de l'Ardèche. Au nord, le ravin de la Dorne dévale vers l'Eyrieux ; au sud, la Volane s'engouffre vers l'Ardèche et Vals-les-Bains.

Du piton basaltique surmonté d'une croix, qui se dresse entre le vieux village et le col, la **vue★** s'étend au nord-ouest sur le Gerbier-de-Jonc et le Mézenc, au nord-est sur le cirque de Boutières, au sud sur la trouée de la Volane.

Une route de crête, la D 122, passant au pied du suc de Montivernoux, mène à l'entrée de Lachamp-Raphaël, le plus haut village d'Ardèche, où l'on emprunte la D 215 descendant vers Burzet.

Une première **vue★** se dégage, en contrebas, à droite, sur le site du Ray-Pic.

★★ Cascade du Ray-Pic B1

45mn à pied AR. Laissez la voiture au parc de stationnement aménagé à droite de la route.

De là, un sentier, d'abord en montée, mène au pied de la cascade, au fond du ravin de la Bourges. D'une plate-forme supérieure, la rivière saute par plusieurs chutes entre deux surplombs basaltiques ; remarquez, sur la gauche, l'effet de cascade des prismes basaltiques accompagnant la chute principale : le site est d'une intense sévérité.

Burzet B1

Ce village est célèbre pour sa procession de la Passion : chaque année, le Vendredi saint, elle monte, par un rude sentier jalonné de stations, jusqu'au calvaire dominant le village de 300 m. En tête des fidèles qui chantent des cantiques et prient, un groupe de personnages costumés fait revivre le chemin de croix du Christ. Cette manifestation rassemble une foule de fidèles venus de toute la région.

Burzet serait en outre la patrie de Bénézet qui construisit à la fin du 12e s. le célèbre pont d'Avignon (*voir Le Guide Vert Provence).*

L'**église**, de style gothique flamboyant, vaut surtout pour sa façade, que surmonte un imposant clocher-peigne.

Retour à Vals par St-Pierre-de-Colombier, Juvinas et une agréable petite route, la D 243, descendant la vallée de la Bézorgues.

On peut aussi gagner Montpezat-sous-Bauzon par la D 26, puis la D 536, et rejoindre le circuit « Montagne et haute vallée de l'Ardèche » décrit p. 424.

★ CIRCUIT DU COL DE L'ESCRINET C 1-2

85 km. Voir le circuit sur la carte de microrégion p. 411. Comptez environ 3h. Quittez Vals par la D 578B au sud.

Ucel C2

Vieux village bâti en cercle sur une butte dominant l'Ardèche.

À St-Privat, prenez à gauche la D 256 qui suit les vallées du Luol et de la Boulogne.

Les vergers et les vignes alternent avec des châtaigniers et des pinèdes.

Saint-Julien-du-Serre C1

Le bourg possède une intéressante **église** romane du 12e s., à la silhouette curieuse avec ses gros arcs-boutants soutenant l'abside. Le portail latéral est remarquable par les cinq tores ornant ses voussures en retrait. *Juil.-août : merc. et sam. apr.-midi ; reste de l'année : s'adresser à la mairie - ✆ 04 75 37 95 28.*

Par St-Michel-de-Boulogne, on atteint les ruines du château de Boulogne.

★ Château de Boulogne C1

Ce fut à l'origine une forteresse dressée par les Poitiers, comtes de Valentinois, ses premiers seigneurs, sur un éperon, à la rencontre de deux ravins. Successivement, les Lestrange, puis les Hautefort transformèrent le château primitif en une somptueuse demeure, respectée par la Révolution, mais saccagée par des démolisseurs en 1820. En reste néanmoins le magnifique **portail★★** que fit élever René de Hautefort à la fin du 16e s. Son élégance raffinée, soulignée par les colonnes torses, contraste avec le site sauvage et les ruines féodales.

Faites demi-tour pour reprendre la D 256 à droite. Traversez Gourdon, puis prenez à droite la D 122 qui contourne le roc de Gourdon. À 2 km, tournez à gauche dans une petite route au parcours pittoresque menant à Pourchères.

Pourchères C1

Bâti à flanc de montagne, ce village possède une **église** du 12e s. à nef unique et abside en cul-de-four. Remarquez la cuve baptismale du 12e s. et un Christ en bois du 17e s.

Du terre-plein aménagé devant l'église, belle vue sur les monts environnants.

Faites demi-tour et reprenez la D 122 à gauche pour rejoindre la N 304 et le col de l'Escrinet.

Col de l'Escrinet C1

Alt. 787 m. Cette grande brèche constitue le principal accès au sud de l'Ardèche et au plateau du Coiron. Son intérêt géographique et climatique se double d'un lieu privilégié d'observation – ou de chasse – des oiseaux migrateurs. C'est en effet de là que se pratique, envers et contre toute contestation, la chasse à la « repasse » des palombes. Venant du sud, elles franchissent le col au ras du relief.

Le **panorama** sur l'esplanade à gauche avant le col offre un bel aperçu du plateau du Coiron, la vallée de Privas, le Tanargue reconnaissable à sa forme trapézoïdale et, lorsque le temps le permet, le mont Lozère.
Avant la descente vers Aubenas, prenez à gauche la D 224 en direction de Freyssenet.

Crête de Blandine C1

Alt. 1 017 m. Elle constitue le point culminant du plateau et un seuil oriental vers la vallée de Privas. Laissez la voiture sur le replat et poursuivez à pied vers le relais de télévision. Belle **vue★** dégagée en perspective à l'est vers Privas et au sud vers Mirabel et Aubenas.
Possibilité de poursuivre par la D 224 vers Freyssenet, à l'habitat typique des Coirons, puis par le col du Bénas rejoignez Privas.
Retour au col de l'Escrinet, puis à Vals par St-Privat et Ucel.

★★ MASSIF DU TANARGUE Carte ci-contre

Bienvenue dans l'une des régions les plus sauvages de la montagne vivaroise. Ce massif de granit et de gneiss a été en effet complètement bouleversé par des mouvements géologiques qui lui donnent cette allure déchiquetée. Ses reliefs et un climat plutôt rigoureux font le bonheur des amateurs d'escalade et de ski de fond qui pratiquent leur passion dans un cadre préservé.
80 km. Voir le circuit sur la carte ci-contre. Comptez environ 3h. Attention, dès l'automne, aux orages qui peuvent être particulièrement violents. Des crues soudaines, rendues redoutables par la pente du terrain, transforment les torrents en flots furieux, quoique vite apaisés.
Quittez Vals-les-Bains par la N 102 en direction du Puy-en-Velay. À Pont-de-Labeaume, empruntez la D 5 vers Jaujac.
La route se déroule en vue des coulées basaltiques de la vallée du Lignon. À mi-parcours (panneau), laissez la voiture et approchez-vous du rebord de la plate-forme volcanique sur laquelle est tracée la route ; de part et d'autre, la **coulée★** est remarquable par ses orgues d'une verticalité parfaite, certaines d'une coloration gris-bleu.

Jaujac

Le bourg présente un aspect attrayant avec ses maisons anciennes des 15e et 16e s., notamment dans le quartier du Chastelas, rive gauche, et les vestiges de son château fort. Au sud-est de la localité se dresse la « coupe » de Jaujac, volcan quaternaire d'où proviennent les coulées du Lignon et d'où jaillissent des sources minérales. Depuis 2002, le village accueille chaque année en résidence quelques artistes plasticiens venus réaliser des œuvres d'« art éphémère » en utilisant le patrimoine paysager. Tracé selon les lieux choisis par les artistes, un **sentier** dessert ces œuvres intégrées à la nature, que l'on peut admirer dans leur meilleur état d'avril à octobre.
Dès la sortie de Jaujac, on aperçoit, à droite, le petit **château de Bruget**, du 15e s.
À partir de La Souche, le parcours devient très montagnard ; le sommet du rocher d'Abraham se détache en avant à droite, tandis que le tracé en corniche montre, sur la gauche, de sombres versants boisés de sapins.

★ Col de la Croix-de-Bauzon

Du col (alt. 1 308 m), la **vue** s'étend sur l'enfilade des vallées de la Borne et du Masméjean, avec à l'horizon les monts de la Margeride ; à l'est, la trouée du Lignon est prolongée par la dépression d'Aubenas.

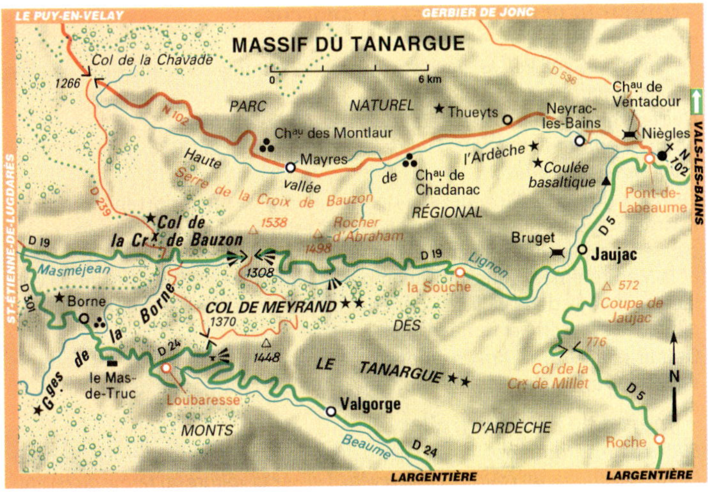

Poursuivez dans la D 19 en direction de St-Étienne-de-Lugdarès, puis tournez à gauche dans la D 301 (route étroite).

★ Gorges de la Borne

Après un passage au milieu des landes à genêts, la descente sur Borne offre des vues plongeantes sur les gorges.

À l'ouest se profile la montagne du Goulet. Le village de **Borne★** occupe un site retiré, en corniche au-dessus du torrent encaissé. Dans un amphithéâtre rocheux, un château ruiné, juché sur un piton, domine la Borne.

Une route communale permet de gagner le minuscule hameau de **Mas-de-Truc**, perdu dans la montagne.

Gagnez le col de Meyrand par Loubaresse. Jusqu'à ce village, la route est étroite et parfois impraticable en raison des chutes de pierres.

★★ Col de Meyrand

Alt. 1 370 m. Il dévoile soudain une splendide corniche; en contrebas du col, un balcon d'orientation est aménagé à gauche d'un rocher isolé. Une superbe vue s'étend, de gauche à droite, sur le sommet du Tanargue, la vallée de Valgorge, la dépression de l'Ardèche dominée par la dent de Rez, la serre de Valgorge en face et, à droite, la dorsale du mont Lozère.

Faites demi-tour.

Après Loubaresse, aux vues d'enfilade sur la trouée de Valgorge succèdent les passages ombragés de châtaigniers.

La route descend en lacet dans la haute vallée de la Beaume, tandis que les flancs du Tanargue se dénudent.

Valgorge

Modeste bourgade bien située dans un cadre verdoyant de vignes et de vergers.

Continuez sur la D 24 jusqu'à Roche où l'on prend la D 5 sur la gauche.

La route suit la vallée de la Ligne jusqu'au col de la Croix-de-Millet (alt. 776 m).

La D 5 ramène à Jaujac et Pont-de-Labeaume. Prenez alors la N 102 sur la droite en direction de Val.

★ MONTAGNE ET HAUTE VALLÉE DE L'ARDÈCHE A-B-C 1

Environ 82 km. Voir le circuit sur la carte de microrégion p. 410-411. Comptez une demi-journée.
Quittez Vals-les-Bains au sud, empruntez, à droite, la N 102 et remontez la vallée jusqu'à Pont-de-Labeaume. Prenez alors sur la droite la D 536 en direction de Montpezat-sous-Bauzon.
Le vieux bourg de Montpezat a donné son nom à un important complexe hydroélectrique. Mis en service en 1954, c'est le premier exemple en France d'un ensemble chevauchant la ligne de partage des eaux entre l'Atlantique et la Méditerranée. L'ensemble comprend plusieurs barrages destinés à collecter les eaux de la vallée supérieure de la Loire et de ses affluents. Le lac d'Issarlès est utilisé comme réservoir.
Depuis juin 1987, à 1 km en amont de la Fontaulière, le **barrage du pont de Veyrières** assure la régularisation des restitutions de l'usine de Montpezat.

★ Éperon de Pourcheyrolles B1

800 m avant Montpezat, empruntez à droite, 600 m après le chemin d'accès à l'usine électrique, un court chemin revêtu. Laissez la voiture au terme du revêtement et dirigez-vous (15mn à pied AR), côté amont, vers des vestiges de constructions en béton.
À environ 100 m en contrebas du dernier pylône en fer, un promontoire offre un point de vue excellent sur l'éperon basaltique portant les ruines du château féodal de Pourcheyrolles. À droite, la coulée basaltique s'arrondit en forme de cirque : la Pourseille saute l'obstacle par une jolie cascade.
Aussitôt franchi le pont sur la Fontaulière, empruntez en voiture la petite route des Chaudouards qui s'embranche à droite.

Église Notre-Dame-de-Prévenchère

C'est un sobre édifice des 12e et 13e s. L'intérieur du monument est remarquable par ses quatre courtes nefs et la variété de leurs voûtes, romanes ou gothiques. Remarquez les voûtes à pans des absides polygonales.

Montpezat-sous-Bauzon B1

L'étroite rue de traversée est bordée de vieilles maisons de granit de type montagnard, à la silhouette trapue, aux façades souvent bombées, percées de porches bas en plein cintre. L'une d'entre elles, à droite, se distingue par sa construction en pierres volcaniques noires et son joli décor sculpté (17e s.).
Continuez sur la D 536 en direction du suc de Bauzon jusqu'à la D 110 que vous prenez à gauche vers St-Cirgues-en-Montagne.

CONDUITE FORCÉE

EDF a utilisé une disposition géographique à peu près unique : la Loire coule à La Palisse, près du lac d'Issarlès, à une altitude voisine de 1 000 m ; à 17 km de là, sur le versant sud-est du massif du Mézenc, la Fontaulière coule à l'altitude de 350 m, si bien qu'en perçant un tunnel de 13 km de longueur, on réalisait une chute de 650 m. Le tunnel d'amenée des eaux débouche à l'altitude de 912 m, au-dessus du ravin de la Fontaulière. Une conduite forcée longue de 1 450 m conduit l'eau à **l'usine souterraine** située à 60 m au-dessous du lit du torrent : cette disposition a permis d'augmenter d'autant la hauteur de chute de la centrale de Montpezat (640 m).

Saint-Cirgues-en-Montagne A1

L'**église** de St-Cirgues est un édifice roman typique de la montagne avec son clocher-peigne et ses assises trapues ; la corniche du chevet est joliment décorée de modillons à masques, têtes d'animaux, feuilles d'acanthe…

Prenez la D 239 au sud en direction de Mazan-l'Abbaye.

★ Mazan-l'Abbaye A1

Dans un repli isolé du massif forestier de Mazan, qui culmine à 1 467 m, fut fondée au 12e s. la première abbaye cistercienne de la province de Languedoc. Ce sont des moines de Mazan qui, plus tard, fondèrent les abbayes provençales de Sénanque et du Thoronet. De la vaste abbatiale romane ne subsistent que des ruines et une partie du cloître, à l'exception de la sobre arcature de l'abside surplombant le ruisseau de Mazan.

À côté, le château, bâti avec des matériaux arrachés aux ruines, est dominé par le clocher-peigne de sa modeste église.

★ Forêt de Mazan A1

Circuit à pied, environ 3h. Quittez Mazan par la D 239 vers le col de la Chavade et empruntez sur la gauche, après 400 m, à la sortie d'un virage prononcé, une route non revêtue (interdite aux voitures). On débouche sur la D 239 près de la scierie de Banne ; prenez à droite pour arriver à la maison forestière de Banne et continuez sur la D 239 pour revenir à Mazan.

Rochers moussus, cascatelles, airelles et framboisiers sauvages agrémentent le sous-bois de la splendide futaie de sapins.

Continuez sur la D 239 qui conduit au col de la Chavade et au début de la vallée de l'Ardèche.

Col de la Chavade A1

Alt. 1 266 m. C'est un seuil marquant la ligne de partage des eaux entre l'Atlantique et la Méditerranée. Quelques fermes montagnardes s'y blottissent. La N 102, qui relie Le Puy à Viviers, suit la voie de passage traditionnelle entre le Velay et la vallée du Rhône.

Aux lignes horizontales de la planèze succède brusquement la trouée verticale de la vallée de l'Ardèche ; à 800 m du col, la route franchit le torrent qui tombe en cascade à gauche. Le parcours, assez accidenté, offre surtout de belles vues dans l'axe de la vallée, dominée à droite par le sommet en dôme de la Croix-de-Bauzon et les découpures du rocher d'Abraham.

L'âpreté de cette vallée montagnarde est adoucie par quelques vergers ensoleillés entourant les villages, des treilles sur les façades des maisons ou au-dessus de murettes de soutènement, des silhouettes de vieux ponts en dos d'âne qu'empruntaient les chemins médiévaux. Le parcours, en outre, est jalonné de ruines féodales : **château de Montlaur**, en amont de Mayres ; haute tour ronde du **château de Chadenac** en aval de Mayres…

Prenez la N 102 à gauche.

Mayres B1

Bourg situé dans une gorge boisée.

D'une passerelle jetée sur l'Ardèche à 1 km en aval, jolie vue sur le hameau et la haute vallée.

★ Thueyts B1

R. Pouget - 07330 Thueyts - 04 75 36 46 79 - www.thueyts.fr.

Pas besoin d'aller en Irlande du Nord pour admirer la « Chaussée des Géants », il en existe une en Ardèche ! Dominant de ses 80 m les débuts difficiles de l'Ardèche, cette imposante coulée basaltique est accessible par des chemins étroits et abrupts aux noms évocateurs comme les « Échelles » du Roi et de la Reine. Thueyts a gardé quelques maisons anciennes et est très fréquenté dès les beaux jours pour son beau site de baignade.

Belvédère – *Aménagé en bordure de la N 102, en direction de Vals (parking).* **Vue** sur la coulée basaltique et le pont du Diable : au pied du versant méridional de la Gravenne (volcan) de Montpezat, le bourg est campé sur une épaisse coulée qui a comblé la vallée de l'Ardèche au début de l'ère quaternaire. La rivière s'est creusé un nouveau lit, dégageant une chaussée basaltique qui domine aujourd'hui le fond des gorges.

★ **Promenade au pied de la coulée basaltique** – *1h30 à pied AR. Partant du parking du belvédère, traversez le pont qui franchit le torrent du Merdaric et empruntez, à droite, un chemin qui passe sous le pont, entre le flanc de la coulée basaltique et la cascade de la Gueule-d'Enfer. Suivez les flèches rouges. Continuez à descendre en direction du pont du Diable (chemin de gauche à l'intersection). Franchissez le pont et remontez sur une centaine de mètres la rive opposée.*

L'Ardèche traverse ici, en bouillonnant, un étranglement; le **site★** de cette gorge, face à la sombre chaussée de basalte, est curieux.

Par le pont du Diable, regagnez la rive gauche ; au croisement des sentiers, prenez à gauche, en direction de l'Échelle du Roi, le chemin longeant le pied de la paroi volcanique et conduisant à un rocher-belvédère.

On atteint ensuite, à droite, l'**Échelle du Roi**, étroit passage pratiqué dans une fissure de la coulée et dont les marches sont faites de prismes noirs ajustés grossièrement. Au cours de la montée, rude et glissante, une plate-forme ouvre une agréable perspective sur les ponts de la Vernède. Le retour se fait parmi les jardins entourant le bourg.

Échelle de la Reine – *30mn à pied AR.* Escalier plus facile; vue sur la vallée.

À la sortie de Thueyts, vue sur la vallée, dominée à gauche par la montagne de Ste-Marguerite.

LE PARC NATUREL RÉGIONAL DES MONTS D'ARDÈCHE

Initié par des castanéiculteurs (producteurs de châtaignes), le parc naturel régional des Monts d'Ardèche a vu le jour le 9 avril 2001 après 10 années de gestation. Il couvre plus d'un tiers du département (180 000 ha) et rassemble 132 communes attachées à la protection et au développement des richesses paysagère, biologique, géologique et culturelle des Monts d'Ardèche. En tant que parc naturel régional, il reste un lieu de vie soucieux de maintenir et de renforcer sa population. Ce parc participe ainsi activement à l'accueil des randonneurs et des vacanciers, et aux Castagnades d'automne (Fêtes de la châtaigne). *PNR des Monts d'Ardèche - domaine de Rochemure - 07380 Jaujac - ✆ 04 75 36 38 60 - www.parc-monts-ardeche.fr.*

Neyrac-les-Bains B1

Petite station thermale, adossée au volcan du Soulhiol. Les eaux bicarbonatées, connues des Romains, passaient au Moyen Âge pour guérir de la lèpre.

À la sortie de Pont-de-Labeaume, prenez à droite la route en montée signalée « Notre-Dame-de-Nièges », qui se dirige au fond du vallon avant d'atteindre un replat. Laissez la voiture en contrebas à droite.

Notre-Dame-de-Nièges B1

L'église se dresse sur une colline en surplomb de la rivière. De l'architecture d'origine (10e s.), il subsiste peu d'éléments et l'aspect actuel est le résultat d'adjonctions successives. Le portail date du 18e s. L'intérieur est éclairé sur les côtés par des oculi ; l'abside est la partie la plus ancienne (11e s.).

La route de retour à Pont-de-Labeaume offre à la descente de belles échappées sur le château de Ventadour.

RETOUR AUX SOURCES

Comme d'autres régions volcaniques en France, le sud de la montagne ardéchoise regorge de sources, plus ou moins gazeuses, qui sont parfois utilisées dans les cures thermales. Les eaux les plus connues sont les eaux minérales du Pestrin (Ventadour et Chantemerle) et la célèbre eau de Vals.

Château de Ventadour B1

✆ 04 75 38 00 92 - http://chateau.ventadour.free.fr - visite guidée juil.-sept. : lun.-vend. 9h-12h, 14h-19h, w.-end 15h-19h - 5 €.

En partie détruite, abandonnée, oubliée, cette imposante forteresse médiévale semblait condamnée à disparaître. Pierre Pottier, secondé par sa femme Françoise et des équipes de bénévoles, tient depuis 1969 le pari fou de la relever de ses ruines. D'abord encouragé par un prix de la restauration, il continue aujourd'hui son travail bien au-delà des vœux des Monuments historiques (qui prônent la restauration, pas la reconstruction en l'absence de plans historiques fiables), et donc sans aide de l'État.

NOS ADRESSES À VALS-LES-BAINS

HÉBERGEMENT

À Vals

POUR SE FAIRE PLAISIR

Grand Hôtel de Lyon – *Av. P.-Ribeyre - ✆ 04 75 37 43 70 - hotel.de.lyon07@wanadoo.fr - fermé 5 oct.-9 avr. - 34 ch. 68/94 € - ☕ 9 € - rest. 16/45 €.* Cet hôtel très central, situé à tout juste 100 m du parc de la source intermittente, propose des chambres rénovées, spacieuses et bien tenues. Piscine découvrable. De grandes baies vitrées éclairent la salle à manger ornée d'une fresque originale.

À proximité

BUDGET MOYEN

Les Marronniers – *Pl. du Champ-de-Mars - 07330 Thueyts - ✆ 04 75 36 40 16 - www.hotel-lesmarronniers.com - fermé dim. soir et lun. hors sais. - P - 18 ch. 49/54 € - ☕ 7 € - rest. 17,50/36 €.* Cet hôtel-restaurant situé sur une pittoresque place ombragée de grands marronniers est tenu par la même famille depuis 1929. La plupart des chambres profitent d'un plaisant décor rajeuni. À la belle saison, terrasse tournée sur la piscine.

Chambre d'hôte La Ferme du Monteil – *Le Monteil - 07380 Jaujac - ✆ 04 75 93 28 56 - http://la-ferme-du-monteil.com - fermé nov.-mars - ⊄ - 4 ch. 52 € ☕ - repas 21 €.* Cette maison qui surplombe la vallée du Lignon séduira ceux qui recherchent la tranquillité. Les repas sont préparés avec les produits de la ferme ; les amateurs de sensations nouvelles tenteront les fameux « menus curieux », à base de plantes sauvages et autres légumes inhabituels.

Chambre d'hôte Le Rucher des Roudils – *Les Roudils - 07380 Jaujac - ✆ 04 75 93 21 11 - www.lesroudils.com - fermé 15 nov.-1er avr. - ⊄ - 3 ch. 60 € ☕.* Trois adorables chambres personnalisées orientées au sud et jouissant d'une vue splendide sur le massif du Tanargue. Aux beaux jours, les petits-déjeuners « bio » sont servis sur la terrasse, en pleine nature.

POUR SE FAIRE PLAISIR

Chambre d'hôte Bourlenc – *Rte de St-Andéol - 07200 St-Julien-du-Serre - à 3,5 km par D 218 vers St-Andéol-de-Vals - ✆ 04 75 37 69 95 - http://bourlenc.com - ⊄ - mars-nov. : w.-end seult - réserv. obligatoire - 5 ch. 70/75 € ☕ - repas 20/25 €.* Repos garanti dans cette adorable maison perdue au milieu des acacias, où les chambres, rénovées, offrent une vue splendide sur le col de L'Escrinet. À table, viandes « fermières », légumes biologiques du jardin et, au printemps, plantes sauvages.

UNE FOLIE

La Manufacture – *07110 Antraigues-sur-Volane - 4 km au nord de Vals par D 574 - ✆ 04 75 38 77 35 - www.ardechemanufacture.com - fermé nov.-mars - 17 lofts (4-6 pers.) 830 € la sem. - nuit hôtelière (hors juil.-août) 110 €.* Un lieu de vacances aussi original qu'historique ! Cet ancien moulinage de soie des bords de la Volane s'est reconverti en résidence hôtelière au style design industriel : balcons en acier, murs en béton peint, mobilier coloré. Au restaurant, bar et cuisines apparentes sont installés dans des containers en forme de wagon. Espace bien-être et piscine.

RESTAURATION

À proximité

BUDGET MOYEN

Le Tanargue – *Au Village - 07110 Valgorge - ☏ 04 75 88 98 98 - www.hotel-le-tanargue.com - fermé de fin nov. à mi-mars, dim. soir et lun. sf 27 mars-29 sept. et vac. scol. - 15,50/33,50 € - 22 ch. 50/59 € - ☕ 7 €.* Chaleureuse hostellerie située dans une région sauvage de la montagne vivaroise. La carte du restaurant propose un bon choix de plats au goût du jour servis dans une plaisante salle à manger agrémentée d'une cheminée et de vieux objets. Les chambres ouvrent sur le parc ou la vallée.

Auberge du Levant – *07380 Meyras - 2 km au nord-est de Neyrac-les-Bains par N 102 et D 26 - ☏ 04 75 36 48 09 - fermé de fin nov. à fin mars, mar. sf le soir en juil.-août, dim. soir et lun. - 19 € (déj.) - 25/55 €.* Dans la même famille depuis 1885, cette auberge vous réserve de bons plats du terroir revisités et une belle carte de vins. Salle panoramique et terrasse.

EN SOIRÉE

Casino – *Av. Claude-Expilly - Vals-les-Bains - ☏ 04 75 88 77 77 - www.casinodevals.fr - 12h-3h.* Dans un joli parc de verdure, ce casino met à votre disposition 100 machines à sous, une salle de jeux (black-jack, roulette anglaise), un bar, une discothèque et un restaurant. Concerts avec orchestre et dîners dansants sur la terrasse du restaurant (du jeu. au dim. en été).

ACHATS

Brasserie Bourganel – *7 av. Claude-Expilly - ☏ 04 75 94 03 16/39 39 - www.bieres-bourganel.com - avr.-août : boutique tlj sf lun. 9h30-12h, 14h-19h, dim. 15h-18h, visite tlj sf lun. 10h30, 15h30, 16h30 et 17h30 ; sept.-déc. : boutique tlj sf lun. et dim. 10h-12h, 15h-18h ; de sept. à mi-nov. : visite tlj sf lun. et dim. 10h30, 15h30, 16h30, 17h30 (sept.), 15h30 et 16h30 (oct.-14 nov.) - fermé oct.-mars et 1er Mai.* Située au bord de la Volane, cette brasserie, née en 2000, organise des visites d'une heure, suivies d'une dégustation, afin de connaître les secrets de fabrication de ses bières blondes. Parmi les produits vedette : la bière aux myrtilles, la bière au nougat et la bière aux marrons.

Artisans de Laboule – À 680 m d'altitude dans les montagnes du Tanargue, le petit village de Laboule inspire des artisans créatifs, venus y installer ateliers et boutiques : bijoux, céramiques, sculptures sur bois ou pâte de verre, à découvrir en flânant.

ACTIVITÉS

Thermalisme

Vals-les-Bains – Station thermale, culturelle et sportive; remise en forme. Spécialités : diabète, troubles digestifs. La ville possède également un théâtre, un casino, 3 ha de parc. *Contacter l'office de tourisme.*

Neyrac-les-Bains – Spécialités : dermatologie (eczéma, psoriasis), rhumatologie, remise en forme. *Thermes - 07380 Neyrac-les-Bains - ☏ 04 75 36 46 00 - www.thermesdeneyrac.com.*

Ski

Station de ski – *07590 St-Étienne-de-Lugdarès - ☏ 04 66 46 65 36 - rens. au syndicat d'initiative de St-Étienne-de-Lugdarès.* Station de ski et de loisirs située au pied des pentes du Tanargue sur la D 319 entre La Souche et St-Étienne-de-Lugdarès. Le Tanargue fait aussi le bonheur des amateurs d'escalade, de tous les niveaux.

Aubenas

11 773 Albenassiens – Ardèche (07)

NOS ADRESSES PAGE 434

S'INFORMER

Office du tourisme du Pays d'Aubenas Vals – *4 bd Gambetta - 07200 Aubenas - ✆ 04 75 89 02 03 - www.aubenas-vals.com - juil.-août : lun.-sam. 9h-12h30, 14h-19h, dim. 9h-13h, j. fériés 9h-12h, 15h-19h ; reste de l'année : tlj sf dim. 9h-12h, 14h-18h, j. fériés 9h-13h (sf 1er janv. et 25 déc.).* Visite guidée du vieux centre en été.

SE REPÉRER

Carte de microrégion C2 *(p. 411) – Carte Michelin Départements 331 I6.*
En voiture depuis l'A 7 sortie Loriol ou Montélimar Sud, depuis l'A 75 sortie Brioude. En train, gares TGV Valence ou Montélimar, puis bus TER. Aubenas est une ville carrefour située à l'ouest de Montélimar (N 102), au sud-est du Puy-en-Velay (N 102 et N 88), au sud-ouest de Privas (D 104), au nord des gorges de l'Ardèche (D 579 et D 1) et d'Alès (D 104).

À NE PAS MANQUER

Le point de vue depuis la table d'orientation d'Aubenas, de même que celui de Jastres ; les Aubenades de la photographie en juillet ; les reliefs des défilés, de la montagne et de la haute vallée de l'Ardèche.

ORGANISER SON TEMPS

Profitez des couleurs et saveurs du marché chaque samedi matin. Comptez au moins une journée pour la ville et ses environs.

Une acropole en Ardèche ? Rien à voir, bien sûr, avec les célèbres cités grecques, mais la vieille ville a fière allure sur son large éperon rocheux qui domine l'Ardèche. Les robustes silhouettes du château et du dôme St-Benoît se dressent toujours au-dessus des anciens remparts, immuables témoins du riche passé de la ville.

Se promener

Porte principale de la vallée de l'Ardèche, Aubenas se dresse sur un **site**★ perché remarquable. La vieille ville est limitée par l'emplacement des anciens remparts.

Vieilles maisons

La « **maison aux Gargouilles** » (16e s.) fait face au château ; sa haute tourelle polygonale est ornée de magnifiques gargouilles et sa façade présente de belles fenêtres à meneaux. Place Parmentier, jolie tourelle d'escalier (16e s.) dans la cour de la « maison de Castrevieille », et belles façades d'hôtels particuliers rue Jourdan. La rue Delichères est amusante avec ses vieux arceaux.

Château

✆ 04 75 87 81 11 - www.aubenas.fr - visite guidée juil.-août (à partir de 2 pers.) : 11h, 14h, 15h, 16h et 17h ; juin et sept. : tlj sf dim. et lun. 10h30 et 14h30 ; oct.-mai : mar., jeu., vend. et sam. 14h - fermé j. fériés (sf 14 Juil. et 15 août) - 3,50 € (-12 ans gratuit).

Vue d'Aubenas.
Uolir/Fotolia.com

C'est un bel ensemble architectural. Les plus anciennes parties datent du 12e s. Les familles illustres qui s'y sont succédé, Montlaur, Ornano, Vogüé notamment, ont tour à tour agrandi et embelli la demeure.

La **façade**★ principale du château, encadrée de tours rondes à mâchicoulis, est devenue au 18e s. l'entrée principale par l'ouverture des deux grandes portes à fronton.

La cour intérieure est ornée de tourelles des 15e et 16e s. À l'étage, desservi par des escaliers à vis et un bel escalier du 18e s., la succession de **salles lambrissées et meublées** garde le charme des ensembles du 18e s. L'une d'elles abrite des œuvres du peintre symboliste Chaurand-Naurac (1878-1948) et les bronzes du sculpteur Marcel Gimond.

Dôme Saint-Benoît

✆ 04 75 87 81 11 - visite guidée juil.-août : 17h, se renseigner au service des visites guidées.

Ancienne chapelle des bénédictines (17e-18e s.) de forme hexagonale. À l'intérieur, mausolée (1640) du maréchal et de la maréchale d'Ornano.

UNE JACQUERIE VIVAROISE

Après l'hiver de 1669-1670 qui fit périr tous les oliviers, des rumeurs concernant des impôts nouveaux créent un mécontentement profond. Le 30 avril 1670, un commis des fermes est lapidé à Aubenas. Le meneur des émeutiers, jeté en prison, est délivré le lendemain par les manifestants qui se donnent pour chef un gentilhomme de La Chapelle-sous-Aubenas, **Antoine du Roure**. Tandis que le gouverneur du Languedoc cherche à gagner du temps par des négociations, les hommes de Roure s'emparent d'Aubenas. Fin juillet, la rencontre avec l'armée royale a lieu à Lavilledieu. Les paysans sont massacrés ; Roure est exécuté à Montpellier. La colère royale s'exerça particulièrement sur Aubenas et La Chapelle, condamnés à de lourdes amendes.

Église Saint-Laurent

Le chœur est revêtu d'un monumental ensemble de style jésuite, formé de trois retables en bois sculpté. Belle chaire en bois sculpté du 17e s.

Table d'orientation

Depuis la table, située dans la vieille ville, la vue s'étend sur la montagne de Ste-Marguerite, la trouée de Vals, le roc de Gourdon, le col de l'Escrinet et les barres du Coiron.

À proximité Carte de microrégion

★ Panorama de Jastres C2

7,5 km au sud-est par la N 102. À 4 km après le pont sur l'Ardèche, prenez à gauche la voie d'accès à la zone industrielle puis, 200 m plus loin, empruntez à droite un chemin revêtu, suivez-le pendant 1,2 km et tournez à gauche dans un chemin rocailleux en montée; au sommet, laissez la voiture.

On atteint le rebord du plateau *(30mn à pied AR)*, lieu d'habitat préhistorique. Au terme du chemin, le panorama embrasse, jusqu'au Guidon du Bouquet, toute la Basse-Ardèche, le bassin d'Aubenas et, au nord-est, la chaîne du Coiron. Le lieu est parfait pour observer les migrations d'oiseaux au printemps et en automne.

Itinéraire conseillé Carte de microrégion

★ LES DÉFILÉS DE L'ARDÈCHE C 2-3

Les défilés, dans la moyenne vallée de l'Ardèche, présentent une succession de bassins fertiles, où la rivière décrit des méandres, et de défilés où elle s'encaisse profondément; ses eaux vertes contrastent avec les bancs de graviers clairs et les berges de sable doré.

Il est possible de découvrir ces fascinants paysages de différentes façons. Un aménagement de la rivière permet de naviguer en canoë de Vogüé jusqu'à Vallon-Pont-d'Arc, ou d'effectuer des mini-descentes. *Rens. à l'office du tourisme de la basse vallée d'Ardèche - ✆ 04 75 37 01 17.* Des sentiers ont été aménagés pour les randonnées à pied.

44 km d'Aubenas à Ruoms. Voir le circuit sur la carte de microrégion p. 411. Comptez environ 2h. Quittez Aubenas par la D 104. À St-Étienne-de-Fontbellon, empruntez à gauche la D 579 vers Vogüé.

La route, tracée au milieu des vergers et des vignobles, se rapproche de la rivière.

Vogüé C2

Grand'Rue - 07200 Vogüé - ✆ 04 75 37 01 17 - juin-sept. : mat. et apr.-midi, sam. mat.; janv.-mai et oct. : tlj sf sam. mat. et apr.-midi; reste de l'année : se renseigner - fermé dim. et certains j. fériés (se renseigner).

Adossé à une falaise surplombant l'Ardèche, le village de Vogüé, aux vieilles rues coupées d'arcades, est dominé par son **château**. Cette vaste demeure a remplacé, au 16e s., la forteresse féodale primitive et appartient encore à la famille de Vogüé. L'édifice sert de cadre à des expositions d'art plastique (du printemps à l'été), à des expositions sur le Vivarais à travers les âges, ainsi qu'à des manifestations culturelles. *✆ 04 75 37 01 95 - www.chateaudevogue.*

UNE ANCIENNE FAMILLE
Les seigneurs de Vogüé figurent parmi les plus célèbres du Vivarais ; ils ont été honorés des titres de baron des États du Languedoc, de grand bailli du Vivarais et de gouverneur de Provence. À la fin du 19e s., deux de leurs descendants ont continué à illustrer le nom de Vogüé : le marquis Charles-Jean-Melchior de Vogüé (1829-1916), diplomate, historien et archéologue, qui écrivit l'histoire de sa famille vivaroise, ouvrage riche en renseignements sur le Vivarais d'autrefois ; et le vicomte Eugène Melchior de Vogüé (1848-1910), auteur de l'essai *Le Roman russe.*

net - de fin juin à mi-sept. : 10h30-18h30 ; de Pâques à mi-juin et de mi-sept. à la Toussaint : merc.-dim. et j. fériés 10h30-12h30, 14h-18h - fermé de la Toussaint à Pâques - 4 € (8-18 ans 2 €).
Rejoignez la D 1 au sud, puis la D 401 à gauche vers Rochecolombe.

★ Rochecolombe C2

Le village féodal de Rochecolombe domine un petit ruisseau aux eaux limpides jaillissant au fond d'un cirque calcaire. Le **site★** est très retiré. Rochecolombe est formé de deux villages bien distincts. En arrivant au premier groupe de maisons serrées autour de l'église du Bas, construite en 1858, on aperçoit sur un piton les vestiges d'une tour carrée.
Sur la première place rencontrée, où se dresse un petit monument aux morts, tournez à gauche dans un chemin goudronné qui mène à un pont franchissant le ruisseau.
Laissez la voiture à environ 300 m, à hauteur d'un virage. Un sentier descend vers le lit du torrent qu'enjambent des ponceaux en dos d'âne. À droite s'élève le **village féodal**.
Gagnez le fond du cirque rocheux fermé par de hautes falaises. À leur pied sourdent deux **fontaines de type vauclusien**. Les parois calcaires sont forées de cavités où s'agrippent des buis sauvages. La vue sur le village ruiné, les restes de piliers d'un moulin disparu, la transparence de l'eau verte – réduite à de simples vasques en été – composent un décor paisible.
Revenez à Vogüé. Au pont de Vogüé, prenez la D 114 qui suit la rive droite.
À Lanas, la route franchit la rivière par un pont étroit : jolie vue sur l'Ardèche, à son confluent avec l'Auzon.
À St-Maurice-d'Ardèche, empruntez à droite la D 579, puis 300 m après la gare de Balazuc, tournez dans la D 294.
À la montée, **vue★** sur le bassin, dominé par le Coiron.

★ Balazuc C2

Ce village de calcaire, autrefois fortifié, est accroché à la falaise, dans un défilé retiré. C'est de la rive opposée, une fois le pont franchi *(laissez la voiture au bord de la route qui monte à gauche)*, qu'on a le meilleur point de vue sur Balazuc, dominé par le clocheton de son église romane et les vestiges de ses tours.
En période estivale, laissez la voiture sur le parking avant d'entrer dans le village.
Aux 8e et 9e s., Balazuc fut l'un des villages du Bas-Vivarais où s'établit une colonie de Sarrasins ; les vieilles rues fleuries qui s'élèvent vers le château invitent à la flânerie.
Le pont, au pied du village, permet de rejoindre le sentier muletier qui conduit au hameau coopératif du **Vieil Audon** (*15mn*). Le pont est aussi le point de départ *(prenez le chemin de terre sur la gauche)* d'une très jolie promenade à

pied, en aval, au bord de l'Ardèche resserrée entre les falaises ; celle de droite porte les vestiges de la tour de la Reine Jeanne. Au cours de la montée sur le plateau rive droite, la **vue★** embrasse tout le défilé. Du plateau rocailleux, très aride (buis, genévriers), la route redescend vers la dépression d'Uzer ; en face, on aperçoit les hauts de Largentière et une des tours de Montréal, dominés par le Tanargue et, à gauche, le sommet du Lozère.

Empruntez la D 294, puis la D 104 vers Uzer et enfin, à Bellevue, la D 4 en direction de Ruoms.

★ Défilé de Ruoms C2

Aux **gorges de la Ligne** succède le défilé de Ruoms. Au confluent des deux rivières (Ligne et Ardèche), dominé par des falaises hautes de 100 m, s'ouvre une belle **perspective** sur l'Ardèche en amont. La régularité des strates est frappante. La route offre de jolis passages en tunnel et la vue plonge sur la rivière aux eaux vertes d'une belle transparence. À la sortie des tunnels, la silhouette du rocher de Sampzon *(voir p. 450)*, en forme de calotte, se dresse en avant, dans l'axe de la vallée.

Prenez le pont à gauche vers Ruoms.

Ruoms *(voir ce nom)*

NOS ADRESSES À AUBENAS

HÉBERGEMENT

À Aubenas

POUR SE FAIRE PLAISIR

Hôtel Ibis – *Rte de Montélimar - ✆ 04 75 35 44 45 - www.ibishotel.com - P - 63 ch. 69/75 € ☕ 8 €.* À la sortie de la ville, en direction de Montélimar, cet hôtel de chaîne est sans surprise : chambres modernes et nettes, mobilier plaqué, bonne insonorisation et climatisation. Sa salle à manger sous charpente ouvre ses baies sur la piscine.

À proximité

PREMIER PRIX

Camping Le Chamadou – *Balazuc - 07120 St-Maurice-d'Ardèche - 3,5 km à l'est de Balazuc par D 294, puis dir. St-Maurice et rte secondaire - ✆ 0 820 366 197 - www.camping-le-chamadou.com - ouv. avr.-oct. - réserv. conseillée - 86 empl. 23,50 € - restauration.* Un petit coin de campagne qui ravira les vacanciers en quête de nature… Très bien tenu dans son ensemble, le terrain manque malheureusement un peu d'ombre. De confort simple, il met à votre disposition piscine, mini-golf, étang de pêche et bungalows.

BUDGET MOYEN

Chambre d'hôte Le Mas de Mazan – *07200 Mercuer - 5 km au nord-ouest d'Aubenas par D 104 et D 435 - ✆ 04 75 35 41 88 - http://masdemazan.com - fermé 15 nov.-mars - ⊠ - 5 ch. 52 € ☕.* Ce couple d'agriculteurs vous accueillera avec enthousiasme. Ravi de partager sa passion pour la région et d'ouvrir les portes de sa ferme typiquement cévenole à ses hôtes, il fera de votre étape en pleine campagne un moment délicieux. Décor simple et ambiance chaleureuse. Piscine.

POUR SE FAIRE PLAISIR

Les roulottes de St-Cerice – *St-Cerice - 07200 Vogüé - ✆ 04 75 37 08 66 ou 06 11 49 75 33 - www.saintcerice.com - 1 ch. et 10 roulottes 160 € pour 2/4 pers. ☕ - 1 ch. d'hôte*

120 € ☕ - repas 24 €. Une petite route serpentant au milieu de la garrigue nous mène au cœur d'un parc de 5 ha. C'est là, au milieu des amandiers et des oliviers, que Cédric a disposé dix roulottes pour des séjours « nature » à l'esprit bohème, équipées de salle d'eau, wc et chauffage. Également, des « carrés d'étoiles », astucieux cubes abrités et coiffés de hublots en verre, qui permettent de dormir ici à la belle étoile... *(85 € ☕).* Piscine en pleine végétation sauvage.

RESTAURATION

À Aubenas

BUDGET MOYEN

Le Coyote – *13 bd Mathon - ✆ 04 75 35 01 28 - fermé 6-13 juil., 25 déc.-11 janv., dim. et lun. - 15 € (déj.), 19/30 €.* Ce qui fait toute la valeur de cette petite table au cadre simple ? Son talentueux chef, incontestablement. Les fidèles se régalent de ses recettes de marché, traditionnelles.

Le Fournil – *34 r. du 4-Septembre - ✆ 04 75 93 58 68 - www.restaurant-le-fournil.com - fermé vac. de fév., 2 sem. de fin juin à début juil., dim. soir et lun. - 24/80 €.* Dans une petite ruelle, cette maisonnette ancienne vous reçoit dans sa petite salle voûtée et, aux beaux jours, dans son patio. La carte vous fera découvrir la cuisine semi-gastronomique de deux chefs formés chez Paul Bocuse, et dont les recettes inventives pianotent sur des saveurs régionales.

EN SOIRÉE

Boulevard de Vernon – Nombre de bars sont regroupés le long de ce boulevard. Si le bruit des flippers et des scooters vous agace, évitez la brasserie du Champ de Mars (le repaire des p'tits jeunes de la région) et découvrez plutôt le bar de La Coupole qui organise des concerts l'été, ou le très *british* pub Au Bureau.

ACHATS

Maison Sabaton – *Chemin de la Plaine - par la rte de Montélimar. Accès à la boutique par le hall d'entrée de la fabrique - ✆ 04 75 87 83 87 - sabaton@wanadoo.fr - tlj sf sam. (sf en déc.) 8h-12h30, 13h30-18h30.* La famille Sabaton cultive son savoir-faire depuis 1907 : difficile de trouver mieux dans la région en matière de marrons glacés et de fruits confits… Forte de son succès, l'entreprise s'est dotée d'une fabrique ultra-moderne. À l'accueil, une vidéo évoque la réalisation de la crème de marrons et des marrons glacés.

La Musette – *4 pl. de l'Airette - ✆ 04 75 35 21 73 - tlj sf dim. et lun. 9h-12h30, 15h30-19h, sam. 8h-13h - fermé j. fériés.* Ouverte en 1996, cette boutique, tenue par 11 agriculteurs, organise tout au long de l'année des « journées dégustation » à thème (fromage de chèvre, foie gras, charcuteries, etc.) et propose un très grand choix de produits du terroir provenant de leurs propres exploitations : pains, viandes, châtaignes, miel…

Le Petit Ardéchois – *Rte d'Alès - quartier des Champs - 07200 St-Étienne-de-Fontbellon - ✆ 04 75 89 11 79 - tlj sf dim. 8h-19h - fermé j. fériés.* Cette petite entreprise artisanale implantée à 4 km du centre d'Aubenas fabrique ses 25 sortes de nougats selon les méthodes traditionnelles, dans des bassines et poêlons en cuivre. À goûter : le nougat aux marrons, aux myrtilles, au miel de lavande ou aux amandes de Provence. Visite et dégustation gratuites.

La Table Gourmande – *16 r. de Bernardy - ✆ 04 75 93 37 22 - latablegourmande@free.fr - tlj sf dim. et lun. 8h-12h, 14h30-19h30 - fermé 1 sem. fin juin et lun. sf août et déc.* Fondée en 1901, La Table Gourmande est une vraie institution à Aubenas. Toutes les spécialités régionales y sont proposées, des marrons glacés et des saucissons de pays aux différentes eaux-de-vie, liqueurs de châtaignes et petits vins fruités de l'Ardèche. Très bon rapport qualité-prix.

Maison des Artisans – *R. de la Tour-Carrée - 07120 Balazuc - ✆ 04 75 37 78 08 - juil.-août : 10h-12h, 15h-19h ; avr.-juin et sept. : 10h-12h, 15h-18h - fermé oct.-mars.* Ne quittez pas Balazuc sans faire un petit tour à la Maison des Artisans qui expose une agréable sélection de poteries et de produits régionaux.

ACTIVITÉS

Bon à savoir – Il est possible de découvrir ces fascinants paysages des défilés de l'Ardèche de différentes façons. Un aménagement de la rivière permet de naviguer en canoë de Vogüé jusqu'à Vallon-Pont-d'Arc, ou d'effectuer des mini-descentes. *Rens. : office du tourisme de la basse vallée d'Ardèche - ✆ 04 75 37 01 17.* Des sentiers ont été aménagés pour les randonnées à pied.

Train touristique – *Rens. : Viaduc 07 - BP 23 - 07203 Aubenas Cedex - ✆ 04 75 37 03 52 - www.viaduc07.com - mai-sept.* C'est à bord d'un autorail des années 1950 que le train touristique *Viaduc 07* vous invite à une balade de 14 km à travers l'Ardèche méridionale, au départ de Vogüé.

Largentière

1 834 Largentièrois – Ardèche (07)

NOS ADRESSES PAGE 440

S'INFORMER

Office de tourisme – *8 r. Camille-Vielfaure - ✆ 04 75 39 14 28 - www.largentiere.net - juil.-août : mat. et apr.-midi, dim. mat. ; reste de l'année : tlj sf dim. mat. et apr.-midi - fermé j. fériés.* Visite guidée de la cité médiévale.

SE REPÉRER

Carte de microrégion B2 *(p. 410-411) – Carte Michelin Départements 331 H6.*

Largentière se trouve à 18 km au sud-ouest d'Aubenas.

SE GARER

La vieille ville ne se visite pas en voiture. De grands parkings longent ses remparts.

À NE PAS MANQUER

Les rues anciennes et pittoresques de Largentière, celles de Montréal, Chassiers et Joyeuse, et le paysage composite du sentier des lauzes.

ORGANISER SON TEMPS
Comptez une demi-journée pour profiter de Largentière et de ses environs.

AVEC LES ENFANTS
Plusieurs sites de baignade sont ouverts au public dans la vallée de la Beaume (*voir « Nos adresses à Largentière »*).

Son nom sonne agréablement et laisse imaginer une ville agréable et prospère. La réalité n'est pas si différente, car même si les mines d'argent se sont taries, la ville a bien préservé le cadre de l'ancienne ville médiévale, encore dominée par son puissant château et l'étonnant palais de justice à l'allure de temple grec. Ce riche patrimoine s'intègre avec bonheur dans le séduisant val de Ligne dont elle est le principal atout.

LE SAVIEZ-VOUS ?

La cité doit son nom à des mines d'argent, exploitées du 10e au 15e s. Plusieurs tentatives de reprise en 1863 et 1962 n'ont duré que quelques années. La ville fut aussi le plus grand centre de filature de soie en Ardèche au 19e s.

Ce sont les évêques de Viviers, barons de Largentière, qui ont contrôlé la ville jusqu'au début du 18e s. Mais ce contrôle était en fait très relatif, car ils ont dû partager le pouvoir et les revenus avec les comtes de Toulouse, fortement intéressés par l'exploitation des trop fameuses mines.

Se promener

Le château et la route de Chassiers offrent de splendides belvédères sur la vieille ville. Ils permettent de bien distinguer ses contours et le tracé de ses voies.

★ LE VIEUX LARGENTIÈRE

La vieille ville reste typiquement médiévale, avec son dédale d'étroites et tortueuses ruelles pavées. Il faut s'y perdre pour découvrir de belles maisons anciennes, des hôtels particuliers, des terrasses surplombant de petites places.

Porte des Récollets

Très beau vestige des anciens remparts de la ville, cette porte du 15e s. contrôle toujours l'accès à la vieille ville. Des vestiges des remparts se rencontrent aussi dans l'avenue des Marronniers.

Hôtel de ville

Il est installé, en partie, dans une sobre demeure du 15e s., flanquée d'une tourelle d'angle et d'une fenêtre à anse de panier.

Église Notre-Dame-des-Pommiers

Située sur une plate-forme, cette église gothique (13e s.) est intéressante par sa haute abside à trois pans. La flèche est néo-gothique.

La « calade » (montée) Albin-Mazon, bel escalier en forte pente, descend jusqu'au pont des remparts.

Château
On ne visite pas. L'ancienne demeure des barons de Largentière, du 15e s., domine la rivière et la vieille ville. Sa tour carrée (12e s.) qui constitue la base du château actuel était une véritable forteresse. Tribunal et prison après la Révolution, il fut transformé en hôpital jusqu'en 1996. Expositions temporaires dans la cour du château.

À proximité Carte de microrégion

Montréal B2
1,5 km par la D 5, les D 212 et D 312, au sud.
Dominé par d'imposantes tours carrées, vestiges d'une forteresse (13e s.) qui défendait jadis les mines de Largentière, le village a conservé de belles et hautes maisons rurales, en moellons de grès soigneusement appareillés.
Château – *☏ 04 75 89 91 81 - www.chateau-montreal.com - juil.-août : tlj sf sam. 10h30-13h, 15h-19h ; visite théâtralisée à 10h30, 15h et 17h - 8 € (5-14 ans 4 €).* À la tour maîtresse romane édifiée par les Montréal, les Balazuc ajoutèrent au 14e s. un château gothique doté d'une belle cour intérieure et d'un joli escalier. Remarquez l'appareillage en bossage diamant. L'ensemble est en cours de restauration massive. Animations médiévales en saison.

Chassiers B2
1,5 km par la D 103, au nord-est.
Une **église** fortifiée originale domine ce vieux bourg vivarois établi en terrasse face aux plateaux de la Basse-Ardèche. Elle remonte au 14e s. On en découvre la vue la plus imposante de la place centrale du bourg, au pied du chevet. Au-dessus du mur plat de l'abside fortifiée apparaît la flèche du clocher à arêtes dentelées ; une tour, ancienne pièce maîtresse des fortifications, constitue son soubassement. Un escalier, au sud de l'église, permet de gagner la petite esplanade au niveau de la façade. Celle-ci est surmontée d'une jolie bretèche armoriée.
La **chapelle St-Benoît** est située en contrebas de la rue principale. C'est un édifice roman très simple, avec ses deux nefs accolées et ses deux absides distinctes. Dans la nef de gauche, remarquez les anciennes lanternes, les ostensoirs de procession et les bougeoirs disposés sur les stalles. *Visite sur demande préalable à la mairie - ☏ 04 75 39 11 16.*
À l'entrée sud du bourg, le **château de la Mothe-Chalendar** (14e-16e s.) est une construction basse, à l'allure de maison forte avec ses tours et ses échauguettes percées de meurtrières.

Tauriers B2
2 km au nord-ouest, par la D 305, petite route s'amorçant place Mazon, près de l'église.
Village autrefois fortifié, perché sur un éperon au-dessus de la vallée de la Ligne.

Vinezac C2
8 km à l'est, par la D 103 et la D 423.
L'**église** romane de ce vieux bourg est remarquable par sa haute abside polygonale et son clocher à gargouilles.

★ Sentier des lauzes à Saint-Mélany B2
34 km à l'ouest, par la D 5, puis la D 24 à gauche, la D 203 à gauche et la D 220 à droite. Départ sous la mairie de St-Mélany. Circuit de 15 km, balisé en rouge et jaune, puis en jaune et blanc. Comptez au moins 5h, et chaussez-vous en conséquence.

Le Sentier des lauzes, à St-Mélany.
Sur le Sentier des lauzes

Suivant plus ou moins la courbe de niveau, le sentier caillouteux traverse quelques hameaux, se glisse entre deux maisons, débusque un moulin, une grange, une chapelle, longe les cultures en terrasses ou se faufile en sous-bois au gré des murets de lauzes. Le paysage, façonné par l'agriculture ou naturel, est beau en soi. Grâce à une association de la vallée de la Drobie, soucieuse de la conservation de ce patrimoine fragile, il est désormais agrémenté de trois installations artistiques en plein air, baptisées *Parole de lauzes*★ (Domingo Cisneros) et *Silence de lauzes* (Christian Lapie et Erik Samakh). *04 75 36 96 46 - www.surlesentierdeslauzes.fr*

Joyeuse B2

11 km au sud-ouest de Largentière. Depuis St-Mélany, effectuer 20 km à l'est par les D 220 et 203.

Montée de la Chastelanne - 07260 Joyeuse - 04 75 89 80 92 - www.ot-beaumedrobie.com - juil.-août : lun.-sam. 9h-18h ; sept.-juin : lun.-sam. 9h-12h, 14h-18h, j. fériés 9h30-12h30 - fermé 1er janv., 1er et 8 Mai.

Dominé par les vestiges de son château (actuelle mairie, belvédère), le bourg conserve dans sa partie haute quelques maisons anciennes et des passages couverts étonnants qui donnent sur la ville basse. Le plus impressionnant est le **goulajou des Endettés** qui part un peu en dessous de la place de la

LA FAMILLE JOYEUSE

Quel nom engageant et réjouissant pour cet ancien village qui fut le berceau d'une famille illustre aux 16e et 17e s. ! Le vicomte de Joyeuse, maréchal de France, eut plusieurs fils qui s'illustrèrent diversement : l'aîné, favori d'Henri III, épousa la sœur de la reine ; le deuxième devint archevêque puis cardinal, présida les états généraux de 1614 et sacra Louis XIII à Reims ; un autre enfin, tour à tour soldat et capucin, commanda les ligueurs du Midi contre Henri IV, puis fut gouverneur du Languedoc avant de retourner au couvent.

Recluse et descend jusqu'à la rue principale qui traverse Joyeuse. Pour comprendre l'histoire de la bourgade, un **espace historique** a été aménagé dans les anciens abattoirs illustrant les siècles au travers de maquettes, photos et vidéos. Une seconde salle est consacrée à la monnaie depuis l'époque romaine jusqu'à l'euro. *Pl. de la Peyre - ✆ 04 75 89 80 92 ou 06 70 72 18 07 - juil.-août : tlj sf sam.14h-18h ; reste de l'année : sur RV - gratuit.*

Complémentaire de la Maison du châtaignier à St-Pierreville, le **musée de la Châtaigneraie** de Joyeuse expose une collection d'outils mais aussi et surtout de très beaux meubles en châtaignier présentés dans une salle voûtée du 17e s. *Parvis de l'église - ✆ 04 75 39 90 66 - www.pays-beaumedrobie.com - 2 mai-sept. : lun.-vend. 9h-12h, 14h-18h, w.-end et j. fériés 14h-18h ; de mi-mars à avr. et d'oct. à mi-nov. : lun.-vend. 9h-12h, 14h-18h - fermé j. fériés (sf mai-sept.) - 4,20 € (6-12 ans 3 €) - vente de produits locaux à la boutique.*

NOS ADRESSES À LARGENTIÈRE

HÉBERGEMENT

À proximité

PREMIER PRIX

Camping Le Moulinage – *07110 Montréal - 5,5 km au sud-est de Montréal par D 5, D 104, puis D 4 vers Ruoms - ✆ 04 42 54 27 68 - www.ardeche-camping.com - ouv. de fin avr. à mi-sept. - réserv. conseillée - 300/650 €/sem. pour 4 à 6 pers. - restauration.* Ce camping au bord de l'eau est réservé à la location de bungalows, chalets, roulottes, mobile homes et mazets pour 4 à 6 pers. Le terrain qui ne cesse de changer ces dernières années : des réalisations comme le mini-golf ou l'aménagement de la berge le rendent de plus en plus agréable. Piscine, snack et libre-service.

BUDGET MOYEN

Hôtel Le Chêne Vert – *07110 Rocher - 4 km au nord de Largentière par D 5 - ✆ 04 75 88 34 02 - www.hotellechenevert.com - fermé nov.-31 mars, lun. et mar. en oct. - P - 25 ch. 59/80 € - ☕ 10 €- rest. (fermé lun. midi) 20/45 €.* Cet hôtel de campagne, situé au bord d'une petite route, est une adresse bien tranquille. Ses chambres, plus grandes dans l'annexe récente, sont fonctionnelles, bien tenues et parfois dotées de balcons tournés sur la piscine. Fitness. Cuisine familiale.

RESTAURATION

À Largentière

BUDGET MOYEN

Chambre d'hôte Le Mas de la Madeleine – *Chemin de la Madeleine - 0,6 km à l'ouest de Largentière centre par D 305 rte de Tauriers - ✆ 04 75 39 23 18 - www.masdelamadeleine.com - fermé déc.-mars - 21/30 € - 4 ch. 85/95 € ☕.* Cette ferme-auberge qui vit au rythme de ses chèvres et de ses brebis ravira les amateurs de fine cuisine provençale, préparée en majeure partie avec des produits issus de l'exploitation. Parmi les pins et les oliviers, une superbe piscine donne sur la vallée de la Ligne. Les chambres allient caractère et confort avec leur mobilier au cachet rustique.

À proximité

BUDGET MOYEN

Mas des Faïsses –*Chalabrèges - 07110 Chassiers - 2,8 km au nord de Largentière par les D 103 et 503 - ✆ 04 75 88 34 51 - www.masdesfaisses.com - fermé nov.-avr. - rest. ouvert mai-juin et sept.-nov. : vend. soir, sam. soir et dim. midi ; juil.-août : midi (soir résidents seult.) - réserv. 24h à l'avance - menu 25 € - 6 ch. 66 €* ☕. Demeure du 17e s. environnée de potagers et de vergers, cette ferme-auberge écologique sert une gastronomie étonnante, basée uniquement sur la flore de la propriété. C'est l'occasion de goûter une fricassée d'aubergines aux châtaignes, un aïlade de pâtisson ou un sorbet aux fleurs.

POUR SE FAIRE PLAISIR

Auberge de la Tour de Brison – *À la Chapelette - 07110 Sanilhac - ✆ 04 75 39 29 00 - www.belinbrison.com - fermé nov.-31 mars et merc. sf juin-août - P - rest. réserv. obligatoire - 29 € - 14 ch. 60/85 € - ☕ 10 €.* L'accueillante auberge bâtie à flanc de colline jouit d'une jolie vue sur la vallée et sur le plateau du Coiron. Bons petits plats de saison réalisés avec les produits du terroir et charcuteries maison à savourer dans une salle-véranda panoramique. Chambres actuelles et confortables.

ACTIVITÉS

Baignade – À partir des Deux-Aygues, au nord de Joyeuse, la vallée de la Beaume offre quelques sites de baignade très agréables. Venir de bonne heure, car les endroits assez profonds sont vite occupés.

Les Vans

NOS ADRESSES PAGE 447

2 827 Vanséens – Ardèche (07)

S'INFORMER

Office de tourisme – *Pl. Léopold-Ollier - 07140 Les Vans - ✆ 04 75 37 24 48 - www.les-vans.com - juil.-août : lun.-sam. 9h-19h, dim. et j. fériés 9h-12h30, 16h-19h ; avr.-juin et sept.-oct. : tlj sf dim. et j. fériés 9h-12h, 14h-18h ; nov.-mars : lun.-vend. 9h-12h, 14h-18h, sam. 9h-12h30.*

SE REPÉRER

Carte de microrégion B3 *(p. 410) – Carte Michelin Départements 331 G7.* Les Vans se trouvent à 38 km au sud-ouest d'Aubenas.

À NE PAS MANQUER

Le bois de Païolive avec ses chênes rouvres et ses roches calcaires sculptées par la nature; la vue plongeante depuis la corniche du Chassezac; le village de Thines perché au-dessus du torrent qui porte le même nom.

ORGANISER SON TEMPS

Comptez 1 journée pour la ville et ses environs.

AVEC LES ENFANTS
Baignade à Mazet-Plage ; parcours découverte de la vie rurale à Gravières ; promenade-escalade sur les traces des chauves-souris au circuit de la Vierge ; une balade en compagnie d'un âne *(voir « Nos adresses aux Vans »)*.

Au cœur du Bas-Vivarais cévenol, dominé à l'ouest par l'échine déchiquetée du serre de Barre, Les Vans occupe le centre d'un riant bassin qu'arrose le Chassezac. Un ensoleillement exceptionnel, la culture de l'olivier, un marché très coloré, une grande place ombragée de platanes : on est déjà ici dans le Midi ! Les paysages viennent confirmer cette impression : à l'âpre décor de serres schisteuses succède l'éclatante blancheur du bas pays calcaire. Son succès auprès des visiteurs est assuré par le bois magique de Païolive et les inoubliables gorges du Chassezac.

Se promener

Les Vans (*prononcez le « s »*) vient d'une racine préindo-européenne qui désigne une pente pierreuse. Il n'y a qu'à regarder autour de soi pour s'en convaincre. À partir du 16e s., la ville fut l'objet de nombreux conflits entre catholiques et protestants. Aujourd'hui, ces conflits sont apaisés et la cité est célèbre pour le dynamisme de son marché (samedi matin). Elle s'enorgueillit des découvertes d'un Vanséen de naissance : le chirurgien spécialiste des os Léopold Ollier (1830-1900), qui a accumulé les découvertes et contribué à la modernisation des techniques opératoires.
Le centre ancien, égayé de fontaines et de belles maisons de caractère, est une invitation permanente à la flânerie.
Édifiée sans grands moyens au 17e s., dans le style jésuite, l'**église** est aujourd'hui très bien restaurée. Les deux **retables★**, dont le grand du chœur, ont été réalisés sous la direction d'un artiste anversois, Jean Enguelbert, en 1682. Remarquez également les **stalles** (18e s.) provenant de l'abbaye des Chambons.

Découvrir Carte de microrégion

★ LE BOIS DE PAÏOLIVE B3

Couvert de chênes rouvres et jalonné de curieux rochers blancs, ce lieu baigné de silence et de mystère semble receler un secret que seuls connaissent les innombrables lézards verts : à moins d'en adopter un, limitez-vous donc aux sentiers balisés si vous souhaitez retrouver votre chemin.
Ce chaos calcaire du Bas-Vivarais s'étend sur environ 16 km^2, au sud-est des Vans, de part et d'autre du Chassezac. Le calcaire de Païolive est une roche grisâtre d'époque jurassique, dure mais sensible à l'érosion chimique. Les eaux de pluie ont transformé de simples fissures en crevasses profondes, donnant naissance à des rochers ruiniformes.
La D 252 traverse le bois d'ouest en est.
À environ 300 m de la D 901, on découvre à une vingtaine de mètres, à droite en venant des Vans, un rocher caractéristique : l'Ours et le Lion.

Circuit de la Vierge

Comptez 1h. Au départ d'un parking au bord de la D 252, sentier non sécurisé, balisé en vert.

De passages étroits en petites escalades, de formes étranges où l'on croit reconnaître tout un bestiaire en mini-belvédères sur un bois d'arbres et de pierres, la promenade dévoile divers visages du relief karstique. Quelques panneaux et des imitations – hélas – rappellent le souvenir de ses hôtes d'hier, les chauves-souris.

★ Clairière

Une clairière est accessible aux voitures près de la D 252, dans un grand virage à droite en venant des Vans, par une rampe non revêtue. Cette clairière est établie sur une doline. La dimension des arbres permet d'y pique-niquer à l'ombre. De là, on peut partir à la découverte des rochers les plus proches *(sentier balisé).*

★★ Corniche du Chassezac

30mn à pied AR. Se garer sur le premier grand parking à gauche de la route en direction de Mazet-Plage. Un sentier balisé « corniche » conduit sur les bords des grandes falaises qui dominent les profondes gorges.

On découvre soudain la grandiose tranchée du Chassezac, serpentant au pied de falaises forées de cavités. La corniche, formant un à-pic de 80 m, se poursuit à gauche, face au château de Casteljau, jusqu'à un belvédère situé en amont. *Revenez par le même chemin.*

Mazet-Plage

Un chemin revêtu, partant de la D 252, mène à un camping proche de la rivière.

Le site de Mazet est situé à la sortie des gorges de Chassezac dont il est un accès privilégié. Pour rejoindre des zones plus éloignées dans les gorges, les sites de baignades et d'escalades par exemple, traversez la rivière en direction de Casteljau et garez-vous dans les parkings aménagés.

À proximité Carte de microrégion

Naves B3

À la sortie des Vans à l'ouest, en direction de Villefort, tournez à gauche dans la D 408.

Ce vieux village qui domine le bassin des Vans a conservé son aspect médiéval. Ses ruelles à arceaux, ses maisons où s'allient le schiste et le calcaire, sa charmante église romane bien située à l'extrémité du village y attirent des artistes.

On peut longer le Chassezac vers la gauche, sur environ 500 m, parmi les gros galets et les petits saules, face aux étranges falaises criblées de cavités *(15mn à pied AR).*

Banne B3

À 6 km au sud-est. Laissez la voiture sur la place. Gravir la rampe derrière le calvaire.

On accède à une plate-forme gazonnée dominant la dépression du Jalès. Du sommet des rochers, portant les vestiges de l'ancienne citadelle de Banne, vaste **panorama★** sur les confins du Gard et de la Basse-Ardèche. À demi enfoncée dans la plate-forme, on peut voir une longue galerie voûtée; elle servait d'**écuries** au château de Banne, abattu après le drame de Jalès. Un **musée de l'Œuf décoré et de l'Icône** (icônes russes du 18e au 20e s.) présente une étonnante collection d'œufs de Pâques (véritables ou en porcelaine) décorés selon diverses techniques. *Le Fort - ✆ 04 75 39 85 11 - ♿ - juil.-août : mat. et apr.-midi ; de mi-mars à fin juin et sept. : tlj sf lun. et mar. apr.-midi - 4,80 € (-6 ans gratuit).*

Itinéraires conseillés Carte de microrégion

⋆ VILLAGES DU VIVARAIS CÉVENOL B 2-3

34 km. Voir le circuit sur la carte de microrégion p. 410. Comptez 2h30.
Quittez Les Vans au nord par la D 10. Prenez à droite la D 250.

Chambonas B3
On accède au village par un vieux pont pointant ses avant-becs dans les eaux vertes du Chassezac. L'église, en partie romane, est un robuste édifice dont la corniche du chevet s'orne d'une frise sculptée.
Près de l'église, le château (12e-17e s.) se signale par ses tours à tuiles vernissées; jardins à la française dont le dessin est attribué à Le Nôtre.
Poursuivez par la D 250.
Après avoir longé le Chassezac, la route franchit le ruisseau de Sure et s'élève sur le versant gréseux parmi les vignobles et les pins; jolie vue sur le serre de Barre et le clocher de St-Pierre-le-Déchausselat.

Payzac B3
Charmante église rurale (12e-15e s.) campée sur le plateau gréseux; à l'intérieur, à gauche du retable, statue en bois de saint Pierre, vigoureusement traitée.
Prenez la D 207, direction St-Jean-de-Pourcharesse.
À partir de Payzac, le grès, de grisâtre, devient rouge : vue sur l'église de St-Pierre, l'arête du serre de Barre. Après le village de Brès, construit en grès rouge, nouveau changement d'aspect : le grès cède la place au schiste. La route serpente au flanc de versants ombragés de châtaigniers.

Saint-Jean-de-Pourcharesse B2
Église typique du pays du schiste avec son toit de lauzes, son clocher-peigne. De la terrasse, vue en direction des Vans, des « becs » de la Bannelle et du Guidon du Bouquet.
Rebroussez chemin jusqu'à l'entrée du village où l'on prend, à droite, la route en direction de Lauriol.
À partir de ce hameau, la route se poursuit parmi les châtaigniers, dans un décor de ravins abrupts où s'agrippent de pauvres hameaux.

Saint-Pierre-le-Déchausselat B3
Village étagé en terrasses. Laissez la voiture devant l'église et gagnez les vignobles de la ferme en contrebas : vue, de gauche à droite, vers la dent de Rès, le rocher de Sampzon, le mont Ventoux, le Guidon du Bouquet, la Bannelle et le serre de Barre.
De St-Pierre, la D 350, tracée au flanc d'un vallon, descend vers le Chassezac.
Retour aux Vans par Chambonas.

⋆ CORNICHE DU VIVARAIS CÉVENOL A 2-3 B3

113 km. Voir le circuit sur la carte de microrégion p. 410. Comptez 5h.
Quittez Les Vans par la D 901 vers Villefort et tournez à droite dans la D 113.
La route, tracée en corniche, passe d'un versant à l'autre dans les montagnes du Vivarais cévenol.

Gravières B3
L'**église** (12e-15e s.) est caractérisée par un clocher puissant; elle abrite dans le mur du chœur, à gauche, un arbre de Jessé en pierre sculptée (14e s.), malheureusement mutilé. Retable en bois doré et chapelles gothiques.

Le site de Païolive.
Office du tourisme des Vans

La **Virade du Batistou**, circuit en boucle de 6 km tracé tout autour du village, permet aux enfants de découvrir la vie rurale du début du 20e s. *Comptez 3h. Possibilité de visite guidée sur demande pdt les vac. scol. Livret d'interprétation disponible à l'office du tourisme des Vans (6 €).*
Poursuivez par la D 113. Après le pont sur le Chassezac, prenez à droite la D 413.

Les Salelles B3

Sur une plate-forme dominant un méandre du Chassezac, l'**église** St-Sauveur, gothique, est construite en beaux moellons de grès rose. Le clocher fortifié, détruit par la foudre, a été reconstruit au début du 20e s.
Revenez à la D 113 que vous prenez à droite.
Le cours de la rivière est jalonné de barrages de retenue, de conduites forcées et d'usines appartenant à l'ensemble hydroélectrique du Chassezac.

Usine de Pied-de-Borne A2

Au confluent de l'Altier, du Chassezac et de la Borne, l'usine de Pied-de-Borne est alimentée par le barrage de Villefort et celui de Roujanel, plus au nord sur la Borne. Cette usine, pièce maîtresse de l'ensemble hydroélectrique du Chassezac, produit plus de la moitié de l'énergie fournie par ce bassin.
Après avoir traversé la Borne et contourné l'usine, prenez à droite la D 151 vers La Bastide-Puylaurent.

La Bastide-Puylaurent A2

Le village a été créé au 19e s. lors de la construction de la ligne de chemin de fer Paris-Nîmes. C'est une agréable et fraîche station estivale située dans la haute vallée de l'Allier dont les versants sont couverts de bois et de pâturages.
Quittez La Bastide à l'est par la D 906, et prenez à gauche la D 4.

Trappe de Notre-Dame-des-Neiges A2

Cette abbaye cistercienne, fondée en 1850, est isolée au milieu des bois de résineux et de hêtres, dans un cirque de montagnes, à l'abri des vents qui balayent les hauts plateaux du Vivarais. Les bâtiments actuels ont été bâtis à la suite d'un incendie survenu en 1912 à l'ancien monastère édifié sur la hauteur.

C'est à la trappe de N.-D.-des-Neiges que **Charles de Foucauld**, explorateur et religieux (1858-1916), fit son noviciat, de janvier à juin 1890. Cet ancien officier à la vie tumultueuse est l'auteur de divers ouvrages, dont un dictionnaire touareg-français. Il a été béatifié en 2005.

Au cours de la descente rapide sur St-Laurent-les-Bains, un virage à gauche offre une **vue★★** à l'entrée de la trouée de la Borne.

Saint-Laurent-les-Bains A2

Resserrée au creux d'un étroit vallon, cette petite station thermale traite les différentes formes de rhumatismes. De la rue principale, où se trouve une fontaine chaude (53°), on a une jolie vue sur l'arête portant les vestiges d'une vieille tour.

Continuez sur la D 4.

La route franchit la Borne par une descente, puis une remontée impressionnantes ; elle traverse ensuite une belle forêt de pins, à laquelle succède le paysage désolé des hautes serres schisteuses.

Remarquez, à droite, le **Petit Paris** (A2), hameau isolé au-dessus de blocs granitiques.

Tournez à droite vers Montselgues.

Montselgues A2

Ce petit village isolé au milieu d'un vaste plateau ondulé, parsemé en juin de narcisses sauvages et de genêts, possède une robuste église au beau porche roman, accolée à une grande maison cévenole. Montselgues est un centre de ski de fond.

Revenir à la D 4 que l'on prend à droite, puis prendre à droite la D 513.

★★ Thines A2

Au terme d'une charmante route remontant le ravin de la Thines, cet humble village vivarois occupe un **site★★** perché au-dessus du torrent. Dans un âpre décor de terres schisteuses, il conserve ses vieilles maisons accrochées au rocher, ses ruelles étroites, enchevêtrées, et une belle église romane.

Église – Le portail latéral construit en blocs de grès de différentes couleurs compte quatre belles statues-colonnes. Sur le linteau, une frise à petits personnages sculptés représente, de gauche à droite, l'entrée à Jérusalem, la Cène et le baiser de Judas. La décoration des parties hautes de l'édifice, particulièrement celle du **chevet★**, frappe d'admiration en ce site perdu. L'alternance des claveaux en grès rouge et en granit gris, les chapiteaux en calcaire blanc, créent une harmonie colorée. À l'intérieur, l'appareil de l'abside montre la même recherche de polychromie qu'à l'extérieur.

Faites demi-tour jusqu'au croisement avec la D 4 que l'on prend à droite.

Sur un replat, peu avant Peyre, **vue★**, à droite, sur Thines, en contrebas, isolé sur un piton.

Non loin de Peyre, on aperçoit, à gauche de la route et près d'une ferme, un curieux ensemble de ruches creusées dans les troncs de châtaigniers et simplement couvertes d'une lauze (dalle) de schiste.

Suivant le tracé de la corniche alternant d'un versant à l'autre, le panorama se révèle tantôt sur les serres désolées s'étendant de la Drobie au Tanargue, tantôt vers les bassins de la Basse-Ardèche.

Après un long parcours parmi les pins, on atteint Seyras où apparaît la vigne annonçant la nature méridionale.

Regagnez Les Vans par le pont de Chambonas.

NOS ADRESSES AUX VANS

HÉBERGEMENT

Aux Vans

BUDGET MOYEN

Hôtel Le Vanséen – *Rte des Gras - ✆ 04 75 94 91 88 - www.hotel-le-vanseen.com - P - 32 ch. 55 € - ☕ 6,50 €.* Très moderne (un concept assez proche des hôtels de chaînes), Le Vanséen dispose de chambres climatisées et pourvues du système wifi. La piscine réjouira ceux qui aiment piquer une tête avant de lire leurs e-mails. À noter, la présence de 2 chambres équipées pour les personnes handicapées.

Le Carmel – *Montée du Carmel - ✆ 04 75 94 99 60 - www.le-carmel.com - fermé 12 nov.-mars - 26 ch. 65/85 € - ☕ 10 € - rest. : 19/28 €.* Dominant le bourg médiéval, cet ex-couvent carmélite abrite des chambres rénovées, décorées de tissus provençaux, aux murs ocre, mobilier en fer forgé et salles de bains neuves. Joli jardin, salle à manger aux couleurs ensoleillées, terrasse ombragée et à table, des plats du marché.

À proximité

PREMIER PRIX

Camping La Source – *07460 Berrias-et-Casteljau - 12 km au sud-est des Vans par D 901 et D 202 - ✆ 04 75 39 39 13 - camping.la.source@wanadoo.fr - ouv. de fin avr. à mi-sept. - 💳 - réserv. conseillée - 81 empl. 20,90 € - restauration.* Ce terrain assez récent est bien aménagé : ses emplacements sont tous délimités et déjà ombragés. Le bar, la pizzeria et le magasin d'alimentation regroupés dans une même maison vous permettront de vous restaurer sur place. Belle piscine.

Chambre d'hôte L'Ensolleiade – *La Rouveyrolle - 07460 Casteljau - 10 km au sud-est des Vans par D 901, puis D 252 - ✆ 04 75 39 01 14 - www.ensolleiade.com - fermé oct.-avr. - 💳 - 5 ch. 45/51 € ☕.* Les chambres sont simples, claires et spacieuses dans cette paisible maison basse entourée par la campagne. Une adresse idéale pour ceux qui recherchent le calme ou pour les amateurs de marche (nombreuses promenades pour découvrir la nature et les jolis villages alentour).

POUR SE FAIRE PLAISIR

Hôtel La Santoline – *07430 Beaulieu - 13 km au sud-est des Vans par D 901, D 202 et D 252 - ✆ 04 75 39 01 91 - www.lasantoline.com - fermé 15 sept.-25 avr. - P - rest. réservé à la clientèle, fermé jeu. et le midi - 7 ch. 75/145 € - ☕ 12 € - rest. 31 €.* Isolée au milieu de la garrigue, cette bâtisse du 16e s. ravira les amateurs de tranquillité. Couleur et raffinement dans les chambres au décor personnalisé. Le dîner, réservé aux résidents, est servi dans une jolie salle voûtée. Piscine et jardin pour votre bonheur !

RESTAURATION

À proximité

PREMIER PRIX

Chez Nathalie et Christian Moutet – *07230 Payzac - 8 km au nord par D 250 - ✆ 04 75 39 48 00 - fermé jeu., dim. et j. fériés apr.-midi - 11 € (déj.), plat du jour 6,50 €.* Labellisée « Bistrot de pays », notamment pour la qualité de ses produits, cette boulangerie-café se spécialise dans la baguette ardéchoise, à base de seigle et de farine de châtaigne. Petits plats bonne franquette servis avec du pain cuit au feu de bois et assiettes de tartines dans la partie bistrot, où l'on peut également s'attabler en terrasse.

BUDGET MOYEN

Chez Francine – *07140 Montselgues - 25 km au nord des Vans - ✆ 04 75 36 94 44 - 12h-13h30, 19h-20h - fermé sam. midi - 21 € (réserv. obligatoire).* À 1 000 m d'altitude, dans le petit village de Montselgues, voici une authentique maison du pays où vous dégusterez les délices de la ferme et les légumes du jardin en gratin ou en purée. Quiches au fromage de chèvre, charcuteries, gâteaux accompagnés de confiture de châtaignes, récoltées au bas du village.

POUR SE FAIRE PLAISIR

Chez Vincent et Michèle « Le Lagon » – *07460 Berrias-et-Casteljau - 10 km à l'est des Vans par D 901, D 252 et suivre fléchage V.V.F. - ✆ 04 75 39 35 33 - ouv. juin-août (Le Lagon) et oct.-mai (La Bastide) - fermé sept. - réserv. conseillée - 36/73 €.* Dans un décor naturel de rocaille, de gorges rocheuses et de végétation méridionale, vous savourerez la cuisine soignée du Lagon au bord de la piscine à cascade, ou, plus simplement, une pizza à la terrasse du C4 à côté, et pendant les mois froids, un bon plat traditionnel au restaurant d'hiver La Bastide.

ACHATS

Marché – Marchés nocturnes (18h à 22h) en juillet et en août : artisanat régional et produits du terroir, afin de ramener chez soi quelques senteurs des vacances. Et bien sûr le traditionnel marché du samedi matin, qui a lieu tout au long de l'année.

Moulin à huile Froment – *10 rte des Cévennes - ✆ 04 75 37 34 88 - http://moulin.froment.free.fr - juil.-août : à partir de 9h.* Cinq générations de la même famille se sont succédé à la tête de ce moulin installé sur la route de Villefort. L'actuel propriétaire élabore selon des méthodes traditionnelles une huile d'olive certifiée première pression à froid, qu'il sera toujours heureux de vous faire déguster. Visites organisées le jeudi matin par le syndicat d'initiative des Vans.

Notre-Dame-des-Neiges – *Suivre Abbaye Notre-Dame-des-Neiges - 07590 St-Laurent-les-Bains - ✆ 04 66 46 00 02 - 10h-12h, 14h-18h, dim. 14h-17h30 - fermé j. fériés.* L'abbaye commercialise depuis 1890 ses vins venus du Gard. Vous pourrez aussi faire provision de produits régionaux et « monastiques » tels que miels, confitures, biscuits, sirops… La boutique dispose également d'un espace librairie (ouvrages régionaux et religieux) ainsi que d'un espace expositions.

ACTIVITÉS

Le Petit Âne Bleu – *Rte de Malbosc - 07140 Brahic - 7 km des Vans - ✆ 04 75 37 27 98 - www.bourricot.com/lepetitanebleu - réserv. en saison.* Circuits accompagnés (les ânes portent vos bagages), de la demi-journée à 7 jours.

Ruoms

2 189 Ruomsois – Ardèche (07)

NOS ADRESSES PAGE 451

S'INFORMER

Office de tourisme – *R. Alphonse-Daudet - 07120 Ruoms - ✆ 04 75 93 91 90 - www.otruoms.com - mat. et apr.-midi, w.-end et j. fériés mat. - fermé dim. de sept. à Pâques, 1er janv., 1er et 11 Nov. et 25 déc.*

SE REPÉRER

Carte de microrégion C3 *(p. 410-411) – Carte Michelin Départements 331 I7.*

Porte des défilés de l'Ardèche, Ruoms bénéficie d'une position stratégique entre Aubenas (25 km au nord) et Vallon-Pont-d'Arc (9 km au sud).

À NE PAS MANQUER

Le panorama depuis le sommet du rocher de Sampzon; le tunnel naturel du défilé de Ruoms; le village charmant de Labeaume et les paysages des gorges.

ORGANISER SON TEMPS

Comptez 2h pour la ville et ses environs.

AVEC LES ENFANTS

Écouter grignoter les magnans de Lagorce…

De Ruoms on connaît les célèbres défilés, les nombreux campings, mais assez peu la ville qui s'anime au rythme de marchés colorés. Autrefois réputée pour ses carrières de pierre (à la fin du 19e s., jusqu'à 500 tailleurs de pierre y travaillaient) et ses brasseries, cette ancienne cité médiévale se découvre en flânant dans son centre historique intra-muros.

Se promener

Petit centre commercial, Ruoms mérite une flânerie dans son quartier ancien, inscrit dans une enceinte carrée, flanquée de sept tours rondes. Au centre de la ville close, l'**église** romane est intéressante par son clocher percé d'arcatures et décoré de motifs incrustés en pierre volcanique; la ruelle St-Roch, s'ouvrant sur la place de l'Église, en offre la meilleure vue.

Vinimage

Pl. de l'Église - ✆ 04 75 93 85 00 - www.vinimage.tm.fr - ♿ - juil.-sept. : lun.-mar. 10h30-12h30, 14h-18h30, merc.-jeu. 14h-18h30 - fermé oct.-juin - 4,60 € (-12 ans gratuit) - circuit « La vigne à Ruoms » merc. 9h-12h30 - 6 € (enf. 2 €).

Cet espace est aménagé de façon interactive autour de la découverte des vins de l'Ardèche méridionale, du vignoble et du travail des vignerons. Des testeurs olfactifs et gustatifs sont à disposition en fin de visite. Un circuit commenté, « La vigne à Ruoms » comprenant la visite de Vinimage, celle du vignoble avec dégustation dans un caveau, est proposé le mercredi.

À proximité Carte de microrégion

★ Rocher de Sampzon C3

7 km au sud. Quittez Ruoms par la D 579 en direction de Vallon. Sur la rive droite de l'Ardèche, par une route étroite en forte montée et en lacet.

Laissez la voiture au parking en contrebas de l'église du vieux village de Sampzon et gagnez le sommet (45mn à pied AR) par le chemin goudronné, puis par le sentier qui prend à hauteur de l'aire de retournement.

Du sommet (relais de télévision), le **panorama★★** embrasse le bassin de Vallon, l'entablement du plateau d'Orgnac et les méandres de l'Ardèche.

★ Défilé de Ruoms C2

5 km au nord par la D 4. Voir p. 434.

★ Musée de la Vignasse à Saint-Alban-Auriolles C3

6 km au sud par la D 208. 04 75 39 65 07 - http://musee.daudet.free.fr - visite guidée juil.-août : tlj sf sam. à 10h15, 11h30, 14h30, 15h30, 16h30 et 17h30 ; avr.-juin et sept. : tlj sf sam. à 14h30, 15h30 et 16h30 ; vac. de la Toussaint : mar. et jeu. à 14h30, 15h30 et 16h30 - 4,60 € (8-16 ans 3,05 €, -8 ans gratuit).

Maison maternelle d'Alphonse Daudet, ce mas, qui a conservé toute son authenticité, est une belle illustration de la vie ardéchoise d'autrefois. Une importante collection d'outils rythme la visite entre préparation du pain, travail de la vigne, fabrication d'huile d'olive ou encore éducation du ver à soie. L'étage supérieur de la bâtisse abrite un espace muséographique consacré à l'homme de lettres. Sentier de découverte et aire de pique-nique sont aménagés au cœur d'un parc de 5 ha.

Ma Magnanerie à Lagorce C3

10 km à l'est par la D 559. 04 75 88 01 27 - www.mamagnanerie.com - ♿ - visite guidée juil.-août : à 10h30, 11h30, 14h30, 15h15, 16h, 16h45 et 17h30 ; avr.-juin et sept.-oct. : tlj sf lun. à 14h30, 15h30, 16h30 et 17h30 - 4,60 € (-12 ans 2,30 €).

Si la présentation du travail sur le fil de soie est vieillotte, le lieu offre pourtant une rare occasion de voir l'élevage du ver à soie selon la tradition et les conditions d'autrefois. Par temps calme, vous entendrez grignoter les « **magnans** », qui sont les vers dans leur dernière étape de croissance avant le cocon, ainsi nommés en référence à leur gourmandise.

★ Labeaume B3

3,5 km à l'ouest par la D 245. Laissez la voiture à l'entrée du village.

Ce vieux village est situé au flanc des gorges de la Beaume, affluent de l'Ardèche. On peut flâner dans les ruelles en pente ; leurs passages couverts et les maisons à galeries qui les bordent, certaines restaurées par des artistes, sont particulièrement agréables. Au pied du village, un pont submersible dépourvu de parapet, aux piles robustes, s'intègre de façon heureuse dans le site.

Prenez à gauche de l'église une ruelle menant, au bord de la rivière, à une esplanade ombragée. Pour avoir le meilleur coup d'œil sur le village, franchir le pont submersible et suivre sur quelques mètres le chemin qui s'élève sur la rive opposée. La promenade des **gorges de la Beaume★**, rive gauche, vers l'amont, près des eaux transparentes et face à la falaise calcaire que l'érosion a rongée avec la plus grande fantaisie, est très attrayante.

NOS ADRESSES À RUOMS

HÉBERGEMENT

À Ruoms

BUDGET MOYEN

Chambre d'hôte Le Mas St-Michel – *Quartier St-Michel (La Roche) - 07120 Ruoms - ✆ 04 75 39 73 33 - www.le-mas-saint-michel.com - ⊭ - 4 ch. 57/61 € ☕.* C'est dans l'une des chambres de l'ancienne magnanerie que vous pourrez poser vos bagages et profiter du calme des lieux. Vue imprenable sur le confluent de la Beaume et de l'Ardèche. S'il fait trop chaud, allez barboter dans la piscine. Confitures et pâtisseries maison au petit-déjeuner.

À proximité

PREMIER PRIX

Camping La Digue – *07120 Chauzon - 6 km au nord de Ruoms par D 579 et D 308 - ✆ 04 75 39 63 57 - info@camping-la-digue.fr - de déb. avr. à fin oct. - réserv. conseillée - 106 empl. 28,10 € - restauration.* Au bord de l'Ardèche, non loin du village de Chauzon, ce terrain vaut par sa situation : éloigné des routes, il est très tranquille. Piscine chauffée et location de bungalows.

RESTAURATION

À proximité

BUDGET MOYEN

Auberge Les Murets – *D 104 - quartier Langarnayre - 07230 Chandolas - 11 km au sud-ouest - ✆ 04 75 39 08 32 - www.augerbelesmurets.com - fermé 23 nov.-6 déc. et 4 janv.-6 fév. - 16 € (sem.)/31 € - 6 ch. 60 € - ☕ 9 €.* Cette ferme cévenole du 18e s., entourée d'un parc ouvert sur les vignes, comprend un restaurant dans ses deux caves voûtées et une terrasse ombragée par un mûrier. Pimpantes chambres meublées en rotin.

ACHATS

Marché – *Juil.-août : merc. en nocturne et vend. mat. - à St-Alban-Auriolles juil.-août : lun. mat.*

Gorges de l'Ardèche

★★★

Ardèche (07)

NOS ADRESSES PAGE 460

S'INFORMER

Office du tourisme de Vallon-Pont-d'Arc – *1 pl. de l'Ancienne-Gare - 07150 Vallon-Pont-d'Arc - ✆ 04 75 88 04 01 - www.vallon-pont-darc.com - mai-sept. : mat. et apr.-midi, dim. mat. ; oct.-avr. : lun.-vend. mat. et apr.-midi, sam. mat. et apr.-midi (fermé l'apr.-midi de nov. à mars), fermé dim., 1er Mai, 11 Nov., 25 déc. et 1er janv.*

SE REPÉRER

Carte de microrégion C-D 3 *(p. 411) – Carte Michelin Départements 331 I7, J8 – carte p. 456-457.*

La D 290 suit le tracé des gorges de l'Ardèche, entre Vallon-Pont-d'Arc et St-Martin-d'Ardèche, soit 38 km au total.

À NE PAS MANQUER

La route panoramique, bien sûr, avec ses nombreux belvédères qui offrent des points de vue fantastiques, notamment dans la partie appelée Haute Corniche, le Pont d'Arc, les grottes et avens ; la descente d'une partie au moins de ces gorges en kayak.

ORGANISER SON TEMPS

Comptez une journée pour effectuer l'ensemble du circuit, baignade à Pont d'Arc et visite des grottes comprises.

Prudence à l'approche des belvédères : l'affluence automobile peut provoquer des petits embouteillages à la sortie et à l'entrée des espaces de stationnement aménagés.

Soyez également prudents sur les rives de l'Ardèche : la présence de barrages et d'usines hydroélectriques peut entraîner de brusques montées des eaux. Ne vous aventurez pas dans le lit de la rivière.

AVEC LES ENFANTS

La rivière en barque (attention, la descente en canoë est interdite aux enfants de moins de 7 ans) ; l'impressionnante visite d'une grotte ; l'exposition grotte Chauvet-Pont-d'Arc ; la plage de Vallon-Pont-d'Arc.

On ne présente plus le célèbre Pont d'Arc, monumentale arche naturelle qui offre une entrée grandiose à l'une des plus imposantes curiosités naturelles du midi de la France. La majeure partie des gorges a été constituée en réserve naturelle en 1980 et l'ensemble érigé en Grand Site d'intérêt national en 1993. La route touristique hardiment tracée sur la rive gauche s'élance à l'assaut de la corniche et ses nombreux belvédères dévoilent des panoramas à vous couper le souffle !

Itinéraire conseillé Carte p. 456-457

ROUTE PANORAMIQUE

38 km au départ de Vallon-Pont-d'Arc. Suivre le circuit 1 sur la carte p. 456-457. Comptez 1h de route sans les arrêts.
Ce circuit permet de découvrir les gorges de l'Ardèche par la D 290, route panoramique qui domine la rivière puis, après avoir franchi l'Ardèche à St-Martin-d'Ardèche, de rentrer à Vallon par le plateau d'Orgnac. Il est vivement conseillé de suivre la route panoramique dans le sens Vallon-Pont-d'Arc/ St-Martin-d'Ardèche pour accéder facilement aux parkings des nombreux belvédères. Mystère du fléchage local, les panneaux indiquant les lieux-dits ne sont pas toujours disposés dans les deux sens de circulation ! Munissez-vous donc d'une bonne vieille carte d'état-major si vous ne voulez pas rater un seul belvédère.

Vallon-Pont-d'Arc

Fameuse pour son arche naturelle sur l'Ardèche *(voir ci-après)* et, depuis peu, pour l'extraordinaire grotte Chauvet, Vallon est une station orientée vers les activités sportives et un agréable lieu de séjour... envahi en haute saison car offrant une base de départ idéale pour la découverte et la descente des gorges de l'Ardèche.
L'artère principale est bordée de commerces et de bars-restaurants. C'est le moment de faire vos emplettes si vous voulez pique-niquer dans les gorges de l'Ardèche voisines : vous ne trouverez plus de commerce alimentaire avant St-Martin-d'Ardèche (38 km à l'est). Au besoin, faites aussi provision d'essence et d'argent liquide.
Mairie – *04 75 88 02 06 - www.vallon-pont-darc.com - - tlj sf w.-end et j. fériés 9h-12h, 14h-17h - 2,50 €.* Dans l'ancienne résidence des comtes de Vallon (17e s.), la salle des mariages, au rez-de-chaussée, abrite sept **tapisseries** d'Aubusson (18e s.), remarquables par la fraîcheur de leurs coloris.
Exposition grotte Chauvet-Pont-d'Arc – *1 r. du Miarou (derrière la mairie) - 04 75 37 17 68 - - juin-août : 10h-13h, 15h-19h ; de mi-mars à mai et de sept. à mi-nov. : 10h-12h, 14h-17h30 ; reste de l'année : sur RV - fermé lun. (sf j. fériés) - 5 € (enf. 3 €).* Située sur le territoire de Vallon, la grotte Chauvet ne sera jamais ouverte au public. En attendant la mise en place d'un fac-similé, on pourra se faire une idée des trésors qu'elle recèle en visitant cette exposition, rénovée en 2006. Photographies, film *(30mn)* et textes explicatifs présentent l'art rupestre des grottes ardéchoises et initient à la vie quotidienne des chasseurs nomades de cette lointaine époque.
Quittez Vallon vers le sud en direction du Pont d'Arc.

DÉCOUVERTE

La **grotte Chauvet** fut découverte en 1994 par trois spéléologues : Éliette Brunel-Deschamps, Christian Hillaire et Jean-Marie Chauvet. Elle a révélé un ensemble de dessins et peintures pariétaux réalisé voici plus de 30 000 ans, un des plus anciens connus à ce jour, ainsi que 400 animaux, comme le rhinocéros, le lion des cavernes ou le mammouth, des vestiges d'occupation humaine, de nombreuses empreintes de mains, sans doute liées à une pratique chamanique... et la grotte n'a pas encore livré tous ses secrets. Le site fait toujours l'objet de campagnes de recherche.

LES CAPRICES DE L'ARDÈCHE

Prenant sa source à 1 467 m d'altitude dans le massif de Mazan, l'Ardèche se jette dans le Rhône, après 119 km de course, 1 km en amont de Pont-St-Esprit. Si la pente est surtout très forte dans la haute vallée, c'est dans le bas pays que l'on rencontre les exemples d'érosion les plus étonnants : ici, la rivière a dû se frayer un passage dans les assises calcaires du plateau, déjà attaqué par les eaux souterraines. Ses affluents, qui dévalent brutalement de la montagne, accentuent son régime irrégulier : maximum en automne, faible débit hivernal, crues au printemps et basses eaux en été. Le débit de l'Ardèche peut passer de 2,5 m^3/s à plus de 7 000 lors des fameux et redoutables « coups de l'Ardèche » : c'est un véritable mur d'eau qui avance à la vitesse de 15 ou 20 km/h au point de repousser le flot du Rhône. La décrue est tout aussi soudaine.

Après être passée au pied du château du Vieux Vallon, la route franchit l'Ibie avant de rejoindre l'Ardèche. Sur la gauche s'ouvrent la **grotte des Tunnels** (une rivière souterraine y coulait autrefois), puis la **grotte des Huguenots** (exposition sur la spéléologie, la préhistoire et l'histoire des huguenots du sud Vivarais). *04 75 88 06 71 - de mi-juin à fin août : tte la journée - 3,50 € (enf. 2,50 €).*

★★ Pont d'Arc

Laissez la voiture sur le grand parking aménagé à gauche de la route. Un sentier s'amorçant de l'autre côté de la route permet d'accéder à la plage (bondée l'été) située au pied du Pont d'Arc. 200 m.

Cette impressionnante arche naturelle, haute de 34 m, large de 59 m, enjambe l'Ardèche qui contournait autrefois ce promontoire. Sous l'arche ne se déversait autrefois qu'un simple cours d'eau souterrain. On suppose que l'Ardèche, à la faveur d'une forte crue, aurait abandonné son ancien cours pour se glisser à travers l'orifice qu'elle a peu à peu agrandi, donnant naissance au Pont d'Arc.

La **plage** est un site de baignade très fréquenté par les familles avec enfants, ce qui ne dispense pas de surveiller étroitement les petits nageurs.

Le paysage, à partir du Pont d'Arc, devient grandiose. Au fond d'une gorge déserte, longue de 30 km, cernée par des falaises dont certaines atteignent 300 m de hauteur, les eaux vertes de la rivière dessinent d'harmonieux méandres entrecoupés de rapides. Après Chames, la route effectue un long crochet au fond de l'imposant **cirque**★ rocheux du **vallon de Tiourre**, avant de gagner, en corniche, le rebord du plateau.

★★ Belvédère du Serre de Tourre

Il est établi à la verticale de l'Ardèche qu'il surplombe d'une hauteur de 200 m. De là, la vue sur le méandre du **Pas du Mousse** est superbe. Seules traces d'occupation humaine, les ruines du château d'Ebbo (16e s.), vissées sur l'échine rocheuse, s'ajoutent à la grandeur du lieu.

Poursuivre le long des gorges.

Largement tracée dans le taillis de chênes verts des bois Bouchas puis Malbosc, la route épouse le relief tourmenté des falaises. Depuis les **belvédères de Gaud**★★, on découvre la partie amont du méandre de Gaud et les tourelles de son petit château (19e s.).

★ Belvédères d'Autridge

Une boucle en déviation permet d'y accéder. Vues sur l'aiguille de Morsanne, semblable à la proue d'un navire.

Les gorges de l'Ardèche.
Office du tourisme des gorges de l'Ardèche

500 m après la majestueuse combe d'Agrimont, du rebord de la route se développent de belles **perspectives★★** sur la courbe de l'Ardèche que domine l'aiguille de Morsanne.

★★ Belvédères de Gournier

À 200 m au-dessus de l'Ardèche, les belvédères de Gournier voient la rivière se frayer un passage parmi les rochers de la Toupine de Gournier.
Gagnez l'aven de Marzal par la route qui court sur le plateau des Gras (D 590, face à la route d'accès au belvédère de la Madeleine).

★ Aven de Marzal

Température intérieure : 14°. ✆ 04 75 55 14 82 - visite guidée de fin mars à fin sept. : 11h-17h ; de fin sept. à déb. nov. : dim. et j. fériés 11h-17h - 8,60 € (-13 ans 5,70 €) ; 14,60 € (-13 ans 9 €) billet combiné avec le zoo préhistorique.

S'enfonçant sous le plateau des Gras, cet aven est riche en concrétions de calcite, que colorient divers oxydes allant de l'ocre brun au blanc neigeux. On accède aux grottes par un escalier métallique *(parcours assez pénible)* qui emprunte l'orifice naturel et débouche dans la Grande Salle, ou salle du Tombeau. Tout près, remarquez les ossements d'animaux tombés dans la

UN GARDE FORESTIER BIEN TATILLON

En occitan, **marzal** désigne une graminée sauvage. Ce fut le sobriquet dont on affubla le garde forestier de St-Remèze, Dechame, qui avait infligé une amende à sa propre femme, coupable d'avoir cueilli cette plante dans le champ d'un voisin pour nourrir ses lapins. Or peu après, Marzal fut tué par un habitant de la commune qui, pour se débarrasser du corps, le jeta dans un aven dit « Trou de la Barthe ». Le crime découvert, le trou prit le nom de la victime. L'aven ne fut cependant véritablement connu qu'en 1892 lorsque le spéléologue **Édouard-Alfred Martel** (1859-1938) en fit la première exploration. Mais on oublia sa situation exacte et il ne fut redécouvert qu'en 1949.

grotte (ours, cerfs, bisons). La **salle du Chien**, dont une coulée de draperies blanches surmonte l'entrée, contient des concrétions très variées : orgues de couleurs vives, formations excentriques, en disques et en grappes de raisins. Par la richesse de ses coloris, la **salle de la Pomme de pin** est un enchantement. Terme de la visite, la **salle des Diamants** (130 m au-dessous du sol) scintille de milliers de cristaux, en une féerie de reflets et de couleurs.

À la sortie de l'aven, un **musée du Monde souterrain** évoque les grandes étapes de la spéléologie en France : équipements ayant appartenu ou ayant été mis au point par les pionniers de cette spécialité tels que Édouard-Alfred Martel, Robert de Joly, Élisabeth et Norbert Casteret ou Guy de Lavaur. *☏ 04 75 55 14 82 - ♿ - de fin mars à fin sept. : 11h-17h ; de fin sept. à déb. nov. : dim. et j. fériés 11h-17h - gratuit.*

On peut compléter la visite par un parcours ombragé de 800 m, aménagé en « **zoo préhistorique** », qui présente des reproductions, plus ou moins crédibles, de quelques spécimens de la faune locale d'autrefois. Dimétrodon, stégosaure, brachiosaure, tyrannosaure et mammouth… bref, de quoi réjouir les fans de *Jurassic Park*. *☏ 04 75 55 14 82 - ♿ - de fin mars à fin sept. : 11h-17h ; de fin sept. à déb. nov. : dim. et j. fériés 11h-17h - 8,60 € (enf. 5,70 €) ; 14,60 € (enf. 9 €) billet combiné avec l'aven de Marzal.*

Poursuivez votre route sur le plateau des Gras par la pittoresque D 201.

Bidon

C'est un minuscule village aux maisons traditionnelles de pierres sèches, où la vie semble s'écouler paisiblement depuis des siècles.

Revenez aux gorges par la D 590 jusqu'au grand carrefour de la Madeleine.

Vous voici sur la **Haute Corniche★★★**, partie la plus spectaculaire du parcours, où les belvédères offrent des vues parfois saisissantes sur les gorges.

★ Belvédère de la Madeleine

☏ 04 75 04 22 20 - www.grottemadeleine.com - visite guidée juil.-août : 9h-19h ; avr.-juin et sept. : 10h-18h ; oct. : 10h-17h - dernière visite 1h avant fermeture - 7,50 € (6-15 ans 4,50 €).

Découverte en 1887, la grotte a été forée par un ancien cours d'eau souterrain qui drainait jadis une partie du plateau des Gras. On y pénètre par la Grotte Obscure, puis un tunnel taillé dans le roc *(escalier assez raide)* permet d'atteindre la salle du Chaos. Une magnifique coulée blanche entre deux amas rouges de draperies évoque une cascade par sa fluidité et ses concrétions en forme de rose des sables. Les parois de la salle sont couvertes de petites cristallisations semblables à des coraux.

★★ Belvédère de la Cathédrale

15mn depuis le point d'accès au belvédère de la Madeleine, à gauche, sous les petits bosquets, sur un chemin parfois rocailleux (soyez prudents !).
Point de vue imprenable sur un immense rocher ruiniforme : la « Cathédrale », qui dresse ses flèches de pierre en amont de la rivière.

Balcon des Templiers
Il doit son nom aux ruines d'une maladrerie des Templiers posée en contrebas sur un éperon. Vues saisissantes sur le méandre resserré de la rivière, dominé par les magnifiques parois du cirque.

Belvédère de la Maladrerie
Il permet d'apercevoir la « Cathédrale » sous un autre angle ; le belvédère de la **Rouvière** donne sur les « remparts » du Garn.

Belvédère de la Coutelle
Plus vertigineux, ce belvédère est situé à pic sur la rivière qui coule 180 m plus bas ; à gauche, on aperçoit les rochers de Castelviel et les rapides de la Fève et de la Cadière.

★ Grand Belvédère
Il donne sur la sortie des gorges et le dernier méandre de l'Ardèche.
À 200 m en aval du Grand Belvédère, sur la gauche de la D 290.

★ Grotte de Saint-Marcel
☎ 04 75 04 38 07 - www.grottesaintmarcel.com - visite guidée juil.-août : 10h-19h ; de mi-mars à juin et sept. : 10h-18h ; d'oct. à mi-nov. : 10h-17h - dernière visite 1h avant fermeture - 7,70 € (6-14 ans 4,50 €).
Découverte en 1835 par un chasseur d'Aiguèze, cette grotte, creusée par une rivière souterraine, s'ouvre naturellement par un abri sous roche au flanc des gorges. Aujourd'hui, une partie des galeries (dont le total atteint près de 40 km) est ouverte aux visiteurs. Un tunnel donne accès à d'impressionnants couloirs où abondent stalactites, stalagmites, draperies, fistuleuses et autres excentriques, l'intérêt principal de la grotte résidant toutefois dans ses **cascades de gours**. On rencontre la salle de la Fontaine de la Vierge, la galerie des Peintres striée de bandes blanches (calcite), rouges (oxyde de fer) et noires (manganèse), la salle des Rois, la Cathédrale.
Un sentier pédestre tracé autour du site fait découvrir la flore locale (chênes verts, buis, cistes, etc.) et deux monuments mégalithiques *(dépliant remis à la caisse).*
Reprenez la D 290.

★ Belvédère du Colombier
On découvre un méandre aux berges entièrement rocheuses.
La route décrit ensuite un crochet au fond d'une vallée sèche, puis, après le promontoire de Dona Vierna, fait un long détour au fond du vallon du Louby.

★★ Belvédère du Ranc-Pointu
Il permet de distinguer stries, marmites, grottes, différents phénomènes dus à l'érosion. Une vallée cultivée largement ouverte vers le Rhône succède brusquement au paysage tourmenté des gorges. Sur la droite, on aperçoit Aiguèze, agrippé à une crête rocheuse dominant l'Ardèche.

Plage de Sauze
À l'entrée de St-Martin-d'Ardèche, prenez à gauche la voie C 20, direction « Sauze ». Laissez sa voiture au parking aménagé, payant (horodateurs). À la sortie des gorges, cette petite plage de galets est une base d'arrivée pour de nombreux kayaks, mais aussi un endroit sympathique pour se reposer de la journée, les pieds dans l'eau.

Saint-Martin-d'Ardèche

Située au débouché des gorges, cette sympathique bourgade a su à présent se lier d'amitié avec la rivière dont les facéties fréquentes avaient, par le passé, fait surnommer ses habitants les « trempe-culs ». La cité, où Max Ernst séjourna de 1937 à 1940, accueille aujourd'hui aux beaux jours nombre d'adeptes de la baignade ou de la pêche, randonneurs et canoéistes.

Par une petite route à gauche de St-Martin-d'Ardèche *(direction Trignan)*, on accède, au milieu des vignes, à la chapelle romane de **St-Sulpice**.

De St-Martin, franchissez l'Ardèche sur le pont suspendu (des plus étroits !), puis prenez à droite la D 901 et tout de suite à droite la D 180.

Aiguèze

Stationnez dans le parking aménagé à l'entrée. Ce village médiéval aux rues pavées couronne les dernières falaises des gorges. On pénètre dans l'ancienne forteresse du 14e s. par un arc taillé dans le rocher : depuis le chemin de ronde, **coup d'œil**★ sur la sortie du canyon, les tours en ruine et, en contrebas, le pont suspendu que l'on vient de franchir.

Découvrir

La **descente des gorges**★★★, de Vallon-Pont-d'Arc à St-Martin-d'Ardèche, est une expérience inoubliable.

En barque ou en canoë

Voir les conditions dans « Nos adresses dans les gorges de l'Ardèche ».

Après un calme plan d'eau, l'Ardèche pénètre en méandre dans les gorges. L'impressionnant rapide du Charlemagne, que domine le monumental rocher du même nom, précède le passage sous le porche naturel du Pont d'Arc. Sur la gauche se déploie le cirque d'Estre où s'ouvre la grotte Chauvet ; puis, peu après, on aperçoit sur la droite l'entrée de la grotte ornée d'Ebbo, avant l'étroit Pas du Mousse qui donne accès au plateau. Sur la gauche se détache le rocher de l'Aiguille.

Après les falaises de Saleyron, quelques battements de cœur au passage du rapide de la Dent Noire… Puis, retour au calme dans le méandre du cirque de Gaud. Les rapides alternent alors avec de magnifiques plans d'eau, surplombés par d'impressionnantes parois : aiguille de Morsanne à gauche et, à droite, les arrachements rouges et noirs des Abeillères. Après les rochers et les trous de la Toupine de Gournier (le fond peut y atteindre 18 m), on aperçoit au loin, après environ 4h de navigation, la majestueuse « Cathédrale » et, sur la gauche, une des entrées naturelles de la grotte de la Madeleine. Peu après la « Cathédrale », on contourne la presqu'île des Templiers qui ont cédé aujourd'hui le terrain aux naturistes.

Au pied d'énormes falaises, le cirque de la Madeleine est l'un des plus beaux passages des gorges. Détroits, rapides et plans d'eau irisés se succèdent tandis que les chênes verts contrastent avec les parois dénudées. Le singulier rocher de la Coucourde (de *cogorda*, mot désignant en provençal une « courge » et, donc, un crâne !) et le surplomb de Castelviel précèdent l'entrée de la grotte St-Marcel. Puis, après le promontoire de Dona Vierna et le belvédère du Ranc-Pointu, les falaises s'abaissent à l'entrée de la percée finale. Sur la droite, la tour d'Aiguèze domine la vallée, désormais élargie.

À pied

Randonnée de 2 jours avec étape au bivouac de Gournier (réserver). Voir les conditions dans « Nos adresses dans les gorges de l'Ardèche ». Les premières heures de la matinée sont un vrai bonheur et le moment idéal pour découvrir, avant l'arrivée des canoéistes, la vie dans les gorges. Parmi les occupants permanents des lieux, les moins discrets sont les sangliers qui labourent régulièrement les abords du sentier et quelques chèvres sauvages qui jouent les acrobates ; la présence de castors est également très visible sur les arbres et arbustes abattus, ou par leurs traces sur le sable. Avec beaucoup de chance et de bonnes jumelles, vous pourrez peut-être observer le très rare aigle de Bonelli qui règne sur les gorges. Dans ce milieu pourtant difficile se développe une flore très variée : genévriers, genêts, sarriettes, chênes blancs et verts… Repérez les très vieux **genévriers de Phénicie**, véritables bonzaïs naturels accrochés aux hautes falaises calcaires, qui font actuellement l'objet d'une étude.

NOS ADRESSES DANS LES GORGES DE L'ARDÈCHE

Voir aussi Nos adresses à Orgnac.

HÉBERGEMENT

PREMIER PRIX

Camping Le Provençal – *07150 Vallon-Pont-d'Arc - 1,5 km au sud-est - 04 75 88 00 48 - www.camping-le-provencal.fr - 200 empl. 33 € - restauration.* Derrière sa belle entrée fleurie, ce terrain tout en longueur s'étire jusqu'aux bords de l'Ardèche. Ses emplacements sont délimités et bien ombragés. Avec son aire de jeux pour les enfants, sa belle piscine et son tennis, c'est un agréable lieu de séjour.

BUDGET MOYEN

Chambre d'hôte Les Clapas – *Le Village - 07120 Chauzon - 04 75 39 79 67 - www.lesclapas.com - fermé vac. de la Toussaint et de Noël - - P - - 5 ch. 51/56 €* . Les propriétaires de cette ancienne ferme ont aménagé des chambres d'hôte dans une partie indépendante de la propriété. Celles-ci sont à la fois simples, fonctionnelles et décorées avec goût. Possibilité d'accéder à la piscine qui se trouve sur le terrain mitoyen.

Chambre d'hôte La Martinade – *Rte de Gras - 07700 St-Remèze - 04 75 98 89 42 - www.chambres-hotes-la-martinade.fr/ - fermé 11 Nov.-15 mars - P - - 4 ch. 52/60 €* . Entre champs de lavande et chênes truffiers, cette ferme deux fois centenaire ne fait pas son âge tant il est agréable d'y vivre. On se prélasse avec bonheur près de la cheminée du salon, en attendant de se régaler de bons petits plats provençaux, puis de rejoindre l'une des jolies chambres logées dans les dépendances. Piscine.

Hôtel Le Clos des Bruyères – *Rte des Gorges - 07150 Vallon-Pont-d'Arc - 04 75 37 18 85 - www.closdesbruyeres.fr - ouv. avr.-sept. - - P - 32 ch. 60/75 € - 8 €.* Hôtel récent situé à 100 m de l'Ardèche (location de canoës). Les chambres, avec balcon ou en rez-de-jardin, sont spacieuses et simplement décorées.

POUR SE FAIRE PLAISIR

Hôtel Le Manoir du Raveyron – *R. Henri-Barbusse - 07150 Vallon-Pont-d'Arc - ✆ 04 75 88 03 59 - www.manoir-du-raveyron.com - fermé 20 oct.-20 mars - 8 ch. 66/88 € ☕ - rest. 27/46 €.* Cette demeure du 16e s. située dans une rue calme abrite des petites chambres coquettes et personnalisées. Agréable cour ombragée et fleurie. Plaisante salle à manger voûtée où l'on déguste des plats au goût du jour préparés avec des produits du terroir.

Chambre d'hôte Villa St-Patrice – *R. des Pères - 07120 St-Alban-Auriolles - ✆ 04 75 39 37 78 - www.villastpatrice.com - P - 3 ch. 90/100 € ☕.* Cette vaste demeure à l'architecture florentine, abrita autrefois la communauté religieuse de St-Basile. Certains vestiges, comme la chapelle, rappellent ce passé mystérieux. Guillemette, la maîtresse des lieux, en a fait une agréable maison d'hôte. Coup de cœur pour la chambre bleue avec son plafond voûté, son mobilier cérusé et sa vue sur le village. Grande terrasse pour profiter du copieux petit-déjeuner. Autre coup de cœur pour le parc, rafraîchissant avec sa piscine alimentée par une cascade.

Hôtel La Bastide d'Iris – *07150 Vagnas - D 579 - ✆ 04 75 88 44 77 - www.labastidediris.com - ♿ - 12 ch. 69/120 € - ☕ 11 €.* Murs joliment colorés, tissus assortis, mobilier personnalisé et salles de bains gaies caractérisent les chambres de cette charmante bastide flambant neuve. Agréable jardin.

RESTAURATION

La plupart des restaurants de Vallon-Pont-d'Arc se trouvent dans la **rue du Château**. Une riche variété de cuisines différentes qui ne laisse que l'embarras du choix. On a particulièrement aimé *Chez Camille* pour sa cuisine du terroir un peu plus gastronomique. La *Cave à Cochon* située en bas du village comblera les petites faims avec ses tartines, sa charcuterie et ses vins ardéchois.

POUR SE FAIRE PLAISIR

L'Auberge Sarrasine – *R. de la Fontaine - 30760 Aiguèze - ✆ 04 66 50 94 20 - auberge.sarrasine@orange.fr - fermé janv. et mar. - formule déj. 30 € - 40/50 €.* En vous promenant dans les ruelles anciennes du village, vous découvrirez ce petit restaurant installé dans trois salles voûtées datant du 11e s. et agrémentées de belles cheminées. Le chef marie avec bonheur saveurs et couleurs.

ACTIVITÉS

Bon à savoir – La Réserve naturelle des gorges de l'Ardèche (zone comprise entre Charmes et Sauze) fait l'objet de mesures de protection : on s'abstiendra donc d'y faire du feu, d'y abandonner des détritus, d'arracher les plantes ou d'ébrancher les arbres et de s'écarter des sentiers. Campings et bivouacs interdits en dehors des aires autorisées.

Descente à pied

Conseils – De nombreux passages nécessitent un sens exercé de la reconnaissance de terrain : vires étroites et glissantes, traversées de grottes et de gués.

Équipement de randonnée performant recommandé.

Le **Plan-guide** édité par l'association Tourena donne de précieux renseignements sur les parcours à pied dans les gorges.

Prudence – Si l'on entreprend la promenade à partir de la rive gauche, il faut se renseigner auparavant sur le **niveau des eaux** auprès des gendarmeries locales ou du Service départemental d'alerte des crues *(✆ 04 75 64 54 55)*, les gués « des Champs » et « de Guitard » étant inévitables.

Descente en barque ou en canoë

Conseils – Elle peut s'effectuer toute l'année. En période froide (oct.-avr.), se munir d'une **combinaison** étanche et isotherme. Privilégier les mois de mai, juin (à l'exclusion des w.-ends, très chargés) et sept. (tous les jours).

La descente complète représente **30 km** en partant avant le Pont d'Arc, mais il est possible de commencer vers Charmes (derniers loueurs) pour réduire la descente à 24 km. Prévoir **2 jours** pour profiter au maximum de la descente sans se soucier de l'heure d'arrivée.

Ceux qui veulent profiter des gorges sans effort physique peuvent demander les services de la **Confrérie des bateliers** de l'Ardèche *(✆ 04 75 88 04 01 - www. bateliers.net)*.

Prudence – Selon la saison et la hauteur des eaux, prévoir de **6h à 9h** pour la descente (dép. interdit après 18h).

Quelques passages difficiles nécessitent un minimum d'initiation (et expérience confirmée en zone orange) à demander avant votre départ auprès de votre loueur de canoës.

Il est impératif de savoir nager.

Gilet de sauvetage exigé, sous peine de lourdes amendes.

Un règlement de la navigation est consultable chez tous les loueurs de canoës, dans les mairies, les offices de tourisme et les gendarmeries.

Bivouacs – Pour séjourner sur les aires de bivouac de la Réserve naturelle (aires de Gaud et de Gournier), il est nécessaire de réserver sa place à l'avance auprès de la Centrale de réservation *(✆ 04 75 88 00 41)*.

Locations de canoës – Une soixantaine de loueurs implantés à Vallon-Pont-d'Arc, Salavas, Ruoms, St-Martin et St-Remèze proposent la descente des gorges en location libre ou accompagnée de 1 à 2 j., pour un forfait moyen de 26 €/j. ou 36 € par pers.

(2 j. sans hébergement, bivouac obligatoire 5 € et 7 € sous tente collective). La **liste des loueurs** est disponible auprès de l'office du tourisme des gorges de l'Ardèche et de Vallon-Pont-d'Arc.

Aven d'Orgnac

★★★

Ardèche (07)

NOS ADRESSES PAGE 466

SE REPÉRER
Carte de microrégion C3 *(p. 411) – Carte Michelin Départements 331 I8.*
À 15 km de Vallon-Pont-d'Arc, l'aven est situé à l'extrémité sud de l'Ardèche.

ORGANISER SON TEMPS
Comptez une demi-journée pour la visite de l'aven et de ses environs.

AVEC LES ENFANTS
L'aven, en visite guidée traditionnelle ou en randonnée souterraine (*voir « Nos adresses à Orgnac »*).

On ne saura jamais assez remercier Robert de Joly pour cette remarquable découverte en août 1935. Ce qui n'était qu'un sombre gouffre a révélé un magnifique réseau de salles décorées d'une grande variété de concrétions. Façonnées par des eaux souterraines, les immenses salles ont enregistré les changements climatiques de l'ère quaternaire.

Visiter

★★★ Aven

Ne descendez pas sans au moins un pull ou une veste : la température avoisine 13° toute l'année dans le gouffre. La remontée des 120 m de déclivité se fait désormais en ascenseur.

04 75 38 65 10 - www.orgnac.com - visite guidée juil.-août : 9h-18h ; avr.-juin et sept. : 10h-12h, 14h-17h30 ; d'oct. à mi-nov. et vac. de Noël : 9h30-12h, 14h-16h30 ; fév.-mars : à 10h30, 11h30, 14h15, 15h30 et 16h45 - fermé reste de l'année - 9,70 € billet combiné avec le musée régional de Préhistoire (6-14 ans 6 €).

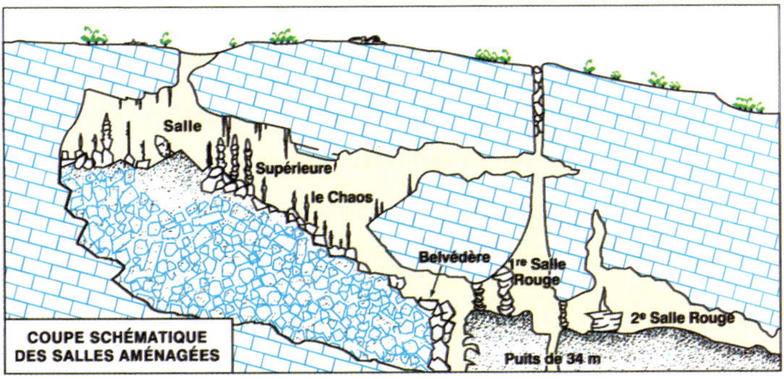

COUPE SCHÉMATIQUE DES SALLES AMÉNAGÉES

LE SAVIEZ-VOUS ?
Robert de Joly (1887-1968) explora l'aven le 19 août 1935. Ce pionnier de la spéléologie, qui visita bon nombre de gouffres de la région, joua un rôle fondamental dans la mise au point du matériel et de la technique d'exploration. À tel point qu'en dernier hommage, l'urne contenant son cœur fut placée dans la niche d'une concrétion de la salle supérieure.

S'infiltrant par les calcaires fissurés, les eaux sont à l'origine de la formation de cet aven comme des stalagmites, qui n'ont pas bougé depuis 15 000 ans. Une faible lumière bleutée baigne la **salle supérieure** d'une atmosphère irréelle. Haute de 17 à 40 m, longue de 250 m et large de 125 m, cette salle possède de magnifiques stalagmites, de tailles imposantes. Comme des poissons parmi les coraux, vous sillonnez le gouffre en suivant le petit sentier balisé. Un jeu de lumière sans cesse renouvelé met en valeur successivement les multiples points d'intérêt du site. Au centre, les plus grosses stalagmites montrent des excroissances qui leur donnent l'aspect de « pommes de pin ». Elles n'ont pu, à cause de la hauteur de la voûte, se souder aux stalactites pour former des colonnes, mais elles se sont épaissies à la base, atteignant parfois un diamètre imposant. D'autres, plus récentes et plus grêles, en forme d'« assiettes empilées », les surmontent. Leur lente construction étant toujours en cours, vous aurez la chance, grâce à un savant éclairage, de voir « l'ouvrier au travail » : la goutte perlant au plafond, s'en décrochant pour une trajectoire vertigineuse achevée en éclaboussures. Sur le pourtour de la salle, on remarque de frêles colonnettes. Certaines ont atteint une grande hauteur, les unes « en baïonnette », d'autres très droites. L'ensemble constitué de cristaux de chalcite scintille sous le feu des éclairages.

Dans la **salle du Chaos**, encombrée de concrétions tombées de la salle supérieure, les parois suintent d'une multitude de gouttes glissant cette fois-ci lentement sur des formes molles : elles forment alors les magnifiques « draperies » blanches ou colorées. Les couleurs sont issues des minerais présents dans le sol en surplomb : tons de vert pour le cuivre, de rouge et d'ocre pour le fer.

Au niveau du belvédère de la **salle Rouge**, les eaux d'infiltration, enrichies en carbonate de chaux par la traversée de la couche calcaire, ont permis aux concrétions de se multiplier.

Vous atteignez enfin le **Grand Théâtre**, tout d'abord plongé dans une obscurité totale. Vous êtes installé sur le belvédère quand toutes les lumières s'éteignent pour laisser place au clou du spectacle : le **son et lumière★★**. Sur fond de chant choral, un jeu d'éclairages, presque une chorégraphie, révèle par adroites touches successives, de plus en plus spectaculaires, la profondeur sans limite et le paysage tourmenté de la plus grande salle d'Orgnac.

Musée régional de Préhistoire

04 75 38 65 10 - www.orgnac.com - ♿ - juil.-août : 9h30-18h ; avr.-juin et sept. : 9h30-17h30 ; d'oct. à mi-nov. : 9h30-12h, 14h-17h15 ; fév.-mars : 10h30-12h, 14h-16h45 - fermé reste de l'année - 6 € ; 9,70 € billet combiné avec la grotte (-14 ans 6 €).

Les salles ordonnées autour d'un patio rassemblent les produits des fouilles pratiquées en Ardèche et dans le nord du Gard depuis le paléolithique inférieur jusqu'au début de l'âge du fer, soit de 350 000 à 600 ans av. J.-C. Des reconstitutions (cabane acheuléenne d'Orgnac 3, atelier de taille du silex ou grotte ornée de la Tête du Lion) introduisent le visiteur dans le mode de vie des hommes préhistoriques.

Itinéraire conseillé Carte p. 456-457

PLATEAU D'ORGNAC

Circuit de 45 km au départ de l'aven d'Orgnac. Suivre le circuit 2 sur la carte p. 456-457. Comptez environ 2h.
Prenez la D 317 vers l'ouest jusqu'à Barjac.

Barjac

Célèbre dans toute la région pour ses deux brocantes annuelles, Barjac possède un quartier haut qui mérite une flânerie dans les ruelles que bordent des demeures 18e s., autour de son noble château reconverti en centre culturel (cinéma et médiathèque). De l'esplanade qui domine la plaine, belle vue sur les Cévennes.
Prenez au nord la D 979. À Vagnas, prenez à droite la D 355.

Labastide-de-Virac

Au nord de cette bastide fortifiée constituée de calades et de ruelles sous voûtes (point de départ d'excursions sur le plateau et dans les gorges) se dresse le **château des Roure**, édifié au 16e s. pour contrôler le passage des gorges de l'Ardèche au niveau du Pont d'Arc. Il arbore une cour de style florentin, une belle cheminée dans la grande salle du 1er étage et une **magnanerie** en activité (exposition des productions de soieries locales). Après avoir subi les assauts des camisards de Jean Cavalier en 1703, ce château est passé en 1825 aux métayers des comtes de Roure. La famille comptait alors dans ses membres le sculpteur James Pradier, auteur du décor de l'Arc de Triomphe, à Paris.
Vous pouvez compléter la visite de la magnanerie par celle du **musée de la Soie**, également dans l'enceinte du château. Vous y découvrirez les différentes étapes du travail du fil de soie, activité qui a permis à de nombreuses familles huguenotes de survivre après 1685, date à laquelle elles furent exclues des emplois publics. Les machines étant automatisées, vous pourrez les faire fonctionner. *✆ 04 75 38 61 13 - www.chateaudesroure.com - juil.-août : 10h-19h ; Pâques-juin et sept. : tlj sf merc. 14h-18h - 5,70 € (-12 ans 3,30 €) ; 7,70 € (-12 ans 4,30 €) billet combiné château, magnanerie et musée de la Soie.*
Après Labastide, sur la D 217, tourner à gauche.
La route permet de traverser **Les Crottes**, village martyr dont les habitants furent massacrés par les nazis le 3 mars 1944. Au **belvédère du méandre de Gaud★★**, belle vue sur l'Ardèche et le cirque de Gaud.
Faire demi-tour et prendre la D 217 à gauche. Bientôt, sur la droite, une petite route permet d'accéder à l'aven de la Forestière.

★ Aven de la Forestière

✆ 04 75 38 63 08 - www.laforestiere.net - visite guidée avr.-sept. : 10h-19h - dernière visite 1h avant fermeture - 5,50 € (-15 ans 3,80 €).
On remarquera l'extrême finesse des concrétions de la grande salle : cristallisations en forme de chou-fleur, longs macaronis pendant de la voûte, excentriques aux formes capricieuses, draperies de stalactites aux couleurs variées et imposant plancher de stalagmites mis en lumière. Un zoo cavernicole présente crustacés, poissons, batraciens et insectes.

NOS ADRESSES À ORGNAC

HÉBERGEMENT

BUDGET MOYEN

Chambre d'hôte Le Mas des Roches – *07150 Labastide-de-Virac - ✆ 04 75 38 63 12 - www.masdesroches.com - ouv. de mai à mi-sept. - P - ⊭ - 6 ch. 46/86 € - ☕ 6 €.* Ensemble d'hébergements au sein d'une propriété de plusieurs hectares. Au choix : chambres d'hôte (logées dans la maison principale) ou 9 maisonnettes neuves, sans vis-à-vis et accessibles par un petit chemin de terre. Belle piscine chauffée et terrasse fleurie.

POUR SE FAIRE PLAISIR

Chambre d'hôte La Sérénité – *Pl. de la Mairie - 30430 Barjac - ✆ 04 66 24 54 63 - www.la-serenite.fr - ⊭ - 3 ch. 80/135 € ☕.* Au cœur du village, demeure du 17e s. aux volets bleus tapissée de vigne vierge. Meubles chinés, bibelots, patine des murs, carrelages et tomettes personnalisent chaque chambre. Délicieux petit-déjeuner servi devant la cheminée ou sur la terrasse fleurie à la belle saison. Un vrai bijou !

Chambre d'hôte Le Mas Rêvé – *07150 Labastide-de-Virac - ✆ 04 75 38 69 13 - www.lemasreve.com - ouv. 15 avr.-30 sept. - 5 ch. 95/145 € ☕ - rest. 32 € bc.* Profitez des jolies chambres de charme de cette ancienne ferme ardéchoise restaurée avec soin par Marie-Rose et Guido Goossens. Très beau jardin avec piscine. À la table d'hôte, plats élaborés à base de produits locaux.

Le Mas du Terme – *30430 Barjac - 4 km au sud-est de Barjac par D 901 et rte secondaire - ✆ 04 66 24 56 31 - www.masduterme.com - ouv. 15 mars-15 nov. - rest. fermé midi sf dim., juil.-août et j. fériés - 23 ch. 89/163 € - ☕ 13 € - rest. 38 €.* Cette ex-magnanerie entourée de vignobles est située à deux tours de roue du féerique aven d'Orgnac. Chambres provençales, appartements ou gîtes très prisés des familles. Au restaurant, belles voûtes du 18e s. et terrasse-patio.

VISITE

Recommandations – La température (constante) dans la grotte est de 13° : prévoir donc de se couvrir surtout au plus fort de l'été quand dehors il fait (très) chaud… sinon gare aux angines et bronchites !

Pour visiter l'aven autrement :

Rando souterraine – *✆ 04 75 38 65 10 - www.orgnac.com - 3h - 38 € - sur réservation (infos@orgnac.com).* Aux visiteurs passionnés s'offre la possibilité d'un contact unique et privilégié avec l'aven dans les premières salles des réseaux non aménagés (donc fermés habituellement à la visite). Cette promenade effectuée en groupes restreints de 8 pers. présente peu de difficultés et ne requiert aucun effort physique particulier.

Odysée souterraine – *✆ 04 75 38 65 10 - www.orgnac.com - 8h - 60 € - sur réservation (infos@orgnac.com).* Vous désirez avoir une approche privilégiée du milieu souterrain, vous êtes en bonne condition physique, alors n'hésitez pas ! Partez pour une journée d'aventure spéléologique dans une partie non aménagée de ce vaste réseau souterrain. Accompagné d'un guide diplômé d'État, vous découvrirez un monde grandiose et magique peuplé de myriades de concrétions aux formes les plus étonnantes. Un moment inoubliable.

Bourg-Saint-Andéol

7 390 Bourguésans – Ardèche (07)

NOS ADRESSES PAGE 470

S'INFORMER

Office de tourisme – *Pl. du Champ-de-Mars - 07700 Bourg-St-Andéol - 04 75 54 54 20 - www.tourisme-bourg-saint-andeol.fr - juil.-août : lun.-sam. 9h-13h, 14h-19h, dim. 10h-13h ; de mi-juin à mi-sept. (sf juil.-août) : tlj sf dim. apr.-midi 9h-12h30, 14h-19h ; de mi-mars à mi-juin et de mi-sept. à mi-nov. : tlj sf sam. apr.-midi et dim. 9h-12h15, 14h-18h ; de mi-nov. à mi-mars : tlj sf sam. apr.-midi et dim. 9h30-12h15, 15h-17h30.*

SE REPÉRER

Carte de microrégion D3 *(p. 411) – Carte Michelin Départements 331 J7.*
Bourg-St-Andéol est située au bord du Rhône, à 28 km au sud de Montélimar. Elle est desservie par la D 86.

SE GARER

Stationnez sur la place du Champ-de-Mars pour visiter la ville.

À NE PAS MANQUER

L'architecture de l'église St-Andéol ; les paysages contrastés du plateau des Gras ; le panorama depuis le belvédère du bois de Laoul et la dent de Rez.

ORGANISER SON TEMPS

Comptez une demi-journée pour la promenade en ville suivie d'une excursion sur le plateau des Gras.

AVEC LES ENFANTS

Distinguez les parfums du musée de la Lavande à St-Remèze.

Un bas-relief de Mithra usé par le temps. Voilà tout ce qui reste de ce culte pourtant florissant avant l'évangélisation plutôt efficace de saint Andéol. Très appréciée des évêques de Viviers, la ville a bien vécu de ses activités portuaires comme en témoignent les agréables hôtels particuliers épargnés par les bombardements de 1944.

Se promener

Dominée par la flèche de son église, Bourg-St-Andéol constitue une étape plaisante sur la rive droite du Rhône. N'hésitez pas à flâner au cœur de la vieille ville qui a conservé de beaux hôtels particuliers et de nombreuses fontaines.

STENDHAL EN GOGUETTE

Au siècle dernier, après avoir visité la chartreuse de Valbonne (Gard), **Alfred de Musset** et **George Sand**, habillée en homme, prennent la route de Venise. Ils s'arrêtent dans une auberge de Bourg-St-Andéol où ils retrouvent Stendhal qui regagne, lui, son consulat en Italie. Le soir, grisé par le vin du pays, Stendhal exécute avec la servante une série de pas d'une fantaisie si échevelée que Musset court à son album pour faire, de cette scène piquante, un croquis passé à la postérité.

On peut faire l'ascension du môle le plus élevé par un sentier partant de Gogne et suivant une ancienne piste de chars *(1h30 à pied AR)*. Du sommet de la dent de Rez, le **panorama★** s'étend, d'un côté, du Ventoux au Guidon du Bouquet, de l'autre, du Tanargue au Coiron.
De retour au Mas-du-Gras, empruntez à gauche la D 262.

Larnas D3

L'**église★** romane, aux lignes sobres, s'élève à 100 m de la route, à gauche, près d'un vieux cimetière planté de cyprès. De l'extérieur, jolie vue sur le chevet et la coupole octogonale du transept, assise sur un soubassement carré.

★ Gorge de la Sainte-Baume D3

À la sortie de Larnas, la route s'enfonce dans une gorge pierreuse. La chaleur qui y règne en été lui a valu le nom de « **Val Chaud** ».
À l'orée du ravin, à hauteur de la **chapelle de San Samont★** (11e-14e s.), apparaît St-Montan sur une échine rocheuse.

★ Saint-Montan D3

Les ruines de la citadelle féodale dominent le village qui doit son nom à l'ermite Montanus. Le bourg, avec son entassement de vieilles maisons, ses ruelles tortueuses, coupées d'escaliers et de passages voûtés, sa petite église, forme un ensemble très attachant et préservé, au débouché de la gorge. Le site est progressivement restauré grâce à la passion de bénévoles qui sont en passe d'achever la remontée du château. *Des visites estivales nocturnes axées sur l'historique de St-Montan s'effectuent à la faveur d'une illumination de l'ensemble de la forteresse - visite guidée juil.-août : jeu. 21h30 - 5/8 € - visite guidée de St-Montan tte l'année sur demande - ✆ 04 75 54 45 36 - www.mairie-st-montan.fr*

Chapelle Saint-André-de-Mitroys D3

Église romane mise en valeur par les cyprès de son vieux cimetière.
Regagnez Bourg-St-Andéol par la D 262 et la D 86.

NOS ADRESSES À BOURG-SAINT-ANDÉOL

HÉBERGEMENT ET RESTAURATION

BUDGET MOYEN

Hôtel Le Clos des Oliviers – *Pl. du Champ-de-Mars - ✆ 04 75 54 50 12 - www.closdesoliviers.fr - fermé 23 déc.-3 janv., dim. soir et lun. midi - 24 ch. 48/55 € - ☕ 6 € - rest. 13/32 €.* Cette maison ancienne a profité d'une cure de jouvence bienvenue : petites chambres fonctionnelles et colorées et salles de bains neuves (hébergement plus calme à l'annexe). Aux beaux jours, la cuisine actuelle, aux accents du Sud, est servie sur la terrasse où sont plantés quelques oliviers.

Hôtel Le Prieuré – *2 r. Poterne - ✆ 04 75 54 62 99 - www.hotel-restaurant-leprieure.com - fermé 2 sem. en fév. et 25 déc.-1er janv. - 15 ch. 50/72 € - ☕ 8 € - rest. 18 (déj. en sem.)/34 €.* Posté sur les quais du Rhône, cet authentique prieuré converti en hôtel-restaurant porte encore en lui l'héritage de 900 ans d'histoire. Ses chambres possèdent chacune un décor particulier, et sa cuisine raffinée fera oublier les régimes… au moins le temps d'un repas.

Viviers

★

3 841 Vivarois – Ardèche (07)

NOS ADRESSES PAGE 478

S'INFORMER
Office du tourisme du Pays de Viviers – *5 pl. Riquet - 07220 Viviers - 04 75 52 77 00 - se renseigner pour les horaires.*

SE REPÉRER
Carte de microrégion D2 *(p. 411) – Carte Michelin Départements 331 K7.*
L'A 7 et la N 7 permettent de rejoindre facilement Viviers qui se situe sur la D 86, au bord du Rhône. Montélimar se trouve à 17 km au nord, Bourg-St-Andéol à 14 km au sud.

À NE PAS MANQUER
Le contraste entre les parties haute et basse de la ville; le défilé de Donzère ; le bourg médiéval d'Alba-la-Romaine.

ORGANISER SON TEMPS
Comptez 2h.

Cette ancienne cité épiscopale créée au 5e s. doit à son site, resserré entre la colline de la Joannade et le piton rocheux qui porte la ville haute, d'avoir échappé au développement industriel. La ville ecclésiastique, construite au pied de sa cathédrale, domine l'entrée du Rhône dans le défilé de Donzère. Le contraste des falaises d'une rive à l'autre, les pitons détachés au milieu de la trouée, la puissance maîtrisée du fleuve en aval de la centrale de Châteauneuf composent un pittoresque tableau.

Se promener Plan de ville

Coiffé d'une statue de la Vierge érigée en 1862, le sommet de la colline, dite la « Joannade », qui doit son nom aux feux de la St-Jean, offre un beau **point de vue★** sur la cité. On y accède par un sentier qui s'amorce en face de l'évêché à l'ouest de la D 86 *(15mn à pied AR)*. Au cours de la montée, retournez-vous pour admirer les vieilles maisons de Viviers serrées autour de la cathédrale et de la tour-clocher. Du sommet se découvre une ample **vue** sur la cité, puis de gauche à droite, sur les carrières de Lafarge, la centrale de Cruas, l'usine de Châteauneuf et le robinet de Donzère. Une magnifique allée de platanes mène au petit port de plaisance aménagé au confluent du Rhône et de l'Escoutay.

★ LA VIEILLE VILLE

La ville ecclésiastique est distincte de la ville basse massée au couchant sur le versant le moins abrupt du rocher. Elles communiquent par la **porte de la Gâche** (B) à l'ouest et la **porte de l'Abri** (B) au sud. Les maisons de la ville basse, serrées les unes contre les autres, sont couvertes de tuiles creuses ; leurs murs gouttereaux (ceux qui portent les gouttières) sont souvent couronnés de génoises ; parfois, les parois sont en moellons de calcaire avec quelques

éléments de basalte. Elles comportent généralement deux étages au-dessus du rez-de-chaussée occupé par une cave haute ou une échoppe, et composent un ensemble qui a gardé son aspect médiéval.
À l'inverse, les demeures de la ville ecclésiastique cachent leurs jardins et leurs cours derrière des murs nus où s'ouvrent des portes souvent en plein cintre, parfois surmontées de blasons.

Circuit tracé en vert sur le plan ci-dessous. Laissez la voiture sur la place de la Roubine. La rue J.-B.-Serre, puis la Grande-Rue mènent à la place de la République.

Maison des Chevaliers A

Dite aussi maison Noël-Albert (qui en fit construire la façade), elle fut élevée en 1546. Sur la belle façade Renaissance, observez les quatre personnages en haut-relief de la partie basse, séparés par des consoles décorées d'acanthe et des écussons armoriés surmontés chacun d'un heaume. Remarquez, au 1er étage, le riche encadrement des fenêtres constitué de colonnes et de pilastres cannelés aux chapiteaux ioniques ; aux linteaux, entre les consoles, des crânes de béliers et des guirlandes de feuillages. Au-dessus, deux bas-reliefs sculptés : à gauche, une chevauchée de cavaliers, à droite, un tournoi de chevalerie. Sur la droite, franchissant la rue de la République, un arceau percé de petites baies gothiques est décoré de plusieurs têtes sculptées.

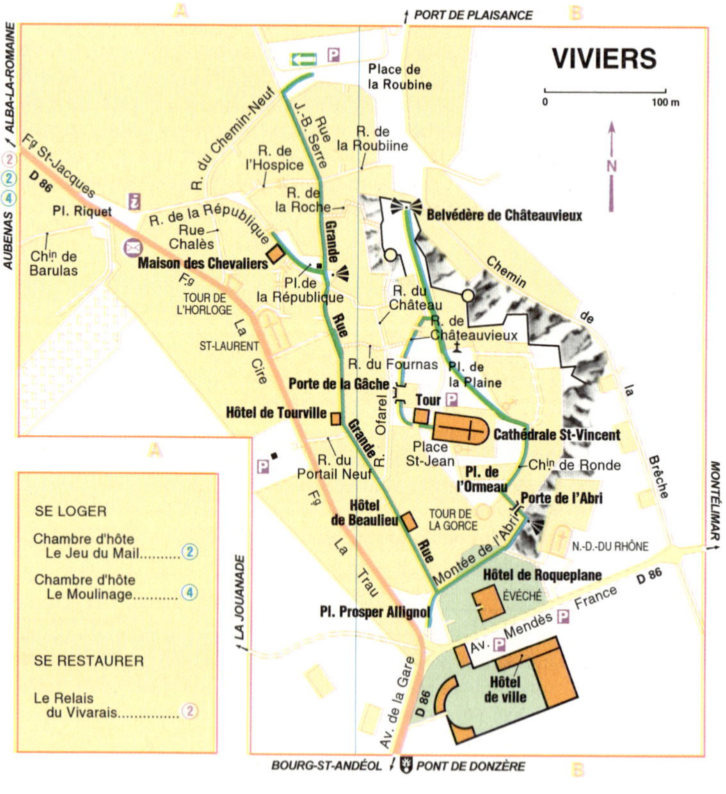

Tout savoir sur Viviers

AU TEMPS DES ROMAINS

D'où la *Vivarium* romaine tire-t-elle son nom ? Pour les uns, des viviers à poissons y auraient été installés ; pour d'autres, du gaulois *beber*, allusion aux nombreux castors qu'on trouvait alors sur les rives du Rhône. Toujours est-il que Viviers a donné son nom à la région dont elle fut la capitale, le Vivarais.
Après qu'Alba, capitale romaine de l'Helvie, fut tombée en ruine, l'évêque Ausonne se fixe au confluent de l'Escoutay et du Rhône où la cité avait son port, Vivarium, au pied d'un rocher portant un castrum romain.

LE MOYEN ÂGE

Une première cathédrale est bâtie sur le rocher et, dès le 5e s., la ville haute est fortifiée. En 1119, le pape Calixte II inaugure une nouvelle cathédrale romane. Un collège de chanoines s'installe au Château-Vieux, qui, ceint de remparts encore visibles, devient un quartier ecclésiastique. De nombreuses donations, une politique habile font peu à peu des évêques de Viviers les suzerains d'un immense domaine, sur la rive droite du Rhône : le Vivarais. Ils défendent âprement son indépendance contre le voisin du sud, le comte de Toulouse, partageant avec lui la propriété des mines de Largentière et battant leur propre monnaie.
En 1248, Saint Louis, en partance pour la 7e croisade, est leur hôte au Château-Vieux, mais à la fin du 13e s. la monarchie française cherche à s'étendre dans la vallée du Rhône. Finalement, l'évêque de Viviers reconnaît, en 1308, la suzeraineté du roi de France : une grande partie du Vivarais devient terre de « Royaume », la rive gauche du Rhône demeurant terre d'« Empire », sous la lointaine tutelle des empereurs d'Allemagne.
Au pied du rocher, à l'intérieur d'un second système de remparts, s'était développée une cité médiévale. Des tours de défense et des principales portes ne subsiste que l'actuelle tour de l'Horloge, très remaniée au 19e s. En 1498, Claude de Tournon, devenu évêque de Viviers, fait détruire la cathédrale romane et élever un chœur gothique flamboyant.

GUERRES DE RELIGION

Noël Albert, commerçant enrichi dans le commerce du sel et la perception des impôts, charge alors fort lucrative, devint au 16e s. chef du parti protestant de la cité basse. Les esprits s'étant quelque peu échauffés, il prend d'assaut la cité ecclésiastique : la cathédrale est en partie ruinée, le cloître et les bâtiments canoniaux détruits. Arrêté, Noël Albert sera décapité.
Après l'assaut sanglant mené par les protestants conduits par Noël Albert, l'évêque quitte Viviers et il faudra attendre 1731 pour qu'il y revienne. Cette année-là, François Reynaud de Villeneuve entreprend la construction de l'actuel évêché sur les plans de l'architecte avignonnais J.-B. Franque.

Grande-Rue A-B

Elle est bordée de façades soigneusement appareillées. Certaines possèdent des portails cossus surmontés de balcons en fer forgé comme les **hôtels de Tourville et de Beaulieu** (18e s.). Parfois, des détails pittoresques agrémentent les demeures comme les belles fenêtres romanes géminées réunies par une colonne à chapiteau.

De la Grande-Rue part un réseau de ruelles transversales, étroites, coupées d'escaliers et souvent enjambées d'arceaux.

Passant l'emplacement de l'ancienne porte de la Trau, on débouche sur une place, plantée de platanes.

Place Prosper-Allignol B

Elle est bordée par deux bâtiments élevés entre 1732 et 1738 par J.-B. Franque, qui, par leur symétrie classique et leur appareillage soigné, forment de beaux exemples de l'architecture du 18e s. à Viviers : l'ancien évêché, précédé d'un jardin, abrite l'**hôtel de ville** ; l'**hôtel de Roqueplane** est le siège de l'actuel évêché.

Prenez la montée de l'Abri, raide, qui débouche sur la place de l'Ormeau.

Elle procure une bonne vue sur l'entrée du défilé de Donzère et la chapelle N.-D. du Rhône, reconstruite par J.-B. Franque.

Place de l'Ormeau B

Bordée d'anciennes maisons de chanoines du 17e s., elle doit son nom à un ormeau plusieurs fois centenaire, mais que remplace, depuis 1976, un nouveau sujet. De la place, on découvre la riche décoration flamboyante du chevet de la cathédrale.

Contournez la cathédrale par le chemin de Ronde ; de la place de la Plaine, un passage mène à une vaste terrasse.

Belvédère de Châteauvieux B

Établi sur une acropole naturelle, autrefois battu par le Rhône en période de crue, il domine de 40 m la place de la Roubine. La **vue** s'étend d'ouest en est sur les vieux toits de la cité, la tour de l'Horloge, l'énorme entaille des carrières de Lafarge, les tours réfrigérantes de la centrale de Cruas, l'usine de Châteauneuf. Par beau temps se profilent les Trois-Becs et le col de la Chaudière, premiers contreforts du Vercors.

À l'angle sud-ouest de la terrasse se dresse une tour médiévale, en ruine.

Revenez sur vos pas et descendez à droite, par la rue de Châteauvieux, jusqu'à la porte de la Gâche. Avec son pavement en galets roulés, ses passages couverts et ses arceaux, la rue de Châteauvieux a conservé un pittoresque cachet moyenâgeux.

Tour B

Au 12e s., elle constituait la porte d'entrée de la ville haute. Seule la partie carrée de l'édifice existait alors avec, à l'étage, une chapelle romane dédiée à saint Michel. La tour, devenue le clocher de la cathédrale, est reliée à celle-ci par un portique quadrangulaire aux ouvertures ogivales. L'étage supérieur, du 14e s., octogonal, est recouvert d'une plate-forme dallée et surmontée d'une tourelle de guet, la « Bramardière », d'où le « brameur » pouvait donner l'alerte.

Cathédrale Saint-Vincent B

De l'édifice roman du 12e s. subsistent le porche, la façade et la partie basse des murs de la nef. Le chœur, élevé à la fin du 15e s. par l'évêque Claude de Tournon, est remarquable par le **réseau★** des nervures flamboyantes de sa voûte et

Alba-la-Romaine.
Laran / Colorise

par le fenestrage de ses verrières. La nef, reconstruite au 18e s., présente une voûte plate de pierres soigneusement appareillées, due à J.-B. Franque. À gauche de l'orgue, figure une **Annonciation** attribuée à Mignard.

À proximité Carte de microrégion

★ Belvédère de la chapelle Notre-Dame-de-Montcham D2

6 km à l'est par les D 73 et D 126 jusqu'à Malataverne, où une petite route en forte montée mène à la chapelle.
Aménagé à droite de la chapelle, il offre une belle **vue** sur le mont Ventoux.

Donzère D3

5 km environ. Au sud par la D 86 et la D 486.
Le bourg étagé sur les flancs d'une colline, au pied du château du 15e s., fit partie du fief des évêques de Viviers ; il conserve encore quelques vestiges médiévaux : église du 12e s., de style roman provençal, remaniée au 19e s., enceinte percée de portes, ruelles sous voûtes. Remarquez dans la Grande Rue, à un angle, sous un porche, des mesures à blé en pierre.
★★ **Défilé de Donzère** – Ce très beau passage encaissé marque l'entrée en Provence. Le Rhône fonce par la brèche ouverte : la paroi verticale de la rive gauche contraste avec l'aspect de la rive droite d'où se détachent des pitons isolés. Les ponts qui franchissent le Rhône, à l'amont et à l'aval du défilé, offrent de beaux points de vue.
Le piton le plus aigu du défilé porte à son sommet une statue de saint Michel, protecteur de ce passage jadis redouté des mariniers.
Arrêt conseillé à l'entrée des ponts, sur lesquels on se rendra à pied. Laissez la voiture après avoir franchi le premier pont, en vue de Viviers, et descendez au bord du Rhône par le chemin d'accès au camping (15mn à pied AR). Les eaux, divisées en amont par la dérivation, se rejoignent ici ; leur masse, le « souffle » de la course, les bouillonnements de la surface sont impressionnants.

ALBA, UNE VILLE ROMAINE ET MÉDIÉVALE

Au pied du village actuel, dans la plaine de l'Escoutay, s'élevait, sous l'Empire romain, *Alba Helviorum*, la « **capitale des Helviens** » dont le territoire couvrait à peu près l'actuel Bas-Vivarais. Son nom, *Alba,* désignait une colline, une forteresse. Embellie par Auguste, elle offrait le visage d'une cité gallo-romaine traditionnelle, avec forum, thermes, aqueduc, théâtre, cirque, curie et de nombreux temples. Vers la fin du 4e s. ou au début du 5e s., fut établi à Alba un siège épiscopal qui, aux alentours de 475, fut transféré à Viviers. La ville, déchue de son rang de cité, eut, par la suite, à subir les invasions barbares, puis sombra dans un lent déclin.

Ce n'est qu'au Moyen Âge que l'on retrouve trace d'une communauté villageoise groupée autour d'un donjon et protégée par une solide enceinte.

La ville a été très marquée par la famille d'Aps, propriétaire des lieux, au point de porter son nom des siècles durant. Ce n'est qu'en 1903 qu'elle a retrouvé son nom.

Alba-la-Romaine D2

14 km au nord-ouest par la D 107.

Comment ne pas être surpris, en arrivant à Alba, par l'austère silhouette du château qui se détache au-dessus du vignoble et de la ville ? Il domine un lacis de ruelles qui recèlent d'anciennes maisons du 15e s. et l'un des sites archéologiques les mieux conservés de l'époque gallo-romaine, restauré par les Monuments historiques. Parmi les nombreux vestiges (temples, édifices publics, ancienne voie principale), l'ancien théâtre romain revit lors de très belles représentations estivales. Le site sert également de cadre à des expositions et à des ateliers pédagogiques. Des visites guidées « sous la vigne », animées par un vigneron et un guide, donnent l'occasion de découvrir l'ensemble des ruines antiques *(juil.-août : w.-end à 15h - 1h30).*

Alba se regroupe dans l'ancienne enceinte du château au-dessus de La Roche et de la ville romaine qui couvre quelque 30 ha autour de la D 107.

Bourg médiéval★ – Regroupé autour du château féodal, il est circonscrit dans le périmètre de l'ancienne enceinte fortifiée. De nombreuses maisons du 15e s., avec escalier extérieur, sont reliées par un ensemble de ruelles sous voûtes, notamment la Grande-Rue et la rue du Four. Remarquez les inscriptions, linteaux datés et sculptures en réemploi.

Établi sur un neck basaltique, le **château**, élevé au 17e s. à l'emplacement d'un donjon du 11e s., dresse sa silhouette de grosse bastide méridionale au-dessus de la rivière et du bourg. À l'intérieur, certaines salles abritent des expositions de peinture. *✆ 04 75 52 42 90 - www.alba-la-romaine.fr - de mi-juin à mi-sept. : 10h-12h, 15h-19h ; de mi-mars à mi-juin : 14h-18h - 5 €.*

Église Saint-André – Bâtie au 16e s., avec réemploi de matériaux gallo-romains, elle abrite de beaux objets religieux des 16e et 17e s. et une belle Annonciation du 17e s.

La ville romaine – De part et d'autre de la D 107, des vestiges de l'ancienne Alba ont été mis au jour, notamment à droite vers Viviers, ceux des thermes *(aujourd'hui recouverts)* et de deux maisons *(privées).* À gauche par un chemin descendant, on atteint les ruines en partie relevées du théâtre *(animations estivales)* et un vaste complexe comprenant sanctuaire et forum, bordés par une voie nord-sud, le *cardo.*

Les vestiges paléochrétiens – Le croisement de la D 263 et de la D 107 délimite un enclos de fouilles révélant un ensemble de ruines paléochrétiennes et d'églises. La plus récente, paroissiale jusqu'au début du 16e s., date du 12e s.

Le Teil D2

11 km au nord par la D 86.

Sur la rive droite du Rhône, dominée par les ruines du château d'Adhémar de Monteil (13e s.), cette cité industrielle doit son développement à l'exploitation des falaises calcaires du talus vivarois.

Au début du 19e s., de petites entreprises locales exploitaient déjà des carrières à ciel ouvert pour la fabrication de chaux et de ciment. Le site était depuis longtemps réputé pour la qualité de sa pierre à chaux quand, au milieu du 18e s., le receveur des gabelles Claude-François Pavin le racheta, avec son château, à la seigneurie locale. Presque un siècle plus tard, grâce à l'achat d'un brevet américain, la construction du chemin de fer et au percement du canal de Suez, son descendant Édouard Pavin en fit une société de rang mondial. Il lui donna le nom qu'il porte, et qui est lié à la terre et au château, **Lafarge**.

De part et d'autre du Teil, en particulier à Lafarge, en aval, et Cruas, en amont, le paysage rhodanien est profondément marqué par cette activité.

À proximité des fours à chaux, une pellicule blanchâtre recouvre végétation et maisons.

Église de Mélas – *Laissez la voiture sur la place d'où l'on domine l'église. Accès par la porte de côté à droite.* De dimensions modestes, cet édifice présente une nef centrale (12e s.), en berceau brisé sur doubleaux, flanquée de collatéraux en demi-berceaux ; celui de gauche est du 11e s. Une coupole sur trompes, très creuse, couvre le chœur. Remarquez, à gauche, dans la nef, deux beaux chapiteaux sculptés : le Sacrifice d'Abraham et le Pèsement des âmes (12e s.).

★ **Baptistère** – Sur le bas-côté gauche de l'église s'ouvre le baptistère (cette vocation a été parfois mise en doute) du 10e s., bâti à l'emplacement d'une nécropole primitive. L'intérieur se singularise par son plan alvéolé, inscrit dans l'octogone de la construction ; d'étroites et hautes niches (qui abritaient, peut-être, des reliques de saints) alternent avec les absides en cul-de-four, un peu plus profondes.

NOS ADRESSES À VIVIERS

HÉBERGEMENT

À proximité

BUDGET MOYEN

Chambre d'hôte Le Jeu du Mail – *04 75 52 41 59 - Alba-la-Romaine - http://lejeudumail.free.fr - fermé 15 nov.-15 mars - - 5 ch. 65/90 €* . Dans les années 1970, ils furent parmi les premiers à ouvrir des chambres d'hôte en Ardèche… Depuis, ils n'ont jamais cessé de recevoir, avec un plaisir évident, dans leur chaleureuse demeure. En lisière du village, calme de la campagne garanti et petit-déjeuner sous la treille… Piscine et jardin.

UNE FOLIE

Chambre d'hôte Le Moulinage – *Chemin des Carmes - 07220 St-Thomé - 04 75 52 62 11 - www.le-moulinage.com - - 2 ch. + 1 suite 130/220 € - repas 25/35 €*. Dans un cadre sauvage, aux portes de l'Ardèche méridionale, cet ancien moulinage où l'on élaborait le fil de soie au 18e s. accueille des chambres et une suite confortables et décorées avec raffinement. Table d'hôte gourmande aux spécialités régionales et produits frais de saison. Ici, on peut se baigner toute l'année : en hiver dans l'originale piscine située à l'entresol, en été dans les vasques naturelles du Carme, un véritable jardin d'Éden !

RESTAURATION

À Viviers

POUR SE FAIRE PLAISIR

Le Relais du Vivarais – *31 D 86 - quartier les Sautelles - 04 75 52 60 41 - www.relaisduvivarais.fr - fermé 3-31 mars, 21 déc.-3 janv. et dim. soir - 27,50/46,50 € - 5 ch. 72/90 € - 9 €*. Accueil charmant assuré en ce restaurant familial installé dans la ville basse. Salle à manger rustique et agréable terrasse d'été dressée sous les saules et les tilleuls. La cuisine fleure bon le terroir.

Villeneuve-de-Berg

2 789 Villeneuvois – Ardèche (07)

NOS ADRESSES PAGE 481

S'INFORMER

Office du tourisme de Berg et Coiron – *Grande-Rue - 07170 Villeneuve-de-Berg - 04 75 94 89 28 - www.berg-coiron-tourisme.com - avr.-sept. : lun.-vend. 9h-12h, 14h-17h (+ sam. mat. en juil.-août) ; reste de l'année : merc.-vend. 9h-12h, 14h-17h - fermé dim. et j. fériés.*

SE REPÉRER

Carte de microrégion C2 *(p. 411) – Carte Michelin Départements 331 J6.*

Contourné par une déviation de la N 102, Villeneuve-de-Berg est établi au nord du plateau des Gras, entre Montélimar à 33 km à l'est et Aubenas à 14 km à l'ouest.

À NE PAS MANQUER
Le souvenir d'Olivier de Serres ; le village perché de Mirabel.

ORGANISER SON TEMPS
Comptez environ 3h pour la ville et ses environs.

Ancienne capitale du Bas-Vivarais, celle qui fut une « bastide royale » florissante a vu son rayonnement décliner brutalement avec la fin de la royauté à la Révolution. De son histoire prestigieuse, la ville a gardé de nombreux monuments et quelques vestiges de ses anciens remparts du 14e s.

Se promener

LA VIEILLE VILLE

La vieille ville vaut surtout par la physionomie du quartier qui s'étend au sud de la N 102 : rues intactes avec leurs alignements de portes cochères, d'hôtels à tourelle d'escalier Renaissance, à balcons ou impostes en fer forgé.
Laissez la voiture sur la place Olivier-de-Serres, ou la place de l'Esplanade.

Point de vue

Du terre-plein, où est érigée la statue d'Olivier de Serres, on découvre un bel horizon, du mont Lozère au plateau du Coiron. La tour de Mirabel se détache au premier plan à droite.
Prenez en contrebas de la place Olivier-de-Serres la rue du Barry qui longe l'enceinte de l'ancienne bastide royale.

Porte de l'Hôpital

Du 14e s., elle montre un écusson aux armes fleurdelisées à côté de la crosse des abbés de Mazan.

Maison natale d'Olivier de Serres

Située à l'angle de la rue St-Louis et de la Grande-Rue, elle est ornée d'une statue de la Vierge abritée dans une niche.

Hôtel de Barruel

Au no 4 de la Grande-Rue. Bâti au 15e s. par Charles des Astars, bailli du Vivarais, cet hôtel seigneurial abrita l'assemblée des états généraux de 1789.

AUX PREMIÈRES LOGES...

La crosse et les lys – Une crosse et les armes du roi (trois fleurs de lys) illustrent bien l'accord de « pariage » conclu en 1284 par Philippe le Hardi et l'abbaye de Mazan, propriétaire de la terre de Berg. Le traité prévoit la création d'une ville forte pourvue d'une charte avantageuse pour les habitants. Droits de propriété et de juridiction sont partagés entre les deux cosignataires. La ville, bâtie en six ans, resta capitale judiciaire du Bas-Vivarais jusqu'à la Révolution.

Guerres de Religion – Elles furent particulièrement meurtrières dans la région, malgré les efforts d'apaisement prodigués par Olivier de Serres. Villeneuve-de-Berg est également la patrie d'**Antoine Court** (1695-1760) qui s'efforça de restaurer le protestantisme en Vivarais après la guerre des Camisards.

Église Saint-Louis

L'édifice (13e s.) laisse apparaître, par ses lignes sobres, l'influence cistercienne de Mazan. À l'intérieur, deux retables baroques des 17e et 18e s. et une chaire en bois sculpté ornée à la base d'un magnifique aigle du 17e s.

À proximité Carte de microrégion

Grottes de Montbrun D2

13 km à l'est. Quittez Villeneuve-de-Berg par la N 102, en direction de Montélimar; à St-Jean-le-Centenier, prenez à gauche la D 7; à environ 6 km, sur le plateau, s'embranche à droite la route d'accès aux balmes. Laissez la voiture à hauteur d'une ferme (panneau). 45mn à pied AR.

Pour découvrir ces mystérieuses grottes, descendez sur le flanc gauche du ravin par un sentier difficile. Sur ce versant se trouvent les balmes les plus curieuses, à deux étages; la plus vaste s'ouvre sur un petit replat gazonné et montre, à l'intérieur, des banquettes taillées à même le roc.

Sceautres D2

15 km au nord-est par la D 263.

Ce minuscule village, blotti sur un replat herbeux en bout de vallée, semble écrasé contre le rocher de basalte noir qui le domine. Ce **site★** étrange est constitué d'un piton de lave (neck), dégagé de la cheminée d'un ancien volcan par le tumultueux torrent qui coule à son pied.

Par un sentier escarpé, on peut accéder *(30mn)* au sommet que coiffe une statue de la Vierge. Par temps dégagé, beau **panorama★** sur la coulée basaltique du Coiron à l'ouest et la plaine d'Alba au sud.

Itinéraires conseillés Carte de microrégion

HAUTE VALLÉE DE L'IBIE C2

12 km par la D 558, au sud, qui suit la haute vallée de l'Ibie sur la bordure ouest du plateau des Gras (voir p. 468). Voir le circuit sur la carte de microrégion p. 411. Comptez 1h.

Saint-Maurice-d'Ibie C2

Sobre **église** romane dont l'abside est décorée de curieux médaillons peints aux couleurs vives (17e-18e s.).

Les Salelles C2

Village remarquable par l'ensemble de ses maisons montrant différents types de couradous qui comptent parmi les plus beaux du Vivarais.

VILLAGES-BELVÉDÈRES DU COIRON C 1-2

45 km. Voir le circuit sur la carte de microrégion p. 411. Comptez environ 2h30.

Quittez Villeneuve-de-Berg par la D 258 en direction de Mirabel, et emprunter, à droite, la route du Pradel, D 458 et D 458A.

Le Pradel C2

Dans ce domaine, Olivier de Serres perfectionna des méthodes de culture qui allaient transformer l'agriculture française au début du 17e s.; il abrite aujourd'hui une ferme-école, qui délivre des formations en agriculture, et un **espace culturel**, lieu de manifestations et d'accueil, où des artistes plasticiens viennent travailler sur le thème de la nature. Un parcours sur le domaine permet d'admirer quelques œuvres exposées. Le mas a été reconstruit au 17e s. par Denis de Serres, fils d'Olivier. *℘ 04 75 36 76 56 - juil.-août : mat. et apr.-midi - gratuit.*

Revenez sur la D 258 que vous prenez à droite en direction de Mirabel.

★ Mirabel C2

Place forte qui commandait jadis la grande route du Rhône aux Cévennes, Mirabel joua un rôle stratégique important pendant les guerres de Religion. En 1628, le duc de Montmorency prit et démantela la forteresse. Aujourd'hui, seul subsiste le donjon carré *(propriété privée)* construit en moellons de basalte sombre, aux chaînages d'angle en calcaire blanc.

Du rebord du plateau basaltique dominant le village, le **panorama★★** s'étend sur la dépression de l'Auzon, l'ensemble du Bas-Vivarais, la trouée de l'Ardèche et les crêtes du Tanargue. À droite, St-Laurent-sous-Coiron occupe une situation analogue à celle de Mirabel.

Par la D 258, gagnez ensuite le village de Darbres où l'on prend la direction de Lussas, puis, tout de suite à droite, une petite route, la D 324.

Saint-Laurent-sous-Coiron C2

Maisons de basalte noir. De la terrasse proche de l'église, on découvre, s'encadrant entre la tour de Mirabel, à gauche, et la montagne de Ste-Marguerite, à droite, une **vue★** superbe sur le bassin d'Aubenas dominé à l'arrière-plan par le Tanargue.

Retour à Villeneuve-de-Berg par Lussas et les D 259 et D 258.

Elles alternent les points de vue sur le Tanargue et les calottes basaltiques du Coiron.

NOS ADRESSES À VILLENEUVE-DE-BERG

HÉBERGEMENT

BUDGET MOYEN

Chambre d'hôte de Laudun – *Le Petit Tournon - 1 km au sud de Villeneuve-de-Berg par D 558 - ℘ 04 75 94 75 63 - www.laudun.com - ⊭ - réserv. le soir - 5 ch. 54 € ☕ - repas 20 €.* Nichée au cœur d'un parc, cette ancienne ferme a l'avantage d'être facile à trouver. Chaque chambre, équipée de douche et WC, est décorée de façon unique et particulière. Un bon accueil et un lieu de séjour très calme, bien que proche du village. L'une des chambres, située au rez-de-chaussée, est adaptée aux personnes à mobilité réduite.

RESTAURATION

POUR SE FAIRE PLAISIR

La Table de Léa – *Le Petit Tournon - ℘ 04 75 94 70 36 - fermé nov., le midi du lun. au jeu. et merc. - réserv. obligatoire - 26/55 €.* Cette ancienne grange modernisée profite d'une belle terrasse dressée sous les marronniers. Dans l'assiette, produits de saison et du terroir, recettes régionales.

LA DRÔME PROVENÇALE ET LES PRÉALPES DRÔMOISES

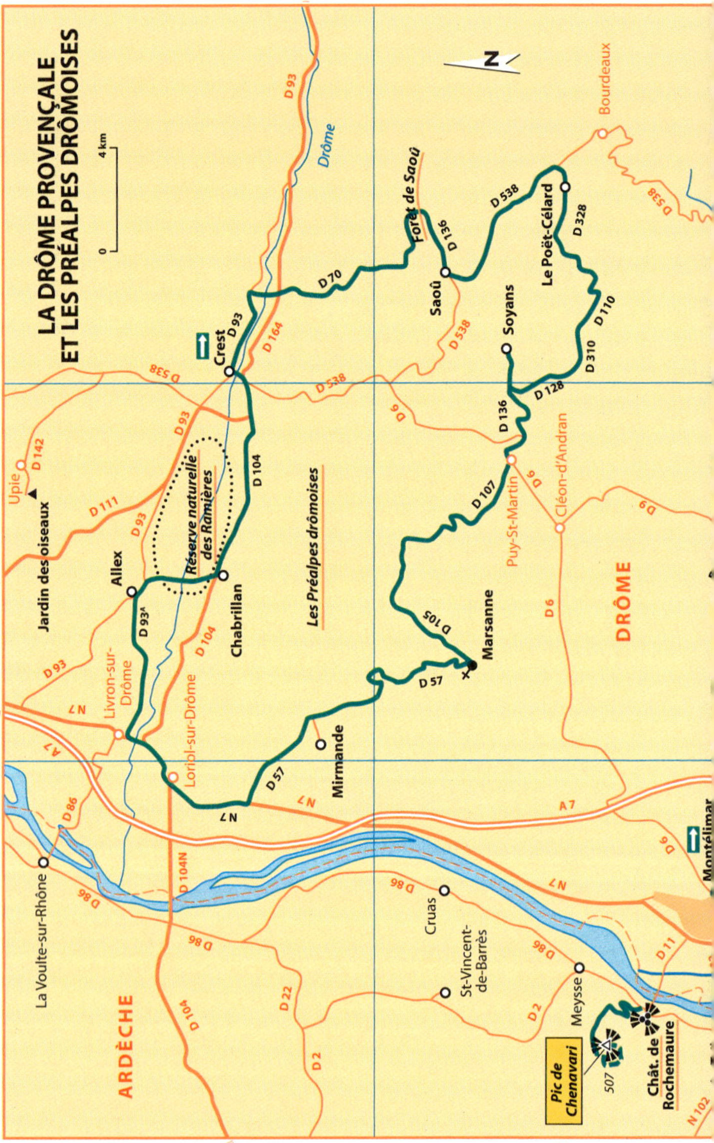

Puygiron
Le Poët-Laval
Dieulefit
Rochefort-en-Valdaine
Prieuré d'Aleyrac
Viviers
Défilé de Donzère
N.-D.-de-Montcham
N.-D.-d'Aiguebelle
Donzère
Taulignan
Grignan
La Garde-Adhémar
Chlle du Val-des-Nymphes
Chamaret
Grillon
Valréas
VAUCLUSE
Enclave des Papes
Pierrelatte
Clansayes
Richerenches
Montségur-sur-Lauzon
Nyons
St-Paul-Trois-Châteaux
Ferme aux Crocodiles
La Baume-de-Transit
St-Restitut
Visan
N.-D.-des-Vignes
Suze-la-Rousse
VAUCLUSE
RHÔNE
Jabron
Lez
Eygues
Cal de Donzère
AUBENAS
AVIGNON
ORANGE
A
B
C
3
4
D 4
D 540
D 9
D 107
D 86
D 73
N7
A7
D 538
D 56
D 14
D 133
D 541
D 71
D 472
D 458
D 93N
D 385
D 13
D 59
D 941
D 20
D 117
D 120
D 976
D 576
D 94
D 994
D 8
D 63E
Pic de Chenavari ★★ Mérite un détour
Grignan ★ Intéressant
Crest À voir
Itinéraire conseillé avec ville de départ

Montélimar

33 924 Montiliens – Drôme (26)

NOS ADRESSES PAGE 492

S'INFORMER

Office de tourisme – *Allées Provençales - 26200 Montélimar - ✆ 04 75 01 00 20 - www.montelimar-tourisme.com - juil.-août : 9h30-12h45, 13h15-19h ; sept.-oct. : lun.-sam. 9h-12h30, 14h-18h30, dim. 10h30-12h30 ; reste de l'année : lun.-sam. 9h-12h, 14h-18h - fermé 1er janv., 1er Mai et 25 déc.*

SE REPÉRER

Carte de microrégion A2 *(p. 484-485)* – *Carte Michelin Départements 332 B6.*

Au bord du Rhône, Montélimar se trouve entre Valence (au nord) et Orange (au sud), sur le trajet de l'A 7 et de la N 7. En allant vers l'ouest, on gagne Aubenas par la N 102.

À NE PAS MANQUER

La dégustation du véritable nougat ; les collections sans cesse renouvelées du musée de la Miniature ; le site spectaculaire du château en ruine de Rochemaure ; le point de vue depuis le pic de Chenavari ; le chapelet de cités médiévales des environs ; le musée de la Soie de Taulignan.

ORGANISER SON TEMPS

Comptez une journée pour la ville et ses environs.

AVEC LES ENFANTS

Le musée de la Miniature, lequel recèle de petites et jolies surprises, le Palais des bonbons et du nougat, et les monstres d'acier du musée européen de l'Aviation de chasse.

Prononcez le nom de Montélimar et, en écho, vous reviendra le mot « nougat ». C'est dire la popularité de cette friandise dont la cité, forte de sa position charnière qui ouvre sur l'Ardèche et la Drôme provençale, s'est fait une spécialité. Mais la gourmandise n'est pas le seul attrait d'une ville à l'ambiance déjà provençale, renommée pour ses cafés littéraires comme pour son musée de la Miniature.

Se promener

Des neuf portes que comportait l'enceinte, seule subsiste la porte **St-Martin** (Y) au nord, qui donne accès au centre de la cité. Le cœur de la ville est agrémenté par des allées piétonnières récemment aménagées.

Allées Provençales 1

Montélimar s'est donné une allure méridionale en aménageant les fameuses **Allées Provençales★**, larges voies semi-piétonnes qui regroupent plusieurs boulevards sur plus de 1 km. Devenues une halte de verdure incontournable, elles protègent des assauts du soleil montilien ; vous pourrez ainsi en toute quiétude profiter des terrasses de café pour une pause rafraîchissante, ou flâner devant les vitrines des nombreuses boutiques de spécialités régionales.

Vieille ville 1

La **collégiale Ste-Croix**, du 15e s., a beaucoup souffert des guerres de Religion et a connu plusieurs campagnes de restauration jusqu'au 19e s. Elle possède un bel orgue Beckerath (1982) dont le buffet a été réalisé par J. Gourjon. Levez les yeux pour apercevoir les génoises, typiques du Bas-Vivarais, qui surplombent les rues autour de la collégiale. Quant à la **place du Marché** avec ses façades colorées, ses balcons en fer forgé et ses arcades, c'est déjà la Provence !
La place Émile-Loubet est bordée au nord par la **maison de Diane de Poitiers** qui présente une belle façade percée de fenêtres à meneaux.

★ Musée de la Miniature 2

19 r. Pierre-Julien - ✆ 04 75 53 79 24 - ♿ - juil.-août : mar.-dim. 10h-12h, 15h-19h ; reste de l'année : merc.-dim. 14h-18h - fermé janv. et 11 Nov. - 3 € (-18 ans gratuit).

Le succès du Festival international de la miniature est à l'origine de cette exposition installée dans la chapelle de l'ancien hôtel-Dieu (19e s.). L'étonnante structure métallique indépendante qui s'élève sur trois niveaux a été choisie pour respecter l'architecture des lieux et mettre en valeur les collections. Les miniatures sont prêtées par des musées, des collectionneurs ou des artisans du club de la Miniature française, ce qui permet un renouvellement régulier. Des micro-miniatures, invisibles à l'œil nu, sont également présentées sous des oculaires ou des loupes. Le dernier étage est consacré à des expositions temporaires thématiques.

Château 1

✆ 04 75 00 62 30 - avr.-oct. : 9h30-12h, 14h-18h ; reste de l'année : tlj sf mar. 9h30-12h, 14h-18h - fermé 1er janv. et 25 déc. - 3,50 € (-18 ans gratuit).

SE LOGER

Hôtel du Parc.................. 1
Hôtel du Sphinx............... 4
Hôtel Les Hospitaliers...... 6

SE RESTAURER

Les Senteurs de Provence................ 3
Le Grillon........................ 5
Petite France.................... 8

UN MAIRE ÉLU PRÉSIDENT DE LA RÉPUBLIQUE

Émile Loubet (né à Marsanne en 1838) fut élu maire de Montélimar en 1870. Ce brave homme aux idées très modérées était apprécié de tous, ce qui ne pouvait que faciliter sa carrière politique : c'est ainsi qu'il fut élu en 1899 président de la République et qu'il mena à terme son septennat malgré une époque troublée par les polémiques liées à l'affaire Dreyfus et à la séparation de l'Église et de l'État.

La forteresse primitive (12e s.) a été agrandie au 14e s. sous la domination papale. Elle servit de prison de 1790 à 1929. La visite se limite au logis seigneurial et au chemin de ronde.

Au nord se dresse la massive **tour de Narbonne**. Du rez-de-chaussée du donjon, un escalier à vis mène au chemin de ronde d'où un vaste **panorama** se découvre à l'ouest sur la ville, et à l'est sur les Préalpes drômoises.

La façade ouest du **logis seigneurial** est percée, au 1er étage, de **neuf belles fenêtres romanes**. Ce cadre majestueux et austère accueille régulièrement des **expositions temporaires** d'art contemporain.

Palais des bonbons et du nougat

Sur la droite en direction de Valence par la N 7, juste avant le panneau de sortie de la ville. 100 rte de Valence - village Au fil du temps - ✆ 04 75 50 62 66 - www.palais-bonbons.com - ♿ - vac. scol. : 10h-19h ; hors vac. scol. : lun. 14h-18h, mar.-dim. 10h-12h, 14h-18h - fermé 1er janv. et 25 déc. - 8 € (5-12 ans 5 €).

Toute la chaîne de production du sucre (4 films d'une dizaine de minutes) y est présentée, de la canne à sucre aux bonbons et nougats industriels, en passant par les **œuvres fantaisistes** et kitsch en sucre filé, soufflé et tiré de talentueux confiseurs. La présentation se veut ludique et se termine par un grand espace de vente. La maison des jouets présente poupées, voitures, ours en peluche... d'hier et d'aujourd'hui.

Musée européen de l'Aviation de chasse

Sortir de Montélimar par la D 11 en direction d'Ancône. Aérodrome de Montélimar - ✆ 04 75 53 79 49 - www.meacmtl.com - lun.-vend. 9h-12h, 13h30-18h30 (juil.-août), 17h30 (mars-juin, sept.-oct.), 17h (nov.-fév.) ; sam.-dim. et j. fériés 14h-18h30 (mars-oct.), 17h (nov.-fév.) - 4,50 € (7-13 ans 3 €, -7 ans gratuit).

LA SAGA DU NOUGAT

Dans l'Antiquité, il était une gourmandise à base de miel, de noix et d'œufs dont le gastronome latin Apicius nous a livré la recette, le *nucatum*. Hélas, après les invasions barbares, le *nucatum* sombra dans un regrettable oubli. Au 16e s., cependant, apparut près de Marseille une friandise, également à base de noix, d'où son nom provençal de nougat. Mais le véritable nougat, le nôtre, était encore à venir : il fallut attendre qu'en 1650 **Olivier de Serres** acclimate l'amandier, originaire d'Asie, dans son domaine vivarois du Pradel. Dès lors, le destin de Montélimar était scellé ! Sa position stratégique, entre le plateau des Gras où la culture des amandes s'était généralisée, et la Provence et les Alpes, riches en miel, ne pouvait que faire un jour germer l'idée de mélanger les unes à l'autre : une industrie était née qui prit l'ampleur que l'on connaît lorsque des usines se créèrent dans la première moitié du 20e s. Souvent copié, rarement égalé, le nougat de Montélimar a donné à sa ville natale une renommée universelle.

Avions de combat, de liaison ou d'entraînement, les géants d'acier, dont certains dépassent les 20 t, savourent ici une retraite bien méritée. Derrière les vitres de l'atelier de restauration, de vieilles carlingues retrouvent même une seconde jeunesse. Maquettes, sièges éjectables, réacteurs et armements divers complètent cette collection de près de 40 avions.

Itinéraires conseillés Plan de microrégion

EN SURPLOMB DU RHÔNE Carte ci-dessous

12 km au nord-ouest. Suivre le circuit sur la carte ci-dessous. Compter 2h. Quitter Montélimar parla D 11.

★ Rochemaure

Château : 04 75 49 08 07 - de mi-juil. à mi-août : tlj sf mar. 10h-12h, 15h-18h - possibilité de visite guidée - 3 € (-12 ans gratuit).

Dominant la plaine de Montélimar et le pont suspendu sur le Rhône (malgré son aspect moyenâgeux, il a été construit au 19e s.), les ruines de Rochemaure se tiennent sur une arête marquant l'extrême avancée du Coiron. Le **site**★★ est impressionnant, et le contraste entre les prismes de basalte succédant, sur la rive du fleuve, aux escarpements calcaires, étonnant.

La forteresse (12e-14e s.), avec son village féodal protégé par une ceinture de remparts, appartint jusqu'en 1378 à une branche de la famille des Adhémar, alliée aux comtes de Poitiers, puis à des familles tout aussi prestigieuses comme les Lévis-Ventadour ou les Rohan-Soubise. Plusieurs fois assiégée par les huguenots aux 16e et 17e s., elle fut abandonnée au 18e s.

Dans Rochemaure, empruntez à hauteur de l'église la petite route, passant entre le monument aux morts et la mairie, fléchée « Château ».

Chapelle Notre-Dame-des-Anges – *À droite sur la route montant au château.* Cette chapelle du 13e s., détruite en 1567 par les protestants, fut reconstruite en 1596. De style gothique, elle servit de sépulture aux propriétaires successifs du château. Au cours de la montée, on traverse par deux fois l'enceinte du 14e s.

Tournez à gauche en débouchant sur le plateau et laissez la voiture au pied de l'enceinte fortifiée. Gagnez les ruines, en empruntant la route goudronnée qui bifurque sur la gauche.

Ruines du château★ – Fierté du château, son imposant **donjon** a été érigé au 12e s. sur un piton basaltique. Il est constitué d'une tour carrée surmontée d'une tour pentagonale qui permettait aux archers de varier leur angle de tir. La **vue★** s'étend au nord sur les tours de réfrigération de la centrale de Cruas-Meysse, le barrage de Rochemaure, à l'est, sur la plaine de Montélimar, au sud, sur le défilé de Donzère ; en arrière-plan se profilent le massif du Vercors et le mont Ventoux.

Le vieux village – *En revenant du château, empruntez devant la mairie la rue du Faubourg, puis la rue de la Violle.* Ces rues sont bordées de nombreuses maisons à façades médiévales ; remarquez une maison du 15e s. ornée d'une fenêtre d'angle à double meneau. L'extrémité sud du village est limitée par la porte des Tournelles surmontée de son mâchicoulis.

★★ Pic de Chenavari

4,5 km au départ du château de Rochemaure. Au pied de la chapelle St-Laurent, prenez la route de droite, s'élevant jusqu'aux Videaux. Prenez alors à gauche le chemin des Freydières, puis continuez à monter, laissez à droite le chemin d'accès à une ferme et suivez à gauche une route non revêtue ; gagnez un seuil (pylônes électriques).

De là, on atteint facilement le sommet (45mn à pied AR). Du sommet (alt. 507 m), **vue** sur le Rhône, avec en avant-plan le donjon de Rochemaure ; plus à droite s'élèvent les collines de la Basse-Ardèche. Le Vercors et les Baronnies ferment l'horizon à l'est. Du côté sud s'étend en contrebas une vaste plate-forme basaltique dont le rebord est sculpté en orgues.

★ PETITES CITÉS MÉDIÉVALES

87 km. Voir le circuit sur la carte de microrégion p. 484-485. Comptez environ 4h.

Quittez Montélimar par la D 540. Peu après le passage sous l'autoroute, prenez à droite vers Puygiron.

Remarquez, dans la **plaine de la Valdaine**, les habitations rurales en calcaire. Un mur aveugle et un rideau de cyprès, côté nord, les protègent du mistral.

Puygiron B3

Dominé par son ancien château (13e-16e s.), le village vaut surtout par son **site★**. Il offre une vue sur les Trois-Becs, Marsanne et le plateau du Coiron.

Revenez à la D 540 que l'on emprunte à droite.

★ La Bégude-de-Mazenc B2

Au carrefour central du bourg moderne, empruntez, à gauche, la D 9, puis la petite route revêtue menant à l'entrée du vieux village perché ; laissez-y la voiture.

On pénètre dans le lacis des ruelles par une porte fortifiée, s'adossant au chevet de l'église en partie romane. Les artisans d'art, qui ont investi la cité, contribuent à la relever peu à peu de ses ruines. Un chemin en forte montée mène au sommet de la butte couronnée d'une jolie pinède. Dans le vieux cimetière, remarquez le chevet à trois absidioles de la chapelle Notre-Dame (12e s.).

La D 540 remonte, en direction de Dieulefit, la vallée du Jabron.

★ Le Poët-Laval C3

Ce village perché, bien restauré, occupe un **site★** escarpé et conserve un ensemble médiéval intéressant : une commanderie de Malte, un donjon du 12e s., des vestiges de remparts et des maisons du 15e s. De l'ancienne église ne subsistent que le clocher et l'abside romane. L'ancien temple, aménagé au 17e s. dans la maison d'un chevalier du 15e s. au centre du village *(suivez les indications)*, abrite la bibliothèque (documents sur l'histoire régionale) et le petit **musée du Protestantisme dauphinois**. *☏ 04 75 46 46 33 - www.museeduprotestantismedauphinois.org - avr.-sept. : mat. et apr.-midi, vend. et dim. apr.-midi - 4 € (-18 ans gratuit).*

Reprenez la D 540.

La vallée du Jabron est jalonnée d'ateliers de potiers.

Dieulefit C3

Joliment située dans un élargissement de la vallée du Jabron, cette petite ville, de tradition protestante, vit du tourisme, du séjour des curistes, grâce à son centre de remise en forme, et de l'artisanat d'art qui a contribué à la renommée de ses poteries. En plein centre, la vaste Maison de la terre organise des expositions annuelles sur la céramique contemporaine.

La D 538 descend la vallée du Lez, dominée par les vestiges féodaux de Béconne et le donjon de Blacon (14e s.).

Tournez à droite dans la D 14 vers Taulignan.

Taulignan B3

À la limite du Dauphiné et de la Provence, ce vieux bourg a gardé son enceinte médiévale : circulaire et presque continue, elle conserve onze tours (neuf rondes et deux carrées) reliées par des courtines (restes de mâchicoulis en plusieurs endroits), où s'intègrent des habitations. Au nord-est, la porte d'Anguille est la seule porte fortifiée ayant subsisté. Au hasard des ruelles, vous apprécierez les façades anciennes avec leurs portes en accolade et leurs fenêtres à meneaux (*rue des Fontaines*).

Atelier-musée de la Soie★ – *☏ 04 75 53 12 96 - juil.-août : 10h-18h ; sept.-juin : 10h-12h30, 14h-18h, w.-end 10h-18h - fermé de fin déc. à fin janv. - 5,50 € (-13 ans 2,50 €, -6 ans gratuit).* Grâce à une présentation didactique autour de l'outillage et des machines (certaines en état de marche) nécessaires à la confection des tissus, vous découvrirez l'aventure de la soie, qui faisait vivre les magnaneries de la région au 19e s., et son processus de fabrication : la sériciculture, la filature et le tissage.

★ Grignan *(voir ce nom)*

Sortir au nord par la D 4, puis tourner à gauche dans la D 56. Après Réauville, tourner à droite vers Notre-Dame-d'Aiguebelle.

Notre-Dame-d'Aiguebelle B3

L'abbaye fut fondée en 1137 sous l'impulsion de saint Bernard, abbé de Clairvaux. D'un lieu désert, les moines firent une région prospère et l'abbaye, riche et renommée pour la sainteté de ses moines, connut une période de grandeur. Puis vint la décadence. Au 15e s., elle fut confiée à des « abbés commendataires » (titre honorifique accordé à un prêtre séculier ou un laïc) qui profitèrent largement de ses revenus. En 1562, les réformés la pillèrent. La Révolution acheva sa ruine.

Rachetée en 1815 et habitée de nouveau par les moines, elle reprend vie, et c'est maintenant un monastère florissant où se fabrique une liqueur réputée.

L'abbaye est soumise au régime austère de la Trappe. Tout luxe est banni et la vie des moines est organisée selon la règle de saint Benoît : les heures de prière, de travail manuel ou intellectuel et de repos sont également réparties.

Église abbatiale – L'église abbatiale qui, seule se visite, adopte le plan cistercien traditionnel tout en y mêlant des éléments caractéristiques du style roman de transition. La nef se compose de trois travées qui communiquent

avec les bas-côtés voûtés d'ogives par des arcades en plein cintre. Les croisillons du transept sont flanqués à l'est de quatre absidioles semi-circulaires, probablement carrées à l'origine. Le chœur présente une voûte en cul-de-four à cinq pans et reçoit la lumière par trois baies en plein cintre.
Les champs et les jardins cultivés par les moines s'étendent autour de l'abbaye.
Rejoindre la D 4 au nord par la D 550 passant par Montjoyer.
Dans la descente, on aperçoit, en avant, les ruines imposantes du **château de Rochefort-en-Valdaine**, dominant le vallon boisé de la Citelles.

NOS ADRESSES À MONTÉLIMAR

HÉBERGEMENT

À Montélimar

BUDGET MOYEN

Hôtel du Sphinx – *19 bd Desmarais - ✆ 04 75 01 86 64 - www.sphinx-hotel.fr - fermé 23 déc.-11 janv. - 24 ch. 57/79 € - 7 €.* La jolie cour, la chaleur des parquets et boiseries confèrent un charme indéniable à cet hôtel particulier du 17e s. situé face aux Allées Provençales. Chambres assez calmes.

Hôtel du Parc – *27 av. Ch.-de-Gaulle - ✆ 04 75 01 00 73 - hotelduparc-montelimar.com - P - 16 ch. 60 € - 8 €.* Petit hôtel accueillant, situé face au parc, non loin de la gare et du centre. Chambres bien tenues. Petit-déjeuner dans la salle chaleureuse et colorée ou sur la terrasse.

À proximité

POUR SE FAIRE PLAISIR

Hôtel Les Hospitaliers – *26160 Le Poët-Laval - ✆ 04 75 46 22 32 - www.hotel-les-hospitaliers.com - ouv. 21 mars-8 nov. - P - 20 ch. 78/160 € - 15 € - rest. formule déj. 30 € - 42/55 €.* Au vieux village, chambres aménagées dans des maisons de pierres sèches et piscine surplombant la vallée : difficile pour ces Hospitaliers-là de repartir en croisade ! Cuisine d'aujourd'hui servie dans une salle de caractère ou sur la terrasse panoramique.

RESTAURATION

PREMIER PRIX

Le Grillon – *40 r. Cuiraterie - ✆ 04 75 01 79 02 - fermé 10-25 juil., 23-28 déc., jeu. soir, dim. soir et lun. - 14/31 €.* Vous n'entendrez pas forcément les grillons, mais vous goûterez aux saveurs de la cuisine du terroir (menu truffe en hiver) dans la salle à manger rustique ou en terrasse.

BUDGET MOYEN

Les Senteurs de Provence – *202 rte de Marseille - ✆ 04 75 01 43 82 - lsdp.restaurant@wanadoo.fr - fermé jeu. soir, dim., lun., mar. et merc. - P - formule déj. 12 € - 16/34 €.* Jolie décoration provençale (tons ocre et orangé, mobilier en fer forgé) pour ce restaurant proposant une cuisine au goût du jour mâtinée de saveurs méridionales.

Petite France – *34 imp. Raymond Daujat - ✆ 04 75 46 07 94 - fermé 13 juil.-4 août, 21-25 déc., dim. et lun. - formule déj. 15 € - 21/30 €.* Adresse de la vieille ville dont l'enseigne évoque un quartier de Strasbourg. Vous êtes reçu dans une salle voûtée décorée d'une fresque pour déguster des plats traditionnels.

PETITE PAUSE

La Véranda – *18 r. Roger-Payol, espace Déborah - ✆ 04 75 51 14 23 - merc. 10h-19h, jeu.-sam.10h-1h - fermé dim.-mar. - salades 8/15 €, plat du jour 12 €.* Cette adresse est, en plein centre-ville, un havre de paix. Elle dispose d'une délicieuse terrasse ouvrant sur un parc verdoyant et ombragé. À la carte : assiettes du jour et grand choix de tartines pour le déjeuner, belle sélection de thés et de glaces pour le goûter.

ACHATS

Bon à savoir – Le vrai nougat de Montélimar ne mérite son appellation que s'il est fabriqué selon une recette inventée au 17e s., lorsque fut introduit l'amandier dans la région. En plus des amandes (au moins 30 % du produit), il y faut des pistaches, du blanc d'œuf, de la vanille, du sucre et du miel.

Fabriques de nougat (artisanales et industrielles) – Faites la visite si possible pendant la fabrication, pour certaines uniquement le matin et pour d'autres toute la journée. La liste complète des installations ouvertes à la visite est disponible à l'office de tourisme.

Au Rucher de Provence la Maison du Nougat – *35 bd Desmarais - ✆ 04 75 52 01 59 - www.aurucherdeprovence.fr - fabrication : lun.-vend. 9h-11h30, 15h-16h30 ; magasin : 8h-19h.* La famille Bonnieu fabrique des nougats haut de gamme : le Stoupany, la plus ancienne marque montilienne (1787), et le Rucher de Provence (1938). Les confiseries sont réalisées dans la pure tradition artisanale. La visite est suivie d'une dégustation du nougat tout juste sorti d'un chaudron en cuivre.

Nougat Chabert et Guillot – *9 rue Charles-Chabert - ✆ 04 75 00 82 00 - www.nougat-chabert.fr - 8h45-12h30, 14h15-19h - fermé dim. et j. fériés.* Cette maison fondée en 1913 est LE nougatier de Montélimar. Sa renommée est telle qu'on ne compte plus les anciens employés, devenus patron de fabrique et qui se revendiquent maintenant comme ses disciples... Le cas le plus célèbre demeure celui du Rucher de Provence fondé en 1938 par Marcel Tournillon, neveu d'Henri Guillot.

Nougat Diane de Poytiers – *99 av. Jean-Jaurès - ✆ 04 75 01 67 02 - www.diane-de-poytiers.fr - fermé 15 j. en janv.* Depuis trois générations, la même famille est aux commandes de cet atelier artisanal (le plus ancien de la ville). Visite guidée dévoilant toutes les étapes de la fabrication du nougat (recette datant des fondateurs) cuit dans des chaudrons d'époque. Dégustation gratuite et vente dans la boutique attenante.

Escobar Pâtissier-Confiseur-Chocolatier-Glacier – *2 pl. Léopold-Blanc - ✆ 04 75 01 25 53 - www.nougats-escobar.com - 9h-12h30, 14h-19h30 .* Ce pâtissier-chocolatier, sacré meilleur ouvrier de France en 1982, appartient au cercle restreint des « vrais » artisans montiliens. Son gâteau aux trois chocolats est un « must » et sa recette de nougat est jalousement gardée.

EN SOIRÉE

Bon à savoir – En bordure des Allées Provençales, le boulevard Aristide-Briand regroupe les principaux pubs et brasseries de la ville, tous sont pourvus de belles terrasses ombragées.

Grignan

★

1 464 Grignanais – Drôme (26)

NOS ADRESSES PAGE 501

S'INFORMER

Office du tourisme du Pays de Grignan – *Pl. du Jeu-de-Ballon - 26230 Grignan - ☎ 04 75 46 56 75 - www.tourisme-paysdegrignan.com - juil.-août : 9h30-12h30, 14h30-19h ; sept. et juin : lun.-sam. 9h30-12h30, 14h30-18h ; avr.-mai et oct. : lun.-sam. 9h30-12h30, 14h30-17h30 ; nov.-mars : mar.-sam. 9h30-12h30, 14h30-17h30 - fermé 25 déc. et 1er janv.*

SE REPÉRER

Carte de microrégion B3 *(p. 485) – Carte Michelin Départements 332 C7.*

On arrive à Grignan en quittant l'autoroute A 7 au sud de Montélimar et en prenant la D 941 en direction de Valréas.

SE GARER

Vous pourrez laisser votre voiture aux parkings de la rue du Grand-Faubourg ou de la place du Jeu-de-Ballon, avant de partir à l'assaut du château.

À NE PAS MANQUER

Le château et les appartements de Mme de Sévigné.

ORGANISER SON TEMPS

Comptez une poignée d'heures pour que la visite soit suivie d'une agréable flânerie dans le village. Les passionnés de belles lettres reviendront début juillet assister au Festival de la correspondance, vrai clin d'œil adressé à la marquise de Sévigné, qui écrivit tant et plus à sa châtelaine de fille.

AVEC LES ENFANTS

La ferme aux Crocodiles ; la Provence miniature à La Baume-de-Transit.

Dressé sur une butte rocheuse isolée, l'imposant château médiéval des Adhémar de Monteil domine ce vieux bourg du Tricastin que Madame de Sévigné a rendu célèbre. La marquise ne fit pas qu'écrire de fort belles lettres à sa fille, mariée au châtelain de l'époque : belle-maman fit de si fréquentes visites au château qu'elle finit par y disposer de ses propres appartements !

Se promener

★★ Château

☎ 04 75 91 83 55 - visite libre ou guidée (1h) - 9h30-11h30, 14h-17h30 (18h en juil.-août) - fermé mar. nov.-mars, 1er janv. et 25 déc. - visite libre 4,50 €, visite guidée 5,50 € (-18 ans gratuit).

Château médiéval, il fut transformé une première fois au 16e s. par Louis Adhémar, gouverneur de Provence, puis, plus tard, par le gendre de Mme de Sévigné, entre 1668 et 1690. En grande partie détruit pendant la Révolution, il a retrouvé sa fière allure après une campagne de restauration et de recons-

Le château de Grignan.
L. Pascale / CDT Drôme

titution (mobilier 17e-18e s.) initiée par sa nouvelle propriétaire au début du 20e s. et poursuivie par le conseil général de la Drôme.
En parcourant les extérieurs, vous découvrirez la grande façade Renaissance du Midi, puis la cour du Puits avec son bassin, ouverte sur une terrasse encadrée à gauche par la galerie gothique, à droite et au fond par des corps de logis Renaissance.
Depuis la terrasse, vaste **panorama★** découvrant la longue crête de la montagne de la Lance, le mont Ventoux et les dentelles de Montmirail, la plaine comtadine et les Alpilles, le bois de Grignan et les montagnes du Vivarais.
À l'intérieur de l'office médiéval vous accéderez aux étages par l'escalier d'honneur (17e s.), pour visiter les appartements de Mme de Sévigné et du comte de Grignan, la salle du Roi, puis l'oratoire, avant de redescendre, par un escalier gothique, à la grande galerie aux belles boiseries. Remarquable **mobilier★**, en particulier deux magnifiques cabinets (l'un florentin, l'autre en ébène), et **tapisseries** d'Aubusson représentant des scènes mythologiques.

Collégiale Saint-Sauveur

À l'intérieur de cette église du 16e s., dont la petite tribune communiquait avec le château, **buffet d'orgue** du 17e s. et, dans le chœur, belles boiseries. Au pied du maître-autel, à gauche, une dalle de marbre désigne l'emplacement de la tombe de Mme de Sévigné, morte à Grignan le 18 avril 1696.

Beffroi

Cette ancienne porte de la ville, datant du 12e s., a été transformée au 17e s. en tour de l'horloge.

Atelier-musée Livre & Typographie

✆ 04 75 46 57 16 - juil.-août : 10h-18h30 ; reste de l'année : tlj sf lun. 10h-12h30, 14h-18h30 - fermé dim. et lun. en janv. - 3,50 € (-18 ans 3 €).
Dans ce village qui cultive le goût des belles lettres et de la correspondance, il faut s'arrêter à la maison du Bailli (15e s.). Elle regroupe des salles d'expositions, l'atelier d'impression des éditions Colophon, une librairie et un musée qui présente l'histoire de l'imprimerie ainsi qu'une reconstitution d'un atelier de typographe.

MADAME DE SÉVIGNÉ ET GRIGNAN

François de Castellane-Adhémar de Monteil, comte de Grignan (1629-1714), lieutenant-général de Provence, s'illustra en s'emparant d'Orange en 1673 et en sauvant Toulon en 1707, alors menacé par le duc de Savoie. Faits d'armes qui ont moins fait pour sa gloire posthume que son troisième mariage, en 1669, avec Françoise-Marguerite de Sévigné, fille de la **marquise de Sévigné**. On ne sait ce que François, qui, selon les mots de sa jeune épouse, « abusait de la permission qu'ont les hommes d'être laids », pensait de cette belle-mère envahissante. Toujours est-il qu'après le mariage de sa fille, qui comblait ses vœux (« La plus jolie fille de France, écrit-elle à son cousin, épouse, non pas le plus joli garçon, mais un des plus honnêtes hommes du royaume. »), Mme de Sévigné entama une correspondance de vingt ans avec la jeune « exilée » à qui elle contait par le menu tous les potins de Paris. Sa liberté de ton et de style en fait un chef-d'œuvre de la littérature du 17e s. Cependant, la marquise séjourna souvent à Grignan. C'est d'ailleurs là qu'elle mourut, en 1696, alors qu'elle était venue soigner sa fille atteinte d'une maladie de langueur ; elle fut enterrée dans la collégiale.

En 1793, la tombe de la marquise fut violée : tel y prit une côte qu'il fit enchâsser en médaillon, tel autre une dent, qui fut montée en bague, et un amateur de phrénologie fit scier le crâne de la marquise et l'envoya à Paris, afin qu'il soit examiné par les savants. Qu'est-il devenu depuis ? Nul ne le sait.

Grotte de Rochecourbière

Prendre la route partant de la D 541, à la sortie sud de Grignan, à hauteur d'un calvaire. Après environ 1 km, laisser votre voiture au parc de stationnement pour revenir à l'escalier de pierre, à droite.

Cet escalier donne accès à la grotte de Rochecourbière. Mme de Sévigné aimait se retirer dans cette grotte, fraîche et silencieuse, parfumée de toutes les herbes de Provence, pour se reposer ou écrire son abondante correspondance.

À proximité Carte de microrégion

Ruines du prieuré d'Aleyrac B3

11 km au nord par les D 4 et D 9.

Perdues dans un site sauvage, les ruines de Notre-Dame-la-Brune laissent encore voir une sobre et belle architecture romane (12e s.). Sous ce qui était le chœur coule encore la source qui permit l'implantation des bénédictines, jusqu'à leur départ au 14e s.

Itinéraires conseillés Carte de microrégion

★ LES VILLAGES DU TRICASTIN

Région de transition entre le Nord et le Midi, la plaine du Tricastin, dite aussi « plaine de Pierrelatte », encadrée par trois massifs montagneux en arc de cercle, riches en minerais de fer et de lignite que les Celtes exploitèrent dès le 4e s. av. J.-C., annonce la Provence tant par son climat que par sa végétation.

47 km. Voir le circuit sur la carte de microrégion p. 485. Comptez environ 3h. Quitter Grignan à l'ouest par la D 541.

La Garde-Adhémar A4

Son église perchée signale de loin ce vieux village qui invite à la flânerie avec ses pittoresques maisons en calcaire, ses passages voûtés et ses ruelles tortueuses coupées d'arceaux. Des anciens remparts subsistent au nord du bourg une porte fortifiée et quelques vestiges, notamment au sud du village, non loin de la grande croix dressée sur un socle romain. C'était, au Moyen Âge, une importante place forte de la **famille des Adhémar**. Au 16e s., un château Renaissance y fut édifié par **Antoine Escalin**, baron de La Garde. Celui-ci, à l'origine simple berger, puis soldat, fut anobli et finit sa carrière comme général des galères et ambassadeur de François Ier !

★ **Église** – C'est un édifice roman, remarquable par ses deux absides et la jolie silhouette de son clocher à deux étages octogonaux, surmonté d'une courte pyramide. Une frise finement sculptée court autour de l'abside ouest et des absidioles. L'intérieur, très dépouillé, présente une haute et courte nef flanquée d'étroits collatéraux. Remarquez, dans la chapelle nord, une belle Vierge romane du 12e s. L'ensemble a été sauvé au 19e s. par Prosper Mérimée, alors inspecteur des Monuments historiques.

Chapelle des Pénitents – *Sur demande au Club Unesco - ✆ 04 75 04 41 58 - gratuit.* Cet édifice intègre à l'ouest des fenêtres géminées du 12e s., visibles de la place de l'église. Du 17e au 19e s., s'y réunissaient les membres d'une confrérie de Pénitents blancs, comme le rappelle la fresque décorant le mur sud. La chapelle abrite une exposition sur La Garde-Adhémar.

Point de vue★ – La terrasse offre une **vue** très étendue sur la plaine de Pierrelatte, dominée par les contreforts du Vivarais, où se détache la dent de Rez.

À l'aplomb de la terrasse s'étage un jardin de plantes aromatiques et médicinales.

Chapelle du Val-des-Nymphes – *2 km par la D 472 au nord-est du village.* Dans un vallon dont la fraîcheur est entretenue par les chênes centenaires et une source permanente et qui était, comme l'évoque son nom, un lieu de culte païen, il ne reste plus d'un important habitat haut médiéval que la chapelle priorale du 12e s., dépendance de l'abbaye de Tournus. Longtemps en ruine, elle fut restaurée en 1991, et une élégante charpente recouvre la nef. La belle abside en cul-de-four du sanctuaire roman a conservé son double étage d'arcatures. L'étage supérieur de la façade est décoré de trois arcatures aveugles en plein cintre, surmontées par un fronton.

Prenez la D 458 vers Bollène, puis tournez à droite dans la D 59 qui dessert la ferme aux Crocodiles.

★ La ferme aux Crocodiles A4

✆ 04 75 04 33 73 - www.lafermeauxcrocodiles.com - ♿ - 9h30-19h - 11,50 € (-13 ans 7 €).

Les eaux tièdes du complexe nucléaire du Tricastin alimentent cette grande serre qui abrite un jardin tropical et un élevage de crocodiles. Différentes espèces de crocodiliens sont présentées dans plusieurs grands bassins : caïmans à lunettes, alligators d'Amérique, crocodiles de Cuba… Un peu plus loin, la grande serre offre un dépaysement total, plongeant le visiteur dans un univers exotique ; elle est agrémentée de nombreuses passerelles qui invitent à découvrir une végétation luxuriante, des oiseaux multicolores et bruyants, et surtout plus de 300 redoutables crocodiles du Nil qui se prélassent sur les plages ou patrouillent silencieusement dans les eaux sombres.

Depuis 2007, une reconstitution permet de faire connaissance avec Sarco *(Sarcosuchus imperator)*, le plus vieux crocodile du monde (110 millions d'années !). Cet animal préhistorique long de 12 m a été reconstitué en résine à partir du squelette aujourd'hui exposé à la galerie de paléontologie du Muséum d'histoire naturelle de Paris.
Revenez en arrière sur la D 59 et poursuivez-la au sud-est après avoir retraversé l'autoroute A 7.

Saint-Paul-Trois-Châteaux A4

Pl. Chausy - 26130 St-Paul-Trois-Châteaux - ✆ 04 75 96 59 60 - www.office-tourisme-tricastin.com - mai-sept. : lun.-sam. 9h30-12h30, 15h-19h ; reste de l'année : lun.-sam. 9h30-12h30, 14h-18h - fermé j. fériés sf le 14 Juil. et le 15 août.
Au cœur de la première région trufficole de France, la cité fut le siège d'un évêché jusqu'à la Révolution.
Cathédrale★ – Cet imposant édifice, commencé au 11e s. et terminé au 12e s., est un remarquable exemple de l'architecture romane provençale.
On est frappé par la hauteur exceptionnelle des murs du transept et l'aspect puissant de la nef. L'austérité de ces murailles est cependant atténuée par quelques détails décoratifs, comme le portail de la façade ouest dont le cintre finement sculpté encadre des vantaux de bois du 17e s.
Entrez par le portail latéral sud.
La nef de trois travées en berceau sur doubleaux, épaulée de bas-côtés, est d'une magnifique élévation (24 m). La travée précédant le transept présente, à l'étage, un faux triforium. Une coupole sur trompes recouvre la croisée du transept. L'abside, voûtée en cul-de-four, sous-tendue de nervures plates s'ouvre sur la croisée par un arc triomphal à double ressaut. Notez le buffet d'orgues réalisé en 1704 par le sculpteur avignonnais Boisselin, le bas-relief du deuxième pilier à gauche, représentant le Jugement dernier, des fresques des 14e et 15e s. ainsi que, derrière le maître-autel, une mosaïque du 12e s. Dans le bas-côté nord est conservé l'ancien maître-autel en bois doré du 17e s.
Maison de la Truffe et du Tricastin – *R. de la République - ✆ 04 75 96 61 29 - juin-sept. : lun. 14h30-18h30, mar.-sam. 9h30-12h30, 14h30-18h30, dim. 10h-12h, 14h30-18h30 ; oct.-nov. et mars-mai : lun. 14h-18h, mar.-sam. 9h-12h, 14h-18h ; déc.-fév. : mar.-sam. 9h30-12h, 14h-18h, dim. 10h-12h, 14h-18h - fermé j. fériés - 4 € (-11 ans 2 €).* Située derrière le chevet de la cathédrale dans les locaux du syndicat d'initiative, elle présente, sous forme de panneaux explicatifs, de vitrines et d'un programme vidéo, une exposition sur la trufficulture et la commercialisation du « diamant noir » du Tricastin, qui entre dans la composition de savoureuses spécialités locales. Dans les caves voûtées, présentation des vins des coteaux du Tricastin et d'outils vinicoles anciens.
Salle de l'Archidiacre - musée d'Archéologie tricastine – *Pl. Castellane - ✆ 04 75 96 92 48 - www.musat.fr - ♿ - apr.-midi - fermé lun., dim. (sf 1er dim. du mois), j. fériés et 1er-18 janv. - possibilité de visite guidée tous les 1er dim. du mois 16h - 3 € (-16 ans gratuit).* Ce musée choisit dans son fonds de quoi alimenter ici des expositions thématiques annuelles. Quel fonds ? Il couvre une large période, allant de 10 000 ans av. J.-C. au Moyen Âge. Dans la ville ou sur le tracé du TGV, des fouilles ont révélé le séjour de peuplades préhistoriques dans le Tricastin. Les découvertes – entre autres des céramiques conservant des grains, des outils fabriqués avec des pierres venant des Alpes ou du centre de la France, une importante collection d'objets et de parures funéraires – sont autant d'indices sur leur type de vie. De la période romaine, le musée garde une belle collection de verrerie et la plus grande **mosaïque** du 1er s. en Europe.

Pensionnaire de la ferme aux Crocodiles.
La ferme aux Crocodiles

Suivez la D 59 vers l'est puis tournez à droite sur la D 859.

Saint-Restitut A4

Ce vieux village perché du Tricastin séduit par le charme de ses maisons serrées autour de son église, dominées par une haute et insolite tour carrée.
Au carrefour de la Poste, engagez-vous dans la rampe signalée « Église 12e s. » et laissez la voiture sur une esplanade plantée d'arbres à droite.
Église★ – De style roman provençal, elle est surtout remarquable par l'ensemble de sa **décoration sculptée★**, inspirée de l'antique.
À l'extérieur, il s'agit du chevet polygonal avec sa corniche délicatement sculptée et du portail sud. À l'intérieur, la nef unique, légèrement désaxée, est couverte d'une voûte en berceau brisé. À hauteur des chapiteaux court une élégante corniche. Dans l'abside, cinq arcatures à chapiteaux corinthiens supportent une demi-coupole en cul-de-four.
Tour funéraire – Elle flanque la partie ouest de l'église et recouvre, dit-on, le tombeau de saint Restitut. La partie basse, en petit appareil surmonté d'une frise et d'une corniche sculptées, serait du 11e s.; la partie haute, en moyen appareil, aurait été restaurée à l'époque de la construction de l'église. Cette frise, encadrée de rangées de damiers, qui court sur les quatre pans de la tour, comporte des panneaux sculptés empruntant leurs thèmes à la Bible, au bestiaire du Moyen Âge ou aux métiers.
Chapelle du St-Sépulcre – *15mn à pied AR.* À 400 m du bourg, cette petite chapelle hexagonale, perchée sur le rebord de l'escarpement, a été édifiée en 1504 par l'évêque Guillaume Adhémar, au retour d'un pèlerinage en Terre sainte.
Retourner sur la D 59 et suivre cette même route vers le sud-est.

Suze-la-Rousse B4

Av. des Côtes-du-Rhône - 26790 Suze-la-Rousse - ✆ 04 75 04 81 41 - www.ot-suze-la-rousse.fr - lun.-vend. 9h-12h, 14h30-18h, sam. 9h-12h - fermé sem. de Noël et j. fériés. L'office de tourisme propose une brochure sur le village et les environs. Un plan de Suze se trouve à la halle aux grains du 17e s.

SAINT RESTITUT, L'AVEUGLE DE L'ÉVANGILE

D'après la tradition locale, l'aveugle-né de l'Évangile, guéri par le Christ de son infirmité, s'appelait Sidoine. Un miracle vaut bien que l'on change de nom, ce que fit Restitut, celui « qui a recouvré la vue ». Il s'était fixé dans le Tricastin où les fidèles en avaient fait leur pasteur. Mais c'est en Italie qu'il serait mort, et ses reliques furent rapportées dans le village qui porte aujourd'hui son nom. Sur la place de l'église, une fontaine miraculeuse a attiré de nombreux pèlerins jusqu'au 18e s.

Principale ville du Tricastin au Moyen Âge, Suze étage ses ruelles sur la rive gauche du Lez. Le bourg, enserré dans des murailles (le « Barri » dont subsistent quelques tronçons), compte de belles demeures Renaissance, une église romane massive et une ancienne mairie à la jolie façade 15e-16e s.

Un imposant **château** domine la colline de la Garenne comprenant un parc de 23 ha. Si l'ensemble de l'édifice (14e s.) est un bel exemple d'architecture militaire médiévale, l'intérieur a été réaménagé pendant la Renaissance comme en témoignent les façades de la cour d'honneur et l'escalier monumental à double révolution, qui donne accès au 1er étage où sont présentées des expositions temporaires. Vous apprécierez le salon bleu ou des « Quatre Saisons » décoré de stucs, et le salon octogonal qui occupe une des tours d'angle, avec vue sur le mont Ventoux, la montagne de Lance et les Préalpes du Dauphiné. Dans l'autre aile, la salle des Gardes précède la salle des Armes qui conserve un plafond à la française. *04 75 04 81 44 - juil.-août : visite guidée (45mn) 9h30-11h30, 14h-18h (nov.-mars : tlj sf mar.) - fermé 25 déc. et 1er janv. - 3,50 € (- 17 ans gratuit).*

Le château abrite l'**université du vin** qui dispose d'un centre de documentation, d'un laboratoire, d'une salle de dégustation et d'un jardin ampélographique. Outre les formations continues, elle propose des stages d'œnologie. *04 75 97 21 30 - www.universite-du-vin.com*

Prenez la D 117 vers le nord.

La Provence miniature à La Baume-de-Transit B4

Rte de Visan - 04 75 98 09 06 - ♿ - avr.-sept., vac. de la Toussaint et de Noël : 10h-19h - 5 € (3-10 ans 2 €).

Ce parcours découverte en pleine nature vous permettra d'admirer plusieurs magnifiques villages construits avec des pierres et des tuiles de la région. Ces six villages miniatures, entièrement imaginaires, comprennent un château féodal, une église, un beffroi, des fermes typiques de la Drôme provençale, baignés par des cascades, des rivières et des fontaines, et des mini-trains que les enfants peuvent mettre en service eux-mêmes. Expositions nocturnes en été et grande crèche à Noël.

Poursuivez sur la D 117 vers le nord.

Montségur-sur-Lauzon B4

Devant la mairie de Montségur-sur-Lauzon, emprunter la rue à gauche, tourner ensuite à droite, puis prendre un chemin en montée vers le sommet de la butte qui porte le vieux village. Un lacis de sentiers permet de parcourir le vieux village et de découvrir l'ancienne chapelle romane du château. Du chemin de ronde, beau **panorama** sur le Tricastin, les Baronnies et le mont Ventoux.

Prenez la D 71 à l'ouest, puis la D 481.

★ Clansayes A4

Laissez la voiture sur l'esplanade et gagnez l'extrémité du promontoire qui porte une statue monumentale de la Vierge. De là, la **vue★★** s'étend sur les pitons du Tricastin, découpés par l'érosion ; les arrachements du tuf forment un étonnant mélange de coloris. Sur le rebord des pentes gisent, en équilibre instable, d'énormes blocs de grès. Le panorama sur la vallée prend, avec le recul, une magnifique ampleur ; le regard s'accroche, à droite, à la silhouette de La Garde-Adhémar. Au loin s'étale la plaine de Pierrelatte dont on distingue les installations industrielles. En face se profilent les contreforts du Bas-Vivarais et la dent de Rez.

Revenez sur la D 71.

Bucolique, telle est la D 71, bordée de champs de lavande, avec ses bosquets de chênes truffiers et ses rideaux de cyprès, tout tremblants de lumière.

Chamaret B4

Un beau **beffroi** perché sur un rocher domine toute la région environnante. Depuis les ruines, vue étendue sur le Tricastin.

Retour à Grignan par la D 71.

NOS ADRESSES À GRIGNAN

HÉBERGEMENT

À Grignan

POUR SE FAIRE PLAISIR

La Bastide de Grignan – *Rte de Montélimar - 1 km à l'ouest de Grignan par la D 541 - ☎ 04 75 90 67 09 - www.labastidedegrignan.com - P -16 ch. 98/115 € - ☕ 12 €.* Cet établissement flambant neuf construit sur une ancienne garrigue truffière offre de coquettes chambres au décor provençal actuel.

À proximité

BUDGET MOYEN

Chambre d'hôte Le Gîte du Val des Nymphes – *Domaine de Magne - 26700 La Garde-Adhémar - ☎ 04 75 04 44 54 - www.valdesnymphes.com - 💳̸ - 4 ch. et 1 suite 50/65 € ☕ - repas 20 €.* Sur les collines du Tricastin, au milieu des pêchers, cette maison de pays à 1 km de la chapelle du Val-des-Nymphes est un vrai délice. Dans son domaine de 27 ha, vous retrouverez la joie des bonheurs simples : un joli décor provençal, des produits fermiers et le calme… Piscine.

POUR SE FAIRE PLAISIR

Logis de l'Escalin – *26700 La Garde-Adhémar - 1 km au nord de La Garde-Adhémar par D 572 - ☎ 04 75 04 41 32 - info@lescalin.com - fermé vac. de la Toussaint et vac. de fév. - P - 14 ch. 68/80 € - ☕ 12 € - rest. fermé dim. soir et lun. 21/63 €.* Vous apprécierez la tranquillité des chambres joliment colorées. Entre sa délicieuse terrasse d'été dressée sous les platanes et ses salles à manger réchauffées par une cheminée en hiver, cette ancienne ferme ne peut que vous séduire.

RESTAURATION

À Grignan

BUDGET MOYEN

La Table des Délices – *Rte de Montélimar - 1 km à l'ouest de Grignan par D 541 - ☎ 04 75 46*

57 22 - www.latabledesdelices.com - fermé mar. soir (sept.-juin), dim. soir et lun. - 25/90 €. Cuisine au goût du jour, à apprécier dans une salle actuelle aux tons chauds ou à l'ombre des canisses. Bon choix de côtes-du-rhône.

Le Poème de Grignan – *1 r. St-Louis - ✆ 04 75 91 10 90 - www.lepoemedegrignan.com - fermé 1 sem. en mars, 17-30 nov. et merc. - 25/48 €.* Restaurant de poche au décor provençal, situé dans une rue piétonne du vieux Grignan. Cuisine du marché et de saison, à consonance méridionale.

ACHATS

Domaines Bour – *26230 Roussas - ✆ 04 75 98 50 22 - www.domainesbour.com - 9h-12h30, 14h-19h - fermé 1er janv. et 25 déc.* Le domaine des Bour doit sa réputation à sa production de vins typés, appréciés par de grands chefs. En vedette, la Cuvée de la Truffière et la Cuvée Vieilles Vignes, régulièrement récompensées. Dégustation-vente dans un caveau à l'ancienne.

Picodon Cavet – *Quartier Graveyron - à 1,5 km de Dieulefit sur la D 540 dir. Montélimar - ✆ 04 75 91 82 00 - www.picodon-cavet.fr - tlj sf dim. 9h-12h, 14h-17h (18h juil.-août), sam. 9h-12h.* La maison Cavet fabrique toujours ce fromage de chèvre suivant des méthodes proches de la recette née au 14e s. Découvrez le picodon AOC (au manteau blanc), le picodon Dieulefit (au manteau bleu) et autres produits du terroir valant également le détour.

Valréas

9 425 Valréassiens – Vaucluse (84)

NOS ADRESSES PAGE 506

S'INFORMER

Office du tourisme de Valréas et de l'enclave des Papes – *Av. du Mar.-Leclerc - 84600 Valréas - ✆ 04 90 35 04 71 - www.ot-valreas.fr - de mi-juil. à mi-août : 9h-12h30, 14h30-18h30, dim. et j. fériés 9h-12h30 ; de déb. à mi-juil. et de mi à fin août : tlj sf dim. 9h-12h30, 14h30-18h30 ; mars-juin et sept.-oct. : tlj sf dim. 9h15-12h15, 14h-18h ; reste de l'année : tlj sf dim. 9h15-12h15, 14h-17h, sam. 9h15-12h15 - fermé 1er janv., 1er et 11 Nov. et 25 déc.* Visite guidée de la ville ; brochure gratuite de découverte à pied ; parcours jalonné de quinze panneaux explicatifs.

SE REPÉRER

Carte de microrégion B4 *(p. 485) – carte Michelin Départements 332 C7.*
Bien qu'en pleine Drôme, Valréas (à 10 km à l'est de Grignan par la D 941) est rattachée au département du Vaucluse. Aux environs Grillon, Richerenches et Visan ont subi le même sort.

ORGANISER SON TEMPS

Comptez 2h pour visiter Valréas et une demi-journée pour le circuit de l'enclave des Papes. L'hiver, la star est la truffe, en particulier à Richerenches, où se tient l'un des plus importants marchés truffiers de France.

Outre sa rareté géographique (un morceau de Vaucluse enclavé dans la Drôme !), Valréas offre aux promeneurs une charmante vieille cité. Cette petite ville a décidément plus d'un atout puisqu'elle possède aussi un musée du Cartonnage, unique en France. En effet, au 19e s., Valréas prospéra grâce à l'industrie du carton, supplantée depuis par la vigne et la truffe, comme en témoignent les collines tapissées de ceps et de chênes.

Se promener Plan de ville

La **tour de Tivoli** est le dernier vestige des remparts, qui ont aujourd'hui cédé la place à une ceinture de boulevards ombragés de platanes. Les ruelles de la vieille cité abritent d'anciennes demeures comme l'**hôtel d'Aultane** *(36 Grande-Rue)*, avec sa porte surmontée d'armoiries, l'**hôtel d'Inguimbert** *(à l'angle de la rue de l'Échelle)*, avec ses fenêtres à meneaux.

DES PAPES ET DES BULLES

En 1317, afin d'agrandir leur fief du Comtat venaissin où ils se sont réfugiés, les **papes d'Avignon** achètent Valréas, puis Richerenches, Grillon et Visan. Séparé du Comtat par une étroite bande de terre, le territoire forme une bulle pontificale en royaume de France. À la Révolution, cette enclave est rattachée à la France. Habituées à dépendre d'Avignon, les quatre cités deviennent vauclusiennes… alors que leur géographie les situe en Drôme, une curiosité administrative unique en France !

Notre-Dame-des-Vignes (B4) abrite un chœur du 13e s. Statue de la Vierge en bois polychrome vénérée le 8 septembre lors d'un pèlerinage. Boiseries du 15e s. dans la nef.
Par la D 976, regagner Valréas.

NOS ADRESSES À VALRÉAS

HÉBERGEMENT

À Valréas

BUDGET MOYEN

Chambre d'hôte Domaine des Grands Devers – *Rte de St-Maurice par La Montagne - ✆ 04 90 35 15 98 - www.grandsdevers.com - 4 ch. 65 € - repas 20 €.* Posé au milieu des vignes, un ancien mas provençal au charme authentique. Les quatre frères propriétaires sont aussi viticulteurs, tendance agriculture raisonnée. Excellent rapport qualité-prix.

À proximité

BUDGET MOYEN

Hôtel Le Mas du Sillot – *Les Plans - 84600 Grillon - ✆ 04 90 28 44 00 - www.giteprovence.net - ♿ - P - 18 ch. 52 € - rest. 16 €.* Entourée par les vignes, au milieu de l'enclave des Papes, cette ancienne bergerie bénéficie de la protection d'une haie de thuyas, véritable rempart contre le vent. Les chambres sont un peu exiguës, mais très bien tenues. Une adresse d'une grande simplicité, à un prix incroyablement bas pour la région.

POUR SE FAIRE PLAISIR

Chambre d'hôte Le Mas des Sources – *Chemin N.-D.-des-Vignes, rte de Vaison-la-Romaine - 84820 Visan - ✆ 06 98 10 13 00 - www.mas-des-sources.com - P - 5 ch. 75/80 € - rest. 25 € bc.* Posée entre les vignes et un verger, cette ferme restaurée vous propose ses chambres (dont une familiale et une suite) soignées et garnies de quelques meubles chinés. Table d'hôte près du magnifique tilleul à la belle saison. Week-ends à thème célébrant les spécialités locales : le vin et la truffe.

Chambre d'hôte Domaine de Château Vert – *84820 Visan - ✆ 04 90 41 91 21 - www.hebergement-chateau-vert.com - 5 ch. 70 € - repas 23 €.* Imposante demeure du 18e s. dans une propriété viticole et trufficole. Week-ends truffes de fin déc. à mi-mars, sur réservation.

Chambre d'hôte Le Mas du Canal – *9 rte de Grignan - 84600 Grillon - ✆ 04 90 35 62 55 - www.lemasducanal.fr - 3 ch. 75 €.* Au cœur du village, au pied du Vialle, un ancien mas avec terrasse, jardin et piscine.

RESTAURATION

À Valréas

BUDGET MOYEN

Au Délice de Provence – *6 La Placette - ✆ 04 90 28 16 91 - fermé mar. et merc. - menu 17/30 €, carte 47/64 €.* Les murs d'une ancienne synagogue accueillent cette grande salle à manger ensoleillée, où savourer une appétissante cuisine au goût du jour.

À proximité

BUDGET MOYEN

L'Escapade – *Av. de la Rabasse - 84600 Richerenches - ✆ 04 90 28 01 46 - merc.-dim. midi, vend. et sam. soirs - 17/30 €, menu truffes*

50 €. Le QG des trufficulteurs qui s'y réfugient par temps de mistral. Un bon restaurant aussi, tenu par Jeannot « le roi des pieds paquets ».

PETITE PAUSE

Au Pain d'antan – *76 cours du Berteuil - 84600 Valréas - ✆ 04 90 28 15 76 - 6h-13h, 15h-19h30 - fermé merc.* Excellente boulangerie, comme en témoigne la queue permanente. Pains, sandwiches et pâtisseries : tout est savoureux.

BOIRE UN VERRE

Café de La Paix – *26 r. de l'Hôtel-de-Ville - 84600 Valréas - ✆ 04 90 28 14 32.* Ce café vaut surtout pour son magnifique plafond Art nouveau, le seul du Vaucluse.

ACHATS

Marché – Marché traditionnel le mercredi matin.

Marchés aux truffes – *Cours du Mistral - 84600 Richerenches - ✆ 04 90 28 05 34 - www.richerenches.fr.* Richerenches est la capitale de la truffe et a reçu à ce titre l'appellation de « site remarquable du goût », au point qu'une messe rassemblant la Confrérie du « diamant noir » a lieu chaque 3e dimanche de janvier. L'obole des paroissiens ? Des truffes fraîches. Pour s'en procurer, cap sur le marché de Richerenches le sam. (nov.-mars). Celui de Valréas est réservé aux professionnels : leurs transactions sont tellement discrètes que l'on n'y voit pas les truffes.

Chocolats Jef Challier – *16 pl. A.-Briand - 84600 Valréas - ✆ 04 90 35 05 22.* L'un des meilleurs maîtres chocolatiers de la région. Excellentes pâtisseries.

Fromages de chèvre – *C. et V. Charansol - chemin des Étangs - 84600 Valréas - ✆ 04 90 35 58 25 - 17h-20h.* Pour acheter directement au producteur, bien sûr, mais aussi visiter la ferme (traite à 18h).

Cave des Coteaux de Visan – *84820 Visan - ✆ 04 90 28 50 80 - lun.-vend. 8h-12h, 14h-18h (vend. 17h).* Dégustation et achat du visan villages (AOC côtes-du-rhône), caveau rénové en 2009.

ACTIVITÉS

Randonnée pédestre et vélo – L'office du tourisme de Valréas diffuse une pochette gratuite comprenant 18 boucles pédestres et vélo. Parmi elles : circuits pédestres à Valréas, Grillon, Richerenches et Visan ; **circuit des Bornes papales** (11,8 km), au fil des pierres gravées qui délimitaient au 14e s. le territoire de l'Enclave.

Nyons

7 065 Nyonsais – Drôme (26)

NOS ADRESSES PAGE 510

S'INFORMER

Office du tourisme du Pays de Nyons – *Pl. de la Libération - 26110 Nyons - ✆ 04 75 26 10 35 - www.paysdenyons.com - juil.-août : 9h-12h30, 14h30-19h, dim. 10h-13h, 15h-17h, j. fériés 10h-13h ; avr.-juin et sept. : 9h30-12h, 14h30-18h ; oct.-mars : 9h30-12h, 14h30-17h45 - fermé 1er janv., 1er Mai et 25 déc.* Brochures pour découvrir Nyons et ses alentours ; celle consacrée à l'olivier *(Le Sentier des oliviers)* est particulièrement pratique.

SE REPÉRER

Carte de microrégion C4 *(p. 485) – Carte Michelin Départements 332 D7.*
On atteint cette pointe avancée de la Provence, en venant de Vaison-la-Romaine (à 16 km), par la D 538. Après avoir traversé l'Eygues, prendre l'avenue Draye-de-Meyne jusqu'à la place de la Libération, puis sur la droite, la place du Dr-Bourdongle.

À NE PAS MANQUER

Une promenade dans le vieux Nyons ; la découverte de la planète huile d'olive en visitant un moulin, le musée de l'Olivier et… en dégustant l'or vert de Provence !

ORGANISER SON TEMPS

Puisque l'on est dans l'un de ces hauts lieux du bon vivre provençal, prévoyez une petite visite au marché traditionnel du jeudi matin. Autre option : le marché provençal du dimanche matin, de mi-mai à mi-septembre.

AVEC LES ENFANTS

Avis aux petits gourmets : la visite au moulin est très souvent suivie d'une dégustation (ça vaut pour les grands aussi).

Au 2e s., Nyons se nommait Noimagos, contraction de Novio Magos signifiant le « nouveau marché ». Au fait, il a lieu tous les jeudis. Pour tous les oliviers de la terre, Nyons est un véritable paradis. Et ce n'est pas vrai que pour les oliviers ! Ici, les plantes exotiques poussent en pleine terre et les habitués des lieux y passent des hivers très doux… Car la ville a été bâtie au débouché de la vallée de l'Eygues, dans la plaine du Tricastin bien abritée par les montagnes. Ce qui a fait écrire à Jean Giono, un expert en la matière : « Nyons me paraît être le paradis terrestre. » Tout simplement.

Découvrir Plan de ville

LES OLIVES DE NYONS

Vieux moulins

Accès par la promenade de la Digue. ✆ 04 75 26 11 00 - http://vieuxmoulins.free.fr - visite guidée (40mn) juil.-août : tlj sf dim. dép. à 11h30, 15h et 16h ; avr.-juin et sept.-oct. : tlj sf dim. et lun. dép. à 11h et 15h ; fév.-mars : jeu. et sam. dép. à 11h et 15h - fermé nov.-janv. sf vac. de Noël (dép. à 11h et 15h) - 4 € (-12 ans gratuit).

NYONSAIS

René Barjavel (1911-1985), connu pour ses ouvrages, dont *Ravage*, où science-fiction et fantastique expriment l'angoisse ressentie devant une technologie que l'homme ne maîtrise plus, revient aux valeurs pastorales du « bon vieux temps » dans *La Charrette bleue*. L'écrivain, qui passa toute son enfance à Nyons dans la boulangerie paternelle, fait revivre cette période dans ce récit autobiographique.

Dans ces moulins des 18e et 19e s., l'huile fut fabriquée selon les procédés traditionnels jusqu'en 1952. C'était donc le cadre idéal pour évoquer l'histoire de l'oléiculture locale. On visite également une ancienne savonnerie.

Musée de l'Olivier

Allée des Tilleuls. Au nord-ouest de la place Olivier-de-Serres - ✆ 04 75 26 12 12 - ♿ - 8h-12h, 14h30-18h - fermé dim. - 1,50 € (enf. 1 €).

Il présente un inventaire de l'outillage traditionnel nécessaire à la culture de l'olivier et à la fabrication de l'huile. Nombreux objets, comme des lampes, se rapportant aux utilisations multiples de celle-ci. Des documents complètent cette présentation.

Moulin Ramade

En direction de Gap, prenez la quatrième rue à gauche. ✆ 04 75 26 08 18 - lun.-sam. 9h-12h, 14h-18h30 - possibilité de visite guidée (15mn) - fermé dim. - gratuit.

La première salle contient les meules et les presses utilisées pour la fabrication de l'huile d'olive. La seconde sert à l'affinage et au stockage.

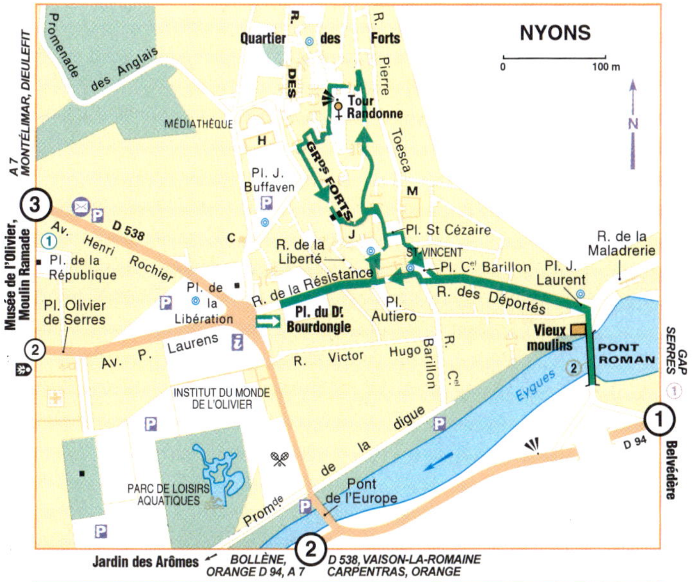

SE LOGER	SE RESTAURER
Une Autre Maison .... ①	La Charrette Bleue .... ①

Se promener Plan de ville

★ Le vieux Nyons

Circuit tracé en vert sur le plan p. 509.

Pour découvrir ce vieux quartier, bâti sur une colline, partez de la **place du Dr-Bourdongle**, entourée d'arcades. Par la rue de la Résistance, puis, à gauche, celle de la Mairie, gagnez la **rue des Petits-Forts**, étroite venelle dont les maisons basses datent du début du 14e s. Au bout, sur une place, la **tour Randonne** du 13e s. abrite la minuscule chapelle de Notre-Dame-de-Bon-Secours. Prenez à gauche la rue de la chapelle pour rejoindre la **rue des Grands-Forts★**, longue galerie couverte dont les murs épais sont percés de fenêtres. Franchissant la haute porte voûtée, vestige du château féodal, tournez à gauche dans le Maupas, rue à degrés qui ramène rue de la Mairie.

Par les places St-Cézaire et Col.-Barillon, puis la rue des Déportés, on rejoint les rives de l'Eygues et le **pont roman★** (Vieux Pont), pont en dos d'âne des 13e et 14e s. Son arche, de 40 m d'ouverture, est une des plus hardies du Midi.

Revenez sur vos pas et rejoignez la Promenade de la Digue pour accéder au **jardin des Arômes**. Dans cet agréable jardin botanique (collection de plantes aromatiques, médicinales et à parfum) se mêlent les effluves.

Belvédère

Franchissez le Nouveau Pont, prenez à gauche la D 94, laissez le Vieux Pont sur la gauche ; passez sous le tunnel et tournez à droite. Du piton rocheux (banc), **vue** sur le vieux Nyons dominé par la montagne d'Angèle (alt. 1 606 m) ; la vallée de l'Eygues, encaissée à droite, contraste avec le large bassin, à gauche, où se déploie la ville nouvelle.

NOS ADRESSES À NYONS

VISITE

Institut du monde de l'olivier – *Afidol - 40 pl. de la Libération - 26110 Nyons - ✆ 04 75 26 90 90.* Il abrite des expositions permanentes et temporaires, ainsi qu'un centre de documentation sur l'olivier. Il organise également des initiations à la dégustation des huiles d'olive - *2 € (-16 ans gratuit) avec accès aux expositions temporaires - juil.-août : gratuit (dégustation des huiles d'olive : 1 €).*

HÉBERGEMENT

À Nyons

BUDGET MOYEN

Une Autre Maison – *Pl. de la République - ✆ 04 75 26 43 09 - www.uneautremaison.com - fermé 15 nov.-8 janv. - 10 ch. 60/150 € - ☕ 15 € - rest. 38 €.* Cette « autre maison » allie le charme du 19e s. au confort et au bien-être actuels. Chambres aux ravissants décors personnalisés, jardin délicieux et piscine. Cuisine actuelle de saison servie le soir dans un intérieur plein de cachet ou en terrasse.

RESTAURATION

À proximité

BUDGET MOYEN

La Charrette Bleue – *7 km au nord-est de Nyons sur D 94 (rte de Gap) - ✆ 04 75 27 72 33 - www.lacharrettebleue.net - fermé 15 déc.-31 janv., dim. soir d'oct. à mars, mar. de sept. à juin et merc. - P - 20/45 €.* Impossible de rater cet ex-relais de poste (18e s.) en pierres calcaires, avec sa charrette bleue posée sur le toit ! Joli cadre rustique, cuisine régionale et vins choisis.

ACHATS

Les oliviers fournissent les olives (en particulier la variété noire de Nyons, dite « tanche ») et l'huile qui font la réputation de la ville. Nyons est aussi un des marchés français de la truffe. Enfin, on distille la lavande et autres plantes aromatiques.

Marchés – Marché traditionnel jeudi matin. Marché provençal (artisanat, produits régionaux) dimanche matin de mi-mai à mi-septembre.

Coopérative du Nyonsais – *Pl. Olivier-de-Serres - ☎ 04 75 26 95 00 - www. coop-du-nyonsais.com - 9h-12h15, 14h-18h30, dim. et j. fériés 10h-12h30, 14h-18h - fermé 1er janv., 1er Mai et 25 déc.* Depuis 1923, cette coopérative commercialise des spécialités régionales telles que vins de pays, côtes-du-rhône, huiles d'olive et produits dérivés, miel, jus d'abricot et plantes aromatiques. À quelques pas, dans un moulin moderne, on peut suivre la fabrication de l'huile d'olive vierge obtenue en une seule pression à froid *(3 €)*.

Le Moulin Dozol Autrand – *Promenade de la Digue - le Pont-Roman - ☎ 04 75 26 02 52 - www. moulin-dozol.com - 9h-12h, 14h-18h - fermé dim. et 5-25 oct.* Nouvelles normes obligent, les vieilles meules de ce moulin bâti en 1750 ont tourné pour la dernière fois en 1998. Désormais transformé en boutique, vous y trouverez bien sûr l'huile d'olive AOC Nyons, mais aussi savons, tapenades, miels, aromates et autres produits régionaux. En décembre et janvier, pleine période de fabrication, vidéo-visite du nouveau moulin.

Distillerie Bleu-Provence – *58 promenade de la Digue - ☎ 04 75 26 10 42 - www. distillerie-bleu-provence.com - janv.-mars : 9h30-12h15, 14h30-18h30 ; avr.-déc. : tlj ; en période de distillation : fermé lun.* Construite en 1939, cette distillerie de plantes aromatiques et à parfum vous propose toute l'année une découverte de la distillation et des huiles essentielles. Accès libre. Visite guidée sur RV. De juin à septembre, il est possible d'assister aux distillations. Boutique.

La Scourtinerie – *36 r. La Maladrerie - ☎ 04 75 26 33 52 /06 52 - www. scourtinerie.com - magasin : de mai à fin août : tlj sf dim. 9h30-12h, 14h30-19h ; sept.-avr. : 9h30-12h, 14h30-18h30 ; atelier : été : tlj sf w.-end. 9h30-12h, 14h-18h ; reste de l'année : tlj sf w.-end 9h-12h, 14h-17h - fermé dim. et j. fériés.* Fondée en 1882, cette entreprise familiale est la seule à fabriquer le scourtin (du provençal *escourtin*), sorte de panier plat en fibre de coco servant à l'extraction de l'huile contenue dans les olives après broyage. Aujourd'hui, cette maison réputée confectionne également des tapis et propose une large gamme d'artisanat provençal.

Crest

7 786 Crestois – Drôme (26)

NOS ADRESSES PAGE 517

S'INFORMER

Office de tourisme – *Pl. du Dr-Maurice-Rozier - 26400 Crest - ☏ 04 75 25 11 38 - www.crest-tourisme.com - juil.-août : lun.-sam. 9h-18h, dim. 9h-12h ; juin et sept. : lun.-sam. 9h-12h, 14h-17h30 ; reste de l'année : lun. 14h-17h30, mar.-vend. 9h-12h, 14h-17h30, sam. et j. fériés 9h-12h - fermé dim. sf en juil.-août.*

SE REPÉRER

Carte de microrégion C1 *(p. 484) – Carte Michelin Départements 332 D5.*
À 28 km au sud-est de Valence, cette ancienne porte fortifiée des Préalpes drômoises ouvre la route de Die.

À NE PAS MANQUER

La vue sur Crest (*prononcez crè*) et ses environs depuis le haut du donjon ; la route des Préalpes drômoises.

ORGANISER SON TEMPS

Comptez 1h pour la découverte de la ville et une demi-journée pour le circuit.

AVEC LES ENFANTS

Les nombreuses espèces d'oiseaux à Upie ; les œufs à anecdotes de Soyans ; l'Aquarium tropical du Val-de-Drôme et la gare des Ramières à Allex ; le Drôme Perroquets Spectacles à Bren *(voir « Nos adresses à Crest »).*

Une impression de rude puissance se dégage de cet imposant donjon qui domine la ville et la plaine de Valence. Il y a de quoi, car avec ses 52 m de haut, il est quand même le plus haut de France ! Il a donné du fil à retordre à ses assaillants comme à ses prisonniers dont les échelles ou les cordes se révélaient toujours trop courtes. Il n'est pourtant qu'un vestige, certes majestueux, d'une grande place forte qui compta jusqu'à trois châteaux avant d'être démantelée en 1633 sur ordre de Louis XIII.

Se promener

Montée au donjon

Accès par l'escalier situé à gauche de l'église St-Sauveur, la rue du Vieux-Gouvernement et la rue de la Tour. Pour accéder en voiture jusqu'au parking au pied de la tour, longez la Drôme par le quai de Verdun et tournez à gauche dans la rue de la Calade.
De la rue de la Tour s'offre une vue curieuse sur les vieux toits de Crest et le « casque » en ardoises couronnant la croisée du transept de l'église St-Sauveur.

★ Donjon

184 marches jusqu'à la terrasse supérieure. ☏ 04 75 25 32 53 - www.mairie-crest.fr/tour/ - de déb. mai à mi-sept. : 10h-19h ; des vac. de fév. à déb. mai et de mi-sept. à fin oct. : 14h-18h - fermé 1er janv. et 25 déc. - 6 € (-13 ans 3 €) - à l'intérieur, les différents cachots et salles voûtées présentent des expositions thématiques et s'animent de spectacles en saison.

En parcourant les petites rues de Crest.
Office du tourisme de Crest et sa région

Le donjon de Crest, ou « la Tour », est en fait constitué de trois tours d'époques différentes réunies par un solide mur-bouclier ou « manteau ». Il fut élevé sur une crête de rochers en plusieurs étapes du 11e au 15e s.; le mur nord, le plus haut, atteint presque 52 m. La citadelle fut amputée sur ordre de Louis XIII. À l'intérieur, le **tympan** (16e s.) de l'ancienne porte de l'église St-Sauveur offre une représentation unique, sans doute un peu idéalisée, du château avant sa destruction.

La première terrasse comporte un sol constitué de grandes dalles soigneusement appareillées, inclinées vers une rigole centrale qui alimentait la citerne avec les eaux de pluie recueillies. Elle ne fut couverte qu'au 15e s.; de puissantes arcades ainsi que d'énormes poutres soutiennent le toit.

De la terrasse supérieure, on découvre les toits de Crest; au-delà s'étend un superbe **panorama★**, au nord-est, sur la montagne de Glandasse et les contreforts du Vercors, au sud sur la chaîne de Roche-Courbe avec les Trois-Becs, puis Roche-Colombe; à l'ouest, l'horizon tourmenté des serres vivaroises s'élève jusqu'au Gerbier-de-Jonc et au Mézenc, visibles par temps très clair.

Outre des salles voûtées, le donjon renferme des cachots ou furent successivement détenus des protestants sous Louis XIII, des prisonniers de guerre pendant la Révolution et 600 républicains hostiles au coup d'État de Louis-Napoléon Bonaparte. Lisez leurs intéressants graffiti.

En descendant du donjon, laissez à gauche l'escalier emprunté à la montée et poursuivez le chemin de corniche qui contourne le chevet de l'ancienne église des Cordeliers.

En contrebas, à gauche, quelques marches conduisent à un passage voûté : le **portique des Cordeliers** comportant cinq travées d'ogives, qui débouche sur l'**escalier des Cordeliers**. Composé de 124 marches, dont 80 sont taillées dans le rocher, ce monumental escalier produit un bel effet, surtout vu d'en bas.

Vieilles demeures

Bordant l'axe principal ou les rues avoisinantes, subsistent de vastes immeubles élevés par la bourgeoisie crestoise aux 16e et 17e s. : portails à bossages, au no 11 rue des Cuiretteries, rue des Boucheries, juste avant le passage voûté débouchant sur la rue de l'Hôtel-de-Ville et au no 2 place du Général-de-Gaulle.

Dans la rue de la République, au n° 10, le portail en plein cintre présente une clef sculptée d'un motif en forme de feuillage; au n° 14, trois têtes en haut-relief ornent la façade.

À proximité Carte de microrégion

Pivoines Rivière

Empruntez la D 93 en direction de Valence puis prenez à gauche après la voie ferrée. Quartier La Plaine - 26 400 Crest - 04 75 25 44 85 - www.pivoinesriviere.com - de mi-avr. à mai : tlj 9h-12h, 14h-17h30 ; reste de l'année : lun.-vend. 9h-12h, 14h-17h30 - fermé Pâques, Ascension et Pentecôte - gratuit.

Exploitée depuis 1849 par la famille Rivière, cette pépinière a fait de la pivoine sa production exclusive. 650 espèces arbustives, herbacées ou hybrides sont exposées mêlant variétés anciennes et créations originales. Un magnifique parterre fleuri de 4 000 m² qu'il convient d'admirer au printemps.

Jardin des oiseaux à Upie B1

11 km au nord. Quittez Crest par la D 538 en direction de Chabeuil, puis à gauche, la D 142 vers Upie. 04 75 84 18 71 - www.jardin-aux-oiseaux.com - avr.-sept. : 10h-19h ; reste de l'année : apr.-midi - 11 € (3-13 ans 7/9 €).

Dans un superbe parc de 6 ha, une agréable promenade permet de découvrir plus de 200 espèces d'oiseaux d'Europe et des tropiques : oiseaux-mouches, grues couronnées, flamants, nandous, pélicans, autruches, calaos, ainsi que de nombreux rapaces et perroquets. Une **serre tropicale** permet d'approcher ces oiseaux exotiques multicolores dans leur cadre naturel reconstitué.

Le parc contribue à la protection et à l'élevage d'espèces menacées. Du printemps à l'automne, spectacles de perroquets, rapaces, cigognes, ibis, pigeons culbutants. Mini-ferme et promenades à poney pour les enfants.

Itinéraire conseillé Carte de microrégion

★ LES PRÉALPES DRÔMOISES

83 km. Voir le circuit sur la carte de microrégion p. 484. Comptez environ 3h. Quittez Crest à l'est par la D 93. À Aouste-sur-Sye, franchissez la Drôme en direction de Saoû.

Après un premier passage étroit, le pas de Lauzens, séparant Roche-Colombe des pentes du Faucon, la route s'élève et débouche en vue d'un **cirque★**, fermé au fond par les **Trois-Becs** de Roche-Courbe.

Au défilé du pertuis de la Forêt, où s'engouffre la Vèbre, laissez à gauche la route privée de la forêt de Saoû.

★ Forêt de Saoû C2

Propriété privée, site classé, elle est cependant libre d'accès sauf quelques jours pendant la période de chasse.

C'est un spectaculaire exemple de synclinal perché *(pli géologique)*, formé extérieurement de falaises à pic et recouvert à l'intérieur par un abondant manteau forestier *(chênes blancs et pins sylvestres sur la rive droite de la Vèbre, hêtres sur la rive gauche)*. Isolée au cœur de la forêt, l'auberge des Dauphins est une folie (1930) d'un milliardaire alsacien, copiée sur le Petit Trianon de Versailles.

À la sortie du défilé, jolie vue sur le « Roc », isolé à gauche ; à droite se dressent les rochers des Aiguilles.

Saoû C2

Que ce village semble petit devant les grands reliefs qui marquent l'entrée de la forêt de Saoû ! Petit, certes, mais agréable et dynamique. Il est célèbre pour la production du fromage de chèvre local : le **picodon** est d'ailleurs classé AOC.

À Saoû, empruntez à gauche la D 538, puis la D 328^B sur la droite.

Le Poët-Célard C2

Une mairie, un temple et un château sont réunis dans ce minuscule village logé au creux d'un virage, qu'une lente résurrection arrache à ses ruines depuis les années 1980.

Continuez sur la D 328, puis la D 310 vers Pont-de-Barret. Traversez le village et prenez la D 128.

Soyans C2

Vous arrivez par une jolie perspective. Du château, brûlé à la Révolution, ne restent que des ruines. Le village médiéval se résume à une rue bordée de maisonnettes, et à une ancienne chapelle abritant le petit **musée de l'Œuf**. Constitué sur la base d'une collection personnelle de vrais œufs (du dinosaure à l'escargot) et d'objets s'en inspirant, il associe chaque trouvaille à une anecdote pittoresque. *04 75 76 00 15 - www.lemuseedeloeuf.eu - ♿ - vac. de Pâques et juin-sept. : tlj sf mar. 15h30-19h ; reste de l'année : sur demande préalable - gratuit.*

Un sentier monte parmi les herbes folles vers la petite église romane et les ruines du château, qu'on ne peut approcher (barrières de sécurité).

Revenez sur vos traces jusqu'à la D 136, que vous prenez à droite pour gagner Puy-St-Martin. De là, par la D 107, gagnez Roynac et son vieux village, puis le col du Devès. Prenez à gauche la D 105 vers le col de Tartaiguille et Marsanne.

La descente offre de très belles vues sur la vallée et le site de Marsanne.

Marsanne B2

Patrie d'**Émile Loubet**, président de la République de 1899 à 1906. Le bourg est dominé par les vestiges d'un village féodal, escaladant un éperon rocheux. En haut d'une ancienne porte fortifiée, église romane du prieuré St-Félix.

Au nord du village, dans un vallon de la forêt de Marsanne, la **chapelle Notre-Dame-de-Fresneau** édifiée par Pierre Bossan, architecte de Fourvière à Lyon, accueille un pèlerinage depuis le 12e s. *(le 8 septembre ou le dimanche le plus proche).*

Par la D 57, gagnez Mirmande.

Mirmande B1

Laissez la voiture en bas du village. Cet ancien bourg fortifié, dont les vieilles maisons s'étagent joliment au flanc d'une colline, est réputé pour la beauté de ses **toits★** de tuiles romaines. Vers 1930, grâce au peintre cubiste **André Lhote** (1885-1962), s'y établit une colonie d'artistes séduits par le site. La ville eut aussi un maire célèbre, en la personne du volcanologue **Haroun Tazieff** (1914-1998). La montée à l'église Ste-Foy (12e s.), tout en haut du village, procure de belles vues sur la vallée du Rhône et les monts du Vivarais.

Rejoignez la N 7 que vous prenez vers le nord jusqu'à Livron-sur-Drôme. Dirigez-vous vers Allex par la D 93^A.

Allex B1

Bâti sur une butte calcaire, ce village perché est dominé par une tour, unique vestige d'un château du 11e s.

Aquarium tropical du Val-de-Drôme – *Quartier La Butte - 04 75 62 62 11 - www.aquarium-des-tropiques.com - - juil.-août : 10h-19h ; reste de l'année : 13h30-18h - fermé 1er janv. et 25 déc. - 7 € (-13 ans 5 €).* Résultat du travail acharné de passionnés depuis 1985, l'exposition présente différentes espèces de cichlidés (poissons tropicaux d'eau douce) venant de Madagascar, des grands lacs africains, d'Amérique centrale, d'Amazonie ou d'Asie.

★ Réserve naturelle des Ramières B1

Cette zone, protégée depuis 1987, s'étend sur 10 km le long de la Drôme, entre Crest et Livron, et doit son nom aux vastes forêts humides qui la composent. Façonnés par les irrégularités hydrologiques de la rivière, les paysages sont parsemés de bancs de galets, bras morts, vasières et mares propices au développement de nombreuses espèces aquatiques, végétales et animales.

Pour mieux comprendre la richesse de cet écosystème, la **gare des Ramières**, transformée en « station nature », offre une multitude d'installations ludiques parmi lesquelles une mare vitrée, un fluviarium ou encore une hutte de castor reconstituée. *Rte de la Gare - 26400 Allex - 04 75 41 04 41 - www.lagaredesramieres.com - - juil.-août : jeu.-dim. 14h-19h ; avr.-juin et sept.-oct. : merc. et w.-end 14h-18h - 3 € (-10 ans gratuit).*

Prolongez le plaisir en partant à la rencontre des libellules, papillons et castors grâce à deux sentiers de découverte : au départ d'Allex, le **sentier du Castor**, une boucle balisée en jaune d'environ 1h30 de marche en forêt et en bordure de rivière, ou encore le **chemin de Crest à Livron**, 20 km à parcourir à vélo avec un retour possible en train par la ligne régionale Livron/Crest.

Traversez la Drôme par la D 125.

Chabrillan B1

À visiter de préférence en mai-juin. Garez-vous place Pierre-Barnier.

Parmi les « villages botaniques » perchés, Chabrillan se distingue par la recherche et la variété de ses plantations. Au printemps, ne manquez pas les collections de pivoines (à votre point de départ) et d'iris (à l'entrée du village), les massifs mettant en valeur les ruines du château (11e s.), le jardin des remparts, la tonnelle parfumée en contrebas, et les ruelles fleuries recelant quelques lilas à feuille de persil ou albizzias aux duveteux pompons roses.

Retour à Crest par la D 104.

NOS ADRESSES À CREST

HÉBERGEMENT

À proximité

BUDGET MOYEN

Chambre d'hôte Le Mas Ste-Marie – *Hameau des Bernards - 26400 Piégros-la-Clastre - ✆ 04 75 40 30 42 - www.mas-sainte-marie.com - ⊭ - 5 ch. 58 € ☕ - repas 20 €.* Cette magnanerie qui date en partie du 16e s. a bénéficié d'une belle restauration et dispose désormais de 5 chambres confortables, sobres et coquettes. On prend vite plaisir à caresser du regard les paysages alentour. Côté cuisine, vous apprécierez le compromis entre terroir et créativité.

RESTAURATION

À Crest

BUDGET MOYEN

La Tartine – *13 r. de la République - ✆ 04 75 25 11 53 - www.latartine-restaurant.fr - fermé midi sf dim. et lun. - formule déj. 12,50 € - 16/29 €.* Presque caché au cœur de la vieille ville, ce petit restaurant fait le bonheur des papilles grâce à sa cuisine élaborée avec des produits souvent « bio » et toujours frais. Et aussi le bonheur des yeux lorsque les artistes locaux exposent leurs tableaux et photographies. Peu de places, sachez donc garder le secret…

Le Moulin de Crupies – *26460 Crupies - ✆ 04 75 53 39 16 - www.lemoulindecrupies.com - menu 25 € , carte 30 € - 7 ch. 59/85 € - ☕ 9 €.* La route départementale passe au bout de l'allée mais le bruit et l'agitation sont déjà loin quand on passe les portes de ce moulin, dont la restauration et l'animation sont une affaire de passion familiale. Le jardin, où l'on peut prendre ses repas à l'ombre d'un vénérable platane, mêle son atmosphère joyeuse et décontractée à l'accueil attentif des hôtes. La cuisine, soignée, excelle dans quelques spécialités régionales.

EN SOIRÉE

Drôme Perroquets Spectacles – *Les Chionnes - 26260 Bren - ✆ 04 75 03 59 12 - www.perroquet-spectacle.com - juin-août : spectacle à 14h30 et 16h ; sept. : merc. et w.-end à 14h30 ; mai : merc., dim. et j. fériés à 14h30.* L'occasion unique de voir toutes sortes de perroquets faire de la trottinette, de la voiture ou du patin à roulettes. On serait presque surpris de découvrir qu'ils savent surtout voler ! Vous pourrez aussi les contempler dans le parc ornithologique où ils coulent des jours plus paisibles.

ACHATS

Spécialités – Au nombre des spécialités crestoises comptent la **défarde**, plat mitonné à base de tripes d'agneau, et les **picodons**, petits fromages de chèvre.

Le Valentinois et le Bas-Dauphiné

9

Carte Michelin Départements 332 et 333 – Drôme (26) et Isère (38)

Rue de Crémieu.
S. Lopez Ferrer / MICHELIN

LE VALENTINOIS ET LE BAS-DAUPHINÉ

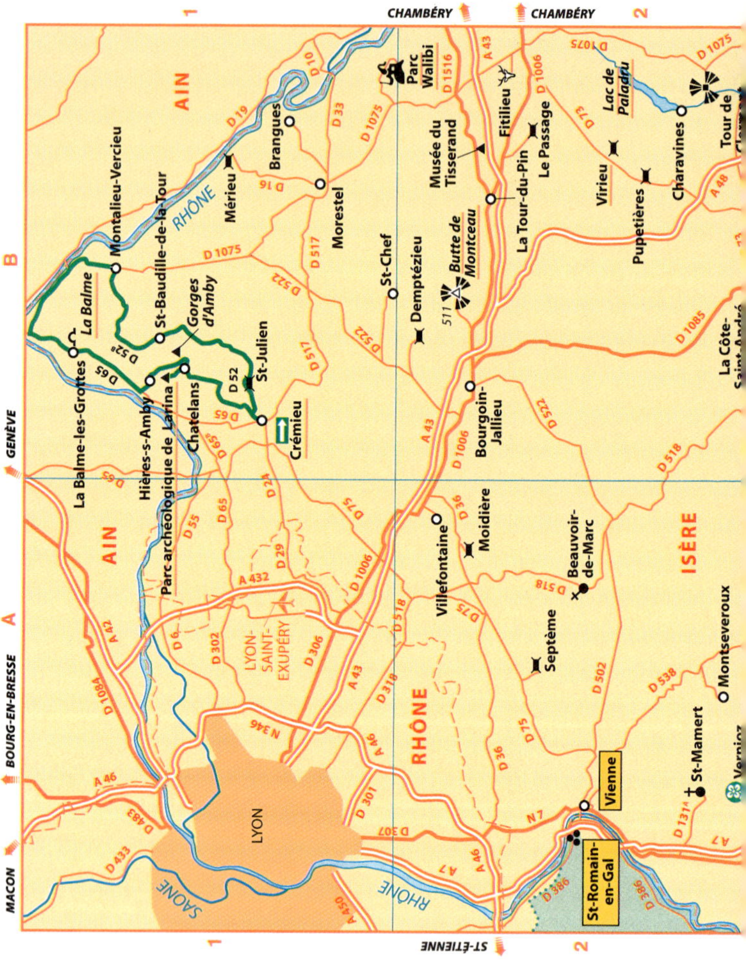

LE VALENTINOIS ET
LE BAS-DAUPHINÉ
0
8 km
N
Vienne
★★ Mérite un détour
Crémieu
★ Intéressant
Romans-s-Isère
À voir
Itinéraire conseillé
avec ville de départ
GRENOBLE
ORANGE, AVIGNON
PARC NATUREL
RÉGIONAL
DU VERCORS
DRÔME
Isère
Palais Idéal
Tullins
N.-D.-de-l'Osier
Vinay
Bressieux
Châtenay
Marnans
Roybon
St-Antoine-
l'Abbaye
St-Marcellin
Chatte
La Sône
Arthaudière
Hostun
Beaurepaire
Lens-Lestang
Labyrinthes
Hauterives
Bresson
Manthes
Mantaille
Ville-sous-
Anjou
Roussillon
Tour
d'Albon
La Motte-
de-Galaure
Ratières
Bathernay
Charmes-sur-l'Herbasse
St-Donat-
sur-l'Herbasse
Mours-St-Eusèbe
Romans-
s-Isère
Bourg-de-
Péage
Montélier
St-Andéol
Bren
Chantemerle-
les-Blés
Tain-l'Hermitage
Curson
Tournon-
s-Rhône
Belvédère de
Pierre-Aiguille
334
Champagne
Andance
Valence
Chât. de Crussol
St-Romain-
de-Lerps
A 7
A 49
N 7
N 532
D 1092
D 1532
D 518
D 519
D 538
D 532
D 86
3
4
A
B

Valence

★

65 263 Valentinois – Drôme (26)

NOS ADRESSES PAGE 528

S'INFORMER

Office de tourisme – *Parvis de la Gare - 26000 Valence - ✆ 0 892 707 099 (0,34 €/mn) - juin-août : lun.-sam. 9h30-18h30, dim. et j. fériés 10h-15h30 ; sept.-mai : lun.-sam. 9h30-12h30, 13h30-18h (sam. 17h), dim. et j. fériés 10h-12h, 10h-15h30 - fermé 1er janv., 25 déc. et 1er Mai.* Labellisée Ville d'art et d'histoire. Visites guidées.

SE REPÉRER

Carte de microrégion A4 *(p. 521) – Carte Michelin Départements 332 C4.*

La ville se situe à 103 km au sud de Lyon. Desservi par l'A 7 et la N 7, ce centre de la moyenne vallée du Rhône est un pôle d'attraction pour les départements de la Drôme et de l'Ardèche.

À NE PAS MANQUER

Les sculptures de la maison des Têtes ; le lever ou le coucher de soleil de l'esplanade.

ORGANISER SON TEMPS

Comptez une demi-journée pour la ville et ses environs.

AVEC LES ENFANTS

Le parc Jouvet.

Valence doit son développement à sa situation sur le Rhône, au débouché des vallées affluentes du Doux, de l'Eyrieux, de l'Isère et de la Drôme qui délimitent un vaste bassin intérieur, où pointe déjà comme un air de Midi. Dominée par sa cathédrale, la cité est bâtie sur un ensemble de terrasses descendant vers le fleuve. Le vieux Valence, entouré de boulevards percés au 19e s. à l'emplacement des anciens remparts, conserve un lacis de ruelles commerçantes et de « côtes » pittoresques, animées en saison par les « Fêtes de l'été ».

Se promener Plan de ville

LA VIEILLE VILLE

Circuit tracé en vert sur le plan ci-contre. Comptez 2h pour la balade. Partez du kiosque Peynet.

Kiosque Peynet B2

Les célèbres amoureux peints en 1942 à Valence par le dessinateur **Raymond Peynet** (1908-1999) aimaient s'installer aux abords de ce kiosque bâti en 1880 au milieu du Champ-de-Mars.

Champ-de-Mars B2

Face au Rhône, cette vaste esplanade domine le parc Jouvet où vous pourrez passer un agréable moment en fin de promenade. Le belvédère procure une belle **vue★** sur la montagne de Crussol *(voir Tournon-sur-Rhône p. 351)*, réputée tant pour ses levers que ses couchers de soleil.

Empruntez l'escalier en contrebas du belvédère, traversez l'avenue Gambetta et rejoignez, en face, l'étroite rue des Repenties. Juste après une station de bus, prenez à droite la côte St-Estève qui monte à la cathédrale que vous contournez par la gauche.

Pendentif B2

Ce petit monument funéraire a été construit en 1548, sur le mode antique. L'édifice, de proportions harmonieuses, ouvert sur chaque face d'une large baie en plein cintre, tire son nom de la forme de sa voûte, évoquant les pendentifs d'une coupole ; remarquez le curieux motif lancéolé surmontant les piliers d'angle intérieurs.

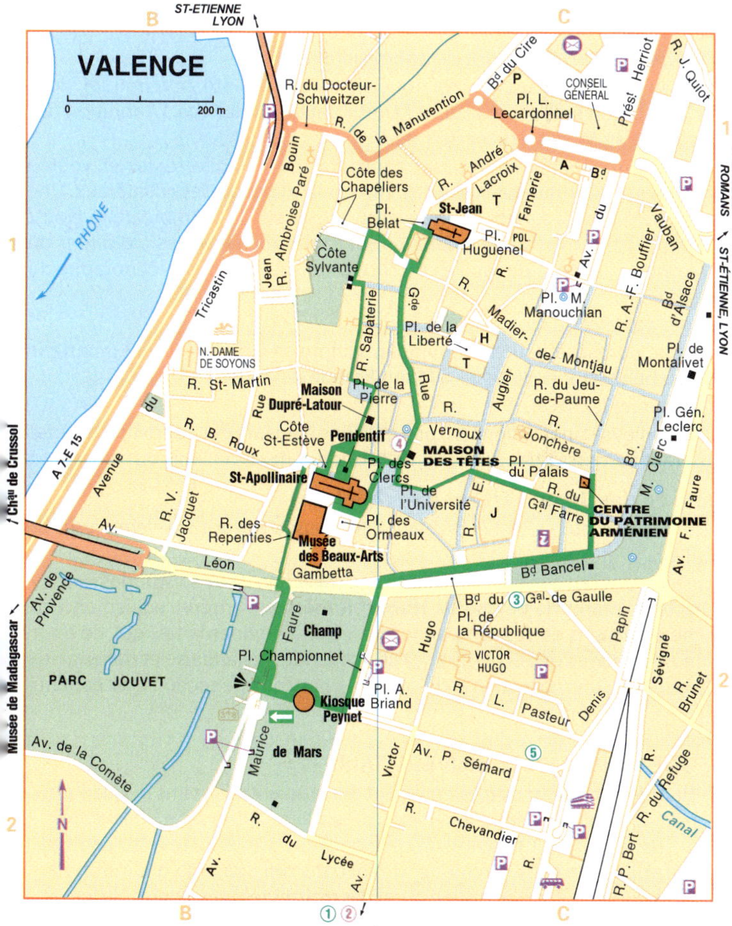

SE LOGER		SE RESTAURER
Chambre d'hôte La Mare.... 1	Les Négociants................ 5	Le Bistrot des Clercs......... 4
Hôtel de France.................. 3		Le 7.................................. 2

QUAND NAPOLÉON ÉTAIT UN AUTEUR MODÉRÉ...
En 1785, un jeune lieutenant artilleur de 16 ans, **Napoléon Bonaparte**, est affecté en garnison à Valence. Le jeune homme habite presque en face de la maison des Têtes où un libraire tient boutique. En moins d'un an, il dévore le fonds de la librairie et noue des liens d'amitié avec le libraire, Marc Aurel. Liens assez étroits pour que le fils d'Aurel publie en 1793 à Avignon le célèbre *Souper de Beaucaire*, dans lequel l'artilleur, devenu capitaine, expose des idées, très modérées, sur la Révolution.

Cathédrale Saint-Apollinaire B2

C'est un vaste édifice roman en grande partie reconstruit au 17e s. dans le style primitif. Le clocher néo-roman (19e s.) présente, sur un soubassement en calcaire blanc de Crussol, deux étages supérieurs en mollasse jaune de St-Restitut.

Pénétrez dans la cathédrale par la porte nord.

Sous le porche, à gauche, remarquez le linteau sculpté en réemploi, dont les compartiments représentent l'Annonciation, la Nativité, l'Adoration des Mages et les Mages devant Hérode.

★ **Intérieur** – L'influence du roman auvergnat est manifeste; la nef, voûtée en berceau sur doubleaux, est éclairée par les fenêtres des collatéraux. Une arcature reposant sur des colonnes sépare le chœur du déambulatoire. Notez la profondeur, inhabituelle dans les édifices rhodaniens, des croisillons du transept. En arrière des stalles du chœur se trouve le buste-cénotaphe du pape Pie VI.

Sortez par la porte sud.

Sous le porche, à gauche, le tympan sculpté de l'ancien portail montre le Christ bénissant. Au linteau, la Multiplication des pains.

Contournez le chevet.

Harmonieusement ordonné, il présente une élégante décoration de billettes courant au-dessus des arcatures de l'abside et des croisillons du transept.

Musée des Beaux-Arts et d'Archéologie B2

4 pl. des Ormeaux - ✆ 04 75 79 20 80 - www.musee-valence.org - fermé jusqu'en 2012.

Installé dans l'ancien évêché, il abrite une collection de 97 **sanguines★★**, dessins et peintures du paysagiste **Hubert Robert**, et conserve également une série de dessins de ses compagnons à Rome (Fragonard et Ango), de nombreuses œuvres des écoles française, flamande, hollandaise et italienne du 16e au 19e s., une collection archéologique, ainsi qu'une section d'art contem-

UNE VIEILLE VILLE UNIVERSITAIRE
Nombre d'habitants de Valence sont des étudiants. Certains fréquentent notamment les écoles d'ingénieurs de la ville, d'autres la faculté de droit. Cette dernière est héritière de celle que fonda en 1452 le futur Louis XI qui apprenait alors son métier de roi dans son apanage du Dauphiné. L'enseignement y était dispensé par des maîtres réputés, comme le juriste **Jacques Cujas** (1520-1590). La fille de l'austère professeur qui, dit-on, était plus portée sur la bagatelle que sur le droit, aurait eu quelques bontés pour un étudiant nommé **François Rabelais**... qui se souvint de son séjour valentinois lorsqu'il composa son *Pantagruel*.

Des horreurs mémorables

UNE « BÊTE FURIEUSE »

C'est ainsi que Coligny qualifiait François de Beaumont, **baron des Adrets**, Dauphinois né au château de la Frette en 1513. Officier de l'armée royale, devenu protestant en 1562 par ressentiment contre les Guise, il prend la tête des troupes protestantes de la région. À l'époque, la pénétration de la Réforme à Valence, que l'évêque Jean de Monluc avait favorisée, se heurte au gouverneur de la ville, **La Motte-Gondrin** : trois huguenots sont pendus pour l'exemple l'année même.

À l'annonce de la nouvelle, les bandes du baron fondent sur la ville, s'en emparent et massacrent les catholiques. La Motte-Gondrin est à son tour pendu à une fenêtre de sa maison, en face du lieu d'exécution des trois protestants. Mais le baron des Adrets ne s'arrête pas en si bon chemin. Ses bandes ravagent les deux rives du Rhône, du Lyonnais au Languedoc et à la Provence, s'en prenant aux cathédrales de Lyon, de Vienne et de Valence, et le baron fait honneur à sa douteuse réputation en obligeant ses prisonniers catholiques à se jeter dans le vide du haut d'une tour du château de Montbrison. Il embrassa à nouveau la foi catholique après l'édit de pacification d'Amboise du 15 mars 1563 et se retourna dès lors contre ses anciens amis…

UN FLÉAU DE L'HUMANITÉ

Voltaire rangeait dans cette catégorie la Commission de Valence (aussi appelée Commission du conseil ou Chambre de Valence), un tribunal d'exception créé en 1733 par les fermiers généraux pour lutter contre la contrebande d'étoffes et de tabac. Ses sentences, exécutoires dans les 24 heures, étaient sans appel : en quelques années, sur 767 accusés, un seul fut acquitté, les autres étant pendus, roués ou envoyés aux galères.

C'est devant ce tribunal d'exception que comparut, en 1755, le célèbre **Louis Mandrin**, né 30 ans plus tôt à St-Étienne-de-St-Geoirs. À l'instar de nombreux Dauphinois, il s'était fait contrebandier et avait entamé une série de campagnes fructueuses dont l'audace stupéfiait et faisait rire la France entière. Rodez, Montbrison, St-Chamond, Brioude, Bourg-en-Bresse, Ambert, Beaune, Autun reçurent la visite des bandes de Mandrin, qui y tenaient marché ouvert en plein jour. Mandrin réussit toujours à échapper à ses poursuivants.

Jusqu'au jour où… l'armée dépêchée contre lui viola le territoire savoyard, où le contrebandier se croyait à l'abri. Écroué à Valence, Mandrin fut condamné à être roué vif. Le 26 mai 1755, la place des Clercs était noire de monde : 6000 étrangers ont rejoint les Valentinois pour assister au supplice. Mandrin déclare au bourreau : « Fais ton devoir, mon ami, aussi promptement que tu le pourras », et, tandis que son confesseur s'évanouit, il boit un verre de la liqueur de la Côte, pour se donner du courage. Le supplice ne lui arrache pas un cri. Huit minutes après, il est étranglé, faveur spéciale accordée à la demande de l'évêque de Valence.

HUBERT ROBERT (1733-1808)
Après avoir fait ses débuts à Paris dans l'atelier du sculpteur Michel-Ange Slodtz (auteur du mausolée des archevêques à Vienne), Hubert Robert se rend à Rome en 1754 sur le conseil de Joseph Vernet. Il y restera onze ans.
Les ruines sont alors à la mode. Hubert Robert remplit ses carnets d'esquisses et de dessins où les architectures de la Rome antique et pontificale servent de décor à des scènes de la vie quotidienne. Revenu à Paris, le peintre tire de ses carnets la matière première de ses tableaux et de nouveaux dessins, où éclate une science étonnante de la perspective, unie à une légèreté de touche, qui leur confère tout le charme de l'improvisation.
C'est grâce à une donation privée que Valence, avec laquelle Hubert Robert n'avait aucun lien, possède une importante part de son œuvre.

porain en plein développement. La rénovation en cours enrichira le musée d'un jardin ouvrant sur les boulevards de Valence, d'une nouvelle annexe ultramoderne, permettant une organisation astucieuse de la visite, avec un belvédère offrant une vue à 360° sur la vallée du Rhône.
La rue du Lieutenant-Bonaparte, puis la rue Pérollerie mènent à la maison Dupré-Latour.

Maison Dupré-Latour B1
Au n° **7**, la cour intérieure conserve une tourelle d'escalier Renaissance dont la porte d'entrée est remarquable par son encadrement sculpté.
Au niveau de la place de la Pierre, prenez, sur la gauche, la rue St-James, puis les rues Sabaterie et Eugène-Malizard. Remarquez, sur la gauche, l'ancien temple St-Ruf. Au niveau du jardin public, vue sur Crussol au loin.
Par la côte des Chapeliers, rejoignez la place St-Jean.

Église Saint-Jean C1
Le porche de cet édifice reconstruit au 19e s. conserve d'intéressants chapiteaux romans.
Prenez la Grande Rue.

★ Maison des Têtes C1
Au n° 57, cette maison (1532) doit son nom aux quatre énormes têtes en haut-relief qui, sous la toiture, symbolisent les vents. La façade de ce logis Renaissance se signale par l'abondance et l'originalité de ses sculptures. À l'intérieur, panneaux d'exposition sur l'histoire de Valence.
Continuez jusqu'à la place de l'Université pour emprunter à gauche la rue du même nom qui vous mène jusqu'à la rue du Gén.-Farre. La rue Louis-Gallet se trouve sur votre gauche.

★ Centre du patrimoine arménien C2
14 r. Louis-Gallet - ✆ 04 75 80 13 00 - www.patrimoinearmenien.org - avr.-sept. : mar.-dim. 14h30-18h30 ; oct.-mars : mar.-dim. 14h-17h30 - fermé lun., j. fériés et 25 déc.-6 janv. - 3 € (-16 ans gratuit).
Pourquoi à Valence plus qu'ailleurs ? Le Centre arménien, installé dans l'ancienne faculté de droit à proximité de la « petite Arménie », donne la réponse. Il suffit de devenir, le temps de la visite, cet enfant, cet homme ou cette femme adulte, qui raconte l'histoire du génocide, de l'exil, de l'arrivée à Valence. Les témoignages recueillis et filmés sont poignants. Ils s'insèrent dans un parcours

qui donne une petite idée de la riche histoire du peuple arménien, avec ses temps glorieux, son roi enterré à St-Denis, son église autocéphale, sa culture, son alphabet du 5e s., son artisanat…

Empruntez la rue du Jeu-de-Paume pour rejoindre le boulevard Bancel. Admirez les belles façades haussmanniennes en le descendant jusqu'au Champ-de-Mars. En contrebas, le parc Jouvet reste le lieu de promenade privilégié des Valentinois.

Parc Jouvet B2

Ce cadre de verdure situé au cœur de la ville doit son existence à la générosité d'un grand négociant en vins, Thédore Jouvet (1837-1905) dont vous verrez le buste en bronze lors de votre promenade dans le parc. D'autres sculptures sont à découvrir au détour des bosquets, tel l'ensemble *Amour et Servitude* par Marcel Jacques (1864-1952) ou encore le monument signé Injalbert qui rend hommage à Louis Gallet, librettiste et auteur dramatique natif de Valence. Plus de 700 arbres aux essences variées sont répertoriés ici parmi lesquels magnolias, érables, hêtres pourpres, cyprès chauves… Enclos aux biches et volières enchantent les plus jeunes tandis que sur le plan d'eau les canards se plaisent à saluer les visiteurs.

AU FIL DE L'EAU

À la gare (C2), empruntez le passage souterrain pour rejoindre le parking Chamfort au bout duquel vous trouverez le canal des Moulins. Comptez 2h de balade, le circuit est balisé en jaune.

La construction de Valence est étroitement liée aux sources abondantes qui étaient utilisées autant pour alimenter les moulins que pour irriguer les cultures maraîchères ou répondre aux besoins domestiques. Ce réseau de 16 km de **canaux** visibles offre une agréable promenade loin de l'agitation urbaine.

À proximité Carte de microrégion

Châteaux d'eau de Philolaos

En voiture, prenez l'autoroute qui contourne Valence. Quittez-la à la sortie 32, puis prenez la direction Fontbarlette, CHU, Valence-le-Haut, parc Jean-Perdrix. Les châteaux d'eau se voient de loin.

Fichés au centre du parc de la Zup, ils lancent à plus de 50 m de haut leur dynamique architecture hélicoïdale. Fait inhabituel, ces châteaux d'eau sont l'œuvre d'un sculpteur. Philolaos travaille fréquemment avec des architectes urbains, ses œuvres sont visibles à Lyon, Évry, Créteil et La Défense.

Montélier A4

15 km à l'est par la D 68, puis la D 538 à gauche.

Inscrit au circuit des Villages botaniques, Montélier a fait des arbres et arbustes à baies décoratives sa spécialité, et répertorie ainsi près de 300 variétés que vous pourrez admirer en arpentant le centre historique dominé par l'église St-Prix (19e s.). Au détour des ruelles, remarquez également les nombreuses fontaines, œuvres d'artistes contemporains (Christian Maas, Philippe Jamet-Fournier…).

Jardin Sémaphore – *Chemin de Loches - ✆ 04 75 59 93 93 - tlj apr.-midi, w.-end tte la journée.* À l'entrée du jardin, le pavillon des Expositions vous invite à tester vos connaissances en matière de sciences de la nature et de la communication en pratiquant quelques expérimentations ludiques, tandis qu'à l'extérieur, le mur des Générations retrace, sous la forme d'une fresque de 40 m de long, l'histoire du village depuis Clovis jusqu'à la Seconde Guerre mondiale.

Musée de Madagascar – *Av. de Provence - ✆ 04 75 59 97 61 - www.museede-madagascar.com - ♿ - juil.-août : 9h30-19h ; mars-juin et sept.-déc. : 9h30-12h, 14h-18h30 ; janv.-fév. : 14h-18h30 - fermé 1er-3 janv. et 25-26 déc. - 6 € (-16 ans 5 €, -7 ans gratuit).* Animé par un couple franco-malgache amoureux du pays, ce vaste espace trace le portrait de l'île au large de l'Afrique dont la superficie dépasse celle de la France. Au travers de photos, de mises en scène d'intérieurs, de scènes de vie reconstituées en miniature, d'outils et de nombreux objets artisanaux surgissent la culture, la richesse naturelle et la vie actuelle du pays.

NOS ADRESSES À VALENCE

HÉBERGEMENT

À Valence

PREMIER PRIX

Hôtel Les Négociants – *27 av. Pierre-Sémard - ✆ 04 75 44 01 86 - www.hotel-lesnegociantsvalence.com - 37 ch. 40/71 € - ☕ 6,50 € - rest. formule déj. 13 €.* Un hôtel sympathique à deux pas de la gare, pour les adeptes de sobriété contemporaine. Chambres aux tons taupe et marron, climatisées. Copieux petit-déjeuner. Le restaurant sert une cuisine familiale et simple dans un décor actuel.

POUR SE FAIRE PLAISIR

Hôtel de France – *16 bd du Gén.-de-Gaulle - ✆ 04 75 43 00 87 - www.hotel-valence.com - ♿ - 46 ch. 90/125 € - ☕ 11 €.* Un hôtel en pleine évolution : agrandissement et rénovation complète, chambres élégantes, sobres et dans l'air du temps, salle de séminaires, bar, terrasse, parking fermé.

À proximité

PREMIER PRIX

Chambre d'hôte La Mare – *Rte de Montmeyran - 26800 Étoile-sur-Rhône - ✆ 04 75 59 33 79 - www.la.mare.free.fr - P - ⊄ - 4 ch. 34/52 € ☕.* Cette ferme familiale est une étape sur mesure pour apprécier le savoir-vivre des gens d'ici et le charme de la campagne drômoise. Coquettes chambres dotées de meubles fabriqués « maison ». Le petit-déjeuner gourmand se compose de confitures concoctées avec les produits du jardin et de pâtisseries préparées par la maîtresse des lieux.

RESTAURATION

À Valence

BUDGET MOYEN

Le Bistrot des Clercs – *48 Grande rue - ✆ 04 75 55 55 15 - www.michelchabran.fr - 22/31 €.* Napoléon Bonaparte fit un passage dans ces murs, près de la « maison des Têtes ». Bistrot à la mode parisienne, cuisine copieuse, cadre nostalgique et terrasse sur la place.

POUR SE FAIRE PLAISIR

Le 7 – *285 av. Victor-Hugo - ✆ 04 75 44 53 86 - www.pic-valence.com - fermé 2-27 janv. - ♿ - P - formule déj. 19 € - 28 €.* L'autre table de la maison Pic *(voir « Au royaume de la gastronomie » p. 37)* propose une cuisine actuelle sur une base classique. Décor contemporain et patio ombragé.

ACHATS

Un Suisse à Valence – Il s'agit d'une pâtisserie en forme de petit bonhomme, faite de pâte à brioche sucrée parfumée à l'orange qui, traditionnellement, se mangeait pour les Rameaux. Elle doit son nom au Pape Pie VI qui fut fait prisonnier par le général Berthier et emmené en détention à Valence où il mourut en 1799. À partir de là, deux interprétations divergentes sont proposées : pour les uns, il s'agirait tout simplement du costume des gardes suisses. Pour les autres, le bonhomme évoqué aurait été rien de moins que Napoléon Ier… Quoi qu'il en soit, que les gourmands se rassurent : on en trouve aujourd'hui toute l'année !

Marché – *Pl. des Clercs - 7h-13h.* Le jeudi et le samedi matin, les terrasses des cafés de la place des Clercs rentrent un peu dans leur coquille pour permettre à ce marché de s'installer. Les producteurs de la région viennent y vendre le meilleur de leur ouvrage dans une ambiance sympathique et amicale : fleurs, fromages, fruits, légumes, etc.

Pognes Nivon – *17 av. Pierre-Sémard - ✆ 04 75 44 03 37 - www.nivon.com - 6h-19h30 - fermé 2 dernière sem. janv., 2 sem. en juil. et lun. (sf j. fériés).* Fondée en 1852 et dirigée depuis trois générations par la famille Maurin, la boulangerie-pâtisserie Nivon fabrique merveilleusement deux produits locaux : pogne, brioche dauphinoise parfumée à la fleur d'oranger, au rhum ou au citron, et le Suisse, personnage mariant pâte sablée et écorces d'orange confites. Deux spécialités : la Fleur de Nougat et les Gourmandrômes.

Ravioles Mère Maury – *76 r. Madier-de-Montjau - ✆ 04 75 56 60 18 - www.raviolesmaury.com - 8h30-12h30, 14h-19h - fermé dim.-lun.* Si vous ne connaissez pas les ravioles, ces succulents petits carrés de pâte fourrés au fromage, alors précipitez-vous à cette adresse… À Paris, les vraies ravioles (fabriquées à Romans-sur-Isère) sont ordinairement hors de prix et il faut se contenter des ravioles industrielles. Au contraire, cette boutique propose des ravioles de fabrication artisanale ainsi que des ravioles délicatement parfumées au basilic, à un prix extrêmement abordable.

Vineum « Paul Jaboulet Aîné » – *Rte des Beaumes - 26300 Châteauneuf-sur-Isère - ✆ 04 75 47 35 55 - www.jaboulet.com - janv.-mars et sept.-nov. : mar.-sam. 10h-12h,14h-18h ; avr.-août et déc. : lun.-sam. 10h-18h - fermé j. fériés.* Offrant les conditions idéales de vieillissement du vin, le Vineum aurait presque des allures de musée, tant le lieu est riche en histoire, aussi bien dans ses bouteilles que dans ses murs. La cave de dégustation convie à une expérience inoubliable avec son Hermitage La Chapelle 1961, perle parmi les perles.

EN SOIRÉE

Comédie de Valence - Centre dramatique national – *1 pl. Charles-Huguenel - ✆ 04 75 78 41 70 - www.comediedevalence.com - fermé août.* Le centre dramatique national de Valence programme ses spectacles dans les 3 théâtres de la ville : La Fabrique, située au 78 av. Maurice-Faure, le théâtre de la Ville et le Bel Image, situé place Charles-Huguenel. Ce très beau théâtre de 873 places propose un très pratique système d'abonnement à la carte… Avant le spectacle ou pendant l'entracte, possibilité de prendre un verre au bar, convivial et bien aménagé.

Café Victor-Hugo – *30 av. Victor-Hugo - ✆ 04 75 40 18 11 - www.cafe-victor-hugo.com - fermé dim. - repas 8,50/16 €.* Café chic et littéraire de Valence. Chic mais vivant ! À midi, il se métamorphose en bruyante brasserie. L'après-midi, les dames viennent deviser autour d'un chocolat chaud pendant qu'à l'étage les étudiants jouent au billard… Cette synthèse de toutes les générations et de toutes les classes sociales est orchestrée par Gérard Rousset, ancien joueur de l'équipe de France de rugby qui réussit là un bel essai…

Le Malvern – *27 r. Denis-Papin - ✆ 04 75 44 10 07 - 9h30-2h - déb. janv.* Avec ses 100 bières (16 tirages), ses 80 whiskies, ses 50 cocktails et son décor d'esprit pub anglais, le Malvern est un bar à la mode, convivial et un brin « branché ». Chaque semaine, vous pouvez participer à des tournois de fléchettes généreusement arrosés ou assister à des concerts alternant rock, blues et musique celtique.

Les Folies du Lac – *Lac d'Aiguille-les-Communaux - 26300 Châteauneuf-sur-Isère - ✆ 04 75 02 50 50 - www.foliesdulac.fr - fermé juil.-août et lun.-merc. - à partir de 50 € - spectacle seul : 35 € (-12 ans 30 €).* Un véritable music-hall à 5 minutes de Valence, avec strass et paillettes. Magie, acrobatie, danse et musique, sans oublier le restaurant pouvant servir jusqu'à 1 100 personnes, parce que plus on est de fous…

Romans-sur-Isère

33 138 Romanais – Drôme (26)

NOS ADRESSES PAGE 537

S'INFORMER

Office du tourisme du Pays de Romans – *Bd Gambetta - 26100 Romans-sur-Isère - ✆ 04 75 02 28 72 - www.ville-romans.com - juin-sept. : lun.-vend. 9h-19h, sam. 9h-18h ; janv.-mai et oct.-déc. : lun.-sam. 9h-18h ; avr.-sept. : dim. 9h30-12h30 - fermé certains j. fériés (se renseigner).*

SE REPÉRER

Carte de microrégion A4 *(p. 521) – Carte Michelin Départements 332 D3.*
Romans se trouve à 17 km à l'est de Tournon-sur-Rhône et à 13 km au nord-est de Valence.

À NE PAS MANQUER

La superbe collection du musée international de la Chaussure ; la tenture de la chapelle du St-Sacrement dans la collégiale St-Barnard ; l'embarras du choix dans les boutiques de chausseurs.

ORGANISER SON TEMPS

Comptez une demi-journée.

Collégiale St-Barnard sur les bords de l'Isère.
J. Garnier / Ville de Romans

AVEC LES ENFANTS
Une intrusion dans le Monde merveilleux des lutins à Hostun ; un assaut de caresses aux joyeux caprins de Mille et Une Cornes.

Romans fut la capitale de la chaussure, ce dont la ville tire sa fierté, une tradition commerciale et un étonnant musée. Sa réputation ne s'arrête pas là, car elle est la cité des fameuses « ravioles » bien connues des gourmets. Cette ville ancienne, à deux pas de l'Isère, constitue une étape agréable sur la route de la Drôme des Collines.

Se promener Plan de ville

LA VIEILLE VILLE

Attention, la vieille ville est en mauvais état ; certaines maisons sont protégées par des barrières de sécurité et quelques rues barrées à la circulation. Leur restauration progressive devrait rendre à la ville son charme d'antan.

Circuit tracé en vert sur le plan p. 532. Partez de la place du Pont.

Un lacis de ruelles pittoresques s'étend autour de la collégiale St-Barnard et à mi-pente entre la collégiale, la place de la Presle et la place Jacquemart.

Collégiale Saint-Barnard A

04 75 72 25 87 - visite guidée de mi-juin à mi-sept. : lun.-vend. 10h-12h, 14h30-18h, dim. et j. fériés 14h30-18h ; reste de l'année : sur demande - 2,50 € (-12 ans gratuit).

Issu d'une importante famille lyonnaise, saint Barnard (778-842) fut marié et militaire avant de se consacrer à la vie religieuse. Il fonda l'abbaye d'Ambronay puis, nommé archevêque de Vienne, le monastère de Romans à la fin de sa vie. Celui-ci fut détruit au 12e s., et remplacé par un édifice roman dont subsistent encore le porche occidental, le portail nord et les parties basses de la nef. Vers le milieu du 13e s., le chœur et le transept furent ajoutés en style gothique. Dévastée par les protestants au 16e s., l'église fut restaurée au 18e s.

LE SAVIEZ-VOUS ?
Un Romanais d'origine irlandaise, **Thomas Arthur Lally, baron de Tollendal** (1702-1766), s'était mis en tête de chasser les Anglais des Indes pour y rétablir dans ses droits la Compagnie des Indes, alors presque ruinée. L'entreprise connut un piteux échec et Lally dut capituler à Pondichéry en 1761. De retour en France, il fut accusé de trahison, embastillé, condamné à mort et exécuté malgré les protestations de Voltaire.

Extérieur – Vue du pont, sa silhouette massive se reflète dans l'Isère. À l'ouest, le portail roman offre aux piédroits des statues d'apôtres, groupées par deux, reposant sur des lions fort voraces puisque l'un dévore un humain, et l'autre, plus gourmet, un mouton.
Intérieur – Il doit son originalité à l'arcature romane, renforçant les murs de la nef ; les arcades reposent sur des colonnes ornées de remarquables chapiteaux historiés ou à feuillages. Au-dessus court un triforium gothique dont les 160 arcades font le tour de l'édifice. Dans le chœur, remarquez les peintures murales du 14e s.
À droite de la nef, la **chapelle du St-Sacrement** abrite une **tenture★★** du 16e s., d'inspiration flamande, croit-on. Composé de neuf panneaux de broderies en laine, rehaussé de fils de soie, ce splendide ouvrage figure des scènes de la Passion du Christ depuis le jardin des Oliviers jusqu'à la Résurrection. Les personnages, dans des tons brun-roux, forment des groupes serrés, sur fond bleu foncé ; remarquez, du côté de l'autel, la Mise en croix, le Golgotha et la Mise au tombeau. Sur la voûte centrale de la chapelle, une fresque du 15e s. retrace deux épisodes de la vie des « Trois Doms » (Séverin, Exupère et Félicien), martyrs viennois dont les reliques étaient vénérées dans l'église.
Prenez la rue Pêcherie, en face de la collégiale.

Escalier Josaphat A

Cet escalier descend de la rue Pêcherie vers les maisons à galeries de bois de la place de la Presle.

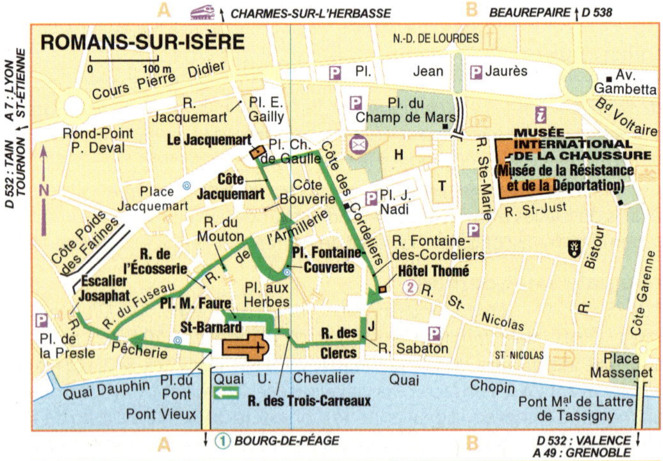

SE LOGER
Chambre d'hôte Chez M. et Mme Imbert............1

SE RESTAURER
Mandrin.....................................2

Par la rue du Fuseau, gagnez la rue de l'Armillerie.
Au n° **15** de la rue du Mouton, sur la droite, les fenêtres ogivales du 1er étage ont été transformées en fenêtres à meneaux ; au-dessus, on devine les contours d'une tête de mouton taillée dans une pierre saillante. Au n° **18**, le portail en plein cintre présente une ornementation en pointes de diamant.
Descendez vers la place Fontaine-Couverte.

Place Fontaine-Couverte A

Au cœur de la vieille ville, elle est agrémentée d'une gracieuse fontaine moderne représentant un flûtiste.

Côte Jacquemart A

Elle est bordée de maisons des 13e et 14e s. À gauche se profile la pittoresque côte Bouverie.

Le Jacquemart A

C'est une ancienne tour carrée de l'enceinte de Romans, transformée au 15e s. en beffroi et dotée d'une horloge que surveille un beau jacquemart.
Descendez la côte des Cordeliers, aménagée dans les fossés de la première enceinte ; par la rue Fontaine-des-Cordeliers, gagnez la rue St-Nicolas.

Hôtel Thomé B

Il présente une façade Renaissance ; aux étages, belles fenêtres à meneaux. À droite, une niche abrite une Vierge à l'Enfant. *Par la rue Sabaton, gagnez la rue des Clercs.*

Rue des Clercs B

Elle est pittoresque avec son pavement en galets roulés. En face des Archives municipales, portail orné de fines ciselures.

Rue des Trois-Carreaux AB

Elle prolonge la rue des Clercs. À son débouché sur la place aux Herbes s'ouvre une porte monumentale, curieusement surmontée par une structure en encorbellement et à mâchicoulis.

Place Maurice-Faure A

À droite de la porte St-Jean, percée dans le flanc nord de la collégiale, s'élève une belle demeure ornée d'une tour d'angle. À l'angle nord-ouest de la place s'amorce la **rue de l'Écosserie**, dont les premières maisons sont reliées par un arceau.

À voir aussi Plan de ville

★ Musée international de la Chaussure B

Portail Roger-Vivier - 2 r. Ste-Marie - ✆ 04 75 05 51 81 - www.ville-romans.com - ♿ - juin-août : lun.-sam. 10h-18h, dim. 14h30-18h ; sept.-mai : lun.-sam. 10h-17h, dim. 14h30-17h - fermé 1er janv., 1er Mai, 1er nov. et 25 déc. - 5 € (enf. 2,50 €) billet combiné avec le musée de la Résistance et de la Déportation.
On accède au musée par le portail de la rue Bistour, en traversant les jardins en terrasses jusqu'à l'élégante colonnade qui orne le bâtiment, ancien couvent de la Visitation, construit du 17e au 19e s.
Romans s'est fait, on le sait, une réputation de son industrie de la chaussure, encore vivante aujourd'hui. Rien de plus normal donc qu'un musée l'étudie sous l'angle technique, ethnographique et artistique. Dans l'ancienne chapelle sont reconstituées les différentes étapes de sa fabrication, du dessin aux fini-

tions, en passant par les teintes, coupes, coutures et son histoire à Romans. Puis, quelques tableaux des 18e et 19e s. illustrent le thème de la chaussure et des métiers annexes.

Le clou de la visite est constitué par les **collections historiques de chaussures★★** prêtées par les plus grands musées et exposées avec talent dans les anciennes cellules des religieuses visitandines. Elles sont présentées (par roulement) dans un ordre chronologique et thématique, de l'Antiquité à 1900. Elles offrent un éventail très large de pièces provenant des cinq continents. Tour à tour somptueuses, drôles ou terrifiantes, ces chaussures témoignent des coutumes et de la mode à travers les âges. Vous découvrez les sandales en papyrus égyptiennes vieilles de presque 3 000 ans, les caligules romaines, les bottes de sept lieues des postillons (dont les étapes couvraient vraiment sept lieues, soit 27,2 km, et qui pèsent plus de 4 kg chacune), les chaussures « à la poulaine », plus ou moins longues selon le rang social, les escarpins de l'époque de Louis XIV, ceux qui auraient appartenu à Napoléon, les chaussures ardéchoises servant à décortiquer les châtaignes, les sabots, les bottines de la Belle Époque, mais aussi les mocassins d'Indiens d'Amérique, les *kurdaïchas* imprégnées de sang humain des sorciers australiens, les sandales à clous des fakirs ou les bottillons pour pieds mutilés de Chine. La richesse du vocabulaire reflète la variété des formes, des fonctions, des ornements et des matières de ce modeste ou précieux accessoire de la vie quotidienne.

Les collections se rapportant à la **mode au 20e s.★** sont presque aussi riches, balayant les créations de grands créateurs, particulièrement de « l'inventeur du talon aiguille » Roger Vivier : ses **souliers et bottines★★** en crin, plumes, organza, résille brodée et perlée sont de véritables bijoux pour pied… de femme élégante, en soirée.

Enfin, tous les modèles imaginables de boucles de chaussures figurent dans la collection Hams.

Musée de la Résistance et de la Déportation B

R. Ste-Marie - ✆ 04 75 05 51 90 - www.resistance-drome.org - juin-août : lun.-sam. 10h-18h, dim. 14h30-18h ; sept.-mai : lun.-sam. 10h-17h, dim. 14h30-17h - fermé 1er janv., 1er Mai, 1er nov. et 25 déc. - 5 € (enf. 2,50 €) billet combiné avec le musée international de la Chaussure.

LE « TRANSPORT »

C'est à partir du 11e s. que les comtes d'Albon, originaires du Viennois, mirent peu à peu la main sur la région entre la vallée du Rhône et les Alpes, qui deviendra le Dauphiné de Viennois. On ne sait trop pourquoi les comtes adoptèrent ce titre de dauphin (qu'on retrouve en Auvergne) qui donna son nom à leur territoire. Toujours est-il qu'ils y tenaient, au point de l'avoir adopté comme emblème, et exigé qu'une des clauses de l'acte de vente stipule que le fils aîné du roi porte le titre delphinal.

Le premier à prendre le titre de dauphin fut le comte Guigue IV, mort en 1142. Au 14e s., le dauphin du Viennois, Humbert II, qui réside habituellement au château de Beauvoir, en face de St-Marcellin, se retrouve, à la mort de son fils, sans héritier et… quelque peu désargenté. Il songe alors à vendre ses domaines à la couronne de France. Celle-ci est très intéressée car le Dauphiné relevait alors, au moins théoriquement, de l'Empire. Aussi, le 30 mars 1349, dans la collégiale St-Barnard de Romans, fut solennellement conclu le traité réunissant le Dauphiné à la France, et le titre fut attribué à l'héritier présomptif de la couronne, le premier Dauphin de France étant le futur Charles V.

Le devoir de mémoire est à l'origine de ce centre historique qui présente des documents, objets et photos sur la vie des combattants de la Drôme pendant la période 1939-1945; cette évocation est complétée par un montage audiovisuel (20mn).

Calvaire des Récollets Hors plan
Un peu excentré, sur la route de Tain-l'Hermitage, le calvaire est l'aboutissement du chemin de croix traversant la ville de Romans. Bâti au 16e s., remonté au 19e s., ce chemin de croix est le premier construit en France.

À proximité Carte de microrégion

Bourg-de-Péage A4
1,8 km au sud par la D 2092N.
Situé juste au débouché du vieux pont qui le relie à la collégiale St-Barnard de Romans, Bourg-de-Péage a gardé son nom de l'ancien droit de passage prélevé par le chapitre de la collégiale.

Mours-Saint-Eusèbe A4
4 km au nord par la D 538, puis la D 608 à droite.
L'église du village, qui du 11e s. n'a conservé que la tour-clocher, à l'ouest, et le mur de la nef, au sud, abrite un intéressant **musée diocésain d'Art sacré★** présentant ses riches collections (du 15e au 20e s.) selon un thème renouvelé chaque année.
Parmi ces objets ayant servi au culte dans les églises drômoises, remarquez un bel ensemble de vêtements liturgiques, du linge d'autel en dentelle du Puy, de Bruges ou de Chantilly, d'émouvantes statues en bois polychrome représentant saint Roch... La piété populaire s'exprime par des bannières de procession, des croix de bateliers de l'Isère, des gonfalons (étendards utilisés par les ecclésiastiques et les corporations), de petits objets confectionnés en « paperolles ». *5 pl. Élisée-Monteil - ✆ 04 75 02 36 16 - http://museeartsacre.free.fr - mai-oct. : 14h30-18h30 - fermé sam. - 4 € (-16 ans gratuit).*

Le Monde merveilleux des lutins à Hostun B4
14 km à l'est en direction de St-Nazaire-en-Royans. Un peu après l'Écancière, prenez à droite la D 125C vers Hostun. ✆ 04 75 48 89 79 - juil.-août : 11h-18h30 ; mai et vac. scol. (zone A) : 14h-18h ; juin : mar.-vend. 14h-18h, w.-end 11h-18h ; avr. et déc. : merc. et w.-end 14h-18h ; sept. : dim. 14h-18h - fermé 1er janv. et 25 déc. - 6,90 € (-13 ans 5,50 €).
Dans ce petit village campé à proximité du Vercors règne une étrange atmosphère. Au lieu-dit des Guerbys, une ancienne ferme transformée en petit royaume de rêve héberge en effet les mystérieux personnages de pays enchanteurs : trolls, gnomes, farfadets, gremlins et autres lutins enfin réunis pour une sarabande magique...

Itinéraire conseillé Carte de microrégion

LES COLLINES

44 km de Romans à Chantemerle-les-Blés.
Voir le circuit sur la carte de microrégion p. 521. Comptez environ 3h.
Quittez Romans au nord-ouest par la D 53 (route de la piscine).

Saint-Donat-sur-l'Herbasse A4

Vieux bourg de la Drôme bien connu des mélomanes. La **collégiale** (12e-16e s.) abrite des orgues modernes construits suivant la facture des célèbres frères Silbermann (3 claviers, 35 jeux). Un célèbre **festival Jean-Sébastien-Bach** s'y tient chaque été.

Le **cloître** (belles sculptures) et le **palais delphinal** accueillent des expositions. Sur la terrasse de l'église, la **chapelle St-Michel** présente une chapelle absidiale semi-circulaire, reposant hors œuvre sur une colonnette. À l'intérieur, remarquez sur l'arc triomphal, au-dessus de l'autel, saint Michel terrassant le dragon.

Prenez la D 584 à gauche vers Bathernay. Sur la route, prenez à gauche la D 584A.

Mille et Une Cornes, à Charmes-sur-l'Herbasse A4

04 75 45 64 08 ou 06 18 58 43 08 - avr.-juin : merc., w.-end et j. fériés : 13h-18h ; vac. de Pâques : 12h-18h ; juil.-août : 10h-19h ; sept.-oct. : dim. 14h-18h ; vac. de la Toussaint : 14h-17h30 - fermé 5 nov.-1er avr. - 6 € (enf. 5 €).

Avec ses cabanes en bois, ses clôtures rustiques, ses sentiers de terre serpentant à flanc de sous-bois, le lieu ressemble plus à un campement provisoire qu'à une ferme ou un zoo. La belle surprise vient des **nombreuses variétés d'animaux**, ces chèvres et ces moutons à 3, 4, 5 ou 6 cornes qui ne sont pas malformés, mais de races originaires d'Asie, de Syrie, d'Écosse, de Hongrie, rares ou en voie de disparition. Le parcours, qui recèle aussi nombre de poules, dindons ou quelques lamas, se termine par la bonne idée du « **parc aux caresses** », où les animaux semblent partager le plaisir des petites mains qui se promènent dans leur toison.

Revenez vers la D 584 que vous prenez à gauche.

Bathernay A3

Joli village établi face à un paysage harmonieux.

À l'ouest de Bathernay, une petite route mène à la tour octogonale de **Ratières** (A3).

Par la D 207 au sud, la D 53 sur 1,3 km, et une petite route à droite, gagnez la chapelle St-Andéol.

Panorama de la chapelle Saint-Andéol A3

Il s'étend sur la vallée de l'Isère, la dépression de la Galaure et le mont Pilat.

Une petite route pittoresque, au sud, rejoint la D 112 à Bren où vous tournez à droite. Tournez ensuite à gauche dans la D 109.

Chantemerle-les-Blés A4

Laissez la voiture sur la place située en arrière de la Poste. Le chemin d'accès s'amorce à droite du monument aux morts, au pied d'une chapelle.

Ce petit bourg de la Drôme conserve une modeste **église** romane d'aspect austère, mais égayée par certains détails décoratifs comme l'arc de la baie centrale de la façade. On s'attachera surtout au site et à la vue sur les coteaux environnants *(15mn à pied AR)*.

NOS ADRESSES À ROMANS-SUR-ISÈRE

HÉBERGEMENT

À proximité

BUDGET MOYEN

Chambre d'hôte Chez M. et Mme Imbert – *« Les Marais » - 26300 St-Didier-de-Charpey - ✆ 04 75 47 03 50 - http://pagesperso-orange.fr/les-marais/ - ♿ - P - 4 ch. 49/54 € ☕ - rest. 16 €.* Les anciennes écuries de cette ferme familiale abritent des chambres simples, mais agréablement meublées dans un style campagnard et égayées de papiers peints fleuris. Repas pris en famille autour de plats régionaux. Petit musée agricole.

RESTAURATION

À Romans

BUDGET MOYEN

Mandrin – *70 r. St-Nicolas - ✆ 04 75 02 93 55 - destrait.emmanuel@wanadoo.fr - fermé 3-25 août, 15-23 fév., dim. et lun. - 20/38 €.* Mandrin, le célèbre contrebandier, aurait trouvé refuge dans cette maison datant de 1754. Sol en terre cuite, poutres, colombages et galets roulés donnent une atmosphère moyenâgeuse à la salle de restaurant. Carte traditionnelle.

ACHATS

Fatigué de marcher en tongs ? Allez donc faire un tour dans les magasins d'usines de Romans. Majoritairement situés en centre-ville, place Charles-de-Gaulle et côte des Cordeliers, ces établissements commercialisent leurs collections de l'année précédente à des tarifs très intéressants. Que ce soit chez les créateurs réputés (Robert Clergerie, Mosquitos, etc.) ou non, vous trouverez toujours chaussure à votre pied.

Spécialités – Les gourmets apprécieront les **pognes**, brioches parfumées à la fleur d'oranger (elles doivent leur nom à la coutume des ménagères romanaises de mettre de côté une « pougne » ou poignée de la pâte à pain qu'elles pétrissaient pour en faire une pâtisserie), les **saint-genis** (pognes aux pralines), les **ravioles** au fromage de chèvre et **la tomme de chèvre**.

Ravioles Mère Maury – *38 r. Félix-Faure - ✆ 04 75 70 03 59 - www.raviolesmeremaury.com - mar.-vend. 8h-12h30,14h-19h, sam. 8h-19h30, dim. 8h-12h30, lun. 9h-12h, 14h-19h.* Comme son nom l'indique, cette boutique centenaire vend des ravioles qu'elle commercialise en boîtes de 9, 18 ou 36 plaques. On y trouve également de nombreux autres produits du terroir : miels, confitures, limonades, confiseries, charcuterie, huiles et vinaigres aromatisés, pâtes colorées…

Pognes Pascalis – *86 r. Jean-Jaurès - 26300 Bourg-de-Péage - ✆ 04 75 02 08 46 - www.museedelapogne.com - 6h30-19h30 - fermé 22 juil.-12 août - visite sur réservation à 10h30 - 3 € (-12 ans 1 €).* Une boulangerie qui se visite ? On aura tout vu ! De par son séduisant décor à l'ancienne et parce qu'on y fabrique l'une des meilleures pognes de la région, celle-ci n'est vraiment pas comme les autres. Après une visite guidée durant laquelle on découvre l'histoire de la roborative brioche, place à la dégustation.

Chizat Jean-Louis et Christine – *Pont de l'Herbasse - 26600 Granges-les-Beaumont - ✆ 04 75 71 61 48 - de mai à mi-juin : tlj sf dim..-sam. 8h-*

12h, 14h30-19h, dim. et j. fériés 8h-12h; de mi-juin à fin août : lun.-sam. 8h-12h, 17h-19h, dim. et j. fériés 9h-12h; de sept. à déb. nov. : lun.-vend. 14h30-19h, sam. 9h-12h, 15h-19h, dim. 9h-12h - fermé de déb. nov. à mai. Cette ferme originale propose à ses clients d'aller cueillir eux-mêmes leurs fruits et légumes. L'outillage nécessaire (bêche, brouette, couteau) est prêté à l'entrée; une fois votre récolte achevée, vous n'avez plus qu'à la faire peser et la régler.

Saint-Antoine-l'Abbaye

★

959 Antonins – Isère (38)

NOS ADRESSES PAGE 544

S'INFORMER

Office de tourisme – *Pl. Ferdinand-Gilibert - 38160 St-Antoine-l'Abbaye - ✆ 04 76 36 44 46 - www.saintantoinelabbaye.fr - de mi-juil. à fin août : lun.-sam. 10h-12h30, 14h-18h30 ; de mai à mi-juil. et sept. : mar.-sam. 10h-12h30, 14h-18h30, dim. et j. fériés 14h-18h30 ; de mi-janv. à fin avr. et d'oct. à mi-déc. : mar.-dim. 14h-17h30 - fermé de mi-déc. à mi-janv.*

SE REPÉRER

Carte de microrégion B3 *(p. 521) – Carte Michelin Départements 332 E2.*
St-Antoine-l'Abbaye se situe à 24 km au nord-est de Romans-sur-Isère. Aux confins de la Drôme et de l'Isère, le village apparaît dans un vallonnement du plateau de Chambaran. La vue est particulièrement spectaculaire en descendant du col de la Madeleine par la D 27.

À NE PAS MANQUER

Le Christ en ivoire du trésor; l'architecture et les fresques de l'abbatiale; le Grand Séchoir des noix de Grenoble à Vinay.

ORGANISER SON TEMPS

Renseignez-vous sur les visites guidées pour ne pas rater l'accès au trésor. Comptez une journée pour le village et ses environs.

AVEC LES ENFANTS

Le grand circuit de trains miniatures de Chatte, la croisière commentée sur le bateau à roue Royans-Vercors, la découverte des noix et de leur histoire au Grand Séchoir.

Que fait une abbaye de cette taille et de cette beauté ici, au milieu de nulle part, perdue entre la grande forêt de Chambaran et un si petit village ? Aujourd'hui encore, elle abrite les précieuses reliques du grand saint Antoine l'Égyptien, qui fut au 3e s. le premier moine et ermite de l'histoire du christianisme. Ici s'installa donc la maison mère de l'ordre religieux et hospitalier des antonins, aujourd'hui disparu après une longue période de puissance et de soin des malades.

Se promener

Bâtiments conventuels

Laissez la voiture sur le grand parking aménagé environ 100 m derrière le syndicat d'initiative.

Dans la partie haute du bourg, l'accès à l'abbatiale se fait par l'**entrée d'honneur** du 17e s., le long de l'ancienne porterie occupée aujourd'hui par l'hôtel de ville, et se signalant par la mosaïque de ses tuiles vernissées. Trois portails à fronton brisé décorent la façade. L'encadrement du portail central, qui a conservé ses vantaux de bois sculpté, est constitué de deux colonnes ioniques. Les portails latéraux portent des bossages en pointes de diamant. Ils marquaient autrefois la frontière entre l'abbaye et la ville.

Arrêtez-vous sous le portail : un plan vous permet de repérer l'abbaye et les rues parallèles. Vous débouchez sur l'esplanade qui occupe l'emplacement de deux anciens cloîtres. Des artisans (potier, tailleur de pierre, relieur) s'y sont installés. À droite, le **bâtiment des étrangers** a pris, au 17e s., la place des infirmeries du Moyen Âge, sans doute rendues inutiles par la raréfaction du « Feu de St-Antoine ». Il accueillait les hôtes de marque, ainsi que leurs équipages. Son salon d'apparat, orné de gypseries, d'une toile provenant du palais abbatial et d'une fontaine pétrifiante, se visite. À gauche, les **anciennes écuries** des religieux et des hôtes sont désormais rattachées au musée du Noviciat et abritent des expositions.

LE FEU DE SAINT-ANTOINE

Au 11e s., un noble du Viennois, Jocelyn de Châteauneuf, accomplit un pèlerinage en Terre sainte. À son retour, il rapporte de Constantinople les ossements de saint Antoine, le premier des moines, qui vécut au désert. Les reliques sont confiées par l'évêque de Vienne à des bénédictins venus de l'abbaye de Montmajour et installés à La Motte-St-Didier. Un premier monastère s'élève et le village change de nom. Peu après, en 1089, éclate en Dauphiné une redoutable épidémie, le **Mal des Ardents**, appelé aussi Feu de St-Antoine. Cet empoisonnement du sang, causé par un champignon parasite du seigle, brûle et gangrène les membres. Les reliques du saint attirent une foule de malades et de pauvres gens. De nombreux miracles se produisent et, pour venir en aide aux malades, un groupe de jeunes nobles crée une confrérie : les frères de l'Aumône. Au 13e s., les frères évincent les bénédictins. En 1297, la confrérie devient l'ordre hospitalier de St-Antoine. Les « antonins » fondent des hospices dans toute l'Europe. Dans la grande abbatiale de St-Antoine, dont la construction, commencée au 13e s., se poursuivra jusqu'au 15e s., viennent s'agenouiller devant les reliques empereurs d'Allemagne, papes et rois de France.

Musée départemental

Le Monastère - ✆ 04 76 36 40 68 - www.musee-saint-antoine.fr - ♿ - juil.-août : 10h30-12h30, 14h-18h ; sept.-juin : 14h-18h - fermé mar. et 1er Mai - gratuit.
Installé dans l'ancien noviciat du monastère, il propose un itinéraire de découverte (panneaux illustrés) sur le monachisme, les pèlerinages, les maladies et leurs remèdes au Moyen Âge, les antonins, mais aussi des œuvres de **Jean Vinay** (1907-1978), peintre paysagiste dauphinois, et de ses amis de l'École de Paris.
Contournez l'église à gauche, en direction du parvis, et prenez du recul pour observer la façade.

★ Abbatiale

Façade – L'église, construite entre le 12e et le 17e s., est visiblement inachevée : il manque le couronnement de son portail, et peut-être une flèche. Les portails flamboyants de la façade sont prolongés de chaque côté par les fenêtres basses des premières chapelles latérales. Une immense baie flamboyante s'inscrit au milieu de la façade.
Le **portail central★**, décoré de trois voussures ornées de statuettes, est l'œuvre d'Antoine le Moiturier qui séjourna à St-Antoine de 1461 à 1464, avant d'aller exécuter à Dijon le tombeau du duc de Bourgogne, Jean sans Peur. Au centre du portail, le Christ Pantocrator (qui signifie tout-puissant) est entouré d'angelots. Au rang inférieur sont représentés plusieurs personnages parmi lesquels on reconnaît, assis, à droite, Moïse avec les Tables de la Loi et en dessous, la Sibylle. Ces personnages en hauteur ont été endommagés par les troupes du baron des Adrets *(voir p. 525)* pendant les guerres de Religion (à cette époque, le toit et le clocher furent incendiés, les vitraux brisés, les arcs-boutants abattus). À hauteur d'homme, une série de niches restent vides, mais il est possible que les statues qu'elles devaient abriter n'aient jamais été réalisées.
Intérieur – *✆ 04 76 36 44 46 - www.saintantoinelabbaye.fr - ♿ - l'église est ouverte tte l'année, mais le trésor se visite seulement d'avr. à oct. : tlj sf lun. et mar. - départs des visites : 14h, 15h et 16h (avr.-juin et sept.-oct.) ; 15h, 16h et 17h (juil.-août) - église et trésor : 4,50 € (enf. 2,50 €) ; trésor seul : 3,50 € (enf. 2 €).* Le vaisseau est ample : 62 m de longueur, 22 m de hauteur, sur 36 m de largeur. La nef de sept travées est flanquée de collatéraux sur lesquels s'ouvrent des chapelles. Les 2e et 6e chapelles du bas-côté gauche ainsi que les 2e, 4e et 7e du bas-côté droit conservent des **fresques★** des 15e et 17e s., restaurées. Remarquez dans la 2e chapelle de gauche la finesse des traits de la **Pesée des âmes★** et de la rare Crucifixion asexuée. Les trois travées du chœur se terminent par une abside à pans dont le soubassement circulaire (13e s.) est la partie la plus ancienne de l'édifice. Les 97 stalles du maître menuisier François Hanard meublent le chœur.

LE SAVIEZ-VOUS ?

Anachorète de la Thébaïde, **saint Antoine**, fut populaire au Moyen Âge, autant par ses démêlés avec le démon que par son cochon, compagnon de sa vie à l'écart du monde. Les antonins seront à leur tour accompagnés de troupeaux de cochons. Ces troupeaux, portant clochettes, étaient les seuls à avoir le droit de divaguer sur les terres de tous. Propriétés des antonins, ils étaient en effet le bien des pauvres, leur viande nourrissait les malades et les nécessiteux, tandis que le saindoux était incorporé dans des onguents.

L'abbaye de St-Antoine.
Office du tourisme de St-Antoine-l'Abbaye

Le maître-autel, conçu comme un mausolée de marbre revêtu de bronzes ciselés, abrite la châsse de saint Antoine, recouverte de plaques d'argent repoussé (17e s.). Il est couronné par une colombe dont l'ombre s'inscrit deux fois par an dans un triangle au sol, symbolisant l'Esprit saint dans La Trinité. Le buffet d'orgues, du 17e s., a été restauré et des **concerts** sont organisés.
Dix tapisseries d'Aubusson (17e s.), représentant l'histoire de Joseph, décorent le chœur, le transept et les chapelles du bas-côté droit. Elles portent les armoiries des antonins, reconnaissables au T ou tau figurant la croix de St-Antoine.
Trésor★ – Il réunit de nombreuses châsses, des bustes-reliquaires, des instruments de chirurgie légués par le dernier malade soigné par les antonins et rappelant la vocation hospitalière de ces religieux, *Sainte Marie l'Égyptienne* peinte par Ribera, et un somptueux **Christ en ivoire★★** de 33 cm, dont la veinure s'apparente à un écorché. Une 3e salle, décorée de ravissantes boiseries de style rocaille, renferme un intéressant chapier (meuble où sont disposées des chapes) riche de beaux **ornements**.
Revenez au parvis de l'église.
Deux portes monumentales se font face : l'une ouvre sur les anciens jardins (*ouverts à l'occasion des Journées du patrimoine et de concerts)*, l'autre domine un degré descendant vers le bourg. Remarquez de la terrasse le plan des ruelles.

Le bourg

Il s'étage le long de deux rues parallèles reliées par divers « **goulets** », passages entièrement ou en partie couverts. Dans la rue haute (Grande-Rue), remarquez les façades travaillées, l'élévation des constructions et quelques bancs d'échoppe ; empruntez quelques goulets pour surprendre les façades arrière, quelques jardinets et remarquez, dans la rue basse, les constructions plus simples en galets : vous distinguez ce qui fut le quartier des notables et celui des faubourgs.

À proximité Carte de microrégion

Château de l'Arthaudière B4

7 km au sud par la D 27B qui longe des falaises de molasse.

Élevé sur une maison forte du 13e s., le château (16e-19e s.) a été de multiples fois modifié. Les **écuries** du 18e s., restaurées, accueillent désormais une exposition permanente sur l'architecture régionale. *04 76 38 63 88 - www.saint-bonnet-de-chavagne.fr - juil.-août : tlj sf mar. et vend. 15h-19h ; juin et sept. : w.-end et j. fériés 15h-19h - 3 € (-16 ans gratuit).*

Remarquez le puits couvert (18e s.) et l'élégant lanternon de la grange. Le château garde une **galerie Renaissance** à croisées d'ogives, ornée de médaillons en réemploi, et des jardins en terrasses (vue sur le Vercors et la Chartreuse). L'ensemble, très endommagé par des années d'abandon et un incendie, est en cours de restauration.

Chatte B3

8 km au sud-est par la D 27.

Le petit bourg est connu pour son **Jardin ferroviaire**. C'est un vrai petit monde en réduction qui a été recréé dans ce jardin où le train miniature *(échelle 1/22,5)* s'intègre dans une nature exubérante composée de plus de 200 espèces de plantes. Une trentaine de convois circulent sur plus d'1 km de voies, pour la plus grande joie des petits et des grands. *2 rte de Lyon - 04 76 38 54 55 - www.jardin-ferroviaire.com - - de mi-juil. à la 4e sem. d'août : 10h-19h ; d'avr. à mi-juil. : 10h-18h ; fin août-sept. : lun.-vend. 14h-18h, w.-end 10h-18h ; mars et oct. : w.-end 10h-18h - fermé nov.-fév. - 8 € (-13 ans 5,50 €).*

Plusieurs moulins à huile (de noix) attestent de l'importance de la culture des noyers dans cette région qui fait partie du territoire de l'**AOC noix de Grenoble**.

Saint-Marcellin B3

10 km à l'est par la D 27, puis la D 20 à droite.

Humbert II, le dernier dauphin du Viennois, installa ici au 14e s. son conseil delphinal qui servait de Parlement, de Conseil d'État et de Chambre des comptes. La ville ne fut pas épargnée par les guerres de Religion : prise deux fois par le baron des Adrets, elle fut définitivement récupérée par le camp des catholiques en 1568.

Le marché du samedi et les foires annuelles attirent les habitants du Bas-Grésivaudan. Le **saint-marcellin**, petite tomme ronde obtenue avec du lait de vache, constitue la spécialité locale.

La **promenade de Joud** offre une jolie vue sur la vallée de l'Isère et le Royans dominés par la muraille du Vercors.

La Sône B4

6 km au sud par la D 20, puis la D 71.

Château de la Sône – *Au village, suivez les indications. 04 76 64 41 70 - www.chateaudelasone.com - visite guidée du château (50mn) juil.-août : 14h-18h ; mai-juin et sept. : dim. et j. fériés 14h-18h ; reste de l'année : 2e dim. du mois 15h et 16h - 7 € (10-18 ans 5 €).* Il est idéalement situé sur un socle rocheux dominant la vallée de l'Isère. Les premières pierres de l'édifice remontent au 12e s. Doté d'un agréable parc, il est très bien restauré et remeublé avec goût.

Jardin des fontaines pétrifiantes – *Accolé au château de la Sône. 04 76 64 43 42 - www.jardin-des-fontaines.com - - mai-août : tte la journée ; de déb. sept. à mi-oct. : apr.-midi, dim. et j. fériés tte la journée - fermé lun. - 7 € (-13 ans*

4,50 €) ; 16 € billet combiné avec promenade en bateau à roue. Ce jardin, agrémenté de près de 15 000 plantes, a été aménagé dans un site de pétrification où l'eau, chargée en bicarbonate de calcium, recouvre en quelques mois les objets d'une pellicule de cristaux scintillants constituant le tuf.

En contrebas, dominé par les toitures colorées du château, un chemin longe les rives de l'Isère. Mais le meilleur moyen de découvrir cette vallée pittoresque est certainement le **bateau à roue Royans-Vercors.** Le parcours commenté « La Sône - St-Nazaire-en-Royans » *(aller simple possible pour les randonneurs et les cyclistes)* révèle la variété de la faune et la beauté des paysages préservés que l'on trouve au pied du Vercors. *04 75 48 45 76 - www.bateau-a-roue.com - croisière commentée de déb. avr. à mi-oct. : se renseigner pour les horaires - dép. St-Nazaire-en-Royans et La Sône - 10,50 € (-13 ans 7 €) ; 16,50 € billet combiné avec le Jardin des fontaines pétrifiantes.*

★ Le Grand Séchoir, à Vinay B3

26 km à l'est par la D 27 puis la D 1 092, sur la commune de Vinay. 705 rte de Grenoble - 04 76 36 36 10 - www.legrandsechoir.fr - - avr.-oct. : mar.-dim. 10h-18h ; nov.-déc. : mar.-dim. 14h-17h30 ; janv.-mars : w.-end et vac. scol. 14h-18h - fermé lun., 1er janv., 1er Mai et 25 déc. - 3,50 € (-12 ans gratuit) - vente de noix et de produits dérivés dans la boutique.

L'ancienne ferme à séchoir est méconnaissable dans son architecture renouvelée, consacrée exclusivement à la **noix de Grenoble**. Celle-ci est racontée sous divers angles : mythique, avec de jolis contes sur les origines de la noix (écouteurs) ; traditionnel, avec des photos anciennes et les outils de la culture d'hier ; botanique, avec la belle **collection de noix** du monde entier, de toutes tailles et formes, des pépinières Treyve, les techniques de greffes et les agrandissements de photos sur les fleurs et les feuilles du noyer ; actuel enfin, avec un film intéressant sur les nuciculteurs et la récolte des diverses variétés de noix de Grenoble aujourd'hui.

Notre-Dame-de-l'Osier B3

26 km à l'est par la D 27, puis la D 1 092. Traversez Vinay par la D 22, puis prenez à droite la D 201. Se renseigner à la maison paroissiale pour les horaires : 04 76 36 70 44 - gratuit.

L'église actuelle, élevée en 1873, reprend par une mosaïque un miracle de 1649 : Pierre Port-Combet, paysan et protestant, a fait saigner, devant témoins et à plusieurs reprises, un osier en le taillant. Il ne comprend d'abord pas ce qui lui arrive et, huit ans plus tard, reçoit l'apparition d'une « belle demoiselle » l'appelant à changer de vie et demandant aux pèlerins de prier avec plus de ferveur. Les croyants affluent, des miracles se produisent. À « Bon rencontre » sera donc élevée une chapelle, puis une basilique mineure qui reste un lieu de pèlerinage.

NOS ADRESSES À SAINT-ANTOINE-L'ABBAYE

HÉBERGEMENT

À Saint-Antoine

PREMIER PRIX

Chambre d'hôte Les Voureys – *Les Voureys - ☏ 04 76 36 41 65 - http://chambrehote.site.voila.fr - ⊭ - 3 ch. 45 € - ☕ 8 € - repas 17 €.* Trois chambres d'esprit campagnard ont été aménagées dans l'ancien grenier de cette maison en pierre vieille de 150 ans. Les petits-déjeuners et les repas, élaborés à base de produits fermiers, sont servis dans une grande salle à manger conviviale. Petite cuisine à disposition des hôtes désirant préparer leurs repas.

RESTAURATION

À proximité

PREMIER PRIX

Le St-Marcell'inn – *2 pl. des Carmes - 38160 St-Marcellin - ☏ 04 76 38 34 26 - 12,90 € déj. - 10,90/29,90 €.* Avec ses larges fenêtres, ses murs colorés, ses grands miroirs, ses banquettes et son personnel nombreux, l'endroit fait un peu penser à une brasserie. Cuisine traditionnelle copieusement servie et joliment présentée.

Hauterives

★

1 532 Hauterivois – Drôme (26)

NOS ADRESSES PAGE 548

SE REPÉRER

Carte de microrégion A3 *(p. 521) – Carte Michelin Départements 332 D2.*
Le village d'Hauterives se trouve à 25 km au nord de Romans. On y accède par la D 538.

À NE PAS MANQUER

L'œuvre naïve du Facteur Cheval.

ORGANISER SON TEMPS

Comptez au moins 3h pour la visite de la ville et de ses environs. Si vous manquez de temps, visitez en priorité le Palais idéal, et si vous n'êtes pas pressé, complétez au moins par le tombeau.

AVEC LES ENFANTS

Le parcours enfants du Palais idéal ; les labyrinthes ; le musée de l'Ours et de la Poupée à Lens-Lestang.

Du monde entier, des milliers de visiteurs viennent chaque année à Hauterives. Ce ne sont pas tant les ruines du château médiéval qui les attirent, que ce fabuleux palais aux allures de temple khmer. Ils rendent

ainsi hommage à un homme étonnant, le Facteur Cheval, un « paysan » selon lui, qui prouva à force de volonté que ce n'est pas la culture qui fait l'art, mais la qualité du rêve et le courage de l'accomplir.

Se promener

★★ Le Palais idéal

8 r. du Palais-Idéal - ✆ 04 75 68 81 19 - www.facteurcheval.com - ♿ - juil.-août : 9h30-12h30, 13h-19h ; avr.-juin et sept. : 9h30-12h30, 13h30-18h30 ; fév.-mars et oct.-nov. : 9h30-12h30, 13h30-17h30 ; déc.-janv. : 9h30-12h30, 13h30-16h30 - fermé 1er janv., 25 déc. et 15-31 janv. - 5,40 € (enf. 3,90 €). En soirée, un éclairage nocturne très étudié met en valeur certains aspects méconnus du monument. Parcours enfants sur demande.

Au milieu du jardin, sur un quadrilatère d'environ 300 m² et à une dizaine de mètres de hauteur, se dresse la construction, hérissée d'étranges ornements.

Le **côté est**, le plus singulier, montre trois géants revêtus d'un cailloutis rougeâtre s'apparentant aux mystérieuses statues de l'île de Pâques : ce sont César, conquérant romain, Archimède, savant grec, et Vercingétorix, héros de la Gaule. Remarquez leurs gestes : Vercingétorix montre le ciel et la terre, César et Archimède posent un bras sur son épaule, dans son autre main, Archimède tient une branche d'olivier. Entre eux s'encastrent deux déesses, Isis et Velléda, levant les mains en signe de louange. Cheval, pour qui ces personnages incar-

UN SITE FÉERIQUE

L'auteur de la construction qui fait la renommée de Hauterives a une vie digne d'un conte, tragique et édifiante à la fois. S'il écrit sur la façade ouest de son palais « Le travail fut ma seule gloire, l'honneur mon seul bonheur » (signé : « un facteur rural »), c'est qu'elle ne manque pas de drames : à 37 ans, **Ferdinand Cheval** a déjà perdu sa première épouse et un enfant ; avant de mourir, il perdra sa seconde épouse et ses deux autres enfants.

Il était hanté depuis longtemps par des rêves de palais féerique et avait noté ses visions, mais ce n'est qu'à 43 ans, après avoir trébuché sur sa « pierre d'achoppement » (l'expression fait référence à l'Évangile), qu'il décide d'entreprendre sa construction. Il est alors facteur, sans culture architecturale ou artistique, et le village entier se moque de sa prétention, le taxe d'un sommaire « réalisateur d'inutile ! ».

Pendant sa tournée à pied, il charge son sac des pierres qu'il rencontre, les dépose par tas et vient les rechercher le soir avec sa brouette. Il les utilise pour édifier dans son jardin murs, pinacles et gargouilles, cela pendant 33 ans ; « Je me suis dit : puisque la nature veut faire la sculpture, moi je ferai la maçonnerie et l'architecture. » Il voulait faire de ce palais son tombeau, mais l'administration lui en refuse l'autorisation.

Qu'à cela ne tienne, Cheval consacre les dix dernières années de sa vie à construire, de la même façon, son tombeau au cimetière. Il meurt en 1924 au terme d'un travail inlassable. Son œuvre sera classée en 1969 par l'écrivain et ministre de la Culture André Malraux, qui dira : « Il serait enfantin de ne pas classer la **seule architecture naïve du monde**, quand c'est nous, Français, qui avons la chance de la posséder. »

nent sans doute le fleuron de l'humanité, inscrit lui-même la signification de la scène : « À la fraternité des peuples. » En retrait, dans une petite **grotte**, s'encastrent les seuls soutiens du Facteur Cheval : ses outils et sa brouette, qui déclare « Moi, sa brouette, j'ai eu cet honneur d'avoir été 27 ans sa compagne de labeur [...] et, chez lui, [...] j'occupe la place d'honneur. »
La **façade sud** est dédiée aux pierres antédiluviennes. Cheval y réunit les pierres qui n'ont pas trouvé leur place ailleurs. L'arbre de vie – celui qui, dans la Genèse, donne la vie éternelle – symbolise sans doute pour lui la vie avant le déluge.
L'entrée du palais est située **côté ouest**. Des imitations de végétaux voisinent avec des réminiscences assurément inspirées des Expositions universelles, parmi lesquelles on « reconnaît » un temple hindou, le chalet suisse, la Maison Blanche et la Maison-Carrée d'Alger, et un château fort. L'**intérieur** est percé de galeries et de grottes ornées de volutes. Par de petits escaliers, on accède à la **terrasse**, autrefois traversée de canaux et tuyaux irriguant les fontaines de la façade est. C'est ici le centre de l'univers fantastique du facteur, où est enchâssée la première pierre de la construction.
La **façade nord** est la dernière construite. Elle grouille de petits éléments décoratifs, et intègre le récit de la Genèse, Adam et Ève, l'arbre de la connaissance du bien et du mal et le serpent.
À quelques dizaines de mètres à l'est de l'ensemble, Cheval a élevé un **belvédère** pour profiter de la vue sur son œuvre dans la lumière du soleil couchant. Il y a inscrit : « Chaque fois que tu me regardes, tu vois la vie qui s'en va. »

★★ Le tombeau

Il est possible d'y accéder à pied (5mn) par un chemin fléché au départ de la rue centrale. Pour y aller en voiture, du centre, prenez la D 51 vers Châteauneuf-de-Galaure et la dernière rue à gauche (direction cimetière) juste avant de quitter Hauterives. « Le tombeau du silence et du repos sans fin » est le dernier travail de bâtisseur du facteur rural. Coiffé d'une croix et portant les lettres JMJ (sans doute pour Jésus-Marie-Joseph), il présente un travail plus miniaturiste, orné de coquillages. Y reposent les corps de Ferdinand Cheval et de sa famille.

Le Baz'art des mots

19 Grande-Rue - ✆ 04 75 68 95 40 - www.le-bazar-des-mots.com - mar.-sam. 9h-12h, 14h-19h, dim. 10h-12h, 14h30-19h - entrée libre.
Réparti sur deux niveaux, ce nouvel espace d'art fait écho au Palais idéal. Le premier étage y présente une exposition temporaire, tandis que le second est consacré à une exposition permanente d'art singulier, en hommage au Facteur Cheval.

Le Palais idéal du Facteur Cheval.
E. Georges / Palais idéal du Facteur Cheval

À proximité Carte de microrégion

Les Labyrinthes A3

3,5 km à l'est par la D 51, puis à gauche dans St-Germain. ✆ 04 75 68 96 27 - mai-août : 11h-19h ; sept. : w.-end 11h-19h - 7,50 € (-16 ans 6 €).

Aménagés sur une colline, quatre grands labyrinthes végétaux forment un jeu de piste. À l'abri du soleil, la Maison des enfants leur propose des animations amusantes à partir de mosaïques.

Musée de l'Ours et de la Poupée à Lens-Lestang A3

6 km au nord par la D 538. Le Coteau - ✆ 04 75 31 84 29 ou 06 88 64 48 48 - http://mop26.free.fr - ♿ - de déb. avr. à déb. nov. : tlj sf sam. 10h-19h (tlj en juil.-août) ; nov.-mars : tlj sf sam. 13h-19h - 5 € (enf. 3,50 €) - boutiques de jouets, peluches et vente d'ours en kit prédécoupés à réaliser soi-même.

Un couple de passionnés s'attache à faire découvrir, dans de vastes vitrines vieillottes, la folle aventure des jouets et peluches, la naissance de l'ours articulé, les baigneurs, les barbies et leurs intermédiaires les grandes poupées chic pour adultes. L'ensemble, qu'on ne touche ni ne berce, est plus destiné aux « grands gamins » qu'aux petits enfants…

Manthes A3

9 km au nord par les D 538, D 1 et D 137.

L'**église** romane est plantée sur le rebord d'un coteau. Le beau vitrail du 14e s. de l'abside représente saint Pierre et saint Paul. L'église est accolée à un **prieuré** clunisien. *Visite sur demande à Mme Parade - ✆ 04 75 31 80 05/98 39.*

La Motte-de-Galaure A3

12 km au sud-ouest par la D 51.

Le prieuré Ste-Agnès, restauré, a conservé deux arcades primitives de son cloître. L'**église** présente une charmante façade du 12e s., percée d'une fenêtre à arc polylobé, surmontée d'un fronton ajouré pour les cloches. À l'entrée du chœur, une Vierge à l'Enfant en bois doré (16e s.) posée sur une colonne à fûts entrelacés provenant de l'ancien cloître. Accolée au transept nord, la chapelle, de style gothique flamboyant, abrite un grand Christ en bois du 18e s.

Albon A3

17 km à l'ouest par la D 51 et la D 132.

Albon doit une partie de son histoire à ses comtes qui, en étendant leurs possessions à partir du 11e s., créèrent le Dauphiné. Vestige de ce passé, la **Tour d'Albon**, ruinée, offre un beau **panorama**★ sur la vallée du Rhône, du défilé de St-Vallier à la plaine de St-Rambert, le débouché de la Valloire et, à l'ouest, les Cévennes.

Pour les amateurs de botanique, une balade au cœur du village s'impose avant de quitter les lieux. Millepertuis contre l'esprit mauvais ou joubarbe face aux jeteurs de sorts, c'est une kyrielle de plantes magiques et symboliques que vous invite à découvrir le circuit balisé au départ de la mairie. Saison conseillée : fin du printemps, début de l'été.

Château de Mantaille A3

11 km à l'ouest par la D 147 et la D 132.

Les ruines du **château** se dressent au flanc du vallon du **Bancel**. C'est à Mantaille que Boson se fit couronner roi de Bourgogne en 879.

NOS ADRESSES À HAUTERIVES

HÉBERGEMENT

À Hauterives

BUDGET MOYEN

Hôtel Le Relais – *Pl. du Gén.-de-Miribel - ✆ 04 75 68 81 12 - tglerelais@wanadoo.fr - fermé 15 janv.-28 fév., dim. soir sf juil.-août et lun. - P - 16 ch. 61 € - 8,50 € - rest. 17/37 €.* Façade en galets roulés et volets blancs pour cet hôtel de village sis dans une grande maison ancienne. Ses chambres sont simples et accueillantes, régulièrement rafraîchies. Petits plats traditionnels servis dans la salle à manger rustique ou en terrasse.

À proximité

BUDGET MOYEN

Chambre d'hôte Le Lit de la Galaure – *26390 Treigneux - ✆ 04 75 68 97 56 - lelitdelagalaure@wanadoo.fr - - 2 ch. + 1 suite 54 € - repas 18 €.* D'après le propriétaire des lieux, le lit de la Galaure est garni de galets, ce qui lui a donné son nom. C'est vrai pour la rivière mais, ici, les galets de l'ancienne ferme sont sertis dans les murs tandis que les lits sont au calme, dans des chambres aux tons pastel. De l'ancienne ferme restent peu de souvenirs, sauf peut-être un goût prononcé pour les confitures maison, la cuisine régionale et la compagnie des animaux.

RESTAURATION

À proximité

BUDGET MOYEN

Yves Leydier – *1 r. du Stade - 26330 Châteauneuf-de-Galaure - 6 km au sud-ouest de Hauterives par D 51 - ✆ 04 75 68 68 02 - fermé fév., dim. soir, mar. soir et merc. - 16 €.* Sur la place du village, cette jolie maison en galets de la Galaure ouvre sa façade arrière sur un grand jardin où les enfants pourront jouer en été. Les grands profiteront aussi de la verdure sur la terrasse ombragée. La cuisine, à base de produits frais, est fort alléchante et évolue au gré des saisons.

BOIRE UN VERRE

Le Baz'art des mots – *19 Grande-Rue - ✆ 04 75 68 95 40 - www.le-bazar-des-mots.com - lun.-sam. 9h-12h, 14h-19h, dim. 10h-12h, 14h-19h.* La librairie de l'espace d'art possède un petit bar, où l'on peut déguster des thés créatifs, dédiés aux écrivains du monde entier, une limonade artisanale, ou un chocolat chaud sorti de la chocolatière.

Roussillon

7 806 Roussillonnais – Isère (38)

NOS ADRESSES PAGE 551

S'INFORMER

Office du tourisme du Pays roussillonnais – *Pl. de l'Édit - 38150 Roussillon - ✆ 04 74 86 72 07 - www.ot-pays-roussillonnais.fr - de mai à mi-sept. : lun.-mar., vend. et dim. 14h30-18h30, merc.-jeu. et sam. 10h-12h, 14h30-18h30 ; reste de l'année : merc., jeu. et sam. 10h-12h, 14h30-18h30.* L'office se situant à l'intérieur du château de Roussillon *(voir ci-après)*, ne pas confondre ses horaires avec ceux du château.

SE REPÉRER

Carte de microrégion A3 *(p. 520-521) – Carte Michelin Départements 333 B5.*
Accroché à un coteau du Rhône à l'écart de l'autoroute, Roussillon se trouve à 20 km au sud de Vienne *via* l'A 7 ou la N 7. Le parc naturel régional du Pilat est juste de l'autre côté du fleuve. La ville domine une vaste zone industrielle dont le développement est lié à l'essor de Rhône-Poulenc (aujourd'hui Rhodia).

À NE PAS MANQUER

Le château Renaissance.

ORGANISER SON TEMPS

Comptez environ 1h.

AVEC LES ENFANTS

Les animaux naturalisés du Musée animalier de Ville-sous-Anjou.

Ce Roussillon-là est peu connu. Et pourtant, chaque début d'année, lorsque le moment est venu de rédiger ses cartes de vœux, on devrait avoir une petite pensée pour cette vieille cité de la vallée du Rhône. Sans elle, ou plutôt sans l'édit qui porte son nom, on ne saurait pas que le 1er janvier est le « Jour de l'an »…

Se promener

Château

✆ 04 74 86 72 07 - www.ot-pays-roussillonnais.fr - visite guidée juin-août : 15h30 ; reste de l'année : w.-end 15h30 - fermé de fin déc. à déb. janv. et certains j. fériés (se renseigner) - 4,50 € (-8 ans gratuit).
Ce robuste édifice Renaissance, de style florentin, flanqué d'une tourelle à l'ouest, a été construit en 1552 par le cardinal de Tournon. À l'intérieur, un escalier à balustres mène à la salle de l'Édit. Plus loin, la chambre de Catherine de Médicis conserve des vestiges de frise peinte au ras du plafond.
L'aile ouest du château abrite la **maison du Pays roussillonnais** dont la salle du patrimoine présente les principales richesses culturelles, artisanales, industrielles et architecturales de la région.

Église

De style flamboyant, elle fut construite aux 14e et 15e s. Le clocher, lui, est moderne. Dominant l'église et le cimetière, la motte de l'ancien donjon occupe le sommet de la colline.

LE PREMIER JOUR DE L'AN

L'édit de Roussillon – En 1564, Charles IX, accompagné de sa mère Catherine de Médicis, vint rendre visite aux Roussillonnais. L'événement serait sans doute passé inaperçu si le roi n'en avait profité pour signer l'édit de Roussillon. Ce dernier désigna le **1er janvier** comme premier jour de l'année pour l'ensemble du royaume. Jusqu'alors, chaque région fixait cette date à sa convenance.

Les étapes de l'unification – C'est petit à petit que le royaume a fait son « unité technique » : la « monnaie unique » royale s'imposa à partir du 14e s., lorsque les seigneurs perdirent le droit de battre monnaie ; c'est en 1539 que le français fut imposé comme langue administrative par l'ordonnance de Villers-Cotterêts et en 1582 qu'on adopta le calendrier grégorien en passant (sans le moindre « bug » !) en une nuit du 4 au 15 octobre ; quant aux poids et mesures, il fallut attendre la Révolution et l'adoption du système métrique pour qu'ils aient la même valeur d'une région à l'autre.

À proximité Carte de microrégion

Ville-sous-Anjou A3

4,5 km à l'est par la D 134, puis la D 131B sur la droite.

Faites un tour au **Musée animalier** où plus de 500 animaux naturalisés sont placés dans de vastes dioramas évoquant leur milieu naturel : une belle occasion d'approcher sans crainte le tigre du Bengale, le léopard noir ou les grands lions d'Afrique ! *04 74 84 49 39 - - www.musee-animalier.com - juil.-août : 10h-19h ; Pâques-juin : dim., j. fériés et vac. scol. 13h30-19h ; de mi-janv. à Pâques et sept.-nov. : dim. et j. fériés 13h30-18h - fermé de déc. à mi-janv. - 6,80 € (5-12 ans 4,80 €).*

Montseveroux A2

17 km à l'est par la D 134, puis la D 46 à gauche.

Le **château** (13e-14e s.) a gardé ses épaisses murailles ponctuées de meurtrières, quatre tours d'angle, la vue sur la vallée, l'emplacement de son pont-levis et une belle porte. De larges fenêtres ont été percées à la Renaissance. Remarquez aussi le portail de l'ancienne maladrerie (17e s.) jouxtant le château et les décors en trompe l'œil (18e s.) de la simple **église** romane.

Château de Bresson A3

17 km à l'est, sur la commune de Moissieu-sur-Dolon. Suivez la D 134, puis deux fois à gauche la D 51 et la D 134B. 04 74 84 57 82 - visite guidée (1h env.) sur demande préalable - juin-sept. : 9h-12h, 14h-19h - 4 € (-18 ans gratuit).

Construit aux 16e et 17e s. et modifié au 19e s., il intègre les restes d'une ancienne maison forte dont on trouve les traces dans l'épaisseur des murs et sur la façade arrière. Bel **escalier** central d'inspiration Philibert Delorme ; rare cadran solaire et lunaire dans le jardin en terrasses du 17e s. (dessin, bassin et canalisations d'origine), et labyrinthe de charmes sans doute plus tardif.

Jardin du Bois Marquis, à Vernioz A2

17 km au nord-est par la N 71 puis la D 37. 04 74 84 42 32 - visite sur RV - gratuit.

À l'entrée, c'est un joli jardin botanique de pur style anglais qui vous attend. Plantes vivaces, graminées et bruyères composent la collection. Sur votre gauche, le chemin mène vers un arboretum de 4 ha regroupant plus de mille essences. Bouleaux, chênes ou érables asiatiques..., chaque arbre est soigneusement identifié afin de parfaire vos connaissances botaniques. Deux étangs apportent une agréable fraîcheur et font de cet espace verdoyant un petit coin de paradis.

NOS ADRESSES À ROUSSILLON

HÉBERGEMENT

À Roussillon

BUDGET MOYEN

Hôtel Médicis – *R. Fernand-Léger - ☎ 04 74 86 22 47 - www.hotelmedicis.fr - P - 15 ch. 62 € - ☕ 7,50 €.* Dans un quartier pavillonnaire calme, hôtel récent aux chambres spacieuses et fonctionnelles ; sol carrelé, mais bonne isolation phonique. Salon équipé d'une TV grand écran.

À proximité

UNE FOLIE

Domaine de La Colombière – *38270 Moissieu-sur-Dolon - ☎ 04 74 79 50 23 - www.lacolombiere.com - P - 20 ch. 105/149 € - ☕ 15 € - rest. 35/67 €.* Demeure bourgeoise de 1820 entourée d'un parc de 4 ha. Les vastes chambres, bien équipées, sont décorées sur le thème des peintres célèbres. Grande salle à manger, salon privé et terrasse face à la nature.

RESTAURATION

À proximité

BUDGET MOYEN

L'Atelier d'Antoine – *2176 Mas-de-Gerbey (2 km au sud de Chonas-l'Amballan, côté plan d'eau des Roches-de-Condrieu) - 9 km au nord de Roussillon par la D 4 - ☎ 04 74 56 41 21 - www.atelier-antoine.fr - 12h-14h, 19h30-21h - fermé dim. soir, mar. et merc. - 17 (déj.)/28 €.* Dans son atelier, le chef réalise une cuisine traditionnelle revisitée et teintée d'exotisme. Décor classique ou tendance (suivi en direct des cuisines *via* un écran) et terrasse.

La Côte-Saint-André

4 653 Côtois – Isère (38)

NOS ADRESSES PAGE 555

S'INFORMER

Office du tourisme du Pays de Bièvre-Liers – *Pl. Hector-Berlioz - 38260 La Côte-St-André - ✆ 04 74 20 61 43 - www.tourisme-bievre-liers.fr - juil.-août : lun. 10h-12h, 14h-17h, mar.-vend. 9h-12h, 14h-17h30, sam. 10h-12h ; sept.-juin : lun. 14h-17h, mar.-vend. 9h-12h, 14h30-17h30, sam. 9h-12h - fermé dim. et j. fériés.*

SE REPÉRER

Carte de microrégion B2 *(p. 520-521) – Carte Michelin Départements 333 E5.*

Entre Vienne (à 39 km à l'ouest) et Grenoble (51 km à l'est), La Côte-St-André se développe sur le versant d'une longue colline.

À NE PAS MANQUER

Le musée Hector-Berlioz, consacré à la vie et à l'œuvre du musicien.

ORGANISER SON TEMPS

Comptez environ 3h pour la promenade en ville et la visite au musée Hector-Berlioz.

AVEC LES ENFANTS

Une visite gourmande au Paradis du chocolat.

Il faut venir à La Côte pour comprendre la passion qui anima un Berlioz, admiratif de ce site qui « domine une assez vaste plaine, riche, dorée, verdoyante ». Les mots manquent en effet pour décrire ces éclairages de la Bièvre si particuliers et qui ont inspiré tant de peintres, cette architecture en cailloux roulés ou ces pavillons qui apparaissent au détour d'une place ou dans les pentes d'une vigne. Cette symphonie resterait toutefois « inachevée » sans la touche gastronomique apportée par les délicieuses liqueurs et autres produits locaux.

Se promener

Il faut monter au niveau du château Louis-XI ou à la table d'orientation de Notre-Dame de Sciez pour bien découvrir le site.

Musée Hector-Berlioz

69 r. de la République - ✆ 04 74 20 24 88 - www.musee-hector-berlioz.fr - ♿ - juil.-sept. : tlj sf mar. 10h-19h (20h la 2e quinz. d'août lors du Festival Berlioz) ; oct.-juin : tlj sf mar. 10h-18h - possibilité de visite guidée sur demande (2 sem. av.) - fermé mar., 1er janv., 1er Mai et 25 déc. - gratuit.

Il est installé dans la maison natale du compositeur, demeure bourgeoise construite à la fin du 17e s. et restaurée en 1969. La collection est constituée d'un ensemble précieux de partitions, livrets et instruments de musique anciens, ainsi que de portraits, caricatures, reproductions de lettres autographes et de lithographies de Fantin-Latour inspirées par l'œuvre du musicien. Le nouvel aménagement thématique du musée s'attache, sur trois étages, à

UN MÉLODISTE SURDOUÉ

Hector Berlioz, fils d'un riche médecin côtois, est né à La Côte-St-André en 1803. À l'âge de 17 ans, il arrive à Paris pour apprendre la médecine. Il suit, certes, les cours de la Faculté, mais en même temps fréquente assidûment les théâtres lyriques tout en allant consulter la bibliothèque de l'École royale de musique, où, trois ans plus tard, il s'initiera à la composition auprès de Lesueur et de Reicha. En 1828, il connaît ses premiers succès avec *Huit Scènes de Faust*. 1830 est l'année du Grand Prix de Rome et de *La Symphonie fantastique*.

Par la suite, il partagera son temps entre la critique musicale, qui l'aidera à vivre, et la composition où il connaîtra des alternances de succès et d'échecs : *Le Requiem, Benvenuto Cellini, Roméo et Juliette, La Marche hongroise, La Damnation de Faust, L'Enfance du Christ, Les Troyens…*

Romantique, Berlioz ? Il répond : « Je ne sais pas ce que cela veut dire. Je suis un classique. » Parmi les musiciens européens, il est considéré comme le créateur du « poème symphonique », mode nouveau et hardi, qui, par une riche orchestration, aboutit à une définition rythmique plus souple qu'auparavant et des associations sonores inattendues, exprimant les aspirations de l'idéal romantique au fantastique et au grandiose.

C'est à l'étranger qu'il rencontrera le meilleur accueil : Berlin, Weimar, Vienne, Prague, Saint-Pétersbourg. Il ne reviendra que fort rarement à La Côte-St-André. Mort à Paris en 1869, ce génie, méconnu de son temps, connaîtra une gloire posthume.

Il laisse derrière lui une œuvre écrite, dont un *Grand traité d'instrumentation et d'orchestration modernes*.

la vie et à l'œuvre de Berlioz comme à la place que celui-ci occupe dans l'histoire de la musique. La visite de la cuisine, de la salle à manger, du cabinet du docteur Berlioz ou de la chambre natale d'Hector permet de faire plus ample connaissance avec le romantisme, les femmes qu'il a aimées (en particulier Harriet Smithson) et d'apprécier pleinement son héritage artistique.

Halles

Construites au 13e s., elles frappent par leurs dimensions exceptionnelles (29 m x 76 m). Cinq allées sont ménagées sous la charpente.

En contrebas de la place s'ouvre l'étroit passage de la Halle où, dans un retour à gauche, on remarque de vétustes maisons à balcons de bois.

Église

Élevée du 11e au 15e s., elle est intéressante par son clocher construit en cailloux roulés et en briques, contrastant avec ses chaînages d'angle en calcaire blanc. Sa silhouette et sa riche coloration ont souvent inspiré le peintre Jongkind. À l'intérieur, remarquez dans le chœur, un Christ de jubé du 18e s.

Château Louis-XI

Bâtie au 13e s. par Philippe de Savoie sur un beau site défensif, cette construction, conçue à la fois comme forteresse et château résidentiel, fut dévastée par les guerres du 16e s., puis réédifiée par la suite.

Le Paradis du chocolat – *✆ 04 74 20 35 89 - w.-end, j. fériés et vac. scol. 15h-17h30 - possibilité de visite guidée à 15h30 (se renseigner) - 4 € visite libre, 7 € visite guidée.* C'est à une famille de chocolatiers réputés, les Jouvenal, que l'on doit cette incursion chocolatée dans le château. Elle ne manquera pas de séduire les palais les plus exigeants. Depuis l'histoire du cacao jusqu'aux délicieuses créations, tout y est, même la dégustation.

De la terrasse supérieure s'offre une **vue** étendue sur les toits rouges de La Côte, la plaine de la Bièvre et les Alpes.

Musée des liqueurs

Av. Camille-Rocher - ✆ 04 74 93 38 10 - www.cherryrocher.com - ♿ - de déb. juil. à sept. : tlj sf lun. 15h-18h ; reste de l'année : dim. et j. fériés 15h-18h - fermé janv.-fév., 14 Juil. et 15 août - 2,50 € (-14 ans gratuit).

Fondée en 1705 par **Barthélemy Rocher** (1675-1747) dans un hôtel de style néo-classique, la distillerie **Cherry Rocher** propose une visite commentée des étapes de la fabrication. La collection, installée dans une cave voûtée, comporte une série d'appareils anciens (pressoir à fruits, alambics, colonnes à rectifier, « infuseurs »). Parmi les chais, remarquez une énorme cuve en chêne de Hongrie, d'une capacité de 32 400 l. Affiches et étiquettes présentent des placards publicitaires truculents, sur les liqueurs, eaux-de-vie et autres élixirs.

La visite s'achève par la dégustation d'une des liqueurs artisanales à base de fruits rouges.

À proximité Carte de microrégion

Château de Bressieux B3

8 km par la D 71 au sud et la petite route s'amorçant, à gauche, à la sortie de St-Siméon-de-Bressieux. Au centre du village, à l'endroit où la route décrit un coude, empruntez le sentier à gauche (15mn à pied AR).

Isolés sur une butte, en haut du village de Bressieux, les vestiges du château composent un décor attachant.

Église de Châtenay B3

11 km au sud, par la D 71.

L'abbé Combalot, natif de Châtenay, professeur au séminaire de Grenoble et tourné vers les arts, dota cette église au 19e s. de ses deux raretés : un **mobilier** – autels, chaire, chemin de croix – en fonte peinte et un **carillon** de 19 cloches de la maison Bollée (Orléans). Ce qui vaut au village une école et un festival de carillonneurs. *Possibilité de visite guidée sur demande préalable à la mairie - ✆ 04 74 20 09 82 - auditions du carillon de mi-juin à mi-sept. : sam. 18h-18h30 (à l'exception des jours de concert).*

Marnans B3

18 km par la D 71 au sud, la D 130, Viriville et la D 156C.

Dans un repli retiré du plateau de Chambaran, cet humble village possède une belle **église** romane. Dans la partie basse de la façade ouest s'ouvre le portail principal en plein cintre, aux voussures moulurées de boudins, de denticules et de palmettes, et au tympan orné d'une croix grecque ; dans la partie haute s'ouvre une baie en plein cintre, surmontée d'un œil-de-bœuf. Le chœur présente une travée très courte, voûtée en berceau, précédant un hémicycle voûté en cul-de-four et percé de trois baies flanquées de colonnettes. Remarquez la triple baie au-dessus de l'arc triomphal : celle du milieu est en forme de croix.

Roybon B3

17 km au sud par la D 71.

Ce petit bourg pentu de la forêt de Chambaran possède un charmant ensemble de façades traditionnelles, typiques de ce pays sculpté dans la glaise et le bois, décoré de galets (remarquable église néo-romane St-Jean-Baptiste).

Ce patrimoine ancien, doté d'un vestige de rempart médiéval, reçoit une surprenante touche de modernité avec sa statue de la Liberté, l'une des treize répliques françaises du modèle new-yorkais.

NOS ADRESSES À LA CÔTE-SAINT-ANDRÉ

HÉBERGEMENT

À proximité

BUDGET MOYEN

Chambre d'hôte La Ferme des Collines – *446 r. des Castilles - 38260 Gillonnay - ✆ 04 74 20 27 93 - www.fleurs-soleil.tm.fr - - 5 ch. 50/60 €* . Endroit idéal pour se ressourcer que cette ancienne ferme juchée sur une colline, face à la vaste plaine qui inspira Berlioz. Plaisantes chambres garnies de meubles chinés par le propriétaire, antiquaire ; celles en duplex plaisent beaucoup aux familles.

RESTAURATION

À La Côte-Saint-André

POUR SE FAIRE PLAISIR

Hôtel de France – *Pl. de l'Église - ✆ 04 74 20 25 99 - fermé dim. soir et lun. sf j. fériés - 28/82 € - 14 ch. 62/75 € - 11 €.* Cette grosse maison rose est un bastion de la cuisine traditionnelle française : sa table réputée est bien connue des habitants de la région qui viennent y déguster ses truites en croûte… Quelques chambres.

À proximité

BUDGET MOYEN

Auberge du Château – *38870 Bressieux - ✆ 04 74 20 91 01 - www.aubergedebressieux.fr - fermé 20 oct.-13 nov., 16 fév.-12 mars, dim. soir hors sais., mar. et merc. - 23/69 €.* Au faîte d'un vieux village, perché, accueillante maison ancienne bien restaurée dont la terrasse ombragée offre un beau point de vue sur la vallée et les monts du Lyonnais.

ACHATS

Chocolaterie Jouvenal – *25 r. de la République - ✆ 04 74 20 31 77 - www.paradis-chocolat.com - magasin : 7h30-19h.* Depuis 1912, la famille Jouvenal transmet sa passion du chocolat de génération en génération. Même si, au comble de l'Obsession, vous succombez à la Tentation, la Damnation (ce sont les 3 spécialités maison) vous conduira au Paradis… du chocolat, véritable petit musée où vous apprendrez tout de la divine fève du cacaoyer.

Lac de Paladru

★

Isère (38)

NOS ADRESSES PAGE 559

S'INFORMER

Office du tourisme de Charavines – *R. des Bains - 38850 Charavines - ✆ 04 76 06 60 31 - www.paysvoironnais.info - avr.-oct. : tlj 9h-12h, 14h-17h (18h juin-sept.) ; nov.-mars : lun.-vend. 9h-12h, 14h-17h.*

Visites guidées du Pays du lac de Paladru-Les Trois Vals dans le cadre du label Pays d'art et d'histoire. *Renseignements et programmations au musée du lac de Paladru à Charavines ou sur www.museelacdepaladru.com*

SE REPÉRER

Carte de microrégion B2 *(p. 520) – Carte Michelin Départements 333 G5.*

À un peu plus de 20 km à l'est de La Côte-St-André, ce lac est finalement très proche de Grenoble grâce à l'A 48.

À NE PAS MANQUER

Le tour du lac, à pied ou en voiture, la belle architecture du château de Virieu.

ORGANISER SON TEMPS

Comptez 1h30.

Le lac de Paladru occupe une dépression d'origine glaciaire parmi les collines verdoyantes du Bas-Dauphiné. Ses eaux émeraude forment une jolie nappe étirée en longueur sur 390 ha. Pendant la belle saison, cette dernière attire de nombreux Lyonnais et Grenoblois, amateurs de sports nautiques et de randonnées.

Se promener

Musée du lac de Paladru à Charavines

Pl. de l'Église - ✆ 04 76 55 77 47 - www.museelacde-paladru.com - mai-sept. : 14h-18h ; oct.-avr. : lun.-vend. 14h-18h (tlj vac. scol.) - 3 € (-12 ans gratuit).

Il présente le résultat des fouilles subaquatiques des villages engloutis du néolithique et du Haut Moyen Âge. La présentation des plus belles pièces mises au jour, de superbes maquettes et des audiovisuels font revivre au visiteur la vie quotidienne des habitants à deux époques charnières de l'histoire du lac.

★ Tour du lac

Au départ de Charavines, deux promenades faciles procurent d'agréables vues d'ensemble sur le lac et le relief méridional. Il existe des possibilités de tour pédestre du lac, renseignez-vous à l'office du tourisme de Charavines.

LE SAVIEZ-VOUS ?

Dans le film *On connaît la chanson* d'Alain Resnais, le personnage joué par Agnès Jaoui évoque les « chevaliers-paysans de l'an mille » du lac de Paladru au travers d'une préparation de thèse.

Habité de longue date

LA CIVILISATION DU BOIS

Dans sa partie méridionale, le lac de Paladru recèle deux sites archéologiques immergés d'un grand intérêt. Loin de conforter l'existence de cités palafittes (bâties sur pilotis), la découverte de nombreux pieux et madriers émergeant par basses eaux a permis d'affirmer que ceux-ci constituaient l'ossature de maisons construites sur des hauts-fonds de craie lacustre, qui furent, à plusieurs reprises, affectés par des variations du niveau du lac. La variété et l'abondance des vestiges mis au jour, ainsi que l'analyse des pollens contenus dans les sédiments, ont contribué à définir la nature du manteau forestier environnant et les activités quotidiennes des habitants, largement orientées vers l'exploitation du bois.

LA STATION DES « BAIGNEURS »

Ce village néolithique d'agriculteurs a connu autour de 2700 av. J.-C. deux phases d'occupation successives se rattachant à la civilisation Saône-Rhône. Grâce à la présence de manches de haches et de cuillères en bois, de silex taillés, de fusaïoles ainsi que de débris calcinés, on a pu mettre en évidence, outre la production artisanale, la pratique, après déforestation, de l'écobuage – fertilisation des sols par brûlage des arbres abattus – précédant la mise en culture (blé, pavot, lin).

LE SITE DE COLLETIÈRE

Actuellement noyé sous 6 m d'eau, il révèle un habitat fortifié établi à la fin du 10e s. à la suite d'une baisse sensible du niveau du lac correspondant à une embellie climatique. Les habitants ont vécu là jusqu'au début de l'an mille, lorsqu'une montée brusque des eaux les a obligés à quitter précipitamment les lieux en abandonnant leurs biens. L'intérêt archéologique exceptionnel de Colletière réside dans l'absence, depuis son immersion, de pillage ou de dégradation.

Les habitants étaient à la fois cultivateurs, éleveurs et pêcheurs. La découverte d'équipements d'équitation, de lances et d'armes lourdes atteste qu'ils assuraient aussi la défense de la communauté. Cette société préféodale était régie par des règles égalitaires devant le travail et paraissait subvenir largement à ses besoins. Les archéologues estiment probable une population d'une centaine d'individus.

Le milieu lacustre a parfaitement protégé de nombreux objets usuels fragiles qui d'habitude nous parviennent rarement : chaussures en cuir intactes, textiles, instruments rares de musique en bois (tambourin, hautbois, embout de cornemuse), des jeux (intégralité d'un jeu d'échecs) et même des jouets reproduisant des armes (arbalète).

Vers 1040, à l'abandon des habitats littoraux, la colonisation du lac de Paladru se poursuit avec l'apparition sur les collines environnantes des premières « mottes castrales ». Remplacées pour bon nombre d'entre elles par des constructions en pierre au cours du 13e s., elles constituent les noyaux des futurs fiefs des grandes familles dauphinoises : tour de Clermont, les Trois Croix (à Paladru), château de Virieu…

Deux jolies routes – D 50 et D 50^{D} (prolongée par la D 90) – permettent de faire le tour du lac (15 km). Elles relient la station animée de **Charavines**, à la pointe sud du lac, au village plus paisible de Paladru, à l'autre extrémité. Elles permettent d'admirer en plusieurs points les évolutions des cygnes et des oiseaux habitant les nombreuses roselières.

Les traditionnelles fermes des coteaux dominant le lac et la vallée supérieure de la Bourbre sont remarquables par leur vaste toiture débordante. Par la D 17 en direction du Pin, on admirera la **grange dîmière de la Silve bénite** (16e s.) qui abrite, en saison, des expositions. *04 76 05 00 38 - ♿ - juil.-août : apr.-midi ; mai-juin et sept. : w.-end et j. fériés apr.-midi - gratuit.*

La tour de Clermont

45mn. Au départ de Charavines, suivez le chemin longeant la Fure jusqu'au pont de la D 50, puis prenez à gauche le chemin balisé en jaune qui monte à travers prés. Après la traversée du hameau de la Grangière, un chemin à gauche mène à la tour de Clermont.

Ce fier donjon du 13e s., de forme pentagonale à trois niveaux, est le seul vestige du puissant château de Clermont démantelé au début du 17e s. Le sommet a disparu et la porte a été percée ultérieurement (à l'origine une passerelle était jetée à hauteur du premier étage). C'était la demeure d'une des plus anciennes familles du Dauphiné dont la descendance unie à la Bourgogne allait donner la branche des Clermont-Tonnerre.

La croix des Cochettes

Cet itinéraire plus pentu que le précédent offre l'avantage d'être bien balisé (45mn). Depuis le parking de Colletière, prenez le sentier en montée, marqué en orange, en direction de Louisias. À un replat, poursuivez vers l'est à flanc de coteau pour rejoindre un sentier balisé en bleu qui permet d'atteindre la croix des Cochettes. Vue panoramique sur le lac.

À proximité Carte de microrégion

★ Château de Virieu B2

7,5 km au nord-ouest par la D 17. 04 74 88 27 32 - www.chateau-de-virieu.com - ♿ - visite guidée juil.-août : tlj sf lun. 14h-18h ; de Pâques à fin juin et sept.-oct. : w.-end et j. fériés 14h-18h - 7 € (enf. 3,50 €) ; 1 € visite des jardins.

La construction, échelonnée du 11e au 18e s., fut restaurée au début du 20e s. Le château eut l'honneur d'accueillir Louis XIII, en 1622, à son retour de Montpellier où il avait signé la paix. Le monarque fit don, lors de son passage à Virieu, de plusieurs **canons**, conservés avec leurs affûts fleurdelisés sous les arcades de la cour intérieure. On y visite la chambre de Louis XIII, l'ancienne cuisine avec une grande cheminée à arc surbaissé de la fin du 15e s. et une plaque portant les armoiries primitives de l'ordre des Chartreux, la Grande Salle…

Château de Pupetières B2

Au sud de Virieu.

C'est dans le cadre agreste de la vallée de la Bourbre, au château de Pupetières, que **Lamartine** composa, en 1819, son célèbre poème, *Le Vallon*, publié l'année suivante avec ses *Premières Méditations* :

« Repose-toi, mon âme, en ce dernier asile,
Ainsi qu'un voyageur qui, le cœur plein d'espoir,
S'assied, avant d'entrer, aux portes de la ville,
Et respire un moment l'air embaumé du soir. »

NOS ADRESSES À PALADRU

HÉBERGEMENT

PREMIER PRIX

Camping Le Calatrin – *38850 Paladru - ✆ 04 76 32 37 48 - lecalatrin@wanadoo.fr - ouv. avr.-sept. - ⊠ - réserv. conseillée - 60 empl. 17,50 €.* À l'instar de ses voisins bordant le lac de Paladru, ce camping dispose d'emplacements bien entretenus, aménagés en terrasses. Un grand bâtiment à l'entrée abrite l'accueil et un bloc sanitaire classique et correct. Une adresse de choix pour qui souhaite visiter la région et profiter de la fraîcheur du plan d'eau.

BUDGET MOYEN

Chambre d'hôte Les Balcons du Lac – *145 chemin de Béluran, lieu-dit Vers-Ars - 38730 Le Pin - 1 km au sud-ouest du lac de Paladru par D 50 - ✆ 04 76 06 68 82 - ⊠ - 5 ch. 50 € ☕ - repas 17 €.* Cette ancienne ferme s'ouvre d'un côté sur le lac de Paladru, de l'autre sur les champs et les bois. Les chambres, simples et douillettes, jouissent presque toutes de la vue sur les eaux couleur émeraude; trois d'entre elles possèdent une kitchenette. Accueil charmant.

RESTAURATION

PREMIER PRIX

Hôtel Les Bains – *345 r. Principale - 38850 Charavines - 1 km au sud du lac de Paladru par D 50 - ✆ 04 76 06 60 20 -http:// hotelsdesbains-charavines.com - 13,50/36 €.* Des bains, oui mais des bains… -marie et la plonge, dans l'évier! Car le lieu est bien un restaurant. Son chaleureux décor à l'ancienne – parquet, mobilier bistrot, assiettes fleuries… – est très plaisant. Cuisine traditionnelle et une spécialité : la friture.

ACTIVITÉS

Bon à savoir – Le lac de Paladru étant privé, la baignade y est interdite en dehors des 6 plages surveillées. Sachez qu'elles sont toutes payantes, à l'exception de la plage municipale de Charavines.

Bourgoin-Jallieu

23 659 Berjalliens – Isère (38)

NOS ADRESSES PAGE 564

S'INFORMER

Office de tourisme – *1 pl. Carnot - 38300 Bourgoin-Jallieu - ✆ 04 74 93 47 50 - www.bourgoinjallieu.fr - sept.-juin : lun. 13h30-18h, mar.-vend. 9h-12h, 13h30-18h, sam. 9h-12h, 14h-16h ; juil.-août : lun. 13h30-17h30, mar.-vend. 9h-12h, 13h30-17h30, sam. 9h-12h, 14h-16h - fermé dim. et j. fériés.*

SE REPÉRER

Carte de microrégion B2 *(p. 520) – Carte Michelin Départements 333 E4.*
Située à 44 km au sud-est de Lyon, Bourgoin-Jallieu est desservie par l'A 43 et la D 1006. Ces grands axes routiers permettent de rejoindre Chambéry et Grenoble.

À NE PAS MANQUER

L'ennoblissement textile et la peinture postimpressionniste au musée de Bourgoin-Jallieu, les constructions en terre de Villefontaine, les triptyques et les maisons Renaissance de la Tour-du-Pin.

ORGANISER SON TEMPS

Comptez une demi-journée pour la ville et ses environs.

AVEC LES ENFANTS

Les animaux du château de Moidière ou du zoo de Fitilieu.

Au pied d'une colline boisée, au croisement des anciennes routes de la soie, Bourgoin-Jallieu conserve les traces vivantes de sa spécialisation textile dans l'impression sur étoffe et le travail des soieries. Après les cours royales d'Europe, ce sont aujourd'hui les grands couturiers parisiens qui prisent ses tissus raffinés. La ville, capitale du Nord-Isère, réserve d'autres « impressions » : fines en bouche avec les délicieux « chaudelets » parfumés à l'anis, ou hautes en couleur avec l'équipe de rugby au maillot « ciel et grenat ».

Se promener

★ Musée de Bourgoin-Jallieu

17 r. Victor-Hugo - ✆ 04 74 28 19 74 - http://www.bourgoinjallieu.fr/51-musee-bourgoin.htm - ♿ - mar.-dim. 10h-12h, 14h-18h - possibilité de visite guidée le dim. du 1er w.-end du mois (14h30 et 16h30) - fermé lun. et j. fériés - gratuit sf visite guidée 4 € (-18 ans 2,50 €).

Aménagé sur trois étages dans la chapelle des Antonins (1503) et dans l'hôtel-Dieu (18e s.) récemment restaurés, le musée déploie ses collections autour de deux axes : l'œuvre de **Victor Charreton** (1864-1936), peintre postimpressionniste qui fonda le musée en 1929, et l'**ennoblissement textile** – nom donné aux différentes étapes finales de traitement du tissu – qui a forgé l'identité industrielle de la région. Le patrimoine régional fait l'objet d'expositions temporaires.

LE SAVIEZ-VOUS ?

Le nom de la ville atteste d'une histoire de désunions et de retrouvailles. Jallieu n'a longtemps été qu'un lieu-dit de la « terre de Bourgoin ». Réunies en 1654, les deux cités se séparent en 1791 dans le tourbillon révolutionnaire pour fusionner définitivement en 1967.

Bourgoin-Jallieu et la toute proche ferme de Monquin (sud-est de Maubec) ont marqué une étape importante (1768-1770) de la vie errante de **Jean-Jacques Rousseau** : il s'y « maria » avec sa compagne de toujours, Thérèse Levasseur, et y rédigea une partie des *Confessions*. La ville est la patrie d'autres célébrités comme l'écrivain **Frédéric Dard** (alias San-Antonio, *voir St-Chef ci-après*) et le boxeur Brahim Asloum, médaillé d'or aux JO de Sydney (2000).

Sur les traces de Jean-Jacques Rousseau

Durée 2h30 - voiture obligatoire - renseignements et inscriptions à l'office de tourisme - pl. Carnot - ☏ 04 74 93 47 50.

Un circuit original pour retrouver pas à pas les lieux qui abritèrent le séjour berjallien de Jean-Jacques Rousseau.

À proximité Carte de microrégion

Le Domaine de la terre à Villefontaine A2

7,5 km à l'ouest par la D 1006. Prenez la direction de Vaulx-Milieu, puis du bourg et du vieux village, et suivez le fléchage.

Voici un quartier très particulier de la « grande banlieue du Grand-Lyon » : il a été construit dans les années 1980, pour assurer un habitat social moderne, en terre crue ! Aujourd'hui coquettement arborés, ces HLM résidentiels donnent à voir les multiples aspects de ce matériau traditionnel : briques et blocs de terre comprimée, pisé naturel, « terre-paille » (structure en bois emplie de paille trempée dans de l'argile)...

La Tour-du-Pin B2

16 km à l'est par la D 1006.

La vieille ville étagée au pied de l'église garde quelques logis Renaissance, notamment au n° 29 de la rue d'Italie, la **maison des Dauphins**. Remarquez, dans l'église, deux **triptyques★** : celui de la Passion, peint en 1541 par un élève de Dürer, Georg Pencz ; celui de la visite des mages, contemporain, peint par Arcabas. *Visite guidée avr.-oct. : 1er dim. du mois à 15h30 ; juil.-août : lors des visites de la ville (calendrier à l'office de tourisme - ☏ 04 74 97 14 87 - www.latourdupin.fr - 2 €.*

Château du Passage B2

23 km à l'est par la D 1006, puis la D 73k à droite. Tournez à gauche à la hauteur de l'église. ☏ 04 78 84 00 91 - de mi-juil. à déb. sept. et pdt les journées du patrimoine : sur RV - fermé 15 août - 5 € (-12 ans gratuit).

Construit au 18e s. sur les restes d'une maison forte, il a vu sa façade principale remaniée au 19e s. Le toit, fortement pentu et couvert de tuiles en écaille, est typiquement dauphinois. Les étages sont desservis par un escalier monumental avec rampe en fer forgé, orné de **fresques** militaires en trompe-l'œil. Ces fresques, réalisées par un artiste italien au 18e s., se prolongent par des thèmes floraux dans les salons d'apparat. Remarquez aussi le billard, le beau poêle alsacien, le portrait de soie tissée et la lettre de Napoléon.

★ Musée du Tisserand dauphinois à La Bâtie-Montgascon B2

24 km à l'est par la D 1006, puis la D 1516 à gauche. 76 r. de Tisserand - 04 74 83 08 99 - http://tisserand.dauphinois.free.fr - mai-oct. : 14h-18h - fermé lun., mar. et j. fériés - 3 € (-12 ans gratuit, 12-16 ans 1,50 €) - joli choix de foulards à la boutique.

Fuyant la révolte des canuts, l'industrie de la soie a gagné au 19e s. le Nord-Dauphiné où s'étaient fabriquées les « toiles de Voiron » de chanvre (jusque-là très cultivé dans la région) pendant plus de deux siècles. Dans une ancienne usine de tissage réhabilitée, les dévidoirs, les canetières à pédales, les métiers à bras, façonnés et velours, la mécanique jacquard, entre autres, se remettent en marche le temps de fabriquer leur petit bout d'ouvrage. Une section du musée est réservée aux métiers moins connus du tulle et de la dentelle. De la soie brute au produit fini, tout peut être observé, touché, expliqué et réveille souvent, parmi les visiteurs aussi, le souvenir de longues et dures expériences de travail.

Le Domaine des fauves à Fitilieu B2

26 km à l'est par la D 1006, puis la D 1075 à gauche. 04 74 83 08 99 - www.domainefauve.free.fr - avr.-sept. : 10h-19h ; oct.-mars : 13h30-17h - fermé j. fériés et merc.-dim. apr.-midi - 9 € (3-9 ans 6 €). Distributeurs de granulés pour les animaux et aires de pique-nique.

Sur un espace relativement restreint sont réunis des pumas, des lynx, des panthères, des lions, mais aussi des ratons laveurs, quelques lémuriens, des loups, des singes, des perroquets et quelques herbivores.

Château de Moidière A2

12 km à l'ouest par les D 1006, D 36 et D 124. Au lieu-dit « Les Eynards », prenez une petite route à gauche en direction de Bonnefamille, et à droite vers le château. 04 74 96 44 63 - www.chateau-moidiere.com - juil.-août : tlj sf mar. 14h30-18h ; reste de l'année : merc., w.-end et j. fériés 14h30-18h - fermé de mi-nov. à mi-fév. - 8 € (-12 ans 6 €).

Son toit, en pente très accusée couvert de tuiles à écailles, lui donne une allure typiquement dauphinoise. Premier jalon historique de la « route des Dauphins », ce château d'époque Louis XIV fut reconstruit sous l'Empire après avoir été détruit à la Révolution. À l'intérieur, le grand vestibule et l'escalier d'honneur sont décorés de peintures en trompe-l'œil, réalisées au début du 19e s. par des artistes italiens. On visite également le grand salon et la chambre Empire.

Dans les caves voûtées est installé un vivarium où évoluent des batraciens, reptiles, poissons et petits rongeurs.

Parc animalier – Au cours d'une agréable promenade, on découvre les animaux de la région : fouines, putois, genettes, blaireaux, renards, rapaces nocturnes, ou encore des mouflons, bouquetins, daims, sangliers et loups. Un parc botanique présente, le long d'un sentier d'observation, plus de 2 000 arbres d'espèces de la région.

Saint-Chef B1

10,3 km au nord-est par la D 522 et la D 19.

Pl. de la Mairie - 38890 St-Chef - 04 74 27 73 83 - juin-sept. : tlj 14h30-17h30 ; mars-mai et oct.-déc. : w.-end 14h30-17h30 - fermé de fin déc. à fin janv.

Dans le cadre verdoyant des Balmes dauphinoises, St-Chef est une ancienne cité abbatiale qui a prospéré jusqu'à la Révolution. Les temps ont bien changé mais son trésor reste son église, ou plus exactement ses magnifiques fresques romanes qui nous sont parvenues dans un incroyable état de conservation.

Lampas (étoffes de soie à grands dessins tissés en relief).
Musée du Tisserand dauphinois

Église – *Visite libre de l'abbatiale - visite guidée fresques et chapelle haute juil.-août : tlj sf mar. 10h-18h30 ; avr.-juin et sept. : tlj sf mar. 14h30-18h30 ; oct.-mars : visite guidée dim. à 15h30 - fermé mar. et 1er Mai - visite guidée 3 € (4 € le dim.) - ✆ 04 74 92 59 92.* Cette église abbatiale des 10e et 11e s. est célèbre pour ses **fresques romanes** qui se trouvent dans la chapelle s'ouvrant sur le croisillon nord. Un petit escalier à vis mène à cette chapelle haute, dite **chapelle des Anges★★**, qui a conservé le remarquable ensemble de sa décoration primitive. Autour du Christ en gloire, la cour céleste est représentée en une ordonnance admirable. Elle est composée de la Vierge entourée d'anges et de la Jérusalem céleste figurée par une tour surmontée de l'agneau mystique. Des anges complètent le chœur céleste. Au-dessous, sur les parois, prophètes, apôtres, saints, martyrs ou vieillards de l'Apocalypse occupent deux registres superposés. Une grande habileté transparaît dans l'exécution et notamment la façon dont le peintre a joué avec l'attitude des personnages : les ailes des anges se dressent ou se ferment suivant la mission qui leur est attribuée.

Maison du Patrimoine – *2 r. du Seigneur-de-By - ✆ 04 74 92 59 92 - ♿ - juil.-août : tlj sf mar. 10h-12h, 14h30-18h30 ; avr.-juin et sept.-oct. : tlj sf mar. 14h30-18h30 - fermé mar. et 1er Mai - 3 € (12-18 ans 2,30 €) ; 4,60 € billet combiné avec la visite guidée de la chapelle des Anges.* Elle forme le complément indispensable à la visite de l'église abbatiale. Le parcours sur l'histoire du bourg est en effet largement consacré à la chapelle des Anges. On approche en particulier celle-ci de très, très près, grâce à un CD-ROM spécialement réalisé sur les fresques. Les dernières salles s'ouvrent sur les richesses locales contempo-

L'ADIEU DU COMMISSAIRE

Qui n'a jamais entendu parler des incroyables aventures du célèbre commissaire **San-Antonio** ? Le style et le ton leste peuvent choquer, mais comment ne pas être impressionné par le talent et l'imagination débridée de Frédéric Dard qui a écrit plus de 300 ouvrages avant de s'éteindre le 6 juin 2000. Il a choisi de se faire enterrer à St-Chef, son village familial.

raines, de la gastronomie (vins de Balmes dauphinoises) à la culture (Louis Seigner, **Frédéric Dard** et sa machine à écrire) en passant par l'architecture (construction en « pisé »).

★ Butte de Montceau B2

9 km à l'est par la D 54^{B}.
Elle offre un panorama étendu sur la chaîne des Alpes et le mont Pilat.

Château de Demptézieu B2

6 km au nord-est par la D 143^{C}.
Ancienne possession des plus prestigieuses familles du Nord-Dauphiné, l'édifice occupe le centre d'un ancien bourg fortifié établi sur les hauteurs de la colline de St-Savin. Cette forteresse médiévale, attestée depuis l'an mille, a été remaniée à l'époque moderne, mais conserve de beaux vestiges des 13e-15e s. Fortement endommagée par la Révolution, elle fait l'objet de restaurations attentives (*visite extérieure libre toute l'année*).

NOS ADRESSES À BOURGOIN-JALLIEU

HÉBERGEMENT

À Bourgoin-Jallieu

BUDGET MOYEN

Hôtel Menestret – *Sur la D 1006 - rd-pt du Couchant - ✆ 04 74 93 13 01 - lun. 19h45-20h45, mar.-sam. 12h-13h30, 19h45-20h45 - fermé 10-21 août, 20 déc.-10 janv., lun. midi et dim. - 9 ch. 57 € - ☕ 10 € - rest. 14/28 €.* Cette pimpante maison jaune abrite une sympathique adresse familiale. Chambres bien tenues, plus calmes sur l'arrière. Petites salles à manger décorées d'objets chinés ici et là et paisible terrasse arborée ; cuisine traditionnelle et régionale.

À proximité

BUDGET MOYEN

Chambre d'hôte Le St-Hilaire – *43 r. de la Tour-St-Benoît - 38460 St-Hilaire-de-Brens - ✆ 04 74 92 81 75 - www.le-st-hilaire.com - fermé sept. - 5 ch. 59/69 € ☕ - repas 20 € (lun.-jeu.).* Au cœur d'un petit village, ce solide bâtiment en pierre abrite des chambres confortables, toutes différentes, une grande salle à manger et un coin salon agrémenté d'une belle cheminée à feu ouvert. Petit-déjeuner et cuisine « comme à la maison ». Piscine dans la cour intérieure. Également, location de gîte.

RESTAURATION

À proximité

BUDGET MOYEN

Bernard Lantelme – *57 rte de Lyon - La Grive - 38300 St-Alban-de-Roche - 4,5 km de Bourgoin-Jallieu par la D 312 - www.restaurantlantelme.com - fermé 26 juil.-25 août, sam. et dim. - lun.-vend. 12h-13h30, 19h-21h - menu 18,50 (déj.)/21,50 (sem.)/44 €.* Dans cette ancienne ferme du 19e s., les tableaux modernes de la coquette salle à manger rustique forment un heureux contraste avec la cuisine traditionnelle. Spécialités de la maison, comme les médaillons de lotte ou les ris de veau, élaborées avec les produits du marché.

Morestel

3 841 Morestellois – Isère (38)

NOS ADRESSES PAGE 568

S'INFORMER

Office de tourisme – *100 pl. des Halles - 38510 Morestel - ☎ 04 74 80 19 59 - www.morestel.com - mar.-sam. 9h-12h, 14h30-18h30, dim. et lun. 9h30-12h - fermé 25 déc.-2 janv.*

SE REPÉRER

Carte de microrégion B1 *(p. 520) – Carte Michelin Départements 333 F3.*
Morestel se trouve à 20 km au nord-est de Bourgoin-Jallieu. Le Jura et la Savoie sont à deux pas, en poursuivant vers l'est.

À NE PAS MANQUER

Le site du château de Mérieu.

ORGANISER SON TEMPS

Comptez environ 1h.

AVEC LES ENFANTS

Le parc d'attractions Walibi-Rhône-Alpes.

Combien de voyageurs traversent la ville sans se douter de l'intérêt de cette ancienne « cité des peintres » ? Le site et la lumière si particulière de cette place forte ont en effet attiré, depuis le milieu du 19e s., de grands artistes tels que Corot, Daubigny ou Turner. Cette vitalité artistique perdure dans la vieille ville restaurée qui accueille de nombreuses galeries d'art.

Se promener

Les espaces consacrés à la peinture sont nombreux et nous ne citons que les deux plus connus :

Maison Ravier

302 r. François-Auguste-Ravier - ☎ 04 74 80 06 80 - www.maisonravier.com - mars-nov. : 14h30-18h30 - fermé mar. - 4 € (-18 ans gratuit), gratuit 1er lun. du mois (selon les expositions, se renseigner).
Les peintres ont souvent bon goût comme en témoigne cette très belle maison dans laquelle l'artiste a vécu de 1867 à 1895. Rachetée par la ville, elle est aujourd'hui un centre culturel connu pour la qualité de ses expositions.

LE SAVIEZ-VOUS ?

La région, sublimée par les plus grands peintres paysagistes, répond aujourd'hui au superbe nom de « Pays de la fine lumière dorée ». Parmi les peintres qu'elle séduisit figure **Auguste Ravier** (1814-1895), qui termina ses jours à Morestel. Cet ami de Corot s'est spécialisé dans les crépuscules, dont il savait à merveille rendre les incroyables nuances.

Tour médiévale

Cet ancien donjon est le principal vestige de la forteresse qui dominait la ville dès le 11e s. Il constitue un excellent belvédère sur la région (table d'orientation) et connaît une reconversion réussie en lieu d'exposition. *Montée Quinsonas - ✆ 04 74 33 04 51 - juil.-août : mat. et apr.-midi ; de fin mars à fin juin et sept.-nov. : apr.-midi, dim. et j. fériés mat. et apr.-midi - fermé 1er janv., 1er Mai, 1er nov. et 25 déc. - gratuit.*

À proximité Carte de microrégion

Château de Mérieu B1

8 km au nord par la D 16.

Datant en majeure partie du 17e s., il occupe un **site★** magnifique sur la rive gauche du Rhône, dans un cadre de prairies et de bois se détachant sur les escarpements du Bugey méridional.

Brangues B1

6 km à l'est par la D 60A.

Sur la route historique Stendhal, ce bourg du Bas-Dauphiné est remarquable par la belle apparence de ses maisons de calcaire blanc aux grands toits de tuiles plates ; beaucoup de demeures présentent encore des pignons à mantelure. Brangues intéressera, en outre, à deux titres différents, les touristes sensibles aux souvenirs littéraires. L'auteur du *Soulier de satin* (1868-1955) s'était attaché au **château** de Brangues *(on ne visite pas)*, grosse gentilhommière du 18e s. située aux abords nord-ouest du bourg. Chaque année, il y réunissait autour de lui ses enfants et ses petits-enfants.

Espace Stendhal-Claudel – *Pl. Paul-Claudel - ✆ 04 74 80 32 14 - juil.-août : tlj sf mar. 10h-12h, 15h-19h ; mai et juin : w.-end et j. fériés 10h-12h, 15h-19h ; avr. et sept.-nov. : dim. 14h-18h - fermé déc.-mars - 2 € (-18 ans 1 €).* Étrange coïncidence qui réunit là ces deux écrivains, quand on lit le mépris qu'avait le second pour le premier. Illustré par de nombreuses photos et citations, le lieu s'avère une bonne occasion de découvrir, au-delà de l'ambassadeur et du grand auteur de théâtre, Paul Claudel le croyant, le travailleur, le grand-père tendre, l'homme de tous les jours, qui s'émerveille de la nature, doute de lui-même ou se prépare à mourir.

Tombe de Paul Claudel – *Accès par la D 60 à l'ouest de Brangues.* Il avait écrit « Alors salut, étoile du soir ! Il y a pour t'indiquer pensivement dans le ciel, au fond du parc, dans le coin le plus reculé de mon jardin, un long peuplier mince, comme un cierge, comme un acte de foi, comme un acte d'amour ! C'est là, sous un vieux mur tapissé de mousses et de capillaires, que j'ai marqué ma

UN FAIT DIVERS STENDHALIEN

En 1827, un ancien séminariste, **Antoine Berthet**, originaire de Brangues, tira un coup de feu dans l'église du bourg sur l'épouse d'un notable de la région. Berthet, condamné à mort, fut guillotiné en 1828. L'église, où eut lieu le drame, a été remplacée par un autre édifice, mais on peut voir encore, en contrebas du chevet, la petite maison qu'habitait Berthet, fort jolie d'aspect, avec son grand toit débordant et son grenier à fourrage. Inspiré par ce fait divers, Stendhal écrivit *Le Rouge et le Noir*, roman qui parut au début de l'année 1830. La scène y est transposée à Verrières en Franche-Comté.

place. C'est là, à peine séparé de la campagne et de ses travaux, que je reposerai, à côté de ce petit enfant innocent que j'ai perdu, et sur la tombe de qui je viens souvent égrener mon chapelet. » Selon son vœu, il est donc inhumé là, avec sa femme et son fils. Un petit jardin japonais, hommage du pays dont cet ambassadeur s'était épris, intègre désormais les tombes en son sein.

★ Parc Walibi-Rhône-Alpes B1-2

Desservi presque directement par l'A 43 qui relie Lyon à Chambéry, le parc est établi sur la commune des Avenières, à 13 km au sud-est de Morestel.

Le Grand-Marais - ✆ 04 74 33 71 80 - www.walibi-rhone-alpes.fr - ♿ - juil.-août : tte la journée ; de mi-avr. à fin juin : w.-end et j. fériés 10h-19h (tlj en juil.-août) - 22 € (-12 ans 18 €).

À l'heure où les parcs d'attractions connaissent un grand succès en France, le parc Walibi-Rhône-Alpes tient bien sa place grâce à un développement régulier. Environné d'étangs, ce parc de 35 ha propose toute une gamme d'attractions et de spectacles de qualité pour satisfaire petits et grands plus ou moins téméraires. Il est devenu un pôle touristique majeur de la région.

Attractions – Les amateurs de sensations fortes seront sans doute comblés par les trois loopings avant et arrière du **Boomerang★**, par les redoutables descentes du **Totem★** et de l'**Aquachute**, à moins qu'ils ne préfèrent une croisière mouvementée (pied marin recommandé) dans le traditionnel **Bateau pirate** ou les secousses du **Zigzag**. La petite mais vive **Coccinelle** rouge vous invite à partager sa course folle, avant de partir à l'aventure sur les flots tumultueux de la **Radja river★** ou de tenter la descente de la **Rivière canadienne**. L'évasion est au rendez-vous avec le **Tamtamtour**, balade exotique en bateau qui vous plonge au cœur de la jungle tropicale.

Les jeunes enfants ne sont pas oubliés et de nombreuses activités leur sont dédiées : vieux tacots, ranch à poneys, mini-jets du **Baron Rouge**, manèges ; on peut faire le tour du parc dans un petit train et parcourir l'étang à bord d'un bateau à roue.

Aqualibi★ – La partie la plus courue, à la belle saison, est sans doute l'espace nautique : la piscine à vagues, le Colorado (grands toboggans) et surtout le Rapido (torrent jalonné de tunnels et de trous d'eau) vous attendent dans une eau maintenue à 25°.

Spectacles – Parmi les spectacles qui rythment la vie du parc, ne manquez pas la **Légende de Prince Thibaud★**, un spectacle équestre sur l'histoire médiévale.

NOS ADRESSES À MORESTEL

HÉBERGEMENT

À Morestel

PREMIER PRIX

Hôtel Servhotel – *Rte de Grenoble - 04 74 80 06 22 - www.morestel.net - P - 21 ch. 38,50/51 € - 6 €.* Cet établissement avant tout fonctionnel est une adresse utile à seulement 10 km du parc d'attractions Walibi-Rhône-Alpes. Les chambres offrent un confort simple et moderne. Terrasse, aire de pique-nique privée et grand parking. L'accueil y est cordial.

À proximité

BUDGET MOYEN

Chambre d'hôte La Paumanelle – *St-Martin - 38630 Corbelin - 04 74 83 77 72 - www.lapaumanelle.com - - 3 ch. 57 € - repas 21 €.* Les chambres portent les noms des trois massifs – la Chartreuse, la Belledonne, la Dent du Chat – que l'on peut contempler depuis cette ferme en pisé entièrement restaurée. Aménagements intérieurs sobres et chaleureux, copieux petits-déjeuners et appétissante cuisine traditionnelle à base de produits frais.

RESTAURATION

À proximité

Bon à savoir – Il est bien connu que les émotions, ça creuse ! Et plus particulièrement à **Walibi-Rhône-Alpes**. On sera donc satisfait de trouver au sein du parc des sandwicheries (**Le Bistro'quai**), des fast-foods (**L'Aquapulco, Le Buffalo, Looping Burger**), des restaurants formule italienne (**Pizza, Pasta é Basta**) ainsi que des buffets-grills (**L'Hacienda**), pour se requinquer et faire une pause avant de repartir à l'aventure.

POUR SE FAIRE PLAISIR

Le Bec Fin – *Pl. du Champ-de-Mars - 38110 La Tour-du-Pin - 15 km au sud de Morestel par la D 16 - 12h-13h30, 19h-21h- fermé 3-24 août, dim. soir et lun. - menu 15 € (déj.), 28/55 €.* Installé dans une ex-maison de négociants et tenu par un jeune couple accueillant, le restaurant prépare de généreuses recettes régionales dans deux salles aux tons vert et jaune.

Ambroisie – *38110 St-Didier-de-la-Tour - 18 km au sud-est de Morestel par la D 16 puis la N 6 - 04 74 97 25 53 - www.restaurant-ambroisie.com - 12h-13h, 19h30-21h - fermé mar. soir, merc. et dim. soir. - menu 28/55 €.* Bordant un lac, ce pavillon vous ouvre les portes de sa salle moderne aux tons grège et chocolat ou de sa terrasse sous les platanes, devant la vue. Cuisine gastronomique concoctée avec des produits simples, par un chef d'origine provençale.

Auberge Au Coq en Velours – *1 800 rte de St-Genix - 38490 Aoste - 04 76 31 60 04 - www.au-coq-en-velours.com - fermé 1er-27 janv., dim. soir et lun. - P - 29/59 € - 7 ch. 68/78 € - 10 €.* Pimpante auberge de village tenue par la même famille depuis 1900. Chaleureuse salle à manger contemporaine et terrasse ombragée dressée dans un jardin fleuri.

Crémieu

★

3 330 Crémolans – Isère (38)

NOS ADRESSES PAGE 575

S'INFORMER
Office de tourisme – *9 pl. de la Nation-Charles-de-Gaulle - 38460 Crémieu - ☏ 04 74 90 45 13 - www.ville-cremieu.fr - avr.-sept. : tlj sf 1er Mai 9h30-12h, 14h-17h30 ; oct.-mars : tlj 9h-12h, 14h-17h- fermé 22 déc.-5 janv. et 1er nov.*

SE REPÉRER
Carte de microrégion B1 *(p. 520) – Carte Michelin Départements 333 E3.*
Crémieu est situé entre Lyon et Morestel, à 22 km au nord de Bourgoin-Jallieu.

À NE PAS MANQUER
Les anciennes halles du vieux Crémieu, avec leur toit de lauzes ; les grottes de la Balme où logèrent des hommes préhistoriques et… le bandit Mandrin ; le parcours instructif du parc archéologique de Larina.

ORGANISER SON TEMPS
Comptez au moins une demi-journée pour l'ensemble des visites.

Beau témoin du savoir-faire de nos ancêtres bâtisseurs, Crémieu garde fière allure dans son enceinte encore jalonnée de portes fortifiées : rajeunie par une restauration réussie, elle sait encore séduire les promeneurs curieux en dévoilant les charmes de ses places lumineuses, de ses étroites ruelles, de ses vénérables maisons qui ont traversé les siècles.

LE SAVIEZ-VOUS ?

C'est au 12e s. que l'on retrouve une mention de Cremiacum qui deviendra Crémieu. Le site appartient alors à la baronnie du Pin et reviendra à la France avec le Dauphiné en 1349.

Un prieuré de bénédictins s'est installé au 12e s. sur les falaises de St-Hippolyte. Rattachés à l'abbaye de St-Chef (1247), les moines abandonnèrent les lieux au 15e s.

Se promener

L'arrivée à Crémieu par la D 517 est spectaculaire en venant de Morestel. La route traverse en effet les gorges de la Fusa et ne découvre la ville qu'au dernier moment.

LE VIEUX CRÉMIEU

Pour découvrir l'ensemble du vieux Crémieu, il faut monter *(si possible le matin)* sur la colline St-Hippolyte qui porte les restes d'un prieuré fortifié de bénédictins, dont la **tour de l'Horloge**, du 16e s. Au niveau de cette tour, prenez à gauche un petit chemin qui conduit à une table d'orientation.

Circuit tracé en vert sur le plan ci-dessous. Partez de la porte de la Loi.

Porte de la Loi
Vestige de l'enceinte du 14e s., elle est coiffée d'un toit à quatre pans et a conservé les corbeaux de ses mâchicoulis.
Franchissez la porte des Augustins.

Place de la Nation
Elle tient son nom de la période révolutionnaire. Dans l'angle nord-est s'élève une fontaine à balancier construite en 1823.

Hôtel de ville (H)
Pl. de la Nation-Charles-de-Gaulle - ☏ 04 74 90 70 92 - www.ville-cremieu.fr - ♿ - lun.-vend. 9h-12h, 13h-17h (16h vend.), sam. 9h-12h - fermé dim. et j. fériés - gratuit.
Il occupe, sur la place de la Nation, une partie des bâtiments de l'ancien couvent des augustins, fondé au 14e s. Le hall d'entrée conserve un plafond à la française ; à chacune de ses extrémités, des portes donnent accès, à gauche, à la salle du conseil municipal ornée également d'un plafond à l'italienne, et à droite, à la salle de justice de paix, ancien chauffoir des moines ; ses voûtes d'ogives retombent sur un pilier central.

Cloître
L'ancien cloître du couvent des augustins communique avec la place de la Nation par une belle grille en fer forgé réalisée en 1715. Remarquez, à droite en entrant, les dalles funéraires qui servent, depuis le 19e s., de pavement aux galeries voûtées d'arêtes. Sur certaines sont représentés des outils d'artisans

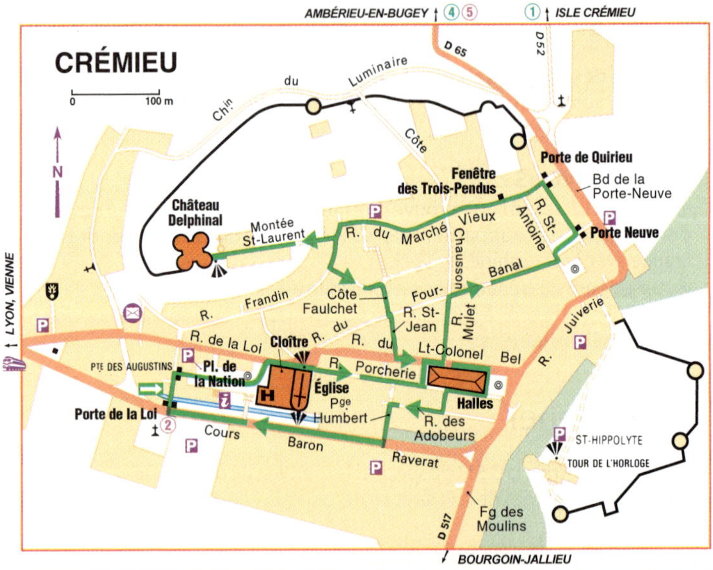

SE LOGER	SE RESTAURER
Chambre d'hôte La Maison de la Noisette....①	Auberge de la Chaite....②
Chambre d'hôte Les Basses Portes....④	Le Val d'Amby....⑤

dont le tranchet des adobeurs ou tanneurs de cuir. Dans un angle du cloître, près des dalles funéraires, on reconnaît sur une grille le symbole des augustins : un cœur surmonté d'une flamme et transpercé de deux flèches.

Église

Chapelle du monastère, de 1318 à 1791, l'église a subi des transformations. La grille qui permet d'apercevoir l'intérieur est signée Redersdorff (1982). L'édifice abrite un mobilier intéressant : boiseries des stalles et de la chaire, grilles en fer forgé des chapelles latérales. Remarquez aussi la forme des piliers, tous différents, et les bas-côtés étroits aux voûtes d'ogives très serrées.
Du parvis, belle vue sur le château Delphinal et les maisons anciennes décorées de génoises à double ou triple bandeau.
Par la rue Porcherie, gagnez les halles.

★ Halles

Elles ont été construites en 1434. Leur grand toit de lauzes repose à ses extrémités sur un mur épais, percé de trois arcades. Remarquez sous la charpente, magnifiquement ordonnée, les trois allées qui correspondent chacune à un commerce déterminé. Au fond des halles, à droite, subsistent des auges en pierre sur lesquelles s'adaptaient des mesures à grains, des goulottes permettant de remplir les sacs.
La rue Mulet, puis la rue du Four-Banal, à droite, mènent à la porte Neuve.

Portes fortifiées

Dite aussi de François Ier, la **porte Neuve** a été édifiée au 16e s. La **porte de Quirieu**, avec ses degrés et sa rigole centrale est du 14e s. Prenez la rue du Marché-Vieux.
Remarquez, sur la droite, au n° 14, la fenêtre des Trois-Pendus (14e s.).
Poursuivez par la montée St-Laurent.

Château Delphinal

Les origines de ce château fort *(bar-restaurant, accès réservé aux consommateurs)*, situé sur la colline St-Laurent, remontent au 12e s. Sur la terrasse se dresse une chapelle dédiée à Notre-Dame-de-la-Salette ; belle **vue** sur les toits de lauzes de l'église et de l'ancien couvent.
Faites demi-tour et prenez à droite la rue Frandin, puis à gauche la côte Faulchet en forte descente.
À l'intersection avec la rue du Four-Banal se dresse une demeure du 16e s., ajourée de fenêtres à meneaux, qui abrite la **Maison du Colombier** (expositions).
Prenez la rue St-Jean, la rue du Lieutenant-Colonel-Bel et contournez les halles par l'ouest pour gagner la rue des Adobeurs. Elle est bordée de petites maisons basses qui abritaient autrefois des ateliers d'artisans dont de nombreux tanneurs.
Le passage Humbert, à gauche, mène au cours Baron-Raverat.
À hauteur du chevet de l'église, belle **vue** sur le clocher hexagonal dont la flèche se dresse au-dessus d'une ancienne tour d'enceinte.

Itinéraire conseillé Carte ci-dessous

ISLE CRÉMIEU : LA ROUTE DE LA LAUZE

70 km. Voir le circuit sur la carte ci-dessous. Comptez 5h.

L'Isle Crémieu est un plateau calcaire détaché de son massif d'origine, le Jura. Avec de sublimes falaises en toile de fond, c'est un paysage parsemé de tourbières et d'étangs, de gentilhommières et de toits de lauzes, de champs bordés de dalles levées.

Quittez Crémieu par la D 52 en direction d'Optevoz (au nord du plan p. 570).

La montée offre d'abord un joli coup d'œil sur l'étang de Ry et, en contre-haut, l'important **château de St-Julien**, moderne. Au débouché sur le plateau, les vues se développent vers le Bugey et en direction des Alpes.

À la sortie du frais bassin d'Optevoz, poursuivez par la D 52 jusqu'au lieu-dit La Plaine où vous empruntez, à gauche, une agréable petite route (D 52B) suivant un vallon verdoyant.

Saint-Baudille-de-la-Tour

Ce charmant village abrite une belle maison forte du 15e s., dite des Dames, avec sa tour couverte de lauzes et son porche armorié.

Suivez la D 52B jusqu'à Torjonas où vous prendrez à droite la direction d'Ecottier, puis de Charette avant de rejoindre la D 52 en direction de Montalieu-Vercieu.

Montalieu-Vercieu

L'histoire de ce petit bourg est indissociable de celle du bassin carrier qui l'environne. Ici, la pierre de Montalieu est exploitée depuis près de 2000 ans, activité à laquelle rend hommage la **Maison de la pierre et du ciment** : carte en relief interactive des différentes zones d'extraction de la région, reconstitutions, vidéos et exposition d'outils de tailleurs de pierre. La visite s'achève dans une annexe du bâtiment où la **Maison de Pays** reconstitue l'intérieur et le quotidien d'un tailleur de pierre de Montalieu à la fin du 19e s.
1 r. du Rhône - ✆ 04 37 06 10 71 - www.paysdelapierre.org - juil.-août : tlj sf lun. 14h-18h ; mai-juin, sept. : merc. et w.-end 14h-18h - fermé entre Noël et Jour de l'an - 3 € (8-18 ans 2 €, -8 ans gratuit).
Rejoignez La Balme-les-Grottes par la D 1075.

La Balme-les-Grottes

Cet agréable village est surtout connu pour ses grottes qui s'ouvrent au pied de la falaise marquant l'extrémité du plateau de l'Isle Crémieu. Nombreux parkings et possibilités de restauration.

Grottes de la Balme★ – *✆ 04 74 90 63 76 - visite guidée mai-août : 14h-17h ; fév.-avr. et sept.-déc. : vend., w.-end et j. fériés 14h-17h (plus une visite à 11h le dim.) - fermé 30 déc.-31 janv. et 25 déc. - 7,30 € (-14 ans 4,50 €).* 270 marches.
Habitées au paléolithique supérieur, connues dès le Moyen Âge, visitées par François Ier, célébrées comme une des « sept merveilles du Dauphiné », elles auraient, au 18e s., servi de repaire au fameux brigand Mandrin. Un immense porche, haut de 40 m, sous lequel s'élèvent deux chapelles superposées, donne accès à une vaste salle à l'aspect chaotique, appelée Grande Coupole. De là partent plusieurs galeries. À gauche, la galerie de Mandrin, très étroite, mène au balcon du même nom, commandant l'entrée de la grotte. La galerie du lac longe un superbe ensemble de petits **gours★★** (vasques naturelles) avant d'atteindre la rivière souterraine.
Après une escalade dans la partie appelée « Grottes supérieures » aux riches concrétions, on pénètre dans la galerie de François Ier. Ce véritable labyrinthe conduit à un balcon surplombant d'une trentaine de mètres le lit du torrent à l'entrée de la grotte. Un spectacle son et lumière anime la salle de la Grande Fontaine.
Faites demi-tour. Par la D 65, puis par la première route à gauche, rejoignez Hières-sur-Amby.

Hières-sur-Amby

La petite bourgade s'étend au débouché du val d'Amby, au pied du plateau de Larina. En contrebas de l'église, l'ancien presbytère du 18e s., couvert de lauzes, a été transformé en **Maison du patrimoine**. Une partie de l'exposition archéologique est consacrée aux produits des fouilles effectuées sur le site de Larina *(voir ci-après)* : ossements, outils, monnaies, bijoux et maquette de ferme mérovingienne. Au rez-de-chaussée est reconstituée par un procédé électronique la tombe sous tumulus d'un prince celte (8e s.) découverte en 1987 à St-Romain-de-Jalionas. Les objets mis au jour, bijoux en or, dont un torque (collier) et un bracelet, vaisselle, armes en bronze et le plus ancien couteau en fer découvert en Europe, sont présentés dans des vitrines voisines.
Montée de la Cure - ✆ 04 74 95 19 10 - www.musee-larina-hieres.com - musée en rénovation jusqu'au printemps 2010 - 3,50 € (-12 ans gratuit).

Si vous avez un peu de temps, nous vous conseillons un petit tour sur la D 65^{C} en direction du château du Cinglé. La route est très belle et dévoile de belles constructions à toits de lauzes.
Traversez Hières-sur-Amby, et tournez à gauche dans la D 52^{A}.

Gorges d'Amby

La rivière serpente au pied des parois piquetées d'arbrisseaux. On remarque au passage la maison forte de Brotel (15e s.), en à-pic.
Une étroite route, s'embranchant à droite sur la route des gorges, à hauteur d'une ancienne cimenterie, franchit l'Amby et conduit, par une forte montée, à Chatelans.

Chatelans

Au centre du village, dans une auberge, le **musée de la Lauze** présente de manière didactique les techniques traditionnelles de cette architecture qui caractérise l'habitat de l'Isle Crémieu. *✆ 04 74 83 11 28 - mar.-sam. 9h-14h, 17h30-21h, dim. 9h-14h - gratuit.*
Prenez une petite route à droite, qui, en 2,5 km, mène à la pointe du plateau occupée par le site archéologique de Larina.

★ Parc archéologique de Larina

Circuits balisés et panneaux explicatifs. ✆ 04 74 95 19 10 - du lever au coucher du soleil - gratuit.
Le camp de Larina s'étend sur 21 ha. Il est limité au nord et à l'ouest par des falaises dominant la plaine du Rhône et le val d'Amby ; au sud et à l'est, il est ceint d'un rempart de pierre long de près d'1 km, encore recouvert de végétation. L'occupation humaine du site est attestée par des objets datant de la période néolithique (vers 3 000 av. J.-C.). Du 5e au 1er s. av. J.-C., un oppidum est édifié sur le plateau, enserrant dans son enceinte des cabanes en bois et torchis. La découverte d'un autel et de gros blocs de fondation attestent l'érection, à l'époque romaine, d'un temple dédié au dieu Mercure.
À la fin de l'Antiquité et pendant le Haut Moyen Âge, deux grands domaines agricoles se succèdent. Le premier (établi aux 4e et 5e s.) regroupe, autour d'une villa à galerie, divers bâtiments d'exploitation (entrepôts, groupes…) construits en terre et en bois sur des fondations de galets encore bien visibles. Du 6e au 8e s., un second domaine se développe autour d'une vaste maison en pierre couverte de lauzes et de ses bâtiments annexes. Sur la butte au nord, deux nécropoles ont été installées ; de la seconde, on a retrouvé des tombes sous forme de coffres en dalles de lauzes.
La pointe nord de la falaise, où se dresse une statue de la Vierge, est un spectaculaire **belvédère** : au premier plan, sur le Rhône, la centrale nucléaire de Bugey et la tourbière de Larina ; plus loin sur les monts du Bugey, la côtière de la Dombes, les monts du Beaujolais, du Lyonnais, les torchères de Feyzin…
De retour à Chatelans, prenez à droite la D 52^{I} vers Crémieu.

NOS ADRESSES À CRÉMIEU

HÉBERGEMENT

À proximité

BUDGET MOYEN

Chambre d'hôte La Maison de la Noisette – *La Prairie - 38460 Annoisin-Chatelans - ✆ 04 74 83 86 09 - www.maison-noisette.com - P - 4 ch. 55 € ☕ - rest. 17 €.* Vous serez accueilli à bras ouverts dans cette maison de campagne noyée dans la verdure. Ses chambres sont gaiement colorées. En été, vous pourrez faire des barbecues, profiter de l'agréable jardin et de la piscine.

Chambre d'hôte Les Basses Portes – *À Torjonas - 38118 St-Baudille-de-la-Tour - ✆ 04 74 95 18 23 - www.basses-portes.com - fermé 15 nov.-15 janv. - P - 3 ch. 56/59 € ☕ - rest. 23 €.* D'importants travaux ont permis de réhabiliter cette ancienne ferme sans rien ôter à son charme rustique originel. Mélange réussi de l'ancien et du moderne dans les chambres au décor parfois surprenant. Les salles de bains sont flambant neuves.

RESTAURATION

À Crémieu

BUDGET MOYEN

Auberge de la Chaite – *Pl. des Tilleuls - ✆ 04 74 90 76 63 - aubergedelachaite@wanadoo.fr - fermé 4-21 avr., 24-31 août, 23 déc.-13 janv., dim. soir, merc. midi et lun. - 18/38 € - 10 ch. 56/65 € - ☕ 8 €.* Face à la porte de la Loi, cette maison de pays propose des plats traditionnels à déguster dans une salle rustique à souhait ou sur la terrasse ombragée. Chambres modestes.

À proximité

BUDGET MOYEN

Le Val d'Amby – *Pl. de la République - 38118 Hières-sur-Amby - ✆ 04 74 82 42 67 - www.hotel-levaldamby.com - fermé 13-17 avr., 11-24 août, 23-26 déc., 15-21 fév., dim. soir et merc. - formule déj. 13 € bc - 25/59 € - 13 ch. 49/60 € - ☕ 8 €.* Sur la place du village, belle maison de pays en pierre. Menu du jour servi dans l'espace café et cuisine traditionnelle dans la salle à manger plus confortable. Terrasse. Chambres simples et bien tenues.

ACHATS

Spécialités – Parmi les spécialités locales, le sabodet (saucisson à cuire) et la foyesse (pâtisseries).

Berlioux – *4 pl. de la Poype - ✆ 04 74 90 75 70 - 7h-13h, 14h30-19h30, w.-end 7h-19h - fermé lun. et congés variables.* L'atmosphère chaleureuse de cette belle pâtisserie à l'ancienne en séduit plus d'un. Mais l'on est véritablement conquis par les 25 références de chocolats, les viennoiseries, les crèmes glacées et les entremets. Ces délices n'éclipsent pas pour autant la spécialité locale, la foyesse, brioche au beurre, plate et sucrée.

Vienne

★★

30 092 Viennois – Isère (38)

NOS ADRESSES PAGE 590

S'INFORMER

Office du tourisme de Vienne – *Cours Brillier - 38200 Vienne - ✆ 04 74 53 80 30 - www.vienne-tourisme.com - juil.-août : lun.-sam. 9h-18h30, dim. 10h-17h ; reste de l'année : lun. 9h-12h, 13h30-18h, dim. 10h-12h, 14h-17h - fermé 1er janv., 1er Mai, 25 et 31 déc.* Visites guidées dans la cadre du label Ville d'art et d'histoire.

SE REPÉRER

Carte de microrégion A2 *(p. 520) – Carte Michelin Départements 333 C4.*
Située à 38 km au sud de Lyon et à 52 km à l'est de St-Étienne, Vienne est desservie par l'A 7 et la N 7.

À NE PAS MANQUER

L'importante cité gallo-romaine de St-Romain-en-Gal ; la cathédrale St-Maurice ; le temple antique d'Auguste et de Livie.

ORGANISER SON TEMPS

Comptez 1h30 pour St-Romain, autant pour Vienne.

À un coude du Rhône, « assise comme un autel sur les contreforts du noble Dauphiné » (Frédéric Mistral), la ville est baignée par la lumière rhodanienne qui lui donne une touche déjà méditerranéenne. La magie naît de l'alliance réussie d'une cathédrale gothique, d'un temple et d'un théâtre romains, d'un cloître roman et de hautes façades colorées. Elle est une invitation à la flânerie, au gré des ruelles pentues et des nombreux passages couverts du centre médiéval.

Découvrir Plan de monument

★★ CITÉ GALLO-ROMAINE DE SAINT-ROMAIN-EN-GAL A1

Visite : environ 3h. Plans p. 578.
St-Romain-en-Gal et Ste-Colombe, sur la rive droite du Rhône, sont situés en face de Vienne : ces trois localités formaient un seul ensemble urbain. Les fouilles pratiquées sur ce site, depuis 1967, ont mis au jour un quartier urbain, comprenant à la fois des maisons *(domus)* somptueuses, des commerces, des ateliers d'artisans et des thermes. Les plus belles découvertes, essentiellement des mosaïques, sont présentées dans le musée. *Vous pouvez commencer la visite aussi bien par le musée que par le site.*

★ Site

✆ 04 74 53 74 01 - www.musees-gallo-romains.com - tte la journée - fermé lun., 1er janv., 1er Mai, 1er nov. et 25 déc. - 4 € (gratuit jeu. et -18 ans) ; 6 € billet combiné avec les musées de Vienne (utilisable sur 2 j. et vendu tlj sf jeu.).
Une passerelle descend du pavillon d'entrée vers le site et en offre une vue générale.

Mosaïque du Châtiment de Lycurgue, au musée de St-Romain-en-Gal.
P. Veysseyre / Musée gallo-romain de St-Romain-en-Gal

Restez d'abord en hauteur. L'ensemble du site est très riche. Les vestiges actuellement dégagés sur plus de 3 ha attestent une occupation allant de la fin du 1er s. av. J.-C. au 3e s. apr. J.-C. La structure du quartier ne correspond pas au schéma de quadrillage de rues habituellement adopté par les Romains : trois voies et deux ruelles déterminent cinq îlots irréguliers, progressivement mis au jour. Les nombreux ateliers d'artisans côtoient de somptueuses demeures.

La porte du pavillon d'entrée ouvre au-dessus des thermes à gauche, de la domus du Lion à droite. L'architecture du musée a été conçue pour aider à lire le site : à droite, surélevé par des pilotis, le bâtiment est ancré dans les murs de la **maison au Lion** dont il occupe l'exacte surface (1 900 m²), ce qui donne une idée de sa richesse. Les restes de la maison elle-même ont été recouverts de sable, en attendant la reprise des fouilles à cet endroit.

Descendez la passerelle, prenez à gauche vers les thermes.

Remarquez sur les dalles au sol les ornières creusées par les roues des charrettes : la voie, qui mène au Rhône, était utilisée pour le chargement et le déchargement de marchandises.

Les vestiges des **thermes des Lutteurs** sont visibles au sol, avec leur *caldarium* (salle chaude), leur *tepidarium* (salle tiède) et leur *frigidarium* (salle froide). Le musée en reprend l'élévation probable (sans les pilotis). Deux autres thermes, plus grands, ont été découverts sur le site, ce qui donne une idée de l'importance de la ville. Remarquez dans les latrines, à gauche, la fontaine, la circulation des eaux usées, les peintures murales (des copies, les originales étant au musée) et l'hypocauste (1), système de chauffage par le sol : l'ensemble atteste le rôle important des thermes dans la vie sociale gallo-romaine. Les bains publics comme les latrines, outre leur fonction de confort et d'hygiène, sont un lieu de discussion, de rencontre, sans doute aussi de négociation.

Prenez en face la rue dite « des Thermes ».

Remarquez au sol l'inclinaison des dalles et l'évacuation des eaux : le système d'égouts, haut de 1,50 à 2 m, est encore efficace aujourd'hui. À droite, la rue mène à trois maisons dont les cours intérieures ont été approximativement reconstituées. À gauche, l'îlot triangulaire formé par les rues du Commerce et des Thermes est un **quartier artisanal** bordé à l'est et à l'ouest par des portiques. Les salles du bâtiment nord recèlent un système de canalisations; lui fait suite, au sud, un atelier composé de neuf pièces s'ordonnant autour d'une cour. La présence de bassins dans certaines pièces et la découverte de produits colorants, à la jonction des rues du Commerce et des Thermes, signale une activité de foulons ou de **teinturiers** (3). La base du triangle, dite « **le marché** » (2), est occupée par des ateliers et des boutiques.

Bordant la rue du Commerce, au nord-ouest, les **grands entrepôts**, ou *horrea*, s'étendent sur plus de 3 000 m^2. La façade est est percée par une entrée unique, adaptée au passage des charrettes. Une des salles (4) montre un ingénieux dispositif pour la conservation des denrées périssables : des amphores sphériques, soigneusement rangées, sont fichées en terre par le col, créant ainsi un vide sanitaire.

La **maison des Dieux Océan**, qui s'élevait sur deux étages, est la plus belle et la plus spacieuse du site. Elle s'inscrit dans un rectangle de 110 m de long et 24 m de large et qui, à part l'entrée située au sud et l'accès à la ruelle par le grand péristyle au nord, ne comporte pas d'ouverture vers l'extérieur. Le sol du vestibule *(atrium)* était revêtu d'une mosaïque comportant des têtes de dieux Océan barbus et chevelus, et des motifs marins, visible dans le musée. Vient ensuite un petit jardin *(viridarium)* à péristyle cernant deux bassins : l'un en U, l'autre rectangulaire. Au nord, le grand jardin à portique occupant le tiers de la surface est légèrement désaxé par rapport aux autres pièces. On peut observer un système, restauré, de chauffage par hypocauste (5).

À ses côtés s'étend la **maison aux Cinq Mosaïques**, tirant son nom des différents pavements que l'on a découverts, entre autres, dans le péristyle, la salle à manger *(triclinium)* et la salle de réception. Ces mosaïques sont remises en place de mai à octobre.

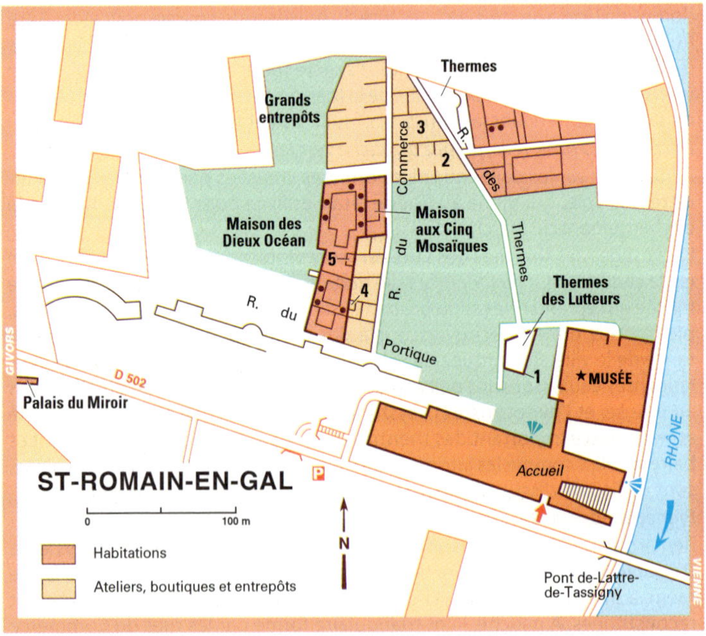

LE SAVIEZ-VOUS ?
Les sites romains découverts à St-Romain-en-Gal et à Vienne font estimer leur population à 30 000 habitants au 2e s. apr. J.-C., au plus fort de leur expansion romaine, soit 5 fois plus qu'au Moyen Âge. Une maquette du musée reconstitue les entrepôts installés sur la rive gauche du Rhône, à la hauteur de la pyramide. Leur taille impressionnante (près de 6 ha) les place parmi les plus grands de l'Empire. Plus qu'un simple lieu de commerce, ils pourraient être le lieu de stockage de l'annone, l'impôt en nature payé par la Gaule romaine.

★★ Musée A1
Riche d'une belle collection de mosaïques et d'une architecture moderne parlante, le musée a été conçu comme une vitrine du site archéologique d'un côté, du Rhône et de la Vienne actuels de l'autre. Il se visite en boucle, en commençant par le rez-de-chaussée.
C'est la célèbre **mosaïque des Dieux Océan★**, devenue l'emblème du site, qui accueille le visiteur. Elle témoigne de la richesse de la ville, qui connut son heure de gloire grâce à de fructueux échanges avec la civilisation romaine. Les pilotis retrouvés dans le Rhône ou la reconstitution d'un bateau de commerce (d'après un modèle retrouvé à Toulon) rappellent l'importance du fleuve, vecteur d'activité primordial pour l'essor de la ville. Les céramiques (remarquez les grands *dolia* qui contenaient jusqu'à 1 000 l de vin), le travail de l'os et du tissu et deux maquettes illustrent avec une profusion de détails l'activité des immenses entrepôts de Vienne (60 000 m^2) et de St-Romain-en-Gal. Y transitaient de l'huile, du vin et même du *garum*, une sauce de poisson originaire d'Espagne qu'on redécouvre aujourd'hui sous le nom de… nuoc-mam.
La principale richesse du site consiste en ces magnifiques **mosaïques de sol** qui rivalisent de beauté avec les pavements en *opus sectile*, composés de carreaux de marbre beaucoup plus importants. Les pierres qui les composent sont originaires de Turquie, de Tunisie ou de plus loin encore. Les décors, souvent inspirés de la mythologie, mettent en évidence les goûts ou les principes du propriétaire des lieux ; ainsi, la mosaïque d'Orphée illustre la prédominance de la culture sur la nature. L'**ornementation murale** était plutôt peinte ; la magnifique peinture des **Échassiers★** ou celle des **Lutteurs** révèle le degré de finesse de la décoration intérieure. Plusieurs passerelles aident à mieux visualiser certaines de ces pièces soigneusement reconstituées, et leur place dans l'organisation des vastes demeures patriciennes. Au centre du 1er étage, l'exceptionnelle mosaïque du **Châtiment de Lycurgue★★** clôt en beauté ce voyage parmi les fastes de l'époque gallo-romaine. Deux carrés ont malheureusement été découpés et volés. S'y trouvaient pourtant des personnages essentiels à l'histoire, sans doute Ambrosia et Dionysos. Selon le mythe illustré ici, Lycurgue, roi de Thrace, aurait en effet chassé Dionysos qui voulait traverser son territoire et se serait attaqué à Ambrosia, une des bacchantes de sa suite. Alors, Ambrosia implora la Terre Mère, et la Terre s'ouvrit. Elle disparut en son sein et se changea en vigne qui, tissant des liens entourés sur eux-mêmes, enserra le cou de Lycurgue d'un nœud étrangleur.
Des bornes informatiques et une salle audiovisuelle (5 films) permettent d'approfondir la connaissance de cette période ainsi que les techniques actuelles de recherche et de restauration. Travaillent en effet à demeure une équipe d'archéologues et un **atelier de restauration de mosaïques** d'envergure internationale.

Une histoire bouillonnante

LA VILLE ROMAINE

L'origine de son nom *(Vigenna)* est celtique et signifierait soit « bourgade au bord de l'eau », soit rive inondable, marais. Les Allobroges en font leur capitale au cours du 1er s. av. J.-C. et, plus de 50 ans avant la conquête de la Gaule par Jules César, la ville est assujettie par les légions romaines. Elle bénéficie d'une position géographique plus facile à exploiter que celle de Lyon : il n'y a qu'un fleuve à traverser. Les drapiers, peaussiers et potiers déploient une activité florissante et le poète Martial peut parler au 1er s. de « Vienne la Belle ». Les monuments publics s'élèvent au pied de la colline de Pipet, les résidences particulières comme les édifices à vocation commerciale ou artisanale s'étendent sur les deux rives, à l'emplacement des bourgs de Ste-Colombe et de St-Romain-en-Gal, au-delà du Rhône.

HEURS ET MALHEURS D'UNE « GRANDE BOURGOGNE »

En dépit de la confusion politique à la dissolution de l'Empire romain d'Occident, Vienne reste un foyer d'art : la construction de l'église-nécropole St-Pierre se poursuit ; l'abbaye de St-André-le-Bas est fondée. Les incessantes compétitions entre Carolingiens pour l'héritage de Charlemagne permettent, en 879, à **Boson**, comte de Vienne, d'Arles et de Provence, de se faire proclamer « roi de Bourgogne », au château de Mantaille. Il a son palais à Vienne.

VIENNE, CITÉ SAINTE

L'autorité temporelle des archevêques, comtes de Viennois, s'exerce sur la cité. Autour de l'abbaye St-André-le-Bas, parvenue au faîte de sa puissance, une nombreuse colonie juive entretient la prospérité commerciale.
Deux grandes figures s'illustrent alors sur le siège du « primat des primats des Gaules » : Guy de Bourgogne (1088-1119), couronné pape dans sa cathédrale sous le nom de **Calixte II**, et **Jean de Bernin** (1218-1266), qui préside notamment aux travaux d'agrandissement de la cathédrale St-Maurice. Divers conciles se tiennent dans la ville, en particulier celui qui prononce, en 1312, la suppression de l'ordre des Templiers.

UNE LUTTE INÉGALE

La présence de cette terre d'Église aux confins du Royaume et de l'Empire ne laisse pas la monarchie française indifférente. Dès 1335, Philippe de Valois annexe Ste-Colombe et fait élever une **tour** marquant cette prise de possession. En 1349, le Dauphiné est cédé en apanage aux fils aînés de la Maison de France. La mainmise apparaît totale au cours du 15e s. avec la réunion définitive de Vienne à la France.

LES TEMPS MODERNES

L'activité commerciale s'effondre et la population diminue d'un cinquième entre 1650 et le début du 18e s. Même le pont sur le Rhône, emporté par une crue en 1651, ne sera pas rétabli avant le 19e s. Une certaine renaissance industrielle se manifeste à la fin de l'Ancien Régime : les manufactures de drap s'alignent le long de la Gère. Aujourd'hui, Vienne est redevenue une ville active et commerçante.

Sainte-Colombe A1

Ce faubourg était couvert à l'époque romaine de luxueuses résidences, décorées d'œuvres d'art et d'immenses mosaïques.

Palais du Miroir – *Vestiges visibles de la N 87, sur la gauche en venant du musée.* Les découvertes les plus importantes ont été faites dans ces vastes thermes. Leur nom serait dû aux revêtements de marbre poli habillant les murs du monument et réfléchissant la lumière comme un miroir.

Tour Philippe-de-Valois – Elle se dresse à proximité du Rhône. Philippe de Valois la fit construire en 1343, après l'annexion de Ste-Colombe au domaine royal.

Église – Cette ancienne chapelle mérite une visite pour son remarquable **groupe sculpté★** du 14e s., en marbre blanc : sainte Anne instruisant la Vierge *(à gauche en entrant).*

Se promener Plan de ville

Pour comprendre comment s'est ordonnancée cette ville dans son amphithéâtre de collines, montez au sommet du **mont Pipet**, occupé par une chapelle et une statue de Notre-Dame de la Salette. Le **point de vue★** est remarquable sur la ville et le magnifique vaisseau de la cathédrale. On distingue à gauche, au flanc du mont St-Just, les vestiges de l'odéon ; à droite, au-dessus de la trouée de la Gère, le mont Salomon portant les ruines du château épiscopal de la Bâtie et les bâtiments du nouvel hôpital. *Point de vue accessible en voiture ou par la rue Pipet, en 30mn AR à pied.*

★★ VIENNE ROMAINE ET CHRÉTIENNE

Circuit tracé en vert sur le plan p. 584-585. Comptez 2h sans la visite des musées.

Partez de la place St-Maurice.

★★ Cathédrale Saint-Maurice B1

Construite du 12e au 16e s., elle apparaît comme une œuvre majeure réunissant des éléments romans et gothiques.

Les portails – La façade, avec ses trois portails flamboyants, est imposante et d'une grande complexité. Si les guerres de Religion l'ont dépouillée des statues ornant les niches des piédroits et des tympans, la décoration ravissante des voussures est heureusement intacte.

Le **portail méridional** *(à droite)*, de la fin du 14e s., comprend deux voussures : des prophètes assis sous des dais à l'intérieur ; le rang extérieur ordonne des anges musiciens groupés par deux et très expressifs.

Le **portail central**, dont le gâble a été coupé, date de la fin du 15e s. Les sculptures se lisent horizontalement sur les trois voussures, mettant en relation un épisode de l'Ancien et du Nouveau Testament. Dans le tympan du portail, au-dessus des colonnes torses, s'inscrivent deux statues personnifiant, à droite, l'Église, à gauche, la Synagogue.

Le **portail septentrional** *(à gauche)*, du milieu du 15e s., est consacré à la Vierge. Au sommet de la niche centrale, deux anges, ailes repliées, apportent la couronne de la Vierge. La voussure intérieure représente des chérubins à six ailes ; sur la voussure extérieure, des anges musiciens accomplissent différentes fonctions liturgiques.

Intérieur – Long de 97 m, l'ample et lumineux vaisseau à trois nefs, dépourvu de transept, est harmonieux et élancé, malgré une construction échelonnée sur quatre siècles.

LE SAINT ÉGYPTIEN ET LA DÉCIMATION

Maurice (3e s.) et la légion thébaine qu'il commandait auraient refusé de sacrifier aux dieux païens de Rome, et auraient donc été décimés : un sur dix fut tué. Du lieu supposé de ce massacre (une légion comptait près de 3 000 hommes), en Suisse, est né le culte de saint Maurice, qui s'est ensuite répandu dans les Alpes et la vallée du Rhône.

Enchâssées dans le vaisseau gothique, les sept premières travées présentent une ordonnance romane jusqu'au-dessus des grandes arcades ; survivance des souvenirs romains, les piliers sont flanqués de pilastres à l'antique et de demi-colonnes cannelées ; cette campagne de construction, du début du 12e s., est contemporaine ou légèrement postérieure au pontificat de Guy de Bourgogne.

Un banc de marbre garnit le pourtour de l'abside ; le trône de l'évêque *(cathedra)* est dressé dans l'axe de la nef. Au-dessus du banc, des colonnettes soutiennent une corniche sous laquelle court une frise de marbre à incrustation de ciment brun ; une seconde frise de même style règne au-dessus du triforium. Cette technique décorative est d'inspiration orientale *(voir chapitre « Art et Architecture »)*.

Les **chapiteaux romans** constituent un ensemble décoratif étroitement inspiré de l'Antiquité. Ils présentent des scènes historiées *(collatéral droit)* ou des décors végétaux très denses.

À droite du maître-autel, le **mausolée baroque** des archevêques Armand de Montmorin et Henri-Oswald de La Tour d'Auvergne (1747), dû à Michel-Ange Slodtz, figure parmi les meilleures œuvres du 18e s. en Dauphiné.

Autour du chœur et de son mobilier contemporain, les **tapisseries des Flandres** représentent des scènes de la vie de saint Maurice (16e s.).

En hauteur, une splendide verrière Renaissance, l'**Adoration des Mages**, éclaire le chevet du collatéral droit. Les vitraux des fenêtres hautes du chœur datent du 16e s. ; à la baie centrale, on reconnaît saint Maurice, cuirassé, et saint Pierre.

Le collatéral gauche conserve des sculptures intéressantes dont un grand bas-relief du 13e s. représentant l'entrevue d'Hérode et des Rois Mages : remarquez les deux têtes grotesques encadrant Hérode dont l'une, tournée vers les Rois, paraît les écouter avec gravité ; l'autre, hors de leur vue, ricane.

La cathédrale communiquait avec l'ancien cloître, disparu, par un passage voûté. Au-dessus de l'arc d'entrée se déroule une frise de marbre blanc reproduisant les **signes du Zodiaque** ; ils ont été replacés, au 16e s., dans l'ordre nouveau de l'année fixé par l'édit de Roussillon.

À l'intérieur du passage, une arcature gothique encadre trois statues romanes de facture archaïque : saint Pierre, saint Jean l'Évangéliste et saint Paul évoquent, par leurs drapés, l'art languedocien.

Sortez de la cathédrale par le passage voûté.

À l'extérieur, la décoration de la porte nord mêle des éléments romans et gothiques à des fragments romains. Remarquez sous l'arc en ogive la délicate frise (vraisemblablement un réemploi romain) de griffons et de feuillages ornant le linteau. Levez la tête pour remarquer la fantaisie des colonnes brisées. Sur la place St-Paul s'étendait le cloître, aujourd'hui disparu.

La place du Pilori marque l'entrée dans le cœur de la cité médiévale.

Gagnez la place du Palais.

On reste muet devant la beauté immuable du temple romain situé au centre de la place, qui contraste, sans heurter, avec les façades 18e s. des maisons encadrant le bel ovale de la place.

★★ Temple d'Auguste et de Livie B1

Cet édifice rectangulaire de proportions harmonieuses ressemble étrangement à la Maison carrée de Nîmes. Une rangée de six colonnes corinthiennes supporte l'entablement. La façade, tournée vers l'est, dominait le forum, remarquez sur le fronton les traces des lettres de la dédicace : il portait une inscription de bronze à la gloire d'Auguste et de Livie, son épouse, qui accède ici au rang de déesse. À l'intérieur se dressait la statue de l'empereur déifié. L'ornementation sculptée est mieux conservée du côté droit, notez néanmoins les trous carrés dans les colonnes rappelant qu'au Moyen Âge des habitations y étaient accolées. La partie arrière, la plus ancienne, date vraisemblablement de la fin du 1er s. av. J.-C.

Le temple a subi de nombreuses transformations. Au Moyen Âge, on en fit une église et l'on joignit toutes ses colonnes par un mur. Siège du club des Jacobins sous la Révolution, il accueillit le culte de la déesse Raison. Il fut utilisé ensuite comme tribunal, musée, bibliothèque; ce n'est qu'au milieu du 19e s. que ce bel édifice, redécouvert par Prosper Mérimée, fut dégagé des maçonneries disgracieuses qui l'enserraient.

À droite du temple, s'élève la tour du palais (1578).

Rue des Clercs B1

Quelques façades anciennes et arcades lui confèrent encore une petite allure médiévale. C'est au n° 43 que mourut le créateur de Guignol Laurent Mourguet (*voir p. 116*). Remarquez au n° 19 une belle porte Louis XIV, jetez un coup d'œil en passant à l'harmonieux alignement de façades Renaissance de la rue du 4-Septembre, à gauche, et remarquez une seconde belle porte, cloutée, au n° 16.

★ Église Saint-André-le-Bas B1

Visite guidée, se renseigner au cloître ☏ 04 74 85 18 49 ou à la salle du patrimoine ☏ 04 74 53 41 41.

Plusieurs fois reconstruite, cette église, dans son ensemble, date du 12e s. Le grand mur pignon en pierre de taille est d'un effet décoratif original. L'ensemble de la décoration est remarquable : piliers et colonnettes des baies géminées, petites arcatures en festons retombant sur des consoles aux masques expressifs.

Pénétrez dans l'étroite cour sud, limitée d'un côté par la base du clocher.

Le premier masque que l'on aperçoit tire une langue énorme. La nef était primitivement couverte de charpente; la reconstruction de 1152 consista à la surélever et à la voûter, ce qui nécessita la construction des arcs-boutants extérieurs et le renforcement des murs par des arcades et des piliers.

L'ensemble de la décoration des **pilastres cannelés** est attribué à Guillaume Martin qui a signé et daté son œuvre (1152) sur le socle du 2e pilier à droite. Admirez particulièrement Samson terrassant le lion *(2e pilier à gauche)* et Job, réduit à la misère et grattant ses ulcères devant sa femme visiblement dégoûtée *(3e pilier)*. Les deux superbes chapiteaux corinthiens, à l'entrée de l'abside,

UN POINT IMPORTANT

Les Viennois gardent le souvenir de **Fernand Point**, fondateur du restaurant « La Pyramide » *(voir Le Guide Michelin France)*. Le maître de Paul Bocuse et des frères Troisgros vivait ici dans les années 1930.

proviennent d'un monument romain. Une salle d'exposition aménagée en contrebas de l'église présente une grande statue de bois figurant saint André (17e s.), dont le visage est magnifique ; le panneau de bois peint, l'*Adoration des Bergers* (1543), est exposé au musée des Beaux-Arts.

★ Cloître Saint-André-le-Bas B1

Pl. du Jeu-de-Paume - ✆ 04 74 85 18 49 - ♿ - mêmes conditions de visite que le musée des Beaux-Arts et d'Archéologie.

Ce petit cloître du 12e s. (*dont l'entrée se trouve au fond d'un jardin dominant le Rhône)* présente une série d'arcatures en plein cintre, reposant alternativement sur des colonnettes géminées et des piliers délimitant les travées.

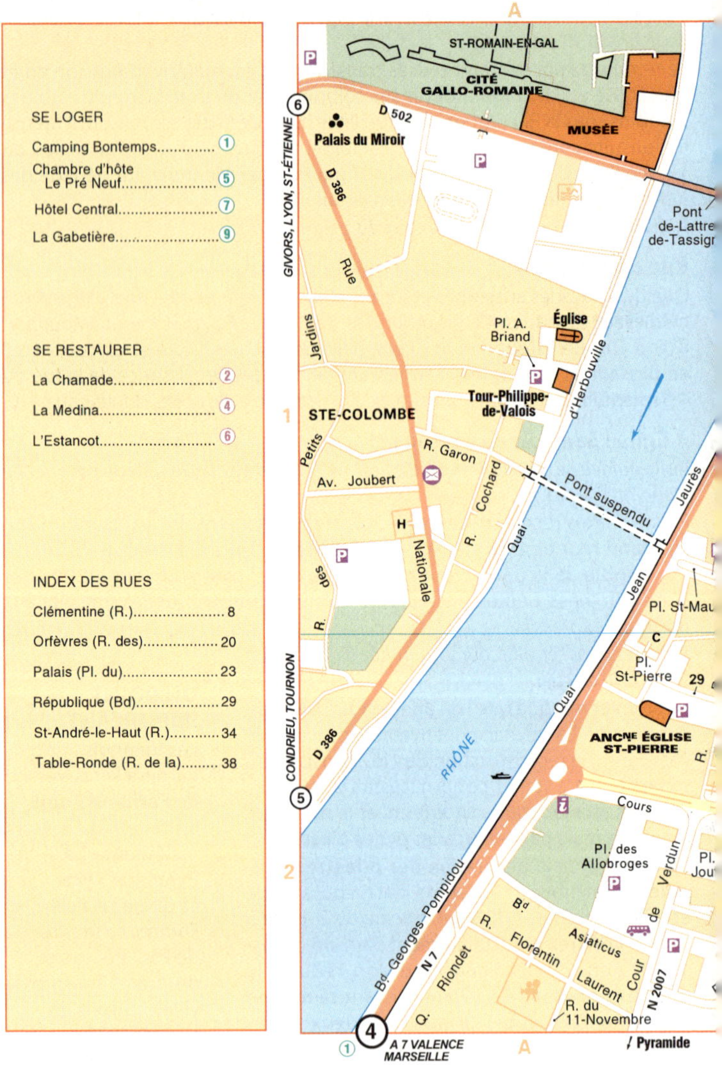

L'ornementation des colonnettes de la galerie sud témoigne d'une certaine fantaisie : cannelures en spirale, en zigzag, ou ornées de chapelets de perles, palmettes aux tiges nouées. Le cloître abrite une **importante collection d'épitaphes chrétiennes** – dont celle de Fœdula, Viennoise baptisée par saint Martin, remonte au début du 5e s. – et d'inscriptions médiévales couvrant les monuments funéraires. Dans l'angle sud-est sont rassemblés des fragments de chancel (clôture en pierre séparant le clergé des fidèles), à décor de tresses, de torsades et d'entrelacs (9e s.), ainsi qu'un autel en marbre blanc (11e s.) provenant de l'ancienne église St-Pierre. De la terrasse, vue sur le Rhône et Ste-Colombe.

Longez l'église vers le Rhône.

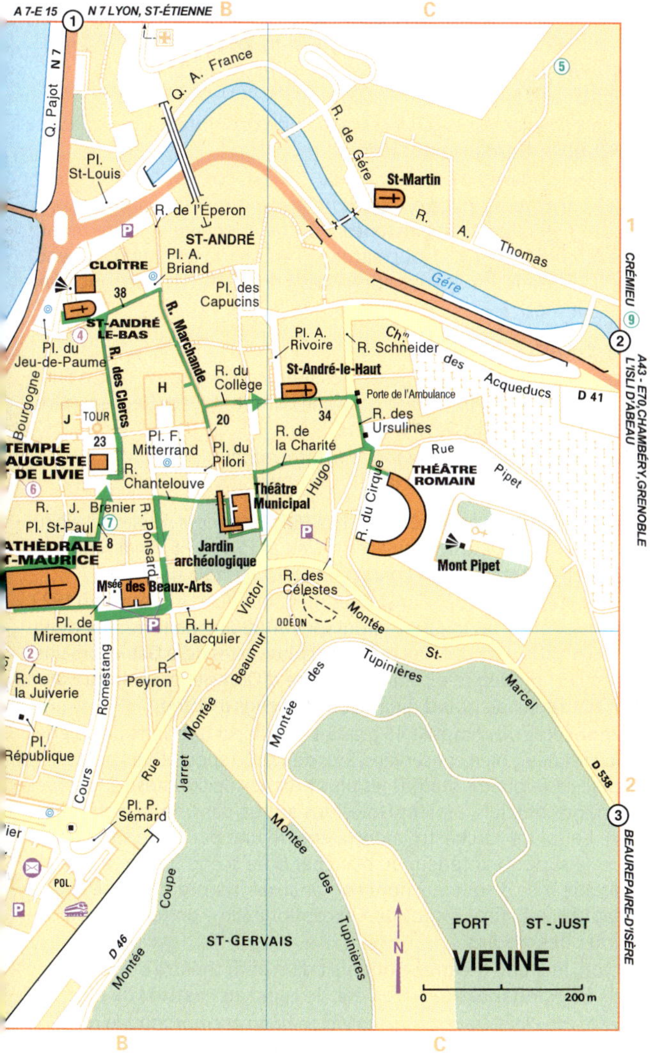

La **salle du patrimoine** présente une exposition permanente sur les « Visages de Vienne », qui permet de suivre les évolutions de la ville. En face, le pont (1949) présente une remarquable arche centrale de 108 m de portée, tandis que l'ancien pont suspendu sert de passerelle piétonnière.

Revenez sur vos pas jusqu'à la rue de la Table-Ronde (ainsi nommée en souvenir d'une table de changeurs qui garantissait le droit d'asile aux commerçants en cas de litige) que vous prenez en face.

Rue Marchande B1

Par ses multiples boutiques actives en toutes saisons, elle mérite encore son nom. Elle garde de nombreuses arcades et des cours anciennes, souvent restaurées. Porte cloutée au n° 28, et beau portail à voussures et claveau sculpté, au n° 30. Le n° 64 traboule avec la jolie cour de l'**hôtel de ville**. Cet ancien hôtel particulier du 17e s., prolongé par deux ailes au 19e s., abrite dans son escalier d'honneur *La Danse* du sculpteur viennois Joseph Bernard. Au n° 85, loggia et tourelle d'angle Renaissance.

Avancez dans la rue des Orfèvres.

Le n° 11 *(visible lors des visites guidées)* cache une cour intérieure des 15e et 16e s. ; au n° 9, belle façade Renaissance.

Faites demi-tour et prenez à droite la rue du Collège. Économisez votre souffle et montez par étapes : la rue grimpe hardiment jusqu'au théâtre antique.

Remarquez au n° 9 la porte Renaissance. Plus haut, s'élève la porte monumentale de l'ambulance (17e s.), qui marquait l'entrée du couvent des bénédictines de St-André-le-Haut. Vous apercevez à droite l'arrière de l'ancienne chapelle des Carmes.

Église Saint-André-le-Haut C1

Anciennement chapelle du collège des jésuites, consacrée en 1725 à Saint Louis, elle possède une belle façade classique dans le style des églises baroques de Ste-Suzanne ou du Gésù, à Rome.

La rue des Ursulines permet de rejoindre le théâtre romain.

★ Théâtre romain C1

☏ 04 74 85 39 23 - avr.-août : tlj 9h30-13h, 14h-18h ; sept.-mars : mar.-dim. 9h30-13h, 14h-18h - fermé 1er janv., 1er Mai, 1er et 11 Nov. et 25 déc. - 6 € billet combiné avec les musées de Vienne et de St-Romain-en-Gal (utilisable sur 2 j.).

Abandonné depuis l'empereur Constantin, au début du 4e s., il était, en 1922, lorsque commencèrent les fouilles, enfoui sous 80 000 m³ de terre ; son dégagement est aujourd'hui achevé. C'était l'un des plus vastes de la Gaule romaine ; son diamètre (131 m) dépasse celui du théâtre d'Orange, et n'est que d'un mètre inférieur à celui du grand théâtre de Marcellus à Rome.

Adossé au mont Pipet, il comptait 46 gradins établis sur une série de galeries de circulation voûtées, bien conservées. Près de 13 500 spectateurs pouvaient y prendre place. Les quatre gradins les plus proches de l'orchestre, réservés aux personnages officiels, étaient isolés des autres par une balustrade de marbre vert. Le sol de l'orchestre montre encore une partie de son dallage de marbre et le support antérieur du plancher de la scène présente la copie d'une admirable frise d'animaux dont l'original, en marbre blanc, se trouve au musée lapidaire. Enfin – disposition exceptionnelle – un temple couronnait le sommet des gradins.

Comme à Lyon, le grand théâtre se doublait d'un petit théâtre ou **odéon** *(on ne visite pas)*. Le grand théâtre sert, en été, de cadre au **Festival de jazz**.

Redescendez la rue Pipet, traversez la rue Victor-Hugo et empruntez la rue de la Charité, la montée St-Marcel, jusqu'au passage St-Antoine à gauche.

L'arrière du théâtre municipal est illustré depuis les années 1990 par la *Scène de Vienne* de La Cité de la Création. Sa réalisation a permis de découvrir en hauteur une fenêtre du 16e s., intégrée dans la fresque. Le paysage de fond est inspiré d'un tableau d'Étienne Rey, conservé au musée des Beaux-Arts. Se côtoient sur l'estrade les célébrités passées par la ville : Molière, Berlioz, Miles Davis, Ella Fitzgerald, mais aussi Laurent Mourguet avec son cher Guignol et Pierre Schneider.

Théâtre municipal B1

Pierre Schneider consacra en effet une grande partie de sa fortune à faire construire le théâtre municipal (1782) à l'emplacement d'un édifice public antique *(le portique à arcades et des galeries sont conservés en sous-sol, mais restent pour le moment inaccessibles)*. Les ducs de Bourgogne y avaient auparavant installé leur palais. La décoration et la façade du théâtre ont été refaites en 1930.

Jardin archéologique B1

Un espace vert très original, avec un coin réservé aux jeux pour les petits, et des ruines romaines qui donnent à ce Jardin de Cybèle une atmosphère de calme intemporel. Une double arcade en pierre blanche est le vestige d'un **portique** autrefois attribué à des thermes. À droite du portique se dresse un mur qui fermait au nord un **théâtre** que l'on pensait réservé aux représentations des Mystères de Cybèle, hypothèse controversée à l'heure actuelle. Les décrochements de ce mur correspondent aux passages d'accès aux gradins. S'adosse au jardin une maison en encorbellement du 15e s.

Par les rues Chantelouve et Ponsard, gagnez le musée des Beaux-Arts.

Musée des Beaux-Arts et d'Archéologie B1

Pl. de Miremont - ✆ 04 74 85 50 42 - avr.-oct. : mar.-dim. 9h30-13h, 14h-18h ; nov.-mars : mar.-vend. 9h30-12h30, 14h-17h, w.-end 9h30-17h30 - fermé lun., 1er janv., 1er Mai, 1er et 11 Nov. et 25 déc. - 2,50 € (-18 ans et le premier dim. du mois gratuit) ; 6 € billet combiné avec les musées de Vienne et de St-Romain-en-Gal (utilisable sur 2 j.).

Aménagé au deuxième étage d'une halle du 19e s., il réunit plusieurs collections : antiquités préhistoriques et gallo-romaines, faïences françaises du 18e s. (Moustiers, Lyon, Roanne, Marseille, Rouen, Nevers), peintures des écoles européennes des 17e et 18e s. et des écoles lyonnaise, viennoise et dauphinoise ; œuvres de Joseph Bernard, sculpteur viennois (1866-1931).

L'**argenterie** romaine du 3e s., découverte fortuitement sur le site de l'actuelle place Camille-Jouffray en 1984, est superbe : coupes, plats finement ciselés à décor de scènes pastorales et de chasse.

Regagnez la place St-Maurice par la rue du Pape-Calixte-II.

Pyramide

En voiture, sortez au sud par le cours de Verdun et prenez à droite le boulevard F.-Point.

Elle s'élève à une vingtaine de mètres et décorait le terre-plein central du vaste cirque de Vienne au 4e s. Au Moyen Âge, on crut y reconnaître le tombeau de **Ponce Pilate** : le procureur, ayant quitté Jérusalem pour Vienne, se serait, en proie au remords, jeté dans le Rhône. Le nom du massif du Pilat aurait pour origine cet événement (une légende analogue court sur le mont Pilate, près de Lucerne, en Suisse).

À voir aussi Plan de la ville

★ Ancienne église Saint-Pierre A2

Transformé en musée lapidaire, cet édifice, le plus vénérable de la Vienne chrétienne, remonte au 5e s. (fondé probablement par saint Mamert). L'église servit surtout de basilique funéraire, des évêques de Vienne y étaient inhumés. St-Pierre, bâtie « hors les murs », eut à souffrir des dévastations des Sarrasins, vers 725, puis de celles des princes carolingiens en 882.

Au 12e s., l'abbaye parvint au faîte de sa prospérité. C'est alors que fut élevé, sur plan rectangulaire, le beau clocher roman qui forme porche au rez-de-chaussée. Les baies de l'étage intermédiaire s'ouvrent sous des arcs trilobés, évoquant l'art du Velay. C'est à cette époque que la nef fut divisée en trois par de grandes arcades (restaurées au 19e s.).

Le **portail sud** (12e s.) donnait autrefois sur le cloître de l'abbaye. Deux colonnettes octogonales supportent des chapiteaux symbolisant, à gauche, l'Humilité et l'Orgueil et, à droite, la Charité. L'inscription du tympan encadre une magnifique statue de saint Pierre. Il faut rapprocher cette œuvre des statues du porche nord de St-Maurice, en ce qui concerne la technique des draperies.

Musée lapidaire – *Pl. St-Pierre - ✆ 04 74 85 20 35 - mêmes conditions de visite que le musée des Beaux-Arts et d'Archéologie.* À gauche et en face de l'entrée sont exposées deux œuvres romaines : une tête de Junon et une belle statue de marbre, la *Tutela* ou déesse protectrice de la ville. Dans l'abside, à gauche, se trouve le **sarcophage** en marbre de saint Léonien, moine viennois du 6e s., au décor symbolique de paons becquetant des raisins. Remarquez, dans la chapelle à droite de l'abside, une **Vénus accroupie**, une collection d'amphores, des têtes d'empereurs et un bas-relief en marbre représentant une cérémonie de sacrifice.

Église Saint-Martin C1

Elle est reliée au centre par un vieux pont en dos d'âne, du 15e s., qui franchit la Gère. Décorée de fresques du peintre Nabis Maurice Denis, elle conserve un beau Christ ancien en bois sculpté.

À proximité Carte de microrégion

Pépinières Laurent

Sur la commune de St-Romain-en-Gal, dans les hauteurs. Par la D 502 vers Rive-de-Gier, faites 2,3 km et prenez à droite juste en face du calvaire blanc. Les Granges - ✆ 04 74 53 03 80 - se renseigner pour les horaires.

Elles détiennent la **collection nationale de viburnum★**, qui comprend toute une famille d'arbustes aux diverses floraisons printanières blanches ou roses (dont les boules-de-neige et viornes), parfumées ou non, suivies de fruits et de feuillages colorés en automne (création de nouvelles espèces). Les variétés s'intègrent plus ou moins librement parmi les roses grimpantes, les pommiers à petits fruits, les érables, et les vivaces d'un jardin caillouteux, fantaisiste, qui ne cesse de s'agrandir sans plan prémédité. L'ensemble surplombe la vallée du Rhône, et Vienne au loin.

Beauvoir-de-Marc A2

19 km à l'est de Vienne par la D 502, et, à La Détourbe, la D 53B à gauche.

La petite **église** des 11e-14e s., avec son plafond en bois peint à 70 caissons, occupe un site perché d'où part un sentier menant au sommet de la butte –

Festival de jazz de Vienne, au théâtre romain.
Jazz à Vienne

remarquez, dans le tuf des talus, les couches de cailloux roulés. Au pied de la statue de la Vierge (table d'orientation), **panorama★** sur les collines du Viennois, dominées à l'ouest par la masse sombre du mont Pilat.

Saint-Mamert A2

13 km au sud par la N 7, à gauche dans la D 131^A^.

La **chapelle St-Mamert**, au clocher-mur du 11e s. et intérieur du 17e s., est construite sur une terrasse de galets d'où la vue s'étend sur le massif du Pilat.

Septème A2

12 km à l'est par les D 502 et D 75.

L'origine de Septème (dont le nom évoque la septième borne milliaire de la voie romaine qui reliait Vienne à Milan) est vraisemblablement l'établissement d'un camp militaire romain. De la ville féodale installée dans l'enceinte jusqu'au 19e s., il subsiste encore aujourd'hui une habitation qui fut, au 16e s., la conciergerie du château.

L'ensemble imposant des remparts (13e s.), du vieux fort (11e s.) et du **château** forme une ville forte. Elle comprend des bâtiments des 14e et 15e s., remaniés au 16e s., disposés en rectangle autour d'une cour intérieure. Dans cette cour, on peut admirer deux étages de loggias Renaissance, une galerie de portiques et un vieux puits monumental profond de 60 m. Longs d'environ un kilomètre, les remparts sont percés de nombreuses meurtrières. L'ancien chemin de ronde subsiste par endroits. Catherine de Médicis s'y promena-t-elle en juillet 1564, lors de son séjour au château ? *☎ 04 74 58 26 05 - avr.-oct. : visite guidée w.-end et j. fériés 14h-18h - 7 € (-10 ans gratuit).*

NOS ADRESSES À VIENNE

HÉBERGEMENT

À Vienne

BUDGET MOYEN

Hôtel Central – *3 r. de l'Archevêché - ✆ 04 74 85 18 38 - www.hotel-central-vienne.com - fermé 7-13 août et 11 déc.-17 janv. - 25 ch. 56/70 €.* Enseigne vérité pour cet hôtel familial situé dans une ruelle calme, au cœur de la ville. Vous y trouverez des chambres assez grandes, régulièrement rajeunies et bien tenues. Le décor de la salle des petits-déjeuners évoque les années 1960. Garage pratique.

POUR SE FAIRE PLAISIR

Chambre d'hôte Le Pré Neuf – *9 r. des Guillemottes - ✆ 04 74 31 70 11 - ⊭ - 3 ch. 70 € ☕ - repas 20 €.* Proche du centre-ville mais presque à la campagne, cette maison du 19e s. dispose d'un joli jardin arboré. Les chambres sont garnies de beaux meubles de famille ; à noter que celles du deuxième étage ont leur WC sur le palier. Table d'hôte alléchante et agréable piscine installée sous une véranda. Accueil charmant.

À proximité

PREMIER PRIX

Camping Bontemps – *38150 Vernioz - 19 km au sud de Vienne par N 7, D 131 et D 37 - ✆ 04 74 57 83 52 - info@campinglebontemps.com - ouv. de fin mars à fin oct. - réserv. conseillée - 175 empl. 27,50 € - restauration.* Tourisme et sport sont au programme dans ce camping. De promenades en visites, vous découvrirez la région à moins que vous ne préfériez profiter des installations sportives pour monter à cheval, faire du VTT ou nager dans la piscine… Possibilité bungalows.

POUR SE FAIRE PLAISIR

La Gabetière – *269 Le Logis-Neuf - 38780 Estrablin - 8 km à l'est par la D 502 - ✆ 04 74 58 01 31 - www.la-gabetiere.com - fermé 24 déc.-15 janv. - 12 ch. 68/70 € - ☕ 10 €.* Un beau manoir du 16e s., entouré d'un parc, propose des chambres décorées avec recherche dans les styles « bonbonnière », provençal, ancien… piscine pour la belle saison et aire de jeux.

RESTAURATION

À Vienne

Bon à savoir – La visite de la ville vous a ouvert l'appétit ? Alors rendez-vous entre le cours Brillier et le boulevard de la République. C'est dans ce quartier que vous trouverez le choix le plus complet de restaurants avec, entre autres, la brasserie des Allobroges et Magnard, cours Brillier, et le Provence, rue Voltaire. Pour les petits creux, plusieurs pizzerias et sandwicheries.

PREMIER PRIX

La Chamade – *24 r. de la Juiverie - ✆ 04 74 85 30 34 - 11h30-13h45 (12h sam.), 19h-21h30 - fermé 6-27 août, vend. soir et sam. soir - 12 € déj. - 12/23 €.* Les ruelles pentues du centre médiéval ont eu raison de vos forces ? Offrez-vous donc une halte dans ce discret petit restaurant. Le décor est simple et soigné (nappes jaunes, éclairage indirect), le service efficace et les prix très abordables.

L'Estancot – *4 r. de la Table-Ronde - ✆ 04 74 85 12 09 - fermé 1er-16 sept., de Noël à mi-janv., dim., lun. et j. fériés - 14/28 €.* Vous voulez goûter des criques, ces fameuses galettes de pommes de terre ardéchoises ? C'est ici, dans ce restaurant derrière l'église St-André-le-Bas, qu'il faut aller.

À la carte tous les soirs, elles sont accompagnées de légumes, de foie gras ou de gambas…

BUDGET MOYEN

La Medina – *71 r. de Bourgogne - ✆ 04 74 53 51 35 - fermé 20 juil.-août - 18,50/33,50 €.* Ici, cuisine et couleurs marocaines sont au rendez-vous : murs passés à l'ocre orangé, plafond bleu, banquettes de tissu bleu et blanc, lanternes colorées, chaises en fer forgé et faïences… Un décor chaleureux pour déguster des couscous et tagines aux douces saveurs épicées.

EN SOIRÉE

Bar du Temple – *5 pl. du Gén.-de-Gaulle - ✆ 04 74 31 94 19 - tlj sf dim. 7h-1h - fermé j. fériés.* À l'instar des Deux Magots parisien, ce café est LE café que tout le monde connaît… Son atout principal demeure une superbe terrasse au pied du Temple d'Auguste et de Livie. Toutefois, malgré l'afflux de touristes, l'endroit garde son cachet convivial et sa clientèle d'habitués.

Théâtre de Vienne – *4 r. Chantelouve - ✆ 04 74 85 00 05 - tlj sf w.-end 10h-12h, 14h-18h - fermé août et j. fériés.* Construit au début du 18e s., au temps de Marivaux, de Goldoni et de Beaumarchais, ce théâtre, dont la façade a été restaurée dans les années 1930, est un lieu plein d'histoire et de charme. Très avantageux, le système d'abonnement vous permettra d'assister à un large panel de spectacles : théâtre, musique classique, variétés, danse, opéra et spectacles pour enfants.

ACHATS

Marchés de Vienne – *7h-13h.* Chaque samedi matin, les rues du centre-ville, des rives du Rhône au Jardin de Cybèle, débordent d'étalages alléchants. C'est le moment de choisir quelques bouteilles de côtes-du-rhône ou autres savoureux produits de la région. Des marchés plus restreints ont lieu tous les autres matins.

Maison J. Colombier – *Rte de Marennes - 15 km au nord de Vienne par N 7 puis D 36 - 38200 Villette-de-Vienne - ✆ 04 74 57 98 05 - www.poire-colombier.com - tlj sf dim. 9h-12h, 14h-19h (18h sam.), dim. sur RV.* Joannès Colombier est l'inventeur de la poire William's dans les années 1930 ! Aujourd'hui, la relève est assurée par sa fille et son gendre. Il faut visiter cette boutique en septembre et en octobre quand l'alambic mijote et que d'exquises effluves d'eau-de-vie se répandent dans l'atmosphère…

ACTIVITÉS

Bon à savoir – Partez à la découverte de Vienne et ses environs à bord du bateau *Le Livia* qui abrite également un restaurant, idéal pour un déjeuner au fil de l'eau. La croisière dure environ 1h30. Embarquement à la halte fluviale de Vienne.

Notes

Notes

Notes

Notes

INDEX GÉNÉRAL

Lyon : villes, curiosités et régions touristiques.
Moulin, Jean : noms historiques ou termes faisant l'objet d'une explication.
Les sites isolés (châteaux, abbayes, grottes...) sont répertoriés à leur propre nom.
Nous indiquons par son numéro, entre parenthèses, le département auquel appartient chaque ville ou site. Pour rappel :

01 : Ain
07 : Ardèche
26 : Drôme
38 : Isère
42 : Loire
43 : Haute-Loire
48 : Lozère
69 : Rhône
71 : Saône-et-Loire
84 : Vaucluse

A

B

INDEX GÉNÉRAL

C

D

INDEX GÉNÉRAL

M

N

O

P

Q – R

S

W – Y

CARTES ET PLANS

CARTE GÉNÉRALE

CARTES DES MICRORÉGIONS

PLANS DE VILLE

PLANS DE MONUMENTS, DE SITES

CARTES THÉMATIQUES

CARTES DES ITINÉRAIRES

CHANGEMENT DE NUMÉROTATION ROUTIÈRE !

Sur de nombreux tronçons, les routes nationales passent sous la direction des départements. Leur numérotation est en cours de modification. La mise en place sur le terrain a commencé en 2006 mais devrait se poursuivre sur plusieurs années. De plus, certaines routes n'ont pas encore définitivement trouvé leur statut au moment où nous bouclons la rédaction de ce guide.

LÉGENDE DES CARTES ET PLANS

Curiosités et repères

- Itinéraire décrit, départ de la visite
- Église
- Mosquée
- Synagogue
- Monastère - Phare
- Fontaine
- Point de vue
- Château - Ruine ou site archéologique
- Barrage - Grotte
- Monument mégalithique
- Tour génoise - Moulin
- Temple - Vestiges gréco - romains
- Temple : bouddhique - hindou
- Autre lieu d'intérêt, sommet
- Distillerie
- Palais, villa, habitation
- Cimetière : chrétien - musulman - israélite
- Oliveraie - Orangeraie
- Mangrove
- Auberge de jeunesse
- Gravure rupestre
- Pierre runique
- Église en bois
- Église en bois debout
- Parc ou réserve national
- Bastide

Sports et loisirs

- Piscine : de plein air - couverte
- Plage - Stade
- Port de plaisance - Voile
- Plongée - Surf
- Refuge - Promenade à pied
- Randonnée équestre
- Golf - Base de loisirs
- Parc d'attractions
- Parc animalier, zoo
- Parc floral, arboretum
- Parc ornithologique, réserve d'oiseaux
- Planche à voile, kitesurf
- Pêche en mer ou sportive
- Canyoning, rafting
- Aire de camping - Auberge
- Arènes
- Base de loisirs, base nautique ou canoë-kayak
- Canoë-kayak
- Promenade en bateau

Informations pratiques

- Information touristique
- Parking - Parking - relais
- Gare : ferroviaire - routière
- Voie ferrée
- Ligne de tramway
- Départ de fiacre
- Métro - RER
- Station de métro (Calgary, ...) (Montréal)
- Téléphérique, télécabine
- Funiculaire, voie à crémaillère
- Chemin de fer touristique
- Transport de voitures et passagers
- Transport de passagers
- File d'attente
- Observatoire
- Station service - Magasin
- Poste - Téléphone
- Internet
- H B Hôtel de ville - Banque, bureau de change
- J POL Palais de justice - Police
- GNR Gendarmerie
- T U M Théâtre - Université - Musée
- Musée de plein air
- Hôpital
- Marché couvert
- Aéroport
- Parador, Pousada (Établissement hôtelier géré par l'État)
- A Chambre d'agriculture
- D Conseil provincial
- G Gouvernement du district, Délégation du Gouvernement Police cantonale
- L Gouvernement provincial (Landhaus)
- P Chef lieu de province
- Station thermale
- Source thermale

Axes routiers, voirie

- Autoroute ou assimilée
- Échangeur : complet - partiel
- Route
- Rue piétonne
- Escalier - Sentier, piste

Topographie, limites

- Volcan actif - Récif corallien
- Marais - Désert
- Frontière - Parc naturel

Comprendre les symboles utilisés dans le guide

LES ÉTOILES

★★★ **Vaut le voyage** ★★ **Mérite un détour** ★ **Intéressant**

HÔTELS ET RESTAURANTS

9 ch.	Nombre de chambres
7,5 €	Prix du petit-déjeuner en sus
50 €	Prix de la chambre double, petit-déjeuner compris
bc	Menu boisson comprise
	Air conditionné dans les chambres
	Restaurant dans l'hôtel
	Établissement servant de l'alcool
	Piscine
CC	Paiement par cartes de crédit
	Carte de crédit non acceptée
P	Parking réservé à la clientèle

SYMBOLES DANS LE TEXTE

	A faire en famille
	Pour aller au-delà
	Promenade à pied
	Randonnée à vélo
	Facilité d'accès pour les handicapés
A2 B	Repère sur le plan

Manufacture française des pneumatiques Michelin
Société en commandite par actions au capital de 304 000 000 EUR
Place des Carmes-Déchaux - 63000 Clermont-Ferrand (France)
R.C.S. Clermont-Fd B 855 200 507

Dépôt légal : 01/2010 – ISSN 0293-9436
Compograveur : Nord Compo, Villeneuve-d'Ascq
Imprimeur : La Tipografica Varese, Italie
Imprimé en Italie : 06/2010

Dans la collection Le Guide Vert

Nos guides sur l'étranger

- Allemagne
- Andalousie
- Angleterre Pays de Galles
- Autriche
- Barcelone et la Catalogne
- Belgique Luxembourg
- Bulgarie
- Canada
- Chine [N]
- Chypre [N]
- Croatie
- Écosse
- Égypte
- Espagne Atlantique
- Espagne du Centre Madrid Castille
- Espagne Méditerranéenne Baléares
- Grèce
- Irlande
- Italie du Nord
- Italie du Sud Rome Sardaigne
- Japon
- Londres
- Maroc
- Mexique [N]
- Moscou St-Pétersbourg
- Nouvelle Angleterre [N]
- Pays Baltes
- Pays Bas
- Pologne
- Portugal
- Québec
- Rome
- Roumanie
- Sardaigne [N]
- Scandinavie
- Sicile
- Sud-Ouest américain [N]
- Suisse
- Thaïlande [N]
- Toscane Ombrie Marches

Nos guides week-end en France et à l'étranger

- Week-end Amsterdam
- Week-end Barcelone [N]
- Week-end Berlin
- Week-end Bordeaux [N]
- Week-end Bruxelles
- Week-end Budapest
- Week-end Cracovie
- Week-end Edimbourg [N]
- Week-end Florence
- Week-end Istanbul
- Week-end Lisbonne
- Week-end Londres
- Week-end Lyon [N]
- Week-end Marrakech Essaouira[N]
- Week-end Marseille [N]
- Week-end Montpellier [N]
- Week-end Nantes [N]
- Week-end New York
- Week-end Prague
- Week-end Rome [N]
- Week-end Stockholm [N]
- Week-end Tunis [N]
- Week-end Venise
- Week-end Vienne [N]

Nos guides sur la France

- Alpes du Nord
- Alpes du Sud
- Alsace Lorraine
- Aquitaine
- Auvergne
- Bourgogne
- Bretagne
- Champagne Ardenne
- Charente-Maritime
- Châteaux de la Loire
- Corse
- Côte d'Azur
- Essonne
- France
- France Sauvage
- Franche-Comté Jura
- Haut-Rhin
- Idées de promenades à Paris
- Idées de week-ends aux environs de Paris
- Idées de week-ends en Provence
- Île-de-France
- Languedoc Roussillon
- Limousin Berry
- Loire
- Loiret
- Lyon Drôme Ardèche
- Meuse
- Midi Toulousain
- Moselle
- Nord Pas-de-Calais Picardie
- Normandie Cotentin
- Normandie Vallée de la Seine
- Paris
- Paris enfants
- Pays Basque France Espagne et Navarre
- Périgord Quercy
- Poitou Charentes Vendée
- Provence
- Puy-de-Dôme
- Tarn [N]
- Touraine côté Sud
- A75 La Méridienne
- 31 sites français au patrimoine de l'Unesco [N]

[N] : Nouveau